严昌洪／主编

/组编

辛亥革命史事长编

委托项目（立项号[2008]013）成果

XINHAI GEMING SHISHI CHANGBIAN

（1898.1-1900.12）

第二册

肖宗志　管龙陵／编

(鄂)新登字 08 号
图书在版编目(CIP)数据
辛亥革命史事长编.第二册/武昌辛亥革命研究中心组编;严昌洪主编;肖宗志,管龙陵编.
—武汉:武汉出版社,2011.8
ISBN 978-7-5430-5280-2
Ⅰ.①辛… Ⅱ.①武…②严…③肖…④管… Ⅲ.①辛亥革命—史料
Ⅳ.①K257.06
中国版本图书馆 CIP 数据核字(2010)第 172461 号

组　　编:武昌辛亥革命研究中心
主　　编:严昌洪
编　　者:肖宗志　管龙陵
责任编辑:李艳芬
装帧设计:刘福珊
出　　版:武汉出版社
社　　址:武汉市江汉区新华下路 103 号　　邮　　编:430015
电　　话:(027)85606403　85600625
http://www.whcbs.com　　E-mail:zbs@whcbs.com
印　　刷:武汉精一印刷有限公司　　经　　销:新华书店
开　　本:787mm×1092mm　1/16
印　　张:18　　字　　数:448 千字　　插　　页:5
版　　次:2011 年 8 月第 1 版　　2011 年 8 月第 1 次印刷
定　　价:1800.00 元(全十册)

1898年(光绪二十四年·戊戌)

1月5日(丁酉年十二月十三日) 康有为在北京创办粤学会。

康有为《康南海自编年谱》:

时欲续强学会之旧,先与乡人士开会曰粤学会,于十二月十三日在南海馆创办,京友集者二十余人,以各会馆皆为京馆会集,欲因而导之,乃草疏交御史陈其璋上言,请将总署同文馆群书颁发各省会馆,以便各京馆讲求,奉旨俞允。

康有为《康南海自编年谱》,沈云龙主编,近代中国史料丛刊正编第2辑,台北文海出版社,第39~40页

1月9日(十二月十七日) 吴敬恒晤康有为于北京,论当除八股、鸦片、小脚三害。

十二月十五日,学堂放假,先生赴北京,与无锡廉泉、山阴陶杏南,同至米市衚衕南海会馆访康有为,论维新先除三害(一女人缠小脚,二吸鸦片,三考八股),相约自明年戊戌起,不再赴试。

杨恺龄撰编《民国吴稚晖先生敬恒年谱》(上),台湾商务印书馆1980年版,第20页

1月15日(十二月二十三日) 王文韶、张之洞、盛宣怀会奏,力请粤汉铁路自办。

王文韶等上《奏办汉粤铁路折》(光绪二十三年十二月二十三日):

北洋大臣直隶总督臣王文韶、头品顶戴湖广总督臣张之洞、头品顶戴大理寺少卿臣盛宣怀跪奏,为粤汉铁路紧要,三省绅商吁请通力合作以保利权恭折具陈,仰祈圣鉴事:窃于光绪二十二年九月,臣宣怀赴召议办卢汉铁路之时,经总理衙门王大臣代奏,设立总公司,先造卢汉干路,其余苏沪、粤汉等处亦准展造,不再另设公司,似此西北造路,东南商股方能号招,且可泯各国窥伺之心,断却无数葛藤等语。当蒙王大臣奏准,公司自必合南北通筹,始能展拓,苏沪、粤汉亦当次第举办等因。仰见朝廷俯采刍荛无远弗届之意,现今干路卢汉两端均已开办,虽因部帑未能全拨,洋债复多波折,比国总工程司开春到沪,即应催令付款,分头赶办。臣宣怀并当亲自督同工程司,由鄂、豫履勘,以达畿辅,多分段落,期于五年竣工。所有粤汉南干路原拟稍缓续筹,无如时局日亟,刻不及待,群雄环伺,辄以交涉细故,兵轮互相驰骋,海洋通塞,靡有定时。今海军既无力能兴,设有外变,隔若异域,必内地造有铁路,方可联络贯通广东财赋之区,南戒山河,未可遐弃,此粤汉南路所当与北路同时并举者,一也。原议由粤至鄂,拟绕道江西,道里较湖南为迂阔,而形势利益亦迥殊。臣等与湖南抚臣陈宝箴函电互商,该抚臣电称,国家创兴大政以立自强之基,卢汉已行,鄂、粤继举,江、湘莫非王土,岂能有所阻挠。况湘人素怀忠义,近年士绅尤多通晓时务,不泥故见,并据湖南在籍绅士翰林院庶吉士熊希龄、江苏候补道蒋德钧来鄂与臣之洞、宣怀面商,如取道郴永衡长,由武昌以达汉口,则路较直捷。湘中风气刚健,他日练兵可供征调,矿产尤丰厚,地利亦可蔚兴,此粤汉铁路之宜折而入湘者,又一也。兹据湘鄂粤三省绅商联名呈请会办前来,除钞录恭呈分咨军机处、总理衙门查核外,臣等深为时变莫测,铁路早成一日,可保一日之利权,多拓百里,可取百里之功效,粤汉南干自应仍照原议,与此路一气呵成,议由湖南以达武昌,尤得致富致强之要领。该三省绅商立意既同,舆情已可概见,自必众志成城,无所摇惑。如蒙俞允,应请饬下两广督臣,广东、湖南、湖北抚臣与臣等随时会商妥议,招集华股,招借洋债,并选举各省绅商设立分局,购地鸠工,认真办理。总之,各省路权尽可各省绅商分任,路利自须公溥均沾,而造路之本资借款抵押之办法、通行之章程必须卢汉、粤汉一大干路合为一气,递拓递垫,递修递

押,递借递招,展转相生。竭五六年之苦功,若无意外之虞,当可使南北干路相为衔接,以符原议。所有臣等接据三省绅商呈请赶办粤汉铁路以保利权缘由,理合恭折具陈,伏乞皇上圣鉴训示,谨奏。

湘报馆编《湘报》第19号(1898年),《中国近代期刊汇刊·湘报》全二册(影印本),中华书局2006年版,第147~148页

盛宣怀《议立粤汉铁路公司并密筹借款片》:

再,总理衙门原奏,苏沪、粤汉铁路次第举办,是南路在必办之列,气派方能贯通,获利方能还债。处今之势,借款招股,均属繁难,原非一蹴可几。惟目前德国无理肇衅,占踞胶墨要害,并获承办山东铁路利益,局势顿变。俄国已造路于黑龙江、吉林,以为通奉天旅顺之计。法国已造路于广西,以为割滇之计。独英人窥伺最久,尚无所得,目前必有效尤要挟,占我路权之举。查今年春间英商屡来揽办粤路,坚持未允。近日香港《马喇西字报》言,英国所当急行者,建造铁路之利,理应赶营中国中部,或广东建筑轨道,方不致落他人之后等语。近有日本参谋部员宇都宫太郎密言,英国所欲者,大约一借款,一修路,一拟索香港对岸之深水埠等语。英、日现在联交甚密,英之阴谋,日必深知,证以洋报,其为觊觎粤汉铁路确凿无疑。现在德已踞胶,俄已留旅,法已窥琼,英或有图扼长江吴淞之谋,是中国各海口几尽为外国所占。江海之咽喉既塞,南北海道之气脉复梗,已成坐困之势,仅有内地尚可南北往来。查汉口为各行省南北东西水陆之枢纽,若粤汉一线再令英人造一铁路,直贯其中,将来俄国南引,英路北趋,虽有卢汉一路,气促权轻,间隔于中,无能展布,且将来甚至为英俄之路所并,则是咽喉外塞,腹心内溃,虽欲讲求练兵制械之法、理财足国之方,亦将无从着手,岂惟不能自强,恐从此中华不能自立!时局危迫,思之寒心。惟有赶将粤汉一路占定自办,尚是补救万一之法。然则由粤入湘、由湘通汉一路,缓办则必为彼族强占之资,急办亦恐集资有限,难于展布。臣宣怀前拟卢汉铁路借用美债,嗣以美商华士宾来华,多方要挟,议遂中辍,不得已而谋诸比利时国;虽权利不失,可无后患,而比系小邦,势力甚微,屡以未成之铁路不足为保,滋其疑惧,委曲迁就,事甚勉强,则粤汉借款断宜另谋。至英及法德无论何国承办,皆有大害,拟函商驻美使臣伍廷芳,就近仍与美国绅商筹议借款。伍廷芳熟习外情,又系粤籍,度无不尽力而谋,俟有规模,再当随时与王大臣电商请旨核定。现在已据湘、粤、鄂三省绅商议定,合立公司,呈请奏明先行立案,以备抵制外人,杜绝腹心之祸。应请诏旨宣布,准令总公司督同三省绅商迅速筹款办理,并请饬下总理各国事务衙门立案,如他国有以承办粤汉铁路为请者,即明告以预准各该省绅民公司自行筹办,避免枝节。臣等实因时局危迫,预杜外谋起见,除已于昨日会同电奏外,谨据实密陈,不胜迫切待命之至。伏祈圣鉴训示,谨奏。

盛宣怀《愚斋存稿》卷2,沈云龙主编,近代中国史料丛刊续编第13辑,台北文海出版社,第76~77页

1月上旬(十二月中旬)　摩根抗议将孙中山逐出香港。

英国人摩根自称为"中国之友会"(Friend of China Society)秘书,致函伦敦《标准报》,抗议将孙中山逐出香港。

〔美〕史扶邻《孙中山与中国革命的起源》,中国社会科学出版社1981年版,第112页第⑤注

1月22日(戊戌年正月初一日)　吴敬恒上书请变法。

正月元旦,先生在北京彰仪门大街,拦礼部侍郎瞿鸿禨坐舆,上光绪力请变法折。

杨恺龄撰编《民国吴稚晖先生敬恒年谱》(上),台湾商务印书馆1980年版,第20页

△ 康有为为所著《孔子改制考》作序，宣传“托古改制”，为变法提供历史根据。

康有为《孔子改制考·序》全文如下：

孔子卒后二千三百七十六年，康有为读其遗言，渊渊然思，凄凄然悲，曰：嗟夫！使我不得见太平之泽、被大同之乐者，何哉？使我中国二千年，方万里之地，四万万神明之裔，不得见太平之治、被大同之乐者，何哉？使大地不早见太平之治、逢大同之乐者，何哉？天既哀大地生人之多艰，黑帝乃降精而救民患，为神明，为圣王，为万世作师，为万民作保，为大地教主。生于乱世，乃据乱而立三世之法，而垂精太平，乃因其所生之国，而立三世之义，而注意于大地远近、大小，若一之大一统。乃立元以统天，以天为仁，以神气流形而教庶物，以不忍心而为仁政。合鬼神、山川、公侯、庶人、昆虫、草木，一统于其教，而先爱其圆颅、方趾之同类，改除乱世勇，乱争战角力之法，而立《春秋》，新王行仁之制。其道本神明，配天地，育万物，泽万世，明本数，系末度，小大精粗，六通四辟，无乎不在。此制乎，不过于一元中立诸天，于一天中立地，于一地中立世，于一世中随时立法，务在行仁忧民，忧以除民患而已。《易》之言曰：书不尽言，言不尽意。《诗》、《书》、《礼》、《乐》、《易》、《春秋》为其书，口传七十子，后学为其言。此制乎，不过其夏葛冬裘，随时救民之言而已。若夫圣人之意，窈矣深矣，博矣大矣。世运既变，治道斯移，则始于粗粝，终于精微。教化大行，家给人足，无怨望忿怒之患、强弱之难，无残贼妒疾之人。民修德而美好，被发衔哺而游，毒蛇不螫，猛兽不搏，抵虫不触，朱草生，醴泉出，凤凰、麒麟游于郊棷，囹圄空虚，画衣裳而民不犯，则斯制也，利用发蒙，声色之以化民，末矣。

夫两汉君臣、儒生，尊从《春秋》拨乱之制，而杂以霸术，犹未尽行也。圣制萌芽，新歆遽出，伪《左》盛行，古文篡乱。于是削移孔子之经而为周公，降孔子之圣王而为先师，公羊之学废，改制之义湮，三世之说微，太平之治、大同之乐，暗而不明，郁而不发。我华我夏，杂以魏、晋、隋、唐佛老词章之学，乱以氐羌、突厥、契丹、蒙古之风，非惟不识太平，并求汉人拨乱之义，亦乖剌而不可得，而中国之民遂二千年被暴主、夷狄之酷政，耗矣哀矣！

朱子生于大统绝学之后，揭鼓扬旗而发明之，多言义而寡言仁，知省身寡过而少救民患，蔽于据乱之说，而不知太平大同之义。杂以佛老，其道觳苦，所以为治教者，亦仅如东周、刘蜀、萧詧之偏安而已。

大昏也，博夜也，冥冥汶汶，雺雺雺雺，重重锢昏，皎日坠渊，万百亿千，缝掖俊民，跂跂脉脉而望，篝灯而求明，囊萤而自珍，然卒不闻孔子天地之全、太平之治、大同之乐。悲夫！

天哀生民，默牖其明，白日流光，焕炳莹晶。予小子梦执礼器而西行，乃睹此广乐钧天，复见宗庙百官之美富。门户既得，乃埽荆榛而开途径，拨云雾而览日月，别有天地，非复人间世矣。不敢隐匿大道，乃与门人数辈朝夕钩撢，八年于兹，删除繁芜，就成简要，为《改制考》三十卷。同邑陈千秋礼吉、曹泰箸伟雅才，好博，好学，深思，编检尤劳。墓草已宿，然使大地大同太平之治可见，其亦不负二三子铅椠之劳也夫！

嗟夫！见大同太平之治也，犹孔子之生也。《孔子改制考》成书，去孔子之生二千四百四十九年也。光绪二十四年正月元日，南海康有为广厦记。

姜义华、张荣华编校，国家清史编纂委员会·文献丛刊《康有为全集》第3集，中国人民大学出版社2007年版，第3～4页

1月24日（正月初三日）　总署大臣李鸿章、翁同龢、荣禄 等与康论变法。

梁启超《改革实情》：

书上工部大臣，恶其伉直，不为代奏。然京师一时传钞，海上刊刻，诸大臣士人共见之，莫不嗟悚。有给事中高燮曾者，见其书，叹其忠，乃抗疏荐之，请皇上召见。皇上将如所请，恭亲王进谏曰："本朝成例，非四品以上官不能召见，今康有为乃小臣，皇上若欲有所询问，命大臣传语可也。"皇上不得已正月初三日，遂命王大臣以宾礼延康有为于总署，询问天下大计变法之宜，并令如有所见，及有著述论政治者，可由总署进呈，于是其书卒得达。

梁启超《戊戌政变记》，沈云龙主编，近代中国史料丛刊正编第92辑，台北文海出版社，第17页

康有为《康南海自编年谱》：

正月初二日，总理衙门总办来书，告初三日三下钟王大臣约见。至时李中堂鸿章、翁中堂同龢、荣中堂禄、刑部尚书廖寿恒、户部左侍郎张荫桓，相见于西花厅，待以宾礼，问变法之宜。荣禄曰："祖宗之法不能变。"我答之曰："祖宗之法，以治祖宗之地也，今祖宗之地不能守，何有于祖宗之法乎？即如此地为外交之署，亦非祖宗之法所有也。因时制宜，诚非得已。"廖问宜如何变法？答曰："宜变法律，官制为先。"李曰："然则六部尽撤，则例尽弃乎？"答以："今为列国并立之时，非复一统之世，今之法律、官制，皆一统之法，弱亡中国，皆此物也，诚宜尽撤，即一时不能尽去，亦当斟酌改定，新政乃可推行。"翁问筹款，则答以："日本之银行纸币、法国印花、印度田税，以中国之大，若制度既变，可比今十倍。"于是陈法律、度支、学校、农商、工矿政、铁路、邮信、会社、海军、陆军之法，并言日本维新，仿效西法，法制甚备，与我相近，最易仿摹，近来编辑有《日本变政考》，及《俄大彼得变政记》，可以采鉴焉。至昏乃散，荣禄先行。

康有为《康南海自编年谱》，沈云龙主编，近代中国史料丛刊正编第2辑，台北文海出版社，第42～43页

1月25日（正月初四日） 光绪命总署大臣进康所著书。

丁亥，"命总理各国事务王大臣，呈进工部主事康有为所著《日本变政考》、《俄皇大彼得变政考》等书"。

朱寿朋编《光绪朝东华录》，中华书局1958年版，第4024页

康有为《康南海自编年谱》：

阅日召见枢臣，翁以吾言入奏，上命召见，恭邸谓请令其条陈所见，若可采取，乃令召见。上乃令条陈所见，并进呈《日本变政考》及《俄彼得变政记》。

康有为《康南海自编年谱》，沈云龙主编，近代中国史料丛刊正编第2辑，台北文海出版社，第43页

1月26日（正月初五日） 光绪帝允许湘鄂粤三省绅商自行承办粤汉铁路，可借款兴建，由铁路总公司总其纲领。

光绪二十四年正月初五日奉上谕，王文韶、张之洞、盛宣怀奏，粤汉铁路紧要，三省绅商吁请通力合作，以保利权，并筹议借款各折片。现在时局日亟，所有中国紧要枝干各路，除卢汉业经开办外，粤汉一路虽经总署王大臣奏明次第举办，尚未定有切实规模，自应预争先着，若由湘、鄂、粤三省绅商自行承办，仍归总公司总其纲领，实于大局有裨。惟是造路之资本，借款之办法，通行之章程，必须与卢汉公司一气贯注，始可收通力合作之效。著王文韶、张之洞、谭钟麟、谭继洵、陈宝箴、许振祎随时会商，盛宣怀妥议招股借款各节，并选举各省绅商设立分局，购地鸠工，认真办理。各国如有以承办此路为请者，即由总署王大臣告以三省绅商自行承办，已有成议，或可杜其要求。此路贯湖南腹地，衔接武昌，不特取径直捷，练兵开矿诸凡有益，该大臣等，当妥速开办，力任其难，以收实效。另片奏请暂用中国工师勘路等语，

詹天佑、邝景阳二员已谕令胡燏棻暂时借调，即著陈宝箴派员协同该二员，将湘省应造铁路之地，测量勘绘。原折著抄给谭钟麟、谭继洵、许振祎、陈宝箴阅看。将此各谕令知之，钦此。

盛宣怀《愚斋存稿》卷2，沈云龙主编，近代中国史料丛刊续编第13辑，台北文海出版社，第75页

△ 翁同龢力陈破格用人，并以康变法之言入奏。

赵炳麟《光绪大事汇鉴》卷九：

有为既以日俄变政诸书进，翁同龢复荐有为才胜臣百倍。上因命有为具折言国政。

赵炳麟《赵柏严集》，沈云龙主编，近代中国史料丛刊正编第31辑，台北文海出版社，第468页

1月27日（正月初六日） 设经济特科。

内阁奉上谕，总理各国事务衙门会同礼部奏遵议贵州学政严修请设专科一折。据称：就该学政原奏分别酌拟，一为岁举，一为特科，先行特科，次行岁举。特科约以六事：一曰内政，凡考求方舆险要、邦国利病、民情风俗者，隶之。二曰外交，凡考求各国政事、条约、公法、律例、章程者，隶之。三曰理财，凡考求税则、矿产、农功、商务者，隶之。四曰经武，凡考求行军、布阵、管驾、测量者，隶之。五曰格物，凡考求中西算学、声光、化电者，隶之。六曰考工，凡考求名物、象数、制造、工程者隶之。由三品以上京官及督抚、学政各举所知，无论已仕、未仕，注明其人何所专长，咨送总理衙门，会同礼部奏请在保和殿试以策论，简派阅卷大臣，严定去留，详拟等第。复试后，带领引见，听候擢用，此为经济特科，以后或十年一举，或二十年一举，候旨举行，不为常例；岁举则每届乡试年分，由各省学政调取新增算学、艺学各书院、学堂高等生、监，录送乡试。初场试专门题，次场试时务题，三场仍试四书文。中试者，曰经济科举人，与文闱举人同场复试。中会试中式经济科贡士者，亦一体复试、殿试、朝考等语。国家造就人才，但期有裨实用，本可不拘一格，该衙门所议，特科、岁举两途，洵足以开风气而广登进，著照所请行，其详细章程仍著该衙门会同礼部妥议具奏。现在时事多艰，需才孔亟，自降旨以后，该大臣等如有平素所深知者，出具切实考语，陆续咨送，不得瞻徇情面，徒采虚声。俟咨送人数汇齐至百人以上，即可奏请定期举行特科，以资观感。至岁举既定年限，各该巡抚、学政，务将新增算学、艺学各书院、学堂，切实经理，随时督饬院长、教习认真训迪，精益求精。该生、监等亦当思经济一科，与制艺取士并重，争自濯磨，力图上进，用副朝廷旁求俊人至意。

中国第一历史档案馆编《光绪朝上谕档》第24册，广西师范大学出版社1996年版，第11～12页

1月29日（正月初八日） 康有为进呈《外衅危迫分割洊至急宜及时发愤大誓臣工开制度新政局折》。3月11日（二月十九日），总理衙门将康有为的该折上奏光绪帝，即"上清帝第六书"。

康有为上《外衅危迫分割洊至急宜及时发愤大誓臣工开制度新政局折》：

具呈，工部主事康有为，为外衅危迫，分割洊至，急宜及时发愤，大誓臣工，开制度新政局，革旧图新，以存国祚，呈请代奏事：

窃自马江败后，法人据越，职于此时隐忧时事，妄有条陈，发日本之阴谋，指朝鲜之蓄患。以为若不及时变法，数年之后，不能立国。已而东师大辱，遂有割台补款之事。于是外邦蔑视，海内离心。职忧愤迫切，谬陈大计，请及时变法，图保疆圉。妄谓及今为之，犹可补牢；如再徘徊迟疑，苟且度日，因循守旧，坐失事机，则外患内讧，旦夕瓦解，后欲悔改，不可收拾，虽

有善者，无如之何。危言狂论，冒犯刑诛，荷蒙皇上天地之量，俯采刍荛，下疆臣施行，以图卧薪尝胆之治。职诚感激圣明，续有陈论，格未得达，旋即告归。

去国二年，侧望新政，而泄沓如故，土室抚膺，闭门泣血。顷果有德人据胶之事，邀索条款。和议甫定，而英、俄乘机邀索，应接无暇。山东复有命案，德使翻然，教堂遍地，处处可以开衅。诸国接踵，其何以堪之！职闻胶变，从海上来，闻万国报馆议论沸腾，咸以分中国为言。海内震惶，乱民蠢动。顷元旦日食，天象告变，警戒非常。瓜分豆剖，大露机牙，栋折榱坏，同受倾压。用敢万里浮海，再诣阙廷，思竭愚诚，冀裨万一。蒙大臣延询以善后变法大计，用敢冒昧陈露，以备皇上采择焉。

职窃考大地百年来守旧诸国，削灭殆尽。有亡于一举之割裂者，各国之于非洲是也；有亡于屡举之割裂者，俄、德、奥之于波兰是也；有尽夺其政权、利权而一旦亡之者，法之于安南是也；有遍据其海陆形胜而渐次亡之者，英之于印度是也。此皆泰西取国之胜算，守旧被灭之覆辙，近事彰彰者也。当此主忧臣辱之日，职亦何忍为伤心刺耳之谈。然自东师辱后，泰西以野蛮鄙我，以黑奴侮我，故所派公使，皆调从非洲，无一调自欧洲者。按其公法均势保护诸例，只为文明之国，不为野蛮。十年前吾幸无事者，诸国方分非洲耳。今分地已讫，无地可图，故聚谋以分中国为事。剖割之图，传遍大地；擘画详明，绝无隐讳。此尚虚声，请言实迹。俄、德、法何事而订密约？英、日何事而订深交？土、希之役，何以惜兵力不用？战舰之数，何以竞厚兵而相待？譬犹地雷四伏，药线交通，一处火燃，四面皆应。胶警乃其借端，德国固其嚆矢耳！

二万万华腴之地，四万万秀淑之民，诸国眈眈，朵颐已久；谩藏诲盗，陈之交衢；唾手可得，俯拾即是。如蚁慕膻，闻风并至，失鹿共逐，抚掌欢呼。其始壮夫动其食指，其后老稚亦分杯羹；诸国咸来，并思一脔。昔者安南之役，十年乃有东事；割台之后，两载遂有胶州。中间东三省、龙州之铁路，滇粤之矿，土司野山之边疆，尚不计矣。自尔之后，赴机愈急，蓄势益紧，事变之来，日迫一日。浸假如埃及之管其户部，如土耳其之柄其国。枢垣总署，彼皆可派其国人；公卿督抚，彼且将制其死命。鞭笞亲贵，奴隶重臣；囚奴士夫，蹂践民庶。又其甚则且如土耳其之幽废，如高丽之祸及宫闱。又甚则如安南之尽取其土地人民而存其虚号，又如波兰之宰割均分而举其国土。马达加斯加以挑水起衅而国灭，安南以争道致命而社墟；蚁穴溃堤，衅不在大。职恐自尔之后，皇上与诸臣虽欲苟安旦夕而不可得矣。后此数年，中智以下，逆料而知，必无解免。然其他事，职犹可先事言之。若变辱非常，则不惟辍简而不忍著诸篇，抑且泣血而不能出诸口。处小朝廷而求活，则胡铨所羞；待焚京邑而忧惶，则董遇所鄙。此则职中夜屑涕，仰天痛哭而不能已于言者也。

夫以二万万方里之地，四万万之民，皇上抚而用之，何求不得，谁为束缚其手足耶？然伏观皇上忧愤之心，昭于日月；密勿重臣，及六曹九列之贤士大夫，忧国之诚，瘴颜墨色，亦且暴著于人。顾日言自强而弱日甚，日思防乱而乱日深者何哉？则以国是未定故也。夫国是者，犹操舟之有舵，罗盘之有针；趋向既定，而后驶行求前。其有赴程甚远，不能速登彼岸，则或因风雾见阻，或责舟人惰勤。若针之子午无定，舵之东西游移，即使舟人加力，风帆大顺，而遥遥莫适，怅怅何之；甚且之楚而北行，马疾而愈远矣。

夫今日当大地忽通、万国竞长之时，迥非汉、唐、宋、明一统之旧。各国治法、文学、技艺、制造、财富、武备之盛，迥非匈奴、突厥愚犷之风。以地言，则英、俄倍我。以新政言，则自英人倍根变法，至今五百年，政艺日新；而我今始用之，其巧拙与彼有一与五百之比。以财富言，英人匀算人有二万七千镑，而吾民鸠形菜色，不及十金；今镑价值银十一员，是英人有三十万员,是吾贫富较彼有一与三万之比。英、美赋税皆七十万万,而吾仅七千万。以兵言,则泰西强国皆数百万,铁舰百数;而吾无一劲兵,无一铁舰,则不在比数之列。此固中国四千年来之变局,亦祖宗二百年来所未遇也。

以吾闭关之俗,忽当竞长之时,絺绤宜于夏日,雨雪既至,不能不易重裘;车马宜于陆行,大河前横,不能不易舟楫。外之所感既异,内之备御因之,故大《易》贵乎时义,《管子》贵乎观邻。水涨堤高,专视比较。若执旧方以医变症,药既不对,病必加危。故当今日而思图存,舍变法外更无他巧;此固万国谋自强者所殊途而一辙,亦中外谈经济者所异口而同词。臣民想望,有不可不变之心;外国逼迫,有不能不变之势。

然则今日之国是,莫有出于尽革旧习、变法维新者矣。自同治、光绪以来,总署、使馆、同文馆、招商局、制造局、税务司、船政厂、电线铁路之设,皆采用新政,非祖宗之旧法矣。皇上与诸臣审时度势,图谋自强,亦固知法之不能不变矣。徒以根本未变,大制未新,少袭皮毛,未易骨髓。譬犹厦屋朽坏,岌岌将倾,而粉饰补漏,糊裱丹青,思以支柱,狂风暴雨之来,求不覆压,岂可得哉?故外侮一来,绝无可恃,猥以万里大国,委命他人,一使狂言,举国震慑,听其刲割,此真自古绝无之事,安有抚万里之大国而无计若此者乎?然而至于此者,则以国是未决,变法未尽。午针摇荡,操舵游移,加以风雾晦冥,波涛大作,其船虽大,必覆无疑。

夫病症既变,宜用新方;岁步既更,宜革旧历。《易》贵观会通以行典礼;《论语》称孝无改父道,不过三年,则四年后可改无疑。且今之制度,并非祖宗之法,皆秦汉自私之术、元明展转之弊耳,岂复有三代道德之美哉?抗言守祖宗之成法者,不过为胥吏之窠臼,奸人之凭藉耳,岂有祖宗分毫之意哉?《大学》称日新又新,其命维新;伊尹称用新去陈,病乃不存。故新则和,旧则乖;新则活,旧则板;新则疏通,旧则阻滞;新则宽大,旧则刻薄。自古开国之法无不新,故新为生机;亡国之法无不旧,故旧为死机。更新则乳虎食牛,守旧则为丛驱爵。世祖章皇帝之入关,即大变太祖、太宗八贝勒八旗之法,以维新垂治矣。近俄与日本、暹罗变政维新,遂以辟地自强矣;印度、土耳其、埃及守旧不改,遂以削地灭亡矣。夫守祖宗之成法而不能守祖宗之土地,与稍易其法而能保其地,孰为得失?狃中国之体制而不能保中国之民,与稍变其制而能保其民,孰为轻重?新旧、变守之效如此,皇上果何择焉?

然皇上虽赫然发奋,思变图存,职窃虑数千年之旧说,易为所牵;数百年之积习,易为所滞。夫非常之原,黎民所惧;吐下之方,庸医畏投。非有雷霆霹雳之气,不能成造立天地之功;非天下之至强者,不能扫除也。后有猛虎,则懦夫可以跳涧溪;室遭大火,则吝夫不复惜什器。惟知之极明者行之极勇,然非天下之至明不能洞见也。伏愿皇上召问群臣,审量时势,反复辨难,决定国是;确知旧习之宜尽弃,补漏之无成功;别立堂基,涤除旧弊。以地方二万万方里之大,人民四万万之众,物产二十六万种之繁,加以先圣义理入人之深,祖宗德泽在人之厚,此地球各国之所无、而诸国之所羡绝者也。以皇上之明,居莫强之势,若发奋更始,变法一新。《孟子》谓"王犹反手",虽为政地球何有焉,惟中国为然。今虽稍迟,补牢未晚;虽未遽转弱而为强,而仓卒可图存于亡;虽未能因败以成功,而俄顷可转乱为治。是在皇上志力之浅深、变法之迟速,以为收效之大小而已。

然徒言变法,条理万端,随举一事,皆关重大,少一不变,连类无功。此当世之士略能言之,职亦尝上陈之。惟其推行之本末、先后之次序、章程节目之繁、刚柔宽猛之用,从何下手,乃无疑惑;从何取法,乃无弊端。如作书画必当有佳谱,仿摹尤贵见墨迹,临写庶不走作,乃易揣摩。职窃为皇上上下古今、纵横中外思之。尧舜三代之道在爱民,皇上必已熟讲之,职愿皇上常讽《孟子》而深知其意;勾践、燕昭之行在雪耻,皇上当已习闻之,职愿皇上熟诵《国语》、《国策》而誓于心。若至近之墨迹可摹、绝佳之画谱可临者，职于地球中新兴者得二国焉，曰俄、曰日。职愿皇上以俄国大彼得之心为心法，以日本明治之政为政谱而已。

昔彼得为欧洲所摈，易装游法，学于船匠，变政而遂霸大地；日本为俄、美所败，步武泰西，乃至易服改纪而雄视东方。此二国者，其始遭削弱与我同，其后底盛强与我异。日本地势近我，政俗同我，成效最速，条理尤详；取而用之，尤易措手。职译纂累年，成《日本变政考》一书，专明日本改政之次第；又有《大彼得变政记》，顷方缮写，若承垂采，当以进呈。若西人所著之《泰西新史揽要》、《列国变通兴盛记》，于俄、日二主之事颇有发明。皇上若俯采远人，法此二国，诚令译署并进此书，几余披阅。皇上劳精垂意讲之于上，枢译诸大臣各授一册讲之于下，权衡在握，施行自异；起衰振靡，警聩发聋，其举动非常，更有迥出意计外者。风声所播，海内慑耸，职可保外人改视易听，必不敢为无厌之求。盖遇昧者其胆豪，见明者则气怯；且虑我地大人众，一旦自强，则报复更烈。非皇上洞悉敌情，无以折冲樽俎；然非皇上采法俄、日，亦不能为天下雄也。

考日本维新之始，凡有三事：一曰大誓群臣以革旧维新，而采天下之舆论，取万国之良法；二曰开制度局于宫中，征天下通才二十人为参与，将一切政事制度重新商定；三曰设待诏所，许天下人上书，日主以时见之，称旨则隶入制度局。此诚变法之纲领，下手之条理，莫之能易也。伏愿皇上采而用之，因日食之警，震动修德，除旧布新；择吉日大誓百司庶僚于太庙，或御乾清门，下诏申警，宣布天下以维新更始；上下一心，尽革旧弊；采天下之舆论，取万国之良法，俾趋向既定，四海向风。然后用南书房、会典馆之例，特置制度局于内廷，妙选天下通才数人为修撰，派王大臣为总裁，体制平等，俾易商榷。每日值内，同共讨论；皇上亲临折衷一是，将旧制新政斟酌其宜。某政宜改，某事宜增，草定章程，考核至当，然后施行。

其午门设待诏所，派御史监收，许天下人上书，皆与传达，发下制度局解之，以通天下之情，尽天下之才。或与召见，称旨者擢用，或擢入制度局参议。其将来经济特科录用之才，仿用唐制开集贤、延英之馆以待之，拔其尤者选入制度局。其他条陈关涉新政者，皆发制度局议行。盖六部为行政之官，掌守例而不任出议；然举行新政，无例可援。军机出纳喉舌，亦非论道经邦。跪对顷刻，岂能讨论？总署困于外交，且多兼职差，簿书期会，刻无暇晷。变法事体大，安有无论思专官而可行乎？周公思兼三王，仰思待旦；《中庸》称博学、审问、慎思、明辨而后笃行。今有办事之官，而无议论之官，譬有手足而无心思，又以鼻口而兼耳目。不学、问、思、辨而徒为笃行，夜行无烛，瞎马临池，宜其丛脞也。若开局讨论，专设一官，然后百度维新可得备详。

其新政推行，内外皆立专局，以任其事：

一、法律局。考万国法律公法，以为交涉平等之计。或酌一新律，施行于通商口岸，以入万国公法之会。

二、税计局。掌参用万国之税则，定全地之税、户口之籍、关税之法、米禄之制、统计之法、兴业之事、公债之例、讼纸之制。

三、学校局。掌于京师。各直省即书院、佛寺为学堂，分格致、教术、政治、医、律、农、矿、制造、掌故、各国语言文字诸科，别以大、小、公、私，并立师范、女学而广励之；其有新书、新艺、新器者，奖劝焉。

四、农商局。掌凡种植之法、土地之宜、垦殖之事、赛珍之会、比较之厂，考土产，计物价，定币权，立商律，劝商学。

五、工务局。掌凡制造之厂、机器之业、土木之事。

六、矿政局。掌凡天下一切矿产，开矿学，定矿则，凡开矿者隶焉。

七、铁路局。掌凡天下开铁路事。

八、邮政局。掌修天下道路及递信、电报之事。

九、造币局。掌铸金、银、铜三品，立银行，造纸币，时其轻重。

十、游历局。掌派人游学外国，一法一艺，宜得其详。其有愿游学者报焉。

十一、社会局。泰西政艺精新，不在于官，而在于会；以官人寡而会人多，官事多而会事暇也。故皆有学校会、农桑会、商学会、防病会、天文会、地舆会、大道会、大工会、医学会、各国文字会、律法会、剖解会、植物会、动物会、要术会、书画会、雕刻会、博览会、亲睦会、布施会。宜劝令人民立会讲求，将会例、人名报局考察。

十二、武备局。掌编民兵、购铁舰、讲洋操、学驾驶、讲海战。

十二局立而新制举，凡制度局所议定之新政，皆交十二局施行，其直省藩、臬、道、府，皆为冗员；州县守令，选举既轻，习气极坏，仅收税、断狱，与民无关。故上有恩意而不宜，民有疾苦而莫告。千里之地，仅督抚一人能达于上，而层级十重隔于下。且督抚官尊，久累资格，故多衰眊，畏闻兴作。若督抚非人，下虽有才，无能为治，骤言尽革，其事既难。

日本国主之下、小民之上，仅一县令，虽亲王亦充之；故权尊而亲民，新政乃达。汉制，百郡以一守领令数十，宋制以京官知州县，皆可为法。昔曾国藩变兵为勇，以收平贼之效，今莫若变官为差。直省道员凡六七十，每道设一新政局，督办照主考学政及洋差体例，不拘官阶，随带京衔。准其专折奏事，听其辟举参赞随员，授以权任，凡学校、农工、商业、山林、渔产、道路、巡捕、卫生、济贫、崇教、正俗之政，皆督焉。每县设一民政局，由督办派员会同地方绅士公议新政，以厘金与之。其有道府缺出，皆令管理，三月而责其规模，一年而责其治效。学校几所，修路几里，制造几场，皆有计表上达制度局、十二局、军机处；其治效著者，加秩进禄。

凡诸新政人员，就制度局、集贤院、待诏所及内外所保人才选授，略同南书房差，不拘官级。听辟幕僚，专在得人，与共新政。内外本末，指臂灵通，血管注于心房，脑筋遍于全体，简易广大，相与更新。然后破资格、厚俸禄以用人才，停捐纳、省冗员以清仕路，派亲王重臣游历以广学识。尚虑改变之始，需款甚繁。日人以纸币行之，真银仅三千万，而用值二亿五万[千]万，盖得《管子》轻重之法焉。吾若大变法度，上下相亲，亦可行之，否则大借洋款数万万，派熟习美国之人与借商款，酌以铁路、矿产与之，当可必得，准限三年，各省铁路皆成，学堂皆立，学会皆开；工有新器，商有新学，地有余利，民有余饶，至于十年，治功大著，足以雪仇耻而威四裔，不难矣！

若惑于庸人之论，不为全局之谋，徘徊迟疑，苟且度日，旧弊未去，变法不全；则责言日闻，幅员日割，手足既缚，腹心亦封。虽欲偏安，无能为计矣。时乎时乎，岂能再误！宗社存亡之机在于今日，皇上图存与否在于此时。职之疏逖，岂能妄陈大计，变乱典章，诚以上为君国，下为身家，心所谓危急何能择，用敢冒越，竭尽其愚。伏惟皇上少采其言，干健独断，发愤维新，或克图存。宗社幸甚！天下幸甚！职冒犯圣听，不胜战栗屏营之至，伏惟代奏皇上圣鉴。谨呈。

姜义华、张荣华编校，国家清史编纂委员会·文献丛刊《康有为全集》第4集，中国人民大学出版社2007年版，第11～15页

编者按：该奏折在康有为的《戊戌奏稿》中题为《应诏统筹全局折》，在故宫博物院内府抄本《杰士上书汇录》中的名称为《外衅危迫分割洊至急宜及时发愤大誓臣工开制度新政局折》，且未署日期。该折呈送总理衙门的日期，梁启超在《戊戌政变记》中记为正月初八，康有为在《康南海自编年谱》中记为正月初七。该奏折名称以故宫博物院内府抄本《杰士上书汇录》所收为准，进呈总理衙门的日期采信梁启超《戊戌政变记》之所述。

1月31日(正月初十日)　林旭等在京开闽学会。

梁启超《林旭传》:

君遍谒乡先达鼓之,一日而成,以正月初十日建会馆,闽中名士夫皆集,而君实为闽学会之领袖焉。

梁启超《戊戌政变记》,沈云龙主编,近代中国史料丛刊正编第92辑,台北文海出版社,第198页

康有为《康南海自编年谱》:

五月初十日,林暾谷开闽学会成。

康有为《康南海自编年谱》,沈云龙主编,近代中国史料丛刊正编第2辑,台北文海出版社,第43页

编者按:康有为记闽学会成立时间为五月初十,但据梁启超的记载,实际上是正月初十。

2月4日(正月十四日)　户部奏准颁发昭信股票。

詹事府右春坊右中允黄思永奏《筹借华款请造自强股票折》:

窃维时事孔棘,库藏空虚,舍借款无以应急,舍外洋不得巨款,前已种种吃亏,近闻各国争欲抵借,其言愈甘,其患愈伏,何中国臣民如此之众,受恩如此之深,竟无以借华款之策进者?若谓息借商款,前无成效,且有扰民之弊,遂不可行,此诚因噎废食之说也。不知在外洋与在通商口岸之华民,依傍洋人买票借款者甚多。不能自用,乃以资人,且搢绅之私财,寄顿于外国银行或托名洋商营运者,不知凡几,存中国之银号票庄又无论矣。小民不足责,应请特旨严责中外臣僚,激以忠义奋发之气,先派官借以为民倡,合天下之地力人力财力,类别区分,各出其余以应国家之急,似乎四万万之众,不难借一二万万之款。臣闻外洋动辄以万万出借,非其素蓄,不过呼应甚灵。每股百两,且有折扣,甲附股以售与乙,反掌间即可加增。以为恒产传之子孙者,不愿归还,即辗转操纵,亦有赢余。股票胜于银票,故举国信从,趋之若鹜。每得中国电报借款议成,即由银行造票登新闻纸出售,虽万万两之多,克期立尽。中国风气若开,岂难渐收成效。拟请饬下户部,速造股票,先按官之品级,缺之肥瘠,家道之厚薄,酌定借款之多少。查照官册分派,渐及民间,亦仿西法每百两为一股,每股分期收缴,还以十年或二十年为度,每年本利共还若干,预定准数,随股票另给票据,十年则十张,平时准其转售,临期准抵交项。盖分期宽则交款易,交款易则股本方肯多入,归款亦不为难,出入皆就近责成银行票庄银号典当代为收付,不经胥吏之手,无诈无虞,确有凭信,可售可抵,更易流通,大抵乡闾通缓急,集腋乞邻,视为常事。况在军国之重、君父之尊,苟有天良,安忍推诿,特不用力者举一羽而不足,不同道者拔一毛而不为,诚能人人以谋身之智谋国,智不可胜用矣,人人以为己之力为公,力亦不可胜用矣。其实聚之为多,分于一人,所用其智力者亦无几。若虑激之不动,倡之不应,督之不前,是真可与共富贵而不可共患难者,当不至此。臣谓先派官借者,亦鉴于因循之习已深,又恐因噎废食,依然徒托空言耳。抑或能借巨款给奖叙以资鼓励,亦是一法。顷奉上谕开经济特科,既重专门之学,求应变之才,断非空谈名理,徒习虚文。凡一切讲武、训农、通商、惠工之实事,刻不容缓,需款正多,舍己求人,终不可恃,无论洋款如何,华款总当并力图之,专责任之,克期待之,志在必成。臣愚揆度时势,非急求所以自强者,无以自立,非反求所以自足者,无以自强。足食足兵为自强之本,民信又为兵食之本,我朝深仁厚泽,民志尚孚,于此次借资民力之处,务须格外核实,格外认真,有言必践,无弊不除,人人晓以休戚相关之理,人人动其忠君爱国之忱,内有可恃,外自不敢生心,不待兵食既足,即此民信之先声出人意外,已足震而惊之矣。纵借洋款,患必较轻,洵为今之急务,故借华款股票谓之自强。再,中国集股之举,惯于失信,人皆望而畏之,即铁路、银行、开矿诸

大端，获利亦无把握，收效未卜何时，故信从者少。若因国计自强派股，皇上昭示大信，一年见利，既速且准，自非寻常股票可比，安见将来风行之盛不如外洋？如蒙圣明采纳，臣非空言，请先派筹借若干两，定限缴齐，逾期请治臣罪。其力数倍于臣数十倍于臣者，如恒河沙数，聚沙成塔，只在人为。惟恳皇上宸断，令出惟行，则颓风可振，众志成城，转弱为强之机，反求即是矣。

朱寿朋编《光绪朝东华录》，中华书局 1958 年版，总 4031 ~4032 页

戊戌，户部奏，军机处交出右春坊右中允黄思永奏筹借华款，请造自强股票一折，光绪二十四年正月初九日奉谕旨，户部速议具奏，钦此。……臣等伏查日本偿款，数巨期迫，原拟息借洋债以应急需，乃需用愈急，息借愈难。或已有头绪而不免纷纭，或已立合同而终成反计。计自去年以迄今日，借债一事，其旋议而旋停者，盖不知凡几矣。现在期限日紧，洋债仍无成说，臣部正议息借华款为补救万一之谋，今中允黄思永请特旨严责中外臣僚，激以忠义奋发之气，先派官借以为民倡，并请速造股票，先按官之品级，缺之肥瘠，家道之厚薄，酌定借款之多少。查照官册分派，渐及民间，亦仿西法每百两为一股，每股分期收缴，还以十年或二十年为度，每年本利共还若干，预定准数，随股票另给票据，十年则十张，平时准其转售，临期准抵交项等因，自属筹款之一法。第缺分肥瘠，家道厚薄，一时既难周知，且按官之品级以定数之多少，亦恐迹近抑勒，窒碍难行。臣等会同商酌，拟令官绅商民均量力出借，无庸拘定数目。先由臣部印造部票一百万张，名曰昭信股票，颁发中外。随后再制造息折，给予本人收执。每部票一张，注明库平纹银一百两，银元亦准折合抵交。凡中国官民，领取部票，缴纳借款，或在部库、藩库兑交，或寄存于某号票商，但使无误提拨，均听其便。此项借款照洋款办法，周年以五厘行息计，用二十年，前十年每年还息一次，后十年本利并还，期以二十年本利完讫。在京由部库拨给，在外由藩库拨给，断不准丝毫需索。平时股票许其转相售买，每届还期，准抵地丁、盐课、厘金，以冀通行而昭大信。夫商民食毛践土，各怀忠义之心，而内外大小臣工，受国厚恩，际此帑绌时艰，尤当熟计安危，出家资以佐国用。况朝廷不责以报效，不强令捐输，一律按本计息，分期归还。谁无人心，谁无天良，断不忍观望迟回，一任大局之溃裂。该中允原奏先派官借以民倡，所论诚为扼要，拟请降旨，饬令在京自王公以下，在外自将军督抚以下，无论大小、文武、现任、候补、候选各项官员，均领票缴银以为商民之倡。在京大小官员，出借银若干，应领票若干，由该旗该衙门开单报部，请领转拨；在外大小官员出借银若干，应领票若干，由各省将军、督抚开单请领转拨。至地方商民人等愿借者，亦复不少，在京即责成顺天府府尹，在外即责成将军、督抚，将部定大概章程先行出示，随即拣派廉干之员，剀切晓谕，劝令绅商士民，一体量力出借，仍不得苛派勒捐，致滋纷扰。一面由臣部将印票分别省分，酌量给拨，一面由地方官将出借银数，随时报部，听候拨还日本偿款。无论何项不准挪移动用，此项借款，待用孔亟，各直省应自奉旨之日起，限两个月，将筹借办法及已借银数赶紧电报，不得稍有迟逾。如派办筹借人员，多方劝谕，能借巨款十万以上，准从优奖，五十万以上，准破格优奖，以示鼓励。

朱寿朋编《光绪朝东华录》，中华书局 1958 年版，总 4034 ~4036 页

戊戌，上谕，户部奏遵议右中允黄思永奏筹备用款请行股票一折，据称按照该中允原折所陈，详细参酌，拟饬部印造股票一百万张，名曰昭信股票，颁发中外，周年以五厘行息计，期以二十年本利完讫。平时股票许其转相售买，每届还期，准抵地丁、盐课、厘金。在京自王公以下，在外自将军、督抚以下，无论大小、文武、现任、候补、候选官员等，均领票缴银以为商民之倡，其地方商民愿借者，即责成顺天府府尹及各直省将军、督抚，将部定章程先行出示，并

派员剀切劝谕，不准稍有勒索。承办之员能借巨款者，分别优予奖叙各等语，著依议行。当此需款孔亟，该王公及将军、督抚等，均受朝廷厚恩，各省绅商士民亦当深明大义，共济时艰，况该部所议章程，既不责以报效，亦不强令捐输，一律按本计利，分期归还，谅不至迟回观望也。

朱寿朋编《光绪朝东华录》，中华书局1958年版，总4036页

2月13日（正月二十三日）　光绪向翁同龢索《日本国志》。

《翁同龢日记》

见起二刻余，上向臣索黄遵宪《日本国志》，臣对未洽，颇致诘难。

翁同龢著，陈义杰整理《翁同龢日记》第6册，中华书局1998年版，第3093页

2月15日（正月二十五日）　命议京师大学堂章程。

光绪二十四年正月二十五日上谕：

己酉，谕，御史王鹏运奏请开办京师大学堂等语，京师大学堂迭经臣工奏请，准其建立，现在亟须开办，其详细章程，著军机大臣会同总理各国事务衙门王大臣，妥议具奏。

朱寿朋编《光绪朝东华录》，中华书局1958年版，第4041页

2月21日（二月初一日）　南学会正式开会。

《开讲盛仪》：

本年湘士大夫创设南学会，假孝廉堂为会所，每月以房、虚、星、昴之日为讲期。二月初一日为南学会开讲第一期，陈大中丞、徐学使、黄廉访咸会，官绅士民集者三百余人。堂上设讲座，下排横桌听讲者环坐焉。初会时舄履交错，士大夫周旋问答，言笑晏晏，在所不免。钟十二下，主讲诸公就座，会者毕坐，堂上铃声作，执事者唱毋哗，咸屏息敬听。首皮鹿门学长开讲，继之者黄廉访、乔茂萱比部、谭复生观察，最后陈大中丞宣讲。讲毕，堂上铃声作，众皆起，鱼贯趋出，于是士大夫啧啧称美，以为贤长官，用平等之仪，讲会学之旨，情比于家人，义笃于师友，此事为平生所未见，不图今日见三代盛仪也。闻湘省之风者，可以兴起矣。

湘报馆编《湘报》第1号（1898年），《中国近代期刊汇刊·湘报》全二册（影印本），中华书局2006年版，第2页

《南学会大概章程十二条》：

一、本学会专以开浚知识、恢张能力、拓充公益为主义，凡旧日所有拘墟之习、骑墙之见，入此会者，务宜屏除。

二、本学会会友不拘何乡之人，皆可充当，其别有三：一曰议事会友，皆以品学兼著、名望孚恰者充之。凡会中事务章程，均由议事会友议定交会中坐办人承办；一曰讲论会友，定期集讲，随时问难；一曰通信会友，远道寄函，随时酬答。

三、议事会友现以创议诸人为之，俟规模大定，再于诸会友中随时公举。

四、讲论会友拟公举学问深邃、长于辩说者，请其讲论，讲期每月四次，遇房、虚、星、昴之日，即为讲论之期，其余诸友可于开会之日齐集会讲，其有疑义新理，可以纸笔互相问难。

五、本学会无论官绅士庶，既登会籍，俱作为会友，一切平等，略贵贱之分，即以通上下之气，去壅阂之习，凡入会者务知此意。

六、入本学会者，可任意捐资若干，为会中广购图籍、扩充经费之用，或愿捐新旧各种书籍亦可。

七、本学会学术不立专门,如有融贯中西,浚明心力,著为论说,或创造图器,有益民生者,其论说则由本学会选刊行世,其图器则仿西国文凭之例,给予专凭,俾相授受。

八、通信会友凡居址远者,来否会讲,听其自便。至外府、外省尤可彼此函商,或自将所学演论成帙,邮寄会中,互相考验,亦择其佳者,选刊行世。

九、会中现设坐办人二员,每月酌给薪水。

十、会外人遇开讲之日,亦可前来听讲,但须先期躬至坐办处挂号,领取凭单,方准入座听讲。

十一、本学会设藏书楼一区,广度图书,会友平时欲观图籍,可携笔砚亲赴书楼钞写。

十二、中国举事素患议论多而成功少,故会中章程以极少为主,宁俟不足而增补之,毋使徒滋议论,其余讲学、阅书章程另有专条。

湘报馆编《湘报》第34号(1898年),《中国近代期刊汇刊·湘报》全二册(影印本),中华书局2006年版,第268~269页

梁启超《南学会叙》:

岁十月,启超以湘中大夫君子之督责,辞不获命,乃讲学长沙,既至而湘之大夫君子,适有南学会之设。不以启超为不文也,而使为之序。序曰:呜呼!今之策时变者,则曰八股不废,学校不兴,商政不修,农工不饬,民愚矣,未有能国者也。蒙则谓八股即废,学校即兴,商政即修,农工即饬,而上下之弗矩絜,学派之弗沟通,人心之无热力,虽智其民,而不能国其国也。敢问国,曰有君焉者,有官焉者,有士焉者,有农焉者,有工焉者,有商焉者,有兵焉者,万其目,一其视,万其耳,一其听,万其手,万其足,一其心,一其力,万其力,一其事,其位望之差别也万,其执业之差别也万,而其知此事也一,而其志此事也一,而其治此事也一,心相构,力相摩,点相切,线相交,是之谓万其途,一其归,是之谓国。有国于此,君与官不相接,官与官不相接,官与士不相接,士与士不相接,士与农与工与商与兵不相接,农与农,工与工,商与商,兵与兵不相接,如是乃至士与君不相接,农工商兵与官不相接,之国者何国矣?曰:使其国千人也,则为国者千,使其国万人也,则为国者万,呜呼!不得为有国焉矣。今夫躯万也,心万也,力万也,位望万也,执业万也。虽欲一之,孰从而一之。吾乃远稽之三代,乃博观于泰西,彼其有国也,必有会,君于是焉会,官于是焉会,士于是焉会,民于是焉会。旦旦而讲之,昔昔而摩厉之,虽天下之大,万物之多,而惟强吾国之知,夫能齐万而为一者,舍学会其曷从与于斯。昔普之覆于法也,普不国也,时乃有良民会,卒报大仇也。法之覆于普也,法不国也,时乃有记念会,不数年而法之强若畴昔也。意大利之轭于教皇也,希腊之轭于突厥也,意与希不国也,时乃有保国会、保种会,卒克自立,光复旧物也。日本之劫盟于三国也,日不国也,时乃有萨摩、长门诸藩侯,激厉其藩士,畜养其豪杰,汗且喘走国中,以倡大义,一啸百吟,一呻百问疾,时乃有尊攘革政,改进自由诸会党,继轨并作,遂有明治之政也。今夫以地之小如日本,民之寡如日本,幕府秉政以来,士之偷,民之靡,国之贫,兵之弱如日本,君相争权,内外交讧,时势之危蹙如日本。当彼之时,其去亡也不容发,而卒有今日,则岂非会之为功,有以苏已死之国,而完瓦裂之区者乎。嗟夫!吾中国四万万人,为四万万国之日,盖已久矣。甲午、乙未之间,敌氛压境,沿海江十数省,风声鹤唳,草木兵甲,举国自上达下,抱颅护颈,呼妻唤子,苍黄涕泣,戢戢待絷刲,犹可言也。曾不数月,和议既定,偿币犹未纳,戍卒犹未撤,则已以歌以舞,以遨以嬉,如享太牢,如登春台。其官焉者,依然惟差缺之肥瘠是问;其士焉者,依然惟八股、八韵、大卷、白折之工窳是讲。即有一、二号称知学之英,忧时之彦,而汉宋有争,儒墨有争,夷夏有争,新旧学有争,君民权有争。乃至兴一利源,则官与商争,绅与民又

争;举一新政,则政府与行省争,此省与彼省又争;议一创举,则意见歧而争,意见不歧而亦争。究之阴血周作,张脉偾兴,旋动旋止,只视为痛痒无关之事,而其心之热力,久冰消雪释于亡何有之乡,而于国之耻,君父之难,身家之危,其忘之也。抑已久矣,曾不知支那股分之票,已骈阗于西肆,瓜分中国之图,已高张于议院。持此以语天下,天下人士犹瞪目莫之信,果未两载,而德人又见告矣。今山东胶湾之据,闽海船岛之割,予取予携,拱手以献,不待言矣。而欲犹未餍,其祸犹未息,试问德人今日必索山东全省、福建全省,改隶德版,我何以拒之?试问俄人今日以一旅兵收东三省、直隶、山陕,我何以拒之?试问法人今日以一介使索云贵、两广,我何以拒之?试问英人今日以一纸书取楚、蜀、吴、越,我何以拒之?然则所恃以延一线之息,偷一日之活者,恃敌之不来而已。敌无日不可以来,国无日不可以亡,数年以后,乡井不知谁氏之藩,眷属不知谁氏之奴,血肉不知谁氏之俎,魂魄不知谁氏之鬼,及今犹不思洗常革故,同心竭虑,摩荡热力,震撼精神,致心皈命,破釜沉船,以图自保于万一。而犹禽视息息,行尸走肉,毛举细故,瞻前顾后,相妒相轧,相距相离,譬犹蒸水将沸于釜,而鯈鱼犹作莲叶之戏,燎薪已及于栋,而燕雀犹争稻粱之谋,不亦哀乎?今夫西人不欲分裂中国斯亦已矣,苟其欲之,如以千钧之弩溃痈,何求不得,何愿不成,然又必迟回审顾,累岁而不发者,则岂不以彼之所重者在商务,一旦事起,沦胥糜烂,而于彼固非有所大利,故苟可已则无宁已也。而无如中国终不自振,终不自保,则其所谓沦胥糜烂者,终不能免。而彼之商务无论迟速,而必有受牵之一日,故熟思审处,万无得已,而势殆必出于瓜分云尔。然则吾苟确然示之以可以自振可以自保之机,则其谋可立戢,而其祸可立弭,昭昭然矣。此所以中东之役以后,而泰西诸国,犹徘徊莫肯先动,以待我中国之有此一日,及至三年,一无所闻,而德人之事,乃复见也。夫所谓可以自振可以自保之机者,何也?即吾向者所谓齐万而为一,而心相构而力相摩。而点相切而线相交,盖非是而一利不能兴,一弊不能革,一事不能办。虽日呼号痛苦,奔走骇汗,而其无救于危亡一也。吾闻日本幕府之末叶,诸侯拥士者数十,而惟萨、长、土、肥四藩者,其士气横溢,热血奋发,风气已成,浸假遍于四岛。今以中国之大,积弊之久,欲一旦联而合之,吾知其难矣。其能如日本之已事,先自数省者起,此数省者,其风气成,其规模立,然后浸淫披靡以及于他省,苟万夫一心,万死一生以图之,以力戴王室,保全圣教。噫!或者其犹可为也。湖南天下之中,而人才之渊薮也。其学者有畏斋船山之遗风,其任侠尚气,与日本萨摩长门[州]藩士相仿佛。其乡先辈者若魏默深、郭筠仙、曾劼刚诸先生,为中土言西学者所自出焉。两岁以来,官与绅一气,士与民一心,百废具举,异于他日,其可以强天下而保中国者,莫湘人若也,今诸君子既发大愿,先合南部诸省而讲之,庶几官与官接,官与士接,士与民接,省与省接,为中国热心之起点,而上下从兹其矩絜,学派从兹而沟通,而数千年之古国,或尚可以自立于天地也,则启超日日执鞭以从诸君子之后,所忻慕焉。

梁启超《饮冰室合集·饮冰室文集》之2,中华书局1989年版,第64~67页

2月28日(二月初八) 陈宝箴奏设时务学堂,并请拨官款。

陈宝箴关于设立时务学堂的奏折:

壬戌,陈宝箴奏,臣于光绪二十二年准礼部咨山西抚臣胡聘之奏请变通书院章程一折,承准总理衙门咨议复刑部左侍郎李端棻奏请推广学校一折。本年三月,又承准总理衙门咨议复,安徽巡抚邓华熙奏筹议添设学堂,请拨常年经费一折。均奉旨依议,咨饬通行。仰见我皇上奖励实学,培养人材之至意,钦感莫名。自咸丰以来,削平寇乱,名臣儒将,多出于湘,其民气之勇,士节之盛,实甲于天下。而恃其忠肝义胆,敌王所忾,不愿师他人之长,其义愤

激烈之气,鄙夷不屑之心,亦以湘人为最。近年闻见渐拓,风气日开,颇以讲求实学为当务之急。臣自到任,迭与湘省绅士互商,提倡振兴之法。电信渐次安设,小轮亦已举行,而绅士中复有联合公司,以机器制造者。士民习见,不以为非,臣以为因势利导,宜及此时因材而造就之。当于本年秋冬之间,与绅士筹商,在省会设立时务学堂,讲授经史、掌故、法律、格致、测算等实学。额设学生一百二十人,分次考选,而延聘学兼中西、品端识卓之举人梁启超,候选州判李维格为中学、西学总教习,另设分教习四人。现已开学数月,一切规模均已粗具。省城旧有求贤书院,现据改为武备学堂,略仿天津、湖北新设规制,以备将才而肄武事。伏查邓华熙原奏,请于各省正款内每年拨款一万两,以充费用。湖北武备学堂亦经奏准动用公款,今湘省设立时务学堂、武备学堂,事同一律,拟请援照每年于正款项下拨银一万二千两,酌充两处常年经费,自光绪二十四年为始。由臣在藩库、粮库、厘金局三处筹措分拨,其京协饷及一切应解各款,仍照解不误。总计两处学堂,每年经费约需二万数千金,除指拨正款外,所有不敷之项目及建造学堂房舍之资,即由臣督率绅士,另行设法筹措,就地支给,以期有成。

朱寿朋编《光绪朝东华录》,中华书局 1958 年版,总 4051 ~4052 页

2 月下旬(正月至二月) 横滨大同学校开学。

冯自由《革命运动第十二年戊戌》:

大同学校初为横滨兴中会会长冯镜如,约合该埠新派侨商集资创建,时革命党师资人才缺乏,故由陈少白推荐上海《时务报》主笔梁启超充任校长。康有为与少白为旧识,以启超方任湖南长沙时务学堂掌教,乃以徐勤代之。是年正月开学,所延教员皆康门子弟,诸生课本书面一律大书"国耻未血,民生多艰,每饭不忘,勖哉小子"之标语,提倡爱国精神,不遗余力。其初徐勤及各教员与孙总理、杨衢云、陈少白等往还颇密,后以其师渐得清帝眷顾,深恐为革命党所牵累,遂与总理等日渐疏远。而一部侨商亦多趋炎附势,或为"名为保皇,实则革命"之邪说所诱惑。由是该校全入康党势力范围,成一喧宾夺主之局。但出身该校之学生反对保皇,倡导革命者,亦不乏人。以冯懋龙(自由)、冯斯栾(自强)、郑贯一(自立)、苏子谷(曼殊)、李自重等五人为最著。

冯自由《中国革命运动二十六年组织史》,上海书店据商务印书馆 1948 年版影印,第 33 页

冯自由《戊戌前孙康二派之关系》:

丁酉冬,横滨侨商邝汝盘、冯镜如等在中华会馆发起组织学校,以教育华侨子弟,欲由祖国延聘新学之士为教师,以此就商于总理。总理以兴中会缺乏文士,乃荐梁启超充任,并代定名曰:"中西学校"。邝汝盘持总理介绍函赴上海,谒康有为于旅次。康以梁启超方主持《时务报》笔政,荐徐勤承乏,并助以陈默庵、汤觉顿、陈荫农等,皆康门优秀也。又谓中西二字不雅,特为更名大同,亲书大同学校四字门额为赠。徐勤既抵日本,初与总理、少白时相过从,互讨论时政得失。

冯自由《革命逸史》(初集),中华书局 1981 年版,第 48 页

冯自由《记大同学校始末》:

丁酉冬,大同学校成立,余遵父命入学,徐勤(号君勉)任校长,专以救国勉励学生,每演讲时事时,恒慷慨激昂,闻者莫不感动。教室上黑板及课本书面皆大书标语曰:"国耻未雪,民生多艰,每饭不忘,勖哉小子"十六字,师徒每日罢课时必大呼此十六字口号始散。又编短歌曰:"亡国际,如何计;愿难成,功莫济。静言思之,能无恧愧!勖哉小子,万千奋励!"使学生逐日诵之。事为日本报纸所知,乃将大同学校标语揭载报端,谓支那人觉悟国耻,即于日

本不利，唤起彼国人注意。时学生受此兴奋教育之熏陶，咸具救国思想。余为校中高材生，每试均列前茅，因而志大言大，有扶危定倾舍我其谁之概。尝榜一联于书室左右曰："大同大器十七岁，中国中兴第一人"，为余父所见，斥余为大言不惭。余有和同学方庆周诗云："漫天阴雨夕阳沉，一片弦歌万木森。七十门人闻大道，三千诸佛听梵音。众生普渡师尊志，社稷匡扶弟子心。同学少年多努力，我言时事泪沾襟。"徐勤于讲学之暇复承康有为命，以振兴孔教为务，每星期日，生徒须对孔子像前行三跪九叩礼。有基督教学生赵子彬因拒绝拜跪，被教员陈荫农迫令退学，因此与华侨基督教徒大生恶感。徐闻帝国大学文学院长根本通明博士为日本孔教徒领袖，乃盘辫发于顶，易西服，赴东京访之，使学生方庆周任译事。根本为日本第一流汉学家，素蓄长发，效汉代装束，见徐易西服而来，大异，肃然曰："贵国崇奉孔圣人者，亦效夷狄之服乎？"徐赧然不能对，遂于此协商中、日共同阐扬儒道之法，横滨侨商亦多和之。遂于戊戌年（一八九八）孔子诞日，假中华会馆大举庆祝，日本名士莅会者数十人。会场孔子像旁悬一联曰："同种同文复能同教相联未许西欧逞虎视；大清大日从此大成并合遥看东亚庆麟游。"自兹而后，康徒在横滨之势力益根深蒂固矣。

冯自由《革命逸史》（初集），中华书局1981年版，第51~52页

梁启超《日本横滨中国大同学校缘起》：

带中州二万里灵淑之气，演四万万神明之胄，材质之慧敏，种类之繁殷，大地万国，岂有比哉。徒以民贼自私，愚其黔首，遂使聪明锢蔽，人才衰落，黄农之胤续，将为皂隶；洙泗之教化，日就陵夷，越在商旅，罔能保护。揽印度奴隶之由，非洲牛马之故，可不愤哉？方今万国交通，新学大启，欧米条法，日益详明。于是中原志士，咸发愤而言变政，报馆学会，缤纷并起，北肇强学于京师，南开圣学于桂海，湖湘陕右，角出条奏，云雾既拨，风气大开，疆吏以开中西学为急务，总署亦拟遣人出洋学习为要图，神州不沉，或此是赖。夫日本三岛之地，千里之国耳，近以步武泰西，维新政治，国势之强，与欧西等，推原其由，皆在遍译西书，广厉学官之故。泰西各学，若生物心哲化光电重农工商矿，莫不兼备，且能出新。其文与中土本同，其地隔渤海一带，吾中人商旅其地，人凡数千，童子之秀，亦复数百，而学堂未设，教化无闻，材艺不开，人灵坐锢，不其惜乎？泰西通商之地，皆有拜堂以崇其教主，有书院以训其童蒙，而中人数百万，未有一院，此亦可为大愧恧者也。乡人远慕中朝志士发愤之诚，近采泰西、日本教育之法，立学横滨，号以大同，庶几孔子选贤与能，讲信修睦之治，萌芽于兹，以孔子之学为原本，以西文、日文为通学，以中学小学章程为课则，延中土通才，及日本大学校教授为教习，并于文部省立案。凡由此学满业之生，准入其高等学校，及大学校，或海陆军学校，以通其专门之学。夫日本大学，与欧美已并驾齐驱，吾中人欲游学欧美，而苦于资斧者，东游足矣。天子失官，太庙纳乐，斯学之设，非徒教旅日后来之秀，亦以备西学东道之供。夫日本维新之治，赖伊滕数人之西游，则中土拨乱之才，安知不出于东土之学校，以保我种族，保我国家。其关系岂小补哉？所望远识之士，同志之人，各竭其才，共宏斯义。虞仲翔之舍宅，鲁子敬之指囷，庶几杜陵广厦，忽突兀于东瀛，徐福童男，还栋梁于汉室，回沧海之横流，救生民于涂炭，凡我神明之胄，岂无意乎？

梁启超《饮冰室合集·饮冰室文集》之4，中华书局1989年版，第79~80页

2月（正月至二月）　卢汉铁路卢保段开工，由卢沟桥跨越永定河后沿太行山东麓纵贯华北平原西部。经长辛店，渡拒马河至涿县，过高碑店，到达保定，全长一百三十点六公里，1899年1月通车。1906年，卢汉铁路全线竣工。

赵尔巽等《清史稿·交通志一》:

初,鸿章倡津通铁路之议,举朝以为不可,鸿章持之甚力。之洞特创卢汉干路之说,调停其间,而醇亲王奕譞复赞之于内,其事始定。然其时廷臣尚多不以卢汉造路为然,但无敢昌言者。故通政黄体芳谓铁路不可借洋债以自累,而台臣亦有言黄河桥工难成者,以执政者坚持举办,久之浮议始息。鸿章与之洞书,谓局外议论纷歧,宜速开办,免生枝节,之洞深然之。未几,之洞总督湖广。之洞既移鄂,益锐意兴办卢汉铁路,其所经画,曰储材宜急,勘路宜缓,兴工宜迟,竣工宜速。以商股难恃,请岁拨帑金二百万两以备路用。上如所请。

十六年,以东三省边事亟,从海军衙门王大臣及直督李鸿章言,命移卢汉路款先办关东铁路。拟由林西造干路,出山海关至沈阳达吉林,另由沈阳造枝路以至牛庄、营口,计二千三百二十三里,年拨银二百万两为关东造路专款,命李鸿章为督办大臣,裕禄为会办大臣,而卢汉路工因之延缓。盖自光绪初年,内外臣工往往条陈铁路,当国者亦欲试行以开风气,而疆吏畏难因循,顾虑清议,莫敢为天下先。卢汉铁路已定议矣,寻复中辍。至是年,国内铁路,仅有唐山至阎庄八十五里,阎庄至林西镇二百三十五里,又基隆至淡水六十里而已。

二十一年,命张之洞遴保人才,及筹议清江至京路事。之洞言铁路以卢汉为要,江宁、苏、杭次之,清江筑路非宜。上韪其言。时之洞方督两江,特命移鄂综其事。以卢汉路长款巨,谕有招股千万者,许设公司自办。粤人许应锵、方培垚等咸言集赀如额,遵旨承办。直督王文韶与之洞言承办各商举不足恃,请以津海关道盛宣怀为督办,允之,命以四品京堂督路事。宣怀条上四事,一请特设铁路总公司,拨官款,募商股,借洋债。先办卢汉,次第及于苏沪、粤汉。上如所请。是年设总公司于上海,而卢汉之始基以立。

…………

趋向既定,筹款与办法最关紧要。筹款有官帑,有洋债,有民股。修路有官办,有商办,有官督商办。自刘铭传倡借债筑路之议,为众论所尼,借款修路,遂为当时所讳言。故卢汉建议之初,犹以部帑为请,未敢昌言借洋债也。借洋债自津卢、关内外铁路始。迨盛宣怀督办路事,首以三路分三国借款之策进。曰卢汉借比款,沪宁借英款,粤汉借美款。上俞其请。由是正太则借俄款,汴洛则借比款,广九、苏杭甬则借英款,津浦则借英、德款。贷之者,大率资金什予其九,息金二什而取其一;以路为质,或并及附路之产物。付息、还本、赎路,咸有定程,而还本、赎路未及其时,且勿许。购料、勘路、兴工,多假外人为之。故外人多以款为饵,冀获承办之利。

卢汉路近三千里,费逾四千万,黄河桥工糜款尤巨,官帑仅资开办而已。借款始拟美,以所望奢,改与比议。英、德、法诸国接踵而至。卒借比款一百十二兆五十万佛郎。比小国,饶钢铁,娴工事,于中国无大志。三十一年,续借一百二十五万佛郎。逾年,路成。北端直抵京师,因易名京汉。

赵尔巽等撰《清史稿》卷149,中华书局1977年版,第4433~4438页

梁启超《记卢汉铁路》:

卢汉铁路者,中国内地第一干路也。倡议兴筑,既在十年以前,张之洞实赞之。光绪十五年,张之洞由广东移督两湖,即为此也,已而其事中止。及光绪二十二年九月,奉旨设立铁路总公司,派盛宣怀为督办大臣,与直督、鄂督会同督办,是实为中国大干路创办之嚆矢。

按,盛宣怀之为铁路督办也,其来源颇为可纪者,初中东和议既成,都人士纷纷劾合肥,而以盛为合肥所信任,攻之尤力,有旨命盛开去天津关道缺,交南北洋大臣查办复奏,时北洋则王夔石,南洋则张香涛也。王固袒盛者,而张则素与盛不合,盛乃诣张乞保全,当时张所创

湖北铁政局，经开销公项六百余万，而无成效，部文切责，张正在无措之时，于是盛来见，张乃出两折以示盛，其一则劾之者，其一则保举之者。盛阅毕，乃曰："大人意欲何为?"张曰："汝能为我接办铁政局，择保汝，否则劾汝。"盛不得已，乃诺之。更进而请曰："铁政局每岁既须赔垫巨款，而所出铁复无销处，则负担太难矣，若大人能保举宣怀办铁路，则此事尚可勉承也。"张亦不得已而诺之。遂与王联名保盛督办铁路云，此亦中国铁路史中一段佳话也。张之所以自谋脱身者，其计巧矣。而盛亦可谓因祸得福，然此后以中原脉络，付诸强俄，各国藉词，纷起攫取，亦始于此矣。

卢汉铁路兴筑之费，预算五千万两，由户部拨出一千万两，又官股三百万两，尚不敷银三千七百万两。初时将募集之于民间绅商，久无应者，不得已乃仅支出户部款四百万两，以之兴办第一区之工。第一区者，即由卢沟桥至保定府，所谓卢保铁路者也。此路既将次落成，然保定府以南，自新阳至汉口之路，尚毫无着落，张之洞乃主张借洋款，以路作抵，随修随押，随押随借，随借随修之议。当时各国既知铁路为他日关系中国最重大之事，争议借款，美国首来兜揽，然其款须五厘息九扣，又须分余利及酬劳，遂无成议。英国继之，亦以条款太重，不成，既而比利时派马西海沙地等三商人来察情形，自言有借款全权，于是定议。共借比款四百五十万两，四厘息，九扣，比英、美款皆廉，乃与定草约十六条，于光绪二十三年四月，订草合同于武昌，六月复订正约于上海，是为卢汉借款原约。

按，比人所订原约，其息比他国较廉，其需索比他国较少，而比国又为欧洲小国，其举动于大局无甚关系，当局者之惑之，固无足深怪，而不意比国不过一傀儡，更有傞傞焉持而舞之者，而所谓息廉而需索少者，亦不过借此以饵我。既上饵之后，其要挟正不让他人，是则当局者所不察也。以如此之人才，当崄巇之外交，难矣。

原约所定，本以西历一千八百九十八年正月付第一批之借款，乃比国托词迁延，已而派人来华，言自德国占胶州以后，局面一变，前所定之约，难以照办，若不改订合同，则一文不能支出云云。当时英、美各国之借款，早已复断，欲再觅借主，其势甚难，乃从其要挟，于光绪二十四年五月，改订章程，其所改者，原约以磅计算，今改为以佛郎克计算，共借一百十二兆五十万佛郎克，原约九扣四厘息改为九扣五厘，勘路比员，由中国给薪，而铁路所进收款项，比员须分二厘余利，经手银行，酬二毫半，与前者美国所要索，几无少异，徒延时日而已，然此犹不过其外面之事，若其里面消息，则有人阴主持于其后者，其人为谁？则华俄道胜银行是也。

华俄道胜银行者，名为公司，实则俄国政府为其资本主也。其银行总裁，为侯爵乌礚士希，与俄皇有亲者也。俄人设此银行，论者或以比诸英国之东印度公司，其阴谋可以想见矣。俄人东三省铁路，既经此银行之手，今复借比国为名，以握芦汉铁路之大权，而比人所以反复改约之故，皆由俄、法两国左右之也。而其最重要之点，则以担保为名，而将此线路为比公司之财产，其一切出纳，皆掌于华俄银行之手，将以联络山海关、奉天、牛庄之铁路，通于东三省铁路，而使西伯利亚铁路由圣彼得堡一气呵成，而达中国之中心，此俄人很鸷之手段也。续订合同二十九款，其文颇繁，今不全录，摘有关阴谋者，录而论之如下：(其合同全文见《时务报》第六十九号，《昌言报》第一号)

…………

夫俄人如此诡计，中国人虽不难堕其术中，彼明眼快手之英国，岂能袖手而旁观之。于是西历五月廿二(比国合同画押在西历六月廿六日，此乃画押前一月之事)伦敦《泰晤士报》北京访事飞电本国曰：法国公使、比国公使与华俄道胜银行总办相会协议芦汉铁路之事，英国外务省见此报，即电告北京英公使杜讷乐使访察其真情，首相沙士勃雷侯复电示英公使云,英国政府闻芦汉铁路许比公司承办,已有反对之意,今与俄政府同体之华俄银行(言华俄银行即可当作俄国政府看待也),更投资本于此路,不可不加倍反对,盖彼此等举动,非谋通商及工业之利益,实则与扬子江地方侵害我英权利,于政治上极有关系也,今可直告总理衙门,言于满洲地方既与俄国以特权,今复于扬子江地方予以特权,于英国政府友谊甚有伤害云云。杜讷乐接此电后,即移文总理衙门。十六日(西历五月)总理衙门云,芦汉铁路之借款,与华俄银行无关,其中经俄、德两公使有所周旋者,盖督办盛宣怀恐比公司有变更,请俄、德公使为助力耳。至二十日更以公文式述此意以复答英公使,其事暂寝。至七月二十五日(西历),英公使请总理衙门出比国合同相示,总署许诺之。八月初旬(西历),上海新闻纸将其合同全文刊录,英公使见之,始知其真相,乃于初六日(西八月),出强硬之抗议,力争于总署。其时全署大臣自庆亲王以下十人,皆若并不知有此事者,闻英使之言,皆大惊愕,异口同声曰:今此合同未经皇上批准,若果如贵公使之言,与俄国有关系,则当拒绝不批准之。虽然,其合同清本,今尚未寄到北京,俟寄到即送示诸贵公使云云。当时诸大臣中,惟李鸿章知此事之内情,因高声驳难英使,谓合同中毫无可危惧之事云云。庆王等犹不信之,更申言此合同不批准以答英使。

按,观此等事,知中国外交,真同儿戏矣。张之洞、盛宣怀等既受他人之愚,立此自失权利之合同,已为误国矣!既已订之,则不可不先送其副本于总署。夫今日处列邦并立之世,一国之举动,且常有关系及于他国,况其事已经有三四国之交涉者乎,其必牵动及于他之诸国,无可疑也。故善于外交者,每办一事,必先计此事当牵动某国某国而思所以善其后,彼英国之出而抗议,此殆绝非张、盛所及料也,而于事前绝不以告总署,使彼茫无头绪,不相照应,谁之过欤?若夫总署诸臣,衮衮伴食,生平未知交涉为何事者,殆又不足责也。

初八日(西历八月),比利时公使及盛宣怀皆有证言于总署,言华俄银行与芦汉铁路毫无关系。总署以告英公使,且言曰,前日王大臣等虽曾言合同不批准之事,然今者因李中堂说明情由,并据比使与盛督办之证言,渐翻初心,合同似仍可批准云云。英公使乃复书约期再会晤,且云若于会晤以前批准此合同,英国决不答应。总署种种迁延推却,不与会晤,英使乃移一长公文,为严厉之抗议,总署悍然不顾,于十二日遂批准其合同。英使杜讷乐赫然大怒,谓中国政府当青天白日之下,列国环视之中,背信食言,欺瞒与国,乃飞电于本国,其意略谓中国借比利时出名,与某债主结约,于扬子江地方,许其设铁路及开矿,英国今亦将有所要求,曰自山海关至牛庄铁路,曰自天津至镇江铁路,曰自上海至南京铁路,及其支路,曰自河南至山西铁路,须照芦汉铁路一样之合同而订定之,毫无假借云云。

英外部复电曰,来电所言山海关至牛庄铁路,暂按下留待他日再议,其余悉可向总理衙门要求之。又曰,若总理衙门不应允之时,则系中国背信食言,有心与列国为敌,英国可待之以相当之处置。又曰,要求津镇铁路时,可英、德两国同沾利益云云。于是英使以西八月廿一日移交总署,照此项而要挟之。

…………

廿六日,盛宣怀访英公使践庆亲王之约,而协议铁路事,盛宣怀直许英使云:苏州、杭州、宁波铁路,及九龙、广州铁路,皆借款于英国,又新阳铁路,亦以许英、美两国合资之公司。

按,此英美合资公司者,即与容闳定约承办津镇铁路者也。初容闳与美国商人订立合同,办津镇铁路,既已得旨批准,颁发关防,其所订合同,利权事权,皆不外溢,实为各铁路合同之最妥适者,而张之洞、盛宣怀等妒之,出死力以与之争。盖津镇与芦汉两路为平行线,而芦汉铁路则盘旋于蜀黍高粱之间,收益不富,津镇则所过之区,物产饶富,商业繁盛,两者并起，芦汉必为津镇所压明矣。故张、盛直抗疏飞电阻挠之，而德国正占胶州之时，山东已成为德国势力范围圈，又抗议谓津镇铁路不许过山东，遂折而取道河南，于是容闳前与美商所定之约，又须再订。会美西战事起，复误其开办之期，至去年七月间，始复与英、美两国合资重订新约，而盛宣怀妒之，乘势以新阳铁路塞此公司之口，以夺容闳之所凭藉，而津镇铁路亦遂归英、德两国之手矣。

至西九月初三日，英公使又诣总理衙门，其时庆邸方在假期中，惟李鸿章以下诸大臣咸集，时英国兵船已集于北方，总署诸臣知之，杜讷乐乃厉言曰，贵国若不谢食言之罪，不许我各铁路之请，他日噬脐，悔无及矣。又出其锐厉之词锋，以责李鸿章。诸臣皆怯畏无措，遂一切许可之，且许以所订条款，一依比国芦汉铁路条款。不宁惟是，其条款必照所有中国境内许他国承造之铁路条款利益均沾，遂以六日（西九月）复公文于英使，其事乃定。是役既毕，遂有旨命李鸿章毋庸在总理衙门行走，英人乃大获而归。英相沙士勃雷侯以电贺杜讷乐，奖其办理得宜云。

梁启超《饮冰室合集·饮冰室文集》之4，中华书局1989年版，第48～56页

3月2日（二月初十日）　清政府颁布昭信股票详细章程。

户部进呈昭信股票章程折：

甲子，户部奏，臣部议复中允黄思永奏筹借华款请设股票一折，光绪二十四年正月十四日具奏。奉上谕，著依议行等因，钦此。臣部前奏仅陈借款大概情形，至一切详细章程，声明另行核议。自奉谕旨通饬遵行以后，臣等连日督同司员，熟计终始，兼筹利弊，拟定章程十七条。内五条，系臣部办法，十二条，系中外通行办法。缮列清单，恭呈御览。一俟命下，即由臣部知照礼部，迅速筹造昭信局印，并分别咨行各省，钦遵办理。再，臣部原奏制造股票一百万张，每股银一百两，现在遵旨详议章程，统核办法，酌制股票。每票一百两者，五十万张；每票五百两者，六万张；每票一千两者，两万张，合银一万万两。每股仍作银一百两，按认股银数领票，以便什袭，合并声明。得旨，如所议行。

《昭信股票详细章程》：一、由户部印造昭信股票，编列字号，每票一百两者，造五十万张，计股银五千万两；每票五百两者，造六万张，计股银三千万两；每票一千两者，造两万张，计股银两千万两，共合一万万两。由户部设立昭信局，遴选司员经理。

一、股票式样。前幅拟用四围龙边，恭录奉旨年月，并开每票银数。下半分二十小方，书明年分银数，每年付还一次，裁去一方；后幅刊列简明章程，每票编列号数，纸心及骑缝各盖印一颗。印花用朱色印泥，每票除联票外，另缮号册以备稽查。

一、拟咨行铸印局，铸造铜印一颗，文曰：户部昭信局印，遵用满、汉篆文，以符定制。

一、选派廉勤司员，经理昭信局公任，责成局内设给票处收银处，各有专司，不致纷杂，先收银，后给票。收银处将收过银数，付至给票处，验明图记花押，即将股票登明册簿，将股票当面点交本人、稽核之员，逐日将收银给票数目，列单呈堂，以备核封。册簿、登簿、收掌，皆司员专责。至钤印核算，皆由司员督同笔帖式及人役办理。该司员等始终出力，应照异常劳绩奏奖。倘有疏忽贻误，罚亦从之。若人役舞弊营私，即奏交刑部按律治罪。

一、制造股票刷印章程及各项经费，应将需用数目，核实给发。至局中常年办公人役公食，由臣部饭食项下酌量拨给。

一、拟在京师及各省筹集库平一万万两纹银，略仿中西集股章程式，印造股票。每票一百两者，五十万张；每票五百两者，六万张；每票一千两者，两万张，合成库平纹银一万万两。

如有以各项平色及银元交纳者,均准折合库平,就认股数目给予股票,以昭信守。

一、此款限二十年还清,周年以五厘行息,过闰不加增,前十年还息不还本,后十年本息并还,本还则息减。每届还期,官绅商民来取者,随带股票呈验。自第一年起,每付还一次,即减去一方块。至第二十年,本息还讫,即将股票缴销。

一、户部既设昭信局,各省藩司亦应设昭信局,冠以省名。如直隶省,即曰昭信直局,各省以此类推,东三省由各该将军派员设局,以昭一律。在京认股,款交户部昭信局,照章领票。在外认股,款交各该省昭信分局领票。或交殷实号商代为领票,款存该号,候拨无误,亦可通融办理。惟该号商须有各商号连环保结,报部报司有案,始准承办。至认股之人,或开列官阀姓名,或堂名别号,悉听其便。股票未发以前,暂给印收,俟股票刷成互换,届时由部局省局出示晓谕。

一、起息日期以交银给票日期为始,原应足数,一年付息一次。惟给票有先后,日期有参差,将来难以截算。拟第一年交银给票之日起,均扣至十二月底止,将周年五厘行息息银摊均,按日计算,共得本年给息银若干。发票时,填明数目,取息时照付。光绪二十四年为集股第一年,应付息银,以光绪二十五年二月初一日起,至二月底止付讫,先期一月,由户部及各省藩司出示晓谕,俾认股者无误取息之期。若逾期不取,归入下期并付。以后第二年至第十一年,均按周年五厘付息。十一年起,每年付息时,每百两,并预还本银十两。第十二年以后至第二十年,均按照股票内所载年限,及本息银数办理。自第二年至第二十年,每年付息还本,均以二月初一日起至二月底止付讫,仍先期出示晓谕。

一、归还本息,在京,由户部昭信局;在外,由各直省藩司昭信分局,届期凭票,照章付给,裁剪息票一方块,存局备查,各省年终汇报户部,以凭总核。仍准殷实号商,代持股票,赴局代领,局中验明票据,照数付给,仍照章裁剪息票备查。京外各商号自持票呈验,至发还本人,不得稍有迟延及勒索扣克情事,一经查出,严行惩办。至该商号承办收发股票本息,亦宜略酬其劳,拟令京外汇兑此项票款,概交该商号专办,以资津贴。

一、股票每年应得息本,准抵地丁、盐课一节,原为便民起见,第思有股票之人,未必皆有应交地丁、盐课之款,若辗转相抵,又恐轇轕不清,自以概由各局,拨给现银为妥。俟各省集有股票若干报部后,核明每年应给本息若干,先期由部指拨地丁、盐课等款,如数截留,以备临时按票发给,总期随到随发,不稍迟延。

一、京局、省局收银、给票及付还本息,各顾考成,断无毫丝出入。倘各州县印委及经手、劝集之人,有藉端扰累勒掯者,准人告发。或别经访闻的确,即分别治罪。如地方军民人等,有假造股票诳骗情事,一经查实,即照伪造印票例,为首者斩。

一、股票准其辗转押抵、售卖,与产业券凭无异,惟抵押、售卖仍应报局立案。京、外官员认票不认人,各宜谨慎收储。倘有遗失,应将股票某字、某号,如何遗失情形,在京,径投户部昭信局;在外,径投藩司昭信局。如离省稍远,即报由该州县,转报各该衙门,立即出示,将此票禁止抵押、售卖。每届付还本息之期,如有持原票来取者,即行扣留根究。如失主随时将原票寻获,亦即呈明原报地方官转报存案。倘三年不获,由局给予凭单,将原票作废。所有应付失票之息本,仍按认票年例给发。

一、凡京、外官员认领股票后,或调任他省,或一再迁任,或回原籍,准在原领票处呈报,即于底册内注明,另给凭单一张,注明股票号数,盖用印信。如一人而票多者,亦抵给一凭单,注明票数号数,令其持赴所到之省,将凭单股票一并呈验,一面将发过凭单,行文知照该省备案,并报部查考,该省将凭单验明盖印,连股票一并发还本人,以后应付本息之期,即在该省支领。若再迁调他省，将所领凭单缴销，另换凭单，仍前办法。各省凡有请领凭单之票，另立一册，逐年登载。每年各省各将收发凭单若干号，年终截清报部，以凭稽核。其各省商民又在他省认领股票后，如有他故回籍者，其呈照给单取息办法，均照此办理。

一、各省收有成数，听候臣部拨还洋款，不作别用，更不准勒令捐输。至以何款付息还本，臣部责无旁贷，自应宽为之备。现筹裁减兵勇，加增当税，核扣减平养廉，盐觔加价，漕粮减运，丁漕折钱，余盈各的款，每年新增银五六百万，归还利息，尚有盈余。至十年以后，汇丰、克萨洋款已减，复可腾出银数百万两，每年应还本利，断不至逾期。

一、各省官绅商民，有一人劝集商民股款，至一万两以上及五十万两以上者，准各省将军、督抚分别奏请，由部核给奖叙。其由公款提凑者，不在此例。

一、除利息数目及还本年限，永不更改外，如有未尽事宜，应行变通者，随时奏明办理。

朱寿朋编《光绪朝东华录》，中华书局1958年版，4052～4055页

3月6日（二月十四日）　清政府与德国签订《胶澳租界条约》。

《使德吕海寰致总署与德外部议胶澳租界及筑路事可定密约以免借口电》：

遵真电，转询外部，并告以若期胶澳兴旺，必须先服民心，似此残害无辜，胶民勇猛，势必激成事变，亦非德人之利，彼引以为咎。据云，营例非一端，须许察看当时情景，乃能定罪。海靖未来电，难凭断。告以胶州七十老人董彦方一案，既系年老，非格斗可知，索自己烟管，非争衅可知。无论营例如何，务要重办，以昭公允。彼云，俟电到，即与外部商量，从严惩办云。至阳电酬答一节，彼云，教案归另案办理。德可允许其展铁路并胶澳租界，均可另立专条，各请御批。惟专条语意若以酬答为主，恐俄、法闻之，亦来索讨，转令中国为难，不如以中、德交好因，许以推广商务为词更得体。至办路，先向德人一层可定密约，应秘而不宣，以免他国藉口，本部亦将此意电海靖与总署商办等语。海靖如何议论，乞电示。二月十四日。

王彦威、王亮编《清季外交史料》卷130，沈云龙主编，近代中国史料丛刊第3编第2辑，台北文海出版社，第2247页

《总署奏与德使议定专条三端遵旨画押折》：

总理各国事务恭亲王奕䜣奏，为现与德国使臣议定专条三端，遵旨画押，谨将原本进呈御览，恳请批准事。窃臣衙门前与德国使臣海靖，议定曹州教案六款、划租胶澳五款，业于光绪二十三年十二月二十三日恭折具陈，奉硃批依议，钦此。嗣因德国兵丁在山东即墨县被杀，德国教士在广东南雄州被劫，海靖复坚请添筑由胶澳至沂州府城，由沂州府城至济南府城相连铁路一道，并嗣后在山东兴造铁路、矿务，均须先与德国商办，以为偿补。臣衙门与之辩论，允其添筑沂州铁路之请，仍将山东省路矿等项，先向德国业此之人商办。如德国不愿承办，任凭中国另办，以防他日借口均沾之谋。德使允从，与臣等议定专条三端，分别款目，详载租澳界址及一切办法，彼此画押盖印，批准互换，并订明画押后，即电达其本国，将驻胶州即墨之兵，撤回胶澳租界之内。臣等于本月十四日面奏，请敕派大臣画押，以昭郑重，蒙硃笔圈出"李鸿章、翁同龢"，钦此。至日，该使来臣衙门，彼此画押讫。谨将原本恭呈御览，盖用御宝，作为批准，以便转寄德国互换。至划勘胶澳租界、澳胶租条商订路矿章程各事宜，由臣衙门与该使随时妥商办理，谨奏。光绪二十四年二月十五日奉旨依议。

王彦威、王亮编《清季外交史料》卷130，沈云龙主编，近代中国史料丛刊第3编第2辑，台北文海出版社，第2247页

《中德胶澳租界条约》（一八九八年三月六日，光绪二十四年二月十四日，北京）：

山东曹州府教案现已商结，中国另外酬德国前经相助之谊，故大清国国家、大德国国家，彼此愿将两国睦谊益增笃实，两国商民贸易使之格外联络，是以和衷商定专条，开列于下：

第一端　胶澳租界

第一款　大清国大皇帝欲将中、德两国邦交联络,并增武备威势,允许离胶澳海面潮平周遍一百里内,系中国里,准德国官兵无论何时过调,惟自主之权,仍全归中国。如有中国饬令设法等事,先应与德国商定,如德国须整顿水道等事,中国不得拦阻。该地中派驻兵营,筹办兵法,仍归中国,先与德国会商办理。

第二款　大德国大皇帝愿本国如他国,在中国海岸有地可修造、排备船只,存栈料物、用件整齐各等之工,因此甚为合宜,大清国大皇帝已允将胶澳之口,南北两面,租与德国,先以九十九年为限。德国于所租之地应盖炮台等事,以保地栈各项、护卫澳口。

第三款　德国所租之地,租期未完,中国不得治理,均归德国管辖,以免两国争端。兹将所租各段之地开列于后:一、胶澳之口北面所有连旱地之岛,其东北以一线自阴岛东北角起至劳山湾为限;二、胶澳之口南面所有连旱地之岛,其西南以一线自离齐伯山岛西南偏南之湾西南首起往笛罗山岛为限;三、齐伯山、阴岛两处;四、胶澳之内全海面至现在潮平之地;五、胶澳之前防护海面所用群岛,如笛罗山、炸连等屿。至德国租地及胶澳周遍一百中国里界址,将来两国派员查照地情,详细定明。在胶澳中国兵、商各船与德国相交之国各船,德国拟一律优待;因胶澳内海面均归德国管辖,德国国家无论何时,可以定妥章程,约束他国往来各船;此章程,即中国之船,亦应一体照办,另外决无拦阻之事。

第四款　胶澳外各岛及险滩,德国应设立浮桩等号,各国船均应纳费,中国船亦应纳费,为修整口岸各工程之用;其余各费,中国船均无庸纳。

第五款　嗣后如德国租期未满之前,自愿将胶澳归还中国,德国所有在胶澳费项,中国应许赔还,另将较此相宜之处,让与德国。德国向中国所租之地,德国应许永远不转租与别国。租地界内华民,如能安分并不犯法,仍可随意居住,德国自应一体保护;倘德国需用地土,应给地主地价。并中国原有税卡设立在德国租地之外惟所商定一百里地之内,此事德国即拟将纳税之界及纳税各章程,与中国另外商定,无损于中国之法办结。

第二端　铁路矿务等事

第一款　中国国家允准德国在山东盖造铁路二道:其一由胶澳经过潍县、青州、博山、淄川、邹平等处往济南及山东界;其二由胶澳往沂州及由此处经过莱芜县至济南府。其由济南府往山东界之一道,应俟铁路造至济南府后,始可开造,以便再商与中国自办干路相接。此后段铁路经过之处,应于另立详细章程内定明。

第二款　盖造以上各铁路,设立德商、华商公司,或设立一处,或设立数处,德商、华商各自集股,各派妥员领办。

第三款　一切办法,两国迅速另订合同,中、德两国自行商定此事;惟所立德商、华商公司,造办以上铁路,中国国家理应优待,较诸在中国他处之华洋商务公司办理各事所得利益,不使向隅。查此款专为治理商务起,并无他意,盖造以上铁路,决不占山东地土。

第四款　于所开各道铁路附近之处相距三十里内,如胶济北路在潍县、博山县等处,胶沂济南路在沂州府、莱芜县等处,允准德商开挖煤斤等项及须办工程各事,亦可德商、华商合股开采,其矿务章程,亦应另行妥议。德国商人及工程人,中国国家亦应按照修盖铁路一节所云,一律优待,较诸在中国他处之华洋商务公司办理各事所得利益,不使向隅。查此款亦系专为治理商务起见,并无他意。

第三端　山东全省办事之法

在山东省内如有开办各项事务,商定向外国招集帮助为理,或用外国人,或用外国资本,或用外国料物，中国应许先问该德国商人等愿否承办工程，售卖料物。如德商不愿承办此项工程及售卖料物，中国可任凭自便另办，以昭公允。

以上各条，由两国大皇帝批准，中国批准之约到德国柏林之后，德国批准之约交给中国驻德国大臣收领，作为互换之据。此专条应缮四份，华文、德文各二，由两国大臣画押盖印，各执华、德文一份，以昭信守。大清光绪二十四年二月十四日，大德一千八百九十八年三月初六日。大清钦命总理各国事务大臣太子太傅文华殿大学士一等肃毅伯李，总理各国事务大臣军机大臣协办大学士户部尚书翁；大德钦差驻扎中华便宜行事大臣海。

王铁崖编《中外旧约章汇编》第1册，三联书店1957年版，第738～740页

3月7日(二月十五日)　谭嗣同、唐才常在长沙创办《湘报》，作为南学会主要的言论园地，宣传“君民共主”和维新变法，是湖南最早的日报。

唐才常《湘报叙》：

执途人而语之曰：“中国为极疲苶、极滞拙之国乎？”必怫然曰：“余不信也。”又语之曰：“中国为极聪强、极文明之国乎？”必愕然曰：“余不信也。”又语之曰：“中国为极疲苶、极滞拙之国，即极聪强极文明之国。”必更色然曰：“而童昏我乎，何相轻之甚也？”

今夫绳枢瓮牖之儒，井蛙篱鷃之子，咫尺不见，迅雷不闻，吾无暇与言。其少能开通耳目、发纡心力者，于所以疲苶、滞拙之由，一一以中西比例之，抑无待余言。顾吾于反比例得正比例者，何以故？何以故？曰：夜叉见而佛道成，烦恼生而智慧出，其运至奇，其机至捷，其理至平。轮船也，电线也，铁路也，由今日以前五千余年之人，坐漆室面垩壁，而我亲见之；织造也，矿化也，工商杂遝于瀛寰也，由今日以前五千余年堙塞蕴藏之奇，而发其覆，而阐其珍，而我亲见之；学堂也，学会也，若官、若绅、若民，通力合作也，由今日以前五千余年磅礴樛窒之气，而启其钥，而破其扃，而我亲见之。故以我所见者，方之欧、美各国，则诚疲苶矣，滞拙矣；而方之今日以前之中国，则为聪强文明之起点，而未有艾也。

尤有奇者，古者欲通上下之情，絜君民之矩，于是命太史陈诗，瞽矇献诵，工操艺谏，商订国约，雍雍彬彬，同我太平。暴秦而降，恃压力之重，私天位之宅，严巷议之诛，立腹诽之律，赤大侠之族，成党锢之狱，草芥臣民，牛马士类，黔首何辜，丁兹厄运？盖自开辟以来，君民上下之界，始断潢绝港，各怙其私，则秦为之也。浸淫至于前明，科条益密，法律益苛，时事天文，俱悬厉禁。驯至士大夫以廷杖为荣，奸庸以讲学丑正，天地惨怛，日月晦冥，于斯剧矣。圣清受命，仁德如天，网罗大弛，士气宽和。

迩者海内诸君子，曲体朝廷育才至意，广开报馆，用代遒人，大声疾呼，海天同应。于是秦汉以来之愚障，始云开雾豁，重睹光明，于是四民之困于小儒腐说，辗转桎梏者，始脑筋震荡。人人有权衡国是之心，而谋变通，而生动力。夫由今日以前之志士仁人，其欲摩挲故府，钻研政典，求断烂朝报不可得，而赍恨终身者，何可胜道！今乃海宇大通，朝野一气，政学格致，万象森罗，俱于报章见之。是一举而破二千余年之结习，一人而兼百人千人之智力。不出户庭，而得五洲大地之规模；不程时日，而收延年惜阴之大效。凡官焉者、士焉者、商焉者、农工焉者，但能读书识字，即可触类旁通，不啻购千万秘籍，萃什伯良师益友于其案侧也。其使中国为极聪强极文明之国，吾于是决其必然矣。

熊君秉三喜民智之乍开，欲慈航之普渡，乃鸠同志，集巨资，设湘报馆。义求平实，力戒游谈，以辅《时务》、《知新》、《湘学》诸报所不逮；亦以使圆胪方趾能辨之，无之人皆易通晓。其愿力之宏，转移之速，更有不胫而走，不翼而飞者。今夫古今不可思议之奇，无如电机，孰

管钥是？孰邮传是？是理也，在人为大脑小脑，在天为空气中至微至神之物，无以名之，名曰以太。以太之动，电即随之，虽八万余里之地球，无一发间。日报为效之神且速，吾不敢信其至是。其所以感动以太之理，则一也。嗟夫！焚如之灾，迫于旦夕，而士夫泄沓，猥曰：若而人者，用意良厚，其如敝箄不能救盐池之卤，杯水无以止车薪之火矣。夫诚可以已矣焉，熊君宁不自逸也，明知其万不能已，明知其不已，即有补聪强文明之运，则摩顶放踵奚辞矣！才常不敏，勉襄斯举，敢揭大旨，告我支那。陈辞之陋，所不体恤焉。

湘报馆编《湘报》第1号(1898年)，《中国近代期刊汇刊·湘报》全二册(影印本)，中华书局2006年版，第1~2页

《湘报》馆办事人姓名：

董事：蒋德钧，字少穆，湘乡县人；王铭忠，字莘田，江夏县人；梁启超，字卓如，新会县人；李维格，字峄琴，吴县人；谭嗣同，字复生，浏阳县人；邹代钧，字沅帆，新化县人；唐才常，字黻丞，浏阳县人，熊希龄，字秉三，凤凰县人。

撰述：戴德诚，字宣翘，武陵县人；梁启超；樊锥，字春徐，邵阳县人；何来保，字铁笛，武陵县人；谭嗣同；唐才常。

西文翻译：李维格。

…………

湘报馆编《湘报》第1号(1898年)，《中国近代期刊汇刊·湘报》全二册(影印本)，中华书局2006年版，第175页

谭嗣同《〈湘报〉后叙》(上)：

《春秋传》曰："中国亦新夷狄。"孟子曰："亦以新子之国。"新之为言也，盛美无憾之言也。而夷狄中国同此号者，何也？吾尝求其故于《诗》矣。周之兴也，僻在西戎，其地固夷狄也。自文王受命称王，始进为中国。秦虽继有雍州，《春秋》仍不以所据之地而不目之为夷。是夷狄中国，初不以地言。故《文王》之诗曰："周虽旧邦，其命维新。"旧者夷狄之谓也，新者中国之谓也。守旧则夷狄之，开新则中国之。新者忽旧，时曰新夷狄；旧者忽新，亦曰新中国。新同而所新者不同，危矣哉！己方悻悻然自鸣曰守旧，而人固以新夷狄新之矣。是夷狄中国，果不以地言，辨于新，辨于所新者而已矣。

然仅言新，则新与所新者亦无辨。昨日之新，至今日而已旧；今日之新，至明日而又已旧，乌足以状其盛美而无憾也？吾又尝求其故于《礼》与《易》矣。《礼》著成汤之铭："苟日新，日日新，又日新。"《易·系》孔子之赞："日新之谓盛德。"言新必极之于日新，始足以为盛美而无憾，执此以言治言学，固无往不贵日新矣。

顾吾求其助人日新之具，又不可得也。世必曰："文武之政，布在方策。"识大识小，未坠于地。求其助人日新之具，则书是也。夫书，已往之陈迹，古人之糟粕也。千世之变异，非古人所得逆而知也；当时之情事，亦非今人所得虚以揣也。昨日之新，至今日而已旧；今日之新，至明日而又已旧。虽温故知新，存乎其人，而新究在人不在书也。书而新，势必日日使新人，阐新理、纪新事，而作为新书而后可也。然日日使新人，阐新理、纪新事而作为新书，其构意也有日，谋篇也有日，成卷也有日，刊行也又有日，比书之寓吾目，则去其初著书之时，不知凡若干日。昨日之新，至今日而已旧；今日之新，至明日而又已旧。所谓新理、新事必更有新于此者，而书亦非新书矣。往者江君建霞，督学吾湘，有鉴于此，日日使新人、阐新理、纪新事，而作为新书。不俟其书之成也，而十日一出之，名之曰《湘学新报》，其助人日新之意至切也。然而则既已十日矣，昨日之新，至今日而已旧；今日之新，至明日而又已旧。然而则既已十日矣，谓之新可也，谓之日新不可也。于是同志诸友，复创为《湘报》。日一出之，其于日新之义庶有合也。

虽然，吾尤顾读此报者，勿泥以为新止于此也。天下之事之当新者多矣。日不一日，斯新不一新，闻斯行诸，不俟终日。为中国乎？为夷狄乎？吾宁自新，毋使人有以新我矣。

蔡尚思、方行编《谭嗣同全集》增订本下册，中华书局1981年版，第416~418页

谭嗣同《〈湘报〉后叙》(下)：

夫言新于今日，其惟吾湘乎？其惟吾湘乎？自陈抚部覃敷新政，辅之以黄按察，敦大成裕，日起有功，而簪绂之中济济然一新矣。自江学政首倡新学，继之以徐学政，简要宏通，举归实践，而襟佩之中喁喁一新矣。其所以为新之具不一，而假民自新之权以新吾民者，厥有三要。一曰：创学堂，改书院，以造英年之髦士，以智成材之宿儒也。然而学堂、书院之容积，犹有限量，自余之不得入而肄业者，以国量乎泽若蕉。顾安所得长袤广厦而遍覆翼之，而遍讲论之乎？二曰：学会。学会成，则向之不得入学堂、书院而肄业焉者，乃赖以萃而讲焉。然而学会设于会城，会城以外无由致其观听，而况于外县，而况于外府？是必更有推行之妙术，不啻一一佛化百千身，一一身具百千口，一一口出百千音，执涂之人，而强聒不舍而后可也。三曰：报纸。报纸出，则不得观者观，不得听者听。学堂之所教可以传于一省，是使一省之人游于学堂矣；书院之所课可以传于一省，是使一省之人聚于书院矣；学会之所陈说可以传于一省，是使一省之人晤言于学会矣。且又不徒一省然也，又将以风气浸灌于他省，而予之耳，而授以目，而通其心与力量，而一切新政、新学，皆可以弥纶贯午于其间而无憾矣。

且夫报纸，又是非与众共之之道也。新会梁氏，有君史民史之说，报纸即民史也。彼夫二十四家之撰述，宁不烂焉，极其指归，要不过一姓之谱牒焉耳。于民之生业靡得而详也；于民之教法靡得而纪也；于民通商、惠工、务材、训农之章程靡得而毕录也，而徒专笔削于一己之私，滥褒诛于兴亡之后，直笔既压累而无以伸，旧闻遂放失而莫不恤。谥之曰官书，官书良可悼也！不有报纸以彰民史，其将长此汶汶暗暗以穷天，而终古为喑哑之民乎？西人论人与禽兽灵愚之比例，人之所以能喻志兴事以显灵，而万过于禽兽者，以其能言耳。而喑之，而哑之，其去禽兽几何矣。呜呼！"防民之口，甚于防川"，此周之所以亡也；"不毁乡校"，此郑之所以安也；导之使言，"谁毁谁誉"，此三代之所以直道而行也。吾见《湘报》之出，敢以为湘民庆，曰诸君复何忧乎？国有口矣。

蔡尚思、方行编《谭嗣同全集》增订本下册，中华书局1981年版，第418~419页

3月24日(三月初三日)　总理衙门奏准将湖南岳州、福建三都澳两地自行开为通商口岸。

丙戌，总理各国事务衙门奏：泰西各国首重商务，不惜广开通国口岸，任令各国通商，设关榷税，以收足国足民之效。中国自通商以来，关税逐渐加增。近年征至二千余万，京协各饷多半取给于此，惟是筹还洋款等项，支用愈繁，筹拨恒苦不继。臣等再四筹维，计惟添设通商口岸，藉裨饷源。查湖南岳州府地方，滨临大江，兵商各船往来甚便，将来粤汉铁路既通广东、香港，百货皆可由此出口，实为湘、鄂交界第一要埠。比来湖南风气渐开，该处又与湖北毗连，洋人为所习见。若作为通商口岸，揆之地势人情，均称便利。又，福建福宁府所属之三都澳，地界福安、宁德两县之间，距福州省城陆路二百余里，为福州后路门户，形势险要，闽洋商船亦多会萃于此。臣等公同商酌，拟于该两处添开通商口岸，庶可振兴商务，扩充利源。如蒙俞允，即由臣等咨行各该省将军、督抚先将应办事宜妥速筹备，再由臣等酌定开办日期，照会各国驻京使臣，札饬总税务司查照办理。得旨，如所议行。

朱寿朋编《光绪朝东华录》，中华书局1958年版，第4062~4063页

编者按:岳州、三都澳奏准自开商埠的时间,杨天宏的说法自相矛盾。他认为岳州、三都澳自开商埠的奏准时间为4月24日。参见“清季首批自开商埠年表”和“清季自开商埠年月表”(杨天宏《口岸开放与社会变革》,中华书局2002年版,第69、112页)。而又说:“1898年3月24日,三都澳开埠之请获朝廷批准”(杨天宏《口岸开放与社会变革》,中华书局2002年版,第77页)。上述两地同时自开商埠,这是没有疑问的。但我们认为,开埠时间应该以光绪皇帝批准之日为准,奏准开埠时间应为3月24日。

3月27日(三月初六日)　清政府与沙俄签订《旅大租地条约》。

《总署致许景澄、杨儒,前与日议归辽时,订明旅大不让别国,请俄顾全睦谊电》:

昔日我谋归辽,与日本言明,以后不让别国据占。今俄必欲租旅大,是与前议相背。故日本屡来探询允租与否。若竟允俄,日必与中国为难,是以不敢轻许。务劝外部勿相逼迫,顾全睦谊。旅大两口可由俄随时借泊屯煤,勿存租界之名而有屯煤之实,日本及他国自不得据为口实,另开衅端,庶于大局有益。二月二十二日。

王彦威、王亮编《清季外交史料》卷130,沈云龙主编,近代中国史料丛刊第3编第2辑,台北文海出版社,第2251页

《总署致许景澄、杨儒,应付要索旅大办法甚中肯,希与俄外部磋磨电》:

俄外部称,英得长江利益,并未求长江何地。法索件,均不能允其欲。屯煤之口,亦因俄索旅大为词。若允俄,则各国纷来,真有瓜分中国之势。俄前约协力相助,今反为戎首,于睦谊有伤,大局有碍。答以过冬办法,略拓屯煤地段口隘,由中国自行保护铁路。俟干路成,酌议通接,甚中肯,希照此议与外部磋磨。巴使急欲图功,性情刚愎,本署实难与议。又中、俄兵船同泊二口,查旅顺地形狭隘,难容多船,且两军杂处不便,大连湾或尚可商,并告外部,勿为蒙蔽。二月二十五日。

王彦威、王亮编《清季外交史料》卷130,沈云龙主编,近代中国史料丛刊第3编第2辑,台北文海出版社,第2252页

《专使许景澄致总署俄派巴代办为商办旅大全权专使电》:

顷外部文称,奉国主谕,派巴代办为全权专使,商办旅大各款,并须如期在京议结云云。二月二十五日。

王彦威、王亮编《清季外交史料》卷130,沈云龙主编,近代中国史料丛刊第3编第2辑,台北文海出版社,第2252页

《许景澄、杨儒致总署报与外部剖辩租地事电》:

奉漾电,再将英、日观衅详情,与外部剖辩。据称,欧使曾将津约均沾节相叩,答以当本此意,允各国在大连湾通商,英无他语。日本在威,我知虽付全款,亦不肯退等语。旋将俄舰过冬,稍拓煤地,俟干路成时,议接铁路告知。彼云,前交各款,屡经电巴,请中国照允,断难减商。告以租地已经室碍,若如现拟租界兼包金州全境,又添公地界线,殊骇听闻。彼云,中国将大端允定,其详细节目或有为难,尚可酌商,但须在三月初六前订定,过期无覆,俄国即自行办理,不能顾全联盟交谊,请速电总署定夺。告以中国目前力弱,然掣动东方局面,俄亦当熟筹后患。彼称,俄计已决,无论何国出阻,均所不计,词甚决绝。明日外部约同户部会议,容再竭力,辩导续闻。二月二十六日。

王彦威、王亮编《清季外交史料》卷130,沈云龙主编,近代中国史料丛刊第3编第2辑,台北文海出版社,第2252页

《总署奏俄国订租旅顺、大连湾两口并议接展铁路条款折》:

总理各国事务恭亲王奕䜣等奏,为俄国订租旅顺大连湾两口并接展铁路,谨将现议条款呈览。窃俄国租借旅大一事,奉旨著派李鸿章、张荫桓与俄使面议,仍著该衙门大臣会商妥办,钦此。当即函订俄使巴布罗福至臣衙门面议,兹谨将彼此拟定条约九款并附开会等件,照录呈览。该使臣坚持本月初六日画押之请,如蒙俞允,应请简派大臣与该使如期画押。其余划分界线、展接铁路一切未尽事宜,仍由臣等电许景澄与该国外部妥商办理,谨奏。光绪

二十四年三月初五日奉硃批依议。

王彦威、王亮编《清季外交史料》卷130，沈云龙主编，近代中国史料丛刊第3编第2辑，台北文海出版社，第2253页

《使英罗丰禄致总署，中国不准俄租旅顺，英廷极以为然电》：

谒外部，据云，中国不准俄租旅顺，英廷极以为然，只租大连湾做各国通商口岸，并接铁路，英亦不阻，并非俄、英商明。闰三月初三日。

王彦威、王亮编《清季外交史料》卷131，沈云龙主编，近代中国史料丛刊第3编第2辑，台北文海出版社，第2258页

《总署致许景澄、杨儒，请仍与俄外部商改约款电》：

卅东三电均悉，三十电二、三、四、五款，外部允第二款，隙地界划营口、海域、凤凰城三款，中国自造铁路，俄不干预。四款酌加金州居民来往过路，华兵退出金州以俄兵替代。三十二电专条全稿所定隙地，其北界线从辽东西岸盖州河口起，绕岫岩城北至大洋沿河，北岸至河口，此河口亦在隙地内一节，按界线应由岫岩城南，若绕城北，则蚰岩一城亦在隙地内矣，须与详订。第三款支路经过地方不将铁路利益给与别国一节，应照允，惟添"中国自营利益俄不过问"十字，余无增删。第四款金州城中国自行治理并城内应需巡捕人等，此城居民有权往来道路取水，但无权用周围海岸各节均照准，惟"中国兵应退出金州，用俄国兵替代"一节，外部牢不可破。诚如来电为提督煽动，今日巴使来署，与之切商，以金州距大连湾十二里，城内奉军现已撤尽，只有驻防旗兵，数世屯居，万难移去。此城无虑他国来攻，无须设守。城在亚当山南，已如孤悬旅寄，若俄兵代守，迹近禁锢，情殊难堪。计两国睦谊，俄不代守此城，于俄无损。属电外部，巴请仍电遵处转商作为国家饬商之意，庶外部便于转圜，即希察照办理，此款最要商定。电复到日，即请旨电饬画押。各款内"让"字均删，切要！三月初五日。

王彦威、王亮编《清季外交史料》卷131，沈云龙主编，近代中国史料丛刊第3编第2辑，台北文海出版社，第2258页

《中俄旅大租地条约》（一八九八年三月二十七日，光绪二十四年三月初六日，俄历一八九八年三月十五日，北京）：

大清国大皇帝、大俄国大皇帝欲更敦两国盟谊，互筹相助之法，为此，大清国大皇帝派总理各国事务大臣太子太傅文华殿大学士一等肃毅伯李鸿章，尚书衔户部左侍郎张荫桓为全权大臣；大俄国大皇帝派驻华署理全权大臣内廷郎巴布罗福为全权大臣；该大臣等各以所奉全权之据视为妥协，商定条款如下：

第一款 为保全俄国水师在中国北方海岸得有足为可恃之地，大清国大皇帝允将旅顺口、大连湾暨附近水面租与俄国。惟此项所租，断不侵中国大皇帝主此地之权。

第二款 因以上缘由，所租地段之界，经大连湾迤北，酌视旱地合宜保守该段所需应相离若干里，即准相离若干里，其确切界限以及此约各项详细，俟此约画押后，在圣彼得堡会同许大臣刻即商订，另立专条。此界线商定后，所有划入租界线内之地及附近水面专归俄国租用。

第三款 租地限期，自画此约之日始，定二十五年为限，然限满后，由两国相商展限亦可。

第四款 所定限内，在俄国所租之地以及附近海面，所有调度水、陆各军并治理地方大吏全归俄官，而责成一人办理，但不得有总督、巡抚名目。中国无论何项陆军，不得驻此界内。界内华民去留任便，不得驱迫。设有犯案，该犯送交就近中国按律治罪，按照咸丰十年中、俄约第八款办理。

第五款 所租地界以北，定一隙地。此地之界，由许大臣在圣彼得堡与外部商定。此隙地之内，一切吏治全归于中国官，惟中国兵非与俄官商明，不得来此。

第六款　两国政府相允,旅顺一口既专为武备之口,独准华、俄船只享用,而于各国兵、商船只,以为不开之口。至于大连湾,除口内一港亦照旅顺口之例,专为华、俄兵舰之用,其余地方作为通商口岸,各国商船任便可到。

第七款　俄国认在所租之地,而旅顺、大连湾两口为尤要,备资自行盖造水、陆各军所需处所,建筑炮台,安置防兵,总设所需各法,藉以着实御侮;并认以已资修养灯塔,以及保航海无虞之所需各项标志。

第八款　中国政府允以光绪二十二年所准中国东方铁路公司建造铁路之理,而今自画此约日起,推及由该干路某一站起至大连湾,或酌量所需,亦以此理,推及由该干路至辽东半岛营口、鸭绿江中间沿海较便地方,筑一枝路。所有光绪二十二年八月初二日中国政府与华俄银行所立合同内各例,宜于以上所续枝路确切照行。其造路方向及经过处所,应由许大臣与东方铁路公司议商一切。惟此项让造枝路之事,永远不得藉端侵占中国土地,亦不得有碍大清国大皇帝应有权利。

第九款　此约自两国全权大臣彼此互换之日起举行。此约御笔批准之本,自画押后,赶紧在圣彼得堡互换。兹两国全权大臣将此约备中、俄二国文字各二份,画押盖印为凭。两国文字校对无讹,惟辩解之时,以俄文为本。此约在北京缮就二本。光绪二十四年三月初六日一千八百九十八年三月十五日。

王铁崖编《中外旧约章汇编》第1册,三联书店1957年版,第741~742页

3月下旬(约二月上旬)　孙中山在横滨与杨衢云会面,责其广州起义时举措失当。杨衢云是在上年11月离开南非,本年3月21日抵达横滨的。

陈少白《杨衢云之重来日本及被摈》:

(杨衢云)到日本,在横滨登岸,当时我与孙先生正由东京去到横滨,住在一个友人的俱乐部内,闻得杨衢云到了要来相见,真是出我们意料之外。当时请他进来,大家见过,孙先生便请他到旁边一间房内,把房门关了。我见了这情形,心里不免有点着急。大约过了半点多钟,房门开了,他们两个人也出来。杨衢云脸上看似很难过,我只得泛泛的敷衍他一回,他也告辞去了。我就问孙先生同杨衢云在房内的情形,说了什么话。孙先生说:"我当时真恨极了,我责问他当日的事情。我说:你要做总统,我就要你做总统,你说要最后到广州,我就让你最后到广州。你为什么到了时期,你自己不来?那还罢了,随后我打电止你不来,隔一日,你又不多不少派了六百人来,把事情闹糟了,消息泄露,人又被杀了。你得了消息,便一个人拼命跑掉,这算是什么把戏?你好好把你的理由说来,不然,我是不能放过你的!"杨衢云俯首无词,最后他便说:以前的事,是我一人之错,现下闻得你筹得大款,从新再起,故此赶来,请你恕我前过,容我再来效力。我听了又好笑,又好气,见他如此认错讨饶,又如此愚昧可怜,只好作罢,放了他出来。

陈少白《兴中会革命史要》,建国月刊社1935年版,第68~69页

4月5日(三月十五日)　英国众议院开会,南美奥地方代议士蔑藻戴维德就此前香港政府下令将孙中山放逐出境之事,向英国理藩院大臣提出质询。

陆丹林《革命史谭》:

说香港政府禁止总理入境的经过,牵动很大。香港《法例汇编》(民国二十五年香港《华侨日报》出版)乙编《医业登记及孙中山先生与香港法律及医学之关系》,有极详尽的记载。

这是极好的直接史料,兹摘录于后:

……惟稽诸香港史书,载一八九五至一八九八年间,孙先生与香港法律之关系,及英国众议院关于此事之质讯,均有详细之纪述,是亦为孙先生革命史重要之一页。用将其本编译如后:

一八九六年岁初逊清光绪廿二年丙申,本港政府接据报告,以中国革命首领孙逸仙医师反叛满清政府,有违反香港法例之所为。遂由当任总督威霖罗便臣遵照一八八二年第八号条例第三条规定,于是年三月四日下令放逐出境,由该日起以五年为期。孙医师籍贯广东香山县(改称中山县),早年在夏威夷檀香山读书。嗣来港雅丽氏医院附设之西医学堂肄业。一八九二年卒业,为该校第一届毕业生。当下令放逐孙医师出境时,孙已离港赴英,旋被诱掳非法幽禁于伦教中国公使馆。中国公使欲设法押解回国治罪。时香港西医学堂教师詹士简德利(有译作康德黎——丹注)医生方归英国,乃以师生之谊为之奔走营救。事既张扬,英国上下,咸知此事,以中国使馆擅捕驻在地之本国逋逃政治犯,大悖国际公法。当经英国外交部向中国公使严重交涉,孙医师乃得恢复自由,遂赴日本。

孙医师途次横滨时,曾致书于香港当道,要求取销前令,许其归港居留。港政府以前颁放逐出境令,尚未届满期,碍难收回成命,乃由当任辅政司史超活骆克复函拒绝。原函云:"孙逸仙先生:顷接来书,备悉一是。来函系未注明寄发日期者。

兹奉上峰命函复先生。本政府雅不愿容许任何人在英属香港地方组织策动机关以为反叛或谋危害于素具友谊之邻国。兹因先生行事诚如来书所云,吊民伐罪,为解除国人备受鞑虏专制暴虐之羁绊。凡若所为,有碍邻国邦交,自非本政府所能容许者。如先生贸然而来,足履斯土,则必遵照一八九六年所颁放逐先生出境命令办理,而加先生以逮捕也。谨此奉复。香港辅政司史超活路[骆]克。一八九七年十月四日(逊清光绪廿三年丁酉九月初九日)"

本港政府既拒绝孙先生之请求,所颁放逐出境命令亦非因关系港地治安而发。故当时报章评论,社会舆情,于政府办理兹事,颇多非议。迨后此讯传至英国,英国上下亦多以国际公法应当遵守而表同情于孙先生者。及至一八九八年,英国众议院于四月五日(光绪廿四年戊戌二月二十五日)开会,有南美奥地方代议士蔑藻戴维德,特因此事提出质问,要求理藩院大臣加以答复,其问题如左:

"孙逸仙医生于一八九六年由香港放逐出境,其理由安在?彼在港曾否犯案?罪名如何?或曾被当地政府控告否?渠有无显著犯罪行为与违反香港法律而经过审判程序否?如有之,其审判纪录或卷宗有呈报理藩院否?如未尝经过审判程序,遽下命令,加以放逐出境处分,此项命令,能否撤回?"

理藩院大臣参伯连逐款加以答复。其答案如下:孙逸仙先生一八九五年离去香港。当是时,港政府据报,中国发生革命,党人几度举义谋夺广州,孙均与其事。嗣据探报,孙将有回港之行,港政府行政委员会遂下令将之放逐出境。彼未尝违反当地法律,未被控告,亦未被官厅审判成立罪状。该放逐令现且是否有效,或有无为之申请撤销等情事,本席概无所知,容当令行前途查明真相云云。

当日之放逐出境令,乃适用一八八二年第八号条例第三条规定办理。查本港政府一八五五年一月十五日在满清政府与太平天国发生内战时颁布是年第一号严守中立条例,取缔当地官民干预中国内战。明年一月二日,另订一八五六年第一号条例,以补充前例未尽事宜。嗣以洪、杨党羽混迹港地,借洋界为护符,一方为谋补充粮糈军械,一方为便利募兵袭击九龙,港岛治安,至受影响。港政府遂于一八五七年一月一日,颁布是年第九号维护地方治安条例。迄一八八二年重订,为是年第八号放逐出境条例。凡在境内之外籍人民有扰害人民治安之嫌疑者,得下令驱逐出境,当日政府即根据该例第三条规定将孙先生放逐出境者也。

查一八八二年第八号放逐出境条例第三条条文规定如次:“本港行政委员会得以命令,禁止任何人之非在本港出世者或非属于英国籍者在香港地方住居或入境,以不逾五年为限。并得在所颁布命令或另行颁令明定驱逐出境日期。所有依照本条规定颁发制止入境或住居本港之禁令,须并附其理由。”依据上开条文规定,凡有驱逐出境者,应并宣布其理由。故英国议员戴维德在众议院提出质问时,开宗明义,即以放逐理由安在为问。而理藩院大臣未作圆满答复,仅谓容当令行查明真相为词。

荣孟源、章伯锋主编《近代稗海》第1辑,四川人民出版社1985年版,第503~507页

4月10日(三月二十日)　法国强租广州湾,并以两广、云南为其势力范围。

《越南邻省不割让来往照会》(一八九八年四月四日、十日,光绪二十四年三月十二日、二十日,北京):

(法国署使致总理衙门照会):为照会事,兹因欲坚固两国友谊邻邦之情,并愿见中国国家领土之完整获得维持,复因越南邻省之现况应注意不予变动,法国国家深望中国应允,无论永暂,无论租借或以其他名义,均不将各该省地方全部或一部让与他国。本大臣应请贵王大臣接准此文,予以照复,以符法国国家之意也,须至照会者。一八九八年四月四日。

(总理衙门致法国署使照会):为照会事,光绪二十四年三月十四日,接准来文内开:“兹因欲坚固两国友谊邻邦之情,……以符法国国家之意也。”等因,查越南邻近各省系属中国边疆要地,关系重大,总由中国国家管理,系其自主之权,绝无让与或租借他国之理。法国国家既请应允,用特备文照复贵大臣,并请查照转报可也。须至照会者。光绪二十四年三月二十日(西历一八九八年四月十日)。

王铁崖编《中外旧约章汇编》第1册,三联书店1957年版,第743页

《滇越路及广州湾等事来往照会》(一八九八年四月九日、十日,光绪二十四年三月十九日、二十日,北京):

(法国公使致总理衙门照会):为照会事,查迭晤之后,除特奉全权字据外,我国专命照行,以坚固两国友谊邻邦之情,本大臣即请贵王大臣应允各端,开列如下:

一、中国国家允准法国国家,或所指法国公司,自越南边界至云南省城修造铁路一道,中国国家所为应备者,惟有该路所经之地与路旁应用地段而已。该路现正查勘,以后另由两国合订,再行会同订立章程。

一、因和睦之由,中国国家将广州湾作为停船趸煤之所,租与法国国家九十九年,在其地查勘后,将来彼此商订该租界四至,租价将来另议。

一、中国国家将来设立总理邮政局专派大臣之时,拟聘外员相助,所请外国官员,声明愿照法国国家请嘱之意酌办。本大臣应请贵王大臣一律照复,以便查阅,彼此心意相同,用来往照会作据为要。光绪二十四年三月十九日,西历一千八百九十八年四月九日。

(总理衙门致法国公使照会):为照会事,光绪二十四年三月十九日,接准贵大臣照称:“除特奉全权字据外,我国专命照行以坚固两国友谊邻邦之情,本大臣即请贵王大臣应允各端,开列如下:

一、中国国家允准法国国家,或所指法国公司,自越南边界至云南省城修造铁路一道,中国国家所为应备者,惟有该路所经之地与路旁应用地段而已。该路现正查勘,以后另由两国合订,再行会同订立章程。

一、因和睦之由,中国国家将广州湾作为停船趸煤之所,租与法国国家九十九年,在其地查勘后,将来彼此商订该租界四至,租价将来另议。

一、中国邮政局现归海关办理,中国国家将来设立总理邮政局专派大臣之时,拟聘请外员相助,所请外国官员,声明愿照法国国家请嘱之意酌办。本大臣应请贵王大臣一律照复,以便查阅,彼此心意相同,用来往照会作据。"等因前来。本衙门查来照所称三端,既以坚固友谊为言,可允照办,嗣后中、法两国自当益敦友睦,永弭争端,相应照复贵大臣,转报贵国国家可也。须至照会者。光绪二十四年三月二十日,西历一千八百九十八年四月十日。

王铁崖《中外旧约章汇编》第1册,三联书店1957年版,第744~745页

《总署奏法国请租广州湾并建造滇越铁路谨拟办法折》:

总理各国事务庆亲王奕劻等奏,为法国请租广州湾并建造滇越铁路各节,谨拟办法事。窃自日本归辽后,俄、德、法联为一气,德租胶澳,俄租旅大。各国政府咸以均势东方为言,进求利益。本年二月二十一日,法国署使臣吕班来臣衙门,面进照会,开列四端。一、□里,云南、广西、广东等省应照长江之例,不得让与他国。二、中国邮政局总管令法员充补。三、由越南往云南省城修造铁路。四、在南省海面设立葺船之所。经臣等逐条驳复,并电令出使大臣庆常向该国外部切实商阻,迭准庆常电复。法外部称,山东允德借地及铁路数道,法独向隅,议院不平,请派舰重办。所开四事必须照准,如中国和商,法必顾大局,否则不得不筹办法。又称,议院请照俄、德,限时日,外部顾大局,请速允,以免物议。如再迟延,外部迫于众议,必出事故各等语。该使臣吕班亦屡向臣衙门催办,势将决裂。臣等以事权所迫,终难峻拒,复将各条悉心参酌。原开第一条中国与越南交界各省,均属边疆要隘,自应永归中国自主,本无让人之理。原开第二条中国邮政现派总税务司,兼办规模粗立,未便轻议更张,应俟专派大臣之时再行酌办。原开第三条应指明自越南边界至云南省城修造铁路一道,仍照俄、德前案声明,另由两国会同订立章程以期周密。原开第四条应订明将广州湾一处租与法国作为停船趸煤之所,不得泛言。南省海面将来亦不得另换他处,并叙明租价字样,以副名义。庶于通融之中稍存限制。当本此意与该使反复申论磋磨数日,该使臣始一一允从。遂令改缮照会二件,于二月十九日送交臣衙门。臣等将汉文、法文严封,均与面定办法相符,即于三月二十日备文照复完案。谨将照会四件恭呈御览。至一切善后事宜,仍由臣等与两广、云南督抚臣,随时斟酌妥办,谨奏。光绪二十四年闰三月初五日,奉旨依议。

王彦威、王亮编《清季外交史料》卷131,沈云龙主编,近代中国史料丛刊第3编第2辑,台北文海出版社,第2258~2259页

4月12日(三月二十二日) 康有为等在北京发起成立保国会,以"保国、保种、保教"为宗旨,讲求变法。

康有为《康南海自编年谱》:

时粤中草堂,徒侣云集,前折既缘胶旅事搁起,知其不行,将拟归,以公车咸集,欲遍见其英才,成一大会,以伸国愤,由是少盘桓焉。李木斋亦来言开会事,卓如新在湖南开南学会极盛,时扶病来京,幼博以医卓如故,同寓三条胡同金顶庙,乃定于二十二日开保国会于粤东馆。

康有为《康南海自编年谱》,沈云龙主编,近代中国史料丛刊正编第2辑,台北文海出版社,第45页

梁启超《政变前纪·附记保国会事》:

论政变之起,保国会实为最大之一原因焉,今详记其事于下。自胶州、旅顺既割,京师人人震恐,惧分割之即至,然惟作楚囚相对,束手待囚耳。于是康有为既上书求变法于上,复思开会振士气于下,于是与□□□等开粤学会,与杨锐等开蜀学会,与林旭等开闽学会,与杨深秀□□□等开陕学会,京师士夫,颇相应和。于时会试期近,公车云集,御史李盛铎乃就康谋,欲集各省公车开一大会,康然之,是为保国会议之初起。

梁启超《戊戌政变记》,沈云龙主编,近代中国史料丛刊正编第92辑,台北文海出版社,第125~126页

4月14日(三月二十四日)　就粤汉铁路招股借款事,清政府官员经过往来会商,与华美合兴公司订立《粤汉铁路借款合同》。

盛宣怀《寄美京伍秩庸星使电》(光绪二十四年二月初一日):

粤汉铁路奏准借款。请问华上宾、坎理或别人,五厘息,九五扣,给股份余利四分之一;除土工外,一切准其包造,另给五厘用。事权如税务司。允否速示。

《伍星使来电》(光绪二十四年二月初五日):

坎理要九扣,余照办。

《致夔帅、香帅、右帅》(光绪二十四年二月二十五日):

粤汉如不定借款,仍不免为英、法所扰,照原奏已与伍使作复电议:五厘,九扣,另给余利五分之一,包办用费五厘,不能再让。此即去年美国所议之办法。粤路非美莫属,且晋路八厘,容议镇路洋股得余利四分之三。顷伍电:美、日龌龊,恐失和,碍借款。国步日难,稍纵即逝。鄙见迅速定议为是!如钧意许可,乞速示,即电伍议草约,会同电奏,请署电伍画押。

《寄傅相》(光绪二十四年二月二十六日):

粤汉仍与华上宾议,五厘,九扣。将成。

《香帅来电》(光绪二十四年二月二十七日):

粤汉自以美款为妥。粤汉、卢汉能同办更佳,但不知包办尚用中国物料否?请卓裁!国事日艰,速定为妙。

盛宣怀《愚斋存稿》卷31,沈云龙主编,近代中国史料丛刊续编第13辑,台北文海出版社,第745~753页

直督王(文韶,编者)鄂督张(之洞,编者)会衔、总署代奏《粤汉路借美款草约定议电奏》(光绪二十四年三月初七日):

粤汉路款,奏准向美借,近与伍廷芳往复电商,以与美公司定草约,谨摘要电陈:

宣怀奉旨立公司,办粤汉路,由伍代订草约。一、美公司允借四兆五万镑,视工程随交,勘路后即交头次。二、借款九扣,息五厘,铁路做押,发小票,宣怀及伍画押。三、铁路用美公司人代建代管。四、除地价土工外,美公司包办,给五厘用。五、工竣归美公司人管路,事权同税务司,仍由铁路大臣节制。六、给余利五分之一。七、如无意外,三年工竣。八、中国借票,四十年期;若十年后即还,每百两加五两。九、借款还清,铁路即归中国自管。十、美公司先交美金元十万,存伍使处作据。十一、美公司允设学堂,教华人建造管路。十二、建路材料须免税,有事运兵收半价。此约即上年华士宾议卢汉底本。虽所给权利颇多,余利止给五分之一,比较容闽、晋省等处尚少。欲防后患,舍美莫属。事机日逼,南北干路,各国虎视,速定路,犹为我有;若一迟疑,稍纵即逝。如蒙俞允,应请钧署电令伍使先画草约,俟美公司派人到华,再由总公司与彼详订正约。

再,粤路英、法皆觊觎,旅大事定,法、英即踵起要求,难保不援德国山东路之例。不许美

国代造,则粤路棘手,卢汉路华股难招,洋债难还,恐贻重累。今各国皆以铁路为割地之媒,实非空言所能抵制。美国此举,顷伍廷芳电称,事恐变,宜速定,近日洋情更坏,务须出其不意,迅速画押,暂不泄露。美约一定,比国亦不致藉词观望矣。事关大局,间不容发,乞代奏。

盛宣怀《愚斋存稿》卷21,沈云龙主编,近代中国史料丛刊续编第13辑,台北文海出版社,第555~556页

《总署来电》(光绪二十四年三月十二日):

奉旨。粤汉路款著照议订定。其代管字样,仍著斟酌。钦此。遵即电达。一面由本署致伍使,先画草约。

《美京伍大臣来电》(光绪二十四年三月二十六日):

顷画押,各款照旧:如□字,改即照中国借款办。惟以铁路做押。三、代管字,改管理行车等事,加兼用华员顺舆情。四、加尽用鄂料,材料明买,各厂回用归公。六、虚票四十三年期。七、勘费各出。八、小票五十年期,二十五年后还不加,提早还加二厘半。十一、学堂经费美出,加款未尽,加到华续议卢汉并办专条,改借五百兆镑。另密约包用缴回一厘与公。又专条煤矿到华续订。笔舌交瘁,托庇告成,各款尚妥洽。摘要电闻。余函详。望即电复照准,以便美商起程。

《寄伍大臣》(光绪二十四年三月二十九日):

已画押。慰!佩!转署。五款路成后四十字已照电奏。速令美商起程。卢汉如并办,除黄河桥外,三年能否赶成?若奏准不致游移否?已有专条,须再订草约否?恐废比约,法求接办,必须保美约不变,方可弃比。

盛宣怀《愚斋存稿》卷31,沈云龙主编,近代中国史料丛刊续编第13辑,台北文海出版社,第756~757页

《粤汉铁路借款合同》(一八九八年四月十四日,光绪二十四年三月二十四日,华盛顿):

督办大臣盛奉大清国大皇帝谕旨由汉口至广东省城创建铁路,奉旨设立铁路总公司,并奉旨督办总公司事务,今盛大人托大清钦差出使美、日,秘大臣吴大人与美华合兴公司代订合同,条款列下:

第一款 一、美华合兴公司为建造由汉口至粤东省城铁路之用,允筹借英金四百万镑,或照美金申算,若此数不敷,必须添增,亦可多借。此项借款系按工程随时分次交纳,候美华合兴公司所派总工程师勘路详报,美华合兴公司并无异词,由督办大臣核准后,即交纳第一次,以后随用随交。

第二款 一、俟借款总数酌定,至少核实英金四百万镑,即照总数印发中国国家金圆小票,交美华合兴公司收执作押。此项小票应用华、英两文,由督办大臣画押或盖印,并须中国驻美钦差画押。每年利息每百纳五,按半年交息一次。利息应俟此项小票售出,收用该款若干,随时起计。此项小票应由督办大臣与美华公司议定其格式,仿中国近日借款小票。惟不以洋关作抵,而以铁路全件作为头次抵押。小票每张填注一百镑,实交九十镑。此项小票总数应照美华公司所派工程师勘估应用之数,按每百九扣计足(如估计需用九十镑,小票须填洋一百,以符九扣之数),填写小票为全路工程之用。全路图式由美华公司呈交督办大臣核准,一经督办大臣核准,美华公司应允照办。所在图表、说帖均须及早送呈督办大臣,使得从容查核妥当批准。批准之件非有笔墨作据,不得照办。所发小票交美华合兴公司任其出售,亏盈多少,归其自理,与总公司无涉。

第三款 一、粤汉铁路由美华公司按照现行最善之法建造,并照以下所订各节,将该路火车等事行驶、管理。如嗣后欲由粤城续建至海滨或别处,亦可随时与督办大臣妥商。所有铁路经行之地,以及建造及驶车应需别项利权,总公司、督办大臣允为料理。美华公司有添

建短支路之权，接连要处，以招运载，惟所拟推广各路图表须经督办大臣核准。美华公司人员建造工程、经理车务及办理诸事一切均须顺华人意见、风俗、民情，无论建路或管车等事必须商酌，凡力能办到之处必须以圆通为主。又于建路及管车等事必须与督办大臣妥商，酌用华人充当要缺。所用垫路土工均归中国工头包做，先由督办大臣或督办大臣派人核准，惟土工须照工程师所定图样监造。工程师拟定图样、说帖，经督办大臣核准，中国人、外国人均不得干预，籍[藉]词阻挠。至各员勘路，亦不得阻扰。

第四款　一、建路所用款项，除地价及土工不计外，美华公司每百得五，作为酬劳之费。所用各式材料必须明场购买、价值最低者，如中国所出材料价廉物美，则当就近购买，如鄂厂等料必当尽用。所买材料，除上开酬劳费外，别无扣用。

第五款　一、路成之后，不论长短，所有照管驶车等事均由美华公司选派妥人经理，惟其人须先经督办大臣察看允准方可。并仿照洋关章程，设立铁路局管理各事。所有总工程师人等及各项人员、工匠等归铁路局管辖，如有怠惰不职、不遵约束之人，立即开除。所用司事各项人等亦由铁路局调度。

第六款　一、除支给薪工及各项经费暨借款利息外，铁路所得余利，以五分之一(即每百分之二十分)归美华公司，即照铁路价值总数五分之一之数，发给余利虚数小票，其格式由督办大臣与美华公司妥定，与上开铁路作抵之借款小票同时发给。总公司可随时照票内注明之数购还，即如每一百元之票只照一百元收买，不得多索。若不收买，则由发票日起，计俟四十三年期满，即行停给余利，其票均作为废纸。

第七款　一、此合同议定允准照办之后，美华公司即派人偕工程师，会同总公司人员，前往勘路，将造路、建栈、打旗等费估价具报。若无意外延阻之事，自开工之日起，三年之内，美华公司允将全路建成。其勘路之费，总公司及美华公司各自发给。

第八款　一、以铁路头次作押之借款小票，由发票之日起，计以五十年为期。二十五年之内，总公司将此项小票，无论多寡，均可购还，惟票内所注每百圆须加贴二圆半。二十五年之后购还，则只照票注之数收买，不必加贴。五十年期满，如不展期，亦照票数购还，不得索加。

第九款　一、上款所言借款小票，一经全数购还之后，中国总公司即可收回铁路，自行管理。美华公司所用人等，任由总公司自定去留。

第十款　一、此合同彼此允准照办后，一经中国驻美钦差讨问，美华公司即备美洋十万圆，作为信据。此款存纽约或华盛顿银行，应由中国驻美钦差与美华公司酌定。俟美华公司在中国开建此路，用款至十万圆之数，此款即由美华公司收回。如六个月内所用不及此数，则将所存之银，作为罚项，由中国驻美钦差收取。

第十一款　一、美华公司允自筹经费在中国开设铁路学堂，专教华人建路、管路、行车诸事。

第十二款　一、铁路所用一切物料，运入中国，应比照中国国家北洋铁路办法，准其免税。

第十三款　一、遇有军务，无论外侮、内乱，中国国家调遣兵丁、转运饷械及军营用物，此铁路须尽先载运，车价减半。

第十四款　一、自画押允准照办之后，彼此均不得损碍遵守合同之利益，亦不得允准别人行侵坏合同之事。

第十五款　一、除此合同上开各款外，所有未尽详细事宜，应由中国铁路总公司督办大臣与美华合兴公司派赴中国之总办商酌妥订。

以上各款公同议定，缮写两份，在美国华盛顿画押盖印。光绪二十四年三月二十日，一千八百九十八年四月十四日，中国驻美钦差伍、美华合兴公司代理人巴时，见证美华合兴公司董事兼管银两事班士、见证钟文耀。

王铁崖编《中外旧约章汇编》第1册，三联书店1957年版，第746～749页

4月17日(三月二十七日) 保国会在北京粤东会馆开第一次会议。

梁启超《政变前纪·附记保国会事》：

康复欲集京官之有志者，李不谓然，后卒从康议，于三月二十七日在粤东会馆第一集，到会者二百余人，时会中公推康及李及□□□□□□等演说，而李以事后至，是日公拟保国章程三十条，今录于下。

一、本会以国地日割，国权日削，国民日困，思维持振救之，故开斯会以冀保全，名为保国会。二、本会遵奉光绪二十一年闰五月二十七日上谕，卧薪尝胆，惩前毖后，以图保全国地国民国教。三、为保国家之政权土地。四、为保人民种类之自立。五、为保圣教之不失。六、为讲内治变法之宜。七、为讲外交之故。八、为仰体朝旨，讲求经济之学，以助有司之治。九、本会同志，讲求保国保种保教之事，以为论议宗旨。十、凡来会者，激厉愤发，刻念国耻，无失本会宗旨。十一、自京师上海设保国总会，各省各府各县皆设分会，以地名冠之。十二、会中公选总理若干人，值理若干人，常议员若干人，备议员若干人，董事若干人，以同会中人多推荐者为之。十三、常议员公议会中事。十四、总理以议员多寡决定事件推行。十五、董事管会中杂事，凡入会之事，及文书会计一切诸事。十六、各分会每年于春秋二八月将各地方入会名籍寄总会。十七、各地方会议员，随其地情形，置分理议员约七人。十八、董事每月将会中所收捐款登报。十九、各局将入会之姓名籍贯住址职业随时登记，各分局同。二十、欲入会者，须会中人介之，告总理值理，察其合者，予以入会凭票。二十一、入会者若心术品行不端有污会事者，会众除名。二十二、如有意见不同，准其出会，惟不许假冒本会名滋事。二十三、入会者人捐银二两，以备会中办事诸费。二十四、会期有大会常临时会之分。二十五、来会者不论名位学业，但有志讲求，概予延纳，德业相劝，过失相规，患难相恤，务推蓝田乡约之义，庶自保其教。二十六、捐助之款，写明姓名爵里，交本会给发收条为据，本会将姓名爵里学业寄寓，按照联票号数汇编存记，联票皆有总值理及董事图章。二十七、来会之人，必求品行心术端正明白者，方可延入，本会中应办之事，大众随时献替，留备采择，倘别存意见，或诞妄挟私，及逞奇立异者，恐其有碍，即由总理值理董事诸友公议辞退，如有不以为然者，到本会申明，捐银照例充公，去留均听其便。二十八、商董兼司帐，须习知贸易书籍情形及刷印文字者充其选，必须考查确实，一秉至公，倘涉营私舞弊，照例责赔，经手之董事会友，凡预有保荐之力者，亦须一律议罚。二十九、本会用项，概由值董核发，如有巨款在千数百金以上者，齐集公议，方准开支，收有成数，择殷实商号存储，立折支取，如存数渐多，亦可议生利息，发票之期，按几日为限，由值董眼同经理。三十、总理董事均仗义创办，不议薪资，将来局款大盛，须专请人办理，始议薪水，惟撰报管书管器司事教习游历司帐酌量给予薪水。

盖自明世，徐华亭集士大夫数千人，讲学于灵济宫，至今三百年，未有聚大众于辇毂为大会者，此会实继之。守旧之士，颇骇其非常，再会于崧云草堂，三会于贵州馆，来会者尚过百人，谤议渐风起，多有因强学前辙，以祸患来告者，康有为不慑也。先是江西人主事洪嘉与者，桀颉守旧，有气，久于京师，能立党与，经胶变后，闻康名来，三谒不遇，阍人忘其居，未答

拜。是时公车云集,各省士夫来见,客日数十,应接不暇,多不能答拜者。洪大恨,乃餂浙人孙灏曰,某公恶康,若能大攻之,当为荐经济特科。孙故无赖,乃大喜。洪乃为着一书驳保国会,遍印送京师贵人,守旧大臣皆喜信其说,满人无远识,不知外事,展转传闻,一唱百和,于是谤议大兴。时保滇会保浙会并起,洪嘉与又牟御史黄桂鋆劾之,并及保国会。李盛铎恐被祸,乃上疏劾会,以求自免。皇上置不问,御史潘庆澜继劾之,军机大臣刚毅将查究会中人。皇上曰,会能保国,岂不大善,何可查究耶,事遂止。五月礼部尚书许应骙劾之,御史文悌复上长折纠劾康有为,其说尤诬而厉,谓保国会之宗旨,在保中国,不保大清,此折实后来兴大狱之张本也。至八月政变后,伪上谕中遂引此语为康之罪名,而杨深秀杨锐林旭刘光第皆以保国会员获罪被戮,盖文悌之语,深入满人之心也。

今复将康有为演说录下:吾中国四万万人,无贵无贱,当今日在覆屋之下,漏舟之中,薪火之上,如笼中之鸟,釜底之鱼,牢中之囚,为奴隶,为牛马,为犬羊,听人驱使,听人割宰,此四千年中二十朝未有之奇变。加以圣教式微,种族沦亡,奇惨大痛,真有不能言者也。吾中国自古为大一统国,环列皆小国,若缅甸朝鲜安南琉球之类,吾皆鞭棰使之,其自大也久矣。故在国初时,视英法各国,皆若南洋小岛,虽以纪文达校订四库,赵瓯北札记二十二史,阮文达为文学大宗,皆博极群书,而纪文达谓艾儒略职方外纪,南怀仁坤舆图说,如中土瑶台阆苑,大抵寄托之辞,赵瓯北谓俄罗斯北有准噶尔大国,以铜为城,二百方里,阮文达《畴人传》不信对足抵行,今人环游地球,座中诸公有踏遍,吾粤贩商估客,亦视为寻常,而乾嘉时博学如诸公,尚未之知。至道光十二年,英人轮舟初成,横行四海,以轮船二艘犯广州,两广总督卢敏肃,以三千师船二万兵御之而败,卢公曾平猺匪赵金陇者,宣宗成皇帝诏谓卢坤昔平赵金陇曾着微劳,不料今日无用至此,卢敏肃虽言洋船极大,而既无影镜灯片,宣宗无从见之,无能自白也。暨道光二十年,林文忠始译洋报,为讲求外国情形之始。败于定海舟山,裕谦牛鉴刘韵珂继败,舰入长江,而炮震天津,乃开五口。宣宗乃知洋人之强在船坚炮利,命仿制之,西人如何,实未知也。道光二十九年,咸丰六年八年十年屡战屡败,输数千万,开十一口,乃至破京师,文宗狩热河,洋使入住京师,亦可谓非常之变矣。然而士大夫以犬羊视之,深闭固拒。同治三年斌椿遍游各国,等于游戏,无稍讲求之者。曾文正与洋人共事,乃始少知其故,开制造局译书,置同文馆,方言馆,招商局。文文忠乃遣美人蒲安臣与志刚孙嘉谷出使各国,首用洋人,如古之安史那金日磾,实为绝异之事。当时欲遣京官五品以下正途翰林六曹出身入同文馆读书,最为通达,而倭文端限之。自是虽轺车岁出,而士大夫深恶外人,蔽拒如故。甲申之役,张南关之功,日益骄满。鄙人当时考求时局,以为俄窥东三省,日本讲求新治,骤强示威,必取朝鲜,曾上书请及时变法自强,而当时天下皆以为狂。壬辰年傅兰雅译书事略,言上海制造局译出西书,售去者仅一万三百余部,中国四万万人,而购书者乃只有此数,则天下士讲求中外之学者,能有几人,可想见矣。非经甲午之役,割台偿款,创巨痛深,未有肯翻然而改者。至此天下志士,乃知渐渐讲求,自强学会首倡之,遂有官书局《时务报》之继起,于是海内缤纷,争言新法,自此举始也。然甲午之后,仍不变法,间有一二,徒为具文,即如海军电线铁路船局船厂,间有一二,然变其甲不变其乙,变其一不变其二,牵连相累,必至无成,其他且勿论,即如被创之后,而兵未曾增练,铁舰不再购一艘,吾绿营兵六十余万,八旗兵三十余万,实皆老弱,且各有业,托名伍籍中。泰西以民为兵,吾则以兵为民,何以敌之。若夫泰西立国之有本末,重学校,讲保民养民教民之道,议院以通下情,君不甚贵,民不甚贱,制器利用以前民,皆与吾经义相合,故其致强也有由。吾兵农学校皆不修,民生无保养教之之道,上下不通,贵贱隔绝者,皆与吾经义相反,故宜其弱也。故遂复有胶州之事,四十日之间，要挟逼迫者二十事，一德之强租胶州，人所共知也，其二则英欲借我款三厘息，而俄不许矣，其三欲开大连湾通商，俄不许矣，其四欲开南宁通商，俄不许矣，其五借英款不成，而内河全许驶行轮船矣，其六西贡烧教堂，法索我偿款十万矣，其七姚协赞调补山东道，德人限二十四点钟撤去矣，其八津镇铁路过山东，三电德廷，德不许矣，其九改道过河南，德亦不许，后请英美使言之，乃许矣，其十聂军请俄教习，而订明不归统领节制矣，其十一俄教习去留，须候俄朝廷旨矣，其十二俄人勒逐德教习四人矣，其十三直隶山东东三省练兵，必须请俄教习矣，其十四长江左右厘金，尽归税务司矣，其十五德人既得胶州百里，复索增广矣，其十六既得增广，又索铁路矣，其十七既得铁路，又索全省矣，其十八既得铁路，又索全省商务矣，其十九俄人要割旅顺大连湾金州矣，其二十法人索广州湾，又订两广云贵不得让与他国矣，此皆今年二月以前之事。其此后英之索威海，日本之订福建不得让与别国等事，尚未及计也。夫筑路待商之德廷，道员听其留逐，是皇上之权已失，贾谊所谓何忍以帝王尊号为戎人诸侯，二月以来，失地失权之事，已二十见，来日方长，何以卒岁，缅甸安南印度波兰吾将为其续矣。观分波兰事，胁其国主，辱其贵臣，荼毒缙绅，真可为吾之前车哉，必然之事，安能侥幸而免乎。印度之被灭，无作第六等以上人者，自乾隆三十六年，至光绪二年，百余年始有议员二人。香港隶英人，至今尚无科第，人以买办为至荣，英人之窭贫者皆可为大班，吾华人百万之富，道府之衔，红蓝之顶，乃多为其一洋行之买办，立侍其侧，仰视颜色，呜呼，哀哉。及今不自强，恐吾四万万人，他日之至荣者，不过如此也。即有无耻之辈，发愤作贰臣，前朝所极不齿者，而西人必不用中人，以西人之官必有专门，非专学不能承乏也。若使吴梅村在，他日将并一教官不能得，安敢望祭酒哉。即欲如熊开元作僧，而西教专毁佛教，佛像佛殿，将无可存，僧于何依。即欲蹈东海而死，吾中国无海军，即无海境，此亦非我干净土矣。做贰臣不得，做僧不得，死而蹈东海不得，吾四万万人，吾万千之士大夫，将何依何归何去何从乎。故今日当如大败之余，人自为战，救亡之法无他，只有发愤而已，穷途单路，更无歧趋，韩信背水之军，项羽沉舟之战，人人怀此心，只此或有救法耳，然割地失权之事，既忌讳秘密，国家又无法人师丹之油画院，绘败图以激人心，薄海臣民，多有不知者，或依然太平歌舞，晏然无事，尚纷纷求富贵，求保举。孟子曰，国必自伐，然后人伐之，故割地失权之事，非洋人之来割胁也，亦不敢责在上者之为也，实吾辈甘为之卖地，甘为之输权，若使吾四万万人皆发愤，洋人岂敢正视乎，而乃安然耽乐，从容谈笑，不自奋厉，非吾辈自卖地而何。故鄙人不责在上而责在下，而责我辈士大夫，责我辈士大夫义愤不振之心，故今日人人有亡天下之责，人人有救天下之权者。考日本昔为英美所凌，其弱与我同，今何以能取我台湾，灭琉球而制朝鲜，得我偿款二万万，此日本之兵强为之耶，非也，其相伊藤，其将大山为之耶，非也，尝推考如此大事，乃一布衣高山正之之所为，高山正之哀国之衰不能变，愤大将军之擅政，终日在东京痛苦于通衢，见人辄哭，终以哭死。于是西乡、吉田、藤田、蒲生秀实之流，出而言尊攘，大久保利通、岩仓具视、木户孝允、板桓退助、三条实美、大隈重信，出而谈变法，日本乃盛强。至明治以后，日人赏维新之功，乃赠高山正之四品卿，赐男爵，凡物作始也简，将毕也巨。呜呼，谁知日本之治，盛强之效，乃出一诸生无权无勇无智无术而成之耶。尽万物之生，皆由热力，有热点故生诸天，有热点故生太阳，太阳热之至者，去我不知几百万亿里，而一尺之地，热可九十四马力，故能生地，能生万物，被其光热者，莫不发生，地有热力，满腹皆热汁火汁，故能运转不息，医者视人寿之长短，察其命门火之衰旺，火衰则将死，至哉言乎。故凡物热则生，热则荣，热则涨，热则运动，故不热则冷，冷则缩，则枯，则干，则夭死，自然之理也。今吾中国以无动为大，无一事能举，民穷财尽，兵弱士愚，好言安靖而恶兴作，日日割地削权，命门火衰矣，冷矣，枯矣，缩矣，干矣，将危矣。救之之道，惟增心之热力而已。凡能办大事复大仇成大业者，皆有热力为之，其心力弱者，热力减故也。胡文忠谓今日最难得者是忠肝热血人，范蔚宗谓桓灵百余年倾而未颠，危而未坠者，皆由仁人君子齐心力之为。凡古称烈士志士义士仁人，皆热血人也，视其热多少以为成就之大小，若热如萤火，如灯，则微矣，并此而无之，则死矣。若如一大火团，至百二十度之沸度，则无不灼矣，若如日之热，则无所不照，无所不烧，热力愈大，涨力愈大，吸力愈多，生物愈荣，长物愈大。故今日之会，欲救亡无他法，但激厉其心力，增长其心力，念兹在兹，则烟火之微，自足以争光日月，基于滥觞，流为江河，果能合四万万人，人人热愤，则无不可为者，奚患于不能救。

此演说之语，乃当时会中人傍听笔记，空录于天津《国闻报》中者，后各报亦展转登之，可知开此会之意，欲令天下咸发愤国耻，因公车诸士而摩厉之，俾远而激厉其乡人，以效日本维新志士之所为，则一举而十八行省之人心皆兴起矣。当时集者朝官自二品以下，以至言路词馆部曹，及公车数百人，楼上下座皆满。康有为演说时，声气激昂，座中人有为之下泪者。虽旋经解散，而各省志士纷纷继起，有保浙保滇会等，自是风气益大开，士心亦加振厉，不可抑遏矣。

梁启超《戊戌政变记》，沈云龙主编，近代中国史料丛刊正编第92辑，台北文海出版社，第126～138页

4月22日（闰三月初二日） 日本要求以福建为其势力范围。

《日本照会》：

大日本国钦差全权大臣矢野，为照会事：现准外务大臣电闻开："日本政府闻清国政府近日维艰，常深轸念。即如威海卫撤兵，前经声明在案，原系虑节外生枝，加累于清国起见，亦足以昭命意所在焉。但日本政府查明实在情形，反顾利害所及，未克置若罔闻，自宜设一妥法，以期未雨绸缪，则请清国政府声明不将福建省内之地方让与或租与别国矣。"等因前来。除面述外，相应照会贵王大臣查照，并希照复，以便电复本国可也。须至照会者，右照会大清钦命总理各国事务王大臣。明治三十一年四月二十二日。

《中国照复》：

大清钦命总理各国事务军机大臣刑部尚书廖、太子少保头品顶戴镶白旗蒙古都统崇、协办大学士兵部尚书荣、太子太傅文华殿大学士一等肃毅伯李、和硕恭亲王、和硕庆亲王、协办大学士户部尚书军机大臣兼署吏部尚书翁、户部尚书敬、礼部尚书许、尚书衔户部左侍郎兼署吏部右侍郎张，为照复事：光绪二十四年闰三月初二日接准照称："现准外务大臣电闻开：日本政府闻清国政府近日维艰，常深轸念。即如威海卫撤兵，前经声明在案，原系虑节外生枝，加累于清国起见，亦足以昭命意所在。但日本政府查明实在情形，反顾利害所及，未克置若罔闻，自宜设一妥法，以期未雨绸缪，则请清国政府声明不将福建省内之地方让与或租与别国矣。除面述外，相应照会贵王大臣查照，并希照复。"等因前来。本衙门查福建省内及沿海一带，均属中国要地，无论何国，中国断不让与或租给也。相应备文照复贵大臣查照，传达贵国政府可也。须至照复者。右照会大日本钦差全权大臣矢野。光绪二十四年闰三月初四日。

王铁崖编《中外旧约章汇编》第1册，三联书店1957年版，第750～751页

5月11日（闰三月二十一日） 汪康年在上海创办《时务日报》。该报后改为《中外日报》。

汪诒年《汪穰卿先生传记卷三·年谱二》：

（闰）三月，复设《时务日报》馆于上海。时《时务报》已风行一时，然月只三册，又专以提

倡变法为主，于时政鲜所论列，因复纠合同志，集资创办日报，以记载中外大事，评论时政得失为主，畅所欲言，无所避忌。初时经费支绌，规画撰述皆先生一人任之，日则出外咨访，夕则篝灯握管，忘其劳瘁，然以纪载详核，议论平正，渐为士大夫所重视，销行日广，规模亦日拓矣。

…………

附《时务日报》章程：本馆纠集同人，创建兹举，一切体例章程，较他报稍异，兹特申明于左，愿海宇君子鉴之。

（一）本馆之意在转圜时务，广牖见闻，论说之文，务取远大精确，篇章但求简赅，毋取冗长。即所登新闻，均择紧要有征之事，凡郢燕市虎之词，概为严删。（二）本馆重在采译西报，凡紧要新闻及有益之论说章程，悉行摘录。（三）现在风气大开，公司局厂林列，惟办理情形，局外无从窥测，本馆拟逐细探求，以飨究心时务之人。（四）本报另立专件一门，凡奏疏、章程、条陈等件之关于时务者，无不广为搜录，以资考证。（五）各处如有异常紧要之事，均令访友即行电告，俾阅者先睹为快。（六）报纸分为三层，俾阅者少省目力，句读加点，以清眉目。（七）首页开明目录告白，分别门类，以便检览。（八）各处访友，虽已订定，惟处事不厌精详，凡沿江沿海各埠及各都会，有才学识兼优之人，愿襄助为理者，请将新闻随时寄示，如能入格，即可添订。（九）事贵集思广益，倘有挂漏未妥之处，尚幸诸贤匡其不逮，如有崇论伟议见士者，本馆亦为采登。（余略）

讨论　（一）如有仿制或创制之物，请即函告，本馆即可托人前往试验，如确，当代登报表扬。（二）如有新撰新译书籍，亦请送至本馆，当酌为登报。（三）如有已开译书籍及创意欲撰之书，亦可告知本馆登报，以免重复。（四）如报中登事错误，请随时指正。（五）如有不惬意于报中所言者，请随时函示。（六）（从略）

章伯锋、顾亚编《近代稗海》第12辑，四川人民出版社1988年版，第226～228页

5月20日（四月初一日）　张之洞所撰《劝学篇》在《湘学报》第三十七期刊发，鼓吹“旧学为体，西学为用”，抨击“开议院，兴民权”。清政府旋下令广为刊布，实力劝导。

张之洞著《劝学篇·序》：

昔楚庄王之霸也，以民生在勤箴其民，以日讨军实儆其军，以祸至无日训其国人。夫楚当春秋鲁文、宣之际，土方辟，兵方强，国势方张，齐、晋、秦、宋无敢抗颜行，谁能祸楚者，何为而急迫震惧如是之皇皇耶？君子曰：不知其祸，则辱至矣；知其祸，则福至矣。今日之世变，岂特春秋所未有，抑秦、汉以至元、明所未有也。语其祸，则共工之狂、辛有之痛，不足喻也。庙堂旰食，乾惕震厉，方将改弦以调琴瑟，异等以储将相。学堂建，特科设，海内志士发愤搤捥。于是图救时者言新学，虑害道者守旧学，莫衷于一。旧者因噎而食废，新者歧多而羊亡。旧者不知通，新者不知本。不知通，则无应敌制变之术；不知本，则有非薄名教之心。夫如是，则旧者愈病新，新者愈厌旧，交相为瘉，而恢诡倾危、乱名改作之流，遂杂出其说，以荡众心。学者摇摇，中无所主，邪说暴行，横流天下。敌既至无与战，敌未至无与安。吾恐中国之祸，不在四海之外，而在九州之内矣。窃惟古来世运之明晦，人才之盛衰，其表在政，其里在学。不佞承乏两湖，与有教士化民之责，夙夜兢兢，思有所以裨助之者。乃规时势，综本末，著论二十四篇，以告两湖之士。海内君子与我同志，亦所不隐。

内篇务本，以正人心；外篇务通，以开风气。

内篇九：曰同心。明保国、保教、保种为一义。手足利则头目康，血气盛则心志刚，贤才

众多,国势自昌也。曰教忠。陈述本朝德泽深厚,使薄海臣民咸怀忠良,以保国也。曰明纲。三纲为中国神圣相传之至教,礼政之原本,人禽之大防,以保教也。曰知类。闵神明之胄裔,无沦胥以亡,以保种也。曰宗经。周秦诸子,瑜不掩瑕,取节则可,破道勿听,必折衷于圣也。曰正权。辨上下,定民志,斥民权之乱政也。曰循序。先入者为主,讲西学必先通中学,乃不忘其祖也。曰守约。喜新者甘,好古者苦。欲存中学,宜治要而约取也。曰去毒。洋药涤染,我民斯活,绝之,使无萌柹也。

外篇十五:曰益智。昧者来攻,迷者有凶也。曰游学。明时势,长志气,扩见闻,增才智,非游历外国不为功也。曰设学。广立学堂,储为时用,为习帖括者击蒙也。曰学制。西国之强,强以学校,师有定程,弟有适从,授方任能,皆出其中,我宜择善而从也。曰广译。从西师之益有限,译西书之益无方也。曰阅报。眉睫难见,苦药难尝,知内弊而速去,知外患而预防也。曰变法。专己袭常,不能自存也。曰变科举。所习所用,事必相因也。曰农工商学。保民在养,养民在教,教农工商,利乃可兴也。曰兵学。教士卒不如教将领,教兵易练,教将难成也。曰矿学。兴地利也。曰铁路。通血气也。曰会通。知西学之精意,通于中学以晓固蔽也。曰非弭兵。恶教逸欲而自毙也。曰非攻教。恶逞小忿而败大计也。

二十四篇之义,括之以五知:一知耻。耻不如日本,耻不如土耳其,耻不如暹罗,耻不如古巴。二知惧。惧为印度,惧为越南、缅甸、朝鲜,惧为埃及,惧为波兰。三知变。不变其习,不能变法,不变其法,不能变器。四知要。中学考古非要,致用为要。西学亦有别,西艺非要,西政为要。五知本。在海外不忘国,见异俗不忘亲,多智巧不忘圣。

凡此所说,窃尝考诸《中庸》而有合焉。鲁,弱国也。哀公问政,而孔子告之曰:好学近乎知,力行近乎仁,知耻近乎勇。终之曰:果能此道矣,虽愚必明,虽柔必强。兹内篇所言,皆求仁之事也;外篇所言,皆求智求勇之事也。夫《中庸》之书,岂特原心杪忽、校理分寸而已哉!孔子以鲁秉礼而积弱,齐、邾、吴、越皆得以兵侮之,故为此言,以破鲁国臣民之聋聩,起鲁国诸儒之废疾,望鲁国幡然有为,以复文武之盛。然则无学、无力、无耻,则愚且柔;有学、有力、有耻,则明且强。在鲁且然,况以七十万方里之广,四百兆人民之众者哉!吾恐海内士大夫狃于晏安,而不知祸之将及也,故举楚事;吾又恐甘于暴弃,而不复求强也,故举鲁事。《易》曰:"其亡、其亡,系于苞桑。"惟知亡,则知强矣。

光绪二十四年三月南皮张之洞书。

国家清史编纂委员会文献丛刊《张之洞全集》(12),武汉出版社2008年版,第157～158页

5月29日(四月初十日)　奕䜣卒。

赵尔巽等撰《清史稿·列传八》:

恭忠亲王奕䜣,宣宗第六子。与文宗同在书房,肄武事,共制枪法二十八势、刀法十八势,宣宗赐以名,枪曰"棣华协力",刀曰"宝锷宣威",并以白虹刀赐奕䜣。文宗即位,封为恭亲王。咸丰二年四月,分府,命仍在内廷行走。

三年九月,洪秀全兵逼畿南,以王署领侍内大臣办理巡防,命仍佩白虹刀。十月,命在军机大臣上行走。四年,迭授都统、右宗正、宗令。五年四月,以畿辅肃清,予优叙。七月,孝静成皇后崩,上责王礼仪疏略,罢军机大臣、宗令、都统,仍在内廷行走,上书房读书。七年五月,复授都统。九年四月,授内大臣。

十年八月,英吉利、法兰西兵逼京师,上命怡亲王载垣、尚书穆荫与议和,诱执英使巴夏礼,与战,师不利。文宗幸热河,召回载垣、穆荫,授王钦差便宜行事全权大臣。王出驻长辛

店，奏请饬统兵大臣激励兵心，以维大局。克勤郡王庆惠等奏释巴夏礼，趣王入城议和。英、法兵焚圆明园。豫亲王义道等奏启城，许英、法兵入。王入城与议和，定约，悉从英、法人所请，奏请降旨宣示，并自请议处。上谕曰："亲王办理抚局，本属不易。朕深谅苦衷，毋庸议处。"十二月，奏通商善后诸事。初设总理各国事务衙门，命王与大学士桂良、侍郎文祥领其事。王疏请训练京师旗兵，并以吉林、黑龙江与俄罗斯相邻，边防空虚，议练兵筹饷。上命都统胜保议练京兵，将军景淳等议练东三省兵。

十一年七月，文宗崩，王请奔赴，两太后召见，谕以赞襄政务王大臣载垣、端华、肃顺等擅政状。穆宗侍两太后奉文宗丧还京师，谴黜载垣等，授议政王，在军机处行走，命王爵世袭，食亲王双俸，并免召对叩拜、奏事书名。王坚辞世袭，寻命兼宗令、领神机营。

同治元年，上就傅，两太后命王弘德殿行走，稽察课程。三年，江宁克复。上谕曰："恭亲王自授议政王，于今三载。东南兵事方殷，用人行政，征兵筹饷，深资赞画，弼亮忠勤。加封贝勒，以授其子辅国公载澄，并封载浚辅国公、载滢不入八分辅国公。"四年三月，两太后谕责王信任亲戚，内廷召对，时有不检，罢议政王及一切职任。寻以惇亲王奕誴、醇郡王奕譞及通政使王拯、御史孙翼谋、内阁学士殷兆镛、左副都御史潘祖荫、内阁侍读学士王维珍、给事中广诚等奏请任用，广诚语尤切。两太后命仍在内廷行走，管理总理各国事务衙门。王入谢，痛哭引咎，两太后复谕："王亲信重臣，相关休戚，期望既厚，责备不得不严。仍在军机大臣上行走。"

七年二月，西捻逼畿辅，命节制各路统兵大臣。授右宗正。十一年九月，穆宗大婚，复命王爵世袭。十二年正月，穆宗亲政，十三年七月，上谕责王召对失仪，降郡王，仍在军机大臣上行走，并夺载澄贝勒。翌日，以两太后命复亲王世袭及载澄爵。十二月，上疾有间，于双俸外复加赐亲王俸。旋复加剧，遂崩。德宗即位，复命免召对叩拜、奏事书名。

光绪元年，署宗令。十年，法兰西侵越南，王与军机大臣不欲轻言战，言路交章论劾。太后谕责王等委靡因循，罢军机大臣，停双俸，家居养疾。十二年十月，复双俸。自是国有庆屡增护卫及甲数，岁时祀事赐神糕，节序辄有赏赉，以为常。二十年，日本侵朝鲜，兵事急，太后召王入见，复起王管理总理各国事务衙门，并总理海军，会同办理军务，内廷行走；仍谕王疾未愈，免常川入直。寻又命王督办军务，节制各路统兵大臣。十一月，授军机大臣。二十四年，授宗令。王疾作，闰三月增剧，上奉太后三临视，四月薨，年六十七。上再临奠，辍朝五日，持服十五日。谥曰忠，配享太庙，并谕："王忠诚匡弼，悉协机宜，诸臣当以王为法。"

赵尔巽等撰《清史稿》卷221，中华书局1977年版，第9105～9107页

5月31日（四月十二日） 经元善等创办之中国女学堂开学。6月1日（四月十三日），中国女学会书塾在上海城南的桂墅里创办。

《女学集议初编跋（附一）·中国女学会书塾章程》（1898年4月）：

本学会书塾设于上海城南高昌乡之桂墅里，聘请名门贤淑闺秀为教习，专教吾华女子中西女史，与一切有关实用医算乐律等学，采仿泰西、东瀛师范，以开风气之先，而复上古妇学宏规。其教育宗旨以彝伦为本，所以启其智慧、养其德性、健其身体，以造就其将来为贤母、为贤妇之始基。所有创办章程，同人公议，业经刊布。今以堂宇落成尚需时日，先行赁屋试办，准于四月内开学。因地因事，于原章不能不小有变通，今将启塾，理合续行刊布于左。

一、原议本塾学生十一岁以下必略识字，十五岁以下必略知文法，乃许入学，今暂不拘执年岁，只须清白良家，能遵守章程，皆可来塾肄业，或朝来暮返，或住宿在塾，均听其便。（逾

数载后,仍照总章考取)。

二、凡学生来塾肄业,须觅妥实保人,缮立本塾印就保单,须写明籍贯、住址。凡住塾学生,除父母外,就近有无亲友照料,指明何人来领,皆应填入保单。如该生亲戚,非指定来领之人,只许来塾探望,不得将该生领出,以昭郑重。

三、本塾教法中西并重,各项课程皆由教习随时酌派班次(功课另有专表,俟开塾后,华洋教习妥商订定再刊),每日按定时刻习学,量材训迪。如欲专习中文,或专习西文,及兼习琴学,由该生父母于入塾时在保单内声明。中国物力维艰,兴家必本勤俭,凡入塾学生,必宜兼习女红、中馈等事。

四、本塾正月二十日开馆,十二月望日散馆,其余令节、诞忌、星期休沐外,平时不宜轻易作辍,致旷课功。如家中有正事请假,须该生父母或曾膺重托之人来领,并订定日期,不得逾限。

五、本塾华三月朔起,每晨七点半钟开课,十二点钟放饭;午后一点钟开课,五点半钟放学。九月朔起,每晨八点半钟开课,十二点钟放饭;午后一点钟开课,四点半钟放学(秋冬两季加添夜课)。暇时游息,习练体操。每逢星期休沐一天,或绘事,或鼓琴,藉以活泼天机,发舒神智。三伏酷暑,午后停课纳凉,如欲回家歇夏,准予给假一月,期满即行返塾。

六、本塾学费议定每生每月收修洋一元。学生在塾食宿者,每月外加膳资洋三元,每日一粥两饭,饭菜四簋,两荤两素;洗衣服役有女佣侍值,不须该生躬亲。如不在馆住宿,食午、晚两餐者,每月加膳资洋二元;仅食午饭一餐者,每月加膳资洋一元(日后经费充裕再行酌减)。入塾在十五日以后者,准免收上半月修膳。此外别无分文浮费。(如欲带女佣,须自贴膳资)。

七、诗关雎为房中之乐,琴瑟钟鼓陶淑情性,自古圣后贤妃所不废。今本塾所延华洋文教习,亦有明于琴学者,如诸生欲习者多,俟堂宇落成后,亦当置备古琴、洋琴各一具,即可由教习指授,每月亦仿西书塾,另加琴修洋一元,不愿学者听便。

八、修膳金按月计算,入塾之时须先交送半年,存于账房,届期将满,再送半年,放年学散馆时一并结算。若学生家有正事预先告假,或有恙停止者,除半年修金六元须全扣外,膳资准照月分计算,多余找还。倘非预先告假者,不得援以为例。

九、所读中西书籍、华纸墨笔砚、洋纸簿石板铅铜粉笔等,均须自备,或由塾代买收回价值亦可,惟墨水由塾供给,不得无端浪费。

十、学生住塾,床帐由塾备就,铺陈被席均须自带;衣衫皆当整洁,衵裤白巾略须多备几套,以便随时更换;手巾亦须自带,惟家伙木器不必携来。

十一、本塾来学生徒,平素须敦守礼义信让,锐志向学,恪遵训悔,更须饮食有节,运动适宜,庶精神气力悉臻快健,荒怠不形,于养生之道亦有所益,而尤以不缠足为第一要义。凡衣服起居,宜以朴素为主,至于华胄巨室,尤须遵守学规,使人则效,幸勿竞美争丽,致启骄奢恶习。

十二、学生如偶有疾病,塾有女医教习即为诊治,一面关照父母或所托照顾之亲戚,如欲接回调理,准予给假领归,愈后即速送回塾。

十三、每岁冬夏甄别学生,考课二次,各给考单一纸,注明学生之德性、品谊与所习各种学问分数,以及到馆日期之多寡,俾该生父母览之欣慰。(本年开塾已届夏季,至岁底散馆并考一次。)

十四、西国学堂通例,课程皆分年派定,俟学生读全考取后,给以文凭,可以出而教人。今本塾亦拟仿照办理,应如何分门别类评定等第之处,愈数年后再行详细妥议格律。

大清光绪二十四年岁次戊戌

孔子降生二千四百四十九年

中国女学会书塾提调，归巨鹿明州沈和卿、归颍州巴黎赖妈懿同启。

虞和平编《经元善集》，华中师范大学出版社 1988 年版，第 230 ~ 232 页

《女学集议初编跋（附二）·上海创设中国女学堂记》（1899 年 6 月）：

光绪二十三年十一月，寓沪客绅经君莲珊等，议设女学书塾，拟定规条，联名禀陈南洋节署，蒙刘岘帅批答略谓，此举有益，可开风气之先，并准刊用木质关防，以昭信守。经君旋度地于城南高昌乡之桂墅里，鸠工庀材，不遗余力。二十四年三月落成，即于四月十二日开塾。礼聘提调一人，总管塾务。延请华文教习二人、医学女红教习各一人、西文教习一人，皆闺阁中之不栉进士也。五月晦日，溽暑熏蒸，循章散塾。共得女学生二十余名。七月朔日，秋凉开塾，敦聘美国闺秀林梅蕊女史为西文总教习，而以华教习刘女史摄提调事。就学者日众，截至年终，共得四十余名。并先于是年九月十七日，就城内淘沙场增设分塾，延请中西教习各一人，截至年终亦得就学生二十余名。二十五年正月，刘女史辞总塾提调兼谢华文教习，仍驻塾专教绘事，遂裁提调一席，别延一人管理杂事，而增延医学教习一人。时则声名鹊起，远方童女，亦愿担簦负笈而来，通计总、分两塾，凡住塾及报名而将到者都七十余人。此开塾以来措置之大略也。

经君精心擘划，不厌不倦，于外董事中实堪首屈一指。而内董事沈章恭人、浣香女史赞助之力，亦属不可泯没。考其华文功课，如女孝经、女四书，幼学须知句解，内则衍义。十三经、唐诗、古文之类，皆有用之书也。外此，则女红、绘事、医学，间日习之。每旬逢三、八日，则有教习试课论说。西学功课，于读书、写字之暇，兼及体操、针黹、琴学之类，以资质之高下，定课程之多寡。规模既定，光气大开，一时之闻风兴起者，如苏州、松江、广东及南洋新嘉坡等处，皆陆续设立女学堂。香港则有英国薙女史，亦议募捐金钱，以教华女。从此深闺弦诵，盈耳洋洋，异日相夫教子之功，皆基于垂髫时之姆训，于以兴东土二千年绝学，造中华二百兆美材。问远方之人，所闻而心喜者也。然阴教向明之机，实肇开于沪上，敝广学会同人平日著书立说，常剀切以导之者，不尤乐观厥成乎！比得其开塾时提调、教习及诸生之玉貌，即印与本卷公报首叶，并为之述其缘起。诗曰，有斐君子终不可谖兮，其斯之谓欤。

虞和平编《经元善集》，华中师范大学出版社 1988 年版，第 232 ~ 233 页

汪诒年《汪穰卿先生传记卷六·事业汇志》：

一为设立女学堂此学堂为经联珊元善所主办，校设高昌庙桂墅里，即经君之私产也，赞其成者为先生，暨梁卓如、康幼博两君及施子英则敬，严小舫信厚、郑陶斋官应、陈敬如季同诸君，其章程之重要者，如第一条云：学堂之设，悉遵吾儒圣，教堂中亦供奉至圣先师神位。办理宗旨，欲复三代妇学宏观，为大开民智张本，必使妇人各得其自有之权，然后风气可开，名实相符。第十一条云：立学之意义主平等，虽不必严分流品，然此学堂之设，为风气之先，为他日师范所自出，故必择良家闺秀，始足仪型海内，凡奴婢娼妓一切不收。二十二条云：沪滨郑卫之风向盛，而租界中桑濮秽迹尤彰明较著，今创女学，各得自有之权，不先从根本上讲究起，恐流弊较男学外孔内杨者更烈。公议凡真正节妇之女，即非醴泉芝草，亦宜破格栽培，勖以专仞。师范一门，秉贞母之赋，俾先觉觉后觉，或冀能形端表正，防微杜渐云云。

诒年按：此章程为何人所撰，日久无考。惟梁卓如君曾有倡设女学堂启一篇，刊于《时务报》第五十四期内，则此章程当亦为梁君所属草也。

此女学堂于二十四年四月开办，初时学期暂定四十名，然报名者争先恐后，几数倍于定额，咸以不得入门为憾。至次年夏间，刚毅南下至上海时，忽据人言，谓此校与康、梁有关，时

赞成之人除先生外,大都介于官商之间,咸以被牵累为虑,遂力迫经君将校停办。至是冬十二月,经君又以电争立储之故,为清廷所深罪,避地澳门,是校遂为官厅所没收,直至后来□□年,始行发还云。

诒年按:经君当时既在高昌庙设立女学堂,复于城中设一女塾,盖以便居近城中者可就近肄业也。故庚子三月,经君在澳门有书致先生云:女学事倘吾兄与静涵足能支持数月,弟苟获幸免,此志决不稍懈也。又八月三日来书云:昨接刘松生来函云,女学城塾赖吾兄挹注,而伊仍万难敷衍,欲过中秋节歇手等云。弟复以新政之硕果,仅存止此女学一线绵延,万不可停而中断云云。又□□年七月二十五日书云:为公学城塾,弟再四劝勉蒋、王两女史勿尽堕前功,已允竭力续□云云。观于以上三书,知当时高昌庙之女学,虽已停办,而城中女塾固犹存在也。

章伯锋、顾亚编《近代稗海》第12辑,四川人民出版社1988年版,第324~325页

5月(闰三月)　康有为等再次发动公车上书。

孔孟后裔孔广謇、孟昭武等十七人上《为残毁圣像,任意作贱,公恳据情代奏折》称:

正月初一日有德国洋人率领多人,闯入即墨县文庙,将圣像四体伤坏,并将先贤仲子双目挖去。

中国第一历史档案馆藏《为残毁圣像,任意作贱,公恳据情代奏折》,光绪二十四年闰三月初二日

山东举人黄象毂等一百零三人《据实陈明,恳请代奏折》称:

远近士庶,传闻此事,无不愤懑。

中国第一历史档案馆藏《据实陈明,恳请代奏折》,光绪二十四年闰三月初二日

据《梁任公年谱长编》所记:

德人毁坏山东即墨县文庙的事传入京师,一时公车非常愤慨,先生尝联合麦孺博等十一人上书都察院,请严重交涉。

丁文江、赵丰田编《梁任公年谱长编(初稿)》第1册,中华书局2010年版,第86页

福建举人林旭、林庆禧等三百六十人《为圣像被毁,圣教可忧,请饬总理衙门责问德人公呈》指出:

方今外警日至,吾上下犹有持以无恐者,非度支之充裕也,非备御之精坚也,君臣父子之伦,孝悌忠信之义,维系而不可解。爱国尊君,人人可用,所恃者此。然所以致此者,孔子之教也。教者,国所与立。故彼族利人之人民土地,则思以其教易人之教,教存则国存。波兰、印度之终受制于人者,教失也。故保教以保国。若吾圣教,彼夷犹所畏忌,故求逞志于中国,乃思快心于孔子前,此微词诋毁耳。今将见之行事,乃施其端,致其渐,觇我之人心士气,以审教之可亡与否。……应请饬下总理衙门,责问德使,令其惩办赔偿,应人心益奋,士气益振,大教不坠,中国幸甚。

中国第一历史档案馆藏《为圣像被毁,圣教可忧,请饬总理衙门责问德人公呈》,光绪二十四年闰三月十二日

5月4日(闰三月十四日),江苏省松江府举人庄仁泳等三十一人向都察院递交《即墨文庙一案,关系重大,请旨严诘德人,交犯惩办,以伸公愤》的公呈,称:

倘德人自知理屈,就我范围,则前此积弱之风为之少振,而英俄诸国,亦可少戢觊觎之心。万一豺狼性成,理喻不能,不得已而以兵戎相见,则皇上乃为圣教而兴师……则孰不各勉同仇,枕戈待命。

中国第一历史档案馆藏《即墨文庙一案,关系重大,请旨严诘德人,交犯惩办,以伸公愤》,光绪二十四年闰三月十四日

5月6日(闰三月十六日)麦孟华、梁启超等八百三十一名广东举人《圣像被毁,圣教可忧,乞饬驻使责问德廷严办以保圣教而安人心公呈》,其要旨:

伏惟孔子道参天地,德在生民,列代奉之以为教,我朝列圣,尤加尊崇。今天下人知君臣父子之纲,家知孝悌忠信之义,庙祀皇皇,至巨典也。……自胶旅之事,习知吾国势极弱,尚不敢遽加分灭者,盖犹畏吾人心也。顷乃公毁先圣先贤之像,是明则蔑吾圣教,实隐以尝吾人心。若士气不扬,人心已死,彼即遍毁吾郡邑文庙,复焚毁吾四书六经,即昌言攻我先师,即到处迫人入教,若人咸畏势,大教沦亡,皇上孤立于上,谁与共此国者?……举人等私忧窃痛,实有难言,彼越数万里而传其教,稍不得当,则索地杀人,我在内地而不能自保其庙像,夫复何言?……割胶不过失一方之土地,毁像则失天下之人心,失天下之圣教,事之重大,未有过此。查两国和约,既保彼教,亦当保吾教。饬下驻德国使臣吕海寰责问德廷,责令查办毁坏圣像之人,勒令赔偿,庶可绝祸萌而保大教,存国体而系人心。

中国第一历史档案馆藏《圣像被毁,圣教可忧,乞饬驻使责问德廷严办以保圣教而安人心公呈》,光绪二十四年闰三月十六日

翰林院掌院学士昆冈和徐桐于5月8日(闰三月十八日)代奏两天前翰林院编修李桂林、朱祖谋,修撰骆成骧,检讨阎志廉以及庶吉士林开□等二十四人的联名公呈。呈文称:

孔子之教,本乎天地之自然,合乎人心之大同,穷天地恒古今而不变。西土之稍明事理者,往往牵附圣言,援儒入墨……圣教猝遭横逆,纵使置若罔闻,譬如日月之明,尘雾暂蒙,久而必复。惟夫大义不伸,人心因此解散,其于我皇上宰世之大权,为患有至巨且速者,不可不查也。现在会试公车,咸集都下,语及此案,皆以为彼既毁我圣像,我何不可毁彼教堂,人人攘臂切齿,誓欲得而甘心,转瞬回籍,纷纷传播,势必借端雪恨,且将波及他邦。……伏乞饬下总理衙门大臣速与德使严切理论,责令将犯事兵丁,赶紧查出,置之重典,并与定约。

中国第一历史档案馆藏《联名公呈》,光绪二十四年闰三月十六日

翰林院编修李桂林等一百五十四人《德人残毁文庙圣像,请旨严行责问,以保圣教而杜隐患公呈》由都察院于5月13日(闰三月二十三日)代奏。呈文中指出:

去年胶澳之事,彼曲我直,不能遍告各国与之理论,友邦已共议其失机。今德人此举,行同盗贼,非但中国所同愤恨,应亦外国所共非议矣,我若能杖义执言,径相诘责,则各国知我人心不死,必有出而衡其是非者,否则,恐天下人心,无复知有亲上死长之义。

中国第一历史档案馆藏《德人残毁文庙圣像,请旨严行责问,以保圣教而杜隐患公呈》,光绪二十四年闰三月二十三日

6月1日(四月十三日)　御史杨深秀上《请定国是,明赏罚,以正趋向而振国祚折》。

山东道监察御史杨深秀跪奏:为请定国是,明赏罚,以正趋向而振国祚,恭折仰祈圣鉴事。

窃近者外国交逼,内外臣工,讲求时变,多言变法,以图自保。然旧人多有恶为用夷变夏者,于是守旧开新之名起焉。其守旧者,谓新法概宜屏绝,其开新者,谓旧习概宜扫除。小则见诸论说,大则形之奏牍,互相水火,有如仇雠。臣以为理无两可,事无中立,非定国是,无以示臣民之趋向;非明赏罚,无以为政事之推行。踯躅歧途者不能至,首鼠两端者不能行。午针未定,标向不立,议论不一,游移不断,未有能成功者也。非徒无成而已,两党交争,其甚必至增内讧而召外侮,挠政事而败国家而已。夫当今大地既通,万国环逼,新法日出,其不能复用元、明一统之旧法甚明。伏闻皇上圣明天亶,讲求变法,此祖宗艰难缔造之天下,望以不坠者也。乃累奉诏书,颁行新政,而大臣置若罔闻,或阁而不宣,或宣而不行,或行而不举,则以

国是未定，赏罚未明故也。乃者诏书频下，废武科，裁冗兵，开学堂，举行经济特科及经济常科，皇上于变法之方，既已讲之明，审之决，而后行之矣。而犹未著定国是，申明赏罚，别黑白而定一尊，决嫌疑而去犹豫，致使新政不举。台湾既割，胶变旋生，今又半年矣。是非强敌割之，而守旧者倒戈内攻而割之也；亦非守旧者割之，而国是未定，赏罚未明割之也。夫以皇上之明，岂犹有所谓犹豫哉？

或以守旧者皆老成忧国而姑存之。臣愚窃以为忧国者，不当以攘夷之空言争，而当以措施之实事见。泰西练兵，皆数百万，铁舰皆百数十艘，岁入皆数万万，农工商兵皆知学，妇女童稚人尽知书，铁路如网，作厂如林。而我兵皆不练，铁舰无一，岁入仅七千万，而国债累累，制造无有，器皆朽窳，士愚才乏，比较相形，贫富愚智强弱甚远矣。令彼守旧者，当斯艰巨，真能制梃以挞秦楚乎？故守旧之人，见外国人则极畏甚葸，挠新政则深闭固拒，此其愚蔽若此，而以之当国任政，有不速召敌侮者哉？夫守旧之人，实非不知今之宜变法也；或年老不能读书，或气衰不能任事。不能读书，则难考新政；不能任事，则畏闻兴作。虑新法之行于旧官必多更革，于旧人必多褫斥，于其富贵之图，大有不便，则惟有出全力以阻挠之，造谣言以摇惑之。开新者通达中外，其人本寡，其势甚孤；守旧者承袭旧习，其人极多，其势百端，飞诬百出，务攻开新之人，务挠维新之政。皇上日开之于上，而守旧者日塞于下，虽有诏书，而新政不行，职是故也。故开新者，皇上所大利，而守旧者所大不利也。守旧者，于皇上有大害，而守旧者之大利也。乃上托法祖之名，下据攘夷之论，阳塞开新之口，阴便身家之图。皇上外观时变，内察人情，岂可以天下大器，四海民命，而徇守旧者富贵之图哉。夫使时局不危，则此辈营营，原可置之勿论。而无知胶事之后，祸变日急，推求其本，皆由议论不一，国是未定，赏罚未著，故令守旧者昌，而新政不行。

夫古今为政，未有东西未定，游移两可者。若皇上仍主由旧，则将总署使臣船政铁路电线邮政制造招商之局，同文方言之馆尽撤之，而禁言外国之故，永锢开新之人，可也。若以夏葛冬裘，时变既易，量时审势，必宜开新，而徘徊中立，令臣民伥伥莫适，天下趋向无定，必致一事不立，坐待削弱。胶旅之事，是其前车。臣愚谓皇上仍主守旧则已。若审观时变，必当变法，非明降谕旨，著定国是，宣布维新之意，痛斥守旧之弊，无以定趋向，而革旧俗也。

且赏罚者，人主之大柄，所以操纵奔走天下者也。皇上有赏罚之大柄而不用，徒付之吏议。夫吏议之律，是亦守旧而已。皇上无操纵天下之权，故日欲行维新之政，而未见毫厘之效也。故从古行新法之时，未有不大用赏罚也。今开新者力任艰巨，未见赏擢，守旧者废格诏书，未见罢斥。开新者事劳而势逆，守旧者事逸而势顺，是驱天下人守旧而已。昔赵武灵王之罢公叔成，秦孝公之罢甘龙，日本之君睦仁变法之罢幕府藩侯，俄彼得变法之诛近卫大臣，此皆变法已然之效也。皇上欲推行新政，速见实效，请查核内外大臣奉行甲午以来新政之谕旨，雷厉风行。如此而新政不行，疆土不保者，未之有也。臣实感于时变，目击艰危，不能自已。愚罡之见，伏乞皇上圣鉴训示。谨奏。

孔祥吉《康有为变法奏章辑考》，北京图书馆出版社 2008 年版，第 200 ~ 202 页

编者按：此折是康有为、梁启超等，代御史杨深秀草拟，藏中国第一历史档案馆戊戌变法专题档。

6 月 8 日（四月二十日）　翰林院侍读学士臣徐致靖上《请明定国是折》。

日讲起居注官翰林院侍读学士臣徐致靖跪奏：为外侮方深，国是未定，守旧开新，两无所据，请特申乾断，明示从违，以一众心，而维时局，恭折仰祈圣鉴事。

窃自台湾割弃，诸国凭陵，纷纭胁夺，推原其故，皆由我行政用人游移两可，莫衷一是，积

因循之习，启玩侮之萌故也。

伏闻皇上宵旰忧勤，熟讲中外之故，知当诸国并立之时，万不能复守秦汉以后一统闭关之旧，垂精变法，若将不及。此诚圣明英武，知时审变，力图自强，祖宗二百数十年艰难缔造之天下，可无危坠在皇上矣。

然胶事已来，新政无一举动，学堂特科等事，未见举办，有若空文。天下咸窃窃然疑皇上仍以守旧为是也，于是有司不能定政事之趋向，庶士不能审学术之宗旨，天下摇摇莫定，依依无之，臣实疑之。

夫持箠者不被裘，南辕者不北辙，开新之与守旧亦然，事无两可，必衷一是。当此事机万变之会，正群言纷进之时，在朝廷虚衷延纳，原期兼听并观，然而新旧两途，既无一定趋向，各持所见，势必乖争。将冀其笙磬之同音，适至如冰炭之相戾，空言徒讧，国是滋淆，甚非发愤图治之道也。

臣闻日本受侮泰西，翻然变计，力行新政，遂致盛强。臣闻土耳其界欧亚之间，守回俗之旧，悍然不屈，亦能自存。臣闻波兰、印度，泄沓相寻，坐受侵削，无新无旧，竟以灭亡。此三者谋国不同，而治乱灭亡，遂因之而异，取舍所在，宜何择焉？

今日中日议和以来，朝旨命开学堂，而京师至今尚无片瓦，外省所设，亦复寥寥，闽、粤督抚且置之不理矣。朝旨命开商务局，而各省尚未通行，已革广西巡抚史念祖遏阁诏书，至藩臬不知有是举矣。朝旨命修武备，而粤督谭钟麟乃反废张之洞经营百万金之水师学堂、鱼雷学堂，且废鱼雷轮船坐令生锈矣。朝旨许三场对策用时务，而乡会考官见有涉时务者摈不取矣。其他朝旨命裁兵练队筑路开矿，亦已不惮烦言，而乃无一切实遵办者。此无他，盖朝廷于是非赏罚之间，尚非深切著明，见诸实事，是以沮新者辄借口于旧之可遵，趋避多方，终无成议也。

臣愚以为皇上如谓今时之政仍当循旧，则宜将一切总署、使臣、学堂、商务、洋操、船政、制造、方言、铁路、电线尽罢废之。明谕内外臣工，恪守旧章，实力整顿，无挠于强敌，无眩于他途，有开新为说者罪无赦。若皇上审敌量时，以为必当变法，亦请特颁明诏，一切新政，立见施行，求可求成，风行雷厉，其有旧习仍沿，阻挠观望者亦罪无赦，如此则国是画一，天下臣民咸晓然于圣意所在，有所适从，不再如前之游移莫定，两无所成矣。

臣闻泰西诸国为政，亦未尝无新旧之分，然皆以见诸实事为断，无以空言聚讼，敷衍塞责者，盖亦虑夫众喙繁兴，国是莫定，进退失据，坐误事机，上之不能为日本之强，下之且不能为土耳其之弱也。臣愚昧之见，是否有当，伏乞皇上圣鉴训示。谨奏。

孔祥吉《康有为变法奏章辑考》，北京图书馆出版社2008年版，第227~228页

编者按：此折是康有为等代翰林院侍读学士徐致靖草拟，原折藏中国第一历史档案馆戊戌变法专题档。

6月11日(四月二十三日)　光绪下诏“明定国是”，宣布变法维新，戊戌变法开始。

乙巳，谕，数年以来，中外臣工讲求时务，多主变法自强。迩者诏书数下，如开特科，裁冗兵，改武科制度，立大、小学堂，皆经一再审定，筹之至熟，妥议施行。惟是风气尚未大开，论说莫衷一是，或狃于老成忧国，以为旧章必应墨守，新法必当摈除，众喙哓哓，空言无补。试问今日时局如此，国势如此，若仍以不练之兵，有限之饷，士无实学，工无良师，强弱相形，贫富悬绝，岂真能制梃以挞坚甲利兵乎？朕维国是不定，则号令不行，极其流弊，必至门户纷争，互相水火，徒蹈宋、明积习，于时政毫无裨益。即以中国大经大法而论，五帝、三王不相沿袭，譬之冬裘夏葛，势不两存。用特明白宣示，嗣后中外大小诸臣，自王公以及士庶，各宜努

力向上,发愤为雄,以圣贤义理之学,植其根本,又须博采各学之切于时务者,实力讲求,以救空疏迂谬之弊。专心致志,精益求精,毋徒袭其皮毛,毋兢腾其口说,务求化无用为有用,以成通经济变之才。京师大学堂为各行省之倡,尤应首先举办,著军机大臣、总理各国事务王大臣会同妥速议奏,所有翰林院编检、各部院司员、各门侍卫、候补候选道府州县以下各官、大员子弟、八旗世职、各武职后裔,其愿入学堂者,均准入学肄习,以期人才辈出,共济时艰,不得敷衍因循,徇私援引,致负朝廷谆谆告诫之至意,将此通谕知之。

朱寿朋编《光绪朝东华录》,中华书局1958年版,总4094页

苏继祖《清廷戊戌朝变记》:

光绪二十四年戊戌四月廿三日,下诏定国是,行新政。自甲午、乙未兵败地割,求和偿款,皇上日夜忧愤,益明中国致败之故,若不变法图强,社稷难赀保守。每以维新宗旨商询于枢臣,辄以祖宗成法不可改,夷法不足效,屡言而驳之,上愤极,往往痛哭而罢。惟大学士翁常熟近年省悟大局,非变法难以图存,前曾拟变法诏敕十二条,商及恭邸,为恭邸阻之。有与翁不和者,暗中谮于太后,谓翁取悦于皇上,妄思改变成法,此肇乱之道,恐其蛊惑皇上,宜早防范。翁之前此出毓庆宫,即因此也。

南海张侍郎曾使外洋,晓然于欧美富强之机,每为皇上讲述,上喜闻之,不时召见。其为人虽无足取,然启诱圣聪,多赖其力。朝中守旧诸大臣皆忌之,呼翁为老奸巨滑,呼张为汉奸。至廿三年冬,德人占据胶州,上益忧惧,至今春,乃谓庆王曰:"太后若仍不给我事权,我愿退让此位,不甘作亡国之君。"庆邸请于太后,始闻甚怒曰:"他不愿坐此位,我早已不愿他坐之。"庆力劝始允曰:"由他去办,俟办不出模样再说。"庆邸乃以太后不禁皇上办事复命,于是商诸枢臣,下诏定国是。

中国史学会编《中国近代史资料丛刊·戊戌变法》(1),神州国光社1953年版,第330~331页

6月12日(四月二十四日)　光绪帝命各省于省会设商务局,公举殷实绅商派充局董。

《光绪朝东华录》:

丙午,总理各国事务衙门奏,光绪二十四年四月初四日,准军机处钞交侍郎荣惠奏请特设商务大臣及选派宗支游历各国。又十三日,钞交御史杨深秀奏请特派近支游历各国等语。先后奉谕旨,著总理各国事务衙门一并议奏,钦此。查阅侍郎荣惠原奏称,中国商人经纪之术,不减东西各国,患在商情涣散,不能齐一。本有轻重,货有良楛,价有高下,争利倾挤,人各一心,商务所由日坏。若专派大臣设法整顿,商务必有起色,利权渐能收回。商司贩运,工司制造,工为商源,商为工委,工务尤为紧要。而工务必以物产为盈虚,物产之中尤以矿物为先。各省矿产最多,若设立公司,逐渐开探,利源甚溥。惟开创之初,商人往往苦于资本不足,若经商务大臣考核详明,不妨请发官款,严订章程,官商合办,俾底于成。请饬各省督抚,就本省三四品以上绅士,无论京外职官,但求精于榷算,能知大体者,保荐数员,听候简派,专办本省商务矿务,自能熟习情形,考究的当,不用员役,一依经商之法,庶工商情形无隔阂,上下一气,利源必兴等语。臣等查该侍郎所称,整顿商务、矿务,以开利源,自系当务之急,矿务业经奉旨,各省绅商集股,设法开采。至商务专派大臣督办一节,查臣衙门于光绪二十一年十二月二十四日议复御史王鹏运奏请讲求商务一折,业请各省会设立商务局,由各商公举殷实稳练,素有声望之绅商,派充局董,驻局办事。将该省产物行情,综其损益,逐细讲求。其与洋商关涉者,如丝茶等货,考其利病,何者可以敌洋商,何者可以广销路,若确有把握,准其径禀督抚,为之提倡。再由各州府县于水陆通衢设立通商公所,各举分董,以联指臂。所有

各该处物产价值涨落，市面消长盈虚，即由各分董按季呈报省局，汇总造册，仿总税务司贸易总册式样，年终由督抚咨送臣衙门以备参考。其各局所遇有禀官之事，无论大小衙门，均不得勒索规费，各局所地方长吏，月或一二至，轻骑减从，实心咨访，以恤商之诚、护商之政等因，奏奉谕旨，饬下各省督抚，遵行在案。筹非不详尽，夫以官府亲阛阓之事，终多隔膜。各省商务，既由官为设局，听各商公举总董，驻局办事，又有分董以联指臂，并遇事禀由督抚为之提倡。是即该侍郎所称，联络商情，上下一气之意，似无庸另设大员督办。徒拥虚名，仍无实济，为治不在多言，顾力行何如。应请旨饬下各督抚，查照上年奏案，实力遵行，勿得虚应故事。又荣惠原奏称，东西各国，俗尚游历，国主之尊，储贰之亲，往往遍游地球，借资阅历，亦可为邦交辑睦之证。满洲王公、宗室、贝勒、贝子，宏才伟略，必不乏人，拟请简择年力富强，才识通明者，轻装减从，随带书记、翻译，游历全球各大邦，令出使各国大臣妥为照料，予以厚禄。凡山川、风俗、政教、律法、大小学堂、水路、营制、枪炮、器械、炮台、战舰、矿务工作，详细考究，笔记成书，事竣归国，足备任使。又，御史杨深秀奏称，三代之制，自王之世子、庶子皆入太学，泰西犹用我经义，上自王子，旁及近亲，皆先入学堂，与群士齿。又学于兵舰，亲为水手，学于练军，躬列卒伍。然后，次第升擢，乃为船主、将校。稍长之后，必遍历各国，或因其性之所长，入其各学，专习一业，数年而成。日本前派炽仁亲王等，出游泰西，分习诸学，故能归而变政，克有成效。请特派近支王公之妙年明敏，有才志者，游历各国等语。臣等查邦交以联络而固，人才以历练而成，该侍郎请派王公、贝勒等出洋游历，以联外交而练才识，亦系因时制宜之要。杨深秀所论各国王子、近亲，皆无入学堂，与群士齿，又学于兵舰练军，由卒伍升将校，乃使之遍历外国，增长见识，此非以无本之学，为无益之游也。即如前日来京之德国亲王，系由学堂出身，现充水师提督，精通各国语言兵法，所至之处，足令坛坫增光。今王公、贝勒等，如果有留心时事、学问，淹通趋向上者，应否由宗人府查察保荐，会同臣衙门具奏，请旨饬令出洋游历之处，臣等未敢擅便。

上谕，总理各国事务衙门奏遵议侍郎荣惠奏请特设商务大臣及选派宗支游历各国一折，商务为强国要图，自应及时举办，前经该衙门议请由各省会设立商局，公举殷实绅商，派充局董，详定章程，但能实力遵行，自必日有起色，即著各督抚督率员绅，认真讲求，妥速筹办，总期联络商情，上下一气，勿得虚应故事，并将办理情形，迅速具奏。至选派宗室、王公游历各国，亦系开通风气，因时制宜之举，著宗人府查看该王公贝勒等，如有留心时事，志趣向上者，切实保荐，听候简派。

朱寿朋编《光绪朝东华录》，中华书局 1958 年版，第 4094 ~ 4096 页

6 月 15 日（四月二十七日） 光绪硃谕罢大学士翁同龢。

《光绪朝东华录》：

己酉，谕，协办大学士户部尚书翁同龢，近来办事多未允洽，以致众情不服，屡经有人参奏。且每于召对时，咨询之事件，任意可否，喜怒无常，词色渐露，实属狂妄任性，断难胜枢机之任，本应查明究办，予以重惩，姑念其在毓庆宫行走有年，不加严遣。翁同龢，著即开缺回籍，以示保全，特谕。

朱寿朋编《光绪朝东华录》，中华书局 1958 年版，总 4097 页

苏继祖《清廷戊戌朝变记》：

翁为皇上二十余年之师傅也，谊甚亲密，自醇贤亲王薨逝后，益与之亲切；上之操危虑患，翁亦俱能仰体，现虽罢其毓庆宫，仍在枢廷行走，可以日近天颜。自甲午之后，阅历时艰，

恍然于强弱存亡之所在，近日辅翊皇上，筹划新政，仅其一人；曾保荐康有为，才堪大用，甚为满朝忌而恶之。当康去冬来京上书时，有守旧之大员于元旦密告恭邸曰："康有为此来，闻是翁、张所引，将树朋党以诱皇上变法者，亟宜防备之。"恭邸阻见康有为者，盖有先入之言也。近见恭邸薨逝，康复见用，太后亦为所上之书感动，乃极力排挤谗谤皇上及康也；因太后已许不禁皇上办事，未便即行籍制，故于未见康时，先去翁以警之。是日谕旨三道，皆奉太后交下勒令上宣布者。皇上奉此谕后，惊魂万里，涕泪千行，竟日不食，左右近臣告人曰："可笑皇上必叫老翁下了镇物了。"

中国史学会编《中国近代史资料丛刊·戊戌变法》(1)，神州国光社1953年版，第332页

6月16日(四月二十八日)　光绪帝召见康有为。此为光绪帝首次召见康有为。

康有为《康南海自编年谱》：

二十八日早入朝房，遇荣禄谢恩，同对，与谈变法事。荣入对，即面劾吾辩言乱政矣。荣禄下，吾入对，上问年岁出身毕，吾即言："四夷交迫，分割洊至，覆亡无日。"上即言："皆守旧者致之耳。"吾即称："上之圣明，洞悉病源，既知病源，则药即在此，既知守旧之致祸败，则非尽变旧法与之维新不能自强。"

上言："今日诚非变法不可。"吾言："近岁非不言变法，然少变而不全变，举其一而不改其二，连类并败，必至无功。譬如一殿，材既坏败，势将倾覆，若小小弥缝补漏，风雨既至，终至倾压，必须拆而更筑，乃可庇讬。然更筑新基，则地之广袤，度之高下，砖石、楹桷之多寡，窗门、楹杗之阔窄，灰钉、竹屑之琐细，皆须全局统算，然后庀材鸠工，殿乃可成，有一小缺，必无成功，是殿终不成，而风雨终不能御也。"上然之。

吾乃曰："今数十年诸臣所言变法者，率皆略变其一端，而未尝筹及全体，又所谓变法者，须自制度、法律，先为改定，乃谓之变法。今所言变者，是变事耳，非变法也。臣请皇上变法，须先统筹全局全变之，又请先开制度局而变法律，乃有益也。"上以为然。

吾乃曰："臣于变法之事，尝辑考各国变法之故，曲折之宜，择其可施行于中国者，斟酌而损益之，令其可施行，章程条理，皆已备具，若皇上决意变法，可备采择，但待推行耳。泰西讲求三百年而治，日本施行三十年而强，吾中国国土之大，人民之众，变法三年，可以自立，此后则蒸蒸日上，富强可驾万国，以皇上之圣，图自强，在一反掌间耳。"上曰："然，汝条理甚详。"吾乃曰："皇上之圣既见及此，何为久而不举，坐致割弱？"上乃以目睨帘外，既而叹曰："奈掣肘何？"

吾知上碍于西后无如何，乃曰："就皇上现在之权，行可变之事，虽不能尽变，而扼要以图，亦足以救中国矣。惟方今大臣，皆老耄守旧，不通外国之故，皇上欲倚以变法，犹缘木以求鱼也"。

上曰："伊等皆不留心办事。"对曰："大臣等非不欲留心也，奈以资格迁转，至大位时，精力已衰，又多兼差，实无暇晷，无从读书，实无如何，故累奉旨办学堂，办商务，彼等少年所学皆无之，实不知所办也。皇上欲变法，惟有擢用小臣，广其登荐，予之召对，察其才否，皇上亲拔之，不吝爵赏，破格擢用，方今军机总署，并已用差，但用京卿、御史两官，分任内外诸差，则已无事不办，其旧人且姑听之，惟彼等事事守旧，请皇上多下诏书，示以意旨所在，凡变法之事，皆特下诏书，彼等无从议驳。"

上曰："然"。对曰："昨日闻赏李鸿章、张荫桓宝星，何不明下诏书。"上一笑。

"自割台后，民志已离，非多得皇上哀痛之诏，无以收拾之也。"上曰："然。"吾乃曰："今

日之患，在吾民智不开，故虽多而不可用，而民智不开之故，皆以八股试士为之。学八股者，不读秦汉以后之书，更不考地球各国之事，然可以通籍累致大官，今群臣济济，然无以任事变者，皆由八股致大位之故。故台辽之割，不割于朝廷，而割于八股，二万万之款，不赔于朝廷，而赔于八股，胶州、旅大、威海、广州湾之割，不割于朝廷，而割于八股。"上曰："然，西人皆为有用之学，而吾中国皆为无用之学，故致此。"

对曰："上既知八股之害，废之可乎？"上曰："可。"对曰："上既以为可废，请上自下明诏，勿交部议，若交部议，部臣必驳矣。"上曰："可。"

上曰："方今患贫，筹款如何？"乃言日本纸币银行、印度田税。略言其端，既而思昭信股票，方提为起行宫，若纵言其详，则未能变法先害民矣。乃略言："中国铁路、矿务满地为地球所无，若大举而筹数万万，遍筑铁路、练民兵百万，购铁舰百艘，遍开郡县各种学堂，水师、学堂、船坞，则一举而大势立矣，但患变法不得其本耳。中国地大物博，藏富于地，贫非所患也，但患民智不开耳。"

于是言译书、游学、派游历等事，每终一事，稍息以待上命，上犹不命起，乃重提，遍及用人、行政，未及于推广社会，以开民智而激民气，并抚各会匪。因谢保国会被劾，上为保全之恩，帝皆点头称是。又条陈所著书及教会事，久之，帝点首云："汝下去歇歇。"又云："汝尚有言，可具折条陈来。"乃起出，上目送之。苏拉迎问，盖对逾十刻时矣，从来所少有也。

康有为《康南海自编年谱》，沈云龙主编，近代中国史料丛刊正编第2辑，台北文海出版社，第48～50页

苏继祖《清廷戊戌朝变记》：

召见工部主事康有为于颐和园之仁寿殿，奏对甚久，命在总理衙门章京行走，并许专折奏事。上久欲用康有为，以上畏太后不容，下恐群臣猜忌，未召见以先，每令翁相详细咨询，既召见以后，仍引嫌不敢随时召见，凡有顾问之事，由总署代传，或有章奏条陈，亦由总署呈进，特派廖公专司之，朝中呼之为廖"苏拉"。正月以来，都中上自王公，下及士庶，众口哗然，谣言四起，多由显者口中传出，故信之者众；弹章纷纷不绝，至此时更甚于前矣。朝野议论，无处不谈康有为，内言传于外，外言又传于内，愈出愈奇，不值识者一笑。再四访闻，康于召见后，五月底曾蒙私见一次，因大费周折，不敢再见矣；而手谕不时下颁，说帖时有进呈，南海张侍郎曾代传递二三次，皆纸笔所不能达者。

中国史学会编《中国近代史资料丛刊·戊戌变法》(1)，神州国光社1953年版，第335页

6月17日(四月二十九日)　御史宋伯鲁上《请改八股为策论折》。

该奏折全文如下：

掌山东道监察御史宋伯鲁跪奏，为请变通科举，上法祖制，特下明诏，改八股为策论，以作人才而济时艰，恭折仰祈圣鉴事：窃臣伏读康熙二年圣祖仁皇帝诏曰：八股文章，实于政事无涉，自今以后，将浮饰八股文章永行停止，惟于为国为民之策论中出题考试。钦此。大哉圣训，何其虑患之深而去弊之勇也。方今国事艰危，人才乏绝，推原其由，皆因科举仅试八股之故。盖今之八股，例不许用后世书后世事，美其名为清高雅正，实以文其空疏谫陋。夫激厉士人以学，犹虑其不能相从，况禁其用后世书后世事乎？是恐稍有知识而故靳之也。督人以圣贤义理之学，犹惧不能，况束以连上犯下，偏全枯窘，缩脚搭截之法，而欲其游刃有余，善言德行，乌可得哉？又以入口气为代圣立言，夫以圣人之言，游夏莫赞；杨雄太元拟易，刘向讥其僭妄；王通七制拟书，朱子笑其儿戏。以彼二贤，犹尚如是，生童何人，乃能上代圣言哉？以选举之大典，为优孟之衣冠，侮圣戏经，莫此为甚。夫公卿大夫，皆从八股出身，农商工贾，

皆为生童所教。故士子读书数十年,尚不知汉、唐为何代,郡县为何名,况能通万国之情形,考中外之治法哉?

夫西人之于民,皆思教之而得其用,故自童幼至冠,教之以算数、图史、天文、地理,化光、电重、内政、外交之学,惟恐其民之不智。而吾之教民,自丱角以至壮岁,束缚于八股帖括之中,若惟恐其民之不愚也者,是与自缚倒戈,何以异哉?故谓其发明义理,则论说之体发明更易,谓其可得有用之才,则不读后世书,不知当世事,空疏迂谬之人,皇上何赖焉?夫圣祖当明世八股腐烂之时,鉴人士空疏之弊,已思决意罢黜,惜有司奉行不力,卒蹈故辙,今又积三百年矣。腐烂之余,变为俳曲戏侮之具,即无强敌相攻,已当酌量变通,况以流极下衰之时,值此形见势绌之际,安得不废然思返乎?

伏读本月二十三日上谕,令士庶以圣贤义理之学为根本,又博采西学之切于时务者,实力讲求,以救空疏迂谬之弊,以成通经济变之才,尚虑风气不开,特加诫谕,煌煌圣言,明并日月,勇过雷霆矣。臣愚以为科举为利禄之途,于今千年,深入人心,得之则荣,失之则辱,为空疏迂谬之人所共讬久矣。科举不变,则虽设有经济常科,天下人士谁肯舍素习之考卷墨卷,别求所谓经济哉?是欲南辕而北其辙也。

伏冀皇上上法圣祖,特下明诏,永远停止八股,悉如圣祖仁皇帝故事,自乡会试以及生童科岁一切考试,均改试策论,除去一切禁忌,义理以觇其本源,时务以观其经济,其详细章程,应请饬部妥议,自庚子科为始,一律更改。夫武科已改试枪炮矣,况文科关系尤巨乎?伏愿立予乾断,饬部议行,天下万世幸甚。臣愚昧之见,是否有当,伏乞皇上圣鉴,训示施行,谨奏。

故宫博物院明清档案部《戊戌变法档案史料》,沈云龙主编,近代中国史料丛刊续编第32辑,台北文海出版社,第215~216页

编者按:此折是康有为代宋伯鲁拟。原折藏中国第一历史档案馆戊戌变法专题档。

△ **御史宋伯鲁上《请催举经济特科片》。**

该片全文如下:

再,经济特科之设,与鸿博同为旷典,实以因时审变,在得通才,以备百执之任,非以求工匠之材。若制作化光电重诸科,浙江抚臣廖寿丰谓惟能在学校教授,不能在殿廷考试,言之诚是也。臣愚窃谓专门与通才,用各有宜,义本各异。专门宜于学堂之选拔,通才宜以特科为网罗,离则两美,合则两伤。拟请饬下总署,此次特科,专以得古今掌故内政外交公法律例之通才为主,其他各科,请饬下各督抚,速立学堂教授,然后选用为教习,则人才各得其用矣。即在泰西各国专门之学,亦不过奖以金牌,许其专卖而已,未尝擢以任官也。谨附片具陈,伏乞圣鉴训示。

故宫博物院明清档案部《戊戌变法档案史料》,沈云龙主编,近代中国史料丛刊续编第32辑,台北文海出版社,第216页

编者按:此折是康有为代宋伯鲁拟,为《请改八股为策论折》之附片。

△ **御史宋伯鲁上《变法先后有序乞速奋乾断以救艰危折》。**

该奏折全文如下:

掌山东道监察御史臣宋伯鲁跪奏,为变法先后有序,乞速奋乾断,以救艰危,恭折仰祈圣鉴事:窃近者强邻逼胁,蹙地接踵,皆由向来闭关守旧,不知变法之故也。臣虽愚□,颇尝求今日救危之方,变法先后之序,下手之条理矣。夫天下之言变法亦久矣。自同治年来,总署

同文馆制造局方言馆招商局水师堂武备堂船政厂海军出使大臣，以及电线铁路，皆所谓变法者矣。而其效不睹，侵削且日甚者，何哉？盖国是未变，议论未变，人才未变。三者不变而能变法者，无之。试观数十年来，内外百司执事之议论如何，人才如何，而知今日削地失权之必然也。甲午割台之后，皇上亦尝屡下明诏，采集舆论，欲变法自强矣。而百执事未尝讲求，守旧锢蔽，故鲜有奉宣德意者，其本由国是未定故也。

伏读本月二十三日上论，明定国是，变法自强，臣民捧读感泣，想望中兴。然欲推行新政，非诏书三令五申所能得也。臣愚谓下手之先，仍请皇上与诸臣早作夜思，讲明国是，正定方针而已。所谓变国是者，在正明中国之在大地为数十国中之一国，非复汉唐宋明大一统之时，其为治，当用诸国并立流通比较之法，不能用分毫一统闭关卧治之旧。旧枢译大臣，近支王公，公卿督抚，皆当日夜讲求，至明至尽，令晓然于天道之变，古今之殊，无泥古自骄，无拘墟自惑。或令游历外国，博地球之大观，使知变或可存，不变则削，全变乃存，小变仍削，深通其故，□豁无疑，而后推行新政，可无滞碍，奉宣德意，勇猛敷施也。

其与百司讲明国是之方，则请皇上大誓群臣，特下明诏，著创巨痛深之言，发穷变通久之道，申明采集万国良法之意，宣白万法变新，与民更始之方。痛斥守旧拘墟之愚惑，严定达皆不更新改变之重罚。布告天下，咸令维新。然赵武灵王胡服而公子成不从，秦孝公变法而甘龙杜挚以谏，非常之原，黎民惧焉。伏乞皇上如见大臣随时宣谕变法之意，戒守旧之惑。其有迂谬愚瞽，不奉诏书，褫斥其一二以警天下。即使其才可用，亦未必暂加褫斥，徐与开复，以正国是而耸众听。然后天下咸晓然于皇上之天锡勇智，毅然变法之意，当无不洗心回面，改视易听，而奉宣新法矣。

臣考泰西论政，有三权鼎立之义。三权者，有议政之官，有行政之官，有司法之官也，夫国之政体，犹人之身体也。议政者譬若心思，行政者譬如手足，司法者譬如耳目，各守其官，而后体立事成。然心思虽灵，不能兼持行；手足虽强，不能思义理。今万岁至繁，天下至重，军机为政府，跪对不过须臾，是仅为出纳喉舌之人，而无论思经邦之实。六部总署为行政守例之官，而一切条陈亦得与议，是以手足代谋思之任，五官乖宜，举动失措。臣愚以为骤变新法，皆无旧例可循，非有论思专官，不能改定新制。若待群臣枝节而请，又待六部按例而议，则以旧例议新法，惟有驳之而已。近者，经济科目，实为转移天下之枢纽，而经礼官议行，即等于具文，无补海内人事，仍从事帖括，不肯讲求经济，此办旧例议新法已然之效也。

今日岌岌救危，非有雷霆万钧之勇，不能振敝起衰；非设专一论思之官，不能改制立法。昔汉人以三公位尊年耄，乃立六百石之中书尚书，宋人以旧制紊乱，乃立三司条例使。圣祖仁皇帝以内阁官尊政敝，乃选翰林才敏之士，及西人艺士南怀仁、汤若望入直南书房。日本变法之始，特立参议局于宫中，选一国通才为参与。今欲改行新政，宣上法圣祖仁皇帝之意，下采汉宋日本之法，断自圣衷，特开立法院于内廷，选天下通才入院办事。皇上每日亲临，王大臣派为参议，相与商榷，一意维新。草定章程，酌定宪法，如周人之悬象魏，如后世之修会典。规模既定而条理出，纲领既举而节目张。然后措正施行，百度具举，先后之序，确有把握，是在皇上知之极明，存之极诚，行之极勇而已。

伏愿皇上上念宗庙，下念苍生，乾断决行，天下幸甚。臣愚昧之见，是否有当，伏乞皇上圣鉴训示。

故宫博物院明清档案部《戊戌变法档案史料》，沈云龙主编，
近代中国史料丛刊续编第32辑，台北文海出版社，第3～5页

6月19日(五月初一日)　康有为上《为恭谢天恩,请御门誓众,开制度局,以统筹大局折》。

该奏折全文如下:

工部主事臣康有为跪奏:为推行新政,请御门誓众,开制度局,以统筹大局,革旧图新,以救时艰,恭折仰祈圣鉴事。

窃臣海滨下士,才识暗愚,皇上过听人言,破格召对,宽其戆直,待以优容。臣自顾何人,过承知遇,并蒙圣恩,许令将面对未详者,准具折条陈,并将著书进上。并蒙恩旨,著在总理各国事务衙门章京上行走。隆天厚地,诚非小臣所当被蒙,感激天恩,灰骨莫报。方今国势危蹙,朝不及夕。伏承圣训,指明守旧之贻害,发明变法之宜,一叹通才之乏绝,仰见圣明天纵,洞达时变,皇上之及此也,天下之福也,中国之能自强基于此矣。臣欢喜踊跃,益思自竭涓埃,以仰报圣明,臣所欲言而未详者,审时势而定从违,筹大局而定制度,誓群臣而明维新而已。

中国自汉、唐、宋、明之后,皆为大一统之时,及今欧、亚、美、澳之通,遂为诸国竞长之世。一统、竞长,二者之为治,如方之有东西,色之有黑白,天之有晴雨,地之有水陆,时之有冬夏,器之有舟车,毫发不同,冰炭相反。伏承圣训,裘葛不能两存,皇上知之至明,实超出群臣智虑之外,故当泛海之时,则乘巨舰,虽有金车之美,亦必舍之;当盛暑之时,则衣絺绤,虽有狐白之裘,亦必弃之。则今日之宜,全用诸国竞长之法,而不能毫厘用一统闭关之法至明。

夫治一统之世以静,镇止民心,使少知寡欲而不乱;治竞长之世以动,务使民心发扬,争新竞智,而后百事皆举,故国强。治一统之世以隔,令层级繁多,堂皆尊严,然后威令行;治竞长之世以通,通上下之情,通君臣之分,通心思,通耳目,通身体,咸令无阻阂,而后血脉流注而能强。治一统之世以散,使民不相往来,耕田凿井,不识不知;治竞长之世以聚,令人人合会讲求,然后见闻广,心思扩,有才可用。治一统之世以防弊,务在防民,而互相牵制;治竞长之世以兴利,务在率作兴事,以利用成务。

窃伏愿皇上知之既明,更扩充而熟讲之,别白分明,念兹在兹,而后措施不误,尽涤旧制,尽除旧俗,不留毫厘,以累新政,摧陷廓清,比于武事。行歧道者不至,骑墙者不下,此为变法辨门径之始也。皇上已深知变法,而臣犹为此言者,以方今不变固害,小变仍害,非大变、全变、骤变,不能立国也。数十年来,亦渐知变法矣,而或辨证不清,诊脉不明;或不通外感内因之变;或未谙明堂方药之理,故小试而无效;或杂投而不决,否则执不治中医之说,坐以待亡;至今人人知病证之危,而尚未求医救之方。

夫泰西立国数千年,源流深远,能致富强,具有本末。其规模极大,条理极繁,次第有宜,章程极密。其守旧不变者无论,即一开新者言,大都皆补漏支拄,苟且度日之谋,未尝统筹全局,究其终始,穷古今之变,酌中外之宜,定下手之方,求先后之理。或举其末,而忘其本;或言其粗,而忘其精;或明其小,而暗其大;或得其面,而失其骨;或肖其形,而失其神。无论今者粗末未举,固无成效,即使零碎凑合,亦复不成体格。况稍失其本,稍乱其节,必无成功。匠人制室,缝人制衣,犹有鸠工庀材,审定全体,绘定图样,而后下手。医者治病,亦有先后缓急之序,安有治国之大,救危之时,而冥行踯躅,方药杂投者乎?

《中庸》言博学审问,慎思明辨,然后笃行。窃伏愿皇上统筹全局,而后可讲变法下手之方、先后缓急之理也。今之言变法者,皆非变法也,变事而已。言兵制、言学校、言铁路矿务,无论如何,大率就一二事上变之,而不就本原之法变之,故枝枝节节,迄无寸效。皇上既统筹全局,臣谓下手之始,宜先变法,将内政外交,一切法度,尽行斟酌改定,使本末、粗精、小大、内外，皆令规模毕定，图样写就，然后分先后缓急之序，次第举行，选天下通达之才，与之分任，然后有效也。故必变定法度，而后徐图举事也。

今言变法，规模如何，未加讨论，图样若何，未见谱写，凡臣下条陈之事，则交议行之，亦可谓从善如圜，欲图自强矣。然无论部臣守例驳斥，疆臣搁置不行，即使不驳尽行，亦于自强无当。日本变法之始，该能定规模、画图样，而后举行，故能骤致富强，故非特开制度局于内廷，妙选通才入直，皇上亲临，日夕讨论，审定全规，重立典法，何事可存，何法宜改，草定章程，威信更始，此所谓先选图样，而后鸠工庀材也。若其粗迹，若法律、度支、学校、农工、商矿、铁路、邮政、海军、民兵及各省民政诸局，臣前者既言之；变科举，开学会，译西书，广游历，以开民智，臣面对已略举之；皆制度局中条理之一而已。臣愚以为，皇上不欲变法而已，若欲变法而求下手之端，非开制度局不可。

虽然，国是未昭，人心未改，议论未一，人才未出，转移改易之始，未易易也。伏读二十三日上谕，国是已明定矣。然臣以为未者，何也？诚以数千年之旧说，数百年之积习，数千万守旧之人心，非常之原，黎民所惧，非能以一二言遽能易之也。非有雷霆霹雳之声光，风电震惊之气势，未能使蛰虫发动，草木甲坼而万物昭苏也。

臣又以为皇上不欲变法而已，若欲变法，请皇上亲御乾清门，大誓群臣，下哀痛严切之诏，布告天下。一则尽革旧习，与之更始；二则所有庶政，一切维新；三则明国民一体，上下同心；四则采万国之良法；五则听天下之上书；六则著阻扰新政，既不奉行，或造谣惑众，攻诋新政者之罪。昭书榜之通衢，令群臣具表签名，奉行新政，咸发愤报国，不敢怠违。经此严切明白之昭，庶几天下改视易听，革面洗心，然后推行新政，自能令下若流水，无有阻碍者矣。而其本原，全在皇上深警时局之危，日讲竞长之理，发愤为雄之意，自强不息之心，以皇上之明，存之以诚，行之以勇，夙夜震动，念兹在兹，日夕讲求，某法未立，某事未举，某人未用，某政未善，刻日程功，义在必办。无惑于庸人之论，无摇于谣谬之言，则三月而规模成，一年而条理具，三年而效略见，十年而化大成。若复同诸臣之徘徊两可，从容迟疑，因循偷安，苟且度日，则强邻虎视，旦夕变作，有不可问；既幸能苟安，而俄人铁路既成，亦无幸免之理。臣窃忧危，过承恩遇，不敢不竭尽其愚。伏乞皇上圣鉴训示。谨奏。

孔祥吉《康有为变法奏章辑考》，北京图书馆出版社2008年版，第251～254页

编者按：康有为此折，档案无存，今据《杰士上书汇录》卷二补之。惟《杰士上书汇录》所载康氏此折，仅署光绪二十四年五月，未署明具体日期。据《康南海自编年谱》载，五月初一日，应是康有为于总理衙门呈递日期（参见孔祥吉《康有为变法奏章辑考》，第254～255页）。

△ 康有为上《请商定教案法律，厘正科举文体，听天下乡邑增设文庙，并呈〈孔子改制考〉》折。

该奏折全文如下：

工部主事臣康有为跪奏：为请商定教案法律，厘正科举文体，听天下乡邑增设文庙，谨写《孔子改制考》，进呈御览，以尊圣师而保大教，绝祸萌，恭折仰祈圣鉴事。

窃泰西以兵力通商，即以兵力传教；其尊教甚至，其传教甚勇；其始欲以教易人之民，其后以争教取人之国。昔者立约时，未与定教律，故教案之难，天下畏之。自同治初年，吾中兴名臣，布满中外，然贵州之案，法人勒革提臣田兴恕矣；镇江之案，法人直驶兵船入长江矣；天津之案，法将用兵勒革天津守令矣。朝廷惴惴震栗，赖祖宗之灵，适是天幸，法为德破，曾国藩得苟且了结，然蒙被天下清议矣。近者，胶案割地累累，波及旅顺、大连湾、广州湾、威海

卫、九龙,其他失权之事,尚不一而足也。偶有一教案,割削如此,彼教堂遍地,随在可以起衅,彼我互毁,外难内讧,日日可作,与接为构,乱丝棼如,而彼动挟国力,以兵船来,一星之火,可以燎原,则皇上忧劳,大臣奔走,土地割削,举国震骇,后此并有伺隙而动、借端要挟者,存亡所关,益更难言矣。

顷闻山东知县赴任,须先谒教士,州县见教民,畏之如虎,有讼狱,一从彼教,则曲亦得直。奸民多托而自庇者,气压乡曲,小民无知,益复风从,裹胁益众,广东东莞县,有一夜半城从之者。故畏之愈甚,媚之愈至,从之愈多,莠民多从,教案愈起,若是者,于今五十年,而仰天束手,卒无一策以善其后者,亦可异也!

臣愚久已隐忧,深思补救之策,以为保教办案,亦在于变法而已。变法之道,在开教会、定教律而已。昔者定和约时,我皆逼于兵败,不得已而为之保教,然保彼教之法,其轻重浅深本末,实未有定律,皆待彼教案既出,而听客之所为,故小之强黜守令,妄索偿款;大之若胶案,割地无已,从此益难矣,皆由办之无定律故也。夫治国一切皆有律,两国交涉,则有和约,会审则有公廨。岂况此危难之事,存亡所关,日月辄有,任彼所索,而绝无定式者哉?乃者,广西又见告矣。办之轻重,莫不失宜。若有定律,则既塞彼保护之口,而可免割偿之重,不致一案而天下忧亡焉。然定律之事,则又非国家之所能为也。盖吾国势既弱,故彼得猖獗,若吾国与彼国交,彼仍挟国力而来,律亦安所用之?

查泰西传教,皆有教会,创自嘉庆元年,今遂遍于大地。今其来者,皆其会中人派遣而来,并非其国所派,但其国家任其保护耳。其教会中,有总理,有委员,有入议院者,略如吾礼部,【上】领学政教官,下统举人诸生,但听教会所推举,与稍异耳。今若定律,必先去其国力,乃可免其要挟,莫若直与其教会交,吾亦设一教会以当之,与为交涉,与定和约,与定教律。故臣谓保教办案,亦在于变法也。

吾举国皆在孔子教中,何待设教会?然圣像之毁,可为寒心,非合众聚讲,不能得力。窃谓我列圣以来,尊崇先圣孔子,过绝前代,世袭上公,礼待优隆。若皇上通变酌时,令衍圣公开孔教会,自王公士庶,有志负荷者,皆听入会,而以衍圣公为总理,听会中士庶,公举学行最高为督办,稍次者多人为会办,各省府县,皆听其推举学行之士为分办,籍其名于衍圣公,衍圣公上之朝。人士既众,集款自厚,听衍圣公与会中办事人,选举学术精深,通达中外之士为委员,令彼教总监督委选人员,同立两教和约,同定两教法律,若杀其教民,毁其礼拜堂,酌其轻重,或偿命偿款,皆有一定之法,彼若犯我教刑律,同之。有事会审,如上海租界会审之例。其天主教自护最严,尤不可归法国主持,彼自有教皇作主,一切监督,皆命自教皇。教皇无兵无舰,易与交涉,宜由衍圣公派人驻扎彼国,直与其教皇定约、定律,尤宜措词。教律既定,从此教案皆有定式,小之无轻重失宜之患,大之无藉端割地之害,其于存亡之计,实非小补。教会之民,略如外国教部之例,其于礼部,则如军机处之与内阁,总署之与理藩院。虽稍听民举,仍总于衍圣公,则亦如官书局之领以大局,亦何嫌何疑焉?

虽然,外侮之来,亦有所自。我中国名虽尊圣,然尊而不亲,天下淫祀,皆杂他鬼神。士庶自成童,离其乡塾,口不复诵孔子之经,身不得拜孔子之像。盖自康熙前,男女皆得入庙瞻拜。御史吴培无识请禁。后此,自有司朔望行香,士人登科释菜外,无得一祭谒先圣者。故驱小民舍孔子而祭淫鬼,而杂天神人鬼之文昌,乃列祀典与孔子同礼,教官教士,而不及民。文庙在城而不在乡,有一庙而无二庙。视彼教堂遍地,七日之中,君臣男女咸膜拜、诵经,则彼教虽浅,而行之条理密,吾教虽精,而行之条理疏矣。

若夫为教之法,自朱子讲明义理,发明四书,元、明尊之,以四书义试士,本欲天下士人,日诵圣言,发明大道也。而积久弊生,岁科试之试生童,专务防弊,试以搭截枯困纤小之题,创为破、承、开、讲、提对、中对、后对、结对之体,连上犯下之法,生童亦钩心斗角,碎义、逃难,便辞巧说以应之。若夫乡会试,尤为选举大典,而不必发明经义,但摹仿恶调,缚束体格,号称代圣立言,乃如倡优唱曲,不准用秦汉以后之书,要不准用国朝及外国掌故。故没字之碑,可以中式;宿学之士,不必登科。若夫朝殿临轩试差大考,尤为重事,乃仅试楷法,辄得上第而掌文衡:驯历阶资,即可陟公卿而总选举;或出为守令,而任封疆,退充山长,而任教职,皆自此侮圣言,工倡优,善史书者为之。而又科目无异途,束之甚隘,标之甚高,得之甚难,取之甚易,俸禄之甚薄,资格之甚久,所以鞭驱其大群,困饿其体肤,摧荡其廉耻者,举天下无能出焉!于此而欲其负荷大教,推行圣道,讲明义理,培养人心,美化风俗,立功立政,毗[庇]佑国家,何可得哉?以故天下人士知律而不知经,知势而不知教,知利而不知义,知公而不知私,敢于作奸犯科,而不敢急公仗义。其事上也,知拜跪忌讳,貌为畏谨,而内便其欺诈粉饰之私,其交友也,应酬往还,饮食征逐,而内怀险诐轻薄之意;其临下也,则刻暴残忍,而无仁厚恺悌之心,都会尤甚,官场尤甚。故四万万人甚众,以负荷孔子之教,能任国家之事者,人才鲜少焉。其有讲学者,则众非笑其迂伪,或攻讦其聚徒,必使咸出于嗜利鲜耻,口不言学而后已。

夫忠爱之心,不摩则冷;学行之事,不激则流。故当国家危难,咸营营于其谋保举差事之私,而未尝一动其心。其有天良未泯者,亦止仰屋太息,不能出身犯难,而思报皇上以保国家者。风俗之坏如此,人心之薄如彼。平民无犯颜敢谏之士,临事自无仗节死难之臣,一旦有变,皇上谁与共之?孟子谓:朝不信道,工不信度,上无礼,下无学,贼民兴丧无日。西人谓:吾为无教之国,降之为三等野番,故近年使臣,皆调从非洲,横肆凭陵,实用待野蛮之法,固由国弱所致。而国弱之故,民愚俗坏,亦由圣教坠于选举,四书亡于八股之为。故国亡于无教,教亡于八股,故八股之文,实为亡国、亡教之大者也。

夫天之生民,有身,则立君以群之;有心,则尊师以教之;君以纪纲治大群,师以义理教人心。然政令徒范其外,教化则入其中,故凡天下国之盛衰,必视其教之隆否。教隆,则风俗人心美,而君坐收其治;不隆,则风俗人心坏,而国亦从之。此古今所同轨,万国之通义也。汉臣贾谊谓:立君臣、等上下,此非天之所为,乃圣人之所设,中国圣人实为孔子。孔子作《春秋》而乱臣惧,作《六经》而大义明,传之其徒,行之天下,使人知君臣父子之纲,家知仁恕忠爱之道。不然,则民如标枝,人如野鹿,贼心乱性,悍鸷狠愚,虽有刑政,将安所施?故令天下生民四万万,父子相亲,夫妇相保,尊君亲上,乐事劝功,自非敌国外患之来,皇上得以晏安无为,与二三耆老大臣,垂衣裳而治之。此非法令之所能为,实孔子大教有以深入人心,而皇上坐收其报也。若大教沦亡,则垂至纲常废坠,君臣道息,皇上谁与同此国哉?方今割地频仍,人心已少离矣,或更有教案生变,皇上与二三大臣何以镇抚之耶?臣愚窃谓今日非维持人心,激厉忠义,不能立国;而非尊崇孔子,无以维人心而厉忠义,此又变法之本也。

臣考孔子制作六经,集前圣大成,为中国教主,为神明圣王,凡中国制度义理皆出焉。故孟子称孔子《春秋》为天子之事。董仲舒为汉代纯儒,称孔子为改制新王,周汉之世,传说无异,故后世祀孔子皆用天子礼乐。唐宋以前,上尊号为文宣王。臣谨从孟子、董仲舒之义,纂周汉人之说,成《孔子改制考》一书,谨写进呈,敬备乙览。伏惟皇上典学传心,上接孔子之传,以明孔子之道。

伏乞皇上举行临雍之礼,令礼官议尊崇之典,特下明诏,令天下淫祠皆改为孔庙,令士庶男女咸许膜拜祭祀,令孔教会中选生员为各乡县孔子庙祀生,专司讲学,日夜宣演孔子忠爱仁恕之道。其有讲学之士,行高道明者,赏给清秩。而下手之始,抽薪之法,莫先于厘正科举及岁科试四书文体,以发明大道为主,必须贯串后世,及大地万国掌故,以印证之,使学通今古中外,乃可施行。其文体,如汉宋人经义。停八股一事,必皇上明降谕旨,乃足以风厉天下。此制一变,则士民靡然向风,人才辈出,孔子所谓一言兴邦未有捷于是者。以皇上之深明变法治体,何惮而不为此哉? 臣愚明知狂妄,心所谓危,不敢不告。

伏乞皇上断自圣衷,饬下总理各国事务衙门,会同衍圣公议行,并请特下明诏,立变科举八股之制,勿动于浮言,勿误于旧论,天下幸甚。伏乞皇上圣鉴训示。谨奏。

孔祥吉《康有为变法奏章辑考》,北京图书馆出版社2008年版,第256~261页

编者按:康有为此折,清档阙佚,今由《杰士上书汇录》卷二抄出。《杰士上书汇录》所收康氏此折,未署明呈递时日,据《康南海自编年谱》补之。《戊戌奏稿》辑有《请尊孔圣为国教,立教部教会以孔子纪年而废淫祀折》即据此折补缀,窜改严重(参见孔祥吉《康有为变法奏章辑考》,第261~262页)。

△ **命各省陆军改练洋操。**

《光绪朝东华录》:

癸丑,朔,谕,军机大臣等。户部、兵部会奏遵议御史曾宗彦奏请精练陆军改为洋操,并将各省兵数饷数开单呈览一折。今日时势,练兵为第一大政,练洋操尤为练兵第一要着,惟须选教习以勤训,课核饷力以筹军实。现在天津新建陆军、江南自强军,均系学习洋操。北省勇队,著由新建陆军酌拨营哨之学成者,分往教练;南省则由自强军酌拨。营规、口号均须一律。各直省将军、督抚统限六个月内,将并饷、练队及分扎处所妥议复奏。至军械枪炮,应饬各省机器局,酌定快枪快炮格式,枪子弹分量造法,互相讨论,折衷一是。如是式制造,精益求精,以期利用,并著一体妥速筹办,毋得拖宕延,余依议。

朱寿朋编《光绪朝东华录》,中华书局1958年版,第4098页

△ **命官书局译印各报分期封送军机处呈递。**

交管理官书局大臣孙,本日军机大臣面奉谕旨,所有官书局译印各报,著自五月初一日起,每五日汇订一册,即按逢五、逢十日为期,封送军机处呈递。

中国第一历史档案馆编《光绪朝上谕档》第24册,广西师范大学出版社1996年版,第203页

6月20日(五月初二日)　御史宋伯鲁、杨深秀上《礼臣守旧迂谬,阻扰新政,请立赐降斥折》

该奏折全文如下:

掌山东道监察御史臣宋伯鲁、山东道监察御史臣杨深秀跪奏:为礼臣守旧迂谬,阻扰新政,(贻笑邻使),请伸乾威,立赐降斥,以儆效尤而重邦交,恭折仰祈圣鉴事。窃臣伏读四月二十三日上谕,仰见皇上赫然发奋图新自强,而尤垂意于学校、外交两事,此诚储才之急务,保邦之远猷也。

臣惟礼部为学校总汇之区,总署乃外交钤键之地,必得人以为理,始措置之得宜。窃见礼部尚书总理各国事务大臣许应骙,品行平常,见识庸谬,妄自尊大,刚愎凌人。礼部为文学之官,关系极为重大,国家学校贡举之制,多由核议。皇上既深惟穷变通久之义,为鼓舞人才起见,特开经济特科岁举两途,以广登进。而许应骙庸妄狂悖,腹诽朝旨,在礼部堂上倡言经济科之无益,务欲裁减其额,使得之极难,就之者寡,然后其心始快。此外,见有诏书关乎开新下礼部议者,其多方阻扰,亦大率类是。接见门生后辈,辄痛诋西学;遇有通达时务之士,

则疾之如仇。皇上日患经济之才少,而思所以养之;许应骙日患经济之才多,而思所以遏之,臣不解其何必也。

总理衙门为交涉要区,当此强邻环伺之时,一话一言,动易招衅,非深通洋务洞悉敌情,岂能胜任?许应骙于中国学问尚未能十分讲求,何论西学?而犹鄙夷一切,妄自尊大(闻其尝在总署,因一无关轻重之事,忽向德使还靖争论,德使瞋目一视,反手拍案,尚未发言,而许应骙已失色,即趋出署,德使乃大笑,加以讪诮。此等之事不一而足),其于伤邦交而损国体,所关非细故也。

臣以为许应骙既深恶洋务,使之承乏总署,于交涉事件一毫无所赞益,而言语举动,随在可以贻误(中国之见轻见侮,未必不由此辈致之)。宜令即行退出总理衙门,实为慎重邦交之道。礼部总持天下学术,皇上方谆谆诫谕,令天下讲求时务,以救空疏迂谬之弊,而许应骙以空疏迂谬之人厕乎其间,日以窒塞风气,禁抑人才为事,致圣意不能宣达,天下无所适从,宜解去部职,以为守旧误国者戒。

伏请皇上天威特振,可否将礼部尚书许应骙,以三四品京堂降调,退出总理衙门行走,庶几内可以去新政之壅蔽,外可以免邻封之笑柄,所关似非浅鲜。臣愚昧之见,是否有当,谨合词具奏。伏乞皇上圣鉴训示。谨奏。

孔祥吉《康有为变法奏章辑考》,北京图书馆出版社 2008 年版,第 263 ~ 264 页

编者按:此折系康有为代御史宋伯鲁、杨深秀草拟,原折藏中国第一历史档案馆戊戌变法专题档。

苏继祖《清廷戊戌朝变记》:

五月初二日,御史宋伯鲁劾礼部尚书许应骙阻挠新政,上谕令许应骙明白回奏。许公迎合守旧者也,系康之座师,因其上书主持变法,深恶痛绝,常言已逐绝于门墙之外。近以交礼部议定特科章程,许犹力持八股诗赋,百计阻扰新政,以分畛域门户,皇上怒之,未敢发之,闻系康属宋劾之。旨仅令其照所参各节,明白回奏,而刚(毅,编者)已代许申诉于太后之前。

中国史学会编《中国近代史资料丛刊·戊戌变法》(1),神州国光社 1953 年版,第 336 页

6 月 22 日(五月初四日)　翰林院侍读学士徐致靖上《请废八股以育人才折》。

该奏折原文如下:

翰林院侍读学士徐致靖跪奏,为请特颁明诏,废八股以育人才,易风气而救危局,恭折仰祈圣鉴事:窃顷以时事艰难,国势危急,人才乏绝,廷臣条陈纷纷,多有请变科举,废八股者,而礼臣守旧拘牵议驳,致皇上依违不决。臣窃思维中国人民四万万,倍于欧洲十六国,此地球未有之国势也。而愚暗无才,虽使区区小国,亦得凭凌而割削之。中国神皋奥区,地当温带,人民智慧,而愚暗无才至此者,推原其故,皆八股累之。

泰西人民自童至冠,精力至充之时,皆教之图算、古今万国历史、天文地理及化光电重、格致法律、政治公法之学,其农工商贾,亦皆有专门之学,故人人有学,人人有才,即其兵亦皆由学出,识字绘图,测量阅表,略同天文地理、格致医学,始能充当。

而我自童时至壮年,困之以八股之文,禁其用后世书,以使之不读史书掌故及当今之务;锢之以搭截枯窘虚缩之题,钩渡挽入口气破承开讲八比之格,使之侮圣而不言义理,填词而等于俳优。束之极隘,驱天下出于一途;标之甚高,使清班必由此出。得之累资格,则可任台司封疆;失之为举贡,亦分任守令教佐。上之为师傅,则宗室亲藩之学识锢焉,下之为蒙师,则农工商兵之学识锢焉。

故自皇上聪明天纵之外,使举天下无人不受不学侮圣之传,以成其至陋极愚之蔽,目不通古今,耳不知中外,故至理财无才,治兵无才,守令无才,将相无才,乃至市井无才商,田亩无才农,列肆无才工,晦盲迂谬。西人乃贱吾为无教,藐吾为野蛮,纷纭胁割,予取予求,而莫敢谁何,皆八股之迷误人才有以致之也。

夫八股取士,非我祖宗之制,实前明敝陋之法也。我圣祖仁皇帝即位伊始,深知其敝,特诏废之,此真大圣人之盛谟也。后虽复行,而海禁未开,天下无事,尚不觉其为害。今又二百年,法敝更甚,出题既多重复,文艺尤多陈因,侮圣填曲,捐书绝学,而当万国极智之民,是犹两军相交,吾兵有耳目手足枪炮而掩蔽束缚捐弃之,而以拒强敌也。故言科举不可变,八股不可废者,与为敌国作反间者无以异也。愿皇上深思明辨而勇断之也。彼礼官所守者旧例,无论如何条奏,必据例议驳。皇上之明,岂能曲从一二人硁硁拘执之见,而误天下大计哉。

伏望皇上上法圣祖,特旨明谕天下,罢废八股,自岁科试以至乡会试及各项考试,一律改用策论,以发明圣道,讲求时务,则天下数百万童生、数十万生员、万数举人,皆改而致力于先圣之义理,以考究古今中外之故,务为有用之学,风气大开,真才自奋,皇上亦何惮而不为哉?臣愚以为新政之最要而成效最速者,莫过于此。谨恭折读陈,伏乞皇上圣鉴训示。谨奏。

孔祥吉《康有为变法奏章辑考》,北京图书馆出版社2008年版,第266~267页

编者按:此折系康有为代侍读学士徐致靖草拟,原折存中国第一历史档案馆戊戌变法专题档。

△ 命总理衙门一并议复曾宗彦所奏折、片。

《光绪朝东华录》:

甲寅,谕,御史曾宗彦奏农、工二务亟宜振兴一折,另片奏南、北洋宜设立矿学学堂等语,著总理各国事务衙门一并议奏。

朱寿朋编《光绪朝东华录》,中华书局1958年版,总4099页

6月23日(五月初五日) 荣禄任直隶总督兼北洋大臣。

《光绪朝东华录》:

丁巳,实授荣禄为直隶总督兼充办理通商事务北洋大臣。

朱寿朋编《光绪朝东华录》,中华书局1958年版,总4101页

△ 谕废八股改试策论。

《光绪朝东华录》:

丁巳,谕,我朝承宋、明旧制,以四书文取士。康熙年间,曾经停止八股,考试策论,未久旋复制艺,一时文运昌明,儒生稽古穷经,类能推究本原,发明义理,制科所得,不乏通经致用之才。乃近来风气日漓,文体日敝,所试时艺,大都随题敷衍,于经义罕有发明,而谫陋空疏者,每获滥竽充选,若不因时通变,何以见实学而拔真才?著自下科为始,乡、会试及生童岁科各试向用四书文者,一律改试策论,其如何分场命题考试,一切详细章程,该部即妥议具奏。此次特降谕旨,实因时文积弊太深,不得不随时改变,以破拘墟之习。至士子为学,自当以四子、六经为根柢,策论与制艺,殊流同源,仍不外通经史以达时务,总期体用兼备,人皆勉为通儒,毋得竞逞博涉,徒蹈空言,致负朝廷破格求材之至意。

朱寿朋编《光绪朝东华录》,中华书局1958年版,总4102页

6月26日(五月初八日)　康有为上《请以爵赏奖励新艺新法新书新器新学，设立特许专卖，以励人才开民智而济时艰折》。

该奏折全文如下：

工部主事臣康有为跪奏：为请以爵赏奖励新艺新法新书新器新学，设立特许专卖，以励人才，开民智而济时艰，恭折仰祈圣鉴事。

窃寻吾人民极多，倍于欧洲十六国，而国势极弱，由无鼓励新艺、新法、新书、新器、新学致之也。

窃考上古之强角力，故务争战以尚武；近世之强斗智，故务学识以开新。尝究欧洲富强之原由，于厉学开新之故。当元明以前，大为教皇所愚，累为回教所破，愚弱已甚，过于中国。至明永乐时，英人培根创为新义，以为聪明凿而愈出，事物踵而增华。主启新，不主仍旧；主宜今，不主泥古。请于国家立科鼓厉，其士人著有新书，发从古未创之说者，赏以清秩高第；其工人制有新器，发从古未有之巧者，予以厚币，功牌，皆许其专利，宽以岁年；其有寻得新地，为人迹所未辟，身任大工，为生民所利赖者，予以世爵。

于是，国人踊跃，各竭心思，争求新法，以取富贵。各国从之，数十年间，科伦布寻得美洲万里之地，辟金山以致富，每年得银巨万，而银钱流入中国矣。墨领遍绕大地，知地如球，而荷兰、葡萄牙大收南洋，据台湾而占濠镜矣。哥白尼发地之绕日，于是利玛窦、熊三拔、艾儒略、南怀仁、汤若望挟技来游。其入贡有浑天地球之仪，量天缩地之尺，而改中国历宪矣。电学则乾隆时美人弗兰格林，考出物质体内皆有电气，于是道光末年创电线，近年电灯、德律风、留声器从此出焉。化学则乾隆时，英人加芬底失创考出轻气；伯理斯理创考得硝炭强三气；德人拉菲泄创考得养硝炭强合而成风，于是造雨，造雾，造冰，一切可化分代造物矣。光学则自康熙时英人奈端创立。近英人雍姓创得光质为气流，有层级；丹人罗美耳，查得光行分时行三千万里；而道光时出照相法，近且能照脏腑鬼神矣。重学则自明万历时，意人加利略考得物坠下之迟速，由地之吸力；英国人奈端考得抛物并水与液质流动及物相摄引之理，创为风雨表；法人巴斯加勒创制压柜，能以一斤起四百斤。乾隆三十四年英人瓦得，创水气运机之器，铁路轮船皆由此出。

明末英人哈芳测得人身皆血脉贯成而医学变。植物学为荷兰人罗贝勒创出。英人搁路测草木经络、质体及花之雌雄，而后林木园圃种植繁盛。富国学则乾隆时师米得堂著《富国策》，明生利分利之义，旧章尽废，而泰西民富百倍。意人拉发夜创油画之法，而蜡人亦由此出。嘉庆时英人华忒创以机代工织布之器，于是英布出口值五六万万。美人创缝衣机器，一分钟可缝三千针。近泰西农人垦地、播种、刈麦皆用新机器。乾隆时法人创煤气灯，而遍大地。道光时英主悬赏格以招新式时表者，故伦敦表冠欧洲。嘉庆十二年英人富吞创成轮船。道光十年英人施蒂芬森造成火轮车，而后膛枪、无烟药、纲甲、鱼雷船继踵并出。

盖近百年来，新法尤盛。各国及日本有专卖特许，察掌鼓厉民人制造新器。凡有创制新器及著一书，皆报官准其专卖，或三十年，或五十年，不准他人仿造，并赏给牌照以为光荣，视其器物分作数等。如美人爱的森辛巳年八月创成电灯，至九月美之华盛顿、纽约，法之巴黎，英之伦敦皆已燃遍。爱的森以专卖电灯之故巨富至五千万。格兰斯顿罢总统而贫，撰一说部，骤行，得三十余万。故其国人争以创新器、著新书为业，穷岁月，传子孙，破产业，沉思渺虑，苦心孤诣为之，以得一新器、新书可富贵累世也。

考英国自明至乾隆前，大辂椎轮乃始草创，岁出新器数十种；自乾隆二十八年至咸丰二年，岁出新器约二百五十种；自咸丰三年至同治十年，岁出新器二千种；近三十年则多至三四千种。进之法国,则岁出九千种。美国为最盛,岁出且万二千种。退之若奥,则八百余种,意七百余种,丹麦、比利时四五百种,俄亦三百余种。

民之智与愚,国之贫与富,皆视其出新器之多寡觇之。美养兵仅二万,而诸国不敢正视者,以其地球最富最智之国,岁出新器、新书最多故也。英地仅比印度地一省,而英商一公司遂能削平控治印度万里之国。美人铁路如织网丝,五里十里纵横午贯,而富甲大地。俄人筑之,辟地万里。近者英之得印度、缅甸,俄之得西伯利至珲春,法之得越南,皆筑铁路以逼三垂矣。

合十余国人士所观摩,君相所激厉,师友所讲求,事无大小,皆求新便。近以船械横行四海,故以薄技粗器之微,而为天下政教之大。人皆惊洋人气象之强,制造之奇,而推所自来,皆由立爵赏以劝智学为之。夫爵赏者,奔走天下之具,人主操之以控天下,如牧者之驱群羊,视鞭所指,南北东西,莫不如意。齐桓公好紫,而一国皆紫;楚灵王好细腰,而宫中饿死;城中广袖,城外全帛。风行草偃,有必然者。故科举尚八股,则士人日夜咿唔,高吟低唱皆八股矣;词馆尚楷法,则士人日夜伏案,弄笔调铅皆白折矣。推八股白折之勤,勤皆能为量天缩地之精奇也,视在上者意之所注耳。

《易》曰:"守位曰仁,聚人曰财。"其称诸圣不过开物成务,利用前民而已。方今欲保国自立,非强兵不可;强兵,非练士数十万、铁舰百艘不可;而铁舰大者费至数百千万,克虏伯炮精者费数巨万,皆需数万万巨款。欲设学构械,非富国不可;欲富其国,非智其士,智其农工,多著新书,多制新器不可;欲士民多出新书新器,非去其八股、白折之学,而悬新器、新书之赏,驱数百万之人士,数万万之农工商,转而钩心构思,求新出奇不能为功。

伏愿皇上观古今之运,通中外之故,特立新器新书之赏表,高标以为招,海内庶士,必有应之者。请饬下总署议定劝厉制度新器、著新书专科。凡有新器新书,呈学政或总署理存案,由学政咨行,督抚会衔,加以奖厉,给予特许专卖执照,准其专利数十年,或用梁制二十四班,或用宋制流外官阶,另制度名号以为荣奖,或用补服及外国宝星例,以花鸟为饰,分作数等,名为徽章,以昭宠异。其有能自创学堂、自修道路、自开水利,有功于民者,酌其大小,给以世爵。顷中国之大,尚无枪炮厂,宜募民为之。德铁匠得赍赐创造后膛枪而破法,克虏伯创成精炮,冠绝地球,赏以男爵。今以世爵募民,必有精器出焉。臣保三年之后,奇材新器,云出雾滃。民利并开,不可究宣。以中国聪明灵敏之才,四万万人民之众,踊跃舞蹈,竭其耳目心思,以赴皇上之求,何求不得哉?臣一得之见是否得当,谨附片具陈。伏维皇上圣鉴。谨奏。

孔祥吉《康有为变法奏章辑考》,北京图书馆出版社2008年版,第271～274页

编者按:康有为此折档案无存,今由《杰士上书汇录》抄出。关于此折呈递时日,《随手登记档》与《早事档》均未见记载,据《康南海自编年谱》,该折于五月初八日呈递总理衙门(参见孔祥吉《康有为变法奏章辑考》第274～276页)。

△ 光绪申谕各部院奉旨交议事件,克期议复,逾期即加严惩。

《光绪朝东华录》:

庚申,谕,兹当整饬庶务之际,部院各衙门承办事件,首戒因循,前因京师大学堂为各行省之倡,特降谕旨,令军机大臣、总理各国事务王大臣,会同议奏,即著迅速复奏,毋再迟延,其各部院衙门于奉旨交议事件,务当督饬司员,克期议复,倘再仍前玩愒,并不依限复奏,定即从严惩治不贷。

朱寿朋编《光绪朝东华录》,中华书局1958年版,总4104页

编者按:《光绪朝东华录》将此谕系于五月初九日辛酉,今据《光绪朝上谕档》(207页)系于五月初八日。宋玉卿在《戊壬录·改政之变》也认为是五月初八日。

△ **光绪饬芦汉等铁路承办各员，迅速开办，不得任意迟缓。**

《光绪朝东华录》：

庚申，谕，前因芦汉开办铁路，设立招商公司，特派盛宣怀督办，计时将及两年，所有勘路购地各事，应办有端绪，此项铁路，关系紧要，岂容观望迁延。现在业已筹有的款，著盛宣怀克日兴工赶办，并将办理情形先行具奏，倘再延不开办，玩误要工，责有攸归，盛宣怀岂能当此重咎耶？此外粤汉、宁沪各路，著承办各员，一体迅速开办，毋得任意迟缓。

朱寿朋编《光绪朝东华录》，中华书局1958年版，总4104页

编者按：《光绪朝东华录》将此谕系于五月初七日乙未，今据《光绪朝上谕档》第24册（第207～208页）改正。

6月27日（五月初九日）　谕军机大臣等迅速议复胡燏棻及伍廷芳奏，请参用西法练兵事。

《光绪朝东华录》：

辛酉，谕，前据顺天府府尹胡燏芬奏请精练陆军并神机营改用新法操演，又出使大臣伍廷芳奏京营、绿营参用西法各折片。当经先后谕令军机大臣，会同督办军务王大臣及神机营王大臣、八旗都统迅速议奏，妥议具奏。现在督办军务处业已裁撤，所有谕令复议各节，即著军机大臣会同神机营王大臣、八旗都统，迅速议奏，毋得延缓。

朱寿朋编《光绪朝东华录》，中华书局1958年版，第4104页

6月28日（五月初十日）　御史杨深秀上《请御门誓众更始庶政折》。

该奏折全文如下：

山东道监察御史臣杨深秀跪奏：为国势危迫，急图维新，乞御门誓众，更始庶政，以救危亡，恭折仰祈圣鉴事。

窃顷岁自安南失，缅甸亡，琉球灭，朝鲜去，属国已尽，遂翦辽台。近乃割及胶州、旅顺、大连湾、广州湾、九龙等内地，其他练兵、铁路、轮船、矿产、商务，日朘月削，我国权不能自主，岌岌待亡，此何时耶？幸而皇上圣明，考察时势，明定国是，知守旧之误国，以开新为宗主，可谓神武天纵，首出庶物者矣。

使当甲申、甲午后为之，自强可立致，及今乃变。以大势论之，实已太迟，故必如救火追亡，被发缨冠，犹虑不及，而大小群僚，泥于旧习，不深为地球之大变，通考万国之比较，不内思吾国无兵、无炮、无舰、无坞、无学校、无财赋、无制造、无商务之故，一有敌患，拱手待亡，恐惧震惶，毫无一策，听客所为，坐受束缚。及边患稍定，又复空腹高心，端坐讽议，与论危机，彼以为故甚其辞，与论新政，彼以为大叛吾教。究之五六十年来与外国交涉，有所争则不得要领，有所允则顿伏隐患，良由士大夫皆不明时务，实由不多读书，不勤访问，事过则偷安，事急则冥行。孙坚责王睿之罪曰："坐无所知。"正此辈之谓也。

今既奉上谕，明定国是，而守旧之徒，迂谬指摘，日夜聚谋，思变乱明旨，或仇视开新之人，思颠倒是非，造作谣言，以惑圣听，臣不敢谓此辈不忠，要由暗愚不知大局致之。然暗愚如此，足以亡国有余，五十年来，其已事矣。夫举朝如此，皇上一人欲更新庶政，将与谁共为之哉？上谕骤下则稍悚动，过数日则忘之，又数日则诋其复生，又数日则聚谋变易之矣。天下岌岌，众论沸沸，臣愚睹此，窃用隐忧，恐维新之徒托空言而自强之不可望也。

臣日夜思虑，为我皇上筹之。盖皇上未有大誓群臣之举，大施赏罚之事，以悚动观听也。夫数百年之旧说，千万人之陋习，虽极愚谬，积久成是，诚非一二言所能转易也。故古者有大

誓之义,《书》有《甘誓》、《汤誓》、《泰誓》、《牧誓》、《费誓》,凡有大事大政,皆集群臣大众誓之,以革其面而易其心,此吾先圣之大法,经典之大义,但承平累世,忘之久矣。夫王者之于天下,非能以法令卧而治之也,必有雷霆以震其郁,风雨以散其气,而后万物昭苏,人有生气也。乃者上谕频下,人人动色,其效已见,比之畴昔之怠惰废弛,固有间亦。

我朝自世祖章皇帝开创百度,圣祖仁皇帝、世宗宪皇帝厉精守成,其讲求庶政,犹频御乾清门训励群臣,面相戒谕。楚庄王所谓日诲国人,教之以民生不易,祸至无日,戒惧之不可怠也。我祖宗所遇,天下一统,四海盛平,御门戒励,犹尚如是,况今所值之时,危亡岌岌,至于此乎?若坐听群臣之迂谬亡国则已,若犹欲维新图存也,非有大誓群臣、大施赏新罚旧之举不可也。

伏乞皇上采先圣誓众之大法,复祖宗御门之故事,特御乾清门,大召百僚,自朝官以上,咸与听对,布告维新更始之义,采集万国良法之意,严警守旧沮挠造谣乱政之罪,令群臣签名具表,咸去守旧之谬见,力图维新。其有沮挠诋諆、首鼠两端者,重罚一人以惩其后,必使群僚震动恐惧,心识变易,然后奉行新政,力图自强。一日之间,风云俱变,更月得数昭频下,则海内咸动色奔走矣。若皇上有日月之明,而无雷霆之震,臣未见其能行也。臣为大局危急起见,谨具折沥陈,伏乞求皇上圣鉴训示。谨奏。

孔祥吉《康有为变法奏章辑考》,北京图书馆出版社2008年版,第277~279页

编者按:此折系康有为代御史杨深秀草拟,原载张元济编《戊戌六君子遗集·杨漪春侍御奏稿》。原折存中国第一历史档案馆戊戌变法专题档。现据原折校正(参见孔祥吉《康有为变法奏章辑考》第279页)。

△ 准将梁启超在上海所设译书局改为官督商办,又谕总署妥议译书局详细章程,迅速具奏。

《光绪朝东华录》:

壬戌,总理各国事务衙门奏,光绪二十四年四月十三日奉军机处抄交御史杨深秀奏,泰西学校,专以开新为义,政治、学术、理财、练兵、农工、商矿一切技艺,日出精新,皆有专门之书。自交涉以来,同、光以前议臣亦未尝言变法,而其所见率皆在筑炮台、购兵舰、买枪炮、练洋操而已,尚未知讲求学校也。当今直省都抚亦纷纷渐知立学堂矣。然学堂以何物教之?尚未计及也,言学堂而不言译书,亦无从收变法之效也。同治时,大学士曾国藩先识远见,开制造局,首译西书,而奉行者不通原本,徒译兵学、医学之书,而政治、经济之本仍不得一二,以是变法终不得其法也。考日本之变法也,尽译泰西精要之书,且其文字与我同,但文法稍有颠倒,学之数月而可大通,人人可为译书之用矣。若稍提数万金,以举译书之事,而尽智我民,其费至简,其事至微,其效至速,其功至大,未有过于此者。请饬下总理各国事务衙门议行,或年拨数万金试办等因,奉旨,著总理各国事务衙门议奏。钦此。又于光绪二十四年四月十九日,准军机处抄交御史李盛铎奏,时务需才,请开馆译书以宏造就。乾隆年间,开四库全书馆,西土译著之书,悉予著录,今者梯航鳞集,文轨四通,政俗既同归而殊途,学艺复日新而月异。论外交非洞明公法律例,无以为应变之方;肄武备非讲求格致制造,无以为制胜之具;言理财非考究农工商矿,无以探养民富国之原。查译书事务,日本自明治维新以来,所译之书极多,由东译华,较译自西文尤为便捷。应请饬下出使大臣,饬查日本所译西书,全数购寄,以便译印。至江南制造局译书一事,仍饬查照成案办理。如蒙俞允,所有译书馆事务应否特派大臣管理,抑或由管理官书局大臣兼办等因,奉旨,该衙门议奏,钦此。臣等查该御史等所称筹款开馆,翻译西书,以开民智而造人才,自系当务之急,亟应及时开办,以开风气之先。且令京外各学堂有所肄习。至原奏所称译书馆事务应否特派大臣管理,抑或由管理官

书局大臣兼办一节，系为郑重起见。惟是译书一事，与设立学堂互相表里，全在总理得人，不系官职之大小。况所译书籍既购自外洋，则择地开馆，尤宜审慎周详，庶经费不至虚掷。兹查有广东举人梁启超，究心西学，在上海集资设立译书局，先译东文，规模已具而经费未充，殊非经久之道。上海为华洋总汇，所购外洋书籍，甚为利便，刷印工本亦较相宜。该举人经理译书事务，可收事半功倍之效。臣等公同酌议，每月拟拨该局译书经费银二千两，即将该局改为译书官局，官督商办。倘经费仍有不敷，准由该局招集股分以竟其成。所译之书，应先尽各国政治、法律、史传诸门，观其治乱兴衰之故，沿革得失之迹，俾可参观互证，以决从违。徐及兵制、医学、农矿、工商、天文、地质、声光、化电等项，以收实用。译成一种，揭以提要，即寄臣衙门，以备敬呈御览，并令分送各省新设之学堂、学会、藏书楼各一分，以资考究，其余准该局出售。俟开办数年之后，译出之书渐多，售书之值可敷局中推广之用，当即停拨官款，以节经费。如蒙俞允，既由臣衙门知照南洋大臣暨札行江海关道，就在出使经费项下，按月拨给该局译书经费银二千两，并札饬该局员将开办日期妥拟详细章程，呈送臣衙门核定立案。至江南制造局译书一事，仍应查照成案认真办理，毋令废弛。得旨，如所议行。

朱寿朋编《光绪朝东华录》，中华书局 1958 年版，总 4104～4106 页

6 月 30 日（五月十二日）　宋伯鲁奏《请将经济岁举归并正科，并各省岁科试迅即改试策论折》。

该奏折全文如下：

掌山东道御史臣宋伯鲁跪奏：为请将经济岁举归并正科，并饬各省生童岁科试迅即遵旨改试策论，以重抡才而节糜费，恭折仰祈圣鉴事。窃本月初五日奉上谕，因时文积弊太深，不得不改弦更张，以破拘墟之习，总期体用兼备，人皆勉为通儒等因，钦此。臣伏读之下，仰见皇上天锡智勇，洞悉积弊之原，力破迂拘之格，千年沉痼，一旦扫除，转弱为强，在此一举矣。

臣又读本年正月初七日上谕，有创行经济岁举，在各省学堂挑选高等学生应考，作为经济科举人贡士等语。臣恭绎前后两谕，用意实同，特前者因八股取士相沿既久，未便遽革，故别创一格，以待实学之士。今既毅然廓清积弊，改试策论，则与经济岁举所试各项，已大略从同，似宜合为一途，以一观听。

臣窃维中国人才衰弱之由，皆缘中、西两学不能会通之故，故由科举出身者，于西学辄无所闻知；由学堂出身者，于中学亦茫然不解。夫中学体也，西学用也。无体不立，无用不行，二者相需，缺一不可。今世之学者，非偏于此，即偏于彼，徒相水火，难成通才。推原其故，殆由取士之法歧而二之也。臣以为未有不通经史而可以言经济者，亦未有不达时务而可谓之正学者，教之之法既无偏畸，取之之方即当无异致，似宜将正科与经济岁科合并为一，皆试策论。论则试以经义，附以掌故；策则试以时务，兼及专门，泯中西之界限，化新旧之门户，庶体用并举，人多通才，且并两科为一科，省却无数糜费。不然，则岁岁举行乡、会试，国家财赋断不能支。如承采择，乞将臣所陈交部一并议复。

抑臣更有请者，新政之行，当如风行草偃，惟其速成。恭绎谕旨，改试策论，自下科为始。臣窃思乡会两场试事才竣，自不能不待诸下科。若生童岁科，现在随时按考。既定例下科始改，则现时自仍用旧章。彼生童若不习八股，则无以为应考之地；若仍习之，则明明为已废之制，灼然知其无益，两年之后即行弃置，又何必率天下之生童，枉费此两年之力，以从事于此，是令天下无所适从也。臣以为应试之人莫多于生童，故转移风气，必当自生童始。既奉明诏，变法以厉实学，必使士子用心有所专注，庶学问不致两歧。伏乞再行明降谕旨，除乡会试

自下科为始改试策论外,其生童岁科试,即饬各省学政随按临所至,一经奉到谕旨,立即遵照章程,一律改试经史、时务,两者并重,庶学者不以帖括分心,得以专心讲求实学,至下科乡会试之时,而才已不可胜用矣。

孔祥吉《康有为变法奏章辑考》,北京图书馆出版社2008年版,第282~283页

编者按:此折系康有为等代御史宋伯鲁草拟,原折存中国第一历史档案馆戊戌变法专题档。《光绪朝东华录》所辑与孔祥吉所录该折,个别文字有出入。现以原件为准。

△ 光绪命经济岁举归并一科,各省生童岁科试讯即改为策论。

《光绪朝东华录》:

甲子,上谕,御史宋伯鲁奏请将经济岁举归并一科,各省生童岁科试讯即改为策论一折。前因八股时文积弊太深,特谕令改试策论,用觇实学。惟是揆诸大典,以乡、会两试为纲,乡、会试即改策论,经济岁举亦不外此,自应并为一科考试,以免纷歧。至生童岁科试,著各省学政奉到此次谕旨,即行一并改为策论,毋庸候至下届更改。

朱寿朋编《光绪朝东华录》,中华书局1958年版,第4107页

6月(四月至五月)　严复翻译英国赫胥黎名著《天演论》正式出版。

《天演论·吴序》:

严子几道既译英人赫胥黎所著《天演论》,以示汝纶曰:“为我序之。”天演者,西国格物家言也。其学以天择、物竞二义,综万汇之本原,考动植之蕃耗,言治者取焉。因物变递嬗,深揅乎质力聚散之几,推极乎古今万国盛衰兴坏之由,而大归以任天为治。赫胥黎氏起而尽变故说,以为天不可独任,要贵以人持天。以人持天,必究极乎天赋之能,使人治日即乎新,而后其国永存,而种族赖以不坠,是之谓与天争胜。而人之争天而胜天者,又皆天事之所苞。是故天行人治,同归天演。其为书奥赜纵横,博涉乎希腊、竺乾、斯多噶、婆罗门、释迦诸学,审同析异而取其衷,吾国之所创闻也。凡赫胥黎氏之道具如此,斯以信美矣。

抑汝纶之深有取于是书,则又以严子之雄于文。以为赫胥黎氏之指趣,得严子乃益明。自吾国之译西书,未有能及严子者也。凡吾圣贤之教,上者道胜而文至;其次,道稍卑矣,而文犹足以久;独文之不足,斯其道不能以徒存。六艺尚已,晚周以来,诸子各自名家,其文多可喜,其大要有集录之书,有自著之言。集录者,篇各为义,不相统贯,原于《诗》、《书》者也;自著者,建立一干,枝叶扶疏,原于《易》、《春秋》者也。汉之士争以撰著相高,其尤者,《太史公书》,继《春秋》而作,人治以著;扬子《太玄》,拟《易》为之,天行以阐。是皆所为一干而枝叶扶疏也。及唐中叶,而韩退之氏出,源本《诗》、《书》,一变而为集录之体,宋以来宗之。是故汉氏多撰著之编,唐、宋多集录之文,其大略也。集录既多,而向之所为撰著之体不复多见,间一有之,其文采不足以自发,知言者摈焉弗列也。独近世所传西人书,率皆一干而众枝,有合于汉氏之撰著。又惜吾国之译言者,大抵弇陋不文,不足传载其义。夫撰著之与集录,其体虽变,其要于文之能工,一而已。

今议者谓西人之学,多吾所未闻,欲瀹民智,莫善于译书。吾则以谓今西书之流入吾国,适当吾文学靡敝之时,士大夫相矜尚以为学者,时文耳,公牍耳,说部耳。舍此三者,几无所为书。而是三者,固不足与文学之事。今西书虽多新学,顾吾之士以其时文、公牍、说部之词,译而传之,有识者方鄙夷而不知顾。民智之瀹何由?此无他,文不足焉故也。文如几道,可与言译书矣。往者释氏之入中国,中学未衰也,能者笔受,前后相望,顾其文自为一类,不

与中国同。今赫胥黎氏之道,未知于释氏何如?然欲侪其书于太史氏、扬氏之列,吾知其难也;即欲侪之唐、宋作者,吾亦知其难也。严子一文之,而其书乃骎骎与晚周诸子相上下,然则文顾不重耶?

抑严子之译是书,不惟自传其文而已。盖谓赫胥黎氏以人持天,以人治之日新,卫其种族之说,其义富,其辞危,使读焉者怵焉知变,于国论殆有助乎?是惜也,予又惑焉。凡为书,必与其时之学者相入,而后其效明。今学者方以时文、公牍、说部为学,而严子乃欲进之以可久之词,与晚周诸子相上下之书,吾惧其杰驰而不相入也。虽然,严子之意盖将有待也。待而得其人,则吾民之智瀹矣。是又赫胥黎氏以人治归天演之一义也欤?光绪戊戌孟夏桐城吴汝纶叙。

《天演论·自序》:

英国名学家穆勒约翰有言:"欲考一国之文学语言,而能见其理极,非谙晓数国之言语文字者不能也。"斯言也,吾始疑之,乃今深喻笃信,而叹其说之无以易也。岂徒言语文学之散者而已,即至大义微言,古之人殚毕生之精力,以从事于一学。当其有得,藏之一心则为理,动之口舌、著之简策则为词。固皆有其所以得此理之由,亦有其所以载焉以传之故。呜呼!岂偶然哉!

自后人读古人之书,而未尝为古人之学,则于古人所得以为理者,已有切肤精忾之异矣。又况历时久远,简牍沿讹,声音代变,则通段难明;风俗殊尚,则事意参差。夫如是,则虽有故训疏义之勤,而于古人诏示来学之旨,愈益晦矣。故曰:读古书难,虽然彼所以托焉而传之理,固自若也。使其理诚精,其事诚信,则年代国俗无以隔之。是故不传于兹,或见于彼,事不相谋而各有合,考道之士,以其所得于彼者,反以证诸吾古人之所传,乃澄湛精莹,如寐初觉。其亲切有味,较之觇毕为学者,万万有加焉。此真治异国语言文字者之至乐也。

今夫六艺之于中国也,所谓日月经天,江河行地者尔。而仲尼之于六艺也,《易》、《春秋》最严。司马迁曰:"《易》本隐而之显,《春秋》推见至隐。"此天下至精之言也。始吾以谓本隐之显者,观象系辞以定吉凶而已;推见至隐者,诛意褒贬而已。及观西人名学,则见于格物致知之事,有内籀之术焉,有外籀之术焉。内籀云者,察其曲而知其全者也,执其微以会其通者也。外籀云者,据公理以断众事者也,设定数以逆未然者也。乃推卷起曰:有是哉,是固吾《易》、《春秋》之学也。迁所谓本隐之显者,外籀也;所谓推见至隐者,内籀也。其言若诏之矣。二者即物穷理之最要涂术也。而后人不知广而用之者,未尝事其事,则亦未尝咨其术而已矣。

近二百年,欧洲学术之盛,远迈古初。其所得以为名理公例者,在在见极,不可复摇。顾吾古人之所得,往往先之,此非傅会扬己之言也。吾将试举其灼然不诬者,以质天下。夫西学之最为切实而执其例可以御蕃变者,名、数、质、力四者之学是已。而吾《易》则名、数以为经,质、力以为纬,而合而名之曰《易》。大宇之内,质力相推,非质无以见力,非力无以呈质。凡力皆乾也,凡质皆坤也。奈端动之例三,其一曰:"静者不自动,动者不自止;动路必直,速率必均。"此所谓旷古之虑。自其例出,而后天学明,人事利者也。而《易》则曰:"乾其静也专,其动也直。"后二百年,有斯宾塞尔者,以天演自然言化,著书造论,贯天地人而一理之。此亦晚近之绝作也。其为天演界说曰:"翕以合质,辟以出力,始简易而终杂糅。"而《易》则曰:"坤其静也翕,其动也辟。"至于全力不增减之说,则有自强不息为之先;凡动必复之说,则有消息之义居其始。而"易而不见,乾坤或几乎息"之旨,尤与"热力平均,天地乃毁"之言相发明也。此岂可悉谓之偶合也耶?虽然,由斯之说,必谓彼之所明,皆吾中土所前有,甚者或谓其学皆得于东来,则又不关事实适用自蔽之说也。夫古人发其端,而后人莫能竟其绪;古人拟其大,而后人未能议其精,则犹之不学无术未化之民而已。祖父虽圣,何救子孙之童婚也哉!

大抵古书难读,中国为尤。二千年来,士徇利禄,守阙残,无独辟之虑。是以生今日者,乃转于西学,得识古之用焉。此可为知者道,难与不知者言也。风气渐通,士知弃陋为耻。西学之事,问涂日多。然亦有一二巨子,訑然谓彼之所精,不外象数形下之末;彼之所务,不越功利之间。逞臆为谈,不咨其实。讨论国闻,审敌自镜之道,又断断乎不如是也。赫胥黎氏此书之指,本以救斯宾塞任天为治之末流,其中所论,与吾古人有甚合者。且于自强保种之事,反复三致意焉。夏日如年,聊为迻译。有以多符空言,无裨实政相稽者,则固不佞所不恤也。光绪丙申重九严复序。

王栻主编《严复集》第5册,中华书局1986年版,第1317~1321页

编者按:《天演论》译本早期有不同的版本。主编《严复集》的王栻提出:"严复译文,我们所能看到的最早的本子,是封面题为乙未年三月即一八九五年(光绪二十一年)陕西味经售书处重刊的《天演论》本。这不是定本,可能是当时人擅自将稿子拿去刊印的。……《天演论》正式出版于一八九八年(光绪二十四年),为沔阳慎始基斋本。同年,严复自己据此本石印行世,为嗜奇精舍本。以后销路日广,版本益多,其中一九〇一年(光绪二十七年)富文书局的石印本也是较好的本子。"(王栻主编《严复集》第5册,脚注,第1317页。)《天演论》译本还有1905年的商务印书馆本(王天根《〈天演论〉版本时间考析两题》,《安徽史学》2005年第3期)。但一般认为,《天演论》译本的正式出版时间为1898年,即沔阳慎始基斋本。出版的月份,有4月和6月之说。因为吴序有"戊戌孟夏"字样,依照中国的习惯说法,此处的"孟夏"应为农历四月,公历在5月中旬到6月中旬之间。又,1898年有闰三月,据此,我们认为,《天演论》正式出版的时间,即1898年6月,比较接近历史真实。

7月1日(五月十三日)　清政府被迫与英国签订《租借威海卫专条》。

《总署奏英国请租威海卫商议专条折》:

总理各国事务庆亲王奕劻等奏,为英国请租威海卫商议专条事。窃自俄国租旅大之后,英国以保护东方商务为言,非租借山东之威海卫,停泊兵轮,不足以资抵制,会将大概情形先行奏明在案。现在日本借款交清,已由北洋大臣派员将威海卫收回。英使宝讷乐屡次商催,所称以租威为抵制,尚属实情,并非无端图占。臣等公同商议,迭与该使臣再四磋磨,并电令出使大臣罗丰禄与英外部切实筹商,始将专条商妥。租期与俄租旅大相同,于中国管辖之权尚无大损。臣等复以中国重整海军,定造英、德等厂穹甲快船,不日陆续来华,亦可于威海择地并泊,随时请英员代为操练,该使臣允将此节另备照会存案。彼此会商已历数月,似可就此定议。谨将会议专条并该使绘送画界原图照抄,恭存御览。如蒙俞允,请特派大臣与该使定期画押,再由臣等随用御宝作为批准,以凭彼此互换。其一切画界事宜,由臣衙门及北洋大臣、山东抚臣派员妥晰办理,谨奏。光绪二十四年五月初十日奉硃批依议。又奉旨,著派奕劻、廖寿恒画押。

王彦威、王亮编《清季外交史料》卷132,沈云龙主编,近代中国史料丛刊第3编第2辑,台北文海出版社,第2272页

《订租威海卫专条》(一八九八年七月一日,光绪二十四年五月十三日,北京):

今议定中国政府将山东省之威海卫及附近之海面租与英国政府,以为英国在华北得有水师合宜之处,并为多能保护英商在北洋之贸易;租期应按照俄国驻守旅顺之期相同。所租之地系刘公岛,并在威海湾之群岛,及威海全湾沿岸以内之十英里地方。以上所租之地,专归英国管辖。以外,在格林尼址东经一百二十一度四十分之东沿海暨附近沿海地方,均可择地建筑炮台、驻扎兵丁,或另设应行防护之法;又在该界内,均可以公平价值择用地段,凿井开泉、修筑道路、建设医院,以期适用。以上界内,所有中国管辖治理此地,英国并不干预,惟

除中、英两国兵丁之外，不准他国兵丁擅入。又议定，现在威海城内驻扎之中国官员，仍可在城内各司其事，惟不得与保卫租地之武备有所妨碍。又议定，所租与英国之水面，中国兵船无论在局内局外，仍可享用。又议定，在以上所提地方内，不可将居民迫令迁移、产业入官，若应修建衙署、筑造炮台等，官工须用地段，皆应从公给价。此约应由画押之日起开办施行。其批准文据，应在英国京城速行互换。为此，两国大臣将此专条画押盖印，以昭信守。

此专条在中国京城，缮立汉文四份、英文四份，共八份。光绪二十四年五月十三日，西历一千八百九十八年七月初一日。大清国管理总理各国事务衙门和硕庆亲王、总理各国事务衙门刑部尚书廖、大英国钦差驻扎中华便宜行事大臣窦。

王铁崖编《中外旧约章汇编》第1册，三联书店1957年版，第782~783页

7月3日（五月十五日）　军机大臣会同总理衙门大臣奏遵旨筹办京师大学堂并详细章程缮单呈览一折。

《光绪朝东华录》：

丁卯，总理各国事务衙门奏，本年正月二十五日奉上谕，御史王鹏运奏请开办京师大学堂等语。……臣等以事厉创始，筹划非易，当即查取东、西洋各国学校制度暨各省学堂现行章程，参酌厘定，尚未就绪。旋于四月二十三日奉上谕，前因京师大学堂为各行省之倡，允宜首先举办，著军机大臣总理各国事务衙门王大臣会同妥速议奏等因，钦此。臣等往返商榷，正在章程妥议具复。复于本月初八日奉上谕，前因京师大学堂为各行省之倡，特降谕旨，令军机大臣、总理各国事务王大臣会同议奏，即著迅速复奏，毋再迟延等因，钦此。臣等跪诵之下，悚惧莫名。窃维今日中国亟图自强，自必以育才兴学为要，总考欧美各国富强之故，实由于无人不学，无事不学。其学校每年所需经费，英至九百三十余万镑，法至四百余万镑，其余诸国亦数百、千万不等。以故负笈之士，成就远大，政治、学术日异月新，近人至以学校之多寡，觇国政之盛衰，非无因也。中国当更新之始，京师为首善之区，创兹巨典，必当规模宏远，条理详备，始足以隆观听而育人才。臣等体仰圣意，广集良法，斟酌损益，草定章程，规模略具。举其要义，凡有四端：一曰宽筹经费，二曰宏建学舍，三曰慎选管学大臣，四曰简派总教习。提纲挈领，在此数者。学堂养士数百，购图书、备仪器，需款甚巨，非有额拨常年专款，断难持久。而现在经营创始，所费尤为不赀。臣等约计开办经费需银三十五万两，常年经费一十八万两有奇。其数似已甚多，然较诸西国，尚不及十分之一。皇上垂注大学堂，屡发明诏，作人之意，至勤勤矣。伏乞饬下户部即速筹拨专款，俾得兴办。所有常年经费，亦预先指定，庶免延误。将来如有推广，不敷支给，再由管学大臣临时酌度，请旨办理。现在开办经费内，仰蒙圣恩，拨给官地，亦可稍从节省。然黉舍未具，尚须新筑。臣等窃思时事日殷，须才孔亟，若从容筑室，又当迟以岁月。查日本开学之先，皆权假邸舍以集生徒。今事当速举，似可权宜，伏乞皇上拨给公中广大房室一所，暂充学舍，命官选工，克日兴办。其大学堂仍应别拨公地，另行构建，则规范既宏而举事不滞。学舍具矣，而任事需人，大学堂设立京师，以为各省表率，事当开创，一切制度均宜审度精详，非有明体达用之大臣以筦摄之，不足以宏此远模［谟］，况风气渐开，各省已设学堂。近又迭奉谕旨，停试八股，讲求西学，各省向课制艺书院，自应一律更改。将来学堂日有增益而无统辖，必至各分畛域，其弊不可不防。伏乞皇上简派大臣中之博通中外学术者一员，管理京师大学堂事务，即以节制各省所辖之学堂。其在堂办事各员，总由该大臣慎选奏派。命官既须郑重，而择师尤关紧要，今士人学无本原，不通中国政教之故，徒袭西学皮毛，岂能供国家之用？欲转移之，非精选总教习不可。苟得其人，学术

正而道艺兴;苟失其人,学术谬而道艺亦误。伏惟皇上孜孜兴学,尤宜慎简教习,以收尊道敬学之效。总教习综司学堂功课,非有学赅中外之士,不足以膺斯重任;非请皇上破格录用,不足以得斯宏才。若总教习得人,分教习皆由其选派,亦可收指臂之功。其余一切拟办事宜,悉具章程之内,谨缮清单,恭呈御览。

朱寿朋编《光绪朝东华录》,中华书局 1958 年版,总 4108 ~4109 页

△ **诏设京师大学堂,并派孙家鼐管理大学堂事务。**

《光绪朝东华录》:

丁卯,上谕,军机大臣会同总理各国事务衙门王大臣奏,遵旨筹办京师大学堂并详细章程缮单呈览一折。京师大学堂为各行省之倡,必须规模宏远,始足以隆观听而育英才。现据该王大臣详拟章程,参仿泰西学堂,纲举目张,已属周备,即著照所拟办理,派孙家鼐管理大学堂事务,办事各员由该大臣慎选奏派。至总教习综习功课,尤须选择学赅中外之人,奏请简派。其分教习各员,亦一并精选。中西并用,所需兴办经费及常年款项,著户部分别筹拨,所有原设官书局及新设之译书局,均并入大学堂,由管学大臣督率办理。此次设立大学堂,为广育英才、讲求时务起见,该大臣务须督饬该教习等,按照所定课程,认真训迪,日起有功,用副朝廷振兴实学至意。

朱寿朋编《光绪朝东华录》,中华书局 1958 年版,总 4109 页

△ **光绪帝召见梁启超。**

王照《复江翊云兼谢丁文江书》:

其年四月,梁氏到京。五月,得召见。清朝故事,举人召见,即得赐入翰林,最下亦不失为内阁中书。是时梁氏之名,赫赫在人耳目,皆拟议必蒙异数。及召见后,仅赐六品顶戴,是仍以报馆主笔为本位,未得通籍也。传闻因梁氏不习京语,召对时,口音差池,彼此不能达意,景皇不快而罢。(是时梁氏口音,呼孝字如好,呼高如古,诸多类此,此余所亲闻者。)

中国史学会编《中国近代史资料丛刊·戊戌变法》(2),神州国光社 1953 年版,第 573 页

苏继祖《清廷戊戌朝变记》:

五月十五日,召见举人梁启超,赏六品衔,命办理译书局事务。

中国史学会编《中国近代史资料丛刊·戊戌变法》(1),神州国光社 1953 年版,第 337 页

7 月 4 日(五月十六日)　谕振兴农业,从御史曾宗彦之奏。

《光绪朝东华录》:

戊辰,谕,总理各国事务衙门奏,议复御史曾宗彦奏请振兴农学一折。农务为富国根本,亟宜振兴。各省可耕之土,未尽地力者尚多,著各督抚督饬各该地方官,劝谕绅民,兼采中西各法,切实兴办,不准空言搪塞。须知讲求农田种植之道,全在地方官随时维持保护,实力奉行。如果办有成效,准其择尤奏请奖叙。上海近日创设农学会,颇开风气,著刘坤一查明该学会章程,咨送总理衙门,查核颁行。其外洋农学诸书,著各省学堂广为编译,以便肄习。

朱寿朋编《光绪朝东华录》,中华书局 1958 年版,总 4110 页

7 月 5 日(五月十七日)　谕奖励制造、著作、办学。

《光绪朝东华录》:

己巳,谕,自古致治之道,必以开物成务为先。近来各国通商,工艺繁兴,风气日辟。中

国地大物博,聪明才力不难杰出,只以囿于旧习,未能自出新奇。振兴庶务,富强至计,首在鼓励人才。各省士民若有新书以及新法制成新器,果系足资民用者,允宜奖赏以为之劝,或量其材能,授以实职;或锡之章服,表以殊荣。所制之器,颁给执照,酌定年限,准其专利售卖。有能独力创建学堂,开辟地利,兴造枪炮各厂,有裨于兴国殖民之计者,并著照军功之例,给予特赏,以昭激励。其应如何定章之处,著总理各国事务衙门即行妥议具奏。

朱寿朋编《光绪朝东华录》,中华书局1958年版,总4115页

7月6日(五月十八日)　徐致靖上《请酌定各项考试策论文体折》。

翰林院侍读学士臣徐致靖跪奏,为敬陈管见,乞降明旨,酌定各项考试策论文体,以一风气而育人才,恭折仰祈圣鉴事。窃科举之制度,迭奉谕旨,改八股为策论,并归经济常科而先行之生童岁科试,仰见我皇上除旧布新期成有用之才至意。薄海人士,莫不鼓舞奋厉,讲求有用之学,以仰答圣明。惟各项考试,未经明降谕旨,宣示一律更改,恐有司徘徊两端,人士趋向莫定,是风气终归莫一,而政体终失多歧,非我皇上日新又新之盛意也。

臣恭绎上谕,上法我圣祖仁皇帝,定以策论试士,则各项考试,自应归并策论,不得两歧。臣谨综各项考试之目,考朱子学校贡举之说而议之,查试士以乡会试为主,乡会试既归并经济常科,章程自应细定,常科初场试专门之学,内政外交理财经武格物考工六事。近浙江抚臣廖寿丰条奏称:考工格物须验以实事,不能试以空文,现时尚无其人,请议并于学校,则首场专门之说,似难遽行。臣谓专门虽未能通,而时务自应皆晓,内政外交乃时务之切要,请改二场时务升作首场,试以五策,则通达中外之才出矣。至二场有时务策,而无史学策,三场有四书文,而无五经文,今正科既改,将使五经不复出题,而中国史学掌故,无人考求,似为阙典。夫不讲先圣经义中国掌故,而能为通才任政者无之。臣考汉代立博士教诸生,皆以五经,立学尤先于四书,是皆尧、舜、禹、汤、文、武、周公、孔子之微言大义。我朝尊崇圣道,科举大典,岂宜遗阙五经。臣考朱子学校贡举议,古今称善,今宜采用其说,略将经史分科,经以诗为一科,凡五经分为五科。史以史记汉书后汉书为一科,三国六朝史为一科,唐书五代宋史为一科,辽金元史为一科,明史为一科,资治通鉴纪事本末为一科,文献通考为一科,国朝掌故为一科,凡诸史分为八科,略用乾隆以前旧制。听人各习专经专史诸科,各出一题,听人自认,所习之科,即作专科之艺。臣愚窃见士人精力有限,试以三场之多,末场实已筋疲力尽。

顷闻礼官草定章程,有两场之议,臣愚窃谓首场试时务策,二场试经史论,以两场试士,人才之本末高下已可概见。其二场试艺,请以四书题为首艺,五经题为次艺,史学题为三艺,凡论三篇。如此,则根据经义本原,圣道通达,掌故之才备矣。

至于各项考试,除考御史向用策论外,其考试差,军机总署章京中书学正满汉荫生教习誊录优拔贡朝考,请一律用时务策一道、经义论一艺,凡二篇。其论题四书、五经皆可出,其策题中外掌故皆可问。生童岁科试,府县童试,并一律试时务策,经义论各一艺。至生童经古场,向考专门者,听其仍旧,略分六科,并令必考经古,乃得应正场。其试帖诗赋,皆雕虫藻绘,不适于用,请各项考试一律停止,俾天下人士,不敝精费神于无用之地,然后学业专一,而人才可成。如此则中外兼贯,上下同风,通经史以达时务,体用兼备,庶不负朝廷维新作人之意。

臣为恭绎圣训,改试策论画一文体起见,若蒙采择,伏乞特旨颁行,庶风气可一,而人才可出。臣愚昧之见,是否有当,伏乞皇上圣鉴训示。谨奏。

孔祥吉《康有为变法奏章辑考》,北京图书馆出版社2008年版,第287~289页

编者按:此折系康有为代侍读学士徐致靖草拟,原件存中国第一历史档案馆戊戌变法专题档。

7月8日(五月二十日) 御史文悌上奏,劾康有为宋伯鲁及杨深秀三人。

壬申,文悌奏,奴才生长满洲旧族,诵习孔孟遗书,世受国恩,幼承家教,惟知奉公守法,时欲报主捐躯。忆乙酉之年,在户部郎中任时,京察一等,蒙皇上召见于养心殿,亲闻圣训,命奴才谨慎当心,破除情面。奴才退即以此八字镌刻图章,终身膺佩。是以奴才蒙恩,外简河南知府三年,不受一人私书,京中故旧亦未尝以一字通问。服官京外三十余年,从不敢沾染陋习,与人结盟换帖,除幼年受业同学六人外,亦绝无拜上官举主为师,颇以此取怨招尤,不以为悔。盖深懔皇上破除情面训辞,亦由奴才四世祖鄂伯诺费扬武。在康熙年间,见族人鳌拜乱政伏罪,因著有清文家训,令后世子孙皆重寡交,永戒植党,赤心报国,勒石祠堂,奴才等世世守之,弗敢违也。今者备员台谏,目睹同官中有为人指使,党庇报复紊乱台谏者,奴才于此事确有闻见。谨遵皇上破除情面训诫,缕析陈之。奴才于光绪二十四年五月初九日恭读邸钞,见御史宋伯鲁、杨深秀联名参劾礼部尚书许应骙,守旧迂谬,阻扰新政,及许应骙奉旨明白回奏原折各一件。许应骙在朝声誉,初碌碌未有奇节,奴才与之向无往来晤对,亦未闻其有讲求实学之名。此次见其复奏折内所称,珍惜名器、物色通才等言,深合大臣之体,始知该尚书立身行事,自有本末,转过于奴才平日所闻。至该尚书折内所指,工部主事康有为请将其罢斥驱逐,证以奴才见闻所及,许应骙所言亦适相符合。伏惟奴才服官京外已数十年,康有为向不相识,去年十二月,奴才改官御史,忽于今年春间,由原任大学士阎敬铭之子、道员阎道竹致奴才一信,言有杰士康某欲访奴才相见。奴才昔在户部,为阎敬铭赏识,天下所共知,然于阎道竹向亦不相闻见,只于去年十二月引见御史之日,在朝房始一识面。奴才当即函复阎道竹云:方今士大夫存诚践实之时,非标榜声气之日,康某何须必相见也?以阻之。而康有为仍复踵门求谒,奴才因与晤言。接谈之顷,闻其议论颇多偏宕,然见其激昂慷慨,以为是盖志士忧时郁抑,激而出此。虽即以言规正之,而心亦喜其负气敢任,或可救今时萎靡伈伣积习,不为无用。于其去后,曾致阎道竹信,告以康有为不无血性可爱,惟其看天下事太易,正恐不足有为。迨后康有为数数来奴才处,送奴才以所著书籍数种。阅其著作,以变法为宗,而尤堪骇诧者,托辞孔子改制,谓孔子作《春秋》,西狩获麟,为受命之符,以《春秋》变周,为孔子当一代王者。明似推崇孔教,实则自申其改制之义,大抵援据《公羊何休学》,黜周王鲁、变周从殷之说。首引董仲舒《春秋繁露》、《淮南子》各书,以为佐证,不知何休为《公羊》罪人。宋儒早经论定《董仲舒本传》,其所著《繁露》、《玉杯》、《竹林》各自为卷,今本皆在《繁露》一篇之中,故《崇文书目》已疑《春秋繁露》非董子原书,程大昌攻之尤力。国朝文渊阁著录《春秋繁露》十七卷,亦置之附录,提要谓其中无关经义者多。再考《汉书·董仲舒本传》,当时其弟子吕步舒已不知其师说,以为大愚,何况数千年后士,不获亲见圣人。自三传以后,假托圣贤以伸己说者,何可胜数?又焉然于蠹简之余,欲尽废群籍,执一家之言,而谓为独得圣人改制之心哉!至于《淮南》,乃汉淮南王刘安所著书。殷变夏、周变殷、春秋变周,三代之礼不同等言,不过叛王肇乱之辞。殆与汉末张角妖言"苍天已死,黄天当立"正同,尤不可据为典要。由是奴才乃知康有为之学术,正如《汉书·严助传》所谓,以《春秋》为苏秦纵横者耳。然奴才犹以为方今时事孔棘,求才未可一格,譬如乌附蛇蝎,皆有毒药品,然以此治风痹疾,转良于参术蓍苓,只在用之何如也。及聆其谈治术,则专主西学,欲将中国数千年相承大经大法,一扫刮绝,事事时时以师法日本为良策。奴才于咸丰庚申年始,年十二三岁,即留意西学,故三十余年所见泰西书籍颇多,亦粗通二十六母拼字之法及其七十课学言之诀,颇有志习学其天算格致之法。前者在户部会计,光绪七年出入计帐,全用西法岁计算法,非绝口不谈洋务者比。即近日数上奏议弹章,亦曾以推广新学为言,已在圣明洞鉴之中。惟中国此日讲求西法，所贵使中国之人，明西法为中国用以强中国，非欲将中国一切典章文物废弃摧烧，全变西法。使中国之人默化潜移，尽为西洋之人，然后为强也。故其事，必须修明孔、孟、程、朱、四书五经、小学性理诸书，植为根底，使人熟知孝悌忠信、礼义廉耻、纲常伦纪、名教气节，以明礼，然后再习学外国文字、言语艺术以致用，则中国有一通西学之人，得一人之益矣。若全不讲为学、为政本末，如近来《时务》、《知新》等报所论，尊侠力、伸民权、兴党会、改制度，甚则欲去跪拜之礼仪，废满汉之文字，平君臣之尊卑，改男女之外内，直似只须中国一变而为外洋政教风俗，即可立致富强。而不知其势小则群起□争，召乱无已，大则各便私利，卖国何难？奴才曾以此言，戒劝康有为。而康有为不思省改，且更私聚数百人，在辇毂之下，立为保国一会，日执途人而号之曰"中国必亡，必亡"。其会规设议员，立总办，收捐款，竟与会匪无异，以致士夫惶骇，庶民摇惑。私居偶【语】，均曰"国亡，国亡"，可奈何？设使四民解体，大盗生心，藉此以集聚匪徒，招诱党羽，因而犯上作乱，未知康有为又何以善其后？是则康有为立会倡始，名为保国，势力必乱国而后已焉。奴才于其立保国会后，曾又与面言，恐其实生乱阶，令其将忠君、爱国合为一事，幸勿徒欲保中国四万万人，而置我大清国于度外，而康有为亦似悔之。奴才由是不欲与之往来，然仍谓其心或无他，只不过不知轻重，尚未深恶其人。迨后许应骙等阻其在会馆聚众，又有人奏参康有为忽到处辞行，奴才处亦两次来辞，云将回里养母。奴才当即作诗送之，讽以归隐，并有劝其切勿走胡走越之言。不意其伪为归养以息讥弹，而暗营保荐以邀登进，乃于辞行之日，忽有召见之事。奴才至是始觉其诈伪多端，断乎非忠诚之士，心鄙其人矣。而康有为见奴才于其赐封后绝无闻问，又于四月初七日使其弟康广仁至奴才处求见。奴才不与相见，为奴才留一信云：康有为在寓患病，现奉旨令其进书。是时宋伯鲁、杨深秀等已参劾许应骙，许应骙已明白回奏。惟原折邸钞未见，奴才欲知宋伯鲁等所奏云何，又闻康有为奉旨进书，欲知其进书之意何在，且仍欲劝其安静，勿再生事端，遂于初八日至康有为寓所。其家人因奴才问病，引奴才至其卧室，案有洋字信多件，不暇收拾。康有为行色张皇，忽坐忽立，欲延奴才出坐别室。奴才随仆，又闻其弟怨其家人，不应将奴才引至其内室。奴才乃匆匆立起，惟告以中庸有云：万物并育而不相害，道并行而不相悖，万不可分门别户，致成党祸，置国事于不问。而康有为兄弟同言，即今在朝诸人，又何尝以国事为问乎？奴才仍勉以既蒙恩命，为总署章京，则当谨慎趋公，以图报效。康有为言实不能为此奔走之差，现奉旨进书，书进仍然回籍。其弟又谓奴才云，朝廷特罢制艺，何不从速？乃待下科。且生童小试，尤当速改策论。奴才见其终不可谏，乃舍之而去。初九日，遂于邸钞中见许应骙复奏，中言康有为，少即无行，通籍回里，屡次构讼。晋京后，终日联络台谏，夤缘要津，再三干谒。又在会馆私行立会，聚众至二百余人，入对奉旨，充总理衙门章京，不无觖望，捏造浮词，讽言官弹劾等情。奴才更深信康有为不过一轻浮巧滑之徒，独怪以阎敬铭狷介家风，而阎道竹何为交接此人，且引荐至奴才处也。由是忆其曾于闰三月间，拟有底稿两件，嘱奴才具奏。一件欲参广东督抚，一件请厘正文体，更变制科。当时即经奴才晓以科道为朝廷耳目之官，遇事原不能不向人访问，然必进言者，自有欲言之事，参询细访于人。若受人指使而条奏弹劾，是乃大干列祖列宗严禁，断不敢为。且其欲参广东巡抚奏中，特为清查沙田一事而发，奴才拒之尤力，至今其拟来奏底，仍存奴才处。而其厘正文体一事，已有杨深秀言之矣。至康广仁所言，罢制艺，不必待下科，小试尤宜速改策论，而宋伯鲁又适有此奏。是许应骙谓其联络台谏，诚不为诬。又康有为于闰三月间，忽遣其门生、广东崖州举人林缵统，持其信函至奴才处求见。奴才闻林缵统系会试举人，亦即延见。乃林缵统并非来京会试，因其在崖州聚众州衙，哄堂塞署之案，其子弟迄今仍监万州狱,康有为令其寻奴才为其奏办。时奴才正在都察院署理京畿道事务,告以如有冤抑,应到院呈诉,不当在私宅商办。乃林缵统竟于次日,备办礼物至奴才处馈送,甚至奴才幼子童奴,皆偶赠贻。奴才大骇,立即驱逐之去,告以如敢再来,定即奏交刑部。林缵统去,而康有为旋来,奴才以正言责之。而康有为且言礼亦微物,系由康有为代备,初不以为愧怍。至今康有为引荐林缵统申诉之信,亦仍存奴才家中。是则许应骙言其构讼,亦不为无据。至康有为两三月中,凡至奴才处十余次,路隔重城,或且上灯后亦至,往往见其车中搁有衾枕。奴才家丁问其随仆,皆言其行踪诡秘,恒于深夜至锡拉胡同张大人处住宿。盖户部侍郎张荫桓为康有为同县同乡,交深情密,是则许应骙言其夤缘要津,亦属有因。若云用为总署章京,不无觖望,奴才实亲闻康有为有不能当奔走差使之言。由此观之,则许应骙所论康有为各节皆非揣测之词,概可信也。总之,康有为之为人,讲学如明之李贽,干进如明之陈启新,尤属胆大妄为,不安本分,性非安静。然而奴才始尚以其深通洋务事,不妨节取所长,留为侦探采访之用。故两次至其寓所回拜,十余次在奴才家与其晤言。虽无一次不规劝其失,于其嘱托,均不敢听受,后亦明知其生事,然不欲参劾,盖恐或阻抑朝廷破格求才之路。今见许应骙所奏,历指其奸,若终始不言,则有违皇上破除情面之训,负恩实甚。且康有为又曾在奴才处手书御史名单一纸,欲奴才倡首鼓动众人,伏阙痛哭,力讲变法,其单内所开多台谏知名人士,而宋伯鲁、杨深秀即在其中。后康有为立会保国,在单之人皆不与闻,惟宋伯鲁、杨深秀两次到会,列名传布。奴才于其开单之时,即告以言官结党为国朝大禁,此事万不可为。而杨深秀旋即至奴才处,仍申康有为之议。且奴才与杨深秀初次一晤,杨深秀竟告以万不敢出口之言于奴才。是则杨深秀为康有为浮词所动,概可知也。至宋伯鲁,奴才未曾与之晤言,而闻其曾上设立公司之奏,亦系康有为持此议,先寻黄桂鋆陈奏,御史黄桂鋆不为所使,竟为宋伯鲁奏之。以康有为一人,在京城任意妄为,遍结言官,把持国事,已足骇人听闻。而宋伯鲁、杨深秀身为台谏,公然联名庇党,诬参朝廷大臣。夫容台本执礼之官,宗伯以守旧为过。一则曰重邦交,再则曰伤邦交。以今日之非礼胁制诸臣,曲全大局,正患无御侮之才。倘使许应骙能折冲樽俎,遇事挽回,得一分,即可为朝廷存一分国礼。凡为大清臣子,孰不喜之?奈何独以为罪乎?尤可怪者,原折竟敢擅拟以三四品京堂降调,干预皇上黜陟大权,实从来所未有。此风又何可长也?宋伯鲁前者党庇薛允升,今者又与杨深秀党庇康有为,专以报复为得计。原折谓可免邻封之笑柄,以奴才观之,该御史等纵不虑天下后世笑,不知同台中正有笑之者矣。孟子曰"国君进贤,如不得已,国人皆曰不可",是康有为也。我圣祖仁皇帝御制台省箴曰"或藏嫌怨,谬为雌黄,受人指嘱,尤为不臧",是宋伯鲁、杨深秀也。奴才深沐圣朝厚恩,久存不敢避嫌远怨之志,故于三月初一日初次封事,即以请甄别御史为言。今目睹此情,初亦再四踌躇,恐蹈明季科道攻讦恶习,迟之十日,不敢轻于陈奏。继思国家变法,原为整顿国事,非欲败坏国事,譬如人家屋宇,年久失修,欹斜欲覆,势宜改造。自应招集工匠,依法拆卸,庶乎瓦木不损,终成室庐。若任三五喜事之徒,运以重椎,絙以巨索,邪许一声,曳之倾仆,而曰非此不能捷速。姑无论瓦石梁栋毁折摧伤,且恐因而压人,更何改造之有?其间稍有阻止持重者,则反加之殴詈,此何理也?今康有为之变法,宋伯鲁、杨深秀之参劾,何以异是?此奴才所以终不敢已于言也。所有康有为之为人如是,是否可用,应如何办理,皇上自有权衡。至宋伯鲁、杨深秀,显有庇党荧听情事,然奴才终恐启台谏互相攻击之风,仍未敢擅拟其去留,可否请旨饬下都察院堂官,查核该员等是否堪胜御史之任,复奏请旨办理?奴才为整肃台规起见,谨缮折缕陈,伏乞皇上圣鉴。再,康有为历次致奴才信函所拟折底,如有应行考核之处,奴才当呈交都察院堂官,咨送军机处备查。合并声明。

壬申，上谕，御史文悌奏言官党庇诬罔荧听，请旨饬查一折。据称，御史宋伯鲁、杨深秀前参许应骙，党庇荧听，恐启台谏攻击之渐等语。该御史所奏，难保非受人唆使，向来台谏结党攻讦，各立门户，最为恶习。该御史既称为整饬规范起见，何以躬自蹈此。文悌不胜御史之任，著回原衙门行走。

朱寿朋编《光绪朝东华录》，中华书局1958年版，总4116～4121页

7月9日(五月二十一日)　谕令用新法练军。

《光绪朝东华录》：

癸酉，上谕，前据顺天府尹胡燏棻，奏请精练陆军，并神机营改用新法操演，出使大臣伍廷芳奏京营绿营参用西法各折片，先后谕令军机大臣，会同神机营王大臣、八旗都统妥议。兹据该王大臣等会同议奏，改练洋操为练兵要著，各省绿营练勇，迭经谕令，认真裁并，一律挑拣。著该将军、督抚，归入前次户部、兵部议复御史曾宗彦奏请改操折内，一并迅速筹议，切实具奏。神机营业经挑选马、步官兵一万人，勤加训练，即著汰弱留强，实力讲求，务成劲旅。八旗、满洲、蒙古、汉军骁骑营，两翼前锋护军营，均著以五成改习洋操，五成改习洋机抬枪。著派奕劻、色楞额、永隆管理八旗骁骑营，崇礼、载卓、苏鲁岱管理两翼前锋护军营。奕劻向来办事认真，熟谙武备，务须会同简派各员，并督同各旗营专操大臣，按照泰西兵制，更定新章，认真操演。其八旗汉军炮营藤牌营，著一并改用新法，挑拣精壮，如式演练，以成有用之兵。倘使日起有功，何惜宽筹饷项。各直省将军、督抚及该管王大臣等，务当振刷精神，屏除积习，毋得始勤终怠。至一切阵法、器械、营制、饷章，及挑选将弁教习各节，著按照胡燏棻等所奏，议定切实办法，奏明办理，用副朝廷整军经武至意。

朱寿朋编《光绪朝东华录》，中华书局1958年版，总4125页

7月10日(五月二十二日)　康有为上《请改直省书院为中学堂，乡邑淫祠为小学堂，令小民六岁皆入学折》。

工部主事臣康有为跪奏，为请改直省书院为中学堂，乡邑淫祠为小学堂，令小民六岁皆入学，以广教育而成人才，恭折仰祈圣鉴事。窃顷迭奉上谕，开办大学堂，停止八股，举行经济常科，仰见我皇上除旧布新，兴学育人至意。惟臣维古者国学之下，有乡塾党庠术序，泰西各国，尤重乡学，其中等学校小学校遍地，学校以数十万，生徒数百万，举国男女，无非知书识字，解图绘，通算学，知历史，粗知天文地理之人，中学以上，咸有天文地舆，化光电重，公法律例，农商工矿，各国语言文字师范之学。故非独其为士者知学也。

其农工商皆有专门之学，即其被选为兵者，亦皆童幼出自学堂，咸粗知天文、地理、图算、格致，妇女亦皆有学，近多为医师、律师及为师范蒙师者，盖有一民即得一民之用。美国学堂，乃至数百万所，学堂岁费八千万，生徒乃至二千万人，故人才至盛，岁出新书二万，新器三千，民智而国富以强，故养兵仅二万，兵费不及学费十之一，而万国咸畏之。近者破日斯巴尼亚，其明效也。

丹墨男子八十万，庚寅俄、英失和，将交兵丹国海峡，丹国不允，俄、英逡巡而退。我中国民四万万，冠于地球，倍于全欧十六国，地当温带，人民智慧，徒以学校不设，愚而无学，坐受凌侮，是遵何故哉？盖泰西户口少而才智之民多，吾户口多而才智之民少故也。故欲望富强自立，教学之见效，不当仅及于士，而当下逮于民；不当仅立于国，而当遍及于乡，臣为我皇上筹之。

泰西变法三百年而强,日本变法三十年而强,我中国之地大民众,若能大变法,三年而强。欲使三年而强,必使全国四万万之民,皆出于学,而后智开而才足。我皇上若辨之既明,审之既定,行之以勇,则与二三大臣,聚精会神于兴乡学而开民智之一事,昼夜课功,以全力赴之,其效之大小,必有与皇上心力之多寡以相应者。臣为我皇上思兴学至速之法,凡有二焉:我各直省及府州县,咸有书院,多者十数所,少者一二所,其民间亦有公立书院、义学、社学、学塾,皆有师生,皆有经费。惜所课皆八股试帖之业,所延多庸陋之师,或拥席不讲,或坐脩脯者。其省会间有考据词章之学者,天下数所而已。师徒万千,日相率于无用之学,故经费虽少,虚糜则多。今既罢弃八股,而大学堂经济常科,皆需小学中学之升擢,而中学小学直省无之,莫如因省府州县乡邑,公私现有之书院义学社学学塾,皆改为兼习中西之学校,省会之大书院为高等学,府州县之书院为中等学校,义学、社学为小学。方今创办伊始,亦无高等学。凡有诸学略备者为中等学,粗知图算舆象语言文字政律者为小学。但以学规经费为等级。不论郡邑乡落,不论公私官民,皆颁发大学堂章程令其仿照办理。其力有不足,略减规模。请旨先电饬各直省督抚,率道府州县,各将所属书院、义学、社学、学塾处所多少,练习人才高下,经费数目,限两月报明,各书院义学,皆本有经费,但有明诏,改变章程,别延教习,因其已成之基,一转移间而直省郡邑僻壤穷乡,祈祈学子,千数百万,皆知通经史而静时务矣。事效之顺,未有逾此者。然观美国学费十倍兵费之数,则我直省书院,区区经费不足言矣。皇上若欲速收成效,非大增学费,不能奏功。

臣查上海电报局、招商局,及广东闱姓规,皆溢款百数十万,各省善后局,皆为向来贪猾吏所盘踞巢穴,积弊尤深。臣曾游广西,已革抚臣史念祖尝请臣一饭,支用善后局款项费以百数,乃至臣随仆亦用燕席,答臣一拜,亦费首县供应十八金。闻广东尤甚,督抚请客一次,支用善后局费至六百金,其拜客及他供应费,皆类是此,非独两广,各省皆然,可以类推。刚毅尝抚广东,清声素著,若皇上试诘问之,必得其详。夫各省督抚屡经严旨饬办学堂,则委以支绌无款,而应酬举动杂费,乃滥浪如此。方当国事艰危,非复侈供张饰繁文之日,乃使皇上独忧社稷,而疆臣但安荣尊富,滥用民脂,而置国事于不问,竟视严旨若弁髦,犹为有人心者乎?请严旨戒饬各疆臣,清查善后局,及电报、招商局各溢款、陋规、滥费,尽拨为各学堂经费。除贵州等极瘠苦省外,必可每省得数十万金,以为养士之用。庶几各学堂延师购书庀器,皆有所资。并鼓动绅民,捐创学堂。其能自捐助万金,广募十万金经费者,赏以御书匾额,给以学衔。其有独捐十万巨款,创建学堂者,请特旨奖励赏以世职,以资鼓励。其院师学长,多八股之士,或以京秩清班,以空名领之,今宜皆更易,别聘通才。其中学小学所读之书,所办之章程,皆特设书局,编缉[辑]中外要书,颁发诵读遵行,然犹虑不能遍及穷乡也。

查中国民俗,惑于鬼神,淫祠遍于天下。以臣广东论之,乡必有数庙,庙必有公产。若改诸庙为学堂,以公产为公费,上法三代,旁采西例,责令民人子弟,年至六岁者,皆必入小学读书,而教之图算器艺语言文字,其不入学者,罪其父母。若此则人人知学,学堂遍地,不独教化易成,亦宜风气遍开,农工商兵之学亦盛。诗云:"肃肃兔罝,肆(施)于中逵[林]。赳赳武夫,公侯腹心。"以兔罝野人,足为腹心,其人才之众可想矣。伏乞明降谕旨,饬下各省督抚施行,严课地方官以为殿最,违者纠劾一二,以警其余,庶几风化可广,人才大成,而国势日强矣。臣愚昧之见,是否有当,伏乞皇上圣鉴训示。谨奏。

孔祥吉《康有为变法奏章辑考》,北京图书馆出版社2008年版,第290~292页

编者按:康有为此折,原载光绪二十四年七月十一日《知新报》第六十三册。惟《知新报》所刊此折,改删之处颇多,今据《杰士上书汇录》卷二予以校正增补(参见孔祥吉《康有为变法奏章辑考》,第293~294页)。

△ **诏改书院为学堂。**

《光绪朝东华录》：

甲戌，谕，前经降旨开办京师大学堂，入堂肄业者由小学、中学以次而升，必有成效可睹。惟各省中学、小学尚未一律开办，总计各直省省会及府厅州县，无不各有书院，著各该督抚督饬地方官，各将所属书院坐落处所，经费数目，限两个月详复具奏。即将各省府厅州县，现有之大小书院，一律改为兼习中学、西学之学校。至于学校阶级，自应以省会之大书院为高等学，郡城之书院为中等学，州县之书院为小学，皆颁给京师大学堂章程，令其仿照办理。其地方自行捐办之义学、社学等，亦令一律中西兼习，以广造就。至各书院需用经费，如上海电报局、招商局及广东闱姓捐，闻颇有溢款，此外陋规、滥费当亦不少，著该督抚尽数提作各学堂经费。各省绅民如能捐建学堂，或广为劝募，准各督抚按照筹捐数目，酌量奏请给奖。其有独力措捐巨款者，朕必予以破格之赏。所有中学、小学应读之书，仍遵前谕，由官设书局，编译中外西书，颁发遵行。至于民间祠庙，其有不在祀典者，即著由地方官晓谕民间，一律改为学堂，以节糜费而隆教育。似此实力振兴，庶几风气遍开，人无不学，学无不实，用副朝廷育养成材至意。

朱寿朋编《光绪朝东华录》，中华书局1958年版，总4126页

△ **命嗣后一切考试不用五言八韵诗。**

光绪二十四年五月二十二日奉旨，嗣后一切考试均著毋庸用五言八韵诗。

中国第一历史档案馆编《光绪朝上谕档》第24册，广西师范大学出版社1996年版，第241页

7月12日(五月二十四日)　谕令将军督抚，严饬所属，随时妥慎筹办教案，此后不准再有教案。

《光绪朝东华录》：

丙子，谕，各国传教，载在条约，迭经谕令各该督抚，妥为保护，以期民教相安。乃本年四川江北厅等处教案未了，广西永安州复有杀毙教民之事，湖北沙市亦有因案牵连之事，总由地方官不能仰体朝廷谆谆诰诫之意，遇有民教交涉案件，非漫不经心，即意存歧视。畛域未化，嫌隙易生，无怪教案之层见迭出也。用是特加申谕：各直省大吏，凡有教堂州县，务当谆饬地方官，实力保护。平日如有教士谒见，不得任意拒绝，使彼此诚信相孚。从教之人，自不致藉端生事。一面开导百姓，毋以薄物细故，轻启衅端。即使事出仓猝，该管官吏，果能持平办理，亦何难消患未萌。是在各该将军督抚，严饬所属，随时妥慎筹办。从前未结之案，即著迅速了结，此后不准再有教案。倘仍防范不力，除将该地方官照总理各国事务衙门奏定新章，从严惩办外，该将军、督抚责无旁贷，亦必执法从事，勿谓言之不预也。

朱寿朋编《光绪朝东华录》，中华书局1958年版，总4127页

7月13日(五月二十五日)　谕《经济特科章程》颁行，并命举经济特科，著各省长官各举所知保荐人才。

《总理各国事务奕劻等折》(光绪二十四年五月二十五日)：

总理各国事务和硕庆亲王臣奕劻等跪奏，为遵旨议复，并遵议经济特科详细章程，谨缮清单，请旨饬行。恭折仰祈圣鉴事：窃臣衙门会同礼部议复贵州学政严修请设专科一折，光绪二十四年正月初六日，奉上谕："国家造就人才，但期有裨实用，本可不拘一格，该衙门所议

特科、岁举两途,洵足以开风气而广登进,著照所请行。其详细章程,仍著该衙门会同礼部妥议具奏等因,钦此。”又,浙江巡抚廖寿丰奏请饬妥议章程,以收实效一折,三月三十日奉朱批:“该衙门议奏,钦此。”仰见皇上,侧席求贤,权衡至当之意,钦佩莫名。

臣等详译廖寿丰原奏,大抵以艺学精邃,非培养不能成材,而科场积弊已深,必须实事求是,酌量变通,始足以激励人才,一洗从前陋习。惟是特科旷典,原所以鼓舞群伦,自非刻日举行,无以转移士习,所请分别器使诸法,自可行之于既试之后,不必律之于调考之先。至于岁举各节,按照特科六事,径由学堂选举,以修身、明理、绘图、知算为根本,以圣谕广训、孝经、四书、朱子、小学为入门,酌改制艺书院为学堂,裁减例举、乡会中额,以互相消息,本末兼赅,实能得古人论秀书升之遗意。

查宋世太学,有积分之法,欧洲学堂有卒业之凭,亦并以平时考课,差其甲乙,参稽定论,不恃一日之短长,故得士多而无蹈虚之弊。若仍拘拘试四书文附乡会试,则庸滥浮伪,怀挟枪替之弊,诚有如该抚所云,法愈变而弊愈滋者。盖特科为风声所树,不妨宽以相求,岁举实培养之基,不可泥于成法。臣等恭聆圣训,但期有裨实用,不敢以前次议办大略在先,稍涉回护。谨议特科章程六条,开列清单,恭呈御览。如蒙俞允,即由臣衙门咨行,京外各衙门一体遵行,如有未尽事宜,仍当随时奏办。所有遵旨意议复,并妥议经济特科详细章程缘由,理合恭折具陈,伏乞皇上圣鉴训示。

再正缮折间,准礼部片称:本月十二日奉上谕:“乡会试既改试策论,经济岁举亦不外此,自应并为一科考试,以免纷歧等因。”查乡会试改试策论,既由礼部议复,经济常科章程,亦应归入礼部议复折内,一并议奏等语。是以经济特科章程,由臣衙门主稿,会同礼部具奏。至经济常科章程,应由礼部另行议复,合并声明。谨奏。朱批:另有旨。

附清单:遵议特科章程

一、严修奏称:凡所保送,均填注姓名、籍贯,已仕、未仕及其人何所专长。廖寿丰奏称:遵照原奏,声明专长,并其人心地操守,有无嗜好,出具切实考语各等语。查专门之学以致用为程,取士之方以行己为重。此次特科创设,钦奉谕旨,不得徒采虚声,内外臣工当明圣意之所在,应责成凡有荐举,无论已仕、未仕,务期识拔真才,学问博通,尤必素行廉正,并无嗜好者,方准予保,毋许滥行汲引,致开倖进之门。

一、廖寿丰奏称:内政、外交及理财之农桑,格致之算学,或可命题以试。此外,各学非呈验器艺,不足觇其实诣等语。查专门之业,无非本于学问,古人格致之篇,冬官之册,全书难佚,大略犹存,今则声光、电化、制造、工艺诸书,翻译刊行,汗牛充栋。可知得一新理,即能成一新说;创一新术,即可制一新器。士夫伏处严阿,有志当世,未必不著书制器,以待当事之求。其有著述成编及有器艺,可以呈验者,一概随同咨送,以备查验;其由各省船政、制造、矿冶、铁路、水师、陆军诸局出身者,并将其曾经所著实效,切实声明,咨由臣衙门办理。

一、严修奏称:词科之例,不以已仕、未仕而拘,或布衣而擢检讨,或知县而授编修,道员而授侍读等语。查词科故事,康熙、乾隆时,翰、詹除授已各不同,词科取人,与经济科又异,自应参酌成法,略示区别。应请京官自五品以下,外官自四品以下,未仕自举贡生监以及布衣,一体准其保送。其曾经被议人员,非计典及以食墨败者,查照向章,亦准一体保送。

一、廖寿丰奏称:各就所学,分别器使,或令在总署当差,或充教习翻译,或分发各省税关、水师、陆军、船政、制造、矿冶、纺织、铁路、电报各局,差遣委用,或交出使大臣,带赴外洋游历习练等语。查此次举行特科,有已仕、未仕之分,已仕者官阶大小不同,未仕者举贡生监不等,该抚所拟,势难一概施行。其已有出身之员,如何量材擢用,自应恭候圣裁;其未有出身之员,一经拔取,可否予以出身,发往以上各署、局,差遣委用,试其实效,再由该管大臣保奏,量予升擢之处,应俟临时由军机大臣,请旨办理。

一、严修原奏:寒士艰于资斧,边省或惮跋涉,请酌分道里远近,量给公车之费等语。查近来举人进京会试,其沿海省份,除例给公车费外,有由藩司酌筹经费,给发轮船印票之例,其腹地边省,不通水道者,亦有宾兴等项名目。此次特科,自应援照成案,一体办理,其遥远省份,应如何酌量从优之处,亦由该督抚设法筹办,以示体恤。

一、查向来殿试,均先期刊印题纸,按人分派。此次特科,钦命策题,自应查照旧章,一律办理,其点名给卷,监场搜检及弥封收掌等官,向请钦派王大臣者,仍请钦派王大臣;向由部院办理者,亦由总理衙门会同礼部派员办理。至对策之文,原无定式,特科之举,与古之茂才异等、贤良方正,命意略同,自应准其直抒胸臆,不拘字数。查向来殿廷考试,试卷各项不同,殿试散馆,优拔朝考之卷,有直格无横格。贡士朝考,翰林考差之卷,横直均无界格。举人贡士复试之卷,横直均有界格。校其写之难易,自以复试卷便于笔墨,可以畅所欲言。现既已声明不责以楷法,不苛其讹脱,既照复试卷式备卷,并多填页数,以备文字较长者,得竟其词。其策文仍于卷首,写臣对臣闻,卷尾写臣谨对字样,无庸书写策题,并准其填注涂改,点句画段,以清眉目。

故宫博物院明清档案部《戊戌变法档案史料》,沈云龙主编,近代中国史料丛刊续编第32辑,台北文海出版社,第228~231页

编者按:《光绪朝东华录》仅载谕奏,无章程,且误系于二十四日,今据《戊戌变法档案史料》改正。

△ 清政府颁布《振兴工艺给奖章程》,它是近代中国第一个奖励科学发明的条例。

《光绪朝东华录》:

丙子,总理各国事务衙门奏:本月十七日奉上谕,自古致治之道,必以开物成务为先,至应如何详定章程之处,著总理各国事务衙门即行妥议具奏,钦此。臣等窃考泰西各国,当二百年前,一切新学新法皆未开辟,自英刑部尚书培根者,始定一例,凡有能制新器新书之人,国家给以优奖,保其专利,自此各国效之。其奖之优者,乃至赏给五等之爵,专利百数十年。此例既行,举欧洲、美洲之人皆争自濯磨,讲求新法,故每年每国新出之器多至二千余项,新著多至三万余种。智慧以相摩而开,才能以相竞而出,论者谓泰西富强之原全在于是。又,前此一切善政,专赖国家兴办,民间鲜倡义举者。自明末时,俄有富人名忒亚者,捐二十万卢布开办学堂,俄皇奖以大藏卿之职务,各国效之,悬格以劝,于是富而好礼之徒争相捐输。有捐集数百万镑为学堂书楼之费者,美国大学堂七所,而民间捐办者四。此所以重赏之下必有勇夫。西国学术人才蒸蒸日上,已然之成效也。中土之人,聪明才力不让欧美,而人才日乏,国势日蹙者,殆由提倡激劝之未得其道也。臣等恭绎谕旨,按照军功授以实职,示以殊荣。仰见圣明天锡,洞见本原,明诏一宣,将天下之士靡然从风,不数年而新器、新学倍出,人才不可胜用矣。臣等谨仰体圣谟,拟定详细章程十二款,或予世职,或予实职,或加虚衔,或请许其专售,或请颁之匾额,无非所以奉宣德意,鼓舞群才。所拟或疑过优,然制新器著新书之人,其切实致用,视寻常科甲所试帖括端楷,虚实难易,相去万倍,何独于此而薄之?捐集款项兴办学堂之人,为国家分劳,其所报效视捐纳郎中道府为数尤巨,何独于此而吝之?臣等窃维鼓励人才,必高示其的,始足以动观听;必广开其途,始足以厉风气。或疑此例既开,恐多冒滥,然书器既由臣衙门详核,捐款复由地方官行查,则与有司考试无异。真才则获殊荣,赝鼎则蒙厚罚,鱼目之混正自易防,此皆无庸鳃鳃过虑。谨将拟各款另缮清单,恭呈御览,如

蒙俞允,拟请明降谕旨,饬下地方官将章程出示晓谕,以风动天下。

丙子,上谕:前经降旨,各省士民著书制器及捐办学堂等事,给予奖励,谕令总理各国事务衙门妥议具奏。兹据该王大臣等议定详细章程开单呈览,所拟给予世职、实官、虚衔及许令专利、颁赏匾额各节,量能示奖,尚属妥协,著依议行,即由各衙门咨行各直省将军督抚通行所属,将章程出示晓谕,以动观听而开风气。朝廷鼓励人才,不靳破格之赏,仍应严防冒滥,所有著书制器各事,该衙门务当认真考验,严定罚惩,以期无负振兴庶务实事求是之至意。

朱寿朋编《光绪朝东华录》,中华书局1958年版,总4128～4129页

《振兴工艺给奖章程》:

第一款　如有自出新法制造船械、枪炮等器者,能驾出各国旧时所用各械之上,如美人孚禄成轮船、美人畲林士奇海底轮船、炸药气炮、德人克鲁伯炼钢炮、德人刷可甫鱼雷、英人亨利马砵泥快枪之类,或出新法兴大工程,为国计民生所利赖,如法人利涉凿苏彝士河,建纽约铁线桥,英人奇路浑大西洋电线,美人遏叠灯、德律风之类。应如何破格优奖,俟临时酌量情形,奏明请颁特赏,并许其集赀设立公司开办,专利五十年。

第二款　如有能造新器,切于人生日用之需,其法为西人旧时所无有者,请给工部郎中实职,许其专利三十年。

第三款　或西人旧有各器而其制造之法尚未流传中土,如有人能仿造其式成就可用者,请给工部主事职衔,许其专利十年。

第四款　如有著新书贯通中外学政,深明治体,纲举目张,切实可用于今日者,或能博征时务,发明经义,原原本本有功圣教者,请特恩赏给翰林院编检实职,或派往各省学堂为总教习。

第五款　或著新书,发明专门之学,如公法律例、农学、商学、兵法、算学、格致之类,确有心得,请赏给庶吉士、主事、中书实职,发交总署及出使各国大臣、各洋务省分,因才器使,或派往京师及各省大学堂专门分教习。凡每一人所著书必在二十万言以上,乃得请奖,以杜冒滥。既得奖后,其书亦准自刻,专售二十年。

第六款　如有独捐巨款兴办学堂,能养学生百人以上者,请特恩赏给世职或给卿衔;能养学生五十人以上及募集巨款能养学生百人以上者,请赏给世职或郎中实衔,募捐能养学生五十人以上者,请赏给主事中书实职,其学堂请颁御书匾额,以示鼓励。

第七款　如有独捐巨款兴办藏书楼、博物院,其款至二十万两以外者,请特恩赏给世职;十万两以外者,请赏给世职或郎中实职;五万两以外者,请赏给主事实职,并给匾额如学堂之例。

第八款　其捐集款项凑办藏书楼、博物院、学堂等事仅及万金以上者,亦请加恩奖以小京官虚衔。

第九款　如有独捐及募集巨款,开辟地利若干,设建枪炮厂,每日能制枪炮若干,视功用之大小款项之多寡为奖给之等差,一如第七款之例。

第十款　以上各款分别请奖之例,皆就未得官之人而言。如已经授职人员,则遵奉上谕照军功例,请就原官超擢。惟款中所有特恩字样,则已仕未仕皆同一律。

第十一款　凡请奖之例,或由本人将所制之器所著之书所办之事呈明总理衙门查核奏请办理;或由京外大员将所制之器所著之书所办之事奏请交总理衙门查核办理。

第十二款　凡著书制器各事,必由总理衙门认真考验实属新书新器,乃得给奖;捐办各

事，必行查地方官所办属实，乃得给奖。若有剿袭陈言，冒认新书，私贩洋货，自称新器，及兴办各事捏报不实等情，自应从严驳斥，显暴于众以愧耻之。若竟侥幸售欺得奖，一经查出，除撤消奖案外，仍当严示惩创，已得官者革职治罪，未得官者另行酌罚重款，禁锢终身，原保大臣分别议处。

朱寿朋编《光绪朝东华录》，中华书局1958年版，总4129～4130页

编者按：《光绪朝东华录》将此系于二十四日，查《戊戌变法档案史料》记为二十五日，《光绪朝东华录》是误。

7月14日（五月二十六日） 谕奖商务，讲求工艺。

《光绪朝东华录》：

戊寅，谕军机大臣等，振兴商务，为富强至计，必须讲求工艺，设厂制造，始足以保我利权。王文韶面奏粤东商人张振勋在烟台创兴酿酒公司，采购洋种葡萄，栽植颇广。数年之后，当可坐收其利。又，北洋出口之货，以驼绒、羊毛为大宗，就地购机，仿造呢羽毯等物，亦可渐开利源。前经批准道员吴懋鼎，在天津筹款兴办等语，著荣禄饬令该员吴懋鼎、张振勋等，即行照案举办，但使制造益精，销路畅旺，自可以暗塞漏卮，务令该员等，各照认办事宜，切实筹办，以收实效。仍将如何办理情形，由荣禄随时奏报。

朱寿朋编《光绪朝东华录》，中华书局1958年版，总4135页

7月15日（五月二十七日） 谕各省将军督抚切实裁兵、练军，力行保甲，整顿厘金。

《光绪朝东华录》：

己卯，谕，裁空粮，节饷需，为方今救弊之要图。前经谕令各省体察情形，妥速具奏。现据该将军、督抚先后奏陈，或裁制兵，或裁防勇，或裁练军，或称业经裁并，无可再裁。当经详加披阅，各省情形虽属不同，但法敝则亟宜变通，财匮则尤资补救。其已裁者，即著照拟定章程，妥切办理。其未裁者，仍著再行切实酌核，总期裁一名空粮，即节一分虚糜，空粮裁尽，饷项自舒。无论水陆各军，一律挑留精壮，勤加训练，俾成劲旅。并著遵照前降谕旨，力行保甲，诘奸禁暴，相辅而行。再能整顿厘金，严杜中饱。富国强兵之计，无有亟于此者。当兹时事多艰，朕宵旰焦劳，力图振作，每待臣下以诚，而竟不以诚相应。各该疆臣，身膺重寄，具有天良，何至诰诫谆谆，仍复掩饰支吾，苟且塞责耶？经此次谆谕之后，倘再有仍前敷衍，不肯实力奉行，经朕查出，或别经发觉，试问各该大臣，能当此重咎否也？

朱寿朋编《光绪朝东华录》，中华书局1958年版，总4135～4136页

编者按：《光绪朝东华录》记为庚辰，即五月二十八日，而《光绪朝上谕档》记为五月二十七日（《光绪朝上谕档》第245页）。现以《光绪朝上谕档》为准。

7月17日（五月二十九日） 御史宋伯鲁奏请将上海时务报改为夹报，进呈御览，并颁发各省官署学堂折。

掌山东道监察御史臣宋伯鲁跪奏：为请将上海《时务报》改为官报，进呈御览，并颁发各省官署学堂，以广耳目而开风气，恭折仰祈圣鉴事。窃臣闻为政之道，贵通不贵塞，贵新不贵陈，而欲求通欲求新，则报馆为急务矣。昔日本维新之始，遣伊藤博文等游历欧美，讨论变法次第，及归则首请设官报局于东京，报章一依西例，而伊藤自著笔记，乃至举西人一切富强之原，皆归功于报馆。

臣窃查泰西各国报馆之多，美国至一万八千余种，英、德各一万三千余种，法国九千余种，俄国五千余种，（新兴小国亦）日本二千余种。大抵报馆逾多者其民逾智，其国逾富且强。

其中,如英之《泰晤士报》,美之《地球报》,法之《巴黎时报》,俄之《森彼得时报》,日本之《东京每日报》,皆国家所设立,号为官报,风行天下。《泰晤士报》每日印行至七八万张,他报称是。各国上自君主,中及士大夫,下逮妇女佣匠,无人不阅报,无日不阅报,而其国家政府或举行新政,遇有疑难,辄旁采报馆之言以取决焉。其重之也如此。

臣窃考之,报馆之益,盖有四端:首列论说,指陈时事,常足以匡政府所不逮,备朝廷之采择,其善一也;胪陈各省利弊民隐,得以上达,其善二也;翻译万国近事,藉鉴敌情,知己知彼,其善三也;或每日一出,或间日一出,或旬日一出,所载皆新近之事,其善四也。故德相俾斯麦之言曰,与其阅奏疏不如阅报,奏疏多拘忌而报皆征实也;与其阅书不如阅报,书乃陈迹而报皆新事也。此报馆与民智国运之大原也。

窃见一月以来,屡奉明诏,力举新政,雷厉风行,天下想望。臣惟唐虞有明目达聪之典,三代有谤木谏鼓之条,自古创业定难之君,必赖广聪兼纳之益,况今万国交通,时局大异。变法之始,条理至繁,虽皇上圣明天亶,然欲望坐一室而知四海,舍阅报无由,中外诸臣,半属守旧,不谙外务,无以奉行新政,欲变化而诱导之,亦舍阅报无由。至于各省学堂生徒,造就之为他日之用者,尤必以周知四国为当务之急,又不待言矣。惟中国前此一统,闭关不讲外事,故只有邸钞,奉扬纶音,记载奏牍,而其他未之及。乙未以后,始有官书局汇报,然未能悉用西国体例,多所忌讳,无有论说,所译西报,率多删节,平淡无奇,似不足以启沃圣听,发扬耳目。且视各国官报规模,相去远甚,非所以崇国体广民智也。

臣窃见广东举人梁启超,尝在上海设一时务报局,一依西报体例,议论明达,翻译详博。其中论说皆按切时势,参酌中外,切实可行;所译西报,多言各国阴谋,及我国如何预备之法,详言兵制学校农矿工商各政,条理粲然,前后迭经两江总督刘坤一、湖广总督张之洞、山西巡抚胡聘之、湖南巡抚陈宝箴、浙江巡抚廖寿丰、江西布政史翁曾桂等札各属及书院诸生,悉行阅看,或令自行购买,或由善后局拨款购送。两年以来,民间风气大开,通达时务之才渐渐间出,惟《时务报》之功为最多,此天下之公言也。

闻去岁九月,该举人应陈宝箴之聘为湖南学堂总教习,未遑兼顾,局中办事人办理不善,致经费不继,主笔告退,将就废歇,良可惋惜。臣恭读官邸钞,该举人既蒙皇上破格召见,并著办理译书局事务,准其来往京沪,臣以为译书译报事本一贯,其关系之重,二者不容偏畸,其措办之力,一身似可兼任。拟请明降谕旨,将上海《时务报》改为《时务官报》,责成该举人督同向来主笔人等实力办理,无得诿卸苟且塞责。其中论说翻译各件,仍照旧核实,无得瞻顾忌讳。每出报一本,皆先进呈御览,然后印行。

仍请旨饬各省督抚通札所属文武实缺候补各员一律购阅。依张之洞所定原例,其报费先由各善后局垫出,令各员随后归还。其京官及各学堂诸生,亦皆须购阅,以增闻见。

其官报局则移设京都,以上海为分局,皆归并译书局中相辅而行。梁启超仍饬往来京沪,总持其事。至各省民间设立之报馆,言论或有可观,体律有未尽善,且间有议论悖谬、记载不实者,皆令先送官报局,责令梁启超悉心稽核,撮其精华进呈,以备乙览。其有非违不实,并令纠禁;其夹报局开办及稽核各报详细章程,即令该举人妥拟呈总理衙门代奏察行,似此广收观听,于新政裨补,量非浅鲜。

至上海《时务报》创办之始,本由诸官绅捐赀而成,既因办理失人,渐虑不支,今若改为官局,似应量拨官款,以资经费。查上海道洋务局开销,人浮于事,其坐领薪水无事可办之员甚多,此项糜费,每岁不下数万,而大率为位置冗员,应酬情面之用,与其浪费以养闲曹,不如量移以办新政。拟请饬下两江督臣,札令该道裁减洋务闲员,撙节糜费,每月提拨五百两为京师时务官报局之用。可否之处,出自圣裁,如蒙采择,乞立下明诏,风示海内,俾知皇上之圣,犹自好察迩言,周知四国,拳拳以阅报为重。则天下官吏士民莫不濯磨于新学,劝厉于实用矣。臣为开广风气起见,是否有当,伏乞皇上圣鉴训示。谨奏。

孔祥吉《康有为变法奏章辑考》,北京图书馆出版社 2008 年版,第 297 ~ 299 页

编者按:此折是康有为代御史宋伯鲁草拟,原件藏中国第一历史档案馆戊戌变法专题档。

△ 命孙家鼐酌核妥议《时务报》改为官报之事。

《光绪朝东华录》:

辛巳,谕,御史宋伯鲁奏请将上海《时务报》改为官报一折,著管理大学堂大臣孙家鼐酌核妥议,奏明办理。

朱寿朋编《光绪朝东华录》,中华书局 1958 年版,总 4136 页

7 月 18 日(五月三十日) 英国下院再次就香港当局驱逐孙中山一案提出质询。

陆丹林《革命史谭》:

追至同年七月十八日(一八九八年夏历戊戌六月十一日)为英国众议院会期,议员戴维德复申前议,向理藩大臣质问查讯结果,要求解释放逐孙先生出境理由。戴氏问词如左:前次质问,关于香港政府下令放逐孙逸仙先生出境之理由有无详细查究?结果何如?理由安在?事前中国政府(指满清政府,下同)有无照会香港政府要求驱逐孙氏出境情事?如有之,此照会曾否先行呈达理藩院然后执行办理?孙先生为现代中国维新人物,其在英属地方居留,未尝违反或触犯英国法律,遽被放逐出境,此项命令,能否撤回之?

理藩院大臣答词云:此事业经查询,事实与前次答案无出入。孙逸仙医生非在香港出世,亦非入籍为英国人。孙依据一八八二年放逐出境条例第三条规定禁止其在香港居留,由一八九六年三月四日起,以五年为期。按据理由,则在当地总督与行政委员会之意见,以孙氏于港地治安及秩序均有妨害之故。中国政府未尝移文照会驱逐孙氏。孙氏离港乃在出境令颁发之前。然孙共同谋叛反对其本国政府,已无疑义。因此之故,乃不欲其寄迹于香港耳。此次暂行禁止其在香港居留,为一地方之行政,似不必遽加干预也。

戴维德继续发问曰:孙逸仙医生既受嫌疑,顾未予以答辩之机会,请问理藩院大臣知之否乎?参伯连答曰:此一问题,现在不能答复,盖未蒙贵议员先行通知也。惟据报章所载,孙氏现在中国为领导革命之工作。戴曰:余亟希望其成功。参曰:如事非虚传,犹足证实香港政府之意见也。

同日(一八九八年七月十八日),议院戴维德复提出质疑多款,盖皆涉及满清政府与太平天国发生内战时香港政府于一八五五年一月十五日颁布是年第一号维护地方治安条例与斯时孙逸仙先生进行革命之关系,要求总检察官加以答复。戴氏问词汇列于下:当一八六四年七月九日,英廷颁布谕旨取缔侨华英人参加中国内战,务须严守中立,犯者按律予以处分。该谕至今是否仍为有效之执行?如其然,则当日谕旨虽为取缔参加中国内战而设,顾其时英人受满清帝国聘用与太平天国革命军抗战者,实繁有徒,概未闻英廷加以取缔。今次中国革命发生内战,或有英人参与其间,如当日廷谕有效,是否适用于今日参与中国革命事业之英人?且一八五五年一月十五日,香港颁布是年第一条,人咸知其为当任香港总督约翰保陵勋爵之中立条例,乃英廷一八六四年七月九日所颁谕旨,竟[竟]变更英国国际立场,对于满清帝国出力之英人予以谅解,而对于参加太平天国革命军之英人,则严加取缔,违者处罚不贷。

当日变更态度,以至颁布谕令,加以取缔,其故可得闻欤?

当任总检察官李察届斯特勋爵答称:一八六四年七月九日之廷谕,早经宣告无效,盖一八六五年三月三日所降谕旨宣告撤废者。而约翰保陵勋爵在一八五五年一月十五日,颁布之中立条例,亦经同时宣告撤销。至改革该例理由,当任外交部副大臣李押氏于一八六四年四月二十二日在众议院演说时已有详细之解说,当可复按云云。查一八六四年七月九日之英廷谕旨,为取缔侨华英人参与中国内战者。而一八六五年三月九日之廷谕,乃明定侨华英人之法益者。同时画分香港总督及驻华钦使兼商务总监之职权,解除历来由香港总督兼任之责,另委驻华钦使兼商务总监,专理在华英侨事务。并画分司法管辖权,另设驻华高等法院于上海,管辖在华英侨之重要民刑事及上诉案件;更复制定华人入英籍应该遵守之法规等事项。至关于一八六四年四月二十二日外交部副大臣李押【氏】在众议院演说词,系为报告改革英国在华原有制度及改变历来对华态度之原因及理由者也。

英国众议员因香港政府不能容留国际政治犯,致引起剧烈之争辩,已如上述。乃香港当道办理此事,不以国际政治犯待孙先生,而适用香港法例执行地方政权,避免国际纠纷,以塞难者之口,亦如上述。惟是五年期限届满之后,孙先生亦未尝足履斯土。迨一九一一年(辛亥)我国光复革命成功。孙先生自海外归来,转赴南京,道经香港时,备受华侨热烈欢迎,始再度临一别十余年之港岛也……

荣孟源、章伯锋主编《近代稗海》第1辑,四川人民出版社1985年版,第507~509页

编者按:公历7月18日是农历戊戌年五月三十日,作者误。

7月19日(六月初一日)　准张之洞、陈宝箴奏变通科举章程。

内阁奉上谕,张之洞、陈宝箴奏请饬妥议科举新章,并酌改考试诗赋小楷之法一折。乡、会试改试策论,前据礼部详拟分场命题各章程,已依议行。兹据该督等奏称,宜合科举、经济、学堂为一事,求才不厌多门,而学术仍归一是,拟为先博后约,随场去取之法,将三场先后之序互易等语。朕详加披阅,所奏各节,剀切周详,颇中肯綮,著照所拟。乡、会试仍定为三场。第一场试中国史事、国朝政治论五道。第二场试时务策五道,专问五洲各国之政、专门之艺。第三场试四书义两篇、五经义一篇。首场按中额十倍录取,二场三倍录取,取者始准试次场。每场发榜一次,三场完毕,如额取中。其学政岁科两考生童,亦以此例推之。先试经古一场,专以史论、时务策命题。正场试以四书义、经义各一篇。礼部即通行各省,一体遵照。朝廷于科举一事,斟酌至再,不厌求详。典试诸臣,务当仰体此意,精心衡校,以期遴选真才。至词章、楷法,虽馆阁撰拟应奉文字,未可尽废。如需用此项人员,自当先期特降谕旨考试,偶一举行,不为常例。嗣后一切考试,均以讲求实学、实政为主,不得凭楷法之优劣为高下,以励硕学而黜浮华。其未尽事宜,仍著该部随时妥酌具奏。

中国第一历史档案馆编《光绪朝上谕档》第24册,广西师范大学出版社1996年版,第251~252页

△ 康有为上《条陈商务折》。

工部主事臣康有为跪奏:为商务不兴,民贫财匮,请立商政以开利源而杜漏卮,恭折仰祈圣鉴事。窃方今国库窘匮,杼柚俱空,司农仰屋,束手忧叹。尝推困匮之由,皆自商务不兴,财源漏泄之故,非复仅节财流,或事搜刮之所能支也。今自洋布洋纱,岁溢五千余万,其他用物,若洋绸、洋缎、洋呢、洋绒、漳绒、羽纱、毡毯、手巾、花边、钮扣、针线、伞灯、颜料、箱箧、牙刷、牙粉、胰皂、石印、铅字、面脂、口粉、藤床、钢榻、自来火,食物若架非、吕宋烟、夏湾拿烟、

纸卷烟、鼻烟、洋酒、火腿、洋肉脯、洋饼、洋糖、洋盐、药水、丸粉、洋干果、洋水果，煤、铁、铅、铜、马口铁、材料、木器、钟表、日规、寒暑针、风雨针、电气灯、玻璃镜、照相片及玩好瑰奇之器，不可胜数，约以万万计。乃以煤油之出自地，岁易我千万。塞门德土之为泥，岁易我六百万，皆我所有。四川火井，遍海泥沙，舍而不用，以金钱易之。若夫瓷器，我冠地球，乃反令洋瓷遍地售卖。丝糖为我所自出，乃经彼制炼，来我倍售。其他不税之洋药洋酒皆千万，而金砖金叶岁溢三千万。若鸦片之害人，岁出三千万者在无论矣。而我出口货大宗惟有茶丝，茶向销五千万，近以印度、法、意并出，加搀杂不精，减至千余万。其他杂货日减，不及三千万。比较岁溢将万万，后此加增，积数十年计之，溢出百万万。吾财源不开，只有此数。譬犹一池之水，别无泉源引入，而终日汲之，涸可立待。大鱼小鱼，同悬枯肆。精华既竭，蹇裳去之。即无兵事，民尽困弊，国亦从之矣。

然洋货所以越数万里而畅销者，在其国有商学以教之，有商报以通之，有商部以统之，有商律以齐之，有商会以结之，有比较厂以厉之，有专利牌以诱之。及其出国也，假之资本以厉之，轻其出税以便之，有保险以安其心，有兵船以卫其势，听其立商兵商轮以护其业。又有领事考万货之情，以资其事，官商相通，上下一体，故能制造精而销流易。视万里重洋若枕席，情信洽而富乐多，故筹兵饷重款若探囊。民足而君足，国富而势强，职商之故。

我既无商学商报商会之讲求，又无比较厂专利牌之诱励。西人谓吾出口者皆生货，以皆材料土产也。西人皆熟货，以精工良作，若钟表纱布，取携便而制造精，价值廉而外观美。其智愚美恶，良苦迥判，势必败矣。商官商律不设，故无以定价值之低昂，治倒帐之控诉，治伙友之倒亏，制猾奸之诓骗。银钱无定价，则受平色之困；金钱不铸，则受镑价之困；行规不与官通，则官可任意；体制又与官隔，则胥吏摧伤。不助资本，不设专利牌保水火险，则商人不肯出资本。加以内有厘金之加税，外有出口之重征，既不听商兵商轮之自护，又无兵舰领事之保卫，乃至四万万人之多而竟无一能商于泰西者，官既弃薄其商，商亦不信乎官。故制造粗而销流滞，商情涣而筹款难，民困下疑，而国大受其病矣。

夫吾中国矿产遍地，草木繁殖，物种地宜，有温带之利，人民繁庶勤敏，甲于万国，此皆西人所慕羡垂涎而不已者。夫天津草帽之贱，至四百万；牛皮狗皮之贱，至九百万。其他万汇亿品，若教诲利导之，何可计数？语以榛径未开耳。若一旦启辟，则富甲大地。英人李提摩太谓吾利源一辟，岁出可六十八万万。尚奚有于仰屋患贫哉？夫商之源在矿，商之本在农，商之用在工，商之气在路，但民愚力弱，不能考行，官尊事殷，不能措理，故非设司专学，以整齐教利之，不能有功。直省五金水银朱砂之矿，论者既详矣。即以湖南、山西一省之煤，可敌一英国，值以万万。金沙江两岸，流泉滴沥，并是煤油。四川火井，皆油井也。地不爱宝，吾自有而弃之。西南各省有金刚钻，和阗、西藏、川、滇有白玉、翠玉、碧露、玛瑙、水晶、五色宝石，其他砚石、纹石、大理石、像石、浮石，何在不可加以精工，易彼金银。若夫磁器之土，惟中国独精。光韧柔滑，蹶地不碎。泰西尤重购乾嘉之磁器，已出数百金。若能加采色妙丽，当大行泰西，驾丝茶而上之。凡此皆出之吾地者也。

法人已葡萄岁销八万万，美人棉花岁销四万万，一草之利大矣。即以粤之龙眼，闽之荔枝，新会之橙，温福之橘，洞庭之柑，江浙之枇杷杨梅，燕齐之梨枣，岁销皆百十万。若川蜀之药材，闽之茶荈，若善其培壅，通其道路，何止此数？即哈密葡萄，绵百数十里，但不知酿酒，故弃于地，而日本专延法人购法种而种之。吾北地数省皆宜葡萄，可用日法广为劝植。吾棉色白丝长，虽逊洋棉，而坚厚温暖过之，而吾工贱用廉，价仅半洋棉，故近年骤销至数百万。若能推广，益收大利。

洋糖只有红萝葡,味甘而淡,远不若中国之蔗。惟提炼不纯,色味不洁。若改用机器,加以精工,西人视犹盐,日用必服,销售无量。胶树即橡树,云南擅之,野人山之割与英人,失此美利,而川、陕、滇、黔之间,尚多此树。樟脑施之于药,可增力五千倍,故鱼雷、地雷、水雷、各炸药,非樟脑不为功。化学家又用作象牙,吾湘豫桂林,树带千里,老樟参天,实地球所独,废而不用,此尤非常大利者也。其他杂植,遍于川、滇、黔、桂,白蜡之树,可以为蜡者,种烟之地,则无处不宜矣。皂荚亦为中国所独,外国所无,可制胰皂。其他万卉有大用者,未加物色,何可胜数?若茶之和平精美,丝之光白柔韧,冠绝大地,此尤中国出货之大宗,小民之生计,小补尾闾者。惟西人好用细丝,而中人乃为肥丝。西人精求佳茶,而中人偏多搀伪。皆宜专学讲求,茶则禁杂伪质,丝则多为濮紬轻细。其他文锦橦锦,麻布葛布,皆当用机织,务致光美,探彼好恶而投之。顾绣织金,西人犹尚,以被墙屋,如中人之书画。然昔太公厉女红,故齐冠带衣履天下。今宜鼓厉织工,务极华采。天津出口之洋[羊]毛骆驼绒,价廉物贱,因不谙收储剪剔,故西人运归织造毡绒,售我重价,岁销大呢羽毛洋毡法兰绒二千万金。若能于天津山海关漠河七斤蒙古等处,设立围场,驼绒羊毛,如法收剪,购机设厂,织造毡绒,务与俄英同美,中国食贱物廉,又省转运,必可销售。大抵中国之土产、矿金、工作三事,患我无货,不患不销;患我不运售,不患彼不收买;患我不精良,不患彼不好尚。但西人商务皆本于学,驾驶则有水师学堂,轮车则有铁路学堂,电报则有电报学堂,丝业则有蚕桑学堂,制茶、制糖、制磁、制酒、开煤、炼钢、纺纱、织布,无不有学堂。每创一业,必立一学堂。故一材一艺之微,万事万物之颐,皆由于学故能精新。

日本之变法也,开商法公议所,商法学校,内[帝]国劝业博览会,萃全国物产人工,比较而赏拔之。派人往中西各国,考求种植之法,孳养之方,制造之事,归以教人。于直隶购羊千头,于纽约购马数千,于欧洲诸国,购葡萄木棉烟草,及其他奇花异卉,开农场,设学校,日讨国人而教之以训农通商诸事。又开共进会,若棉若丝若糖若茶,各会商人出品物,不下千余种,别其精粗而赏之,故商业骤盛,国以富强。今流通中国之洋货,大都皆日本所制也。今邮船会社已入长江,改造土货,又定约章矣。

今吾欲恢张利源,整顿商务,诚当设专官以讲之。先出矿质,发农产,精机器之工,精转运之路,然后开商学,译商书,出商报,以教诲之,立商律行商险,设兵舰以保卫之,免厘金税,减出口征以体恤之,给文凭,助经费游历以奖助之,行比较赛珍会以激劝之,定专利严冒牌以诱导之,定册籍草薄之式以整齐之。故宜考据讲求,自内国之中,外国之情,土产若何,矿质若何,工艺制造若何,及税则之轻重,价值之低昂,转运之难易,天时之寒暖,地利之险夷,何道而费可省,何法而利源可兴,何经营而贸易可旺,何物可销,何物可自制,何方之货物最多,何国之措施最善,荟萃诸法,草定章程,行之各省埠,则万宝并出,岂复患贫?

若夫英之得美洲、澳洲,荷兰之得南洋,皆以商会之故。英人之举印度万里之地,乃十二万金之商会为之;即其来犯广州,亦皆出于其商会所为,而国家遂藉以收辟地殖民之利。吾南洋商民数百万家,若有商会,增力无穷。皇上鉴观时变,深念国忧,前岁御史王鹏运,请开商务局,奉谕旨施行。惟各省督抚,多不通时变,久习因循,故奉旨两年,各省未见举办。顷虽再下明诏,疆臣必仍置若罔闻。窃谓朝廷若不设立商部,乞即以总理各国事务衙门领之。令各省皆设立商务局,皆直隶总理衙门。由商人公举殷实谙练之才数人办理,或仿照广东爱育堂商董轮办章程办理。

上海为天下商务总汇。各商专业,若丝茶银钱,皆有公所,常有商董,尤易举办。每商局皆令立商学商报商会,保险公司,比较厂,其有能购轮驶行外国者,予以破格重赏。惟商人见小好利，未通大局；士夫官气太深，未谙商务，似此虽累烦明诏，仍是徒托空文，难期成效。臣再四思维，有上海向来办帐诸人，若翰林院庶吉士沈善登、直隶知州谢家富、湖北候补知府经元善、训导严作霖、四川知县龙泽厚等，操行廉洁，任事忠实，久在商中劝募，商情信服，义声著于海内。迭经各省督抚臣陈士杰、张曜、陈彝、倪文蔚、崧骏、福润等，先后奏保，累蒙传旨嘉奖。若令此数人，先行在上海试办商务局，令其立商学商报商会，并仿日本立劝工场及农务学堂，讲求工艺农学，所有兴办详细章程，令于两月内妥议，呈总理衙门，恭进御览酌定。诏下各省次第仿照推行。庶几商务乃有下手，富国可望成效。如蒙采择，伏乞明诏将商政施行，其于筹饷开源，必非小补。臣愚一得之见，伏乞皇上圣鉴训示。谨奏。

孔祥吉《康有为变法奏章辑考》，北京图书馆出版社2008年版，第303～307页

编者按：康氏此折曾载光绪二十四年九月二十一日第七十册《知新报》上，《杰士上书汇录》卷二辑有康折全文。《知新报》所刊康折有改动，现按《杰士上书汇录》所辑康折，予以纠正。关于此折递上日期，《康南海自编年谱》谓六月初一日，似应为康氏向总署呈递日期，《杰士上书汇录》所署六月初五日应为代奏日期（参见孔祥吉《康有为变法奏章辑考》第308页）。

7月21日（六月初三日） 谕变通科举，一经殿试，即可量为授职。

《光绪朝东华录》：

乙酉，谕，现在变通科举，业经准张之洞、陈宝箴所奏，更定新章，并著礼部详议条目颁行。各省乡、会试考试策论，一洗从前空疏浮靡之习。殿试一场为通籍之始，典礼至重，朕临轩发策，虚衷采纳，自必遴取明体达用之才。嗣后一经殿试，即可量为授职。至于朝考一场，著即行停止。朝廷造就人才，惟务振兴实学，不凭楷法取士，俾天下翕然向风，讲求经济，用以备国家任使，朕实有厚望焉。

朱寿朋编《光绪朝东华录》，中华书局1958年版，总4142页

7月25日（六月初七日） 命颁发张之洞所撰《劝学篇》。

《光绪朝东华录》：

己丑，谕，翰林院奏，侍讲黄绍箕呈进张之洞所著《劝学篇》，据呈代奏一折，原书内外各篇，朕详加披览，持论平正通达，于学术、人心大有裨益，著将所备副本四十部，由军机处颁发各省督抚、学政各一部，俾得广为刊布，实力劝导，以重名教而杜卮言。

朱寿朋编《光绪朝东华录》，中华书局1958年版，总4142页

7月26日（六月初八） 清政府改《时务报》为官办，派康有为督办其事。

《光绪朝东华录》：

庚寅，孙家鼐奏：五月二十九日内阁奉上谕，御史宋伯鲁奏请将上海《时务报》改为官报一折，著总理大学堂大臣孙家鼐酌核奏明，妥议办理，钦此。臣窃维明目达聪，唐虞之盛德，采风问俗，三代之隆规，自古圣帝明王，未有不通达下情而可臻上理者也。今之论治者，皆以贫弱为患矣。臣窃谓贫弱之患犹小，壅蔽之患最深。该御史请将《时务报》改为官报，进呈御览，拟请准如所奏。该御史请以梁启超督同向来主笔人等，实力办理。查梁启超奉旨办理译书事务，现在学堂既开，急待译书以供士子讲习。若兼办官报，恐分译书功课。可否以康有为为督办官报之处，恭请圣裁。抑臣更有请者，唐臣魏征对唐太宗曰："人君兼听则明，偏听则暗。"泰西报馆林立，人人阅报。其报能上达于君主，亦不问可知。今《时务报》改为官报，仅一处官报得以进呈，尚恐见闻不广。现在天津、上海、湖北、广东等处皆有报馆，拟请饬各

省督抚饬下各处报馆,凡有报单,均呈送都察院一分、大学堂一分,择其有关时事无甚背谬者,均一律录呈御览。庶几收兼听之明,无偏听之蔽,如此则皇上虽法宫高拱,万里之外如在目前,于用人行政似有裨益。臣谨拟章程三条,开列于后。一、《时务报》虽有可取,而庞杂猥琐之谈、夸诞虚诬之语,实所不免。今既改为官报,宜令主笔者慎加选择。如有颠倒是非,混淆黑白,挟嫌妄议,渎乱宸聪者,一经查出,主笔者不得辞其咎。一、官书局向有《汇报》,系遵总理衙门奏定章程,不准议论时政,不准臧否人物,皆译外国之事,俾阅者略知各国情形。今新开报馆,既得随时进呈,胪陈利弊,将来官书局报,亦请开除禁忌,仿陈时之观风,准乡校之议政。惟各处报纸送到,臣仍督饬书局办事人员详慎选择,不得滥为印送。一、原奏官报经费一节,臣查官书局印报,例令阅报者出价。惟所售无多,故每月经费不足,由书局贴补。兹新设官报,阅报者自应一体出价,拟请将此项官报随时寄送各省督抚通行道府州县,均令阅看。每月出价银一两,统十八省一千数百州县约计,每月得价近一千两。常年核算约在二万四千之谱,加以官商士庶阅报出价,计亦可得巨款。与纸墨刷印工本,自当游刃有余,可无庸另筹经费。惟创设之始,需费必须数千金。若在上海开办,或由上海道代为设法,可令该员自往筹商。

朱寿朋编《光绪朝东华录》,中华书局 1958 年版,总 4143 ~4144 页

《光绪朝东华录》:

庚寅,上谕,孙家鼐奏遵议上海《时务报》改为官报一折。报馆之设,所以宣国是而达民情,必应官为倡办。该尚书所拟章程三条,均尚周妥,着照所请,将《时务报》改为官报,派康有为督办其事,所出之报,随时呈进,其天津、上海、湖北、广东等处皆有报馆,凡有报单,均着该督抚咨送都察院及大学堂各一分,择其有关时务者,由大学堂一并呈览。至各报体例,自应以指陈利弊、开阔见闻为主。中外时事,均许据实昌言,不必意存忌讳,用副朝廷明目达聪、勤求治理之至意,所筹官报经费,即依议行。

朱寿朋编《光绪朝东华录》,中华书局 1958 年版,总 4144 页

7 月 28 日(六月初十日)　命各省将军督抚筹拨经费,以备添设海军,筹造兵轮之用。

《光绪朝东华录》:

壬辰,谕,谕军机大臣等,国家讲求武备,非添设海军,筹造兵轮,无以为自强之计。兹经召见裕禄,询以福州船厂情形。据奏,工匠、机器一切均足以资兴造,惟所需款项较巨,必须于原拨常年经费以外,另筹的款,按年拨解,庶足备制造船炮之用,著各该将军、督抚遵照单开指拨数目,妥议办理。方今时势艰难,朕宵旰焦劳,力求振作,思御外侮,则整军经武,难再视为缓图。各该将军、督抚受恩深重,蒿目时艰,亦当仰体朕怀,协力同心,先其所急。当此度支匮乏,难于挹注,惟有于无可设法之中,力筹拨济,如厘金之剔除中饱,局务之酌量归并,皆当破除情面。实力筹维。倘指款实有不敷,除应解各项京饷暨应还洋款不准擅动外,其余无论何款,准其移缓就急,如数拨解,不准托词延宕,国计安危所系,我君臣总宜相感以诚,同维大局,用副朕殷殷训诰之至意,仍将遵办缘由,于接奉此旨十日内,先行电奏,以慰廑系。原单著抄给阅看。

朱寿朋编《光绪朝东华录》,中华书局 1958 年版,第 4147 ~4148 页

编者按:《光绪朝东华录》记癸巳,即六月十一日,但《光绪朝上谕档》第 24 册(第 263 页)记为光绪二十四年六月初十,应该是壬辰,依后者改正。

7月29日(六月十一日)　命令各部院衙门删去旧例,另定简明则例。

《光绪朝东华录》:

癸巳,谕,李端棻奏请删改则例等语,各衙门咸有例案,勒为成书,斠若画一,不特易于遵守,兼可杜吏胥任意准驳之弊,法至善也。乃阅时既久,各衙门例案太繁,堂司各官不能尽记,吏胥因缘为奸,舞文弄法,无所不至。时或舍例引案,尤多牵混附会,无论或准或驳,皆恃例案为藏身之固,是非大加删订,使之归于简易不可。著各部院堂官督饬司员,各将该衙门旧例细心紬绎。其有语涉两歧,易滋弊混,或貌似详细,揆之情理,实多窒碍者,概行删去。另定简明则例,奏准施行。一切旧例,不得再行牵涉,尤不得藉口无例可援,滥引成案,致启弊端。如有事属创办,不能以成例相绳者,准该衙门随时据实声明,请旨办理。仍按衙门繁简,立定限期,督饬司员迅速办竣具奏。

朱寿朋编《光绪朝东华录》,中华书局1958年版,总4148页

△ 著各直省督抚,就各省在籍绅士,选择品学兼优、能孚众望之人,派命管理各该处学堂一切事宜。

《光绪朝东华录》:

癸巳,谕,李端棻奏各省学堂请特派绅士督办等语,现在京师大学堂业经专派管学大臣,克日兴办。各省中学堂、小学堂,亦当一律设立,以为培养人才之本,惟事属创始,首贵得人,著各该督抚就各省在籍绅士中,选择品学兼优、能孚众望之人,派令管理各该学堂一切事宜。仍随时禀承督抚,认真办理。该督抚慎选有人,即著奏请派充,以专责成而收实效。

朱寿朋编《光绪朝东华录》,中华书局1958年版,总4148页

7月31日(六月十三日)　康有为上《为恭谢天恩条陈办报事宜折》。

督办官报事工部主事臣康有为跪奏:为恭谢天恩,条陈办报事宜,恭折仰祈圣鉴事。

窃本月初八日奉上谕:将《时务报》改为官报,派康有为督办其事等因,钦此。臣闻命之下,悚惧不任。查报馆之义,原于古之陈诗,古者以太师乘輶轩采诗万国,以观民风。胪列国之政,达小民之隐,故设官督报,实为三代盛制。冯桂芬《校邠庐抗议》,即有请复采诗之议。我皇上开张观听,光复经义,恭绎圣训,以宣国是而达民情,令发昌言而无忌讳。仰见皇上革旧图新之盛意,勤求民瘼之至仁,周知四国,垂采刍荛,盛典举行,逾越千古。臣诵读闻政,方愧未能乘轩采风;忽承拔擢,深虑疏暗陨越贻讥。惟过蒙知遇之殊,思勉竭驽骀之报,谨当慎选主笔,遵旨昌言,扬于不讳之朝,用副求治之意。

惟方今俄、德瞰于东北,英、法肆于西南,日本迫于东邻,万国交于轮舶,邻疆密迩,内地杂沓,交涉滋多,情形宜悉,一端偶误,大局攸关。其余学校农商,保民之本务,兵刑财赋,新政之大经。若夫四海困穷,黎民疾苦,水旱盗贼,冤狱羁民,皆赤子之号咷,并皇仁所轸念。凡此外交内政,皆饱事之大端,臣惟有广译泰西之报,多派采访之人,冀补日月之明,以为韬铎之助。惟西报甚夥,报费甚昂,俄、德译人尤难,非重资不能聘请。今既改为官报,非拨款无以足经费而廓规模,非多译无以广见闻而资采择。查《时务报》开办两年,向藉士大夫捐助,凡二万余金,并赖售价乃足支销。

今既改为官报,自无捐助,查管学大臣孙家鼐所拟章程,谓官报售价月出一两,然《时务报》向来售价岁仅四圆,乃忽令人岁出十二两,骤增四倍,势必难行。官报原为开风气而广见闻,只可仍旧每年收报费四圆,是虽千数百州县全出报资,为数亦属甚微,不敷开销远甚。且

臣亦无由令其阅看,既无捐助,又无拨款,办理实难,无从措手。夫商报可以开闭随时,官报岂可令诏书中废,在该大臣或未悉情形,然岂皇上明目达聪之意。查京师官书局,每月拨经费一千两,官报局与官书局事同一律,伏乞谕旨饬下两江督臣,按月由洋务局拨交官报局经费一千两,以资办理。然千金月费,实未足为购报及主笔译员薪水之用。官报发明国是民隐,内政外交,既上达圣聪,百官皆当共阅,然后上下一心,君臣同德。查原议章程,有请将官报寄送各省督抚,通行道府州县,均令阅看等语。然各省风气未开,非奉明旨,则阅者仍寥寥无几。请明降谕旨,饬下各省督抚臣,通核全省文武衙门,差局书院学堂,应阅报单数目,移送官报局,然后官报局按期由驿站照数移送。其阅报价值,即依两湖督臣张之洞旧例,先由善后局垫解,每分每岁照旧出价四圆,在百僚当此非常世变,既可广学识以助维新,在官报亦可挹彼注兹,借以助经费而广采译。若蒙俞允,庶几办理有资,以宣上德而通下情,其于新政,或有小补。惟既为官报,似应分设京师,合并陈明。臣不胜惶恐待命之至。伏乞皇上圣鉴训示,谨奏。

孔祥吉《康有为变法奏章辑考》,北京图书馆出版社2008年版,第312~313页

编者按:康有为此折之录副原件,藏中国第一历史档案馆戊戌变法专题档。国家档案局明清档案部所编辑的《戊戌变法档案史料》曾将此折辑入,惟所署日期为光绪二十四年六月二十二日。而《杰士上书汇录》卷二亦录有此折,所署日为六月十三日。现以后者为准(参见孔祥吉《康有为变法奏章辑考》第313~314页)。

△ **康有为上《请定中国报律片》**

再:查孙家鼐原拟章程第一条,有宜令主笔者,慎加选择,如有颠倒是非,混淆黑白,挟嫌妄议,一经查出,主笔者不得辞其咎等语。臣自当慎选主笔,严加督饬,其论说务以昌明大义,忠君爱国,尊主庇民,博采中外,开广闻见为主。至于各西报,皆由原文译出,虽或间有激切之语,似亦不可任意删改,庶几敌人之阴谋,可以借鉴,且无失上谕据实直言、破除忌讳之盛意。

惟是当开新守旧并立相轧之时,是非黑白未有定论。臣以疏逖卑微,忧时迫切,昌言变法,久为守旧者所媢嫉,谤议纷纭。荷蒙皇上天恩,曲加保全,自顾何人,无以为报,何敢顾恤人言,改其初度,以负我皇上。然他日或有深文罗织,诬以颠倒混淆之罪,臣岂能当此重咎。臣一身不足惜,徒使敌人阴谋之言,不能达于皇上,似非我皇上明目达聪、洞悉敌情之本意也。

臣查西国律例中,皆有报律一门,可否由臣将其书译出,凡报单中所载,如何为合例,如何为不合例,酌采外国通行之法,参以中国情形,定为中国报律。缮写进呈御览,审定后,即遵依办理。并由总理衙门照会各国公使领事,凡洋人在租界内开设报馆者,皆当遵守此律令。各奸商亦不得借洋人之名,任意雌黄议论,于报务及外交,似不无小补。谨附片陈明,伏乞圣鉴。谨奏。

孔祥吉《康有为变法奏章辑考》,北京图书馆出版社2008年版,第315~316页

编者按:康有为此片为《恭谢天恩,条陈办报事宜折》之附件,中国第一历史档案馆戊戌变法专题档藏有录副奏折原件,今据《杰士上书汇录》对刊本所署日期与错讹处予以校正(参见孔祥吉《康有为变法奏章辑考》第316页)。

7月(五月或六月)　孙中山与日人内田良平会见。

内田良平《追忆孙中山先生座谈会》:

我同孙中山首次会面,是在明治三十一年(1898年)秋天。那时我从俄国回到东京,宫崎引导孙先生来我住的旅馆相会。我们欢谈了半天,从亚洲的地位说到世界大势。孙先生道:"要复兴中国,除革命以外别无他途,请帮助我们的革命。"当时我第一次听见中国要革命,非常愉快。我这次从俄国回来的使命,是要促起日俄战争。孙先生道:"俄国若是想侵占

中国，可能从满洲至直隶、陕甘西北一带。将来革命成功以后，就可以同日本联盟来抵抗俄国，那时必定能夺回俄国侵占的土地，所以无论如何，我想中、日两国必须彼此相助。"我对于孙先生这种远大的抱负非常赞佩。

丘权政、杜春和选编《辛亥革命史料选辑》上册，湖南人民出版社1981年版，第23～24页

编者按：该月，内田良平由俄国返回日本，经过宫崎的介绍，与孙中山相会（参见陈锡祺《孙中山年谱长编》，中华书局1991年版，第160页）。

8月2日（六月十五日） 清政府在北京设立矿务铁路总局，派王文韶、张荫桓专理其事，所有各省开矿筑路一切公司事宜，俱归统辖。

《光绪朝东华录》：

丁辰，谕，铁路、矿务为时政最要关键，现在津榆、津卢铁路早已工竣，由山海关至大凌河一带，亦筹款接办，大段已具。矿务如开平、漠河两处，办理最为得法，成效已著，现在一律推广。惟矿路事务繁重，诚恐各省办法未能画一，或致章程歧出，动多窒碍，亟宜设一总汇之地，以一事权。著于京师专设矿务铁路总局，特派总理各国事务大臣王文韶、张荫桓专理其事，所有开矿筑路一切公司事宜，俱归统辖，以专责成。

朱寿朋编《光绪朝东华录》，中华书局1958年版，总4150页

△ 命大小臣工各抒谠论，以备采择。

光绪二十四年六月十五日内阁奉上谕，朝廷振兴庶务，不厌讲求，所赖大小臣工各抒谠论，以备采择。著翰林院、詹事府、都察院各于值日之日，由该堂官轮派讲读、编检八员，中赞二员、科道四员，随同到班，听候召见，俾收敷奏以言之益。其部院司员有条陈事件者，著由各堂官代奏；士民有上书言事者，著赴都察院呈送，毋得拘牵忌讳，稍有阻隔。用副迩言必察之至意。

中国第一历史档案馆编《光绪朝上谕档》第24册，广西师范大学出版社1996年版，第272页

△ 命各省督抚认真劝导绅民，发展农政工艺，并优奖创制新法者。

光绪二十四年六月十五日内阁奉上谕，通商惠工，务材训农，古之善政。方今力图富强，业经明谕各省，振兴农政，奖励工艺，并派大臣督办沿江等处商务。惟中国地大物博，非开通风气，不足以尽地力。而辟利源图治之法，以农为体，以工商为用。现当整饬庶务之际，著各直省督抚，认真劝导绅民，兼采中西各法，讲求利弊，有能创制新法者，必当立予优奖。该督抚等务当仰体朝廷开物成务之意，各就该管地方考察情形，所有颁行农学章程，及制造新器、新艺、专利给奖，并设立商务局，选派员绅开办各节，皆当实力推广，俾有成效。此外，迭经明降谕旨，饬办事宜，亦均悉心讲求，次第兴办，毋得徒托空言，一奏塞责，并将各项如何办理情形，随时具奏。

中国第一历史档案馆编《光绪朝上谕档》第24册，广西师范大学出版社1996年版，第272页

△ 谕命派学生赴日本留学。

光绪帝面谕军机大臣，称：

现在讲求新学，风气大开，惟百闻不如一见，自以派人出洋游学为要。至游学之国，西洋不如东洋。诚以路近费省，文字相近易于通晓，且一切西书，均经日本择要翻译，刊有定本，何患不事半功倍？或由日本再赴西洋游学，以期考证精确，益臻美备。前经总理衙门奏称，拟妥定章程，将同文馆东文学生，酌派数人，并咨南北洋、两广、两湖、闵［闽］浙各督抚，就现

设学堂遴选学生,咨报总理衙门,陆续派往。著即拟定章程,妥速具奏。一面咨催各该省,迅即选定学生,开具衔名,陆续咨送,并咨询各部院,如有讲求时务,愿往游学人员,出具切实考语,一并咨送,均毋延缓。

中国第一历史档案馆编《光绪朝上谕档》第24册,广西师范大学出版社1996年版,第274页

8月9日(六月二十二日) 再命康有为办《时务报》,又译出泰西报律,参以中国情形,拟订报律,送交孙家鼐呈览。

《光绪朝东华录》:

甲辰,谕,前据孙家鼐奏,遵议上海《时务报》改为官报,派康有为督办其事。并据廖寿恒面奏,嗣后办理官报事宜,应令康有为向孙家鼐商办。当经谕令,由总理衙门传知康有为遵照。兹据孙家鼐奏陈官报一切办法,报馆之设,义在发明国是,宣达民情,原与古者陈诗观风之制相同。一切学校、农、商、兵、刑、财赋,均准胪陈利弊,藉为䡈铎之助,兼可翻译各国报章,以备官商士庶开扩见闻。其余内政、外交裨益非浅,所需经费自应先行筹定,以为久远之计,著照官书局之例,由两江总督按月筹拨银一千两,并另拨开办经费银六千两,以资布置。各省官民阅报,仍照商务例价,著各督抚通核全省文武衙门、差局、书院、学堂应阅报单数目,移送官报局,该局即按期照数分送。其报价,著照湖北成案,筹款执解。至报馆所著论说,总以昌明大义,抉去壅庇为要义,不必拘革牵忌讳,致多窒碍。泰西律例,专有报律一门,应由康有为详细译出,参以中国情形,定为报律,送交孙家鼐呈览。

朱寿朋编《光绪朝东华录》,中华书局1958年版,总4155页

8月10日(六月二十三日) 谕大小臣工,讲求实务,改良庶政,并褒扬湖南巡抚陈宝箴。

《光绪朝东华录》:

乙巳,谕,目今时局艰难,欲求自强之策,不得不舍旧图新。前因中外臣工半多墨守旧章,曾经剀切晓谕,勖以讲求时务,勿蹈宋、明积习,谆谆训诫,不啻三令五申,惟是朝廷用意之所在,大小臣工恐未尽深悉。现在应办一切要务,造端宏大,条目烦多,不得不裒集众长,折衷一是。遇有交议事件,内外诸臣务当周咨博访,详细讨论,毋缘饰经术,附会古义;毋固执成见,隐便身图。倘面从心违,希冀敷衍塞责,致令朝廷实事求是之意,衍其本旨,甚非朕所望于诸臣也。总之,中国病在痿痹,积弊太深,诸臣所宜力戒。即如陈宝箴,自简任湖南巡抚以来,锐意整顿,即不免指摘纷乘。此等悠悠之口,属在搢绅,倘仍随声附和,则是有意阻挠,不顾大局,必当予以严惩,断难宽贷。至于襄理庶务,需才甚多,上年曾有考试各部院司员之谕,著各该堂官,认真考察,果系有用之材,即当据实胪陈,候朕录用。如或阘茸不职,亦当立予参劾,毋令滥竽。当此时事孔棘,毖后惩前,深维穷变通久之义,则创办一切,实具万不得已之苦衷。用再明白申谕,尔诸臣其各精白乃心,力除壅蔽,上下以一诚相感,庶国是以定,而治理蒸蒸日上,朕实有厚望焉。

朱寿朋编《光绪朝东华录》,中华书局1958年版,总4154～4155页

编者按:该谕发布,在《光绪朝东华录》是甲辰,即六月二十二日,但《光绪朝上谕档》(292页)记为六月二十三日,依后者改正。

△ 谕命南北洋大臣及沿江沿海各将军督抚增设水师学额,添置练船,训练水师。又命铁路扼要之区及开矿省分增设有关学堂。

《光绪朝东华录》:

乙巳，谕，中国创建水师，历有年所，惟是制胜之道，首在得人，欲求堪任将领之才，必以学堂为根本。应如何增设学额，添制练船，讲求驾驶，谙习风涛，以备异日增购战船，可期统带得力，著南北洋大臣、沿海各将军、督抚，一体实力筹办，妥议具奏。至铁路、矿务，为目今切要之图，造端伊始，亟应设立学堂，预备人才，方可冀收实效。所有各处铁路扼要之区及开矿省分，应行增设学堂，切实举办之处，著王文韶、张荫桓悉心筹议，奏明办理。

朱寿朋编《光绪朝东华录》，中华书局1958年版，总4157～4158页

△ 谕命各省择形势扼要、商贾辐辏之区，推广口岸。

《光绪朝东华录》：

乙巳，谕，军机大臣等，欧洲通例，凡通商口岸，各国均不得侵占。现当海禁洞开，强邻环伺，欲图商务流通，隐杜觊觎，惟有广开口岸之一法。三月间，业经准如总理各国事务衙门王大臣奏，将湖南岳州、福建三都澳、直隶秦皇岛开作口岸。嗣据该衙门议复中允黄思永条陈，谓，各省察看地方情形，广设口岸，现在尚无成议，著沿江、沿边各将军、督抚迅就各省地方悉心筹度。如有形势扼要，商贾辐辏之区，可以推广口岸，展拓商埠者，即行咨商总理衙门办理。惟须详定节目，不准划作租界，以均利益而保事权，该将军、督抚等筹定办法，即著迅速具奏。

朱寿朋编《光绪朝东华录》，中华书局1958年版，总4158页

8月13日（六月二十六日） 康有为上《为万寿庆辰，乞许士民庆祝，并刊贴新政诏书，嘉惠士农工商折》。

工部主事臣康有为跪奏：为万寿庆辰，乞许士民庆祝，并刊贴新政诏书，嘉惠士农工商，以教尊亲而隆恩谊，宜人心而永天命，恭折仰祈圣鉴事。

窃惟我皇上聪明神武，智勇天锡，宵旰孜孜，讲求维新之政，以保国安民。海内臣庶，冀望中兴自强，莫不感戴忭蹈，问圣躬之安否，祝天子之万年。而向来直省，恭逢万寿，只有职官行礼，士绅游客，皆不得预舞蹈之列，至于农工商贾，兵卒妇孺，更不下逮，邈若无涉。都会省垣，寂然无睹，遐陬僻壤，更不相闻问，故视吾君如天不接。夫人情以相交接而后亲，以相亲而后相爱、相为、相赒、相救。故昔文王与国人交，视民如子。史佚告成王曰："愿王近于民。"孔子言尊君而即言亲上，言明德即言亲民。明君臣之有礼，著君臣之有恩，令恩礼相接而生其亲爱，故封人之祝，尧舜之盛轨也。夫既视民如子，今人有子四万万，为其父亲爱赒救，孰得而侮之？人情于朋友知识[交]，有所欢庆，犹有拜贺之礼，后世谬义，徒以隔绝为尊崇，未知亲爱为大义，遂使君臣之情，邈不相关，忠爱之心，无自触发。既不得而见，又不得而拜；吉庆欢欣，又不得而祝，徒以尊名建天下之上，而无情意入民之心，至有缓急，而以大义责之，殆无及也。

查泰西各国，其君主寿辰，或他庆典，举国停工一日，结彩悬灯，欢笑称祝。其官商士庶，皆于是日宴客，遍陈百戏以乐之。其公署及商民之室，皆听悬君主之像，以听其瞻拜，彼诚有君民相亲之意，故能以国为一家，天下为一人，亿兆为一心，联结通洽，以致富强。我中国号为有君臣之义，而乃并此无之，令臣民知忠君而不知亲上，臣实不知其自出也。况今当外国窥逼之日，岂可令吾民有邈不相涉之心，所关尤非细故。

顷宜因圣寿之庆，即电告天下士民，许人人得立万寿牌，家家得悬万寿灯，听其祝嘏；用汉唐赐酺之例，仿端节、秋节之俗，停业一日，以胪薄海之欢。后此凡逢皇太后万寿、皇上万寿，及他国家庆典，皆照例行，庶示亲民之义，天下皆知亲上之心矣。然举此创典，实为新政。

古者圣王有所施号令,必施实德于民,然后民怀其德,乐歌不忘。

臣愚以为,皇上施惠生民,莫如昭信股票一事。查日本有起业国债,多为起学校、兴农务、助商资、补工业起见。四业皆以西法兴之,数年大盛,故能收其余利,以归其本,上大益于国,下大益于民,而无所少损。若用之他事,则无得利息之日,既无归资本之时,下大损于民,将来挖肉补疮,亦大损于国。区区千万,不足以偿国债,即不能以起民业。此事有司误承风指,出其百十,而国得一二,怨咨之害,累见章奏。方今新政伊始,岂可以此大失民心?

臣愚伏愿皇上洞鉴万国之政,俯施四海之惠,因此圣寿庆典,特下明诏,令昭信股票,皆作民间起用公债,付之士绅富商,令其公议,各分作本地学堂、农学堂、工艺学堂、机器制造、轮船等商资,令妥议章程,以为将来归本之地。或仿照日本起业公债章程行之,而国家但与保护,不取其利。其或有要款须拨,亦必留其一半,或三分之一,以为民间士农工商起业之用。四业既兴,小民可富,诏书一下,人心大悦,富民即以富国,得民,即以保国,上有惠民之政,下有亲上之报矣。

至四月以来,迭奉诏书,皆罢旧章而行新政,期以强中国而安小民。仁政之颁,天下翘首。然有司视为具文,小民无从周知,感动无从,发愤奚自?昔周人象魏悬书,闾里读法,此实先王之大义也。伏乞饬下各省督抚,将四月以来新政诏书,刊刻誊黄,令州县遍贴乡落,俾天下士庶皆知我皇上维新图治之盛美,必皆踊跃感奋,兴举庶业,以上报圣明。

数政既下,海内雷动,嘉瑞荐臻,天休并至,茀禄尔康,寿祉糜艾。臣愚一得之见,伏乞皇上圣鉴训示。谨奏。光绪二十四年七月初二日。

孔祥吉《康有为变法奏章辑考》,北京图书馆出版社2008年版,第323~325页

编者按:康有为此折清档无存,今据《杰士上书汇录》卷三补之。惟《杰士上书汇录》所载康氏此折所署日期为"光绪二十四年七月初二日",疑误。孔祥吉认为,以康折主旨系为光绪皇帝万寿庆典乞许士民庆祝而上,而光绪帝诞辰为六月二十六日,故康氏此折最晚应于六月二十六日之前呈递。七月初二日可能系此折奉旨之日期(参见孔祥吉《康有为变法奏章辑考》第325页)。

△ 康有为上《为万寿大庆,乞复祖制,行恩惠,宽妇女裹足,以保民保国折》。

工部主事臣康有为跪奏:为万寿大庆,乞复祖制,行恩惠,宽妇女裹足,以保民保国,延生气而迓天庥,恭折仰祈圣鉴事。

窃我中国民数四万万,比于欧洲十六国,人数倍之,诚大地莫强之国也。然民庶愚弱,故国不能强,或谓守旧致误,然臣尝深思其故,盖有民而自弱之也。查西国民数无多,皆统男女计之:然丹墨民数一百七十万,然女子已占八十余万矣;希腊亦然。然人人各尽其才,人人各得其用,人人各能自养,人人不以累人,所以民数虽少,而为用多也。我民数虽四万万,而自满洲、蒙古外,直省女子,悉皆裹足,残其肢体,弱其血气,令不能行,无学无用,是我民数虽多,而可用者少也。匪特不为用也,其牵累而为大害,又有二者:国之大患,莫如贫与弱也。

《大学》之论理财,在生众食寡。今一男子,竭力经营于外,而妇女以裹足之故,拱手坐食于内。夫以一人而养母妻女数人,数口嗷嗷,常忧不给,故衣食不充,鹄形菜色,血气黄馘,枯槁羸弱,以之任重则不能,以之历寒暑则生畏。即士人亦以家室累重,无暇读书,又以财力既薄,不能多购书器,甚且以事畜不足之故,巧诈盗伪,作奸犯科,人心风俗之坏,盗窃乱贼之兴,皆由此作。臣窃见广西阳朔县一乡五十家小民,凡有饭食者,只二十家,其余三十家,皆食粥及薯芋耳。然桂人犹号以为富乡,其余可想。幸当天下承平,民困如此,少有水旱,其困难言。近者乱起,亦由贫故。《论语》以为百姓不足,君孰与足?民既穷困,皇上将何从取之?此有妇女裹足,累及其夫、其子,因而累及于国,大害一也。

夫国之所以立者,一曰官,一曰士,一曰兵。三者所以任国家之事,必须精力强足,身体壮健,然后执戈、讲学、立政、立事,沛然有余。《洪范》贵康强,而贱疾弱。西人于选兵卒、选生童、选官吏,皆使医者验其身体健否,合格乃予以录用。诚以精气颓败,则精神流失;读书则记诵有限,而新法不出;当官则苟且偷惰,而振作难期。至于当兵,则气力微弱,心胆虚怯。西人论我兵怯弱之故,由于种类之不强;而种类之不强,实由妇女裹足所致:束缚血气,戕绝筋骨,经数十代展转流传,故传种日弱,致令弱其兵,弱其士,弱其官,大害二也。

夫肉刑之罪,中国久废,裹足之事,等于古之刖刑。女子何罪,而加刖之?童幼髫年,血气未足,月令之经,方当助天慈养,而乃束带缠扰,逼令纤小。不为妇德、妇学之教,而惟冶容纤趾之求。严刑酷毒,有若治盗。刀钳绳杖之交加,号哭悲呼之日作,道路见之,惨不能视,而乃以慈母为酷吏,以家庭为地狱。湖南之案,有为童养媳缠足而致命者。习俗相沿,比比皆是,苟不裹足,人皆弃之。及其长也,富室扶壁而行,待人而动,终身安坐,同于废物,岂天生人之心哉?若其贫者,躬操井臼,登高临深,负重致远,流涕婉转,痛苦终身。至若水火盗贼之灾,不能奔走,坐致死亡者,尤不可胜数。

自宋世恶俗,流今千载,害及亿兆,此诚亘古未有之酷毒,而全地球所笑之蛮俗也。皇上恫瘝小民,不使一人失所;此二万万妇女者,皆皇上赤子,岂忍坐视无辜,听其蒙被非刑,而不加救禁乎?《易》曰:"保位曰仁,禁民为非曰义。"我朝龙兴东土,风俗朴茂,满洲、蒙古、汉军,皆禁裹足。康熙三年,圣祖仁皇帝下诏,禁天下妇女裹足,有裹足者,罪其父若夫杖八十,流三千里。又嘉庆九年,奉仁宗睿皇帝上谕:今镶黄旗汉军应选女内,缠足者竟至十九人,殊为非是。此次传谕后,仍有不遵循者,定将秀女父兄,照违例治罪。此诚大圣人保赤子、禁为非之仁至义尽也。凡率土臣民,宜共懔遵,徒以政体尚宽,汉人听其从俗,然遂使王言视若弁髦。臣民甘蹈法网无量,妇女永罹刖罚,万里国民,咸致弱贫。考之经义则无之,观之万国则非之,原于天理则悖之,施于民生则害之,验于国势则弱之,质之祖训则违之。况当诸国竞争之时,正宜保民自强之日,增二万万无用之民,与增二万万有用之民,孰得?强二万万将来之种,与弱二万万将来之种,孰是?事之重大,未有过此,不可以琐屑而忽之也。

中国既有八股以愚士之心,又有裹足以弱民之体,身心俱困而国从之。中国削弱之原,实由于此。圣祖仁皇帝深知二事之害,故以康熙二年停废八股,而以康熙三年禁止裹足。我皇上冲龄践祚,神武明断,皆同符圣祖。既以五月停废八股,若以六月禁止裹足,则我圣祖之圣创于先,我皇上之圣继于后。先后同揆,辉映千古;以泽生民,以惠中国。向来遇有庆典,行庆施惠,有大赦囚徒之举,以迎祥气而迓庥和。臣愚谓:与其大赦岁月有罪之囚徒,以长奸邪,岂若永赦千万年无辜之妇女,以去疾苦。顷恭逢皇上万寿昌期,天下欢舞,皇上法祖彝训,迓天庥命,特下明诏,禁止妇女裹足,则二万万妇女立离苦厄,即亿万年人民永强种类,圣功神德,孰有大于是者?上以祈天永命,下以造福生民。《诗》云:"恺悌君子,求福不回。"又曰:"宜民宜人,受禄于天,必有祥征,充塞纯嘏。"天锡福寿隆盛,与我圣祖,永永无极者矣。

然恶俗久沿,难施重罚。昔者诏书废格,皆沿重罚之由,或姑从宽典,准令妇女已缠足者,宽勿追究。自光绪二十年以后所生之女,不准缠足,如有违犯,不得给予封典。

顷臣庶中通才志士,知国弱民弱之由,多立戒裹足会,以劝化小民,湖南、广东、福建、江苏四省多有之,上海不缠足会规模章程尤善。两湖督臣张之洞,有叙文为倡。而湖南署臬司黄遵宪,并有示谕诰诫其民,恶俗大有转移之望。但得一纸诏书,天下鼓舞变易,令如流水,陋俗必移,其以保民保国,以图富强,必非小补。臣愚戆之见,伏乞皇上圣鉴训示。谨奏。

孔祥吉《康有为变法奏章辑考》,北京图书馆出版社2008年版,第326~329页编者按:康有为此折清档阙佚,现据《杰士上书汇录》卷三补之。关于此折呈递,该书署为“光绪二十四年七月初二日”,疑误。孔祥吉考证认为,康氏此折应上于光绪万寿庆典六月二十六日之前(参见孔祥吉《康有为变法奏章辑考》第329~330页)。

8月14日(六月二十七日)　命理藩院督饬所派司员,迅速认真删订则例。

军机大臣奉谕旨,理藩院奏删订则例,酌派司员办理一折,著依议行,即由该堂官督饬所派司员,迅速认真删订则例,务须简明赅括,卷帙无须繁多,总期尽人易晓,吏胥无从高下其手,始为尽善。

中国第一历史档案馆编《光绪朝上谕档》第24册,广西师范大学出版社1996年版,第295页

8月18日(七月初二日)　康有为上《请开农学堂、地质局,以兴农殖民而富国本折》。

工部主事臣康有为跪奏:为请开农学堂、地质局,以兴农殖民,而富国本,并将日本地产图恭呈御览,恭折仰祈圣鉴事。窃万宝之原,皆出于土,故富国之策,咸出于农。三[上]古重垦辟,有尽地力之教。外国讲求尤至。城邑聚落,有农学会察土质,辨物宜。入会则自百谷花木果蔬,牛羊牧畜,皆比其优劣,而旌其异等。田样各等,机器车各式,农夫人人可以讲求。鸟粪可以培肥,电气可以速成,沸汤可以暖地脉,玻罩可以御寒气。播种则一日可及数百亩,刈禾则一人可兼数百工。择种一粒,可收一万八千粒,千粒可食人一岁,二亩可食人一家。泰西培壅,近用灰石磷酸骨粉,故能以瘠壤为腴壤,化小种为大种,化淡质为浓质,易少熟以多熟。比较则去楛而从良,鼓舞则用新而去旧,农业自盛,故有土此有财。安有万里之地而患贫者哉?

今日人皆言矿,而地下之矿无凭,地面之矿有据。农者地面之矿也。不开地面之矿,而遽求地下之矿,得无本末稍失乎。

日本近用泰西之法,治农极精。官则有农收纳感部以统率之,地方各有劝农局以董劝之,民间则有农会、农报以讲求之,学校则有农业教育馆以教育之,译编农书,则有《农学阶梯》、《农学读本》、《农理学初步》、《小学农书》及农业教授、农业教科之书,土壤培壅则有改良化学之法,农具则有机器之用,全国则有《农事调查表》、《谷菜耕作表》、《农务统计表》、《全国农地比较图表》,山林则有山林局,有《树林学讲义》、《町村林制论》以讲求之。臣购得《日本地产一览图》,恭呈御览。其全地潮雨所润,丘陵原隰,土地腴瘠,所宜稻麦多少,牧畜多少,各县皆有比较,以色之浓淡分之,浓者为多,淡者为少,谓之地质学,有地质局主之。盖其治国纤悉如此。其了然而偶养民、理财、训农方有入手也。凡此我皆无之,而但仰屋嗟贫。于所有之土地,未尝稍为经营,惟付之不识字之农畋。如此而望农务之兴,国民之富,犹却行而求及前也,必不可得矣。皇上鉴观其精详,比较其得失,必将憬然动于心,而知彼小国寡民之所以富强,而吾广土众民之所以贫弱者,有在矣。

伏乞皇上饬下各省府州县,皆立农学堂,酌拨官地公费令绅民讲求,令开农报,以广见闻,令开农会,以事比较。每省开一地质局,译农学之书,给[绘]农学之图,延化学师考求各地土宜,以劝植土地所宜草木。将全地绘图贴说,进呈御览,并饬各州县土产人工之物,购送小样,到其有[省]会地质局种植陈设,以广试验而便考求,扩见闻而兴物产。

其通商口岸,若上海、广东为中外大市,则设地质总局。其有可推行外国者皆令送小样至总局,以便外国人阅看购取,庶几商业盛而流通广,农业并兴,地利益出,而国可富。查古者有大农官,唐宋有劝农使,外国皆有农商部,可否立农商局于京师,而立分局于各省,以统

率之,出自圣裁。臣愚一得之见,伏乞皇上圣鉴训示。谨奏。

孔祥吉《康有为变法奏章辑考》,北京图书馆出版社2008年版,第341~342页

编者按:康有为此折原载《杰士上书汇录》卷三。又见于光绪二十四年七月《谕折汇存》,及《知新报》第七十六册(参见孔祥吉《康有为变法奏章辑考》第342~343页)。

8月19日(七月初三日) 内阁学士阔普通武上《变法自强宜仿泰西设议院折》。

内阁学士兼礼部侍郎衔奴才阔普通武跪奏:为变法自强,宜仿泰西设议院,以其上下一心事。恭读六月二十三日上谕:遇有交议事件,内外诸臣,务当周咨博访,详细讨论,及力除壅蔽,上下以一诚相感等因,钦此。仰见皇上宵旰勤劳,舍旧图新之至意。

奴才窃思欲除壅蔽,莫如仿照泰西设立议院。考议院之义,古人虽无其制,而实有其意。其在《易》曰:上下交泰,上下不交否。其在《书》曰:询谋佥同。又曰:谋及卿士,谋及庶人。其在《周官》曰:询事之朝小司寇掌其政,以致万人而询焉。其在《孟子》曰:国人皆曰贤,然后察之;国人皆曰可杀,然后杀之。春秋时,郑人游于乡校以执政,子产弗禁。汉昭帝始元六年,诏公卿问贤良文学民所疾苦。议员之职,有谏大夫,有博士,有议郎。由是征之,泰西风气近古,其议院之设,绰有古风也。

奴才窃思国家政治,寻常之事,可以照例举行,非常之功,必须谋定而后动。且人才之识,有不在爵位年齿者。拟请设立上下议院,无事讲求时务,有事集群会议,议妥由总理衙门代奏,外省由督抚代奏。可行者酌用,不可行者置之。事虽议于下,而可否之权仍操之自上,庶免泰西君民争权之弊。有此两议,在上者,扩充见识,自不至墨守旧章;在下者,各效愚诚,亦不至漠视国事。且下议院有益尤多,如遇各国要求,总署亦有展转。若索我口岸,侵我疆界,某省则告以交某省议院公议,先缓时日作准备,要求不已,则告以该省下议院不准。洋人最重民权,且深惧我中国之百姓,恐激众怒,自息狡谋。从此各国知我上下一心,居[君]民一气,耳目骤然改观,必不敢如前之欺侮,所谓内政修而外交愈固矣。

闻中日之役,日本上下议院,议之交符,故三军同心,一战必胜,其兵饷支绌之际,匹夫匹妇亦乐捐输。议院之功不甚巨欤?

惟议院之人实难其选,必须品端心正,博古通今,方能识大礼,建高议。此泰西议员,必由学堂出身者,一取其学贯中西,一信其风有操守,亦防弊之深意也。如蒙俞允,即可向驻京公使借各国章程以资取法。

奴才为变法自强起见,是否有当,伏乞皇上圣鉴。为此谨奏。

孔祥吉《康有为变法奏章辑考》,北京图书馆出版社2008年版,第344~345页

编者按:此折系康有为替内阁学士阔普通武草拟,原件藏中国第一历史博物馆戊戌变法专题档。

8月21日(七月初五日) 谕京师设农工商总局,各省设农工商分局。各省府州县皆立农务学堂,广开农会、刊农报。

《光绪朝东华录》:

丙辰,谕,总理各国事务衙门代奏工部主事康有为条陈,请兴农殖民以富国本一折。训农通商,为立国大端,前迭谕各省整顿农务、工务、商务,以冀开辟利源,各处办理如何?现尚未据奏报。万宝之源,均出于地,地利日辟,则物产日阜,即商务亦可日渐扩充,是训农又为通商惠工之本。中国向本重农,惟向无专董其事者,非大为倡导,不足以鼓舞振兴。著即于京师设立农工商总局,派直隶霸昌道端方,直隶候补道徐建寅、吴懋鼎为督理。端方著开去霸昌道缺,同徐建寅、吴懋鼎,均著赏给三品卿衔,一切事件,准其随时具奏。其各省府州县,

皆立农务学堂,广开农会,刊农报,讲农器,由绅富之有田业者试办,以为之率。其工学商学各事宜,亦著一体认真举办。统归督理农工商总局端方等,随时考查。各直省,即由该督抚设立分局,选派通达时务,公正廉明之绅士二三员,总司其事。所有各局开办日期,及派出办理之员,并著先行电奏。此事创办之始,必须官民一气,实力实心,方可渐收实效。端方等及各该督抚等,务当仰体朝廷率作兴事之意,考取新法,精益求精,庶几农业兴而生殖日繁,商业盛而流通益广。悉以植富强之基,朕实有厚望焉。

朱寿朋编《光绪朝东华录》,中华书局 1958 年版,总 4160 页

8 月 26 日(七月初十日)　严旨切责两江总督刘坤一,两广总督谭钟麟,因循玩愒,不肯力行新政。

《光绪朝东华录》:

辛酉,谕,近来朝廷整顿庶务,如学堂、商务、铁路、矿务一切新政,迭经谕令各将军、督抚,切实筹办,并将办理情形,先行具奏。该将军、督抚等,自应仰体朝廷孜孜求治至意,内外一心,迅速办理,方为不负委任。乃各省积习相沿,因循玩懈,虽经严旨敦迫,犹复意存观望。即如刘坤一、谭钟麟,身任封圻,于本年五六月间谕令筹办之事,并无一字复奏。迨经电旨催问,刘坤一则藉口部文未到,一味塞责;谭钟麟且并电旨未复,置若罔闻。该督等皆受恩深重,久膺疆寄之人,泄沓如此,朕复何望?倘再藉词虚延,定必予以严惩。直隶距京咫尺,荣禄于奉旨交办各件,尤当赶紧办理,陆续奏陈。其余各省督抚,亦当振刷精神,一体从速筹办,毋得迟玩,致干咎戾。

朱寿朋编《光绪朝东华录》,中华书局 1958 年版,总 4164 页

8 月 26 日(七月初十日)　清政府风闻孙中山与广西会党起义有关,通令缉拿。

军机大臣字寄两广总督谭、广东巡抚许、广西巡抚黄,光绪二十四年七月初十奉上谕:御史黄桂鋆奏巨奸煽乱,亟宜备御一折。据称,广西匪徒闻系孙文党羽,匪首李立亭出安民伪示,洋报内载孙文办理转运,暗中主谋,集股购械,分股窜扰,请饬查明,亟为预备等语。复据编修张星吉条陈,内称,粤西援剿各军,方桂东所带潮勇缺额甚多,并未与贼接仗,现在大股盘踞西山,军械、火药均系孙文接济各节。著谭钟麟、许振祎、黄槐森派员严密确查孙文踪迹,据实具奏,一面悬赏购线,设法缉拿,毋使酿成巨患……

中国第一历史档案馆编《光绪朝上谕档》第 24 册,广西师范大学出版社 1996 年版,第 319 页

8 月 27 日(七月十一日)　命各省督抚认真办事。

《光绪朝东华录》:

壬戌,谕,朝廷振兴庶政,凡交议交查各件,皆系当务之急,各督抚等自当仰体朕怀,各就地方情形认真妥办,随时具奏。乃本年六月以前,所有明降谕旨及寄谕并电旨饬办各件,未经复奏之处尚多,总由疲玩因循,不知振作,著各将军、督抚即将以前饬令议奏之件,迅速具奏。以后奉谕交办之事,尤当依限赶办,克日奏闻,毋得任意延缓,致降旨严催。嗣后明降谕旨,均著由电报传知,各省督抚即行遵照办理,无庸专候部文,以杜其藉口延误。

朱寿朋编《光绪朝东华录》,中华书局 1958 年版,总 4168 页

8月28日(七月十二日)　谕当除朦蔽锢习。

《光绪朝东华录》:

癸亥,谕,御史王培佑奏变法自强,当除朦蔽锢习一折。现因时事多艰,朝廷振兴庶务,力图自强,尤赖枢廷,及各部院大臣,共笃棐忱,竭力匡赞,以期挽救颓风,庶事可渐臻治理。乃诸臣中恪恭官守者,固亦有人,而狃于积习,不知振作者,尤难悉数。即如部院官,本应常川进署,不得无故请假,议奏事件,不准延搁逾限,皆经再三训诫,而犹阳奉阴违。似此朦蔽因循,国事何所倚赖?用特重加申儆,凡在廷大小工臣,务当洗心革面,力任其艰。于应办各事,明定限期,不准稍涉迟缓,倘仍畏难苟且,自便身图,经朕觉察,定必严加惩处,毋谓宽典可屡邀也。

朱寿朋编《光绪朝东华录》,中华书局1958年版,总4168页

8月29日(七月十三日)　康有为上《恭谢天恩并陈编纂群书以助变法,请及时发愤速筹全局折》。

该奏折全文如下:

督办官报事工部主事臣康有为跪奏:为恭谢天恩,并陈编纂群书,以助变法,请及时发愤,速筹全局,以免胁制,而图保存,恭折仰祈圣鉴事。

窃臣于本月初五日,奉到总理衙门传旨:"著赏康有为银二千两,以为编书津贴之费等因。钦此。"祇领之下,感悚莫名。窃思臣才思简陋,学术疏庸,偶摭象鞮之言,思作刍荛之献。曩者受对温室,渥荷纶言,许其广事搜罗,悉以上尘[呈]乙览,日夕兢惕,方惧弗胜,乃承高厚之恩,恤其写官之费。桓荣稽古,受车服之殊荣;宋祁纂书,荷兼金之厚锡。殊恩异数,受宠欲惊。非臣窾启下材,所宜谬忝;非臣灰骨粉身,所能上报。臣惟有挚精编纂,广事搜罗。凡泰西各国,大地新邦,地既与我比邻,政亦互相比较,撢其政俗得失之故,更事挚摩,纳于石渠天禄之中,以资采鉴,庶效涓埃之助,仰赞日月之明。

抑臣尤有请者,中国今当强敌四逼使时,非变法不能自保,而法之不能变,则惟守旧者阻扰之。故凡臣所著书,或旁采外国,或上述圣贤,虽名义不同,务在变法,其于发明新义,转风气,推行新法,至于自强。臣尚编有《皇朝列圣改制考》一书,详述列圣因时制宜,变通宜民之制,尚未脱稿。如蒙赐览,当赶速缉缮恭呈。即如《孔子改制考》一书,臣别有苦心,诸臣多有未能达此意者。前五月二十九日协办大学士孙家鼐传旨:"本日孙家鼐具奏,主事康有为所著《孔子改制考》一书,凡有关孔子改制称王字样,宜亟令删除等语。军机大臣奉谕旨:著孙家鼐传知康有为遵照。钦此。"臣遵复:此书由石印而非刻板。臣当恭遵谕旨,于下次再印时改正。然臣岂敢与众违异,妄招攻击?而特著此书之苦衷微意,不敢不陈于君父之前。诚以守旧者不欲变法,实为便其私图,而往往陈义甚高,动引孔、孟、程、朱,以箝人口。

臣考古先圣人,莫大于孔子,而系《易》著穷变通久之义。《论语》有夏时殷辂之丈[文],盖损益三伐[代],变通宜民,道主日新,不闻泥古。孔子之所以为圣,实在是。故汉以前,儒者皆称孔子为改制,纯儒董仲舒尤累言之。改者,变也;制者,法也。盖谓孔子为变法之圣人也。自后世大义不明,视孔子为拘守古法之人,视六经为先王陈迹之作。于是,守旧之习,深入人心,至今为梗。既乖先圣垂教之意,尤窒国家维新之机。臣故博征往籍,发明孔子变法大义,使守旧者无所藉口,庶于变法自强,能正其本。区区之意,窃在于是。

至于原奏所指孔子称王一节,臣原书中并无此语。臣盖引历代帝王、儒生尊孔子为王耳,非谓孔子自称王也。查儒生尊孔子为王,自汉以来,即已如是,见于载籍者,不可胜数,无

自删除。帝王尊孔子为王,自唐代开元二年谥孔子为文宣王。宋大中祥符元年,加谥为元圣文宣王。明正德十一年,加封为大成至圣文宣王。行之千余年,未有更革。虽程朱诸贤,未尝议其僭妄,盖后人尊崇之,无所不可。即如关帝本为汉臣,今尊以帝号,未有因此而疑关帝之不忠者。天下武夫、悍卒咸祀之,未有假关帝以生乱者。其他群祀诸神,尊以帝王之称者,不可数,载在《大清会典》甚繁,未闻议其不可,何独于孔子而疑之?

且王者,亲王、郡王,人臣最贵之称耳,无所谓僭妄也。臣恭读雍正元年世宗皇帝圣训:"敕部进封孔子五代以上,今部议封公上。考前代帝王皆有尊崇之典。唐明皇封孔子为文宣王;宋真宗加封至圣文宣王,封圣父叔梁纥为齐国公;元加封为大成至圣文宣王,加封齐国公为启圣王;至明嘉靖时,以王系臣爵,改称为至圣先师孔子,启圣王改为启圣公。虽皆属尊称,朕以为王爵较尊,孔子五世封王之典,著诸大臣议奏。钦此。"然则,明代所以去孔子之王号,国朝所以不议复之者,实缘王为臣爵,卑亵孔子,非以尊孔子耳。然孔子先世则已皆封为肇圣王、裕圣王、诒圣王、启圣王,然则称孔子为王,恭绎圣训,但患卑亵,其非僭妄,更可知矣。

臣实见数十年来,天主、耶稣各教,横行中土,士民为其所诱者,日多一日,寻至挟教力,以割吾地,弱吾国,其患不可胜言,皆由吾士民不知自尊其教,徒借孔子为干禄之具,故圣教微,而外教得而乘之。木腐生蠹,滋为可惧。故胪举历代帝王儒生所以尊孔子者,以告天下,实无有孔子称王之说。孙家鼐未详考故事,原奏所言,想系误会,合并辨明。

乃者皇上赫然发愤,屡下变法之诏,而大小臣工犹深闭固拒,议论沸腾,皆由守旧之徒,持孔子不变法之议,以蛊惑庸众也。合无仰恳天恩,将臣所著《孔子改制考》易名《孔子变法考》,抑或仍名《改制考》之处,伏候圣裁。至《皇朝列圣改制考》与《孔子改制考》用意相同,亦以使守旧之徒无所籍[藉]口,以扰我皇上新法,应否照旧仍名《列圣改制考》,抑或名《列圣变法考》之处,恭候圣裁。

臣近编泰东西各国变政之书,至于纂波兰分灭之记,考其亡国惨酷之由,因变法迟延之故。其始两次经俄普分割,国主才臣并欲变法,而守旧之贵族大臣阻之。及经第三次分割后,举国君臣上下,咸欲变法,抑可谓不可得之机会,非常之人心矣。而俄人恐其变法,即可自强。俄使挟兵,围其议院,勒令废新法而守旧章,不四年而波亡矣!

臣编书至此,未尝不废书而流涕也!我自光绪前,渺不知外事,虽数□累割,京师被陷,然以夷虏视敌,固无求变之理。自失琉球、割安南后,我之弱已形矣,当时汲汲变法,犹可及图,实为变法第一机会。而南关仅保,边臣饰功,朝士矜夸,不知变法。臣时在布衣,以祖陵之变,特诣阙上书,指日本之阴谋,发朝鲜之隐患,请速变法,以求自强。于是,朝臣晏安承平,咸守一统之旧,以臣为中风狂走,诽谤盛明,格不得达。不数年而有东事,赔款二万万,而割台湾、辽东矣。此为第一失机。

至甲午败后,大局腐坏,虽欲变法,而人不与我以从容暇日矣。东三省之铁路与俄,野人山与英,长江商务与日,三土司及滇粤矿务与法。咄咄逼人,蓄机待发,虽欲变法,恐人不听我矣。然乙未和议成后,若能如俄彼得、日本睦仁,翻然大变,至今三年,规模略具,犹可自立。此变法第二机会。臣待罪工部,曾上书极言变法先后缓急之序,又格不得达。不二年,遂有胶州、旅顺、大连湾、威海、九龙、广州湾之事。于是政权在人,拱手听命,轮船、铁路、商务,惟所占据矣。此为第二失机。

今岁和局粗定,皇上赫然发愤,决定国是,明诏络绎,厉精变法。天下翘首,想望自强,可谓圣明英迈,绝出寻常,不得谓非第三次机会矣。乃者明诏频下,开大学堂,而税务司赫德,公然函致总署，谓中国有同文馆已足，不必建大学堂，是欲四万万人皆永愚弱，而中国无从强也。继闻英使为英商莫尔根请办我全国矿产。夫吾中国矿产盈溢，皆未开辟。山西一省煤铁，已比英伦；北漠万里金穴，轶于美国。二万方里，所在皆是，而尽输与英，是皇上得其地面，西人得其地底，四万万人之生命绝矣。顷又闻英使要索铁路五道，贯匝全国；俄、德、法、日必援例而要请，势必输至二十五道，环络内地，扼吾血脉而后止，是并吾之血脉断绝矣。后此不日不月，需索要求，可推例而知。吾虽大度休容，一切退让，而权利尽失之后，精华既竭，蹇裳去之。

夫变法大举，虽行之极勇，举措得宜，推效极速，亦必须以三年规模乃小就。试问万国眈眈，虎视此土，如箭在弦，如马在埒。即无俄人西伯利之路，岂能待我数年教训乎？况赏罚未行，群臣之醉梦阻扰诽谤如此。制度局不开，措施之散漫乖错延阁如彼。犹泛沧海而无航，经沙漠而无导，冥行乱驶，而当风雨雾雪涛飓之交，而欲诞登彼岸，不致沉溺，岂可得哉？西人近观我皇上举动，多有悚然动听者，然一以为中国醉梦将醒，一于中国犹半信半疑。彼诚见中国积弊最深，变法最后，又见我全局未筹，用人未变，非有俄彼得之非常举动，尚不足以救弊起衰，且敢料我之后时，迟不及事，故莫尔根、赫德及英使之要挟尝试，非无故也。

伏惟我皇上昧爽视朝，览阅章奏，召见群臣，其勤政过绝于前朝，洞达中外，别白新旧，力图变法，其圣明超绝于天下；加以恭俭仁厚，好学若渴，求言若饥，以皇上之圣德日新，可谓前代寡有伦比者矣。而未见盛治，且不能自强，甚至割地纷纭，失权失政，此真千古不平之事。臣窃为我皇上愤之。推求其原，得毋皇上于至明之中，未施大勇；虽悬日月之照，而未动雷霆之威；虽定国是之所趋，而未行御门之大誓；虽知新政之宜行，而尚以旧人充其任；虽知先后之当议，而未闻顾问之有人；虽能庶事之日新，而未为全局之通筹，故守旧者议论汹汹，诽谤百出，岂累世因循之弊，应任自然之势，不能遽变耶？无论持之不坚，中于飞语，或至败于半涂，即使皇上见之甚明，持之甚坚，而举事则零碎凑集，未尝绘图画，则定全局，而后施行；用人则资格循常，未尝尊贤使能，擢通才而任新政，恐空有变法之名，而不收变法之实。自强之事，仍是茫如捕风；一有外患，仍无所补。将来守旧之徒，归咎于变法之无益，益为借口而已。此臣所夙夜忧惧者也。

昔伊尹曰："用其新，去其陈，病乃不存。"《诗》曰："周虽旧邦，其命维新。"《康诰》曰："作新民。"孟子以井田告滕文公曰："子力行之，亦以新子之国。"孔子《春秋》明新王之改制，必徙居处，改正朔，易服色，异器械，殊徽号。何为纷纷，不惮烦哉？以为不如是，不能易天下人之心思，移天下人之耳目也。夫衣旧则坏污，新则整洁；食旧则腐烂，新则甘香；屋旧则朽坏，新则壮丽；器旧则敝坏，新则光洁；炮旧则生锈，新则光泽；为国亦然。既以诸国并立之势治天下，则当全去旧日一统之规模；既以开创维新之势治天下，则当全去旧时守成之面目。百度庶政，一切更始，于大东中开一新国，于二千年成一新世。如新宫之作，金碧辉煌；如新衣之服，色样整洁，分毫旧料，皆弃而勿用。然后国势巩固，民气昌丰。汉臣董仲舒所谓："为政不调，甚者更张，乃可为理。"故不变则已，一变则当全变之，急变之。

皇上试思，今之时，何时乎？变法稍迟，敌人将掣我之肘，欲变而不可得矣。故今日不怕庸臣之沮挠，尤患敌国之沮挠矣。今经台、胶两割后，与波两次被割之时正同，非君臣同心，发愤大变，有神武不测之举动、风雷丕变之气象，若俄、日之事，必不能扫除而更张，自强而独立也。以中国二万里之大，四万万民之众，以皇上圣明所洞照，就皇上权力所能至，此雷霆万钧之力，势之所发，罔不披靡。如牧者之驱羊东西，惟鞭所指，惟皇上自断之，自审之。无为庸人所乱，无为谣言所动，赏罚必行，政事必举。选通才于左右，以备顾问；开制度局于宫中，以筹全局。坚如山岳,厉若风霆,则纲举目张,规条具举,内政外交,次第毕张,轻重得其宜,先后不紊其序,天下奔走踊跃,则民气日新,国势日壮,自强虽难,自保尚可。若仍左右无谋议之人,全局无统筹之计,因任守旧,零碎凑集,先后倒置,缓急失宜,变事而不变法,变法而不变人,医多药杂,凌乱妄投,脉乱病深,阴气交作,失此第三机会,则一旦强敌藉端要挟,无可言者。恐至是吾君臣上下,同心欲变,而各国逞其兵力,抑令守旧,将为波兰之续,虽欲变而不能矣。

臣每读上谕,诰诫迫切,皇上以诚求下,可谓至矣。凡有血气,宜无不感动,上念主忧臣辱之义,下怀国亡家破之忧,卧薪尝胆,救火追亡,以图补救,庶几万一。乃惟诽谤诋排,预助强敌,或观望不办,或訾求治太急,惟是内讧相攻,苟争禄位,独使至尊殷忧社稷,诸臣犹为有人心乎?然群臣寝薪为安,处堂为乐者,多未一考波兰之事,不远观外国危亡之辙故耳。若使熟知波事,知覆巢之下,更无完卵,贵臣大家,蹂践酷毒,能不动心乎?夫天下已形之分灭者,波兰是也;无形之分灭者,埃及、安南是也。今既未遽见波兰之事,政权与人,铁路、矿务与人,在中国人以为犹未分灭,在泰西人则以为已分灭矣。

《诗》云:"忧心殷殷,念我土宇。"臣愚忧危,匪可言喻。近鉴台胶,远鉴波兰,窃愿皇上与诸臣共虑之也。臣以疏贱,猥受厚恩,稠叠屡加,无可为报,心所谓危,不敢不告,感激徊徨,敢竭罣罣。伏乞皇上圣鉴训示。谨奏。光绪二十四年七月十三日。

孔祥吉《康有为变法奏章辑考》,北京图书馆出版社2008年版,第349~355页

编者按:康氏此折清档阙佚,《随手登记档》与《早事档》亦未见有关此折呈递之记载,现由《杰士上书汇录》卷三抄出(参见孔祥吉《康有为变法奏章辑考》第355~356页)。

△ 康有为上《为厘定官制分别官差,以高秩优耆旧,以差使任贤能折》。

该奏折全文如下:

督办官报事工部主事臣康有为跪奏:为厘定官制,请分别官差,以行新政,以高秩优耆旧,以差使任才能,恭折仰祈圣鉴事。

窃闻朝议纷纭,多有议厘定官制并裁冗署者,臣以为言之是也,而今行之,非其时也。夫立政变法,有先后轻重之序,若欲厘定新制,须总筹全局,若者宜增,若者宜改,若者宜裁,若者宜并,草定宪法,酌定典章,令新政无遗,议拟安善,然后明诏大举,乃有实益,若稍革一二,无补实政,似非变法先后轻重之序也。然统筹全局,改定官制,事体重大,不能速举也。

查今内政、外交之重,皆在枢垣、总署,是二者皆差也,非官也。然则今之施行新政,专重差使而已。臣考从古用人,皆分官爵。爵以辨等,官以得才,二者不能偏废也。三代之制,公、侯、伯、子、男、公卿、大夫、士,爵也;司徒、司马、司空、司寇、太史、虎贲,官也。苏公以公爵而兼太史、司寇,吕伋以齐侯而兼虎贲,康叔以卫侯而兼司寇,孔子以大夫而为司寇,皆以爵而充官也。如今亲王而充枢垣、译署也。唐、宋皆以官、爵分途,而宋世尤美。宋之所谓官者,即古之爵位也。虽名某部、某寺卿贰,而百官皆不任本职,但寄禄秩而已。如今侍郎、京卿、翰林、出使及学差,皆不营本职,但用其顶戴、章服、体制也。宋之所谓差者,即古之官也。各部寺监皆有勾当、检校勾当。检校者,犹今行走也。

外官知县则用九品以上京官充之;漕运、提刑等使,皆选八品以上朝官领之;知州则自宰相至七品以上朝官充之。专任差使,不问本官。差使皆用才能,不拘品秩。如今尚书、编检,同值南书房,侍郎、主事,同放试差也。寺监职官,以待升转,馆阁祠禄,以优老臣,深得三代官爵并用之美。如今出使学差,依旧转官,保傅官衔,以示优崇也。但宋人尽用之,而今略用

之耳。王安石变法，不通官爵之意而妄改之，古意遂失矣。然前代宰相，率皆三品，明世五品，然且皆用差使，内阁选之，编检、督抚选之，四五品卿僚余各差选之。部曹中行评博，皆奉使直达于上，故人人乐尽其才。

我朝差使之名出之于宋，而官差不别，品秩太峻。品秩峻，则非积资累格，不足以致大位，至是则年已老矣。官差不别，则若尚书、侍郎，既领枢垣、译署之差，即不当复任本部，任事即不当充各要差。盖以一人之身，才力有限，精神无多，且皆垂老之年，而令其官差杂沓，并归一人，势必一切具文，不办而后止。外省督抚，亦以秩尊年老，积资选用，故亦一事不办。

顷皇上欲行新政，屡下诏书，而无一能奉宣圣意，少有举行者，皆由官爵合一，不用古者分途并用之法，以高爵待耆旧，以差使任才能，故官至大僚，皆年老精衰，畏闻事任也。泰西各国，皆以爵任官，日本亦然。其议定参议、六卿及各县知事，选亲王、公卿、诸侯、大夫、征士任之。故炽仁亲王，亦为知县；而大久保利通、大隈重信、伊藤博文，皆以征士而参大政。此亦官爵分途之明效也。

今欲自强，非讲兵不可，讲兵，非理财不可，理财，非兴学校以开民智不可。兵、财、学校皆非改官制，别官差，无由整顿也。《论语》谓："故旧不遗，则民不偷。"昔光武以高秩厚礼，允答元勋，峻文深宪，责成吏职，故开国功臣，皆予特进奉朝请，虽以邓禹之才，亦不任职。宋太祖亦用此道，故当时功臣皆不挂吏议，保全终始。既有劳于前，亦当恩礼于后，论者以为君臣交得焉。今法弊至此，欲行新政，臣以为采用三代官爵分途之制，宋及日本专用差使之法，汉、宋优待功臣之义。

伏祈皇上推行新政，先注意差使，令各政皆别设局差，如军机、译署之列，选通才行走，读宋及日本法。自朝官以上，不拘资格任之，去卿贰大臣，方任专差之例。若以积习相沿，骤难变易，则凡此专差人员，皆赏给京卿、御史职衔，准其专折奏事，自辟僚佐。其每直省亦派通才一人，办理新政，体制亦同。若不设新局，则每衙门皆派人行走。其带本衙门之官，照各部实缺郎中、员外例。其无掌印、主稿之差者，不到署办事者听。凡官不得兼差，其有枢垣、译署、管学等差者，亦无庸到本衙门办事。其年较耆老者，不必劳以事任，赏给全俸，令奉朝请。如此则耆旧得所，人才见用，新政能行，而自强可望。

臣愚一得之见，伏乞皇上圣鉴训示。谨奏。

孔祥吉《康有为变法奏章辑考》，北京图书馆出版社2008年版，第357～359页

编者按：康有为此折原载《杰士上书汇录》卷三，清档中此折已阙佚。《随手登记档》与《早事档》中亦未见登录（参见孔祥吉《康有为变法奏章辑考》第359～360页）。

△ 谕命沿江沿海督抚于商贾辐辏之区设立商会，并命总理衙门咨商各督抚拟订章程。

《光绪朝东华录》：

甲子，谕，少詹事王锡蕃奏请饬各省设立商会，于上海设总商会等语。现在讲求商务，业于京师设立农工商总局。并谕令刘坤一、张之洞，先就上海、汉口试办商务局，拟定办法奏闻。现尚未据奏到，商会即商务之一端，著刘坤一等归案迅速妥筹具奏。其沿江、沿海商贾辐辏之区，应由各该督抚一体查明办理。所有一切开办事宜，并著总理各国事务王大臣，咨商各督抚，详订章程，妥为筹办。

朱寿朋编《光绪朝东华录》，中华书局1958年版，总4169页

8 月 30 日（七月十四日）　谕命裁撤诸机构。

《光绪朝东华录》：

乙丑，谕，国家设官分职，各有专司，京外大小各官，旧制相沿，不无冗滥。近日臣工条奏，多以裁汰冗员为言，虽未必尽可准行，而参酌情形，实亦有亟当改革者。朕维授事命官，不外综核名实，现当开制百度，事务繁多，度支岁入有常，岂能徒供无用之冗费，致碍当务之急需？如詹事府本属闲曹，无事可办。其通政司、光禄寺、鸿胪寺、太常寺、太仆寺、大理寺等衙门，事务甚简，半属有名无实，均著即行裁撤，归并内阁及礼、兵、刑部办理。又外省如直隶、甘肃、四川等省，皆系以总督兼管巡抚事，惟湖北、广东、云南三省督抚同城，原未划一。现在东河在山东境内者，已隶山东巡抚管辖，只河南河工，由河督专办。今昔情形，确有不同，著将督抚同城之湖北、广东、云南三省巡抚并东河总督，一并裁撤，均著以总督兼管巡抚事。东河总督应办事宜，即归并河南巡抚兼办。至各省漕运，多由海道，河运已属无多，应征漕粮，亦多改折。淮盐所行省分，亦各分设督销。其各省不办运务之粮道及向无盐场，仅管疏销之盐道，亦均著裁撤，归各藩司巡守道兼理。此外如各省同通、佐贰等官，有但兼水利盐捕，并无地方之责者，本属闲冗，即著查明裁汰。除应裁之京外各官，本日已降谕旨，暨裁撤之巡抚、河督、京卿等员，听候另行录用外，其余京外尚有应裁文武各缺，及一切裁减归并各事，著大学士、六部及直省督抚，分别详议赶办，仍将筹议情形，迅速具奏。内外诸臣即行遵照，切实办理，不准藉口体制攸关，多方阻格，并不得以无可再裁，敷衍了事。至各省设立办公局所，名目繁多，无非为位置闲员地步，薪水杂支，虚糜不可胜计，迭经谕令裁并，乃竟置若罔闻，或任听委员劣幕舞文，一奏塞责，殊堪痛恨，著各督抚懔遵前旨，将现有各局所中冗员一并裁撤净尽，并将候补、分发、捐纳、劳绩等项人员，严加甄别裁汰，限一月办竣复奏。似此实力剔除，庶几库款充裕，得以宏拓新规，惟不准瞻徇情面，阳奉阴违，致干咎戾。当此国计艰难，朝廷宵旰焦劳，孜孜求治，诏书敦勉，勖以至诚。尔在廷诸臣及封疆大吏等，具有天良，其尚仰体朕怀，力矫疲玩积习，一心一德，共济时艰，庶几无负委任。若竟各挟私意，非自便身图，即见好僚属，推诿因循，空言搪塞，必当予以重惩，决不宽贷。

朱寿朋编《光绪朝东华录》，中华书局 1958 年版，总 4170 页

△ 著各直省督抚，督饬地方官，各就物土所宜，悉心劝办，以浚利源。

《光绪朝东华录》：

乙丑，谕，国子监奏，候补学正学录黄赞枢条陈时事，据呈代奏一折。据称民生日蹙，宜厚生计，蠹吏横征，宜严考查等语。朝廷整饬庶务，无日不以吏治、民生为念。重农之外，桑麻丝茶等项，均为民间大利所在，全在官为董劝，庶几各治其业，成效可睹，著各直省督抚，督饬地方官，各就物土所宜，悉心劝办，以浚利源，亲民之官，莫如牧令。近来仕途冗杂，非严加考查，不足以别贪廉。钱粮之浮收，胥吏之肆扰，种种殃民之事，该管上司，果能悉心考核，即不肖官吏，亦断不至无所忌惮，著各督抚懔遵六月十五日谕旨，于所属州县，认真查核，毋令贤否混淆，仍随时秉公举劾，以示惩戒。吏治清，则民生自裕，此即封疆大吏之责，无负朕之再三申诫焉。

朱寿朋编《光绪朝东华录》，中华书局 1958 年版，总 4171 页

9 月 1 日（七月十六日）　以礼部尚书怀塔布等阻挠礼部主事王照上书，谕将怀塔布等交部议处。

《光绪朝东华录》：

丁卯，谕，怀塔布等奏司员呈递条陈，请旨办理一折。据称，礼部主事王照条陈时务，藉端挟制等语，朝廷广开言路，本期明目达聪，迩言必察。前经降旨部院司员，有条陈事件者，著由各省官代奏，毋得拘牵忌讳，稍有阻格。至于是非得失，朕心自有权衡，无烦该堂官等鳃鳃过虑也。若如该尚书等所奏，辄以语多偏僻，抑不上闻，即系狃于积习，致成壅蔽之一端，岂于前奉谕旨毫无体会耶？怀塔布等，均著交部议处，此后各衙门司员等条陈事件，呈请堂官代递，即由各该堂官原封呈进，毋庸折看。王照原呈，著留览。

朱寿朋编《光绪朝东华录》，中华书局1958年版，总4172页

△ **命各该堂官督饬司员，悉心删订则例，务极简明。**

《光绪朝东华录》：

丁卯，谕，吏部、户部奏遵旨删订则例，具奏办理情形各一折。各衙门例案太繁，业经谕令迅速删订。吏部铨选、处分二项头绪纷纭，户部收支款项，名目烦多，一切章程难免歧异，著各该堂官督饬司员，悉心删订，务极简明，将核定例章，仿照史表，分门别类，列为一表，俾阅者一目了然，吏胥无从舞文弄法。至此项底本，即著该堂官公同核办。户部所请专派大臣一员勘定之处，应毋庸议。

朱寿朋编《光绪朝东华录》，中华书局1958年版，总4173页

9月2日（七月十七日） **命各衙门删订则例时，均当照昨日谕旨办理，以归划一。**

《光绪朝东华录》：

戊辰，谕，昨据吏部、户部奏删订则例办理情形，当经谕令将核定例章，仿照史表，分门别类，列为一表，使人明晓。因思删订则例，各衙门均当照此办理，以归划一，著该堂官等督饬司员，悉心编辑，毋稍纷歧。

朱寿朋编《光绪朝东华录》，中华书局1958年版，总4176页

△ **士民上书言事者，著赴都察院呈递。随到随递，不准稽压。**

军机大臣面奉谕旨，前经降旨，士民上书言事者，著赴都察院呈递，毋得拘牵忌讳，稍有阻格。嗣后都察院凡接有条陈事件，如系封口呈请代奏，即著将原封呈进，毋庸拆阅。其具呈到院者，即将原呈封进，不必另行钞录，均著随到随递，不准稽压。倘有阻格，即以违旨惩处。

中国第一历史档案馆编《光绪朝上谕档》第24册，广西师范大学出版社1996年版，第339页

9月3日（七月十八日） **御史华焊上奏，声称孙文与广西会党联合，请求清廷派员督剿，以免蔓延。**

该奏折全文如下：

河南道监察御史臣华焊跪奏，为广西寇氛未靖，办理稽迟，请旨简派贤能大员弛往督剿，以免蔓延而销巨患，恭折仰祈圣鉴事：窃臣恭读七月十三日上谕，叠经谕令黄槐森督饬各营迅速剿办，该抚因循贻误，咎无可辞，黄槐森著即摘去顶戴，迅督各营勒限一个月将会匪一律扫尽，等因。钦此。仰见我皇上关怀民瘼，绥靖地方至意，钦感莫名。臣维广西伏莽潜滋，近年屡平屡起。此次声势较大，连破数城，郁林既报解围，浔州又传警信。或谓逸匪孙文自海

外潜归，为之区画机宜，筹济粮械。报章传播，未必无因。且以变政为名，以劫官不劫民为说，甚至僭立年号，张贴伪示，谓官兵不能卫民，反行剥削，今起义师，救民涂炭。闻该省团练亦复被其煽惑，人怀二心。其计谋之谲，徒党之多，实非寻常小寇可比……

中国史学会编《中国近代史资料丛刊·辛亥革命》第1册，上海人民出版社1957年版，第133页

9月4日（七月十九日）　革礼部尚书怀塔布等职，赏给王照三品顶戴，以四品京堂候补。

内阁奉硃谕，吏部奏遵议礼部尚书怀塔布等处分一折，朕近来屡次降旨，戒谕群臣，令其破除积习，共矢公忠，并以部院司员及士民有上书言事者，均不得稍有阻格，原期明目达聪，不妨刍荛兼采，并藉此可觇中国人之才识。各部院大臣均宜共体朕心，遵照办理。乃不料礼部尚书怀塔布等，竟敢首先抗违，藉口于献可替否，将该部主事王照条陈，一再驳斥。经该主事面斥，其显违诏旨，始不得已勉强代奏。似此故为抑格，岂以朕之谕旨为不足遵耶？若不予以严惩，无以儆戒将来。礼部尚书怀塔布、许应骙、左侍郎堃岫、署左侍郎徐会澧、右侍郎溥颋、署右侍郎曾广汉，均著即行革职。至该部主事王照，不畏强御，勇猛可嘉，著赏给三品顶戴，以四品京堂候补，用昭激励。

中国第一历史档案馆编《光绪朝上谕档》第24册，广西师范大学出版社1996年版，第343～344页

苏继祖《清廷戊戌朝变记》：

七月十七日，罢礼部六堂官，主事王照著以四品京堂候补。皇上求言之切，不自今日，当初不能自主，自亲政后，即首重求言，唯恐不尽，近又力行新政，日日诱使进言。尚书许公与康树敌，曾劾康，康又使人劾许，互相攻讦屡矣。今见王照所言，大都维新之道，正触其恶，不欲代奏；王又为康友，素知许于新党为难，故面斥其背旨，壅蔽言路，复具一折劾之，请其代奏，因不敢不代递之，加片劾其咆哮挟制。上正在急欲求言，又恶许阻挠新政，故六堂皆罢之，实皆许一人所累也，然此系皇上承统以来，第一次黜陟人才也，不意因之受祸。

怀尚书守旧之无能者也，此番因人受累，深蒙太后怜之，召赴颐和园详询本末，令其暂且忍耐，而怀急欲作官，复有天津之行，诸公之淫于富贵，亦可叹可怜矣。

中国史学会编《中国近代史资料丛刊·戊戌变法》(1)，神州国光社1953年版，第339页

9月5日（七月二十日）　赏杨锐、刘光第、林旭、谭嗣同加四品卿衔，在军机章京行走，参预新政事宜。

内阁奉上谕，内阁候补侍读杨锐、刑部候补主事刘光第、内阁候补中书林旭、江苏候补知府谭嗣同，均著赏加四品卿衔，在军机章京上行走，参预新政事宜。

中国第一历史档案馆编《光绪朝上谕档》第24册，广西师范大学出版社1996年版，第350～351页

苏继祖《清廷戊戌朝变记》：

七月二十日，召见杨锐、刘光第、谭嗣同、林旭，均着赏给四品卿衔，在军机章京上行走，参预新政。

杨锐，四川人，内阁候补侍读。

刘光第，四川人，刑部主事。均湘抚陈中丞保荐。

谭嗣同，湖南人，江苏候补知府。湖南学政徐保荐。

林旭，福建人，候补中书。少詹王锡蕃保荐。

皇上年来蒿目时艰，讲求新法，而在廷诸臣，惟知墨守旧经，凡有顾问之言，所答皆非所

问。诸臣不自责其无识，每以恭守祖法，抗忤上意，上亦深知诸臣之不足与谋也。方今改革在亟，乃命四臣充军机章京，参预新政。自是每日章奏条陈，上择要披阅外，皆四臣阅看，新政诏谕，皆命恭拟，并代进呈康有为条奏，较由总署速且便也。军机大臣除办日行例事外，不能赞置一词，咸忿忿不平，怒眦欲裂于此四臣矣。选此四官，康之保荐。

中国史学会编《中国近代史资料丛刊·戊戌变法》(1)，神州国光社1953年版，第340页

△ **总理衙门章京张元济上书。**

《总理各国事务衙门章京张元济折》(光绪二十四年七月二十日)：

总理各国事务衙门章京、刑部主事臣张元济跪奏，为时局艰难，变法自强，亟宜痛除本病，统筹全局，以救危亡，而成盛业，恭折仰祈圣鉴事。窃臣于本年四月二十八日蒙恩召见，仰见皇上忧国伤时，达于辞色。近又叠颁明诏，除旧更新，不惑于浮言，不挠于旧党，窃以为圣明在上，提纲挈领，必能振已废之心，扶将衰之国运矣。乃数月以来，中外因循，一仍旧习，欺罔蒙蔽，毫无朝气。刘坤一、谭钟麟之复奏迟延，怀塔布等之阻塞言路，其最著者也。

臣尝读五月二十八日上谕，至每待臣下以诚，而竟不以诚相应二语，未尝不痛哭流涕，以为有君如此臣虽粉身碎骨，亦何足以为报？诸臣乃置若罔闻，其心抑何忍耶！臣尝悉心体察，知其中有受病最深之处，非洞见症结，抉发扫除，虽日言变法，终涉皮毛而不能得其实际也。凡行事有一定之次序，非预为布置，握要以图，虽日诏诸臣，力改积习，终有所扞格而不能行也。此其故，廷臣岂不知之，而不肯为我皇上言之者。其实则有漠视朝廷之心，以为旧法终不能废，新政终不能行，任我皇上一人忧劳于上，久将必倦，倦则旧法复，新政废，而彼乃快赏其愿也。彼亦岂不知外患内忧，相逼而至，而年已老耄，转瞬凋零，但求敷衍数年，生不复见。即不幸犹存，而若辈赧颜，何所不可？惟我皇上春秋正富，来日方长，设有意外，何堪设想？微臣日夕忧惧，罔知所措。谨就管见所及，冒死上陈，敬备圣明采择，以为救亡拯急之助。

再，近来臣工条奏凡有交议，廷臣多不能仰体圣意，切实议行，或诡称已办，或极称不便，无非欲暗行驳斥，即有一二议准，亦复支吾影射，貌合神离，迥失原奏本意。盖诸臣贤愚不一，新旧殊途，各怀一两不相下之心，而又不能独行其是，故成不痛不痒之公事，此近来变法之实在情形也。

臣所条奏，系为变法正本清源起见，如蒙皇上采纳，可否仰求宸衷独断，勿交廷臣核议，以免阻格之处，出自圣裁。除将微臣管见逐款开呈外，谨缮折密陈，伏乞皇上圣鉴训示。谨奏。

谨将微臣管见总纲五条、细目四十条，逐款开列，恭呈御览。

一曰设议政局以总变法之事。泰西各国行政与议政，判为两事，意至良法至美也。中国不然，以行政之人操议政之权，今日我议之，明日即我行之，岂能不预留地步以为自便之计，故政为彼之所惯行者必不废，废则无以抑新进之辈矣。政为彼之所未行者，必不兴，兴则显形其前事之非矣。我皇上欲去一旧法，则多方阻挠，欲举一新政，则故意延宕，未始不由于此。且变法之事亦非可易为也，必将彻究其终始，融贯其往来，斟酌其后先，权衡其缓急，而后能施之无弊，行之有功。不见夫良医之治疾，大匠之筑室乎？审脉察情而后定药焉，绘图布算而后施工焉，故病无不治而室无不成。今我皇上日日变法，而相与审脉察情者谁乎？绘图布算者谁乎？夫一事之行，其起点甚微，及其究竟交相引摄者，正不知几千万绪，稍一不慎，败覆随之矣。我皇上自四月二十三日明定国是以来，百废具举，事固无不当行者，而行之有效与否，亦恐未必确有把握。然则如之何而后可？曰必于事之未来，预为之计算，必于所

行之事,统筹其全局。然欲以此责之枢部诸臣,而诸臣年跻耄耋,精力衰颓,且各有官守,兼差无算,往来奔走,簿书劳形,岂复能耽精研思,从容讨论。且其中多有不愿奉行新政之人,面从心违,于事何济!我皇上真欲变法,不先设一议政局,以握其纲领不可也。请言设局之事。一、此局宜仿懋勤殿南书房之例,设内廷。一、以年富力强通达时务奋发有为者,充局员,统请特旨简派。一、局事至繁,约以二十人为额,如不足请旨添派。一、在局诸员,每日轮流以数人一班,随军机大臣之后,听候召见。一、请皇上于万机之暇,随时临幸局中,考核各员所办之事。一、遇有要事,谕知在局各员全数齐集,届日请皇上驾幸局中,听诸臣详细核议。一、臣工条陈时事,及各衙门请旨之件,概行交局核议,准驳各随所见,议上请旨施行。至士民条陈,以后必多,亦可先交该局阅看。一、凡今日所应改、应增之事,责令各员先期拟定办法及详细章程,随时进呈御览,恭候钦定。一、现在已行新政,如学堂、报馆、轮船、铁路、邮政、电报、矿务、工厂、银行、商会,均不过大略章程,并未垂为国宪,故办法多不画一。宜令在局各员,详考西国制度,参酌现在情形,拟具则例,呈请钦定颁行。

一曰融满汉之间。国初定制,满汉殊途,设官分职,有专用旗员者,有旗、汉勿论者,有旗、汉并列者。当日因时制宜,意至深远,沿至今日,流弊转盛。事关旗制,汉则曰不便措词;事属汉股,旗则曰可勿过问,此今日之常谈也。亦有貌为和衷者,实则依回迁就,敷衍了事,而形格势禁,终有此疆彼界之嫌,此弊之见于上者也。其见于下者,驻防省分,旗、汉互争,该管官各有袒护,于是积不相能,乖气致戾,夫非闾阎之隐患乎。不独此也,害更有独中于满人者。满人入仕较汉为早,且有未及岁已充兵者,故就学期短,而文学之事遂逊于汉人,一也。塞外苦寒荒瘠之区,官司守戍,多满人任之,而汉人不与,二也。满人擅自离旗有禁,出外经商又有禁,故生计较汉人为绌,三也。此其故,实由于满、汉之分。夫万物之公理,可分者,未必不可合。何以知满、汉之可合也?咸同之际,粤捻各匪蹂躏海内,其时我皇太后垂帘听政,知人善任,削平大难,蔚成中兴之治。当时论功行赏,实惟汉人为多。圣人在上,天下一家,中国一人,固无有满、汉之见矣。则皇上于此,禀承慈训,合满、汉而一之,抑又何难?方今海外各国,莫不联盟合群以攻我,而我于满、汉之间转不能融洽一气,化尽町畦,抑何不善自为谋也。我朝定鼎二百余年矣,祖宗德泽,沦浃海宇,皇上忧国勤民,天下共见。凡内地各省,食毛践土之辈,感戴皇仁之不暇,岂忍自外生成。即旗民杂居内地,亦久与汉人情形相习,果一旦特颁明诏,合而同之,当必能仰体圣怀,胥忘形迹。然使仅发一诏旨,切责满、汉诸臣,不宜各分畛域,而不变通成法,以实力行之,则此弊亦终不能除。臣知此为我国家受病最深之处,而又痛在廷诸臣只知忌讳,罔顾大局,莫肯一言痛愤,既久不能复隐,谨昧死直陈,并拟定办法如左,伏候宸断。一、内地之满、蒙各旗,统宜编入民籍,归地方官管辖,惟宗室为天潢贵胄,不宜与凡民并列。请悉仍旧制。一、上节云云,一时如不能办到,则莫若令旗、汉互通婚姻,并弛出外商贾之禁,任旗民自谋衣食,有愿留居他处者,准呈明所在地方官,编入民籍。一、各衙门堂官,有满、汉并列者,统宜裁减,只留一人。满而贤能,去汉留满;汉而贤能,去满留汉。一、旗民生计艰难,就令编入民籍,现在所有钱粮,亦宜悉仍其旧,勿稍裁减。惟缺出不补。一、京师及驻防省分,宜速设勤工学堂,专教旗民之失业者。一、内外蒙古及新疆、青海等处,一切制度,现时均勿更动,俟内地办有端绪,再议举行。

一曰通上下之情。请言一身肢体运动,全恃血脉之流通贯注,一有窒滞,未有不病者也。再言一家主人,足不出户,仅责僮仆理治外事,未有不因缘为奸者也,国何独不然?泰西各国君,常巡行于外,得以周知各事,故臣不敢欺其君,又常与民相见,故民亲其上,今我独反其道而行之。皇上励精图治,力行新法,其日日相与讨论者,不过三五老臣而已。至于小臣,不能常常见也。除在京各衙门司员外，外官及士民言事，仍须由本管督抚、都察院代奏，其有不奏皇上，乌从而知之也，乘舆无事不出，出则除道警跸，驱逐行人，不使下民得瞻云日，且亦不许自陈其疾苦也。旧制之荡然无存者，多矣。而诸臣于此，独兢兢奉行，而不少失者，岂实有尊崇帝制之心哉，不过欲束缚我皇上之手足，蔽塞我皇上之聪明，以自便共罔上营私之计耳。今岁广东大疫，死者十万人，东南各省每石米几值银十元，此亦可谓非常之变矣，皇上其知之乎？臣窃料各省督抚未必为我皇上告也。臣诚痛我皇上之束溥[缚]弊塞，而不能骤脱此牢笼，然以我皇上之英武，又何难尽破此锢习。伏读本月十四日上谕，内外诸臣不准藉口体制攸关，多方阻格，此诚变法扼要之论。十六日又谕各衙门堂官，凡司员条陈事件，原封呈进，毋庸拆看，此亦近来变法最为有力之处，皇上果能推广此意，以求上下之情，臣可决于一年之内，全国之事，朝廷了如指掌矣。谨举其办法如左：一、京师各衙门，暨新设之各学堂，办理新政各局所，请皇上随时临幸，亲加考察，将来风气大开，规模毕备，并请巡幸各省，游历外洋。一、改早朝为午朝，今诸臣秉烛入直，仓皇视事，神气不清，岂能振作，且起居失宜，亦非保护圣明之道。说者曰："夜半视朝，为本朝家法，用意至善，岂可轻改。"不知法久则敝生，现在皇上每日召见大臣，皆系办昨日之事，而非办本日之事，是欲速而反迟，欲勤而反怠也。则何如改为午朝，犹可办本日午前之事乎？一、朝时既改，并请准递重要事件，随时请旨进见。一、臣工入觐，莫不有跪拜之文，少壮者犹可，耆年高秩，屈膝数时，岂复能从容论道，裨益圣听。且臣子忠爱之忱，断不在此区区末节。除大典礼外，寻常觐见，应请立而不跪，亲重老臣，则锡[赐]之坐位，以示仪礼。一、请许士民言事，均得径达御前。一、各省州县官，每省酌调若干人来京召见，既可察其才能，亦藉以知民间疾苦。一、请饬下总理衙门，将中国所有新报各备一分，统以原本逐日进呈御览，不准择要选录，以杜壅蔽之渐。

一曰定用人之格。今之策时事者，动曰人才缺乏，臣则以为人才自在不善用之，故有才如无才耳。今之官吏上焉者，不过循分供职，余皆殃民蠹国之徒耳。我皇上痛加裁撤，诚大快事，然新政待人而理，既裁之后，尤当筹善用之法，谨拟定办法如左：一、现在宜多裁旧衙门，增设新政衙门，有军机处，何必有内阁；有大学堂，何必有国子监，皆重沓无谓。翰林院人员最众，所办事件与国计民生毫无关系，大[太]常寺专司祀典，亦可并入礼部，或恐此项人员废业可惜，则拔其才可用者，入新政衙门当差。一、旧存暨新设各衙门，所有官制，应请饬下议政局，重加厘定，请旨施行。一、以数人共一事，意见不同，必至无一人辩事而后止。故各衙门只设堂官一人，为之副者一人，受堂官节制，属员亦均由堂官辟荐，请旨擢用。或谓如此必揽权舞弊，不知任用与觉察权，皆在我皇上。且有百官以为皇上之耳目，又孰能揽权舞弊哉。各省督抚，皆以一人办全省之事，何不疑之，而犹疑于为堂官者乎。一、以一人兼数事，精力有限，必至无一事能办而后止，故人必专司一事，不得兼他项差使。一、命官之始，量材授职，既习其事，即与此事相终始，可以递升，不可迁调。今日兵刑，明日钱谷，于事固无裨也。一、官方之坏，大都由于赏多罚少。现既裁官，所有前者保奖章程统宜停止，另行核定。各官之不能奉行新政，妄肆阻扰者，尤应治以违旨之罪。一、增禄俸。量其职之大小，事之繁简，分别酌定，务必逾于其所需之数。一、停捐纳。捐纳之弊，不待烦言。今果大加整顿，清厘出入款目，何在不可得此二百万金。且既经裁官裁差，捐数亦必大绌。西人多诮中国鬻卖官爵，皇上欲图自强，必不使外人轻侮而后可，则特颁明诏，永远停捐，最为要著矣。一、废科举。今之裁官，为其人冗糜帑也，若科举不停，三年之后，文武又增数百人矣。何必多此一番裁撤哉。或谓科举废，则贤才无由表见，不知已奉旨设立学堂，明明有进身之路，此本叠床架屋之事也。故裁冗员，不能不废常科。一、京外大小各官，均令陈明，愿行新政与否，不必由曲从。其不愿者,以原品致仕,三品以上荫一子,入大学堂肄业,俾得及时自效。其夙著勤劳者,并赏食全俸。一、除致仕者外,愿行新政之人,仍必不少,京官各堂官,外官三品以上,特旨录用。此外,京官由本署堂官,外官由本省督抚,切实甄别,足额为止。余令回籍,听候咨调。一、外省各官,除藩臬以上,可勿拘外。余均宜用本省人为之,熟谙风土,可免胥吏之欺朦,敬恭桑梓,更有亲朋之责备,胜于用外省人,多矣。然不改抑官权,删降体制,亦难有效。一、今之牧令,职分太卑,重重束缚,徒有亲民之责,毫无行政之权。宜升其阶秩,并照京员言事之例,条陈事件,由督抚原封呈递,再裁去道府等官,以省压制,职事较繁者,并添设佐贰,以为之辅。一、调署州县,最为恶习,岂真为地择人哉,亦不过调剂属员耳,署事之人,亦知不能久于其任,但求敷衍一年,饱其囊橐而去足矣。吏治如此,安有起色。宜别定章程,凡州县各官贤者,但能晋秩不许离任,不肖者,即予绌革,不得降调。

一曰善理财之策。中国自乙未偿款以后,计臣日日言理财,凡商务、银行、铁路、矿物等事,莫不一一举行,迄今三年,仰屋兴嗟,依然故我,由于未能彻底清厘也。以中国幅员之广,民物之众,决无患贫之理。然徒事搜括,徒事裁减,亦决非致富之方。总之以今之人理,今之财,自私自利之不遑,岂能于公家有所裨益。兹事体大,非深知其底蕴,不敢臆度。谨略拟办法如左,然必须先行以上四条,方能措手,否亦徒托空言矣。一、请简派数员,将户部及各省之出入款项数目,彻底清查。然后通盘筹算,详议办法。一、请饬下户部,速将岁出岁入款目,自前十年为始,切实稽核,详细开例,撰为表谱,颁示民间。一、整圜法。中国所用银铜,而以铜钱最盛行,然当十钱,离京数十里即不用。银则粤、闽、皖、鄂有铸钱行用,北洋亦铸之,京师即不通行。闻今年春间,广东解交户部银圆三十万,迄今尚未议定颁用之法。比其阻滞之故,由于收发官款,多以银两为准,何以喜用银两,为其有平余,有成色,司其事者,可以从中渔利也。于是奸商操其奇赢,而国家之权尽失矣。今宜尽废银块不用,设铸币局于京师,专铸金银钱,参用西制,酌定分两成色。并兑换行用之法,颁之全国,定期施行,庶几圜法整齐,而银行可设,钱票可行,商务大兴矣。此事为国家命脉所系,不可目为琐屑而忽之也。一重商权。今日为商战世界,中国向有贵农贱商之说,故无商学,无商学故无不败。今知重商矣,又好为官督商办之说,不知官也者,昔日日以朘商为事者也。故富人无肯出巨资以办商务者。今京师既设工农商总局,宜责其扫除官气,实力保护,不得稍有抑制,无论商民有事,许径聚总局,总局办理不善,许援士民言事之例,直达御前。商律亦关紧要,宜速行议定,俾资遵守,如此而商务不旺者,未之有也。

故宫博物院明清档案部《戊戌变法档案史料》,沈云龙主编,近代中国史料丛刊续编第32辑,台北文海出版社,第42～49页

9月7日(七月二十二日)　经户部奏准,著即停办昭信股票。

《光绪朝东华录》:

癸酉,谕,前据户部奏办理昭信股票,原定章程,愿借与否,听民自便,不准苛派抑勒。嗣因地方官办理不善,经御史黄桂鋆等公同奏参,四川、山东等省办理昭信股票,苛派扰民,当谕令该部妥议具奏。兹据户部奏称,股票扰民,屡经指摘,近时收数无多,除京外各官仍准随时请领,并官民业经认定之款,照数呈缴外,其绅商士民人等,请一概停止劝办等语。朝廷轸念民艰,原期因时制宜,与民休息,岂容不肖官吏任意苛派,扰害闾阎,其民间现办昭信股票,著即停止,以示体恤而顺民情,余均照部议行,该部知道。

朱寿朋编《光绪朝东华录》,中华书局1958年版,总4180页

△ 湖南举人曾廉，请杀康有为、梁启超。

苏继祖《清廷戊戌朝变记》：

七月二十二日，湖南举人曾廉，请杀康有为、梁启超。劾康有为、梁启超，叛逆不道，其在湖南时务学堂讲义，专主民权自由。上令谭嗣同逐款批驳，始呈太后阅看。

中国史学会编《中国近代史资料丛刊·戊戌变法》(1)，神州国光社1953年版，第341页

△ 命各省督抚，留心访查所属州县官，如有通达时务，勤政爱民之能员，随时保送引见。

《光绪朝东华录》：

癸酉，谕，亲民之官，莫如牧令。自来循吏著绩，皆以养民、教民为先务。近来地方州县，既有保护教民之事，又有培植学堂之举，内政外交，责成尤关紧要，非得明体达用之能员，措置安能裕如？著各省督抚，留心访查，所属地方州县官，如有通达时务，勤政爱民之者，著即随时保送引见，以备录用。朕为国为民，殷殷求治，该督抚等务当屏去私心，汲引善类，方不负大臣以人事君之义。

朱寿朋编《光绪朝东华录》，中华书局1958年版，总4180页

9月8日(七月二十三日)　命总理各国事务王大臣，会同吏部妥速详议具奏，裁缺各官处置办法。

《光绪朝东华录》：

甲戌，谕，现在裁撤各衙门，业经分别归并。所有各衙门裁缺各官，未便听其闲散。现当振兴庶务，详画久远，应于铁路、矿务总局酌设大小官员数缺，以备将来量材任使，著总理各国事务王大臣，会同吏部，妥速详议具奏。

朱寿朋编《光绪朝东华录》，中华书局1958年版，总4182页

△ 命农工商务总局端方等，妥议以工代赈开办章程。

《光绪朝东华录》：

谕，户部奏，代递主事王凤文请设工赈一折。以工代赈，实救荒之良法，中国办理荒政，旧有此条。而泰西推行尤广，所有修造工程各项手艺，皆足为养赡穷民之用，国家偶遇灾荒，赈施动拨巨款，而在事人员，办理不善，侵渔冒领，弊窦百出，灾黎转不得均沾实惠。若以工代赈，则弊杜而工业可兴。近来江苏、湖北、山东等省，遍灾屡告，饥民转徙流离，朕心深为轸念。王凤文所请，不可不采，著农工商务总局端方等，妥议开办章程，迅速具奏。

朱寿朋编《光绪朝东华录》，中华书局1958年版，总4182页

△ 命各省督抚筹款迅设农工商分局，制造机器。

《光绪朝东华录》：

谕，户部奏，代递主事宁述俞条陈一折。广兴机器，为制造货物之权舆，现在开办农工商总局，并饬各省开设分局，振拓庶务，应用各项机器甚多，著各督抚裁节冗费，筹备的款，妥议迅设局所，分别置造，以扩利源而资民用。

朱寿朋编《光绪朝东华录》，中华书局1958年版，总4182页

△ 命孙家鼐详拟设立医学堂办法进呈。

《光绪朝东华录》:

谕,孙家鼐奏请设医学堂等语。医学一门,关系至重,亟应另设医学堂。考求中西医理,归令大学堂兼辖,以期医学精进,即著孙家鼐详拟办法具奏。

朱寿朋编《光绪朝东华录》,中华书局 1958 年版,总 4182 ~4183 页

9 月 9 日(七月二十四日) 谕酌置三四五品卿,三四五六品学士各职,遇有对品卿缺,并翰林衙门对品缺出,即由吏部一体开单请旨录用。

《光绪朝东华录》:

乙亥,谕,孙家鼐奏,遵议翰林院侍读学士徐致靖,请酌置散卿一折。古有侍从之臣,皆遴选才能,以议庶政。现当朝廷振兴百度,自应博采众论,广益集思,以期有裨政治,著照所议,酌置三四五品卿,三四五六品学士各职,遇有对品之卿缺,并翰林衙门对品缺出,即由吏部一体开单请旨录用,以备献纳,仍著按品结予俸禄,应如何详立条款,著为定例,著该部妥议具奏。

朱寿朋编《光绪朝东华录》,中华书局 1958 年版,总 4185 页

9 月 10 日(七月二十五日) 再谕从速筹办已裁及候补各员录用或回籍候缺办法。

《光绪朝东华录》:

丙子,谕,前经降旨,裁撤詹事府等衙门,并谕令大学士、六部及各直省督抚,将其余京外应裁文武各缺,及一切裁减归并各事宜,分别详议筹办,迅速具奏。现在已裁各衙门归并事宜,业由各该衙门遵照办理,其余各衙门应裁文武各缺,尚未据将筹办情形具奏,应再申谕该大学士、六部尚书、侍郎及各省督抚等,懔遵前旨,将在京各衙门冗闲员缺,何者应裁,何者应并,速即切实筹议。外省道员以及同通、佐贰等官,及候补、分发、捐纳、劳绩等项人员,认真裁并,并严行甄别沙汰。其各局有冗员,一律裁撤净尽。本日据户部代递主事吴锡嶲条陈内称,漕督所辖卫所各官,既系武职,并无管带漕标之兵,名实殊不相符,所有军田,可以拨归府州县征收等语。此项人员,本在应行裁并之列,即著该督抚等,妥速议办。并漕督一缺,究竟是否应裁,亦著两江总督、江苏巡抚,一并详议具奏。至京外已裁实缺、候补各员,应如何分别录用,及饬令回籍候缺,均著妥议条款,请旨办理。该大学士、尚书、侍郎、督抚等,务当从速筹办,不准稍事迁延,尤须破除积习,毋得瞻徇情面,用副朝廷综核名实之至意。

朱寿朋编《光绪朝东华录》,中华书局 1958 年版,总 4186 页

9 月 11 日(七月二十六日) 徐致靖上《边患日亟,宜练重兵,密保统兵大员折》。

该奏折全文如下:

署礼部右侍郎臣徐致靖跪奏:为边患日亟,宜练重兵,谨密保智勇忠诚之统兵大员,请及时破格特简,隆其权位,厚其兵力,以资御侮,恭折仰祈圣鉴事。窃臣恭读迭次上谕,汰冗兵,改武试,饬戎行,讲武备,仰见我皇上深观时变,力图自强至意。

夫练兵之事,为全局安危所系,无事则建威樽俎,有事则战胜疆场,非得娴习有素智勇忠诚之人,为外人所严惮者,断难胜任。臣窃见督办新建陆军直隶按察使袁世凯,家世将门,深娴军旅,于泰西各国兵制及我国现在应行内治外交诸政策,无不深观有得,动中机宜。臣闻新建军之练洋操也,精选将弁,严定饷额,赏罚至公,号令严肃,一举足则万足齐发,一举枪则万枪同声,行若奔涛,立如植木,而且设为两军伪攻出奇诱敌之形,进退机宜,随时指授。故

其兵士无日不经操练，无日不经讲究，虽在驻军，如临大敌；暇则取战阵形势，枪炮用法，以及激发忠义、鼓励志气诸歌诀，俾各弁莫不熟诵。将卒同心，靓若画一。顷者，迭有俄国、日本之提督等官前往观操，动色叹服，或诧其军容之盛，或更幸其兵事之单。且其驾驭洋将，各尽所长，而恪守军法，无敢丝毫逾越。夫近年以来，洋将鸱张跋扈，胁制居奇，各营皆然，而独不能施之于该军，是该臬司之才略可知也。昔发逆既平，曾国藩尝谓湘军暮气不复可用，以言用人贵及时也。窃查袁世凯年力正强，智勇兼备，血性过人，其器识学问，久在圣明洞鉴之中，此正为国宣力之日，独惜所练之兵仅止七千，为数太少，为力过单，虽曾奉旨添练数营，徒以饷无所措，不敢冒昧召募，是以迁延至今。该臬司尝言：假令西兵倍我，与之战，可胜；再倍我，亦可胜；若使数十倍于我，惟有捐躯效命而已。言之慷慨泪下。方今泰西各国，日议增兵，不遗余力。俄国常备兵六十余万，战时可加至十倍。观其布置海参崴、珲春、旅大一带，运饷载兵，惟日不足。如此举动，岂徒作虚声恫喝计者！且西伯利铁路不日告成，若使运道既通，百万精兵，朝发夕至。而我门户洞开，要隘尽失，于时听其要挟，则断非赔费割地所能餍其诛求；不得已与之决绝，则彼数十百倍精练压境之兵，何以御之！成败利钝，有识皆知，怵目警心，莫此为甚。则该军之宜及早添练，实为迫切万分者也。

臣查日本变法之初，妙选将才，立三重镇。今诚患无将帅之才；幸而得其人，必当隆其位任，重其事权，似不宜加以钤束，置诸人下。夫兵机事也，缓急有变，大敌当前，禀命则失机宜，专命则嫌骄蹇，既不足尽其才用，且因以贻误事机。袁世凯昔使高丽，近统兵旅，谋勇智略，久著于时。然而官止臬司，受成督府，位卑则权轻，呼应不灵，兵力不增，皆为此故。臣以为皇上有一将才如袁世凯者，而不能重其权任以成重镇，臣实惜之。伏乞皇上深观外患，俯察危局，特于召对，加以恩意，并予破格之擢，俾增新练之兵，或畀以疆寄，或改授京堂，使之独当一面，永镇畿疆。庶几猛虎在山，藜藿不采；边有重镇，强敌销萌。近来各省专阃之任，皆以累资致位，非以才能超擢，故阘冗颓惰多厕其间，罕有竭忠尽才以图报称者。皇上若超擢一二才臣，必能感激驰驱，尽忠报国。胡林翼任巡抚，而江汉之根基以立；曾国藩任统帅，而各营之督率乃专。此往事之可法者也。否则，处兹岌岌之时，边患一开，势成瓦解，缓急安所恃哉？

臣目睹时艰，夙夜忧懑，谨竭愚诚，恭折密陈，伏乞皇上圣鉴。谨奏。

孔祥吉《康有为变法奏章辑考》，北京图书馆出版社 2008 年版，第 363 ~ 365 页

编者按：此折系康有为代署礼部右侍郎徐致靖草拟，原件存中国第一历史档案馆戊戌变法专题档。

△ 谕已开通商口岸及出产丝、茶省分各督抚，筹议茶务学堂及蚕桑公院开办办法。

《光绪朝东华录》：

丁丑，谕，刑部奏，代递主事萧文昭条陈一折。国家出口货，以丝、茶为大宗，自通商以来，洋货进口日多，漏卮巨万，恃此二项，尚堪抵制。乃近来出口之数顿锐减，若非亟为整顿，恐愈趋愈下，益无以保此利权。萧文昭所请设立茶务学堂及蚕桑公院，不为无见。著已开通商口岸及出产丝、茶省分各督抚，迅速筹议开办，以阜民生而固利源。

朱寿朋编《光绪朝东华录》，中华书局 1958 年版，总 4187 ~ 4188 页

9 月 12 日（七月二十七日）　瞿鸿禨奏江阴南菁书院改学堂，并将沙田试办农学。著照所议。

《光绪朝东华录》：

戊寅,谕,瞿鸿禨奏江阴南菁书院,遵改学堂,并将沙田试办农学一折。江阴南菁书院,经前学政黄体芳创设,考课通省举贡生监,现既改为学堂,著准其照省会学堂之例,作为高等学堂,以资鼓舞。该书院原有自管沙田一项,据称拟参用西法,树艺五谷、果蔬、棉麻等项,将未经垦熟之地,先行试办,如有实效,再行推广等语。学堂、农会相辅而行,洵为一举两得之道,该学政此奏,具见筹画精详,留心时务,即著照所议,认真办理,务收实效,毋托空言。

朱寿朋编《光绪朝东华录》,中华书局 1958 年版,总 4188 ~4189 页

△ **谕将变法之意,布告天下,上下同心,以成新政。并鼓励地方官上书言事。**

《光绪朝东华录》:

戊寅,谕,国家振兴庶政,兼采西法,牧民之政,中西所同,而西人考究较勤,故可以补我所未及。今士大夫囿于成见者,谓彼中全无条教,不知西国政令、教学千端万绪,主于为民,开其智慧,裕其身家,其精乃能美人性质,延人寿命,凡生人应得之利益,务令推广无遗。朕夙夜孜孜,改图新法,岂为崇尚新奇?乃眷怀赤子,皆上天之所畀,祖宗之所遗,非悉令其康乐和亲,朕躬未为尽职,加以各国交迫,尤非取人之所长,不能全我之所有。朕用心之苦,而黎庶犹有未知,咎在不肖官吏,与守旧之士夫,不能广宣朕意,乃至胥动浮言,使小民摇惑惊恐,山陬海澨之民,有不获闻新政者,朕实为叹恨。今将改行新法之意,布告天下,使百姓咸喻朕意,共知其法之可恃,上下同心,以成新政,以强中国,朕不胜厚望。著察照四月二十三日以后,所有关乎新政之谕旨,各省督抚均迅速照录,刊刻誊黄,切实开导。著各州县教官,详切宣讲,务令家喻户晓。各省藩臬道府,饬令上书言事,毋得隐默顾忌。其州县官,应由督抚代递,即由督抚将原封呈递,不得稍有阻格,总期民隐尽得上达,督抚无从营私作弊为要。此次谕旨,并著悬挂各省督抚衙门大堂,俾众共观,庶无壅格。

朱寿朋编《光绪朝东华录》,中华书局 1958 年版,总 4189 页

△ **命以后各衙门有条陈事件者,次日即当呈进。如稍有抑格,立即严参惩办。**

《光绪朝东华录》:

戊寅,谕,前因振兴庶务,首在革除壅蔽,当经谕令各衙门,代递事件毋得拘牵忌讳。嗣因礼部阻格司员王照条陈,当将怀塔布等予以重惩,复先后谕令都察院及各衙门,随到随递,不必拘定值日之期,诚以百度维新,必须明目达聪,始克收敷奏以言之效。第恐大小臣工,狃于积习,不能实力奉行,用再明白宣谕,以后各衙门有条陈事件,于次日即当呈进,承办员司稍有抑格,该部院堂官立即严参惩办,不得略予优容。所有六月十五日、七月十六日谕旨、七月十九日朱谕、七月十七日及二十四日谕旨,均令各衙门抄写一道,同此件谕旨,一并悬挂大堂,俾得寓目警心,不致复萌故态,以示朕力除壅蔽之至意。

朱寿朋编《光绪朝东华录》,中华书局 1958 年版,总 4190 页

9 月 13 日(七月二十八日)　令各省藩臬道府,均得上书言事。其州县条理事件,应由督抚将原书代递。

《光绪朝东华录》:

己卯,谕,昨已明降谕旨,令各省藩臬道府,均得上书言事。其州县条理事件均由督抚将原书代递,即著各省督抚,传知藩臬道府,凡有条陈,均著其自行专折具奏,毋庸代递。至州县等官言事者,即由督抚将原封呈递,至士民有欲上书言事者,即由本省道府等随时代奏,不

准稍有抑格。如敢抗违,或别经发觉,立将该省地方官严行惩处,仍将遵办情形,迅速电奏。

朱寿朋编《光绪朝东华录》,中华书局1958年版,总4193页

9月14日(七月二十九日) 谕军机大臣等订定新章,将八旗生计问题奏明办理。

《光绪朝东华录》:

庚辰,谕,军机大臣等议复袁昶条陈,请筹八旗生计等语。旗丁生齿日繁,徒以格于定例,不得在外省经商贸易,遂致生计日艰,从前富俊、松筠、沈桂芬等,均曾筹议及之。现当百度维新,自宜弛宽其禁,俾得各习四民之业,以资其生,著户部详查嘉庆、道光年间,徙户开屯、计口授田成例,切实订定新章,会同八旗都统,迅速奏明办理。

朱寿朋编《光绪朝东华录》,中华书局1958年版,总4194页

9月15日(七月三十日) 光绪帝召见杨锐,交其传出密诏。

苏继祖《清廷戊戌朝变记》:

皇上自颐和园回宫,见太后神色迥异寻常,自知有变,召见杨锐授以密谕,命与康有为等设法挽救。

中国史学会编《中国近代史资料丛刊·戊戌变法》(1),神州国光社1953年版,第343页

赵炳麟《光绪大事汇鉴》卷九:

诏云:"近来朕仰窥皇太后圣意,不愿将法尽变,并不欲将此辈老谬昏庸之大臣罢黜,而登用通达英勇之人,令其议政,以为恐失人心。虽经朕累次降旨整饬令,而并且有随时讥谏之事,但圣意坚定,终恐无济于事。即如十九日之硃谕,皇太后已以为过重,故不得不徐图之,此近来之实在为难之情形也。朕亦岂不知中国积弱不振,至于阽危,皆由此辈所误。但必欲朕一旦痛切降旨,将旧法尽变,而尽黜此辈昏庸之人,则朕之权力实有未足。果使如此,则朕位且不能保,何况其他?今朕问汝,可有何良策?俾旧法可以全变,将老谬昏庸之大臣尽行罢黜,而登进通达英勇之人,令其议政,使中国转危为安,化弱为强,而又不致有拂圣意尔。其与林旭、刘光第、谭嗣同及诸同志等妥速筹商,密缮封奏,由军机大臣代递,候朕熟思,再行办理。朕实不胜十分焦急翘盼之至。特谕。"

赵炳麟《赵柏岩集》,沈云龙主编,中国近代史资料丛刊正编第31辑,第513~514页

编者按:此密诏系光绪、慈禧去世之后,宣统元年由杨锐之子杨庆和呈交都察院。赵炳麟时掌京畿,据原件抄录,比较可信。光绪交密诏时间,据光绪朝早事档及起居注,光绪于七月三十日召见杨锐,密诏当于是时付杨。康有为戊戌变法失败出走后,曾公布光绪帝给康有为之两道密诏。在致李提摩太函中,附光绪帝谕康有为之密诏。谓第一诏系八月初一日由杨锐带来,第二诏系八月初二日由林旭带来。第一诏,其要在将受密诏者由军机四卿改为以康有为为主,故康有为公布之诏实为其伪造;第二诏,即康有为所称之衣带诏,然康梁于不同场合所说,文字大有不同,……故第二诏容或有之,然其词句必经康有为之更动窜改,其要则在将命其出外办报改为出外相救,以使康梁在外之活动有合法之根据,且以影响世人(参见汤志钧《关于光绪密诏诸问题》,载汤志钧著《乘桴新获——从戊戌到辛亥》,江苏古籍出版社1990年版,第39~50页)。

9月16日(八月初一日) 光绪召见袁世凯,即擢为兵部侍郎,责成专办练兵事务。

《光绪朝东华录》:

壬午,谕,现在练兵紧要,直隶按察使袁世凯办事勤奋,校练认真,著开缺以侍郎候补,责成专办练兵事务。所有应办事宜,著随时具奏。当此时局艰难,修明武备,实为第一要务。袁世凯当勉益加勉,切实讲求训练,俾成劲旅,用副朝廷整饬戎行之至意。

朱寿朋编《光绪朝东华录》,中华书局1958年版,总4195页

袁世凯上《谢候补侍郎天恩折》(1898 年 9 月 17 日):

奏,为恭谢天恩,仰祈圣鉴事。本月初一日内阁奉上谕:"现在练兵紧要,直隶按察使袁世凯办事勤奋,校练认真,着开缺以侍郎候补等因,钦此。"窃臣一介庸愚,毫无知识,畿疆秉臬,膺头衔而深懔鹈濡;营垒筹防,供指使而未娴豹略。愧涓埃莫报,五内滋惭,叨纶綍之荣颁,六卿忝列,渥承恩遇,倍切悚惶。臣惟有益矢忠诚,愈加勤奋,勉策驰驱与驽钝,冀酬高厚之鸿慈。所有微臣感激下忱,谨缮折叩谢天恩。伏乞皇上圣鉴。谨奏。

天津图书馆、天津社会科学院历史研究所编《袁世凯奏议》上,天津古籍出版社 1987 年版,第 3 页

袁世凯《戊戌日记》:

初一日四鼓诣宫门伺候,黎明在毓兰堂召见,上垂询军事甚详,均据实对。候间,即奏曰:"九月有巡幸大典,督臣荣禄饬臣督率修理操场,并先期商演阵图,亟须回津料理,倘无垂询事件,即请训。"奉上谕,候四日后请训,可无大耽搁等语。退下,回轩少食就寝,忽有苏拉来报,已以侍郎候补,并有军机处交片,奉旨,令初五请训。自知非分,汗流浃背,立意疏辞。旋有郭友琴诸友来贺,备告以无寸功,受重赏,决不为福,焉用贺。即商拟疏稿,将力辞,诸友均力阻,遂托友人代办谢恩折。午后谒礼邸不遇。谒刚相国,王、裕两尚书均晤,备述无功受赏,万不克称,并商王尚书拟上疏辞。尚书谓,出自特恩,辞亦无益,反着痕迹。其谓不可,然此心怦怦,殊不自安。次早谢恩召见,复陈无尺寸之功,受破格之赏,惭悚万状。上笑谕"人人都说你练的兵、办的学堂甚好,此后可与荣禄各办各事"等语。退下,在宫门外候见庆邸,匆匆数语,即回寓。会大雨,至午始回法华寺,惫甚酣睡,至晚食复睡。

中国史学会编《中国近代史资料丛刊・戊戌变法》(1),神州国光社 1953 年版,第 549 页

苏继祖《清廷戊戌朝变记》:

八月初一日,召见直隶臬司袁世凯,著开缺以侍郎候补。

上以变法故,自知不容于太后,结怨诸臣,浸润于己,其最甚者,荣相、庆邸为最,端邸、刚相等次之。自荣相请调出京后,益不自安,日夜忧惧,密谋于康有为等,皆以行迹可疑忧之,谭嗣同请上恩给袁世凯,可为天津阅兵时保护之地,今见事迫,乃召来京,将厚结其心;召见后,乃有擢用侍郎之旨。

中国史学会编《中国近代史资料丛刊・戊戌变法》(1),神州国光社 1953 年版,第 344 页

△ 谕编预算,著户部将每年出款入款,分门别类,列为一表,按月刊报。

《光绪朝东华录》:

壬午,谕,翰林院奏,代递庶吉士丁惟鲁,请编岁入、岁出表,颁行天下一折。户部职掌度支,近年经用浩繁,左支右绌,现在力行新政,尤须宽筹经费,以备支用。朕惟古者冢宰制国用,量入为出,以审岁计之盈虚,近来泰西各国,皆有预筹用度之法,著户部将每年出款、入款,分门别类,列为一表,按月刊报,俾天下咸晓然于国家出入之大计,以期节用丰财,蔚成康阜,朕实有厚望焉。

朱寿朋编《光绪朝东华录》,中华书局 1958 年版,总 4195 页

△ 著军机大臣会同大学士各部院,并翰林科道各官审定官职,详议具奏。

《光绪朝东华录》:

壬午,谕,户部奏,代递主事蔡镇藩,请审定官职,以成新政一折。朕详加披阅,除御史规复巡按旧制,各关督改为关道两节,应无庸议外,其余所陈各条,具有条理,深得综核名实之

意，可以见诸施行，著军机大臣，会同大学士、各部院并翰林科道各官，详议具奏。

朱寿朋编《光绪朝东华录》，中华书局1958年版，总4195页

△ **康有为等谋以兵围颐和园制西太后。**

毕永年《诡谋直纪》：

八月初一日，仆见谭君，与商此事，谭云："此事甚不可，而康先生必欲为之，且使皇上面谕，我将奈之何！我亦决矣。兄能在此助我，甚善！但不知康欲如何用兄也？"午后一时，谭又病剧，不能久谈而出。夜八时，忽传上谕，袁以侍郎候补。康与梁正在晚餐，乃拍案叫绝曰："天子真圣明，较我等所献之计，尤觉隆重，袁必更喜而图报矣。"康即起身命仆随至其室，询仆如何办法。仆曰："事已至此，无可奈何，但当定计而行耳。然仆终疑袁不可用也。"康曰："袁极可用，吾已得其允据矣。"乃于几间取袁所上康书示仆。其书中极谢康之荐引拔擢，并云赴汤蹈火，亦所不辞。康谓仆曰："汝观袁有如此语，尚不可用乎？"仆曰："袁可用矣，然先生欲令仆为何事？"康曰："吾欲令汝往袁幕中为参谋，以监督之，何如？"仆曰："仆一人在袁幕中何用？且袁如有异志，非仆一人所能制也。"康曰："或以百人交汝率之，何如？至袁统兵率颐和园时，汝则率百人奉诏往执西后而废之可也。"仆曰："然则仆当何日见袁乎？"康曰："且再商也。"正谈之时，而康广仁、梁启超并入坐。梁曰："此事兄勿疑，但当力任之也，然兄敢为此事乎？"仆曰："何不敢乎？然仆当熟思而审处之。且尚未见袁，仆终不知其为何如人也。"梁曰："袁大可者，兄但允此事否乎？"仆此时心中慎筹之，未敢遽应，而康广仁即有忿怒之色。仆乃曰："此事我终不敢独任之，何不急催唐君入京而同谋之乎？"康、梁均大喜曰："甚善！甚善！但我等之意欲即于数日内发之。若候唐君，则又多需时日矣。奈何？"踌躇片刻，乃同至谭君之室商之。谭曰："稍缓时日不妨也，如催得唐君来，则更全善。"梁亦大赞曰："毕君沈毅，唐君深鸷，可称两雄也。"仆知为面谀之言，逊谢不敢焉。康曰："事已定计矣。汝等速速调遣兵将可也。"乃共拟飞电二道，连发之而催唐氏。

中国社会科学院近代史研究所近代史资料编辑组编《近代史资料》第63号，中国社会科学出版社1986年版，第2～3页

9月17日（八月初二日） 命康有为往上海督办官报局。

《光绪朝东华录》：

癸未，谕，工部主事康有为，前命其督办官报局，此时闻尚未出京，实堪诧异。朕深念时艰，思得通达时务之人，与商治法，康有为素日讲求，是以召见一次，令其督办官报，诚以报馆为开民智之本，职任不为不重。现筹有的款，著康有为迅速前往上海，毋得迁延观望。

朱寿朋编《光绪朝东华录》，中华书局1958年版，总4195页

9月18日（八月初三日） 康有为往日本公使馆访伊藤博文。

《游清纪语》（《台湾日日新报》明治三十一年十一月十三、十五日连载）：

当九月十九日政变之前一天，康有为谒侯于公使馆。其一席之话谈，颇足记之，以资阅者参考也。

是日午后三时，侯援康氏互叙瞻仰数言，康氏即请侯曰："君侯来游，正敝邦锐意革政时，敝邦志士，深望君侯惠教，维持东方大局。"侯逊谢曰："鄙人性好游览，环地球各国名胜，足迹殆遍。此次之到贵国，亦欲玩山川风景，不敢与人家国也。"康氏曰："虽然，但我皇上决图变

法,以贵国与敝邦同洲、同种、同文、同俗,更加亲睦。原欲师法贵国,革泽士民,亦同此志。君侯幸教之。”侯曰:“贵国欲变法,要先除自尊自大陋习。世界不论何种人,皆生长天地间,岂彼贱我贵,可以自称中华而称他人皆夷狄哉?”康氏曰:“此种议论,敝邦四五年以前人多持之,甲午以后,大梦为贵国警醒,已无复如此者矣。”侯曰:“学士喜妄发议论,排斥外国,当使知外国,亦有好处。小民每好闹教,杀外国人,宜戒勿然,是贵国最要策。”康氏爰慨然曰:“君侯何轻蔑敝邦之甚也。此种议论,发之在三年以前,对老耄大臣言之则可。若敝邦近年士大夫,年齿三十以下者,已如此议。各地学校、学会、新闻、杂志纷纷并起,民间知识大开。明此议者,十中亦有六七,无待君侯言之。今仆所欲闻于君侯者,乃大学专门学条理,而君侯仅授之诵读之方,非仆所望也。”侯曰:“请问贵国数月来变法决图,而推行未效,何故?”康氏曰:“行改革事,必全体俱改革方可。若此事改,彼事不改,则劳而无效。又若枝叶改,本原不改,则尤劳而无效。此理我皇上知之甚明,极欲改革全体,且极欲从本原起,奈皇上全权不属,欲改革事,经费多少苦心,而有时此事能变,彼事不能变。夫变法非变本原则积弊难除,虽行新政,适多贪劣人开营私舞弊之路。且中外大官,共知皇上无全权,一切改革诏旨莫敢奉行,视为一纸空文,皇上无如之何,此推行所以未效耳。”侯曰:“贵国君权专制无限,环地球之所知。今贵皇上无全权云何?”康氏曰:“皇上嗣位,虽阅二十余年,其实权在太后手里,皇上深知中外情形,本国危急,故决意改革。太后反之,不知中外情形、本国危急,故不欲改革。且太后所接见者,惟所信用之满人,如庆亲王、荣禄、刚毅、怀塔布、立山、崇礼一流,皆绝少见识,并昧五大洲名,何知外国情形?彼常相谓改革,唯利汉人,满人不利。凡倡论改革者,皆阴谋叛逆人。此种议论日入于太后耳。自数月来皇帝一事改革,彼等必环跪而请太后曰:如此,则我满人仕宦途绝,衣食路穷。太后常惑其言。所以皇上意其改革,必几次泣谏太后,乃得渐行一事,事难如此,而彼等明知皇上失权,奉改革诏,亦不遵行。皇上怒彼辈已久。日前因王照条陈一事,遽治怀塔布等抗旨之罪,未请【示】太后,而日来怀塔布等数十满人,相率跪太后前大哭,请禁皇上改革。我皇上位地如此,改革艰难,愿君侯察其情也。”

维时伊藤侯闻康有为言其皇帝欲行变法,为太后所阻,因太息曰:“天无二日,民无二王。今国权出两途,革新诚难矣哉!”康氏曰:“今日救敝邦之计,但能致太后明晓中外情形,不阻改革,皇上自得行其志。”侯曰:“如何得致太后明晓情形。”康氏曰:“皇帝之所以能明晓者,由常读书,多见臣下。太后则反之。所见之人皆极顽固者流。于接见时,唯唯诺诺,无一忠言谠论者,情形安得明晓。仆等汉臣,俱系小臣,欲觐太后,以达言语难遂。若君侯入见太后,肯为剀切陈说一切情形,感动太后回心转意,实敝邦之福也。”侯曰:“依欧美礼,外臣既得谒见皇帝,则必得谒见太后以及皇后。惟贵国严别,恐欲谒见太后不能。”康氏曰:“今年德国亨利亲王来游,太后也接见之。君侯为亚洲大名人,太后必欲接见。”侯曰:“既如此,则仆谒见太后,当尽忠告。”康氏曰:“太后听满洲党谮言已多,彼等皆诬皇上以狂病,心存废立,未知确否?虽然,君侯见太后时,请极言皇帝贤明行改革事,为诸外国所深喜。”侯曰:“诺。”康氏又曰:“君侯见太后时,请极言各国相迫,外患甚急,断行改革,则中国尚能自立,不然,必难当各国分派,其祸害不可胜言。”侯曰:“诺。”康氏又曰:“君侯见太后时,请极言倡论改革多士,皆具忠心为国家谋幸福,无他意者。改革若决行也,不独汉人享其利,满人亦享其利。改革若不行也,则不独汉人受其祸,满人亦受其祸。”侯曰:“诺。”康氏又曰:“君侯见太后时,请极言满人、汉人,同为清国赤子,如一母生两子,岂可认兄为子,而认弟为贼,满汉界限,切不可分。”又曰:“君侯见太后时,请极言今日要务,宜引见汉臣通外事者以资访问,勿徒受满洲一、二老臣壅蔽,尤勿听宦官、宫妾播弄,而要与皇帝共讲求变法条理。”侯连答皆诺之。康氏色怡曰："君侯能为太后逐一言此，则一席话足救我中国四亿万人，岂惟敝邦幸福，东方局面，地球转运，实系在君侯焉。"侯曰："公等赤心，仆所敬服。仆必以尽心于敝邦者，移以尽忠于贵国也。"

时自三点钟晤谈至是，已觉暮色苍然，座皆举烛。康氏不敢久缠，约叙寒暄数语而别。

汤志钧《乘桴新获——从戊戌到辛亥》，江苏古籍出版社1990年版，第19～22页

△ 谭嗣同夜访袁世凯，敦劝袁氏助行新政，举兵诛杀直隶总督兼北洋大臣荣禄，袁立誓拥戴光绪。

袁世凯《戊戌日记》：

（袁世凯）正在内室秉烛拟疏稿，忽闻外室有人声。阍人持名片来，称有谭军机大人有要公来见，不候传请，已下车至客堂，急索片视，乃谭嗣同也。

余知其为新贵近臣，突如夜访，或有应商事件，停笔出迎。渠便服称贺，谓有密语，请入内室，屏去仆丁，心甚讶之，延入内室，叙寒暄，各伸久仰见晚周旋等语。谭以相法，谓予有大将格局，继而忽言："公初五请训耶？"告以现有英船游弋海上，拟具折明日请训，即回津。谭云："外侮不足忧，大可忧者，内患耳。"急询其故。乃云："公受此破格特恩，必将有以图报，上方有大难，非公莫能救。"予闻失色谓："予世受国恩，本应力图报称，况己身又受不次之赏，敢不肝脑涂地，图报天恩，但不知难在何处？"谭云："荣某近日献策，将废立弑君，公知之否？"予答以在津时，常与荣相晤谈，察其词意，颇有忠义，毫无此项意思，必系谣言，断不足信。谭云："公磊落人物，不知此人极其狡诈，外面与公甚好，心内甚多猜忌。公辛苦多年，中外钦佩，去年仅升一阶，实荣某抑之也。康先生曾先在上前保公，上曰：'闻诸慈圣，荣某常谓公跋扈不可用'等语。此言甚确，知之者亦甚多，我亦在上前迭次力保，均为荣某所格，上常谓袁世凯甚明白，但有人说他不可用耳。此次超升，甚费大力。公如真心救上，我有一策，与公商之。'"

因出一草稿，如名片式，内开荣某谋废立弑君，大逆不道，若不速除，上位不能保，即性命亦不能保。袁世凯初五请训，请面付砾谕一道，令其带本部兵赴津，见荣某，出砾谕宣读，立即正法。即以袁某代为直督，传谕僚属，张挂告示，布告荣某大逆罪状，即封禁电局、铁路，迅速载袁某部兵入京，派一半围颐和园，一半守宫，大事可定，如不听臣策，即死在上前各等语。予闻之魂飞天外，因诘以："围颐和园欲何为？"谭云："不除此老朽，国不能保。此事在我，公不必问。"予谓："皇太后听政三十余年，迭平大难，深得人心。我之部下，常以忠义为训戒，如令以作乱，必不可行。"谭云："我雇有好汉数十人，并电湖南招集好将多人，不日可到，去此老朽，在我而已，无须用公。但要公以二事，诛荣某，围颐和园耳。如不许我，即死在公前，公之性命在我手，我之性命，亦在公手，今晚必须定议，我即诣宫请旨办理。"予谓："此事关系太重，断非草率所能定，今晚即杀我，亦决不能定，且你今夜请旨，上亦未必允准也。"谭云："我有挟制之法，必不能不准，初五日定有砾谕一道，面交公。"

予见其气焰凶狠，类似疯狂，然伊为天子近臣，又未知有何来历，如显拒变脸，恐激生他变，所损必多，只好设词推宕。因谓："天津为各国聚处之地，若忽杀总督，中外官民，必将大讧，国势即将瓜分。且北洋有宋、董、聂各军四、五万人，淮、练各军又有七十多营，京内旗兵亦不下数万，本军只七千人，出兵至多不过六千，如何能办此事？恐在外一动兵，而京内必即设防，上已先危。"谭云："公可给以迅雷不及掩耳，俟动兵时，即分给诸军砾谕，并照会各国，谁敢乱动？"予又谓："本军粮械子弹，均在天津营内，存者极少，必须先将粮弹领运足用，方可

用兵。”谭云:“可请上先将硃谕交给存收,俟布置妥当,一面密告我日期,一面动手。”予谓:“我万不敢惜死,恐或泄露,必将累及皇上。臣子死有余辜,一经纸笔,便不慎密,切不可先交硃谕。你先回,容我熟虑,布置半月,二十日方可复告你如何办法。”谭云:“上意甚急,我有硃谕在手,必须即刻定准一个办法,方可复命。”及出示硃谕,乃墨笔所书,字甚工,亦彷佛上之口气,大概谓:“朕锐意变法,诸老臣均不顺手,如操之太急,又恐慈圣不悦,饬杨锐、刘光第、林旭、谭嗣同另议良法”等语。

大概语意,一若四人请急变法,上设婉词以却之者。予因诘以:“此非硃谕,且无诛荣相,围颐和园之说。”谭云:“硃谕在林旭手,此为杨锐抄给我看的,确有此硃谕,在三日前所发交者。林旭等极可恶,不立即交我,几误大事。谕内另议良法者,即有二事在其内。”予更知其挟制捏造,不足与辩,因答以:“青天在上,袁世凯断不敢辜负天恩,但恐累及皇上,必须妥筹详商,以期万全。我无此胆量,决不敢造次,为天下罪人。”谭再三催促,立即会议,以待入奏,几至声色俱厉,腰间衣襟高起,似有凶器。予知其必不空回,因告以:“九月即将巡幸天津,待至伊时军队咸集,皇上下一寸纸条,谁敢不遵,又何事不成?”

谭云:“等不到九月,即将废弑,势甚迫急。”予谓:“既有上巡幸之命,必不至遽有意外,必须至下月方可万全。”谭云:“如九月不出巡幸,将奈之何?”予谓:“现已预备妥当,计费数十万金,我可请荣相力求慈圣,必将出巡,保可不至中止,此事在我,你可放心。”谭云:“报君恩,救君难,立奇功大业,天下事入公掌握,在于公;如贪图富贵,告变封侯,害及天子,亦在公;惟公自裁。”予谓:“你以我为何如人?我三世受国恩深重,断不至丧心病狂,贻误大局,但能有益于君国,必当死生以之。”谭似信,起为揖,称予为奇男子。予又说:“以我二人素不相识,你夤夜突来,我随带员弁必生疑心,设或漏泄于外人,将谓我们有密谋。因你为近臣,我有兵权,最易招疑,你可从此称病多日,不可入内,亦不可再来。”谭甚以为然。

又诘以两宫不和,究由何起?谭云:“因变法罢去礼部六卿,诸内臣环泣于慈圣之前,纷进谗言危词,怀塔布、立山、杨崇伊等,曾潜往天津,与荣相密谋,故意见更深。”予谓:“何不请上将必须变法时势,详陈于慈圣之前,并事事请示;又不妨将六卿开复,以释意见;且变法宜顺舆情,未可操切,缓办亦可,停办亦可,亦何必如此亟亟,至激生他变?”谭云:“自古非流血不能变法,必须将一群老朽,全行杀去,始可办事。”予因其志在杀人作乱,无可再说,且已夜深,托为赶办奏折,请其去。反复筹思,如痴如病,遂亦未及递折请训。细想如任若辈所为,必至酿生大变,危及宗社,惟有在上前稍露词意,冀可补救。

中国史学会编《中国近代史资料丛刊·戊戌变法》(1),神州国光社1953年版,第550~553页

编者按:史学界对袁世凯告密的真相和戊戌政变的完整过程问题,迄今为止,仍存在一些分歧。不过,多数人比较认同戴逸先生的观点。该观点认为,袁世凯在戊戌变法期间一度倾向于维新派。他通过徐世昌与维新派保持联系,与闻和支持他们的密谋。并且做出了使用兵力的承诺,当事机紧迫时,他又不敢做杀荣禄、兵围颐和园、劫持西太后的冒险举动。八月初五日回天津后尚未告密。八月初六晚,听到杨崇伊带来的政变消息,袁世凯以为事情泄露,为保全自己,和盘托出围园劫太后的密谋,致使事态扩大,大批维新派被捕、被革、被逐和六君子被杀(参见戴逸《戊戌年袁世凯告密真相及袁和维新派的关系》,《清史研究》1999年第1期)。

△ **御史杨崇伊奏请慈禧太后训政**。

《掌广西道监察御史杨崇伊折》:

掌广西道监察御史臣杨崇伊跪奏,为大同学会,蛊惑士心,紊乱朝局,引用东人,深恐贻祸宗社,吁恳皇太后即日训政,以遏乱萌,恭折仰祈慈鉴事:臣维皇上入承大统,兢兢业业二十余年,自东瀛发难,革员文廷式等昌言用兵,遂致割地偿款。兵祸甫息,文廷式假托忠愤,

与工部主事康有为等，号召浮薄，创立南、北强学会，幸先后奉旨封禁革逐，未见其害。乃文廷式不思悔过，又创大同学会，外奉广东叛民孙文为主，内奉康有为为主，得黄遵宪、陈三立标榜之力，先在湖南省城开讲，抚臣陈宝箴倾信崇奉，专以讪谤朝廷为事，湘民莫不痛恨。

今春会试，公车骈集，康有为偕其弟康广仁及梁启超来京讲学，将以煽动天下之士心。幸士子读书明理，会讲一二次，即烛其奸诈。京官亦深知其妄，偶有贪鄙者依附之，而吐骂者十居八九。不知何缘？引入内廷，两月以来，变更成法，斥逐老臣，藉口言路之开，以位置党羽，风闻东洋故相伊藤博文，即日到京，将专政柄。臣虽得自传闻，然近来传闻之言，其应如响，伊藤果用，则祖宗所传之天下，不啻拱手让人。

臣身受国恩，不忍缄默，再四思维，惟有仰恳皇太后，追溯祖宗缔造之艰，俯念臣庶呼吁之切，即日训政，召见大臣，周咨博访，密拏大同会中人，分别严办，以正人心，庶皇上仰承懿训，天下可以转危为安。

臣愚昧之见，缮折密陈，伏乞皇太后圣鉴，谨奏。

故宫博物院明清档案部编《戊戌变法档案史料》，沈云龙主编，近代中国史料丛刊续编第32辑，台北文海出版社，第461页

9月19日（八月初四日）　慈禧太后自颐和园回宫，幽禁光绪帝于瀛台。

苏继祖《清廷戊戌朝变记》：

原定初六日还宫，皇上于初三日代传懿旨，忽于初四日酉刻进城，诸务仓卒未备。所以匆匆回宫者，为明日监视皇上见伊藤也。

中国史学会编《中国近代史资料丛刊·戊戌变法》（1），神州国光社1953年版，第345页

恽毓鼎《崇陵传信录》：

御史杨崇伊、庞鸿书揣知太后意，潜谋之庆亲王奕劻，密疏告变，请太后再临朝，袖疏付奕劻转达颐和园。八月初四日黎明，上诣宫门请安，太后已由间道入西直门，车驾仓皇而返。太后直抵上寝宫，尽括章疏携之去，召上怒诘曰："我抚养汝二十余年，乃听小人之言谋我乎？"上战栗不发一语，良久嗫嚅曰："我无此意。"太后唾之曰："痴儿，今日无我，明日安有汝乎？"遂传懿旨，以上病不能理万几为辞，临朝训政，凡上所兴革悉反之。

章伯锋、顾亚编《近代稗海》第13辑，四川人民出版社1988年版，第491页

9月20日（八月初五日）　袁世凯请训。

袁世凯《戊戌日记》：

初五日请训，因奏曰："古今各国变法非易，非有内忧，即有外患，请忍耐待时，步步经理，如操之太急，必生流弊。且变法尤在得人，必须有真正明达时务，老成持重，如张之洞者，赞襄主持，方可仰答圣意；至新进诸臣，固不乏明达猛勇之士，但阅历太浅，办事不能慎密，倘有疏误，累及皇上，关系极重，总求十分留意，天下幸甚。臣受恩深重，不敢不冒死直陈"等语。上为动容，无答谕，请安，退下。

中国史学会编《中国近代史资料丛刊·戊戌变法》（1），神州国光社1953年版，第553页

△ 是夜及次日袁世凯向荣禄告密。

袁世凯《戊戌日记》：

即赴车站，候达佑文观察同行。抵津，日已落，即诣院谒荣相，略述内情，并称皇上圣孝，实无他意，但有群小结党煽惑，谋危宗社，罪实在下，必须保全皇上以安天下。

语未竟,叶祖珪入坐,未几,佑文亦来,久候至将二鼓,不得间,只好先退晚餐,约以明早再造详谈。次早荣相枉顾,以详细情形备述,荣相失色,大呼冤曰:“荣某若有丝毫犯上心,天必诛我,近来屡有人来津通告内情,但不及今谈之详。”予谓:“此事与皇上毫无干涉,如累及上位,我唯有仰药而死耳。”

筹商良久,迄无善策,荣相回署,复约佑文熟商。是晚荣相折简来招,杨莘伯在座,出示训政之电,业已自内先发矣。荣相复抚茶杯笑曰:“此非毒药,你可饮之。”惟耿耿于心,寝食难忘者,恐累及上位耳。越四日,荣相奉召入都,临行相约,誓以死保全皇上。予曰:“赵盾弑其君,并非赵盾;中堂仁笃忠贞,现居要津,而皇上万一不安,天下后世,其谓中堂何?我亦世受国恩,倘上有不安,惟有以死报之。”荣相曰:“此事有我与庆邸,决不至累及上位,勿虑也。良以慈圣祖母也,皇上父亲也。处祖母、父亲之间,为子孙者。惟有出死力以调和,至伦常之变,非子孙所忍言,亦非子孙所敢闻。”谨述大略,五衷如焚。时在八月十四日,记于天津督署。

中国史学会编《中国近代史资料丛刊·戊戌变法》(1),神州国光社1953年版,第553～554页

△ **光绪会见日本前首相伊藤博文。**

森泰二郎《清国皇帝陛下谒见之次序》(明治三十一年九月二十日于西苑门内勤政殿)

于午前十一时至勤政殿,谒见清国皇帝。

伊藤侯爵:外臣博文,此次前来贵国,原系自行游历,今蒙召见,殊为光荣,不胜荣幸。大皇帝近日变法自强,力图振作,此于亚东局面之保全,实关重要。博文回国,当告知我国皇帝知之,当必欣悦。愿大皇帝永保盛业,长享景福。

清国皇帝:久闻贵爵大名,今得延见,深感满意。

伊:今日召见,得见龙颜咫尺,蒙褒辞,荣幸之至。……

皇帝:贵国自维新后,庶绩咸熙,皆出自贵侯手定,各国无不钦仰,无不赞美,朕亦时佩于心。

伊:过份褒奖,何以克当。敝国政务,皆由朝廷擘画,外臣惟靖供职守,为所当为而已。……

皇帝:贵国与我国同洲,相距较近。我中国近日正当维新之时,贵爵曾手创大业,必知其中利弊,请为朕详晰言之,并望与总署王大臣会晤时,将改革顺序、方法告之。

伊:敬遵谕旨。他日如承王大臣下问,当竭其所知以告。……

汤志钧《乘桴新获——从戊戌到辛亥》,江苏古籍出版社1990年版,第17～18页

△ **御史杨深秀上《时局艰危,拼瓦合以救瓦裂折》。**

该奏折全文如下:

山东道监察御史臣杨深秀跪奏:为时局艰危,拼瓦合以救瓦裂,恭折仰祈圣鉴事。窃近来时事孔棘,劲敌环伺,臣尝虑皇上变法自强之计,虽如救火追亡,犹恐缓不逮事,而士大夫守旧梦者,尚疑为故甚其辞,以耸听闻。前者敌人显绘瓜分之图,明倡破竹之说,而此辈反诋谓康有为所伪造,竟似臣等甘徇友党,共蔽圣聪者。今不幸而此变萌芽果现,谓之何哉。

臣闻德、法诸国,皆言中华守旧者阻力过大,积成痿痹,商之不理,吓之不动,只宜武断从事,谋定而发,即为所欲为耳。用是共会于俄都之森彼得堡,悍然宰割天下,碎裂中原;俄则分我燕、晋、秦、陇;法则分我闽、广、滇、黔;德则分我山东、河南。英人虽本无此志,亦不得不

藉手于吴、越、荆、益，以求抵制。各国重复绘图，明画分界。兼闻英舰七艘已至大沽，可以保权利，可以敌合纵，即可以恫喝吾华。其余诸国，亦转瞬即来耳。呜呼，此语前年已泄各报，登之屡屡，通国皆知。而卒被守旧者聚谋掣曳，致皇上新政不能径布，良谋不得速行，虽食误国者之肉，又何补于危亡哉！夫白刃交前，不救流矢；死中求生之际，岂暇更顾此辈之颜面乎？

臣闻刑部主事洪汝冲所上封事中，有迁都、借才两说；而其最要最要者，莫过联结与国之一条。盖亦深恐新政不及布置，猝为强敌所乘，蹈波兰之覆辙耳。犹忆前冬胶澳事急，臣尝建联结英、美之计；今夏奏请王公游历，臣又曾有日本宜结之论。今该主事所见与臣暗合，而其语之切尤过于臣，是诚按切时势之言也。

昨又闻，英国牧师李提摩太新从上海来京，为吾华遍筹胜算，亦云今日危局，非联合英、美、日本，别无图存之策。臣素知该牧师欧洲名士，著书甚多，实能深明大略，洞见本原。况值日本伊藤博文游历在都，其人曾为东瀛名相，必深愿联结吾华，共求自保者也。未为借才之举，先为借箸之筹，臣尤伏愿我皇上早定大计，固结英、美、日本三国，勿嫌合邦之名之不美，诚天下苍生之福矣。

时值艰危，谨恭折密陈，伏乞皇上圣鉴施行。谨奏。

孔祥吉《康有为变法奏章辑考》，北京图书馆出版社 2008 年版，第 399～400 页

编者按：此折系康有为代御史杨深秀草拟，原折存中国第一历史档案馆戊戌变法专题档。

9 月 21 日(八月初六日)　慈禧太后正式宣布再出“训政”。

内阁奉上谕，现在国事艰难，庶务待理，朕勤劳宵旰，日综万机，兢业之余，时虞丛脞。恭溯同治年间以来，慈禧端佑康颐昭豫庄诚寿恭钦献崇熙皇太后两次垂帘听政，办理朝政，宏济时艰，无不尽美尽善，因念宗社为重，再三吁恳慈恩训政，仰蒙俯如所请，此乃天下臣民之福，由今日始，在便殿办事。本月初八日，朕率诸王大臣在勤政殿行礼，一切应行礼仪，著各该衙门敬谨预备。

中国第一历史档案馆编《光绪朝上谕档》第 24 册，广西师范大学出版社 1996 年版，第 416 页

恽毓鼎《崇陵传信录》：

至戊戌训政，则太后与上并坐，若二君焉。臣工奏对，上嘿不发言，有时太后肘上使言，不过一二语止矣。迁上于南海瀛台，三面皆水，隆冬冰坚结，传闻上携小奄踏冰出，为门者所阻，于是有传匠凿冰之举。上常至一太监屋，几有书，取视之，《三国演义》也，阅数行，掷去，长叹曰：“朕并不如汉献帝也！”

章伯锋、顾亚编《近代稗海》第 13 辑，四川人民出版社 1988 年版，第 492 页

苏继祖《清廷戊戌朝变记》：

八月初六日，下诏训政，懿旨拿康有为。

是日太后御便殿，召庆王、端王、军机御前大臣，跪于案右；皇上跪于案左，设竹杖于座前。疾声厉色，讯问皇上曰：“天下者，祖宗之天下也，汝何敢任意妄为！诸臣者，皆我多年历选，留以辅汝，汝何敢任意不用！乃竟敢听信叛逆蛊惑，变乱典型。何物康有为，能胜于我选用之人？康有为之法，能胜于祖宗所立之法？汝何昏愦，不肖乃尔！”又顾诸臣曰：“皇帝无知，汝等何不力谏，以为我真不管，听他亡国败家乎？我早知他不足以承大业，不过时事多艰，不宜轻举妄动，只得留心稽察管束；我虽人在颐和园，而心时时在朝中也。我惟恐有奸人蛊惑，所以常嘱汝等不可因他不肖，便不肯尽心国事；现幸我还康健，必不负汝等也。今春奕

勖再四说，皇上既肯励精图治，谓我亦可省心，我因想外臣不知其详，并有不学无术之人，反以为我把持，不许他放手办事，今日可知其不行矣。他是我拥立者，他若亡国，其罪在我，我能不问乎？汝等不力诤，是汝等罪也。”刚先对曰：“屡次苦谏，每加谴斥，其余众臣，亦有言谏过者，亦有不语者。”复问皇上曰：“变乱祖法，臣下犯者，汝如何罪？试问汝祖宗重，康有为重，背祖宗而行康法，何昏愦至此？”皇上战栗对曰：“是固自己糊涂，洋人逼迫太急，欲保存国脉，通融试用西法，并不敢听信康有为之法也。”太后厉声怒曰：“难道祖宗不如西法，鬼子反重于祖宗乎？康有为叛逆，图谋于我，汝不知乎？尚敢回护也！”皇上本已魂飞齿震，竟不知所对。复厉声问：“汝知之乎？抑同谋乎？”皇上战栗对曰：“知道。”太后曰：“既知道还不正法，反要放走？”皇上即云：“拿杀。”此即密拿康有为抄南海馆之旨。太后并谓诸臣言，我常教你等小心，就怕如近年这些佞臣贼子煽惑也。遂幽禁皇上，带同太监搜查皇上书房，究查御前太监。此第一次讯问皇上大略情形，言语极多，传者不胜记忆。

中国史学会编《中国近代史资料丛刊·戊戌变法》(1)，神州国光社1953年版，第346～347页

编者按：对戊戌变法失败的原因和时间，学术界均有不同的看法。对戊戌变法失败的原因，传统的说法是，9月18日谭嗣同夜访袁世凯，9月20日，袁世凯返回天津后即向荣禄告密，遂有戊戌政变的发生。近些年来，一些学者经过考证，认为戊戌政变的直接原因并不是起自袁世凯的告密，因为9月19日，政变即已发生。9月20日上午袁世凯觐见光绪，即乘火车回天津。9月21日晚听到政变消息后，袁世凯才向荣禄密告谭嗣同等的谋杀计划。至于戊戌变法失败的具体时间，一是“9月19日政变说”，孔祥吉根据台湾保存的清宫档案《起居注》的记载，慈禧回宫和光绪“驻跸瀛台”均在9月19日。一是“9月21日政变说”，其说依据的是中国第一历史档案馆所存的光绪二十四年《起居注册》的记载，认为八月初六日，光绪才“驾还涵元殿”。孔祥吉考证后认为，台湾《起居注》版本较为原始、可信，而中国第一历史档案馆所存的是经过篡改了的版本。所以，“9月19日政变说”比较可信(参见孔祥吉《关于戊戌政变二三事之管见》，《历史档案》1983年第3期)。

△ 著将康有为及其弟康广仁拿交刑部治罪。

《光绪朝东华录》：

丁亥，谕，工部候补主事康有为，结党营私，莠言乱政，屡经被人参奏，著革职，并其弟康广仁，均著步军统衙门拿交刑部，按律治罪。

朱寿朋编《光绪朝东华录》，中华书局1958年版，总4200页

△ 御史宋伯鲁上《请速简重臣结连与国，以安社稷而救危亡折疏》。

该奏折全文如下：

掌山东道监察御史臣宋伯鲁跪奏：为事变日亟，请简重臣，结连与国，以安社稷而救危亡，恭折仰祈圣鉴事。昨闻英国兵舰七艘已驶入大沽口，声称俄人将大举南下，特来保护中国。又闻俄君在其彼得罗堡，邀集德、法、英各国，议分中国，绘图腾报，俄分满、蒙、燕、晋、秦、陇；法分闽、广、滇、黔；德分山东、河南；英分吴、越、荆、益。眈眈环视，旦夕宰割，是昔仅有其言者，今将见诸实事。危急存亡，变在顷刻。若不急筹善法，一旦分裂，悔将何及。

昨闻英国教士李提摩太来京，往见工部主事康有为，道其来意，并出示分割图。渠之来也，拟来年和中国、日本、美国及英国为合邦，共选通达时务晓畅各国掌故者百人，专理四国兵政税则，及一切外交等事。别练兵若干营，以资御侮。凡有外室，四国共之，则俄人不敢出；俄不敢出，则德、法无所附，势必解散。吾既合日，彼英与日素善，不患不就我范围。英、俄之寻仇也，其萌芽在数年以前，而借口于芦汉铁路，其不肯让俄尺寸也，亦犹俄之不肯让英耳，其必出于战，固也。然而英胜则施其权力以制俄，而我将为英有，俄胜则更不可问。昨闻二国已在珲春开仗，城门失火，殃及池鱼，窃恐我中国从此无安枕之日矣。事机甚迫，间不容

发,失今不图,两国胜负一决,我将归其席卷矣。言之能勿痛心。

今拟请皇上速简通达外务、名震地球之重臣,如大学士李鸿章者,往见该教士李提摩太及日伊藤博文,与之商酌办法。以工部主事康有为为参赞,必能转祸为福。以保我宗社,奠安我疆土。时至今日,危急万分,守旧之言万不可听。伏愿皇上独奋乾断,速下明诏,则四万万生灵,庶不至于沦为异类,天下万世幸甚。

臣发愤迫切,披沥上陈,伏乞皇上圣鉴。谨奏。

孔祥吉《康有为变法奏章辑考》,北京图书馆出版社2008年版,第404~405页

编者按:康有为代御史宋伯鲁草拟此折,原件藏中国第一历史档案馆戊戌变法专题档。

△ **革御史宋伯鲁职,永不叙用。**

《光绪朝东华录》:

丁亥,谕,御史宋伯鲁滥保匪人,平素声名恶劣,著即行革职,永不叙用。

朱寿朋编《光绪朝东华录》,中华书局1958年版,总4200页

9月23日(八月初八日)　行太后临朝训政礼。

苏继祖《清廷戊戌朝变记》:

八月初八日,皇上率百官恭贺训政。

太后旨,命皇上拜于阶下。礼成,复于便殿召群臣质讯皇上,将所抄皇上书房中及康有为寓中奏章说帖等件,逐条审讯,以诸臣质之。内有杨锐、林旭述上意催康迅速出京之函,太后大怒,问皇上,上不敢认,推杨锐之意。时太后已接北洋袁世凯出首密告之事,追问皇上何意?上只得推康、谭,否则立受廷杖矣。当即饬下步军统领捕拿张荫桓、徐致靖及新进诸人,禁皇上于瀛台,将近御各太监看押,另派太监二十名,随侍皇上,实监禁之,二十名太监,皆太后心腹也。

中国史学会编《中国近代史资料丛刊·戊戌变法》(1),神州国光社1953年版,第348页

9月25日(八月初十日)　下召医进京之旨。

内阁奉上谕,朕躬自四月以来,屡有不适,调治日久,尚无大效。京外如有精通医理之人,即著内外臣工切实保荐候旨。其现在外省者,即日驰送来京,勿稍延缓。

中国第一历史档案馆编《光绪朝上谕档》第24册,广西师范大学出版社1996年版,第424页

苏继祖《清廷戊戌朝变记》:

八月初十日,下召医进京之旨。

此时京中议论汹汹。有太监云:皇上有病,正须静养,不能接见臣下;当轴大臣有谓皇上因服康药,病危甚;又有言上已大行,俟康拿到,讯明酖弑逆谋之党,方声张,恐逆党逃去也。

中国史学会编《中国近代史资料丛刊·戊戌变法》(1),神州国光社1953年版,第348页

△ **天津《国闻报》刊登《中山樵传》,此为国内公开发表并带有敌意的第一篇中文孙中山传记。**

《国闻报》光绪二十四年(1898年)八月初十日载《中山樵传》全文:

清国逸犯孙文,字逸仙,自到日本后,改名中山樵,始到时我日本人皆为震惊,以为绝大本领之人。乍与之处,尚不觉其有他,至与之往还三五次,即觉其言语仿佛,非有豪杰推诚之概,心窃疑之。及考察于寓此之华人,则多以无耻视之。细察其行于香江,少习英文,未卒

业,就其地瓦丽氏医院习医学。此院为华人何启律师之妻瓦丽氏遗产所置,以西文教西医,兼赠药施医者。中山樵学之数年,卒业后往来广东省城香江。香江有利银行办房冯瑞之小妻生喉症,就中山樵医,中山樵诱而奸之,举香江之体面华人无不切齿此事。中山樵原从孔圣教读孔孟之书,后入耶教,教内不得有小妻,中山樵违例,教众未及攻,而中山樵刊报招医,又自称学宗孔孟。耶教之朴诚者怼其反复无常矣。中山樵又尝在广东创开药房,系香江富人秦芳尝受其医,故借款与之办理。不数月,尽将秦款为花酒夜合费,无以见秦,遂欲图借不轨之事以消灭之,故遍告于人,谓于阴历重阳后五日起事,香江有二千西兵相助,银行亦允助款数千万两,实并无其事。……故设一馆在广东省城,一馆在香江。中山樵有欲恐人不知,日必告人,于是支那官知之,即行查封。中山樵早预备行计,故受其愚者皆就执,而中山樵由别径走香江,人不容,乃改西装往欧米。其在英国被清钦差拿获之事,久已扬播。今来我邦,欲惑商人棍骗财物以为自娱,此其状大略也。

9月26日(八月十一日)　复置詹事府等衙门,废官报局。

梁启超《政变正记》:

八月十一日,复置皇上所裁汰之詹事府等衙门,及各省冗员。

按,詹事府等衙门,及各省冗员,皆无事可办,任其职者,皆养尊处优,素餐尸位,朘民之脂膏,以养此无谓之闲人,正如久患痈疽,全体皆含脓血,皇上必汰除之者,以非如此则不能办事也,而西后一切复置,实为养痈之弊政。

同日禁止士民上书。

按,中国之大患,在内外蔽塞,上下隔绝,皇上许士民上书,乃明目达聪之盛举也,而西后禁之,务以抑塞为主义也。

同日废官报局。

同日停止各省府州县设立中学校小学校。

按,中国之大患,在教育不兴,人才不足,皇上政策首注意于学校教育之事,可谓得其本矣。中国地广人众,非各省府州县遍设学校,不能广造人才,今西后一切停止,盖用秦始皇愚民之政策也。

梁启超《戊戌政变记》,沈云龙主编,近代中国史料丛刊正编第92辑,台北文海出版社,第147~148页

9月28日(八月十三日)　维新志士谭嗣同、林旭、刘光第、杨深秀、康广仁、杨锐死难,史称"戊戌六君子"。

军机大臣字寄刑部、步军统领衙门,光绪二十四年八月十三日奉上谕,康有为心存叵测,广结党羽,大逆不道,罪不容诛。康广仁、杨深秀等与之同谋,谭嗣同等于召见时,语多挟制,同恶相济,均属罪无可逭。除张荫桓尚非康党,著暂行看管,听候谕旨,徐致靖著监候待质外,其情节较重之康广仁、杨深秀、谭嗣同、林旭、杨锐、刘光第六犯,均著即行处斩,派刚毅监视行刑,并著步军统领崇礼等多派弁兵弹压。

中国第一历史档案馆编《光绪朝上谕档》第24册,广西师范大学出版社1996年版,第428页

梁启超《殉难六烈士传》(1899年1月):

康广仁传　康君名有溥,字广仁,以字行,号幼博,又号大广,南海先生同母弟也。精悍厉鸷,明照锐断,见事理若区别黑白,勇于任事,洞于察机,善于观人,遂于生死之故,长于治事之条理,严于律己,勇于改过。自少即绝意不事举业,以为本国之弱亡,皆由八股锢塞人才

所致，故深恶痛绝之，偶一应试，辄弃去。弱冠后尝为小吏于浙，盖君少年血气太刚，倜傥自喜，行事间或跅弛踰越范围，南海先生欲裁抑之，故遣入官场，使之游于人间最秽之域，阅历乎猥鄙奔竞险诈苟且阘冗势利之境，使之察知世俗之情伪，然后可以收敛其客气，变化其气质，增长其识量。君为吏岁余，尝委保甲差，文闱差，阅历宦场既深，大耻之，挂冠而归。自是进德勇猛，气质大变，视前此若两人矣。君天才本卓绝，又得贤兄之教，覃精名理，故其发论，往往精奇悍锐，出人意表，闻者为之咋舌变色。然按之理势，实无不切当。自弃官以后，经历更深，学识更加，每与论一事，穷其条理，料其将来，不爽累黍，故南海先生常资为谋议焉。今年春，胶州旅顺既失，南海先生上书痛哭论国是，请改革。君曰，今日在我国而言改革，凡百政事，皆第二着也，若第一着，则惟当变科举，废八股取士之制，使举国之士，咸弃其顽固谬陋之学，以讲求实用之学，则天下之人，如瞽者忽开目，恍然于万国强弱之故，爱国之心自生，人才自出矣。阿兄历年所陈改革之事，皆千条万绪，彼政府之人，早已望而生畏，故不能行也。今当以全副精神专注于废八股之一事，锲而不舍，或可有成，此关一破，则一切新政之根芽已立矣，盖当时犹未深知皇上之圣明，故于改革之事不敢多所奢望也。及南海先生既召见，乡会八股之试既废，海内志士额手为国家庆。君乃曰，士之数莫多于童生与秀才，几居全数百分之九十九焉，今但变乡会试，而不变岁科试，未足以振刷此辈之心目，且乡会试期在三年以后，为期太缓，此三年中人事靡常，今必先变童试岁科试，立刻施行然后可。乃与御史宋伯鲁谋，抗疏言之，得旨俞允。于是君请南海先生曰，阿兄可以出京矣。我国改革之期，今尚未至，且千年来行愚民之政，压抑既久，人才乏绝，今全国之人材，尚不足任全国之事，改革甚难有效，今科举既变，学堂既开，阿兄宜归广东上海，卓如宜归湖南，专心教育之事，著书译书撰报，激厉士民爱国之心，养成多数实用之才，三年之后，然后可大行改革也。时南海先生初被知遇，天眷优渥，感激君恩，不忍舍去。既而天津阅兵废立之事，渐有所闻。君复语曰，自古无主权不一之国而能成大事者，今皇上虽天亶睿圣，然无赏罚之权，全国大柄，皆在西后之手，而满人之猜忌如此，守旧大臣之相嫉如此，何能有成，阿兄速当出京养晦矣。先生曰，孔子之圣，知其不可而为之，凡人见孺子将入于井，犹思援之，况全国之命乎，况君父之难乎，西后之专横，旧党之顽固，皇上非不知之，然皇上犹且舍位亡身，以救天下，我忝受知遇，义固不可引身而退也。君复曰，阿兄虽舍身思救之，然于事必不能有益，徒一死耳，死固不足惜，但阿兄生平所志所学，欲发明公理，以救全世界之众生者，他日之事业正多，责任正重，今尚非死所也。先生曰，生死自有天命，吾十五年前，经华德里筑屋之下，飞砖猝坠，掠面而下，面损流血，使彼时飞砖斜落半寸击于脑，则死久矣。天下之境遇，皆华德里飞砖之类也，今日之事虽险，吾亦以飞砖视之，但行吾心之所安而已，他事非所计也。自是君不复敢言出京。然南海先生每欲有所陈奏，有所兴革，君必劝阻之，谓当俟诸十月阅兵以后，若皇上得免于难，然后大举，未为晚也。故事凡皇上有所敕任，有所赐赉，必诣宫门谢恩，赐召见焉。南海先生先后奉命为总理各国事务衙门章京，督办官报局，又以著书之故，赐金二千两，皆当谢恩。君独谓西后及满洲党相忌已甚，阿兄若屡见皇上，徒增其疑而速其变，不如勿往。故先生自六月以后，上书极少，又不觐见，但上折谢恩，惟于所进呈之书，言改革之条理而已，皆从君之意也。其料事之明如此。南海先生既决意不出都，俟九月阅兵之役，谋有所救护，而君与谭君任此事最力。初余既奉命督办译书，以君久在大同译书局，谙练此事，欲托君出上海总其成，行有日矣。而八月初二日忽奉明诏，命南海先生出京，初三日又奉密诏敦促，一日不可留，先生恋阙甚耿耿。君乃曰，阿兄即行，弟与复生卓如及诸君力谋之，盖是时虽知事急，然以为其发难终在九月，故欲竭蹶死力有所布置也。以故先生行，而君独留，遂及于难，其临大节之不苟又如此。君明于大道,达于生死,常语余云,吾生三十年,见兄弟戚友之年与我相若者,今死去不计其数矣,吾每将己身与彼辈相较,常作已死观,今之犹在人间,作死而复生观,故应做之事,即放胆做去,无所罣碍,无所恐怖也,盖君之从容就义者,其根柢深厚矣。既被逮之日,与同居二人程序谷钱维骥同在狱中,言笑自若,高歌声出金石。程钱等固不知密诏及救护之事,然闻令出西后,乃曰,我等必死矣。君厉声曰,死亦何伤,汝年已二十余矣,我年已三十余矣,不犹愈于生数月而死数岁而死者乎,且一刀而死,不犹愈于抱病岁月而死者乎,特恐我等未必死耳,死则中国之强在此矣,死又何伤哉。程曰,君所言甚是,第外国变法,皆前者死,后者继,今我国新党甚寡弱,恐我辈一死,后无继者也。君曰,八股已废,人才将辈出矣,何患无继哉。神气雍容,临节终不少变,呜呼烈矣。南海先生之学,以仁为宗旨,君则以义为宗旨,故其治事也,专明权限,能断割,不妄求人,不妄接人,严于辞受取与,有高掌远跖摧陷廓清之概,于同时士大夫之豪俊皆俯视之。当十六岁时,因恶帖括,故不悦学,父兄责之,即自抗颜为童子师,疑其游戏必不成,姑试之,而从之学者有八九人,端坐课弟子,庄肃俨然,手创学规,严整有度,虽极顽横之童子,戢戢奉法为谨,自是知其为治事才,一切家事营办督租皆委焉。其治事如商君法,如孙武令,严密缜栗,令出必行,奴仆无不畏之,故事无不举。少年曾与先生同居一楼,楼前有芭蕉一株,经秋后败叶狼藉,先生故有茂对万物之心,窗草不除之意,甚爱护之。忽一日失蕉所在,则君所锄弃也,先生责其不仁。君曰,留此何用,徒乱人意。又一日,先生命君检查屋上旧书整理之,以累世为儒,阁上藏前代帖括甚多,君举而付之一炬。先生诘之,君则曰,是区区者尚不割舍耶,留此物,此楼何时得清净,此皆君十二三岁时轶事也。虽细端,亦可以验见其刚断之气矣。君事母最孝,非在侧则母不欢,母有所烦恼,得君数言,辄怡笑以解,盖其在母侧,纯为孺子之容,与接朋辈任事时若两人云。最深于自知,勇于改过,其事为己所不能任者,必自白之,不轻许可,及其既任,则以心力殉之,有过失必自知之,自言之,而痛改之,盖光明磊落,肝胆照人焉。君尝慨中国医学之不讲,草菅人命,学医于美人嘉约翰三年,遂通泰西医,欲以移中国,在沪创医学堂,草具章程,虽以事未成,而后必行之。盖君之勇断,足以廓清国家之积弊,其明察精细,足以经营国家治平之条理,而未能一得藉手,遂殉国以殁。其所办之事,则在澳门创立《知新报》,发明民政之公理,在上海设译书局,译日本书以开民智,在西樵乡设一学校,以泰西政学教授乡之子弟。先生恶妇女缠足,壬午年创不缠足会而未成,君卒成之,粤风大移。粤会成,则与超推之于沪,集士夫开不缠足大会,君实为总持。又与同志创女学堂,以救妇女之患,行太平之义,于君才未尽十一,亦可以观其志矣。君虽不喜章句记诵词章之学,明算工书,能作篆,尝为诗骈散文,然以为无用,既不求工,亦不存稿,盖皆以余事为之,故遗文存者无几。然其言论往往发前人所未发,言人所不敢言,盖南海先生于一切名理每仅发其端,含蓄而不尽言,君则推波助澜,穷其究竟,达其极点,故精思伟论独多焉。君既殁,朋辈将记忆其言语,裒而集之,以传于后。君既弃浙官,今年改官候选主事。妻黄谨娱,为中国女学会倡办董事。

论曰:徐子靖王小航常语余云,二康皆绝伦之资,各有所长,不能轩轾,其言虽稍过,然幼博之才,真今日救时之良矣。世人莫不知南海先生,而罕知幼博,盖为兄所掩,无足怪也。而先生之好仁,与幼博之持义,适足以相补,故先生之行事,出于幼博所左右者为多焉。六烈士之中,任事之勇猛,性行之笃挚,惟复生与幼博为最,复生学问之深博,过于幼博;幼博治事之条理,过于复生,两人之才,真未易轩轾也。呜呼,今日眼中之人,求如两君者可复得乎,可复得乎。幼博之入京也,在今春二月,时余适自湘大病出沪,扶病入京师应春官试,幼博善医学,于余之病也,为之调护饮食剂医药,至是则伴余同北行,盖幼博之入京,本无他事,不过为余病耳,余病不死,而幼博死于余之病,余疚何如哉。

杨深秀传　杨君字漪村,又号舂舂子,山西闻喜县人也。少颖敏,十二岁录为县学附生,博学强记,自十三经史汉通鉴管荀庄墨老列韩吕诸子,乃至说文玉篇水经注,旁及佛典,皆能举其辞,又能钩玄提要,独有心得,考据宏博,而能讲宋明义理之学,以气节自厉。岧峣独出,为山西儒宗。其为举人,负士林重望,光绪八年,张公之洞巡抚山西,创令德堂,教全省士以经史考据词章义理之学,特聘君为院长,以矜式多士。光绪十五年成进士,授刑部主事,累迁郎中,光绪二十三年十二月授山东道监察御史,二十四年正月俄人胁割旅顺大连湾,君始入台。第一疏即极言地球大势,请联英日以拒俄,词甚切直。时都中人士,皆知君深于旧学。而不知其达时务至是,共惊服之。君与康君广仁交最厚,康君专持废八股为救中国第一事,日夜谋此举。四月初间,君乃先抗疏请更文体,凡试事仍以四书五经命题,而篇中当纵论时事,不得仍破承八股之式,盖八股之弊,积之千年。恐未能一旦遽扫,故以渐而进也。疏上,奉旨交部臣议行。时皇上锐意维新,而守旧大臣盈廷,竞思阻挠,君谓国是不定,则人心不知所响,如泛舟中流而不知所济,乃与徐公致靖先后上疏,请定国是。至四月二十三日国是之诏遂下,天下志士喁喁向风矣。初请更文体之疏,既交部议,而礼部尚书许应骙庸谬昏横,辄欲驳斥,又于经济科一事,多为阻挠。时八股尚未废,许自恃为礼部长官,专务遏抑斯举,君于是与御史宋伯鲁合疏劾之,有诏命许应骙自陈,于是旧党始恶君,力与为难矣。御史文悌者,满洲人也,以满人久居内城,知宫中事最悉,颇愤西后之专横,经胶旅后,虑国危,闻君门下有某人者,抚北方豪士千数百人,适同侍祠,竟夕语君宫中隐事,皆西后淫乐之事也。既而曰,君知长麟去官之故乎,长麟以上名虽亲政,实则受制于后,请上独揽大权,曰西后于穆宗则为生母,于皇上则为先帝之遗妾耳,天子无以妾母为母者,其言可谓独得大义矣。君然之。文又曰,吾奉命查宗人府囚,见澍贝勒仅一褒蔽体,上身无衣,时方正月祁寒,拥炉战栗,吾怜之,赏钱十千,西后之刻虐皇孙如此,盖为上示戒,故上见后辄颤,此与唐武氏何异,因慷慨诵徐建业讨武氏檄燕啄王孙四语,目眦欲裂。君美其忠诚,乃告君曰,吾少尝慕游侠,能踰墙,抚有昆仑奴甚多,若有志士相助,可一举成大业,闻君门下多识豪杰,能觅其人以救国乎。君壮其言,而虑其难。时文数访康先生,一切奏章,皆请先生代草之,甚密。君告先生以文有此意,恐事难成,先生见文则诘之,文色变,虑君之泄漏而败事也,日腾谤于朝以求自解,犹虑不免,乃露章劾君与彼有不可告人之言,以先生开保国会,为守旧大众所恶,因附会劾之,以媚于众。政变后之伪谕,谓康先生谋围颐和园,实自文悌起也。文梯疏既上,皇上非惟不罪宋杨,且责文之诬罔,令还原衙门行走。于是君益感激天知,誓死以报,连上书请设译书局译日本书,请派亲王贝勒宗室游历各国,遣学生留学日本,皆蒙采纳施行。又请上面试京朝官,日轮二十八人,择通才召见试用,而罢其罢老庸愚不通时务者。于是朝士大怨。然三月以来,台谏之中,毗赞新政者,惟君之功为最多。湖南巡抚陈宝箴力行新政,为疆臣之冠,而湖南守旧党与之为难,交章弹劾之,其诬词不可听闻,君独抗疏为剖辨,于是奉旨奖励陈而严责旧党,湖南浮议稍息,陈乃得复行其志。至八月初六日垂帘之伪命既下,党案已发,京师人人惊悚,志士或捕或匿,奸焰昌披,莫敢撄其锋,君独抗疏诘问皇上被废之故,援引大义,切陈国难,请西后撤帘归政,遂就缚。狱中,有诗十数章,怆怀圣君,赜念外患。忠诚之气,溢于言表,论者以为虽前明方正学杨椒山之烈,不是过也。君持躬廉正,取与之间,虽一介不苟,官御史时,家赤贫,衣食或不继,时惟佣诗文以自给,不稍改其初,居京师二十年,恶衣菲食,敝车羸马,坚苦刻厉,高节绝伦,盖有古君子之风焉。子韨田,字米裳,举人,能世其学,通天算格致,厉节笃行,有父风。

论曰:漪村先生可谓义形于色矣,彼逆后贼臣,包藏祸心,蓄志既久,先生岂不知之。垂帘之诏既下,祸变已成,非空言所能补救,先生岂不知之。而乃入虎穴,蹈虎尾,抗疏谔谔,为请撤帘之迂论,斯岂非孔子所谓愚不可及者耶。八月初六之变,天地反常,日月异色,内外大小臣僚以数万计,下心低首,忍气吞声,无一敢怒之而敢言之者。而先生乃从容慷慨,以明大义于天下,宁不知其无益哉,以为凡有血气者固不可不尔也。呜呼,荆卿虽醢,暴嬴之魄已寒,敬业虽夷,牝朝之数随尽,仁人君子之立言行事,岂计成败乎,漪村先生可谓义形于色矣。

杨锐传　杨锐字叔峤,又字钝叔,四川绵竹县人。性笃谨,不妄言邪视,好词章,张公之洞督学四川,君时尚少,为张所拔识,因受业为弟子。张爱其谨密,甚相亲信。光绪十五年,以举人授内阁中书。张出任封疆,将二十年,而君供职京僚,张有子在京师,而京师事不托之子而托之君,张于京师消息一切藉君,有所考察,皆托之于君,书电络绎,盖为张第一亲厚之弟子,而举其经济特科,而君之旅费,亦张所供养也。君鲠直尚名节,最慕汉党锢明东林之行谊,自乙未和议以后,乃益慷慨谈时务,时南海先生在京师,过从极密,南海与志士倡设强学会,君起而和之,甚力。其年十月,御史杨崇伊承某大臣意旨,劾强学会,遂下诏封禁,会中志士愤激,连署争之,向例凡连署之书,其名次皆以衙门为先后,君官内阁当首署,而会员中,□君□□亦同官内阁,争首署,君曰,我于本衙门为前辈,乃先焉。当时会既被禁,京师哗然,谓将兴大狱,君乃奋然率诸人以抗争之,亦可谓不畏强御矣。丁酉冬,胶变起,康先生至京师上书,君乃日与谋,极称之于给事高君燮曾,高君之疏荐康先生,君之力也。今年二月,康先生倡保国会于京师,君与刘君光第皆会员,又自开蜀学会于四川会馆,集赀巨万,规模仓卒而成,以此益为守旧者所嫉忌。张公之洞累欲荐之,以门人避嫌,乃告湖南巡抚陈公宝箴荐之,召见,加四品卿衔,充军机章京,与谭刘林同参预新政。拜命之日,皇上亲以黄匣缄一朱谕授四人,命竭力赞襄新政,无得瞻顾,凡有奏折,皆经四卿阅视,凡有上谕,皆经四卿属草,于是军机大臣嫉妒之,势不两立。七月下旬,宫中变态已作,上于二十九日召见君,赐以衣带诏,乃言位将不保,命康先生与四人同设法救护者也。君久居京师,最审朝局,又习闻宫廷之事,知二十年来之国脉,皆斲丧于西后之手,愤懑不自禁,义气形于词色。故与御史朱一新安维峻学士文廷式交最契。朱者曾疏劾西后嬖宦李连英,因忤后落职者也,安者曾疏请西后勿揽政权,因忤后遣戍塞外者也,文者曾请皇上自收大权,因忤后革职驱逐者也,君习与诸君游,宗旨最合,久有裁抑吕武之志。至是奉诏与诸同志谋卫上变,遂被逮,授命。君博学,长于诗,尝辑注晋书,极闳博,于京师诸名士中称尊宿焉。然谦抑自持,与人言,恂恂如不出口,绝无名士轻薄之风,君子重之。

论曰,叔峤之接人发论,循循若处子,至其尚气节,明大义,立身不苟,见危授命,有古君子之风焉。以视平日口谈忠孝,动称义愤,一遇君父朋友之难,则反眼下石者,何哉。

林旭传　林君字暾谷,福建侯官县人,南海先生之弟子也。自童龀颖绝秀出,负意气,天才特达,如竹箭标举,干云而上,冠岁乡试冠全省,读其文,奥雅奇伟,莫不惊之,长老名宿皆与折节为忘年交,故所友皆一时闻人,其于诗词骈散文皆天授,文如汉魏人,诗如宋人,波澜老成,瑰奥深秾,流行京师,名动一时。乙未割辽台,君方应试春官,乃发愤上书,请拒和议,盖意志已倜傥矣。既而官内阁中书,盖闻南海之学慕之,谒南海,闻所论政教宗旨,大心折,遂受业焉。先是胶警初报,事变綦急,南海先生以为振厉士气,乃保国之基础,欲令各省志士各为学会,以相讲求,则声气易通,讲求易熟,于京师先倡粤学会蜀学会闽学会浙学会陕学会等,而杨君锐实为蜀学会之领袖。君遍谒乡先达鼓之,一日而成,以月初十日开大会于福建会馆,闽中名士夫皆集,而君实为闽学会之领袖焉。及开保国会,君为会中倡始董事,提倡最力。初，荣禄尝为福州将军，雅好闽人，而君又沈文肃公之孙婿，才名藉甚，故荣颇欲罗致之。五月荣既至天津，乃招君入幕府，君入都，请命于南海，问可就否，南海曰，就之何害，若能责以大义，怵以时变，从容开导其迷谬，暗中消遏其阴谋，亦大善事也。于是君乃决就荣聘。已而举应经济特科，会少詹王锡蕃荐君于朝，七月召见，上命将奏对之语再誊出呈览，盖因君操闽语，上不尽解也。君退朝，具折奏上，折中称述师说甚详。皇上既知为康某之弟子，因信任之，遂与谭君等同授四品卿衔，入军机参预新政。十日之中，所陈奏甚多，上谕多由君所拟。初二日，皇上赐康先生密谕，令速出京，亦交君传出，盖深信之也，既奉密谕，谭君等距踊椎号，时袁世凯方在京，谋出密诏示之，激其义忿，而君不谓然，作一小诗代简，致之谭等曰，伏蒲泣血知何用，慷慨何曾报主恩，愿为公歌千里草，本初健者莫轻言，盖指东汉何进之事也。及变起，同被捕，十三日斩于市，临刑，呼监斩吏问罪名，吏不顾而去，君神色不稍变云。著有晚翠轩诗集若干卷，长短句及杂文若干卷。妻沈静仪，沈文肃公葆桢之孙女，得报，痛哭不欲生，将亲入都收遗骸，为家人所劝禁，乃仰药以殉。

论曰：暾谷少余一岁，余以弟畜之，暾谷故长于诗词，喜吟咏，余规之曰，词章乃娱魂调性之具，偶一为之可也，若以为业，则玩物丧志，与声色之累无异。方今世变日亟，以君之才，岂可溺于是。君则幡然戒诗，尽割舍旧习，从南海治义理经世之学，岂所谓从善如不及邪。荣禄之爱暾谷，罗致暾谷，致敬尽礼，一旦则悍然不问其罪否，骈而戮之，彼豺狼者岂复有爱根邪，翻手为云，覆手为雨，朝杯酒，暮白刃，虽父母兄弟犹且不顾，他又何怪。

刘光第传　刘君字裴村，四川富顺县人。性端重敦笃，不苟言笑，志节崭然，博学能文诗，善书法，诗在韩杜之间，书学鲁公，气骨森竦，严整肖其为人。弱冠后成进士，授刑部主事，治事精严。光绪二十年，以亲丧去官，教授乡里，提倡实学，蜀人化之。官京师，闭户读书，不与时流所谓名士通，故人鲜知者。及南海先生开保国会，君翩然来为会员，七月以陈公宝箴荐，召见，加四品卿衔，充军机章京，参预新政。初，君与谭君尚未识面，至是既同官，又同班，则大相契。谭君以为京师所见高节笃行之士，罕其比也。向例凡初入军机者，内侍例索赏钱，君持正不与，礼亲王军机首辅生日祝寿，同僚皆往拜，君不往，军机大臣裕禄擢礼部尚书，同僚皆往贺，君不贺，谓时事艰难，吾辈拜爵于朝，当勋王事，岂有暇奔走媚事权贵哉，其气节严厉如此。七月二十六日有湖南守旧党曾廉上书请杀南海先生及余，深文罗织，谓为叛逆，皇上恐西后见之，将有不测之怒，乃将其折交裕禄命转交谭君按条详驳之。谭君驳语云，臣嗣同以百口保康梁之忠，若曾廉之言属实，臣嗣同请先坐罪，君与谭君同在二班，乃并署名曰，臣光第亦请先坐罪，谭君大敬而惊之。君曰，即微皇上之命，亦当救志士，况有君命耶，仆不让君独为君子也。于是谭君益大服君。变既作，四卿同被逮下狱，未经讯鞫。故事提犯自东门出则宥，出西门则死，十三日使者提君等六人自西门出，同人未知生死，君久于刑部，谙囚狱故事，太息曰，吾属死，正气尽，闻者莫不挥泪。君既就义，其嗣子赴市曹，伏尸痛哭一日夜以死，君家贫，坚苦刻厉，诗文甚富，就义后，未知其稿所在。

论曰：裴村之识余，介□□□先生，□□先生有道之士也，余以是敬裴村，然裴村之在京师，闭门谢客，故过从希焉。南海先生则未尝通拜答，但于保国会识一面，而于曾廉之事，裴村以死相救，呜呼，真古之人哉，古之人哉。与裴村未稔，故不能详记行谊，虽然荦荦数端，亦可以见其概矣。

谭嗣同传　谭君字复生，又号壮飞，湖南浏阳县人。少倜傥有大志，淹通群籍，能文章，好任侠，善剑术。父继洵，官湖北巡抚，幼丧母，为父妾所虐，备极孤孽苦，故操心危，虑患深，而德慧术智，日增长焉。弱冠，从军新疆，游巡抚刘公锦棠幕府，刘大奇其才，将荐之于朝，会刘以养亲去官,不果。自是十年,来往于直隶新疆甘肃陕西河南湖南湖北江苏安徽浙江台湾各省,察视风土,物色豪杰,然终以巡抚君拘谨,不许远游,未能尽其四方之志也。自甲午战事后,益发愤提倡新学,首在浏阳设一学会,集同志讲求磨厉,实为湖南全省新学之起点焉。时南海先生方倡强学会于北京及上海,天下志士走集应和之,君乃自湖南溯江下上海,游京师,将以谒先生,而先生适归广东,不获见。余方在京师强学会任记纂之役,始与君相见,语以南海讲学之宗旨,经世之条理,则感动大喜跃,自称私淑弟子,自是学识更日益进。时和议初定,人人怀国耻,士气稍振起,君则激昂慷慨,大声疾呼,海内有志之士,睹其丰采,闻其言论,知其为非常人矣。以父命,就官为候补知府,需次金陵者一年,闭户养心读书,冥探孔佛之精奥,会通群哲之心法,衍绎南海之宗旨,成仁学一书。又时时至上海,与同志商量学术,讨论天下事,未尝与俗吏一相接。君常自谓作吏一年,无异入山。时陈公宝箴为湖南巡抚,其子三立辅之,慨然以湖南开化为己任,丁酉六月黄君遵宪适拜湖南按察使之命,八月徐君仁铸又来督湘学,湖南绅士□□□□□□□□等蹈厉奋发提倡,桑梓志士渐集于湘楚,陈公父子与前任学政江君标乃谋大集豪杰于湖南,并力经营,为诸省之倡。于是聘余及□□□□□□□□等为学堂教习,召□□□归练兵,而君亦为陈公所敦促,即弃官归,安置眷属于其浏阳之乡,而独留长沙,与群志士办新政。于是湖南倡办之事,若内河小轮船也,商办矿务也,湘粤铁路也,时务学堂也,武备学堂也,保卫局也,南学会也,皆君所倡论擘画者,而以南学会最为盛业。设会之意,将合南部诸省志士联为一气,相与讲爱国之理,求救亡之法,而先从湖南一省办起。盖实兼学会与地方议会之规模焉,地方有事,公议而行,此议会之意也。每七日大集众而讲学,演说万国大势,及政学原理,此学会之意也。于时君实为学长,任演说之事,每会集者数百人,君慷慨论天下事,闻者无不感动,故湖南全省风气大开,君之功居多。今年四月定国是之诏既下,君以学士徐公致靖荐,被征,适大病不能行,至七月乃扶病入觐,奏对称旨,皇上超擢四品卿衔,军机章京,与杨锐林旭刘光第同参预新政,时号为军机四卿。参预新政者,犹唐宋之参知政事,实宰相之职也。皇上欲大用康先生,而上畏西后,不敢行其志,数月以来,皇上有所询问,则令总理衙门传旨,先生有所陈奏,则着之于所进呈书之中而已。自四卿入军机,然后皇上与康先生之意始能少通。锐意欲行大改革矣。而西后及贼臣忌益甚。未及十日,而变已起。初君之始入京也,与言皇上无权西后阻挠之事,君不之信,及七月二十七日皇上欲开懋勤殿,设顾问官,命君拟旨,先遣内侍持历朝圣训授君,传上言,谓康熙乾隆咸丰三朝有开懋勤殿故事,令查出,引入上谕中,盖将以二十八日亲往颐和园请命西后云。君退朝,乃告同人曰,今而知皇上之真无权矣。至二十八日,京朝人咸知懋勤殿之事,以为今日谕旨将下,而卒不下,于是益知西后与帝之不相容矣。二十九日皇上召见杨锐,遂赐衣带诏,有朕位几不保,命康与四卿及同志速设法筹救之诏。君与康先生捧诏恸哭,而皇上手无寸柄,无所为计,时诸将之中,惟袁世凯久使朝鲜,讲中外之故,力主变法,君密奏请皇上结以恩遇,冀缓急或可救助,词极激切。八月初一日上召见袁世凯,特赏侍郎,初二日复召见。初三日夕,君径造袁所寓之法华寺,直诘袁曰,君谓皇上如何人也,袁曰,旷代之圣主也,君曰,天津阅兵之阴谋,君知之乎,袁曰然,固有所闻,君乃直出密诏示之曰,今日可以救我圣主者,惟在足下,足下欲救则救之,又以手自抚其颈曰,苟不欲救,请至颐和园首仆而杀仆,可以得富贵也,袁正色厉声曰,君以袁某为何如人哉,圣主乃吾辈所共事之主,仆与足下同受非常之遇,救护之责,非独足下,若有所教,仆固愿闻也,君曰,荣禄密谋,全在天津阅兵之举,足下及董聂三军,皆受荣所节制,将挟兵力以行大事。虽然,董聂不足道也,天下健者惟有足下,若变起,足下以一军敌彼二军,保护圣主,复大权,清君侧,肃宫廷,指挥若定,不世之业也。袁曰，若皇上于阅兵时，疾驰入仆营，传号令以诛奸贼，则仆必能从诸君子之后，竭死力以补救，君曰，荣禄遇足下素厚，足下何以待之。袁笑而不言。袁幕府某曰，荣贼并非推心待慰帅者，昔某公欲增慰帅兵，荣曰，汉人未可假大兵权，盖向来不过笼络耳，即如前年胡景桂参劾慰帅一事，胡乃荣之私人，荣遣其劾帅，而己查办，昭雪之以市恩，既而胡即放宁夏知府，旋升宁夏道，此乃荣贼心计险极巧极之处，慰帅岂不知之。君乃曰，荣禄固操莽之才，绝世之雄，待之恐不易易。袁怒目视曰，若皇上在仆营，则诛荣禄如杀一狗耳。因相与言救上之条理甚详。袁曰，今营中枪弹火药，皆在荣贼之手，而营哨各官亦多属旧人，事急矣，既定策，则仆须急归营，更选将官，而设法备贮弹药，则可也。乃丁宁而去，时八月初三夜漏三下矣。至初五日袁复召见，闻亦奉有密诏云。至初六日变遂发。时余方访君寓，对坐榻上，有所擘画，而抄捕南海馆之报忽至，旋闻垂帘之谕。君从容语余曰，昔欲救皇上，既无可救，今欲救先生，亦无可救，吾已无事可办，惟待死期耳。虽然，天下事知其不可而为之，足下试入日本使馆，谒伊藤氏，请致电上海领事而救先生焉。余是夕宿于日本使馆，君竟日不出门，以待捕者，捕者既不至，则于其明日入日本使馆与余相见，劝东游，且携所著书及诗文辞稿本数册家书一箧托焉，曰，不有行者，无以图将来，不有死者，无以酬圣主，今南海之生死未可卜，程婴杵臼，月照西乡，吾与足下分任之，遂相与一抱而别。初七八九三日，君复与侠士谋救皇上，事卒不成，初十日遂被逮。被逮之前一日，日本志士数辈苦劝君东游，君不听，再四强之，君曰，各国变法无不从流血而成，今中国未闻有因变法而流血者，此国之所以不昌也，有之请自嗣同始，卒不去，故及于难。君既系狱，题一诗于狱壁曰，望门投宿思张俭，忍死须臾待杜根，我自横刀向天笑，去留肝胆两昆仑，盖念南海也。以八月十三日斩于市，春秋三十有三。就义之日，观者万人，君慷慨神气不少变。时军机大臣刚毅监斩，君呼刚前曰，吾有一言，刚去不听，乃从容就戮，呜呼，烈矣。君资性绝特，于学无所不窥，而以日新为宗旨，故无所沾滞，善能舍己从人，故其学日进，每十日不相见，则议论学识必有增长，少年曾为考据笺注金石刻镂诗古文辞之学，亦好谈中国古兵法，三十岁以后，悉弃去。究心泰西天算格致政治历史之学，皆有心得，又究心教宗。当君之与余初相见也，极推崇耶子氏兼爱之教，而不知有佛，不知有孔子，既而闻南海先生所发明易春秋之义，穷大同太平之条理，体乾元统天之精意，则大服。又闻华严性海之说，而悟世界无量，现身无量，无人无我，无去无住，无垢无净，舍救人外，更无他事之理，闻相宗识浪之说，而悟众生根器无量，故说法无量，种种差别，与圆性无碍之理，则益大服。自是豁然贯通，能汇万法为一，能衍一法为万，无所罣碍，而任事之勇猛亦益加。作官金陵之一年，日夜冥搜孔佛之书，金陵有居士杨文会者，博览教乘，熟于佛故，以流通经典为己任，君时时与之游，因得遍窥三藏，所得日益精深，其学术宗旨，大端见于仁学一书，又散见于与友人论学书中。所著书仁学之外，尚有寥天一图文二卷，莽苍苍斋诗二卷，远遗堂集外文一卷，札记一卷，兴算学议一卷，已刻思纬吉凶台短书一卷，壮飞楼治事十篇，秋雨年华馆丛脞书四卷，剑经衍葛一卷，印录一卷，并仁学皆藏于余处。又政论数十篇，见于湘报者，及与师友论学论事书数十篇，余将与君之石交□□□□□□□□□□等共搜辑之，为谭浏阳遗集若干卷。其仁学一书，先择其稍平易者，附印《清议报》中，公诸世焉。君平生一无嗜好，持躬严整，面棱棱有秋肃之气，无子女，妻李闰，为中国女学会创办董事。

论曰：复生之行谊磊落，轰天撼地，人人共知，是以不论。论其所学，自唐宋以后，呫毕小儒，徇其一孔之论，以谤佛毁法，固不足道，而震旦末法流行，数百年来，宗门之人，耽乐小乘，堕断常见，龙象之才，罕有闻者，以为佛法者，清净而已，寂灭而已。岂知大乘之法，悲智双修，与孔子必仁且智之义，如两爪之相印，惟智也，故知，即世间即出世间，无所谓净土，即人即我,无所谓众生,世界之外无净土,众生之外无我,故惟有舍身以救众生。佛说我不入地狱,谁入地狱,孔子曰,吾非斯人之徒与而谁与,天下有道,丘不与易,故即智即仁焉。既思救众生矣,则必有救之之条理,故孔子治春秋,为大同小康之制,千条万绪,皆为世界也,为众生也,舍此一大事,无他事也。华严之菩萨行也,所谓誓不成佛也。春秋三世之义,救过去之众生,与救现在之众生,救现在之众生与救将来之众生,其法异而不异,救此土之众生,与救彼土之众生,其法异而不异,救全世界之众生,与救一国之众生,救一人之众生,其法异而不异,此相宗之唯识也。因众生根器各各不同,故说法不同,而实法无不同也。既无净土矣,既无我矣,则无所希恋,无所罣碍,无所恐怖。夫净土与我且不爱矣,复何有利害毁誉称讥苦乐之可以动其心乎,故孔子言不忧不惑不惧,佛言大无畏,盖即仁即智即勇焉,通乎此者,则游行自在,可以出生,可以入死,可以仁,可以救众生。

梁启超《戊戌政变记》,沈云龙主编,近代中国史料丛刊正编第 92 辑,台北文海出版社,第 183 ~ 210 页

10 月 6 日(八月二十一日)　湖广总督张之洞奉那拉氏之令,将南学会的学约、界说、劄记、答问等书版片,全部加以销毁。

张之洞《致长沙陈抚台、俞藩台、李臬台》(光绪二十四年八月二十二日戌刻发):

总署来电,奉旨:湖南省城新设南学会、保卫局等名目,迹近植党,应即一并裁撤,会中所有学约、界说、劄记、答问等书,一律销毁,以绝根株。著张之洞迅即遵照办理。钦此。自应钦遵裁撤销毁。查南学会应即日停撤。保卫局详细情形,未据湖南臬司详晰禀报。该局意在仿照洋街巡捕,究竟有无植党情事,近日绅民议论若何,每年实需经费若干,筹款是否有着,今裁撤以后应否改归保甲局,应如何另定章程,即请台端妥筹电示,并饬该司等妥筹速覆。至会中学约、界说、劄记等书,饬该司等务即密速查获,所有版片印本迅即解送鄂省,不得遗漏一件,以便在鄂销毁,俾昭核实,即候示覆。该司等并即会衔电覆。养。

国家清史编纂委员会文献丛刊《张之洞全集》(9),武汉出版社 2008 年版,第 347 页

《陈抚台来电》(光绪二十四年八月二十四日酉刻到):

养电恭悉。奉旨:湖南省城新设南学会、保卫局等名目,迹近植党,应即一并裁撤等因。钦此。自应敬谨遵行。查湖南伏莽甚多,去冬胶澳事起,讹言繁兴,匪徒愈以毁教攻洋,藉图煽乱,士民亦多为所惑。除示谕外,令士绅广为开导,诸人因议设学会,冀相讲明,箴即于讲堂宣讲为倡。嗣因挈周汉,复讲一次,皆申明此义,具登二月朔、三月廿一湘报,可以覆按。后因讲者不能常在,又中外相安大旨粗已宣明,自以阅经史各书为主。至四月即已停讲,惟听人时往繙阅书籍。会中答问只随刻湘报,并无劄记、学约、界说等刊版,惟学堂有之,即饬司检呈,此南学会本末也。……宝箴申。漾。

国家清史编纂委员会文献丛刊《张之洞全集》(9),武汉出版社 2008 年版,第 347 ~ 348 页

10 月 9 日(八月二十四日)　复科举制,罢经济特科,废农工商总局,查禁全国报馆,严拿主笔。

梁启超《政变正记》:

八月二十四日复八股取士之制。

按,八股取士,为中国锢蔽文明之一大根原,行之千年,使学者坠聪塞明,不识古今,不知五洲,其弊皆由于此。顾炎武谓其祸更甚于焚书坑儒,洵不诬也。今以数千年之弊俗,皇上之神力,仅能去之,未及数月,而遂复旧观,是使四百兆人民永陷于黑暗地狱而不复能拔也。

同日罢经济特科。

按，经济特科之设，在今年正月初六日，实戊戌新政之原点也，分内政外交兵学工学理财格致六门，以实学试士，振起教育之精神，实始于此，顽固大臣等恶实学如仇，故罢之也。

同日废农工商总局。

按，农工商总局之设，大略如日本之农商务省，盖官制中所不可缺也，皇上新设之，而西后遽废之，不知是何居心也。

同日命各督抚查禁全国报馆，严拿报馆主笔。

按，暴政之行，至禁报馆拿主笔而已极矣，今全世界万国中，非甘心以野蛮自居者，不肯行此苛政也，今伪诏中之语云，天津上海汉口各处报馆林立，肆口逞说，妄造谣言，惑世诬民，罔知顾忌。又云，主笔之人，率皆斯文败类，不顾廉耻，其言真堪喷饭，而不知各地之报馆，皆受外国之保护，禁之无从禁，徒取笑于外人耳，是又可怜也，然其抑压之政策，则既已充其量矣。

梁启超《戊戌政变记》，沈云龙主编，近代中国史料丛刊正编第92辑，台北文海出版社，第148~149页

10月11日(八月二十六日) 禁止会社，拿办会员。

梁启超《政变正记》：

八月二十六日，禁止会社，拿办会员。

按，中国近两年来风气骤开，颇赖学会之力，自光绪二十一年强学会开设后，继之者则有湖北之质学会，广西之圣学会，湖南之南学会，地图公会，明达学会，广东之粤学会，群学会，苏州之苏学会，上海之不缠足会，农学会，医学会、译书会、蒙学会，北京之知耻会，经济学会，陕西之味经学会，其余小会尚不计其数，盖合众人之力以研究实学，实中国开明之一大机键也。今一律访拿会员，于是各省有志之士，几于无一能免者矣。其伪诏云，拿获在会人等，分别首从，一律治罪，各省督抚务当实力查办，毋得阳奉阴违，庶使奸党寒心，而愚民知所儆惧，彼其所以威压士民者，无所不至矣，中国四百兆人民何罪何辜，受此箝制，而永不能自拔也，悲夫。

梁启超《戊戌政变记》，沈云龙主编，近代中国史料丛刊正编第92辑，台北文海出版社，第149~150页

10月13日(八月二十八日) 掌广西道监察御史杨崇伊奏请清政府暗杀孙中山。

《掌广西道监察御史杨崇伊折》：

掌广西道监察御史臣杨崇伊跪奏，为乱党虽平，慎防后患，密折仰祈天鉴事：窃康逆为孙文羽翼，孙文勾引东人及各会匪，九月在津作乱，东人欲乘其利，而将信将疑，因使伊藤亲来察看。各国知其用意，惟恐东人得志，故勒兵以待。东人也，孙文也，康逆也，互相为用，亦各争先著。谭嗣同之谋，不待九月，即康逆之自争先著也。祸机一发，各国环集，时日后先，间不容发。幸而皇太后即日训政，不动声色，弭乱未形，宗社之灵，皇太后、皇上之福，即天下臣民之幸。

然而孙文尚在，祸机尤未已。臣闻孙文定三策：第一策据广州，炸药已运入省城，绅士刘学询发其奸，遂亡命于东洋，此乙未秋间事。若李瀚章在粤，孙文必然就擒，无今日之祸矣。今日之祸为第二策，设非皇太后，圣谟密运，立破奸谋，大局何堪设想？二策不行，将行三策，则勾结长江上、下三合会、三点会、哥老会诸匪，与西人为仇，激成教案，以困朝廷，使广西军分窜广东、湖南、贵州，专为流寇，以扰大局。广西杨衢云一支，即孙文悍党。黄槐森已经平

定者,乃土匪李立廷一支。杨衢云待时而动,尚在天平山内,故抚臣不为意。臣思黄槐森请求吏治,操守廉洁,而军务非其所长。川藩王之春,前在粤军,颇得民心,故夏间粤绅公呈,请任以剿贼事宜。夫军旅非人,将致偾事,应否量材酌调,圣明自有权衡。湖南、贵州、广东,毘连广西,亟需知兵大员,豫为布置,庶可遏其分窜之路。杨衢云军火饷项,仰给于孙文,断其接济,遏其分窜,而临以重兵,孤军不久自溃。康、梁避迹,必依孙文,此人不除,将中华无安枕之日。现当二策初破,三策未行之际,亟应设法密图,幸而有机可乘,有人可用,请允臣等相机办理。

至挑动教案,不可不防,除京城内外,分派营勇,随地保护外,其五方杂处,民风强悍之地,请赐督抚慎选牧令,妥为弹压。遇有民教争案,务必平情开导,勿有偏向,庶民心不怒,而教民之心亦平,可以相安于无事。能使三策不得行,乃为国家之福。臣所以折片,事关机要,吁恳皇太后密收,即军机大臣亦勿宣示。臣愚昧之见,是否有当?恭折密陈,伏乞皇太后、皇上圣鉴。谨奏。

故宫博物院明清档案部《戊戌变法档案史料》,沈云龙主编,近代中国史料丛刊续编第32辑,台北文海出版社,第480~481页

10月26日(九月十二日)　孙中山赴东京,欲访康有为,未果。

宫崎寅藏《康有为到日本》:

孙逸仙先生来访,要我介绍与康先生会晤。康托词拒绝。孙先生之所以要见康,并非在主义、方针上有如何相同之处,而只是对他当前的处境深表同情,意在会面一慰他亡命异乡之意,这实在是古道热肠,一片真诚。而康先生之避而不见,盖从清帝看来,孙先生为大逆不道的叛徒,悬赏而欲得其首级。孙先生之视清帝,亦不啻是不共戴天之仇,伺机想一蹴而推翻他。而康先生虽然中道挫折,亡命异国,但依然梦想挽回大局,恢复皇上的统治,自己作一个幕后的人,以立空前的大功。因此,无论从以往的情义上,从怕受人怀疑这个利害的观点上,不愿会见孙先生是无可厚非的。然而我国的有心人士,都莫不为之惋惜。甚至有人费尽心思斡旋他们秘密会面,但终未能成功。不仅如此,在无知之辈中间甚或演出互相倾轧的丑态,竟至有人捏造谣言来中伤孙先生,以致两人之间的关系日益疏隔,的确令人遗憾。

《三十三年之梦》,花城出版社、三联书店香港分店1981年版,第147~148页

《大陆报》第2年第9号,1904年12月3日载《钦差大臣》:

戊戌政变,康窜至香港,孙闻信大喜,以为吾两人从此可引为同类矣,乃极力为之游说,凡日人之有权力者皆为先容,遣同人宫崎寅藏迎康于香港。乃康至日本,舍馆既定,孙三次造访,康皆拒不见。后孙之友某日人与康笔谈,偶及拒孙之故,康曰:“我是钦差大臣,他是著名钦犯,不便与见。”盖康是时方自称奉衣带诏也。

10月(九月)　孙中山在横滨会晤毕永年、唐才常,谋划于长江中游发动起义。

冯自由《毕永年削发记》:

(毕永年)于是径赴日本,求谒孙总理于横滨,愿加入兴中会为会员。未几,清帝变法失败,长沙时务学堂被封,唐才常亦避地日本,永年乃介绍之见总理于旅次,对于湘、粤及长江沿岸各省之起兵策画有所商榷。

冯自由《革命逸史》(初集),中华书局1981年版,第74页

11月15日(十月初二日)　孙中山派毕永年、平山周赴湖南联络会党。

冯自由《毕永年削发记》:

毕、唐同主张孙、康两党联合进行之议。总理曰:"倘康有为能皈依革命真理,废弃保皇成见,不独两党可以联合救国,我更可以使各同志奉为首领。"才常闻之大悦,愿约梁启超同向有为进言。总理知有为性情固执,势难合作,乃派永年偕日人平山周赴湘、鄂各地视察哥老会实力,居湘、鄂逾月,始东渡复命。平山语总理,谓:"所见哥老会各龙头多沈毅可用,永年所报告佥符事实。"

冯自由《革命逸史》(初集),中华书局1981年版,第74页

《悟庵先生成仁录·林烈士圭革命事迹纪略》:

其友毕君永年,亦富于民族思想,与君相契尤深。遂倡办自立会,首谋纵火长沙,乘机袭取为根据地,藉以沿江直下。时为湘中旧党所扼,志不得逞。遂与毕君出走日本。不久,潜赴沪,日人平山周见而器之,赠以宝刀。同返湘调查湖海会党,遂深相联络,计图再举。

杜迈之、刘泱泱、李龙如辑《自立会史料集》,岳麓书社1983年版,第234页

秋、冬　孙中山、陈少白等在日本多次与康、梁会谈,议商两派联合反清,康有为坚持保皇立宪,拒绝合作。

唐才质《孙、康关系与孙、唐合作之情况》:

戊戌八月政变以后,康与梁启超、王照三人,自北京分途出险,东渡扶桑。时日本进步党秉政,总理大臣大隈重信、文部大臣犬养毅,均主中、日亲善政策,对于中国维新党人,备极优待,三人起居费用,皆由日本政府供给。后来内阁更迭,仍改由进步党供给如旧。斯时中山先生与陈少白商议,以彼此均属逋客,应有同病相怜之感,拟亲往慰问,借敦友谊,爰托日本志士宫崎寅藏、平周山二人向康示意。但康托故不见,事为犬养所知,雅不欲中国新党意存隔阂,遂约孙、康、陈、梁四人,同到早稻田寓所会谈,以资联系。届期除康外,余人皆到。梁谓康有别事,特派本人代表致意。于是三人各抒己见,讨论合作方法甚详,至夜午始散会。事隔数日,中山先生复派陈少白与日人平山周至康寓访谒,康、梁出见,并有王照、徐勤、梁铁君在座。少白痛言清政腐败,非推翻满清政权,无法以救中国,请康、梁改弦易辙,共图革命大业。康仍固持勤王之说,力谋光绪复辟,宗旨迄不少变。此后更无融合之望。此是冯自由当年告我者。冯为新会弟子,与余有同学之谊,后与中山往还甚密,为先生所信任,叙述自是事实。我下文有论日本进步党领袖与此有关之记事一则,可并阅之而互相印证也。

己亥夏间,先兄才常又出香港、日本等处,除与各方谋取联系以外,又与南海再度会晤,陈说当时内忧外患,极端紧迫,孙、康两派,亟宜牺牲小异,同力合作,如保皇或排满名词,皆可摒弃,共趋向于民主革命,以赴国难。南海再三考虑,无意采纳。先兄此时一片热忱,在言论上尽情表现,无所成就,意极沮丧。自此先兄与南海虽亦通声气,但思想深处,已有距离。盖以大敌当前,情势严重,联党救国,关系重要,否则敌人以合而力尚强,吾辈以分而势益孤,革命无成,而国事不可为矣。所谓大敌者,是指当年封建势力与独裁政治而言也。夫保皇云云,排满云云,名义不同,而求所以达到扫除封建与独裁之目的则无不同,趋向于民主革命亦无不同。故凡反封建与独裁体制者,皆是吾友;维护封建与独裁政体,皆是吾敌。南海为戊、己间(1898—1899年)维新领袖,一时士流,皆宗仰之;徒以缺乏敌友辨别之机智,漠视联党救国之真理,于是不能运用自身固有之力量,团结一切可以团结之力量,反对敝政而建立盛业。后来革命运动屡生挫折,革命任务无法完成,则南海执持己见,保守锢习,不能和衷共

济,应负一部分之责任。回首当年,不禁为之扼腕太息者矣。……

先兄才常,与(孙)先生初无渊源,因由毕永年、容星桥之先容,又有革命历史关系之深情厚谊,己亥(1899年)秋日本会面,一见如故。关于当前之军事问题,未来之政治问题,革命胜利后一切广泛之问题,皆次第提出讨论,尤以广东与武汉举兵讨贼事宜,布置甚为周密。短期会谈,效果圆满。先生亲信战友数人,参与此次会面与谈话者,咸皆满意。自是先兄与先生之政见,日见接近。而先生礼贤重士,益表见革命家极其高尚之风度。

杜迈之、刘泱泱、李龙如辑《自立会史料集》,岳麓书社1983年版,第66~68页

陈少白《革命党与保皇党交涉之经过》:

戊戌年,康、梁失败,先后从北京逃了出来。梁启超在天津就和平山周,同乘日本兵船到东京,康有为先到了香港,才由宫崎招待到日本。宫崎、平山为什么要使康、梁到日本呢?当时日本朋友的意思,以为孙先生和康、梁同是要救中国的人,如果居间调停,或者可以联合,中国事当更好办到了。所以他们使两方面都到了日本,就有联合的机会。那时我由台湾第二次回到日本。一日梁启超要约期与我们会面,我们想既然他们有心,当然也很赞成,就约在犬养毅家里相见。到时,梁启超到来,他说康先生有事不能来,叫他代表。犬养毅是主人,殷勤招待,四人围坐共话。犬养不懂中国话,陪坐到晚上三更后,就告辞回房安眠,留我们三人继续谈话,直到天亮。一夜的话,不外陈说合作之利,彼此宜相助,勿相扼。梁启超答应回去同康有为商量,再来答复。

过了两天,我与孙先生商量说,康有为既然派了梁启超同我们谈话,我们也应该去看看他,孙先生就叫我去。当下我就邀了平山周同行,到了康有为住所,入门,就见着徐勤,对他说明来意。他说:"巧的很,今天康先生有些腹痛,不能见客。"我说:"这也罢了,我来并没有什么事,不过来回候而已。"我正要同平山周回去,凑巧梁启超刚从后面出来,见着我,就说:"原来是陈先生,请进来。"我说:"君勉刚说你贵先生有病,不能见客。"他说:"并无其事,请进来。"他就招呼我们入到客厅,一面又进去请了康有为出来,不久康有为果然出来了。同时厅内还有两个人,由梁启超介绍,一个是广东人梁铁君,一个是直隶人王照,同是来避难的。我们一共七个人围着一张大圆桌坐下,还没有讲到什么问题,王照——他是坐在我的左旁——就对我说:"请你先生评评理,我们住在这里,言语举动,不能自由,甚至来往的信,也要由他们检查过,这种情形,实在受不惯。"话还未了,康有为觉得不妙,就忿忿的对梁铁君说:"你给我领他到外边去,不要在这里啰唆罢。"梁铁君起来强拉着王照出去,我们就彼此纵谈。我对康有为说:"满清政府已不可救药,先生也要改弦易辙了。今日局面,非改革国家必无生机,况且先生以前对于清政府,不算不尽力,到现在他们倒要杀你,你又何苦死帮他忙呢。"康有为说:"无论如何不能忘记今上的。"我说:"要是先生是个没有出息的人,我倒可以不说,如果你自命为,一个当今之世,舍我其谁的人物,那末不能为了你,今上待的你好,就把中国都不要了。所以请先生出来的意思,就是不以私而忘公,不以人而忘国。据你先生说,你今上亦是救国同志之一,那末革命的办法,并不是叛他的。我们想把中国弄好,革命若果成功,他亦应该赞成的,并没有什么对不起他的。要是为受了一人的恩,便死心塌地的向着他,死也不肯转移,那就风尘的女子亦优为之,情场上这种忠肝义胆的故事,发现不少,反不肯让先生独步了。"康有为没有什么好回答,只说了今上怎样好,差不多比尧舜汤武都要胜过几倍。我同他三个师弟反复辩论了三点钟,末了他还说我不知其它,只知冬裘夏葛而已。我知道不会有什么结果了,就说我们改日再谈罢,就告辞出来。

那时康有为的门生,自失败之后,志气甚为颓丧,听到我们劝他们来合作,里面就生出两

派的意见来。康有为对于革命原来表同情的，不过因到过北京，见了光绪帝之后，从此自命为君主立宪党之领袖，利用时机，来自行其道。他这人是不能居第二的，故此次对于合作，实有些不愿意。徐勤等人是附和他的。至于梁启超理性比较的充分，况且他不在领袖的地位，对于合作，认为合宜，故此心内甚为活动，附和的虽是有几个人，无奈畏惧他们的康先生，不敢有十分鲜明的表示。……

后来康有为因为和王照发生纠纷闹了好几场，被日本当道知道，恐怕他们要闹出什么事来，就叫他离开日本。而在康有为此次东来的时候，却说是奉了光绪皇帝的衣带密诏，要他到外国请兵求救的。人问他要密诏看时，他又说临出京时因某事之必要，已经烧掉了。所以听的人大概都付之一笑。他在日本也见过几个要人，总不得要领，如今又遇着这退去之风示，更不得不急急离开日本前往加拿大。

陈少白《兴中会革命史要》，建国月刊社 1935 年版，第 73 ~ 78 页

12 月 5 日(十月二十二日)　清政府悬赏缉拿康有为、梁启超、王照等人。

《军机大臣密寄沿江沿海各督抚》：

光绪二十四年十月二十二日奉上谕，逆匪康有为等煽乱远遁，朝廷宽大为怀，不肯概行株连，惟近闻该逆等仍复往来各处，结党旧谋，肆意簧鼓，为人心风俗之害，未便任其幸逃法网，着沿海沿江各督抚随时严密查拿，毋稍松劲，康有为、梁启超、王照等罪大恶极，均应按名弋获，朝廷不惜破格之赏以待有功，其胆敢附和邪说，显与该逆等结为党羽之徒，一经访查确实，亦应一并严拿惩办，以遏乱萌而肃法纪，将此由六百里各密谕知之，钦此。遵旨寄信前来。

中国第一历史档案馆编《光绪朝上谕档》第 24 册，广西师范大学出版社 1996 年版，第 544 页

12 月 23 日(十一月十一日)　梁启超在日本横滨创办《清议报》，鼓吹君主立宪、保救光绪。每十天出一期，每月三册。至光绪二十七年十一月十一日(1901 年 12 月 21 日)停刊为止，计三年时间，共出版一百册。《清议报》报社的社址，设在日本横滨居留地一三九番(即门牌一百三十九号)。

冯自由《横滨清议报》：

戊戌政变后，康、梁师徒同亡命日本，梁启超感觉有设立言论机关之必要，遂于己亥春(一八九九年)向侨商募资，在横滨发刊《清议报》，大倡保救清帝光绪之说，推冯镜如任总理，而自任总撰述，麦孟华、欧榘甲等佐之。出版数月，除歌颂光绪圣德及攻击西太后、荣禄、袁世凯诸人外，几无文字；所载谭嗣同著《仁学》，及译述日本柴四郎著《佳人奇遇记》，内有排斥满清论调，为康有为所见，遽命撕毁重印，且诫梁勿忘今上圣明，后宜谨慎从事。及康离日赴加拿大，梁与欧榘甲等渐与总理、杨衢云、陈少白等相往还，意气日盛，因而高唱自由、平等学说，自号饮冰室主人，题其学说曰《饮冰室自由书》，颇为世人欢迎。梁有别号曰任庵，至是亦改称任公，以示脱离康氏羁绊之义。盖康门徒侣多以庵字相称，即为源出康门之标记，梁此举即所以表示其决心也。欧榘甲亦有一文阐扬汤武革命，语极动听，事为康所知，深恐梁、欧等改弦易辙，于彼不利，遂令梁赴檀香山创设保皇会，欧赴旧金山主持《文兴报》，而使麦孟华专任《清议报》笔政，凡有革命、自由、独立、自主等名词，一律禁止登载。梁自檀岛尝以其赠何蕙珍女士诗二十首寄登报末，康来书切责编辑陈镛，谓卓如(梁字)荒淫无道至此，汝等乃公然刊其淫词，实属有玷师门云云。《清议报》于庚子年(一九〇〇年)冬骤遇火灾，

因保险单误书总理人姓名为林北泉,西人保险行不允赔偿损失,遂致停版歇业。

冯自由《革命逸史》(初集),中华书局1981年版,第63~64页

梁启超《〈清议报〉一百册祝辞并论报馆之责任及本馆之经历》:

《清议报》之性质。《清议报》可谓之良报乎?曰乌乎可。《清议报》之与诸报,其犹百步之与五十步也。虽然,有其宗旨焉,有其精神焉,譬之幼儿,虽其肤革未充,其肢干未成,然有灵魂莹然湛然,是亦进化之一原力欤。《清议报》之特色有数端:一曰倡民权,始终抱定此义,为独一无二之宗旨,虽说种种方法,开种种门径,百变而不离其宗,海可枯,石可烂,此义不普及于我国,吾党弗措也。二曰衍哲理,读东西诸硕学之书,务衍其学说以输入于中国,虽不敢自谓有所得,而得寸则贡寸焉,得尺则贡尺焉。华严经云:"未能自度而先度人,是为菩萨发心",以是为尽国民责任于万一而已。三曰明朝局,戊戌之政变,己亥之立嗣,庚子之纵团,其中阴谋毒手,病国殃民,本报发微阐幽,得其真相,指斥权奸,一无假借。四曰厉国耻,务使吾国民知我国在世界上之位置,知东西列强待我国之政策,鉴观既往,熟察现在,以图将来,内其国而外诸邦,一以天演学物竞天择优胜劣败之公例,疾呼而棒喝之,以冀同胞之一悟。此四者,实惟我《清议报》之脉络之神髓。一言以蔽之,曰广民智振民气而已。

其内容之重要者,则有谭浏阳之《仁学》,以宗教之魂、哲学之髓,发挥公理,出乎天天,入乎人人,冲重重之网罗,造劫劫之慧果,其思想为吾人所不能达,其言论为吾人所不敢言,实禹域未有之书,抑众生无价之宝,此编之出现于世界,盖本报为首焉;有《饮冰室自由书》,虽复东鳞西爪,不见全牛,然其愿力所集注,不在形质而在精神,以精锐之笔,说微妙之理,谈言微中,闻者足兴;有《国家论》、《政治学案》,述近世政学大原,养吾人国家思想;有章氏《儒术新[真]论》,铨发教旨,精微独到;有《瓜分危言》、《亡羊录》、《灭国新法论》等,陈宇内之大势,唤东方之顽梦;有《少年中国说》、《呵旁观者文》、《过渡时代论》等,开文章之新体,激民气之暗潮;有《埃及近世史》、《扬子江中国财政一斑》、《社会进化论》、《支那现势论》等,皆东西名著巨构,可以借鉴;有政治小说《佳人奇遇》、《经国美谈》等,以稗官之异才,写政界之大势。美人芳草,别有会心;铁血舌坛,几多健者,一读击节,每移我情,千金国门,谁无同好。若夫雕虫小技,余事诗人,则卷末所录诸章,类皆以诗界革命之神魂,为斯道别辟新土。凡兹诸端,皆我《清议报》之有以特异于群报者。虽然,以云良也,则前途辽哉邈乎,非所敢言也,非所敢望也。不有椎轮,安有大辂,不有萌蘖,安有森林,思以此为我国报界进化之一征验云尔。祝之祝之,非祝椎轮,祝大辂也;非祝萌蘖,祝森林也。……

第六　结论　有一人之报,有一党之报,有一国之报,有世界之报。以一人或一公司之利益为目的者,一人之报也;以一党之利益为目的者,一党之报也;以国民之利益为目的者,一国之报也;以全世界人类之利益为目的者,世界之报也。中国昔虽有一人报,而无一党报、一国报、世界报。日本今有一人报、一党报、一国报、而无世界报。若前之《时务报》、《知新报》者,殆脱一人报之范围,而进入于一党报之范围也。敢问《清议报》于此四者中,位置何等乎?曰在党报与国报之间。今以何祝之?曰祝其全脱离一党报之范围,而进入于一国报之范围,且更努力渐进以达于世界报之范围。乃为祝曰:报兮报兮!君之生涯,亘两周兮,君之声尘,遍五洲兮,君之责任,重且遒兮,君其自爱,罔俾羞兮,祝君永年,与国民同休兮!重为祝曰:《清议报》万岁!中国各报馆万岁!中国万岁!

梁启超《饮冰室合集·饮冰室文集》之6,中华书局1989年版,第54~57页

梁启超《清议报·叙例》:

呜呼!我支那国势之危险,至今日而极矣。虽然,天下之理,非剥则不复,非激则不行。

輓近百余年间，世界社会，日进文明，有不可抑遏之势。抑之愈甚者，变之愈骤。遏之愈久者，决之愈奇。故际列国改革之始，未尝不先之以桎梏刑戮干戈之惨酷。吾尝纵观合众国独立以后之历史，凡所谓十九世纪之雄国，若英，若法，若奥，若德，若意，若日本，当其新旧相角官民相争之际，无不杀人如麻，流血成河，仁人志士，前仆后继，赴汤蹈火者，项背相望，国势岌岌，危于累卵，不绝如线。始则阴云妖雾，惨黯蔽野，继则疾风暴雨，迅雷掣电，旋出旋没，相搏相击。其终乃天日忽开，赫曦在空，和风甘雨，扇鬯群类，世之浅见者，徒艳羡其后此文物之增进，民人之自由，国势之勃兴。而不知其前此抛几多血泪，掷几多头颅以易之也。我支那数千年来，义侠之风久绝，国家只有易姓之事，而无革政之事，士民之中，未闻有因国政而以身为牺牲者，是以民气嗒然不昌，国势苶焉不振，日澌月削，以至于今日，而否塞极矣。善夫烈士谭君嗣同之言也，曰："世界万国之变法，无不经流血而后成，中国自古未有因变法而流血者，此国之所以不昌也，有之，请自嗣同始。"呜呼！吾闻谭君之言，始焉而哀，终焉而喜。盖我支那数十年以来，正如严冬寒冱，水泽腹坚，及有今日之事，乃所谓一声春雷，破蛰启户。自此以往，其必有仁人志士，前赴后继，以扶国家之危于累卵者，安知二十世纪之支那，必不如十九世纪之英、德、法、日本、奥、意乎哉。乃者三年以前，维新诸君子，创设《时务报》于上海，大声疾呼。哀哀长鸣，实为支那革新之萌蘖焉。今兹政变，下封禁报馆之令，揆其事实，殆与一千八百十五年至三十年间，欧洲各国之情形，大略相类，呜呼！此正我国民竭忠尽虑，扶持国体之时也。是以联合同志，共兴《清议报》，为国民之耳目，作维新之喉舌。呜呼！我支那四万万同胞之国民，当共鉴之，我黄种人欲图二十世纪亚洲自治之业者，当共赞之。今将本报宗旨规例列左：

宗旨

一　维持支那之清议，激发国民之正气。

二　增长支那人之学识。

三　交通支那、日本两国之声气，联其情谊。

四　发明东亚学术以保存亚粹。

规例

一　本报所刊约分六门：一支那人论说。二日本及泰西人论说。三支那近事。四万国近事。五支那哲学。六政治小说。

二　本报每月发刊三次，以阴历一日、十一日、二十一日发行，每次于发行前五日定稿。

三　报中所登支那人论说，系由本馆自聘之主笔撰述，其日本及泰西论说，则由寄稿或译稿采登。各国志士，如有关心支那大局，惠赐大稿者，请于每次定稿之前惠寄，必当照录。

梁启超《饮冰室合集·饮冰室文集》之3，中华书局1989年版，第29~31页

12月24日(十一月十二日)　谢缵泰与康有为函商两派联合与合作。

谢缵泰《中华民国革命秘史》：

一八九八年十二月二十四日，我去信日本康有为，略述我的主张，强烈劝告在争取自由和独立的运动中应当联合和合作。

章开沅、罗福惠、严昌洪主编《辛亥革命史资料新编》(1)，湖北人民出版社2006年版，第166页

冯自由《革命保皇两党之冲突·谢康之联合运动》：

丙申正月初九日，谢缵泰应陈锦梁澜芬之宴，初识康有为之弟广仁于香港品芳酒楼。席间，谢痛言两党联合救国之必要，广仁极首肯。是年九月，谢与康有为会晤于惠升茶行，所谈

不得要领。丁酉八月,谢约广仁会于公园。广仁谓其兄非忠心扶满,不过欲以和平革命方法救国,现时大臣如张之洞等咸赞成其主张,故不便与革命党公然往还,致招疑忌,孙文躁妄无谋,最易偾事,杨衢云老成持重,大可合作,彼当力劝其兄与杨联合救国等语。无何,广仁死于戊戌八月之变,康有为、梁启超同亡命日本。谢复致书康、梁师徒,重申前议,并介绍杨衢云与之接洽。康赴美洲后,杨于己亥四月廿八日,由冯镜如介绍与梁启超会谈于横滨山下町五十三番文经商店。事后杨驰函告谢,谓梁不愿早事联合,只言各宜先向自党运动,以待时机。要之康党素来夜郎自大,常卑视留学生及吾党,且欲使吾党仰其鼻息,究其实学,尚还不如胡礼垣著之《新政安衡》,此种人非真爱国者,与之合作,实为有害无利云云。谢初于运动两党联合事,极为热心,嗣问杨言,始意气萧索,知难而退。

冯自由《中华民国开国前革命史》上编,上海书店影印良友印刷公司1928年版,第43～44页

12月31日(十一月十九日)　京师大学堂经过几个月的筹备后正式开学。

《管理大学堂大臣孙家鼐折》(光绪二十四年十月二十日):

臣孙家鼐跪奏,为谨将大学堂开办情【形】,恭折仰祈圣鉴事,窃惟京师筹设大学堂以来,所有酌定章程,节次陈奏在案。本月初九日,内务府将大学堂房屋移交臣处接收,当即派办事人员移住堂内,一面出示晓谕,凡愿入堂肄业者,报名纳卷,甄别取去。现在斋舍仅能容住二百余人,而报名者已一千有零,当先择人品纯正、文理优长者,录取入堂,以广造就。

臣维大学堂之设,所以陶铸博通万理,以礼仪植其根柢,以干济广其才猷。中国以礼教为建邦之本,纲常名义,万古常新,而因时制宜,一切格致之书,专门之学,则又宜博采泰西所长,以翊成富强之业。恭读八月十一日上谕,大学堂为培植人材之地,具见圣鉴广远,乐育弥宏。又恭读本月初三日懿旨,泰西各国风俗政令,与中国虽有不同,而兵农工商诸务,类能力致富强,确有明效,苟能择善举办,自可日起有功等因。钦此。尤见睿虑周详,勤求治理,无远不周,逖听之余,同思兴起。臣维泰西各国兵农工商,所以确有明效者,以兵农工商皆出学堂,兵知学,则能知形势,守纪律;农知学,则能相土宜,辨物种;工知学,则能通格致,精制造;商知学,则能识盈虚,综名实。其事皆士大夫所宜讲求,而为近日切要之务。

然储才之道,尤在知其本而后通其用,臣于来堂就学之人,先课之以经史义理,使晓然于尊亲之义,名教之防,为儒生立身之举。而后博之以兵农工商之学,以及格致、测算、语言、文字各门,务使学堂所成就者,皆明体达用,以仰副我国家振兴人才之至意。

所有学堂开办缘由,谨缮折具陈,伏乞皇太后、皇上圣鉴。谨奏。

故宫博物院明清档案部《戊戌变法档案史料》,沈云龙主编,近代中国史料丛刊续编第32辑,台北文海出版社,第326～327页

《申报》1899年1月17日(光绪二十四年十二月初六日)载开学告示:

兹照录总办告示曰:为传到事,前经出示,本学堂学生斋舍,按照定章原额尚不敷。兹将例应住堂各学生,分作三项,核定名数。计仕学院学生三十名,中学生六十名,小学生七十名。除照章报名入仕学院之学生十二名,由本学堂另行知会外,其余各生姓名具列如左,仰该生等于十八日到堂,十九日开学。如有不愿住堂者,限于十八日以前报明。如届期不报,立即扣除,以便续传足数。切切勿违,特云。

冬　因大同学校事革命派与改良派发生冲突。

陈少白《与康梁交涉之经过》:

当时康有为的几个学生,以为康有为是没有人敢无事去见他的,几个人在门外,走来走去,打听消息。等到我出来了,他们就围拢上来,问康圣人说甚么话,神气如何?我说康先生是很可以谈天的。他们倒弄得奇怪起来,我认识康、梁二人,就从那日起。

所以那时在横滨,觉得学校既然没有教员,就想起梁启超来。他那时正在同几个同志在上海办《时务报》,我就写了一封信,交横滨学校的董事,请他们派人,拿着这封信到上海去见梁启超,托他代为聘请教员,交代完妥之后,我就离日到台湾去了。

横滨学校,孙先生把他起了个名字,称为东西学校。校董派了两个专员,携着我的介绍信,到了上海。果然请得三个教员,一个徐勤,一个林奎,一个陈荫农,一齐到横滨来。这三个教员都是康有为的高足,众人见了他们,真是欢喜无限,优礼有加,赶着预备正式开学。

但是三位教员到埠未久,先要把孙先生所定的东西学校名称,改为大同学校。孙先生想这个学校,既然交托他们去办,况且与彼等向无芥蒂,区区一个名称,随他们更改去,并不过问。开学之后,彼此往来,异常亲热,真无所谓有彼我之分。

陈少白《兴中会革命史要》,建国月刊社1935年版,第48~49页

陈少白《保皇党之占领横滨学校》:

有一天,孙先生到大同学校去看那教员们。其实,我们会员与他们来往很密的,那一天孙先生去,也不是偶然的事。当时孙先生进去,房间内一个人都没有,只有桌上一张条子。上面写"不得招待孙逸仙"几个字,并无下款。孙先生看见很奇怪,并不说什么就出来。见着几个兴中会的会员,把这一段意料不到的事告诉他们。大家听了,都以为校里的人无理,非去严重质问不可,一齐到大同学校来。当时校长就是徐勤,他见来势汹汹,不敢出来。他们吵着要追究桌上字条的来历,徐勤站在房门口说不要误会,字条不是他写的。当时又有几个董事在座,做好做歹,替他辩护。我们几个会员,只得责斥几句,说他们不念木本水源。有性子不好的,要同他们火并,被孙先生制止,一同出来。从此以后,孙先生亦不再进大同学校了。兴中会创办的学校,到这时候,被康有为的学生拿去,这还罢了,以后还成为兴中会敌党的总机关这才可叹!

后来细查这件事的来历,原来其中大有文章。康有为自从乙未年在京联络一班新进,所谓公车上书之后,声名渐著,过两年再到北京,创办一会,叫强学会,交结日广。他还私下见过光绪帝,光绪帝颇为他所动,他自然兴致勃勃,野心亦从兹发动,知道他的学生在横滨,与革命党人交游密迩,于他前途有所不利,就写信给徐勤等,说不日我有大拜之望,尔等务宜与革命党人断绝往来,庶免受他们所累。他们既系他的门生,况且前程如此远大,因此顾不得其他,演出此出辜恩负义的戏来。

同时校内董事多人,以及许多商人,听到康有为将来要做宰相,也都偏向到那边去,对于孙先生非常冷淡,就是支会会长冯镜如,与他的兄弟冯紫珊,也改变态度,其余智识稍差一点的会员自然也渐渐移动脚跟,投降到那边去,加入中国维新党 China Reform Party 了。

这事发生未久,我就回到横滨,冯镜如把这事来告诉我,说:"孙先生不应该同徐勤等闹意气,那条子不知是谁弄鬼,怎好就冤枉好人?你回来正好,还是请你调停罢。"我说:"无论如何,这个学校是我们创办,教员是我们叫他们来的,他们决不应这样瞎闹,你这话是不对的。你试想想,这事还有什么调停的余地?"于是两方面就成了水火,成为不解之仇,这时候孙先生早已搬到东京,我也就到东京去。

陈少白《兴中会革命史要》,建国月刊社1935年版,第63~65页

1899 年(光绪二十五年·己亥)

1 月 2 日(戊戌年十一月二十一日)　谭嗣同所著《仁学》,开始在《清议报》连载,宣传“君末民本”的民权学说,否定“君权神授”。

谭嗣同《仁学·自叙》:

“仁”,从二从人,相偶之义也。“元”,从二从儿,“儿”,古人字,是亦“仁”也。“无”,许说“通元为无”,是“无”亦从二从人,亦“仁”也。故言仁者不可不知元,而其功用可极于元。能为仁之元而神于无者有三:曰佛,曰孔,曰耶。佛能统孔、耶,而孔与耶仁同,所以仁不同。能调燮联融于孔与耶之间,则曰墨。周、秦学者必曰孔、墨,孔、墨诚仁之一宗也。惟其尚俭非乐,似未足进于大同。然既标兼爱之旨,则其病亦自足相消,盖兼爱则人我如一,初非如世之专以尚俭非乐苦人也。故墨之尚俭非乐,自足与其兼爱相消,犹天元代数之以正负相消,无所于爱焉。墨有两派:一曰“任侠”,吾所谓仁也,在汉有党锢,在宋有永嘉,略得其一体;一曰“格致”,吾所谓学也,在秦有《吕览》,在汉有《淮南》,各识其偏端。仁而学,学而仁,今之士其勿为高远哉!盖即墨之两派,以近合孔、耶,远探佛法,亦云汰矣。吾自少至壮,遍遭纲伦之厄,涵泳其苦,殆非生人所能任受,濒死累矣,而卒不死。由是益轻其生命,以为块然躯壳,除利人之外,复何足惜。深念高望,私怀墨子摩顶放踵之志矣。二三豪俊,亦时切亡教之忧,吾则窃不谓然。何者?教无可亡也,教而亡,必其教之本不足存,亡亦何恨。教之至者,极其量不过亡其名耳,其实固莫能亡矣。名非圣人之所争。圣人亦名也,圣人之名若姓皆名也,即吾之言仁言学,皆名也。名则无与于存亡,呼马,马应之可也;呼牛,牛应之可也;道在屎溺,佛法是干屎橛,无不可也。何者?皆名也,其实固莫能亡矣。惟有其实而不克既其实,使人反瞀于名实之为苦。以吾之遭,置之婆娑世界中,犹海之一涓滴耳,其苦何可胜道。窃揣历劫之下,度尽诸苦厄,或更语以今日此土之愚之弱之贫之一切苦,将笑为诳语而不复信,则何可不千一述之,为流涕哀号,强聒不舍,以速其冲决网罗,留作券剂耶?网罗重重,与虚空而无极。初当冲决利禄之网罗,次冲决俗学若考据、若词章之网罗,次冲决全球群学之网罗,次冲决君主之网罗,次冲决伦常之网罗,次冲决天之网罗,次冲决全球群教之网罗,终将冲决佛法之网罗。然真能冲决,亦自无网罗;真无网罗,乃可言冲决。故冲决网罗者,即是未尝冲决网罗。循环无端,道通为一,凡诵吾书,皆可于斯二语领之矣。所惧智悲未圆,语多有漏。每思一义,理奥例赜,坌涌奔腾,际笔来会,急不暇择,修词易刺,止期直达所见,文词亦自不欲求工。况少有神悟,又决非此世间之语言文字所能曲达,乃至非此世间之脑气心思所能径至。此古之达人,悼夫词害意,意害志,所以宁终默尔也。庄不云乎,千世而一遇大圣人,知其解者犹旦暮也。夫既已著为篇章,即堕粗迹,而知解不易,犹至如此。何哉?良以一切格致新理,悉未萌芽,益复无由悟入,是以若彼其难焉。今则新学竞兴,民智渐辟,吾知地球之运,自苦向甘。吾惭吾书未餍观听,则将来之知解为谁,或有无洞抉幽隐之人,非所敢患矣。成书凡五十篇,分为二卷,首界说二十七条。

华相众生自叙于蟲蟲蟲天之微大弘孤精舍。

蔡尚思、方行编《谭嗣同全集》增订本下册,中华书局 1981 年版,第 289～291 页

1 月 17 日至 20 日(十二月初六日至初九日)　革命派与改良派因大同学校职员改选事发生冲突。

《关于清国人的报告》:

本县横滨居留地在留清国人所设立之大同学校总理事及其他职员任期届满，将进行改选。有关其职员改选一事产生两派。一派即康有为派，是主张改选职员以维护该校现状的所谓“维持派”；另一派是比康有为主张更为急进的孙逸仙派，是主张以这次职员改选为契机推举该派同志任该校职员从而改革该校的所谓“改革派”。十五日，维持派有志之士会聚中华会馆商议参加职员选举的资格条件，决定在外国设馆经商以及其他经营大规模商铺的两百余名清国人具有选举权。但对此表示反对的改革派则商定广大人众都具有选举权，秘密计划将该派同志推举为该校职员。昨(十七)日，改革派以一百五十一号忠和堂的名义在居留地内的两处地方张贴红纸告示，大意是说不应该按照大前日维持派在中华会馆决定的选举办法投票。对此，维持派于昨(十七)日晚七时三十分再次召开集会，商讨要彻底执行十五日所决定的事项，另外考虑到两派很有可能会起冲突，需要配备警察官吏加以戒备。十七日晚中华会馆按预期召开集会。到会的两百余人中，五十号的杂业人士温芬属改革派，他首先发问：“有谁赞成大同学校维持现状?”五十六号的冯紫珊(冯镜如之弟)当即站起回答道：“我第一个赞成。”温芬又言道：“今天的集会是清国人的集会，英国人出席大不相宜，应让其速速退场(指冯镜如自称加入英国国籍一事)。”冯紫珊又回敬之，其后二人相互谩骂，和温芬同派的一百三十四号无业民郑照、一百五十一号西餐馆的陈长和，同鲍棠等血气方刚人士开始争斗，虽终得以平息，然而此次集会未作出任何决定以散会告终。但众人散会后，几个重要人物举行会谈，取消十五日关于选举资格的决定，并决定将这次的职员选举以及其他一切有关事项全权委托给中华会馆的四十五名干事办理。另闻，维持派的目的是要把大同学校作为康有为派的机关，一如既往谋求清国人的智识发展；而改革派则希望变更该校校名及教职员，改革其组织机构，使其成为清国革命派的机关，并由孙逸仙主宰。据说改革派的重要人物是九号的黎炳项、五十号的温遇贵、八十号的谭奋初等人，以上提及的温芬等人是为其所利用的血气青年。

谨报告如上。

神奈川县知事浅田德则

明治 32 年 1 月 18 日

[440042 明治 32 年 1 月 20 日收到甲秘第 32 号]

章开沅、罗福惠、严昌洪主编《辛亥革命史资料新编》(6)，湖北人民出版社 2006 年版，第 11～12 页

《关于清国人的报告》：

外务大臣青木周藏子爵阁下：

围绕本县横滨居留地在清国人所设大同学校的职员选举一事的纷争已在十八日甲秘第 32 号中有所报告。之前中华会馆的董事们受委托负责该校职员的选定工作，并于十九日夜晚召开会议，经过讨论确定了该校总理(学长)以及其他职员的人选，当选者均属康有为派，具体如下：

总　理	居留地二百零九号	李瑞芜
副总理	同　　三十三号	郑席儒
同	同　　五十号	郑雅亭
同	同　　一百九十三号	卢兰襄
同	同　　一百二十六号	刘杏村
同	同　　一号	鲍芳照
同	同　　一百三十一号	卓曼波

以上新任

协理　林北泉

同　冯镜如

同　卢基庚

同　阮翘生

以上再任

会议顺利通过了上述选举结果。翌(二十)日晚,中华会馆的董事等人在该会馆召开集会,向到会的富商及中产以上的有志人士三百余人报告了大同学校职员选举的经过以及选定的职员姓名。众人对此未表异议,一致同意。到此有关该校的纷争告一段落,孙逸仙一派遭到失败。

关于这次选举酿成纷争的原因以及清国人内部的种种矛盾,本县经暗中调查得知,现下旅居横滨居留地的清国人由政治上的党派关系可分为两派。孙逸仙一派乃清国革命派,属于该派的有陈白、杨飞鸿等在留清国人的中下阶层七十余人。另一派康有为派则是清国的改革派。两派都想扩大势力,所以在这次的大同学校职员选举中展开了激烈竞争。盖大同学校的成立原本与政治无甚关系,但该校总理以下的职员中,孙逸仙派人士仅五六人,其余均属康有为派,因而该校实权自然掌握在康有为派手中,所以孙逸仙派大大不满。该派陈白、杨飞鸿等人曾扬言:余等对康有为在政治上的主张不发表任何是非评论,但对其行为不得不表示非议。康常在杂志等文章之中揭载对本朝(清朝)帝室的不敬之事,如称本朝西太后曾与宦官私通,以图谋将其养子继承本朝帝位等等。中华自尧舜以来忌讳谈论宫闱之事。且父子之道,子隐父丑乃先贤之遗训,且为人性之至情,然康有为将中华隐晦之事暴露于外邦,毫不顾忌,岂能让其启蒙大同学校吾邦子弟。以如此不端行为之康有为为首的一派人士担任教育重任,实难容忍。如今日不改变学校性质并更换职员,将后悔噬脐莫及。又大同学校之名既出于康有为之手,康有为曾在上海大同书局设立文库,今其文库名称和校名相同,实非偶然。而该派之赵明乐等相结托,图谋改革大同学校。但康有为一派在两派中势力要大,故能维持该校现状。去年十月十一日举行孔子祭典,而赵明乐等人对该祭典举行甚感失望,并相当不悦。盖因赵明乐乃基督信徒,其迄今为该校尽力是希望率全校子弟信奉基督教。举行孔子祭典与其意愿全然不合,所以赵明乐遂与孙逸仙一派联合。康有为一派则驳斥孙逸仙一派曰:革命派素来企图颠覆清朝统治,与吾党仅仅是谋求清朝政治之改革大相径庭,其行为当视为乱臣贼子之行。又大同学校名称之由来并非如孙派所言,而是该校成立之时,因其以教授中华、泰西之学为目的,曾命名为中西学校。但为适应现下形势需要,不能仅限于教授汉、英之学,还有必要教授汉、英、日等各邦之学,因此将其名称命为"大同",和康有为的大同书局之名相同仅仅是巧合,其性质根本不同。两派倾轧情形如此。此次大同学校职员选举更使两派倾轧加剧,孙派既如报告所说嗾使无赖之徒大肆鼓动改革大同学校,而无赖之徒提出的理由是职员选举的资格限于豪商和有名望者,背离太甚。而大同学校本是依靠清国多人义捐才得以成立,所以对于该校的权利不应该有贫富之差。孙派认为,在留清国人应该普有选举权,更何况康有为一派乃不顾国辱之匪徒,任其担任吾邦人教育重任,不仅有违教育之根本意义,若吾等让该派之势扩及中华,则更加罪及三族,让祖先坟墓蒙受耻辱。吾等反对康有为一派,试图阻挠其行为决不为触怒清朝。若万一破坏在留国家之安宁,依该国之法被捕,吾国钦差大臣也会设法请求宽恕吾等之罪。即使无业游民人士乘机对康有为一派进行攻击,应该也不至于触怒清朝。如上所报,该派试图发起大同学校改革运动,且陈白给清国领事发出匿名信，告发康有为一派的不端行为以及其在大同学校职员改选工作中决定投票者问题上的不当行为，称该校维持现状乃清朝最应忧虑之事。领事素来不喜康有为一派的不端行为，收到此信后于十九日召集孙逸仙一派的赵明乐、谭有发、张果、鲍棠、陈长和、关厚祥（此六人中除赵和关之外均为无业游民），谴责康有为一派的行为，并对该人等在大同学校职员选举中所持主张表示赞同。其后，领事又召见中华会馆的数名富有清商董事，谕示其更改大同学校校名，并辞去现任职员，暗示应该排斥康有为一派。董事们知悉领事煽动赵明乐等人一事，感情深受伤害，对领事陈言职员选举一事本有种种规定，恕难从命，并告辞而去。而赵明乐等人则对领事表示：既然赞同吾党行动，就无所忌惮，吾等将立志达成夙愿，决心采取行动谋取大同学校主控权。然领事再次召见赵明乐等人，告戒其勿得粗暴行事。而一般清国人中有权势者对领事行为颇有非议，并决定将职员选举一事托付给中华会馆四十五名董事。由此孙逸仙一派如前所述在这一事件中遭到彻底失败。

谨报告如上。

神奈川县知事浅田德则

明治32年1月24日

[4400428 明治32年1月25日收到甲秘第40号]

章开沅、罗福惠、严昌洪主编《辛亥革命史资料新编》(6)，湖北人民出版社2006年版，第13～16页

2月(戊戌年十二月至己亥年正月)　孙中山与归自两湖的平山周会晤，确定湘、鄂、粤同时大举，并积极进行准备工作。但孙中山认为准备不妥，起义推迟。

《关于清国流亡者的报告》：

外务大臣青木周藏子爵阁下：

居于本县横滨居留地第一百二十一号馆的流亡清国人孙逸仙及陈白等近来十分繁忙。据闻两人即将回国，现正为之做准备。又据一知情人士秘密透露，二人此次回国意义重大，由于现下时机已成熟，二人将返回广东省策划起义。为此数日前该居留地八十一号均昌号的主人已秘密制作出附图所绘模样的军旗。

谨报告如下。

神奈川县知事浅田德则

明治32年3月8日

[440058 明治32年3月9日收到，甲秘第99号]

章开沅、罗福惠、严昌洪主编《辛亥革命史资料新编》(6)，湖北人民出版社2006年版，第16页

宫崎寅藏《南洋的风云和我党的活动》：

此时有消息说，阿奎纳多已经率领部下走上战场。不久南万里视察两湖归来，对我说："因毕永年的介绍，得以和哥老会人员结交。他们都在翘首等待义军的兴起。其会中人材甚多，如果孙先生能揭竿而起，则天下必为之响应。"当时孙先生部下的兴中会员也静极思动，因此屡次请求孙先生开始行动。然孙先生因准备未妥，传令不得轻举妄动。虽在暗中有所筹划，但事事皆不如意。根据孙先生的提议，我们决定暗中率会中人员赴菲律滨，参与阿氏军队，帮助他迅速成功，然后将余势转向中国大陆，在中原发动革命军。

〔日〕宫崎滔天著，林启彦译注《三十三年之梦》，花城出版社、三联书店香港分店1981年版，第156页

△ **孙中山与彭西会晤，为其代购军械。**

冯自由《孙总理庚子协助菲律滨独立及购械失败始末》：

戊戌年（1898）四月，美人借口西班牙治理古巴群岛不善，向之宣战，古巴土人应之，西军败，美人许古巴独立。美人复占领西属之菲律滨及夏威夷二岛，菲独立党首领阿坤鸦度初与美人约，率其部下举兵叛西。而美人则助菲人独立，后竟悔约，据菲岛为己有。阿坤鸦度大愤，转以拒西之军拒美，因武械缺乏，竟为所屈。阿氏乃函电求援于亚洲各国，并于己亥年（1899）夏秋间密派代表彭西 M. Ponee 赴日本购械，图再举。彭西知我国革命党孙总理与日民党素有关系，遂由香港友人介见总理，商议购械方法，且托以全权。总理时以绌于资金，对于国内军事多不如意，闻之大喜，乃提议率党员至菲岛，投独立军，助其成功。事成后，由菲人协助中国革命，以为报酬，彭西及中、日同志咸赞成之。彭西以告其首领阿坤鸦度，阿闻中国革命党缺乏饷糈，乃命彭西馈赠总理日金十万元，以表示中、菲两国合作诚意，总理欣然接受。是秋，即派陈少白回香港开创《中国日报》为宣传革命之喉舌。次年，复遣郑士良、邓荫南、史坚如等策动惠州、广州军事，菲人之助款，大有力焉。事后保皇党之檀香山《新中国报》及香港《商报》尝诬攻总理骗取菲律宾独立党巨款。其实阿、彭二氏首次致送总理十万元外，以后尚有所赠。此为中菲二国革命党互助携手之义举，殊非甘作满清鹰犬之康、梁师徒所能了解耳。

冯自由《革命逸史》第 4 集，中华书局 1981 年版，第 77 ~ 78 页

宫崎寅藏《南洋的风云和我党的活动》：

当时孙先生寓居横滨。有一天来到对阳馆访我，屏退外人对我说："你有没有办法把兵器送到菲岛去？"我问他原因，他低声答道："菲岛独立军的委员现在已到横滨。我因为有意与你们同去菲岛，所以去见他，讲出了我们的计划。他非常高兴，并以购买【武】器这件大事相托。我初次见面便受此重托，义当尽力以报，何况彼此的志向相同呢？希望你能助菲岛义人一臂之力。"我的心血沸腾起来，便和孙先生、南万里反复密议，最后决定向【木】翁说明情况，求他帮忙。

【木翁】是一位侠义之士，听我们说完，非常同情，并说："这件事交给商人办，当然有办法。不过，商人只知图利，不知大义，办事也不忠诚。必须选择敢于冒险，忠实而有经商才干的人来担当这个工作才好。"

他沉思片刻，又说道："叫中村背山办这件事如何？他近来患糖尿病，自觉活不长久，好象非常着急于建立功名。最近常常对我谈及菲律宾的问题，我想他也有意参加菲军，只是没有门路可寻。那么若能和他一谈，他会鼓起勇气，不顾糖尿病而答应的。这岂不是彼此合适吗？据说背山的寿命已维持不了三年。他也知道三年的寿命在议会里争取功名，是做不到的。那么为他创造功名的条件，岂不是很好的功德？"大家听罢一齐鼓掌赞成。

我们到背山家里去拜访他，说出内心话，并且以购买【武】器相托。他立即慨然应允说："我有宿疾，余命已经不久。现在能追随诸位，担任这样大事，真是莫大的幸运。我一定努力不负诸位重托。"意气现于言表，大家都为得到好友而高兴。岂料他日失败的原因即发生在这里呢？

不久背山就开始行动。菲岛委员彭西先生把全权委托给孙先生而毫不过问。

我和南万里两人在背山和孙先生之间当了传声筒。不久，我们的行动就较前更引起警察的注意。……

在这个期间，背山的工作在稳步进展中。他说："购买【武】器的手续已经办妥，只剩下

轮船的问题。应该叫同志先到菲律宾作好准备。"于是他推荐了近藤武郎。当时我们还不认识近藤。他是信州人,现任【陆】军大【尉】。他已决定辞职率领五名部下渡菲。而南万里亦作为同志的代表和他们同去。

在此以前,我在筑前认识了内田硬石。他少怀大志,曾为天佑侠的随员到过朝鲜,帮助东学党,企图掀起风云。以后又到过西伯利亚,往返于浦、圣之间。相见之下,期许甚深。当时他正在东京,寓居于他叔父平冈浩太郎家里。我去访他,倾谈平生的志望,他亦向我们尽吐心腹,发誓要在将来暗中帮助我们的事业。……

船抵香港后解装于东洋馆,正在和旅馆职员举杯祝贺平安到达的时候,有一个朋友来访,他是三井公司的职员。我向他吊慰了"布引号"的遇难,他却淡然冷漠地答道:"那只船和我们公司没有关系,在二十多天以前已经卖给背山先生了。一切损失都是他的。"这一句话刺痛了我的心,才知道这事与我们有关。但我还强作镇静,嘴里说:"那你们太幸运了!"其实我已经苦恼得坐立不安了。

如果这只船真的归了背山,那不仅装载的货物,连我的两个好友也都葬身海底了。我托故扔下那位客人,驰车飞奔陈白的寓所。

这时我的确感到寒暄是个无聊的累赘,我一见到陈先生,便立刻说出心中的疑惧。他沉思片刻,面现愁容说:"你的怀疑也许对。咱们到菲岛委员那里去探听探听情形!"于是驱车到湾仔去。见委员长AP先生。他把我们领到密室,主客坐定,良久无言。AP先生不象平素那样快活。陈先生便先开口问道:"日本没来电报吗?"他只摇头咂了一下嘴,便默不作声,停了一会才答道:"昨天有一封电报来。因为字句有不明了的地方,无法理解。不过推测其大意,好象不是个好消息而是个噩耗。所以还没有拿给同志们看。"我们于是道出心中的疑虑,并说我们是为了这件事来证实真伪的。他连忙问道:"那只船叫什么名字?"我答道:"叫布引号。"他站起来拍案叫道:"对,那就不会错了。"他眼里已经满含着泪水,再没有说话,满座为之默然无声。停了片刻,他又开口道:"还有两个不懂的字,可能是日本人的名字。"我便问道:"是不是高野、和林两个人?"他拍手道:"对,正是。这两个人已经淹死,我国的一个领航人则好象获救。"话刚说完,他的眼泪就忍不住夺眶而出。一面用手帕掩面,一面更唏嘘长叹说:"啊!皇天对我党也太残酷了!我受任以来,在购买【武】器上,已经失败三次。损失金钱也不在少数。我还有何面目去见总统和国民呢!只有自杀以谢罪了!"音容悲痛已达极点。其余的委员们还不知道这件事。

亲眼看到这种情形的人,谁能不落泪?何况同这件事情有关的我们呢?又何况听到两位同志惨死的我呢?陈先生勉强抬起头来,安慰他说道:"革命家的苦心,古今如出一辙。岂可为这一件事而挫折勇气呢?你为了自己心安而死,以你的立场来说也许可以。但是,几万个身处枪林弹雨之中的同志怎么办?现在你的一切直接关系到菲律宾的存亡,岂可轻率地但求一己的心安呢?"我也提起精神来鼓励他。他稍微镇静下来,最后说:"把一切事情仔细考虑一天,然后再作决定。"我提醒他不要将此事告知菲律宾同志,便和陈先生告辞而归。

第三天我们又去拜访。AP先生稍微振作起精神说:"我曾召集在港同志,讨论过自己的进退和将来的方针,并且陈述了两位的意见,商议的结果,大家都说应该尽快计划再举。还请两位同志帮助我们。"我们的精神也因此大振,这件事情也就逐步开始进行。结果究竟如何呢?啊!结果究竟如何呢?

"布引号"已经沉没,高野、和林二人已经殉难,近藤、南万里几位同志的情况怎样呢?

菲律宾西文报纸报道说:"有六名日本军人在马尼拉登陆进入内地。"又有传言说:"六人中有二人被捕,其他人下落不明。”不久,日本商人陆续从菲岛归来。他们说:“因为商人中有人涉嫌藏匿日本军人,以致频频有人被美军逮捕。已经有几个人入狱,营业几乎陷停顿状态。”大家都窃窃私语,互道:“秘密秘密。”这样辗转相传,最后传到我们耳中,然却全无可靠的凭据,徒然使人着急。

〔日〕宫崎滔天著,林启彦译注《三十三年之梦》,花城出版社、三联书店香港分店1981年版,第157～164页

冯自由《中山与菲岛独立》:

(孙中山)于是派宫崎以购械事就商与犬养毅。犬养曰:“凡私运军火者,必备警吏之耳目,吾与汝非其才,商人又贪利而忘义,宜择友人中诚实而具商人之手腕者任之。”沉思良久。复曰:“使中村弥六当之如何?彼近屡对余言菲岛事,或有意于此。”往说之,宫崎从其言。中村慨然允诺,于是购械又租船事,皆由中村负责办理。而中山与中村之间,则以宫崎、平山二人为传达机关。中村为现任进步党干事,兼众议院议员,亦日本名士之一,众咸以为付托得人矣。

冯自由《中华民国开国前革命史》,上海书店影印良友印刷公司1928年版,第311～312页

2—3月(戊戌年十二月至己亥年二月)　孙中山在犬养毅私邸与梁启超会晤。

冯自由《戊戌后之关系》:

时进步党领袖大隈重信任总理大臣,犬养毅任文部大臣,均主中日亲善政策,对于中国维新党异常优待。康、王、梁三人起居费用由日政府供给。大隈内阁倒后,则改由进步党供给。总理、陈少白以彼此均属逋客,应有同病相怜之感,拟亲往慰问,藉敦友谊,爰托宫崎、平山向康示意。康自称身奉清帝衣带诏,不便与革命党往还,竟托故不见。事为犬养毅所知,雅不欲中国新党人,因此意存隔阂,遂孙、陈、康、梁四人同到早稻田寓所会谈。届期除康外余人俱到。梁谓康有事不能来,特派彼为代表。是日,三人各抒意见,讨论合作方法颇详,至翌日天明始散。

冯自由《中华民国开国前革命史续编》上卷,上海书店影印良友印刷公司1928年版,第42～43页

3月3日(己亥年正月二十二日)　孙中山与欧榘甲会谈合作事宜。

陈少白《革命党与保皇党交涉之经过》:

有一天,欧榘甲(也是康有为的门生)同一个同学到宫崎住的小客栈(对阳馆)内,约孙先生同我去商量合作,讨论了许久,还是没有什么结果。因为欧榘甲对于什么事情都是不能作主,总说要回去请教康先生再定。当时我们也曾问过梁启超,合作之后,如何对待康有为,他说惟有请康先生闭门著书,由我们出来做去,他要是不答应,只好听他,我们也顾不了许多了。这主意原是很坚决的。这次欧榘甲来,还是口口声声忘不了康先生。所以我说:“你要同你先生去商量,那末这事是没有希望的。你此来若是有全权决断的,就不妨谈下去,否则谈了也是空话,不会得到结果。”他听了也就去了。

陈少白《兴中会革命史要》,建国月刊社1935年版,第77页

编者按:陈少白的著作未记时间。陈锡祺考证认为,是3月3日(参见陈锡祺《孙中山年谱长编》第179～180页)。

3月6日(正月二十五日)　谕命将去年主讲南学会之皮锡瑞自江西驱逐回籍,由地方官严加管束。

军机大臣字寄送江西巡抚松、湖南巡抚俞,光绪二十五年正月二十五日奉上谕,有人奏,湖南举人皮锡瑞品行卑污、学术乖谬,前主讲江西经训书院,自号经师,倡为邪说。去年,该

举人回湖南，主讲南学会，与梁启超、熊希龄等宣演平权、民主之说，明目张胆，侮乱经常，自知不容于乡，仍潜投江西，钻营讲席等语。举人皮锡瑞离经畔道，于康有为之学心悦诚服，若令流毒江西、湖南两省，必至贻害无穷。著松寿严饬地方各员，确查该举人现在江西何处，迅速驱逐回籍。到籍后，即由俞廉三饬令地方官严加管束，毋任滋生事端。原片均著钞给阅，将此各谕令知之，钦此。遵旨寄信前来。

中国第一历史档案馆编《光绪朝上谕档》第25册，广西师范大学出版社1996年版，第32页

3月15日（二月初四日） 总理衙门奏定《地方官与各国传教士往来事宜五条》。

《光绪朝东华录》：

壬午，总理各国事务衙门奏定地方官与教中往来事宜五条。其文曰：天主教在中国各省地方建立教堂，久奉国家允准奉行。兹因欲使民教相安，便于保护起见，议定地方接待教士事宜数条如下：

一、分别教中品秩。如主教，其品位既与督抚相同，应准其请见总督巡抚，倘主教有事回国，或因病出缺，护理主教事务之司铎，亦准其请见督抚；摄位司铎、大司铎，准其请见司道；其余司铎，准其请见府厅；州县各官亦按照品秩，以礼相答。

一、主教应将所派专与官长交涉办事各司铎名姓、教堂住处，开单报明督抚，以便饬属照章接待。凡请见地方官及专派办事之各司铎，均应西人充当。或有事，西司铎未能熟悉华语，可暂令华司铎帮同传译。

一、主教居住外府，无事自不必远赴省城，请见督抚。遇有新督抚莅任，主教更换新到，或贺年节，均准其向督抚修书或寄递名刺致礼，督抚如礼答复。至各司铎更换新到，应持有主教函据，方可照品秩请见司道、府厅、州县等官。

一、各省出有重要教案，所在之主教司铎等，须转请教皇，专托保护天主教之国之公使或领事官，同总理各国事务衙门或地方官办理了结。可先径向地方官商办了结，以免多费周折。该地方官遇主教、司铎等员来商，应迅速和衷商办拟结。

一、地方官应随时晓谕约束所在平民，务与教民一视同心，不得挟嫌构衅。主教、司铎等亦应劝诫教众，专心向善，以保教中声名，俾令平民悦服。如民教涉讼，地方官务须持平审办，教士亦不干预袒护，以期民教相安。得旨，如所议行。

朱寿朋编《光绪朝东华录》，中华书局1958年版，总第4327页

4月1日（二月二十一日） 修定《长江通商章程》。

《总署咨刘坤一、王文韶修改长江通商章程文》：

案查各国驻京大臣拟请修改《长江通商章程》一事，经本衙门札饬总税务司详细妥酌，并令饬知沿江各关税务司一体核议去后，旋据该税务司将改定章程十条详细声复，由本衙门逐条查核，尚属切实可行，即将所订章程照会各国驻京大臣，并札行各税务司，酌定开办日期各在案。现准各国驻京大臣先后照复，允准照办。并据该总税务司复称，拟于光绪二十五年二月二十一日，即西历一千八百九十九年四月初一日，即第一百五十五结之首开办，即请照会驻京大臣，转饬各领事官传谕商民等，遵照办理，并请将此项修改《长江通商章程》刊印颁行等因前来，除由本衙门照会各国驻京大臣转饬各口领事遵办外，相应将刊印章程十条，并拟定开办日期，咨行贵大臣查照，转饬沿江各关道一体遵照可也。十月十四日。

王彦威、王亮编《清季外交史料》卷136，沈云龙主编，近代中国史料丛刊第3编第2辑，台北文海出版社，第2322页

《修改长江通商章程》:

第一条　前同治元年修改长江统共章程内所有之要义,既经并入现在删修之新章,所有旧章暨长江各口同类之分章一概作为废纸。

第二条　凡有约各国之商船准在后列之通商各口往来贸易,即镇江、南京、芜湖、九江、汉口、沙市、宜昌、重庆八处;并准按另订之专章在后列之不通商口岸起下货物,即安徽之大通、安庆,江西之湖口,湖广之陆溪口、武穴等处。除以上所列各处外,其余长江沿途各处不准私自起下货物,如违此例,即照条约所载沿海私作贸易之条办理,惟搭客暨随带之行李准于往常搭船之处上下(此处现时即系两江之江阴、宜兴,湖广之黄子岗、黄州等处),但行李内不得夹带应税之物,违者即将行李充公(此条内续添江南通州之芦泾港、泰兴之天星桥、湖北荆河口又名荆河脑及新堤均系往常停船搭客处,所向不起卸货物)。

第三条　凡在长江贸易之商船现分为三项:一为由镇江上江暂作贸易之出海大洋船;一为由长江此口赴长江彼口或由上海赴长江各口常用贸易之江轮船;一为划艇、钓船及华式船只。以上三项船只即照条约之例及各该口之分章办理。

第四条　论大洋船　凡大洋船入江,若不过镇江贸易者,即在镇江办理,照沿海各关之例无异。惟此项大洋船若过镇江,上江贸易者,即作为第三条所谓之长江贸易第一项船,此项商船无论系轮船、夹板船均应由船主将船牌呈交上海或吴淞或镇江之领事官,如无领事官即呈交税务司查收,税务司一接到船牌或领事官行文,即立发江照一纸,载明船名、国旗、吨数及装何项货物、并携带何项保护军械等情,名为长江专照。该船即可持赴上江行驶,无论抵何口,所有进出报关暨起下货物、完纳税钞一切事宜俱照沿海各口办法一律无异矣。回发江照之口岸时,即镇江、上海、吴淞等处,须将长江专照缴销,由关查明税钞完清各事,均照章办妥,即发给红单准该船领回船牌出海。

第五条　论江轮船　凡愿在长江常川贸易之轮船,可将船牌呈交上海领事官,如无领事官,即呈交江海关税务司查收,税务司一接收船牌或领事官行文,即发给江照一纸,载明船名、国旗、吨数及携带保护军械等情,名为江轮专照,其照即以本年为限,须每年在上海换领一次。如该船不在汉口以下贸易,即在汉口换领;如不在宜昌以下贸易,即在宜昌换领。此项有江轮专照之轮船,所有进口、出口、起下货物、完纳税钞等事,均应按照各该口之关章办理;至于船钞一项,应在发给江轮专照之口岸,即上海或汉口或宜昌等关完纳。此项轮船如有违长江口岸章程,首次即照沿海各口罚办之例办理,二次即将江照撤销不准过镇江上江贸易。若无江轮专照之轮船过镇江上江者,即照第四条所载大洋船之例办理。

第六条　论有江轮专照船只之货物　前《长江通商章程》所指:船只装运货物,应将出口正税、复进口半税同时完纳之理,既属撤废,嗣后凡有江轮专照之船,俱应按沿海通商各口办法纳税,即出口税应于下货以先在装货之口完纳;其进口税或复进口税应于放货以先在起货之口完纳;至装货、拨货、卸货等事,均应按照沿海各口章程先为报关呈验,请领准单办理,与沿海通商各口办法一律无异。凡进口起卸茶叶者,该货主无须完纳复进口税银,特准按数另具复进口税之保结,俟该茶叶呈有十二个月限内运出口之据,即将保结注销;如此项复出口茶叶再进他口,设如由汉口复出口复进上海口岸者,应于复进之口,令其再具复进口税之保结,俟限内再复出口时注销,以此类推。

第七条　论划艇、钓船、华式船只等类

一、划艇等船如系洋商之船,持有本国之船牌、悬挂本国之旗号,若欲过镇江上江贸易者,应于领事官或税务司处请领长江专照。所有呈报海关起下货物、完纳税钞等事,俱照有船照之大洋船一律办理。

一、钓船等如系洋商之船，但无本国之船牌，即无悬挂国旗之理，均应于本口税务司处请领关牌，所有呈报海关起下货物、完纳税钞等事俱照划艇等船办法办理。

一、凡由洋商雇佣之华式船只，只准装载实系洋商自置之货，由通商此口赴通商彼口，须于税务司处请领专牌。由该洋商出具切结，载明该船所装确系洋商之物、实系运往某口、在彼完纳税项等情，倘该船不按照办理，即该货非运某口、在彼完税等事，该关税务司嗣后即可不发此项专牌交该商执领。此项船只所有呈报海关起下货物、完纳税钞等事俱照划艇、钓船等办法办理。

第八条　论总单　凡长江专照之大洋船、江轮专照之江轮船、以及划艇钓船、并洋商雇佣之华式船只等项，均应于出口之关请领总单；俟抵他口，应将总单呈交该关方准卸货，若进口时所卸之货不及总单所载之数，应惟该船主是问。

第九条　论杂项章程　凡在长江贸易之商船，如遇巡船及他项关船，若索阅船牌、江照等项，务须呈验，若该船并无前项所关应有之牌照等件，即照条约所载沿海各处私作贸易之例办理，江关并可将其舱门封闭、亦可派关役押送。其有长江专照之第一项船，若中途经过之口，并不起下货物，即无须在该口停船候验牌照。

第十条　论长江各关暨各口岸分章　长江贸易之船现既有修改颁发之新章训示遵行，故旧有之章即属不符，即应由各该关（即上海、镇江、南京、芜湖、九江、汉口、沙市、宜昌、重庆等关）筹备新章。俾得遵订分章与新章相辅而行，颁示宣布，一则可期便利商情，一则得以照约严防偷漏矣。以上章程嗣后如有窒碍之处，可随时酌量更改，以归妥善。定于大清光绪二十五年二月二十一日开办。

王彦威、王亮编《清季外交史料》卷136，沈云龙主编，近代中国史料丛刊第3编第2辑，台北文海出版社，第2322～2324页

4月17日（三月初八日）　起用前北洋海军将领叶祖珪、萨镇冰。时清廷有恢复甲午战争中覆没之海军之议，因有此举。

《光绪朝东华录》：

乙卯，开复前北洋副将叶祖珪革职处分，并赏加提督衔；赏补用副将萨镇冰总兵衔。

朱寿朋编《光绪朝东华录》，中华书局1958年版，总4348页

4月28日（三月十九日）　英、俄订立协约，双方确认中国长城以北为沙俄势力范围，长江以南为英国势力范围。

《英国驻俄大使司各脱（C. Scott）致俄国外交部长摩拉维耶夫（M. H. MypameB）照会（1899年4月28日）于圣彼得堡》：

本大使荣幸地受权谨向俄国外交部长摩拉维耶夫阁下宣称：

英、俄两国为真诚谋求避免彼此在中国的利益交错问题上，可能引起冲突的一切原因，并考虑到中国某些地区在经济上、地理上的重要性，业经协议如下：

一、英国约定不在中国长城以北为自己或为英籍臣民或其他人士争求任何铁路让与权，并且不阻挠——直接的或间接的——为俄国政府所支持的对这一地区铁路让与权的要求。

二、俄国方面约定不在扬子江流域为自己或为俄籍臣民或其他人士争求任何铁路让与权，并且不阻挠——直接的或间接的——为英国政府所支持的对这一地区铁路让与权的要求。

英、俄两造并无侵犯中国主权或现存各种条约之意,当将这一协定通知中国政府。而这一协定由于除去了所有形成两造间纠纷的原因,将必然会巩固远东的和平和适合中国自己的最基本的利益的。

《英俄补充照会(1899年4月28日)》:

为使关于在中国对建造铁路让与权范围的划分的今天互换照会完整起见,[我们]对中国政府为建造山海关——牛庄铁路已和代表中英公司的汇丰银行订立借款合同所达成的协议,记录在本件补充照会中。

上述照会(指英、俄互换照会)所成立的总的安排,在任何方面都不能侵犯根据该合同而取得的权利,中国政府得派英国工程师一人和欧洲籍司帐一人,以监督该铁路的建造,及为该路所拨的款项的支用。

但仍有此谅解:即不得认为这一事实就构成了所有权或外国控制权,该路仍为中国铁路,由中国政府管理,不得抵押或让给非中国人的公司。

至于从小黑山到新民屯的枝线,除上述限制外,兹经商定,该路应由中国自行建造,中国得允许欧籍的——不一定是英籍的——工程师定期视察该路,以检验工程的正常进行。

本专约当然决不妨碍俄国政府在认为适当时,对俄国人民申请从欧洲干线向南,穿行那条以新民屯和牛庄为起讫点的地区之内的铁路的建设或让与权予以支持的权利。

《艾伦赛(H. O. Bax - Ironside)致总理衙门函(1899年6月10日)》:

英俄关于中国铁路的一般协议以外的补充节略,也已由英驻彼得堡的大使和俄国外务大臣进行交换了。

上述节略规定该协定不能以任何方式破坏中英公司根据山海关——牛庄线的借款合同而已获得的权利,并且中国政府可聘任英籍工程师一位和欧籍会计师一人,以监督该线的建筑和经费的开支。

可以理解,这件事并不构成财产权和外国管理权。这条铁路线依然是在中国支配下的一条中国铁路,并且不能转让给一□非中国的公司的。

至于从通向牛庄的支线上一个地点起通达新民屯的延长线,也已经同意由中国建筑,中国可允许一位欧籍——不一定是英籍的工程师定期加以检查,和证明这个工程确是合乎规格的。

自然,目前这一特别协议并未以任何方式,妨碍俄国政府认为适当时,得支持俄国公民或俄国公司申请承筑下述铁路的权利,即满洲干线西南向,穿越中国将要建筑的通至牛庄和新民屯的中国线路的区域的这样一些铁路。

宓汝成编《近代中国铁路史资料》上册,沈云龙主编,近代中国史资料丛刊续编第40辑,台北文海出版社,第338~340页

《总署致英、俄两使承办铁路不得以他国所议作为中国允许之据照会》:

为照会事:三月二十九日接准照称,本国现与俄、英国签约。一、英在扬子江一带承办铁路之事,俄不阻隔。一、俄在长江以北承办铁路之事,英不阻隔。立此约之两国,毫无侵越中国自主之权之意,将此达知中国政府等因前来。查来照内称,英、俄两国无意侵越中国自主之权,具征好意。惟本衙门应声明者,扬子江一带,长城以北,乃中国土地,权在自主,贵国自不肯侵越中国自主之权,将来中国设或欲作某处铁路,应由中国自主。即某国愿意承办何处铁路,亦应听中国商明准驳,方于自主之权无损,自不得以贵国与某国自行商议之事,作为中国允许之据。相应照复贵大臣,即希转达贵国外部大臣,须至照会者。四月初三日。

王彦威、王亮编《清季外交史料》卷138,沈云龙主编,近代中国史料丛刊第3编第2辑,台北文海出版社,第2361页

4月28日(三月十九日) 中、日订立《福州口日本专用租界条款》。

《福州口日本专用租界条款》全文如下:

一八九九年四月二十八日,光绪二十五年三月十九日,明治三十二年四月二十八日,福州。

大清钦命二品顶戴办理通商事务署福建分巡宁福海防督粮兵备道遇缺题奏道世袭一等轻车都尉兼一云骑尉杨、大清钦命二品顶戴盐运使衔会办通商事务福建前先补用道陈;

大日本钦命驻札福州办理通商事务署领事官丰岛;

为福州口开辟专界立约事:现因日本、台湾商务日盛,请在福州新开专管租界,奉镇闽将军增、闽浙总督部堂许派委本通商道台会同本署领事,查勘定界,所议条款,开列如下:

计开

第一款 日本专管租界定准福州口岸天主堂码头东界起,至尾墩村东方为止,前部面沿闽江,后部包田地一带地方,除冰厂界及尾墩村外,计量一十七万坪,另将新洲一派除冰厂界约四万坪,均在专界之内。绘图二张,一存中国地方官衙内,一存日本领事官署中,以便日商按照图上租用。立定此约之后,会同派员勘丈四至,由华官眼同树立界石。

第二款 界内所有马路、警察之权及界内诸般行政之权,皆由日本政府管理。界内道路、桥梁、沟渠、码头,由日本领事官负责修造,并由日本管理该道路、沟渠、码头。公共所需之地,如有官街、官地,免纳租价、钱粮,如系民地,除付租价外,免纳钱粮。

第三款 界内承租地基之契,应以三十年为限,限满可以续租。地价区分上、中、下三等,每等每亩应偿租价,须照三年以内相等地基价值公平酌定,华官不准华民高抬时价,日商亦不得勒抑强租。日商愿租之时,禀由日本领事官照会地方官履勘,方准租用。界内地基如有官地,自应另议租价,稍为从廉,以示惠恤。日商清交价值,即当让地;若未让之先,华民业户用地,只可本人并其家眷居住、种田。又界内不准新造坟墓,安放灵柩,有碍日商经营。此层应由中国地方官出示禁止。将来如遇另择地区,以设日本人坟域,届时由日本领事官照会中国地方官商办。

第四款 日商租地者,必须禀明日本领事官,照会中国地方官,由地方官履勘,印发租契三纸,由日本领事官会印,将租契一给租户,一给存日本领事官衙门,一给存中国地方官衙门。业经承租之地,照章永归租户,不准何国何人强行退让。所有租契样式,由中国地方官和日本领事官定成。

第五款 界内应完钱粮,区分地基上、中、下三等,每等每亩应完若干,托日本领事官按期向租户照数代收,缴回闽县,由闽县给串为凭。其有日商未经租定地亩,华民仍自行交纳钱粮。

第六款 一经租给之地,只准出名承租之人居住,倘租户有事不能亲身在此居住,须托亲戚、友人、伙计、同行等有身家之人代理。如有不得已事故,非转租不可之时,仍于转租之前,由日本领事官照会中国地方官,方可换给租契。

第七款 界内地基,惟许日本臣民承租,亦准华民及外国人在界内居住营商。倘有不安分华民,不得私在界内住家,开设店铺、行栈,违者分别惩办。

第八款 界内华民如有形迹可疑、不安本分、不奉章程者,中国地方官察出,可照会日本领事官,日本领事官察出,亦可照会中国地方官,会同查确,由中国地方官罚办,不得纵容包庇。又界内如遇无驻华领事官所管洋人及华人涉讼,应归中国官办理,派员在租界审谳。若无领事所管之洋人并日本国人或各国人,因被华人欺凌禀控,以及华民在租界内违犯章程,由中国官会同日本领事官或领事官所派之员会审。如谳员定案不合,可由日本领事官照请办理洋务道台再行复讯。如系两国交涉事件,仍照约章办理,所有会审公堂,中国可无论何时建设,若未设公堂以前,所有控案,仍由领事官照会地方官审办,或领事官订期在地方官衙门观审。若地方官派差赴租界内拘传犯证,将传票径来领事官签字,并由领事官派差协同拘传,不准日本人包庇容隐。俟设公署后,另订租界会审章程办理。

第九款　大桥以下至马江一带,所有河道水利一事,仍归中国地方官管理。划定租界后,如日本商民于租界北方河岸及新洲上修建驳岸、填筑马路,不得填出河外,以致淤塞河身,致碍水利。惟大桥以下,沙滩甚多,专界坪数、丈尺定后,此后沿江、沿洲如有续涨沙岸,应归中国管理。倘日本官商欲在北方河岸通至新洲,无论如何办理,总不得阻碍来往行船。更不准用土填塞河身,致碍水道。

第十款　界内火药、炸药及一切有害人身家、财产之器物,概不准收存、夹带、运送。一经由官察出,或他人告诉,查实有凭,各照本国律例办理。

第十一款　日本租界未开之前,已经外国人向华民租定地基,并无违碍,应照他国租界之例办理,惟归日本租界地基,不准华民业户再向外国官民以地抵押,或行租让。违者,由中国地方官惩办。

第十二款　所有外国租界及将来设有开拓之外国租界施设事宜,如别有优待之处,日本租界亦当一体均沾。

以上条款立为租约,照缮汉文、东文各两纸,先行签押,一俟两国上宪批准,再行盖印为凭。

大清钦命二品顶戴办理通商事务署福建分巡宁福海防督粮兵备道遇缺题奏道世袭一等轻车都尉兼一云骑尉杨、大清钦命二品顶戴盐运使衔会办通商事务福建前先补用道陈:

大日本钦命驻札福州办理通商事务署领事官丰岛

光绪二十五年三月十九日　明治三十二年四月二十八日。

王铁崖《中外旧约章汇编》第1册,三联书店1957年版,第894~897页

《另约章程》:

第一款　日本租界内港头、中墩两村百姓,于未立租界以前,在是处居住之房屋,若不愿卖,悉听其便,然只许卖给日本国人,不许卖与别国,并不准租与他国。违者,由中国地方官从严惩办。但该两村傍江一带地面,日本领事官要做码头、沟渠等件,由中国地方官劝令租给。

第二款　港头、中墩两村百姓,于未立租界以前,即在是处居住者,将来道路设捕等费,不得摊派,以恤民艰。如有自愿出费者,亦听其便。

第三款　两村原有之华民,在界内不愿迁出者,以后出入租界之路,准其往来行走,其北方洲岸亦须留出道路一条,与华人同沾利益。

第四款　界内原有民间宗祠、祖庙,倘原业主不愿出租,应听其便,日本官商不得抑勒强租,以示体恤,若华民愿让,亦听其便。再原有坟墓,听华民子孙随时前往看视祭扫。倘该坟墓与宗祠、祖庙有碍筑路码头,必与各该业主商允让租,方可迁出。

第五款　尾墩村内华民地基民房之买卖,悉听其便。惟不许该华民业户向他国官民以地抵押,或行租让。违者,由中国地方官从严惩办。

以上另约章程,照缮汉文、东文各二纸,画押各二纸,俟两国上宪批准,再行盖印为凭。

大清钦命二品顶戴办理通商事务署福建分巡宁福海防督粮兵备道遇缺题奏道世袭一等

轻车都尉兼一云骑尉杨、大清钦命二品顶戴盐运使衔会办通商事务福建前先补用道陈：

大日本钦命驻札福州办理通商事务署领事官丰岛

光绪二十五年三月十九日　明治三十二年四月二十八日。

王铁崖《中外旧约章汇编》第1册，三联书店1957年版，第897～898页

4—5月间（二月至四月）　孙中山派陈少白往香港筹款、办报。

陈少白《余之再赴台湾及返香港》：

我同孙先生在东京住了几个月，台湾方面的朋友，常有信来请我再去，我想在东京无所事事，不妨再到台湾去活动活动，因此又告辞了孙先生，自到台湾去。这次到台湾约有半载，加入的会员，虽然仍是不多，但是募到钱也有二三千块。我还记得当时闻得康有为在北京失败，六人殉难，我就在台湾联同几个有心人开了个追悼会。在台大约六个月，重复回到日本来。我同孙先生商量说，我们死守在日本，也是不对的。我意欲回到香港去办一间报馆，一方面用文字来鼓吹革命，同时还可以做我们的革命总机关；日本方面由他一个人，尽可以对付了。此时相依为命的，只有他和我两人，我从此离开，他更无共话之人，所以他初意甚为不愿。但我心已决，他亦不好十分阻止。只是一层不能不顾到，就是此时能否听我混迹在香港，还不可料，惟有私行改名，回去试探，如果无碍然后筹备开办。他又答应将来替我采办铅字机器，寄回应用。商量妥贴，便别过中外亲友，孙先生亲送我到船，恻然挥手，随分东西。

陈少白《兴中会革命史要》，建国月刊社1935年版，第71～72页

冯自由《中国日报》：

《中国日报》为革命党组织言论机关之元祖，孙总理于己亥年秋间，始派陈少白至香港筹办进行，所有机器、铅字概由总理在横滨购运，至是年十二月下旬乃告出版。其社址设于士丹利街二十四号，少白自任社长，初期助理笔政者，有洪孝充、陆伯周、杨肖欧、陈春生、黄鲁逸诸人，初以不审英人对华政策所在，未敢公然大倡革命排满之说，半载后措辞始渐激烈。从前各地中文报纸排印，俱用长行直行，独《中国日报》首仿日本报式，作横行短行，令读者耳目为之一新。此报除日刊外，兼出十日刊一种，定名《中国旬报》，附以鼓吹录，专以游戏文章、歌谣讥刺时政，是为吾国报纸设置谐文、歌谣之滥觞。

冯自由《中国革命运动二十六年组织史》，上海书店据商务印书馆1948年版影印，第40页

5月1日（三月二十二日）　孙中山赴东京访梁启超，不遇。

《流亡清国人孙逸仙拜访梁启超》：

一日下午一时二十分左右，清国人孙逸仙与正五位副岛道正（翻译）一道来访。然梁事先与孙约定下午一时见面。梁仔细吩咐家人，若孙等一日下午一时之前来访，则不得不与之面会；若一时过后仍未来访，则以梁已前往横滨为由谢绝会见。因而梁家以梁不在为由谢绝了孙逸仙等人的拜访。

[440076 明治32年5月2日收到，乙秘第629号]

章开沅、罗福惠、严昌洪主编《辛亥革命史资料新编》（6），湖北人民出版社2006年版，第19页

5月7日（三月二十八日）　中俄订立《勘分旅大租界专条及辽东半岛租地专条》。

《总署奏中俄会勘旅大陆地北界事竣照约缮订专条折》：

总理各国事务庆亲王奕劻等奏：为中俄会勘旅大陆地北界事竣照约缮订专条，请简派大

臣加押以结界案事。窃查上年奉天派员会勘旅大租界一事,经臣衙门将商定庙群各岛不归租界,并议勘附近租界海岛情形,于上年十二月初八日奏明在案,并电知盛京将军饬令派出之委员,知府福培同知涂景涛连前勘陆地北界,一并缮立文凭,画押后咨送臣衙门核定加押等,因前准署盛京将军文兴署理副都统晋昌咨称,据委员福培等会同俄员倭高格等严勘陆地,北界自金州普兰店即西名亚当湾起迤东至貔子窝、火神庙南山止,树立界碑三十一座,刊刻汉文北洋第几碑字样。十二月二十一日复与该俄员会议分界专条八款。本年正月十七日,续就中、俄文各四分画押盖印,彼此互换其租地北界陆路地图,由俄员测绘照印,附于专条之后。另用中法绘图,详其图说备文,咨请臣衙门查核加押前来。臣等查该员等所勘陆路北界及专条所议办法,核与原订条约及奏定庙群岛不归租界各节均属相符。应请简派大臣与俄使订期加押,以结分界全案。谨奏。光绪二十五年三月二十四日奉旨派王文韶、许景澄加押。

王彦威、王亮编《清季外交史料》卷138,沈云龙主编,近代中国史料丛刊第3编第2辑,台北文海出版社,第2349页

《中俄勘分旅大租界专条》,光绪二十五年三月二十八日在北京互换。乙亥,户部尚书王文韶、工部左侍郎许景澄与俄国驻京使臣格尔思仪立勘分旅顺、大连湾租界专条八款成。

其文曰:大清国国家专派委员花翎道员用候补知府福培、花翎知府用前署金州厅海防同知涂景涛,大俄国国家专派委员坐探中国武备委员督办营务处副将官倭高格、督办营务处游击官伊林思齐。

各奉本国饬派,会同履勘辽东半岛俄国租借地之陆地北界。按照华历光绪二十四年三月初六日、俄历一千八百九十八年三月十五日《北京条约》第一款:就地划界。为标明界址所在,共立界碑三十一块。以俄字母挨次为记,即自阿始至额终;又加立小界碑八块,以号码为记,即自第一始至第八终。兹该委员等会于旅顺口,议立条款如左。

第一款　按照(华历光绪二十四年闰三月十七日,俄历一千八百九十八年四月二十五日)彼得堡续约第一款,辽东半岛俄国租地之陆地北界,自半岛西岸之亚当湾北岸起,往东间有偏北偏南至被半岛东岸之貔子窝湾北岸终。

阿字界碑(即中国第一碑)立于五湖嘴之防风山(亦名亚当山)极南岗顶,距枣房身屯西尽处之西南二百六十俄丈(即罗经四十度);距枣房身屯往高家屯车道之北九十俄丈。

由阿字界碑起,界线一面往南至亚当湾北岸,直出英国海部第二千八百三十三号地图所记四百三十英丈之阴岭山顶;一面往北微偏东,顺防风山脊而走,长六百四十俄丈,并在防风山脊极北山顶加立一小界碑,距二道岭字、枣房身两屯往老爷庙车道岔口之南四十五俄丈。由此小界碑起,界线多偏东。往黄衣山南坡之乱葬岗(即义地岗)而走,在乱葬岗东围墙立巴字界碑(即中国第二碑),距第一小界碑二百三十五俄丈。枣房身屯土地归入俄国租地,其乱葬岗留在隙地之内(隙地一)。

由巴字界碑(即中国第二碑)起,界线往东,二道岭子、姜家炉及两屯土地归入俄国租地,其花儿山屯土地留在隙地之内(隙地二)。在姜家炉北山顶之南边立瓦字界碑(即中国第三碑),距巴字界碑六百八十俄丈,由此界碑起,界线微偏北。陈家屯及其土地归入俄国租地,孙家屯及其土地留在隙地之内(隙地三)。在孙家屯东北之山岗南坡加立第二小界碑,距孙家屯九十俄丈,距瓦字界碑三百八十俄丈。界线由此往东南,顺陈家屯土地北界而走,直出至俄国租地内三官庙及其土地与留在隙地内(隙地四)姜家屯之分道处。噶字界碑(即中国第四碑)立于附近陈家茔平坡之高顶,距第二小界碑六百二十俄丈。

由噶字碑起，界线往东微偏北，留韩家屯及其土地于隙地之内（隙地五）。在驿山西北前山顶立达字界碑（即中国第五界碑），距噶字界碑一千一百九十二俄丈。

由达字界碑起，界线往东微偏北，至自西自南绕过花山屯之无名小河，在小河右岸（即西岸）横过花山屯之车道处加立第三小界碑。距达字界碑二百一十六俄丈，然后界线顺此无名小河左岸（即北岸）至平阳河口，再顺平阳河右岸（即西岸），至被花山屯往孙家大道铺屋车道横过平阳河之处。即在横过处左岸（即东岸）立耶字界碑（即中国第六碑），距花山屯东口二百一十俄丈，距第三小界碑四百四十五俄丈。

由耶字界碑起，界线顺花山屯往孙家大道铺屋车道北边而走，在孙家大道铺屋西口加立第四小界碑，距耶字界碑一百七十俄丈。然后界线自北绕过孙家大道铺屋及其土地归入俄国租地。经在苍家屯小径距孙家大道铺屋东北二百二十五俄丈之第五小界碑，又微偏南至老平山之北前山顶，在此立热字界碑（即中国第七碑），距第五小界碑二百八十四俄丈。

由此界碑起，界线往东偏北，至后苍家屯西口小庙，自西绕过此归入俄国租地之后苍家屯及其土地。往下顺往李家屯车道北边而走，留周家山嘴、大李家屯两屯于隙地之内（隙地六）。即于安子河左岸（即东岸）附近此河水线处，往李家屯之车道旁立皆字界碑（即中国第八碑），距热字界碑一千二百四十俄丈。

由皆字界碑起，界线往东，顺李家屯街上老叶家、大周家屯土地中间往李家屯之车道北边而走，李家屯归俄国享用，其街上老叶家、大周家屯留在隙地之内（隙地七）。

由距皆字界碑二百三十俄丈李家屯车道之陡转处，界线往鲁家茔而走，然后至李家屯往于家屯之车道北边沙河、安子河分水岭之牧牛场高岭立伊字界碑（即中国第九碑），距李家屯三百零二俄丈，距皆字界碑七百六十俄丈。界线由此顺李家屯往于家屯之车道北边而走，于家屯后线石屯归入俄国租地，韩家庄留在隙地之内（隙地八）。即于后线石屯西北山冈立亦字界碑（即中国第十碑），距此屯一百五十五俄丈，距伊字界碑八百六十五俄丈，然后界线往沙河而走，后线石屯及前线石屯归入俄国租地，韩家庄留在隙地之内（隙地九）。即于沙河右岸（即南岸）后线石屯往沙河左岸（即北岸）桥头屯道边之沙土堆立喀字界碑（即中国第十一碑），距亦字界碑七百零五俄丈。由喀字界碑起，界线顺沙河右岸（即南岸）而走，往龙王庙山麓之第六小界碑，长八百九十俄丈，界线由此过沙河左岸（即北岸），距桥头屯六百七十俄丈、距第六小界碑二百零七俄丈立拉字界碑（即中国第十二碑）。

由此界碑起，界线顺沙河左岸（即北岸）而走，至流入沙河之小河口，在此立玛字界碑（即中国第十三碑）。距拉字界碑六百六十八俄丈。高家店、李家店留在隙地之内（隙地十）。然后界线往东北而走，绕过大晏家屯土地，在往李家屯之道边立那字界碑（即中国第十四碑），距大晏家屯五十俄丈、距玛字界碑三百九十俄丈。七耳沟、大晏家屯土地归俄国享用，其李家屯留在隙地之内（隙地十一）。

由那字界碑起，界线往小晏家屯北口而走，绕过此屯，经台子山南，上距那字界碑八百八十俄丈之楼子山（俄名圣尼阔来）。山顶其小晏家屯、隋家屯归入俄国租地。由楼子山顶起，界线一直往东，在楼子山东冈第二顶立倭字界碑（即中国第十五碑），距那字界碑一千二百四十俄丈，距楼子山顶三百六十俄丈。

界线由此微偏南，经杨家沟房屋，此沟留在隙地之内（隙地十二）。在山嘴立怕字碑（即中国第十六碑），距杨家沟一百九十俄丈，距倭字界碑七百零五俄丈。然后，界线方向与前相同，至夹河右岸（即西岸）。在右岸沙土岗北、根树林北立啦字界碑（即中国第十七碑），距怕字界碑七百八十俄丈，其姜家葳子屯土地归入俄国租地，郎家屯、大唐家屯及其土地留在隙地之内(隙地十三)。由啦字界碑起,界线绕过夹河微偏南经巴家屯,北巴家屯及其土地归入俄国租地。在巴家屯东南冈顶立萨字界碑(即中国第十八碑),距巴家屯二百四十俄丈,距啦字界碑七百四十俄丈。

界线由此一直往东,经夹河庙北一百五十五俄丈之房屋,直出至葫芦头西山顶,在此立土字界碑(即中国第十九碑),距夹河庙东北三百八十俄丈,距萨字界碑八百八十俄丈。其张家沟屯留在隙地之内(隙地十四)。

界线由此微偏南,经葫芦屯北一百五十俄丈之房屋,上自葫芦头往东南之山脊立乌字碑(即中国第二十碑),距土字界碑七百俄丈,葫芦屯、大栾家屯归入俄国租地,葫芦头留在隙地之内(隙地十五)。

由乌字界碑起,界线仍按从前方向而走,过小河上老岚子冈,在冈顶附近茔地立福字界碑(即中国第二十一碑),距乌字界碑六百二十俄丈,小栾家屯土地归入俄国租地,刘家屯、小陈家屯及其土地留在隙地之内(隙地十六)。

然后,界线偏北往山嘴屯,顺屯南小河左岸(即北岸)至小河流入清水河之河口,过清水河及清水河左之万家沟河。在万家沟河之左岸(即东岸)立哈字界碑(即中国第二十二碑),距郑家窑一百二十俄丈,距福字界碑七百二十俄丈。大连窑子及其土地归俄国享用,其小老虎峪、山嘴屯两屯留在隙地之内(隙地十七)。

由哈字界碑起,界线顺万家沟河右岸(即北岸)而走至河之往北陡转处,距万家沟屯西北一百二十二俄丈,在河之左岸(即东岸)立茨字界碑(即中国第二十三碑),距哈字界碑九百八十五俄丈,郑家屯、三官庙屯留在隙地之内(隙地十八)。

界线由此微偏南经归入俄国租地之万家沟屯并炮台子屯,北至貔子窝往盖州之大道,在横穿此道之杨家屯车道处立砗字界碑(即中国第二十四碑),距炮台子店北五十五俄丈、距茨字界碑六百五十俄丈。

由砗字界碑起,界线顺成为炮台子店土地北界山沟之北边而走上冈顶,在炮台子、杨家屯、王家屯、滕家庄分道处立第七小界碑,距砗字界碑三百六十俄丈。界线由此往滕家庄,顺庄之南口而走之小冈嘴,在此立沙字界碑(即中国第二十五碑),距砗字界碑九百六十五俄丈,炮台子、炮台子店、王家屯土地归入俄国租地,其杨家屯、安家屯、宋家屯、滕家庄留在隙地之内(隙地十九)。

由沙字界碑起,界线直出河沟右岸(即南岸),顺河沟而走至赞子河往下至河之分为双汊处,在此加立第八小界碑,距沙字界碑一千二百六十俄丈,然后界线往留在隙地内(隙地十九)之曲家屯至高家店北之山谷,在岔道附近处立四叉界碑(即中国第二十六碑),距高家店三百三十俄丈,距沙字界碑二千一百六十俄丈。

界线由此往高家茔树林南边而走至潮沟崖,在此立耶尔界碑(即中国第二十七碑),距四叉界碑七百八十俄丈,高家店土地归俄国享用,其高家屯、宁家屯留在隙地之内(隙地二十)。

由耶尔界碑起,界线往林家屯(即林家坎子屯),归邢家屯、潮沟崖于俄国租地,留沙泡子于隙地内(隙地二十一)。耶尔依界碑(即中国第二十八碑)立在坑洼处,距林家屯西北五十俄丈,距耶尔界碑一千二百九十二俄丈。

界线由此往橡树岚坟茔,在牟家屯北二百四十俄丈,由此屯往北之车道旁立叶尔界碑(即中国第二十九碑),距耶尔依界碑五百八十俄丈,林家屯(即林家坎子屯)、牟家屯土地归俄国享用。然后界线微偏南至距王家坦屯北一百五十八俄丈之烽台,在由牟家屯往吴家屯去烽台南二十俄丈之车道旁立牙提界碑(即中国第三十碑),距叶尔界碑一千一百三十五俄丈,孙家屯、王家坦屯土地归入俄国租地,其宁家沟屯留在隙地之内(隙地二十一)。

由牙提界碑起,界线多偏南直出至火神庙高山角,在角顶立额字末碑(即中国第三十一碑),距庙南一百五十二俄丈,距牙提界碑一千二百零五俄丈。界线由此往东南而走,下往大海,长二百俄丈,吴家屯及两王家屯土地留在隙地之内(隙地二十二)。

第二款 此次专条第一款所定边界其屯庄土地错出错入,设有龃龉,两国边界本管官应切实按照此次所定专条第一款互相核办。

第三款 按照(华历光绪二十四年闰三月十七日,俄历一千八百九十八年四月二十五日)《彼得堡续约》第二款:自北毗连辽东半岛俄国租地之隙地,陆地北界由半岛西岸之盖州河口起,往东偏南经过归入隙地盖平县城(即盖州)及隙地外姚家店中间,然后界线仍按前方向往大洋河而走,自北绕过隙地内之岫岩州城,过大洋河左岸(即东岸),界线又顺此左岸往下至河口,在半岛东岸为止。

第四款 此次专条第三款所定隙地陆地北界按照(华历光绪二十四年闰三月十七日,俄历一千八百九十八年四月二十五日)《彼得堡续约》所附地图举其纲领,若必须详细就地勘划界线,两国另应派员核办。

第五款 按照(华历光绪二十四年三月初六日,俄历一千八百九十八年三月十五日)《北京条约》第一款暨(华历光绪二十四年闰三月十七日,俄历一千八百九十八年四月二十五日)《彼得堡续约》第一款,又按照北京俄国使署与总理各国事务衙门商定,辽东半岛租地西岸附近水面、陆地北界纬线以南各岛均归俄国享用。

惟簸箩岛南段归俄国租界内,北段归入隙地,此岛详细勘划在后。又租界东岸附近水面所有各岛在北界纬线以南者,均归俄国享用,而以划入俄国租界内之海洋岛作为尽东之界。

第六款 辽东半岛租地陆地北界纬线以北,在隙地内东西岸附近水面各岛均应照(华历光绪二十四年三月初六日,俄历一千八百九十八年三月十五日)条约第五款暨(华历光绪二十四年闰三月十七日,俄历一千八百九十八年四月二十五日)续约第五款所定隙地办法。

第七款 按照北京俄国使署与总理各国事务衙门商定所有辽东半岛以南庙群各岛不归租界之内,而中国允认不能将该全岛或一、二岛让与别国及别国之人或永远或暂行享用,并不能在此群岛开设通商口岸,亦不能在此各岛准与他国人民造铁路、开矿及工商利益各事。

第八款 此次专条所定界碑自本年为始,每逾三年应行查阅。届期交界本管官各派一员会于一定处所,顺界线而走,查阅大小界碑。查阅时,如大小界碑见有损坏或全然损坏者,查阅官切实遵守此次专条并附于此次专条之图仍就原地重立。

两国委员此次所定专条以俄华文字各备四分,画押盖印以昭信守。校对相符,遇有辩解,要以俄文字为凭。此外,委员等将界线绘图注以俄华文字,用红色标明此次专条所定界线,并就图画押盖印为凭。

两国委员将新界专条互换后,应将专条分呈驻札北京俄国公使及总理各国事务衙门,以便批定完结。

此次专条于(华历光绪二十五年正月十七日,俄历一千八百九十九年二月十四日)立于旅顺。

《辽东半岛俄国租地分界专条附条》:按照辽东半岛俄国租地分界专条第五款,俄国分界委员游击官伊林思齐、中国分界委员花翎升用道候补知府福培暨总理各国事务衙门翻译官萨荫图,于本年俄历三月初九日同乘俄国兵舰名“朝鲜人”者,履勘辽东半岛俄国租地陆地北纬界线迤南之东西水面附近各岛,并按照专条第五款辽东半岛东边归入俄国租地之蚂蚁岛、平岛、黑岛、古娄岛、光禄岛、刮皮岛、舍利岛、葛仙岛、海仙岛、大长山岛、小长山岛及附近小长山岛东尽处之二小岛;王家岛、搭连岛、大霍子岛、小霍子岛、獐子岛、五蟒岛、海洋岛并大连湾进口处之两三山岛,均已履勘;其辽东半岛西边之猪岛、湖平岛、西蚂蚁岛及就地图尺寸表,每寸四十俄里。亚细亚俄界面积地图所记之兔儿岛(土人名为凤鸣岛)亦均履勘。

按照专条第五款,在籔箩岛(土人名为中岛)内划分界线方石一块,高约一零四分之一俄尺,用墨色注明,北面华文第一碑、南面俄文为号码第一,立于英国海部二千八百三十三号地图所记中岩南山嘴间。此岛之西面小港适中鲁岛、红子南两屯车道西边,沙泡子地方之沙荒偏坡。自此石碑起,界线往东南,顺宽阔沙碱平原而走,长约二零四分之一俄里,直至岛之东岸,即在封闭小港北尽处岩根,小港岸顺平原而流之潮沟口止界,其界线迤南之村落归入俄国租地界线,迤北者留在隙地之内。

辽东半岛俄国租地东西各该岛民人,将其归入租地情形分贴告示,当面晓谕。

其余辽东半岛俄国租地西边各岛,考据一统舆图及奉天舆图、并英国海部二千八百三十三号地图显示,系空旷无人,惟其中数岛当水浅时,定有与辽东半岛西岸相连者。

此为俄历一千八百九十九年二月十四日旅顺分界专条之附条(华历光绪二十五年三月初三日,俄历一千八百九十九年三月三十一日)定于俄国兵舰之名"朝鲜人"者。

许同莘、汪毅、张承棨编《光绪条约》,沈云龙主编,近代中国史料丛刊续编第8辑,台北文海出版社第1606~1627页

5月18日(四月初九日)　清政府与英、德国签订《津镇铁路借款草合同》。

《宝讷乐致沙士伯雷函》(1898年12月20日于北京,1899年2月20日收到):

德公使和我曾一再以书面和口头的方式,继续催逼总理衙门同意该项建筑【津镇铁路】协议。总理衙门却因循其事,其借口为容闳的特许筑路权,虽事实上已取消,但应俟其正式撤销后,才能将此事另交他人经理。他们解释说,首要的一着是撤销皇上授给容闳的职司。

总理衙门曾一再向海靖和我保证,当与英德两国银行联合订立合同。他们的正式通告可能由于中国各大员之争夺该线督办职位,而延迟发布。

最后,本月十日总理衙门给我一份照会内称:上谕已令胡燏棻为正、张燕谋副之,经办此事。本月十六日,总理衙门来函告我:业已嘱令上述两位官员与英德两国银行进行商议。

《沙士伯雷致宝讷乐电》(1899年2月18日于外交部):

天津至镇江的铁路,以及从济南至正定的枝线的让与,现正由中英公司与德国辛迪加一起和中国当局商谈中,你应与你的德国同事商洽,共同给两国辛迪加的代表以一切应有的支持(同上,页14)"。

宓汝成编《近代中国铁路史资料》上册,沈云龙主编,近代中国史资料丛刊续编第40辑,台北文海出版社,第402页

盛宣怀《寄香帅》(光绪二十五年正月初十日):

竹篔侍郎佳电:现议津镇合同,银行欲添造德州至正定枝路,于卢汉有碍否云,足见竹翁关怀。去秋与德使面议,本止允其接至正定,而不接天津。嗣德使与署商,必欲至津,则卢汉已成枯干。正拟筹商郑州至开封并至西安,及正定至德州各枝路,以助还债,今山东至正定亦归德国,如津镇合同利权不致如胶济之失,亦无分彼此。否则,不如归卢汉枝路。钧意如何。乞速示。

盛宣怀《愚斋存稿》卷34,沈云龙主编,近代中国史料丛刊续编第13辑,台北文海出版社,第802~803页

《香帅来电》(正月初十日):

卢汉居中,为中国命脉,造成则全盘皆活。津镇铁路沿海造成,于中国有损无益,然以获利计,则津镇路短而见利速,卢汉路长而收效迟。我辈为大局计,舍其易而取其难,总署本不应再造津镇一路以困我,今已无可奈何,则无论其合同利权轻重,总不可更令其夺我枝路。请电竹筠[质]侍郎力争,所有应办各枝路,亦祈一并及早酌夺会奏,不然德夺于东,英夺于西,所有枝叶全为商人剪去,真无发生之路矣。

盛宣怀《愚斋存稿》卷34,沈云龙主编,近代中国史料丛刊续编第13辑,台北文海出版社,第803页

《德国公使海靖致总署照会》(光绪二十五年三月十八日收):

所有自天津过济南府至镇江将造铁路一事,屡经本大臣在贵署面谈在案。至该铁路所用借款章程,现已由督、帮办大臣向德华、汇丰两银行商定。惟本大臣先奉本国政府特令,应告明与贵王大臣知之。据云:所有自济南府至山东南界一段,按去年二月十四日订定专约,应归德国盖造。兹因总理衙门所言,此段亦应为中国官路,德国国家体查情形,甚愿表彰和睦之心,拟即应允如中国所愿,该铁路中段,将来可为津镇官路。惟德国政府如此相让,中国亦必有酬报,方可施行。即如按去年二月十四专约,德国应得他项利益,如于济南府至山东南界铁路附近之处相距三十里内,允德商开挖煤斤等项,及须办工程各事一节,中国应为认真办理,尽力保护相助等因前来。本大臣查前于贵署面谈之际,贵王大臣业已应允本大臣,将来以此事照会贵署,即可以允许之意回复。兹者,相应照会贵王大臣,请即照办。并请转致督、帮办大臣,将业经向银行总办尚定之合同,速行画押,以便贵王大臣早为具奏请旨允准为要。

《拉塞尔致沙士伯雷电》(1899年5月12日于柏林):

我荣幸地报告阁下,有一篇关于建筑津镇铁路的协议的论文登载在本月10日的《科伦日报》上。

作者写道:这个协议的达成是极其令人满意的,理由有二:第一,因为英、德两国银行现在已经商定一道工作,以代替前此相互对立的局面;第二,因为所选取的方法,是将一切有利益关系的财团集合起来。这样的方法,是特别适当和有前途的。

这篇文章继续写道:这条路线将是一条国有线路,这就使得中国愿意赶快建筑,同时英、德两国权利就会得到安全的保障。对德国特别有利的是这条线路穿过山东,将使德国的利益范围,免于孤立的危险,并进一步将使它可以由陆路通向那些迄今只凭海运联系的重要商业中心。

这篇文章结束时写道:德国公司将立即着手兴筑青岛到济南的线路,以便开发这一省的巨大的煤田和矿产富源。

宓汝成编《近代中国铁路史资料》上册,沈云龙主编,近代中国史资料丛刊续编第40辑,台北文海出版社,第403~404页

《许景澄、张翼奏订立津镇铁路英德两国银行借款合同折》:

工部左侍郎许景澄、候补四品京堂张翼奏为订立津镇铁路英、德两国银行借款草立合同事:窃本年十月,总理各国事务衙门具奏,自天津至镇江铁路,道员容闳请办,日久无成,英、德两国先后各请承办借款,督饬妥办等因。至十二月间,臣景澄接管督办铁路,即与臣张翼筹商一切。旋据德国德华、英国汇丰等银行开拟合同条款初议,德华承办自天津至济南府为北段,汇丰承办自镇江府至山东南境为南段。其间济南府以南一段,该银行谓查照胶洲租约,自沂洲至济南府应归德国包造。臣等以山东中段若由德国造路,则津镇南北分隔,窒碍

甚多，须就原约变通一气商订，以冀隐收利权。经与德使海靖迭次辩论，并向该外部切商，坚执不允，遂亦停议。至本年二月杪始，据海靖复称：德国愿表睦谊，将山东中段照约应造之路，并归中国借款订办，并催合同赶速画押。臣等以此路要端既定，自应接商借款，以期就范。查自天津至镇江，计长一千八百余里，约计订借英金七百四十万镑，合现在市价五千六十余万两。照卢汉暨关外两路前案，九扣交付，周年五厘起息，其有借款股票，无论中外人等均可向两银行购买，一律照章办理，以昭平允。自开办借款日起，约五年内全路造成。造路期内，用借款本银提付年息；路成以后，逐年付息还本，由进款提付。所订借以五十年为期，亦可在三十年后用官款或商款提前清还。所有造路及行车一切事宜，悉照卢汉铁路办法。在借款未清还以前，即委该银行代为经理。由臣等酌设南北总局，选派干员，作为总办，驻局与该银行所用洋员等会同办理，随事禀商臣等核定。凡遇调兵运械及赈饥等事，照应定车价减半给发，一奉督办大臣檄饬，尽先载运。以上各节，均在该银行议妥，订立草合同，先行具奏。俟奉旨允准后，由该银行选订洋工程司前往勘路；一经全路勘明，再定详细合同。其如何分年归款，及起息日期，并借款确定银数，俟立详细合同时，再行订明。节经臣等将草合同条款逐一校对，华文、英文均属相符，于本月初九日与德华、汇丰两银行签定草合同，彼此签押讫。谨具清单，恭呈御览，谨奏。

王彦威、王亮编《清季外交史料》卷138，沈云龙主编，近代中国史料丛刊第3编第2辑，台北文海出版社，第2363页

《许景澄、张翼奏修造津镇铁路仍照总署原奏办理片》：

再，上年十二月臣张翼奏内称，津镇铁路奏定由英德银行借款修造，臣愚以为将路抵债，又由国家作保，设进款难抵，贻累何穷！如将此路改为中国与英德公司售票，合集华洋商股，庶不抵押，即后患亦不在公家。拟俟商议借款相继维持，即令不能翻动，亦必倍加详慎等语。本年正月王大臣复奏另片称：津镇铁路绾毂南北，关系甚重，订立合同自宜详尽，能否如张翼所奏，改设华洋公司，以免抵押，应由该大臣等筹商奏明办理等语。臣等初与银行会商，谓铁路如进款不足，虽合同照例载明，拨款弥补，届时难有把握，不如改集商股，盈亏就股摊算，藉省周折。该银行坚以此路工费至四五千万两之巨，但售公司股票，商情不能踊跃，非照原议办法，难期集款。臣等核其所称，尚系实情，自应仍照总理衙门原奏，酌照卢汉铁路合同办理。惟路工初成之时，贸易未旺，难保无进款不敷付息之虞。因与再商，经该银行电商总行，允于合同拨款弥补之末，声明此条应俟订详细合同，商酌办法等语。将来遇有短缺，尚可向该银行另筹周转，不致藉口向公家索债，较向订合同，稍臻周密。谨奏。

王彦威、王亮编《清季外交史料》卷138，沈云龙主编，近代中国史料丛刊第3编第2辑，台北文海出版社，第2364页

5月23日(四月十四日)　张謇创办的大生纱厂试生产成功。

《两江总督刘坤一奏》(光绪二十五年十二月六日)：

通州一厂(大生纱厂)，即由张謇督同商董，招齐股分，择于通州西门外沿江地方建厂安炉，兴工举办，经始于二十三年十二月，至本年春季甫经落成，开机轧花，分拨工作，十二月十五日全机二万三百余锭均已开齐，出纱既佳，行销亦旺，中外争来购用，谓比苏、沪厂纱为优。

汪敬虞编《中国近代工业史资料》第2辑(1895—1914)下册，科学出版社1957年版，第688页

《张謇自订年谱》：

二十五年己亥，四十七岁。

…………

三月二十九日,厂纱机装成,试引擎。始有客私语:厂囱虽高,何时出烟;兹复私语:引擎虽动,何时出纱。辞商务局总理。

…………

五月,……厂终以本绌不支,仅有之棉,不足供纺,卖纱买棉,时苦不及。留沪两月,百计俱穷,函电告急股东者七次,无一答。

汪敬虞编《中国近代工业史资料》第2辑(1895—1914)下册,科学出版社1957年版,第935页

《光绪三十三年七月二十三日大生纱厂第一次股东会议上总理张謇的报告》:

通州之设纱厂,为张謇投身实业之始。……

己亥(1899年)春,奔走宁、沪,图别借公款不成,图援湖北、苏州例以行厂机器抵借不成,告急于各股东不答。告恽观察,复言厦门某富人可入股二十万,卒亦不成。时已三月,上年汇款到期,若不还则益失信用,后路且绝。无已,以所收八万金之花渐次运沪售卖应付,一面仍预备四月十四日开车。厂中各友相顾眙愕,独沈君敬夫赞助无退志。既开车日,冀出纱之多,而用花亦多,益难周转。哀于江督,则呼吁之词俱穷,谋于他人,则非笑之声随至。无已,请江督另派殷富员商接办,函牍再上,不可,而其势岌岌,朝不保暮,无可如何,谋以厂出租于人。有介于严小舫、朱幼鸿者,至沪就之,以官商本五十万,岁入八厘,租期三年为索,严、朱以实股不及四十五万,须按实数,謇以辛苦五年,开办费不及万,有应得创成之价值。

汪敬虞编《中国近代工业史资料》第2辑(1895—1914)下册,科学出版社1957年版,第1024~1029页

5月31日(四月二十二日)　准御史潘庆澜奏,命海疆各省照福建保商局章程设局,保护出洋回籍华商。

《光绪朝东华录》:

己亥,谕,御史潘庆澜奏,福建厦门设立保商局,保护出洋回籍华商,请饬海疆各省一律推广等语。通商以来,沿海各省多有华民出洋贸易,其随时回籍者,自应由官设法保护。着南北洋大臣及沿海各督抚体察情形,查照福建保商局章程,遴选公正绅董,妥筹办理。如有关津留难、官吏苛索各情弊,一经查实,即着从严究办,以恤商民。

朱寿朋编《光绪朝东华录》,中华书局1958年版,总4368页

7月8日(六月初一日)　孙中山晤章太炎,并同梁启超等讨论救国方略及土地问题。

冯自由《记章太炎与余订交始末》:

会戊戌八月,清室政变,党狱大兴,凡前与《时务报》有连者,咸在通缉之列。太炎因是避地台湾,依日本诗人山根虎雄以居,间在《台北新报》为文,劝告康、梁,辨别种族,勿再效忠虏主,自贻伊戚。任公方主办《清议报》于横滨,与孙总理过从颇密,渐醉心民族真理,得太炎书,乃函约赴日,谓将介见孙某同计议国是。太炎闻之甚喜,因有扶桑之行。太炎与孙总理订交即在此时。余与太炎同居梁宅十日,晨夕聆教,获益良多,惜余当日犹未谙国语,恒假笔谈达意。犹忆太炎于纵论黄梨洲、王船山二人学术笔谈末,附语曰:"足下聪颖如此,卓公之衣钵有传矣。"云云。庸讵知数载后,余与任公因政见冲突,师徒遽成永不可解之仇敌耶。

冯自由《革命逸史》第2集,中华书局1981年版,第33页

冯自由《章太炎略历》:

己亥夏间,钱恂任留日学生监督,梁启超时办《清议报》,均有书约章赴日,章应其请,先后寄寓横滨《清议报》及东京钱寓、梁寓。由梁介绍,始识孙中山于横滨旅次,相与谈论排满

方略,极为相得。

冯自由《中华民国开国前革命史》上编,上海书店影印良友印刷公司 1928 年版,第 113 页

冯自由《二民主义与三民主义·孙总理之社会思想》:

孙总理在乙未(一八九五)九月广州失败之后,即漫游欧美诸国,考察政治、社会各种状况,对于社会问题尤热心研究。在己亥、庚子间(一八九九至一九〇〇)与章太炎、梁启超及留东学界之余等晤谈时,恒以我国未来之社会问题及土地问题为资料。如三代之井田,王莽之土田与禁奴,王安石之青苗,洪秀全之公仓,均在讨论之列。

冯自由《革命逸史》第 2 集,中华书局 1981 年版,第 133 页

7 月 20 日(六月十三日)　康有为等在加拿大域多利创立保救大清皇帝会,即保皇会,以保皇立宪、抵制革命为主旨。

康同璧《南海康先生年谱续编》:

光绪二十五年己亥(一八九九年)先君四十二岁,正月,先君居日本东京明夷阁。……二月五日,为先生诞辰。梁启超偕同门三十余人上寿饮于东京上野园。……十一日,由横滨乘和泉丸渡太平洋,廿七日抵加拿大域多利亚埠。……六月,先君在加拿大域多利(亚)埠、温高华埠,与李福基、冯秀石及子俊卿、徐为经、骆月湖、刘康恒等集议,创立保商会。华侨十九皆商,故保商即保侨,亦即团结华侨以爱卫祖国之会也。旋有人献议保皇乃可保国,乃易名保皇会。时那拉后与守旧派正谋危光绪,故保皇云者,当时抗那拉氏之谋而言,此保皇会之缘起也。十三日,保皇会正式成立。遣门人徐勤、梁启超、陈继征、欧榘甲分赴南北美洲、澳洲二百余埠成立分会。会员至百余万人,为中国未有之大政党。并创办报馆及干城学校,聘西人教兵操。

康有为著,楼宇烈整理《康有为学术著作选·康南海自编年谱》外二种,中华书局 1992 年版,第 71 ~72 页

《美洲保皇派之成立》:

南海先生于二月去日本,三月抵加拿大,四月往伦敦,以复辟事请助于英廷无效。闰四月再返加拿大,六月十三日与华侨李福基等创立保皇会于该地。南海在他的诗集里记这件事的经过说:"己亥六月十三日,与义士李福基、冯秀石及子俊卿、徐为经、骆月湖、刘康恒等创立保皇会。二十八日至域多利中华会馆,率邦人祝圣寿,龙旗飘飏,观者如云。湾高华与二埠同日举行,海外祝嘏,自此始也"。

丁文江、赵丰田编《梁启超年谱长编》第 1 册,上海人民出版社 1983 年版,第 179 页

7 月 21 日(六月十四日)　为菲律宾革命军运送所购枪械之"布引丸"在浙江海面沉没。

《孙中山史料专辑·宫崎滔天谈孙中山》:

我认识一个也是当过兵的人,名叫长野虎义。这个长野虎义和另外一个名叫林政文(或正文)的人同乘装着弹药的船前往菲律宾。船上还有一个马尼拉水手。平山和原桢先去菲律宾,随后我动身去广东。而弹药船最后出发,但没有想到驶到长崎海面上沉没了。这条船的船名叫"布引丸"。船上的林政文和长野因船沉淹死。

广东省政协委员会文史资料委员会、中山大学历史系孙中山研究室编《广东文史资料》第25辑,广东人民出版社1979年,第296页

冯自由《布引丸之沉没》:

庚子某月,中村由大仓会社购得军械,复向三井会社雇一轮船曰"布引丸",载运赴小吕宋埠,有日人同志高野及林二人乘船率之,讵是船驶至浙江海面,忽以沉没闻,高、林二氏死

焉。日人之有志赴菲从军者，尚有平山及现职武官远藤等七人，幸未遇险。菲代表彭西及中山诸人闻船械俱失，极形懊丧。中村谓可以再试，务求达目的而后已。中山仍托以重任，迨军械二次购得，则以日本政府监视严密，无法输运，至菲岛独立军一蹶不振。此物尚存贮大仓商店，竟无所用。中山乃商诸彭西，欲借该械供中国革命之需，菲代表欣然赞许。

冯自由《中华民国开国前革命史》上编，上海书店影印良友印刷公司1928年版，第312页

8月30日（七月二十五日） 从外洋购置的鱼雷艇快船先后送到，清廷命裕禄、叶祖珪等重整北洋海军，以此为规复海军之始基。

军机大臣字寄北洋大臣裕，光绪二十五年七月二十五日奉上谕，裕禄奏订造雷艇快船先后抵沽验收情形一折。前在外洋订造船艇，所有海容、海筹、海琛快船三艘先经到津验收，现在海龙、海犀、海青、海华鱼雷艇四艘及海天、海圻两快船，续据各该厂运送来华，业经裕禄亲赴海口，次第验收完竣，分派员弁管带。此次购置各船，为规复海军之始基，亟须参酌原定章程，痛除积弊，重整规模。著裕禄督饬叶祖珪等申明赏罚，认真整顿。在北洋海面择地切实操练，于一切驾驶、演放等法，务臻纯熟，以备海战之用，毋得徒饰外观、虚糜饷项，倘仍蹈从前旧习，敷衍具文，一经觉察，定即从严惩处，将此谕令知之，钦此。遵旨寄信前来。

中国第一历史档案馆编《光绪朝上谕档》第25册，广西师范大学出版社1996年版，第226页

9月6日（八月初二日） 美国照会列强各国，提出"门户开放"政策，以承认各国在华势力范围为条件，要求"利益均沾"。次年3月，获各国圆满答复。

美国《关于门户开放的照会》：

国务卿海约翰致驻英大使（绰特）先生：

英国政府曾经宣布，其政策与传统使其不得以在华所获得的优例用作排斥商业上竞争者的武器，英国在华的贸易也就等同于全世界在华的贸易自由。英国政府虽先后与德、俄订立正式协定，承认两国在华取得势力范围，即在此项范围内享有种种特权和优例，特别是关于铁路及矿业者，但同时也会力图维持所谓门户开放政策，以便确保各国对华商业在上述范围内之航运及商务上的平等待遇。这种政策为英、美两国商业界所同样急切要求的，他们正当地认为这是唯一能够改善现状，使他们能够维持在华市场中地位，并能扩大将来活动的政策。任何国家在中国任何有排斥性的权利，或控制权，有如去年各项协定中所规定者，美国政府固然决不承认，但美国政府不能不忧虑，在现时情况下与中国缔约各国间实有发生纠纷的可能，而这种纠纷势必危害中美间条约所保障的美国权利。

美国政府切望美国公民的利益不因任何强国在其所控制的在华势力范围内之排他性待遇而受损害，并希望为世界商业保留一个公开市场，消灭国际磨擦的危险根源。并望由此而促成列强在北京采取一致行动，以赞助为巩固满清帝国政府及维持中国完整所急需之行政改革，此事为所有西方各国所一直关怀者。美国政府相信，在中国要求势力范围的列强，如能关于在其范围内对于外国贸易之待遇宣布其意向，则将大有助于上述结果之达成。现时似乎是一个良好时机，由美国向英国政府表达，希望英国政府发表正式宣言，并协助美国向其他在华要求"势力范围"之列强取得同样宣告，宣告内称各国在其势力范围内承认下列原则：

第一、各国对于其在中国任何所谓势力范围，或租借地内之任何条约口岸，或任何既得利益，不得干涉。

第二、中国现行的关税约定率,对于运往在前述势力范围内一切口岸,除非是自由港之所有货物,无论属于何国,均应适用,其税款概归中国政府征收。

第三、各国在其范围内之任何口岸,对他国船舶,不得课以高于该国船舶之港口税,并在其范围内所建筑、控制或经营的铁路上运输属于他国公民或臣民的货物通过此种范围时,所收运费不得较高于本国国民运输同样货物所收之运费。

俄皇陛下最近颁布敕令,宣布大连湾在俄国全部租借期内,对各国商船开放。此事一举而消除了他国对俄国宽大和好政策的疑虑。在连同俄国对美国政府提出之保证一并观察,可知俄皇陛下对此次美国所提议的谅解会予以合作是可以期待的。美国驻圣彼得堡大使已被训令将上述建议递交俄皇陛下,并请其迅予考虑。我给陶尔先生(Mr. Tower)训令之副本附上供您秘密参考。德国已宣布胶州港为自由港,德国政府且协助中国在该处设立中国海关,并曾对美国口头保证,美国在德国势力范围内之利益,不因德国占领胶州湾稍受影响。凡此足以表示,德国对美国所希望之宣言,不致加以强烈反对。

对于中国贸易利害关系仅居第二位的日本,上述办法显然对其有利,且去年内日本政治家所发表之声明完全符合美国此次所提意见,所以日本之诚心合作自属无疑。

请您将上述意见尽早提交英国外相,并促其立即考虑。附寄关于本问题致我国驻柏林大使训令之抄本一份。(下略)

海约翰,1899 年 9 月 6 日于华盛顿。

海约翰国务卿致美国驻伦敦、巴黎、柏林、圣彼得堡、罗马、东京外交代表先生:

××国政府既已接受美国所提关于外国在华贸易之宣言,其内容已在××日第××号训令中通知给您,而所有在中国有租借地或所谓"势力范围"的列强,均已采取相似行动(于附寄之各照会中可见),请即通知驻在国政府,其接受美国提议所附条件——必须所有其他有关列强同样接受美国之提议——业已实现,因此美国政府认为××国所表示之同意是最后而确定的。

请您将本训令所附文件抄送给驻在国外交部长,同时请转达总统对此次谈判顺利结束深表满意,因从这次谈判中可以证明关心在中国工商业无限发展的各国的友好精神,并且可以使整个商业界获得广大利益的泉源。(下略)

海约翰,1900 年 3 月 20 日于华盛顿。

《中美关系资料汇编》第 1 辑,世界知识出版社 1957 年版,第 449 ~451 页

9 月(七月至八月)　梁启超在东京创办高等大同学校,进一步与革命派争夺阵地。

冯自由《东京高等大同学校》:

己亥(一八九九年)九月,梁启超向横滨华商郑席儒、曾卓轩等募款三千元,创设高等大同学校于东京牛込区东五轩町。从学者有:前湖南时务学堂旧生林锡圭(述唐)、秦鼎彝(力山)、范源濂(静生)、李群(彬四)、蔡艮寅(松坡后改名锷)、周宏业(伯勋)、陈为璜、唐才质(法尘)、蔡钟浩、田邦璇、李炳寰等十余人。横滨大同学校学生冯自由、郑贯一、冯斯栾、曾广勷、郑云汉、张汝智等七人。梁自任校长,日人柏原文太郎为干事。时梁方与总理、杨衢云、陈少白诸人往还颇密,且有联合组党之计划,故所取教材多采用英、法名儒之自由、平等、天赋人权诸学说。诸生由是高谈革命,各以卢骚、福禄特尔、丹顿、罗伯斯比尔、华盛顿相期许。是时,我国留东学生全数不满百人,以主张排满之戢翼翚(元丞)、沈云翔(虬斋)等为最激烈。戢、沈每至大同学校访友,恒流连达旦。此外尚有北洋官费生黎科、金邦平、蔡丞煜、郑

葆丞、张煜全、傅良弼诸人，亦持革命论调，与总理、梁启超时相过从。

冯自由《革命逸史》初集，中华书局1981年版，第72~73页

唐才质《自立会庚子革命记·自立会与各方面之关系·东京高等大同学校》：

己亥九月，新会梁启超向横滨侨商郑席儒、曾卓轩等募款，创设高等大同学校于东京，梁自任校长，聘日人柏原文太郎为干事。有前湖南时务学堂学生李炳寰、林珪、蔡钟浩、田邦璇、唐才质、蔡艮寅（后改名锷）、范源濂、朱茂芸、周宏业、陈为璜、李渭贤，及其他湘籍生秦力山、李群等十余人，横滨大同学校冯自由等七人，皆从学焉。次年庚子（1900年）唐才常谋在武汉起义救国，预约留学生有志者回国赞助，大同学校湘籍学生，与唐有师生情谊，回国参与其事者，有林锡珪、李炳寰、田邦璇、蔡钟浩、秦力山、唐才质等，校外留学生回国者，有傅良弼、吴禄贞、蔡丞煜、蔡科、戢翼翚、郑葆丞等。是役以期前事泄失败，除力山、禄贞、翼翚、才质走脱外，余人先后就逮被戕。及武汉起义失败，该校经费困乏，势将解散，乃由日人柏原向日本政党募款接办，易名曰东京商业学校，续办二年。复以无法维持，由清公使蔡钧接办，更易名曰清华学校。大同二字遂成为历史名词矣。

杜迈之、刘泱泱、李龙如辑《自立会史料集》，岳麓书社1983年版，第71页

秋　孙中山与维新派积极联络结盟合作。

冯自由《孙、梁携手之经过》：

康有为离日赴美后，己亥（清光绪二十五年）夏秋间，梁启超因与中山往还日密，渐赞成革命，其同学韩文举、欧榘甲、张智若、梁子刚等主张尤形激烈，于是有孙、康两派合并之计划，拟推中山为会长，而梁副之。梁诘中山曰："如此则将置康先生于何地？"中山曰："弟子为会长，为之师者，其地位岂不更尊！"梁悦服。是年梁至香港，尝访陈少白，殷殷谈两党合办事，并推陈及徐勤起草联合章程。独徐勤、麦孟华暗中反对甚力，移书康有为告变，谓卓如渐入行者圈套，非速设法解救不可。时康在新嘉坡，得书大怒，立派叶觉迈携款赴日，勒令梁即赴檀岛办理保皇会事务，不许稽延。梁不得已遵命赴檀，濒行约中山共商国事，矢言合作到底，至死不渝。以檀岛为兴中会发源地，力托中山为介绍同志。中山坦然不疑，乃作书为介绍于其兄德彰及诸友。

冯自由《中华民国开国前革命史》上编，上海书店影印良友印刷公司1928年版，第44页

冯自由《康门十三太保与革命党》：

是岁秋，启超至香港尝访陈少白，殷殷谈两党合并事，并推陈及徐勤起草联合章程。徐阳为赞成，而阴实反对，因与麦孟华各驰函星加坡，向康有为告变，谓卓如渐入行者圈套，非速设法解救不可。康有为初得十三人劝退书，已怒不可遏，及得徐、麦二人函，乃立派叶觉迈携款赴日，勒令启超即往檀香山办理保皇会事务，不许稽延。复令欧榘甲赴美国任旧金山《文兴报》主笔。康门徒侣向视其师如帝天，及得康有为答书严辞申斥，不准所请。复因梁、欧二人先后被逼离日，此十三人之团体遂无形消灭，而孙、康合作之局亦随而瓦解矣。梁启超于濒行日，尚向孙总理相约共谋国事，矢言合作到底。并托总理介绍檀香山之兴中会同志相见，总理坦然不疑。孰知梁启超抵檀后，竟食言而肥，邃侵夺兴中会之地盘。

冯自由《革命逸史》第2集，中华书局1981年版，第29~30页

10月11日（九月初九日）　兴中会杨衢云、陈少白、郑士良、宫崎寅藏、平山周等在香港与湘、鄂、粤、闽等地哥老会、三合会首领举行会议，联合组织"兴汉会"，以领导发动长江流域

和广东等地的反清斗争,举孙中山为总会长。

宫崎寅藏《三十三年之梦·形势急转》:

在此以前,湖南的同志毕永年来信说:“将率领哥老会的首领数人到香港。”因此,陈先生[陈白]不让我进入内地,以便等候他们前来。有一天陈先生又来说:“哥老会一行人今天已经到了,毕永年却没有来。”他拿出一封信给我看,是毕向陈先生和我介绍这一行人的信。信中附有略传,对人物的说明,简明痛快,宛如叙述《三国演义》、《水浒传》的人物。我们先会晤了×××、×××两位骨干,他们的举止风度颇具古风。与读书舌辩之士迥不相同。他们说:“现今世运大开,国事亦非昔比。我国岂能固步自封?因此特来向诸位请教。”他们微露合并三合、兴中、哥老等三会以及共拥孙先生为首领的意思。并说:“现在,如不了解国际形势,贸然揭竿而起,则将遗祸于百年之后。而我们会党之中无人通晓外国情况,所以,对孙先生期待甚切。希望毕先生到后共商此事。”啊!这正是我的夙愿。现在却由他们提出来,真是不胜欣快之至。然而促成这种结合的形势并不是偶然的,此皆因为去年南万里湖南之行播下了种子,而毕先生则尽其力以创造此机缘。

然而引导人的毕先生,却因阮囊羞涩,独留上海。我和陈先生商议给他汇寄路费,促其速来。

毕先生来了。合并的会议尚未召开,而师××和刘××两人也从上海来港。他俩是哥老会的股肱。但是人皆怀疑师某私通康派,要把他排斥出去。我唯恐因此暴露秘密,便陈述利害,主张好意款待,努力促使他和我们合作。大家都赞成我的意见。有一天我和陈先生到他们的寓所,师某不在,到广东去了。忽然见他回来,变了面色地说:“今天在广东接到急信,说我党已在长江一带起事,目下众首领皆在此处,而部下竟轻举妄动,若不赶紧前去领导,只怕要惹起不测的祸患。诸位愿意待在这里就待在这里好了。我听到这个消息,可不忍闲呆在这儿。”说着就急忙收拾行李,极为慌张。全座为之动摇。有人说:“应该回去。”有人说:“该等候详细情报。”又有人说:“恐怕是流言。”互相争论,絮絮不休。陈先生问我如何处置。我便站起来向大家说道:“以我看来,这是别有用心的人散布的谣言,我大致看透了它的底细。如果实有其事,我们的同志早就会拍来电报。即使他们不来电报,日本领事馆一定能接到报告。同志们既没有电报,领事馆也没有谈此事,可见不是事实。诸位如果不放心,我就拍电询问同志。根据回电再定行止,也不算迟。诸位不是为了商讨百年的大计才不远千里而来的吗?事情尚未决定,便因这一个流言发生动摇,似乎不是豪杰的行径。请诸位平心静气地再考虑考虑。如果有人还不放心,那就悉听尊便!不愿意走的就等我的回电。”师某面有愧色,一声不响。大家拍手赞成,决定等待回电。于是我便告辞回寓。

师某这种举动,是仿效战国策士的做法。他勾结康派,企图从孙派手里夺取这些帮会的领导。因此,我也以策士的手法耍弄了一场诡辩,予以还击,自己根本就没有拍电。第二天,特意在纸上随意写了一些字码,骗说是暗码电报,使他们安心。因此大家对师某非常憎恨,说:“不驱除师某,就不能召开会议。”我认为恼怒师某不是上策,因此和陈先生商议,以托他照顾内地同志为名义,给师某一笔款,嘱他暂时返回内地。临行前他向我告辞说:“同志中似乎有人怀疑我。但是,我心里并没有孙、康之别,只愿能同心合力早日起义。希望你谅解我的心情。”我为他设筵饯别,并叩囊底所有,馈赠少许路费,借以安慰其心。他此去即赴上海,随唐才常一伙策划起事,后来被捕处斩。呜呼!人事岂易逆料?

师某走后,人心安定。于是召开了合并的会议。参加会议的共有十二人,他们是:哥老会(腾龙)山主(李云彪),哥老会(金龙)山主(杨鸿钧),同会××山主(辜鸿恩),同会××

山主(辜仁杰),同会的骨干(李和生)、(师襄)、(张尧卿);三合会首领(曾捷夫)、(曾仪乡),兴中会领导人(陈白),以及该会(郑士良)、(杨衢云)。由于时机已经成熟,故会议当然不必需时过长,即推选孙先生为统领,会名改称【忠和】堂【兴汉】会,制定三条纲领,歃血立誓,制造印信献给孙先生。这真是空前的快事。但因事关他人身世,至今仍不能详加叙述,深以为憾。

合并已告成功。因此某日晚上,我在日本饭馆设筵招待大家。到场的除上述十二人外还有四人,一共十六人。我预先命饭馆每人面前摆上一尾生鲤鱼。大家见此为之愕然。有人问道:"这是为了摆样看呢,还是要吃?"我便用筷子剥下鱼皮,夹起鱼皮吃下,让他们照样吃。大家注视良久,不敢动筷。我又说道:"这是我国武士走上疆场时的礼节。现在诸位已将三会合一,行将一举推翻满虏,岂不也是要走上新战场吗?为什么不照我这样吃呢?"于是大家才举箸而食。有些鱼迸到盘子外边,欢呼之声震动四邻。接着大家争先干杯祝酒。不久满座陶然。一位客人问道:"日本人怎样敬酒?"我告诉他,是互相交换杯盏表示亲睦。他要和我照这个方法喝酒,我立即应允。他举起容量二合的大杯敬我。我接过一饮而尽。大家莫不称快。轮流争先催我举杯,我连饮三杯,腹中酒满,势要吐出。于是离座走进别室,俯首吐酒,势如瀑布。吐后擦净口角归座,接过来又喝,喝了又去吐,回来又喝,喝了又去吐。如是四次,终于喝完十六人的敬酒。客人并不知我到别室去吐,认为我豪饮比李白还要高出一等,十分惊异。当晚携同客人中豪酒之士登上日本人的妓馆。这里本来规定不接待中国客人的,但老板娘竟为我破例款待,这也算是个好知己了。然至今我还未偿清欠债,窃以为憾。

不久,一行人划定地区,分成三路,走上归途。一路向广东广西,一路向福建浙江,一路向上海,都是为了把会议的结果向各地的同志报告。我终于决定不去广东,和陈先生同返日本,向孙先生报告情况,并呈【兴汉总会】的印信。

〔日〕宫崎滔天著,林启彦译注《三十三年之梦》,花城出版社、三联书店香港分店1981年版,第168~171页

编者按:经过考证,陈锡祺先生认为,兴汉会成立时间,有1899年11月及1899年9月1日至10月13日等各种说法。上村希美雄《宫崎兄弟传·亚洲篇上》据新发现的宫崎在10月11日写在短外衣里的"为纪念诸盟兄弟题写",以及10月11日宫崎设宴招待加盟各首领,兹定为是日成立(参见陈锡祺《孙中山年谱长编》上册第188页)。

11月16日(十月十四日)　清政府与法国订立《广州湾租界条约》。

《广州湾租界条约》(1899年11月16日,光绪二十五年十月十四日,广州湾):

第一款　因和睦之由,中国国家将广州湾租与法国国家,作为停船趸煤之所,定期九十九年,惟在其租界之内,订明所租情形于中国自主之权无碍。

第二款　议定在停船趸煤之界,以守卫、备运、兴旺等情,所有租界水面,均归入租界内管辖,其未入租界者,仍归中国管辖,开列于下:

东海全岛。硇州全岛,该岛与东海岛中间水面,系中国船舶往来要道,嗣后仍由中国船舶任便往来租界之内停泊,勿得阻滞,并毋庸纳钞、征税等事。其租界定在遂溪县属南,由通明港登岸向北至新墟,沿官路作界限,直至志满墟转向东北,至赤坎以北福建村以南,分中为界。赤坎、志满、新墟归入租界;黄略、麻章、新埠、福建各村均归中国管辖。复由赤坎以北福建村以南,分中出海水面,横过调神岛北边水面,至兜离窝登岸向东,至吴川县属西炮台河面,分中出海三海里为界(即中国十里),黄坡仍归中国管辖。又由吴川县海口外三海里水面起,沿岸边至遂溪县属之南通明港,向北三海里转入通明港内,分中登岸,沿官路为界。此约

订明并绘图画明界址,互相划界分执后,两国特派委员会勘明确,妥定界址,以免两国争执。

第三款　于九十九年内所租之地,全归法国一国管辖,以免两国争执。又议定,租界内华民能安分并不犯法,仍可居住照常自便,不可迫令迁移。其华民物业,仍归华民管业,法国自应一律保证。若法国需用物业,照给业主公平价值。

第四款　在租界之内,法国可筑炮台,驻扎兵丁,并设保护武备各法。又在各岛及沿岸,法国应起造灯塔,设立标记、浮桩等,以便行船,并总设整齐各善事,以利来往行船,以资保护。

第五款　中国商轮船只在新租界湾内,如在中国通商各口,一律优待办理。其租界各地湾内水面,均归法国管辖,法国可以立定章程,并征收灯、船各钞,以为修造灯桩各项工程之费。此款专指广州湾内水面而言,至硇东水面,已在第二款内声明。

第六款　遇有交犯之事,应照中、法条款互订中、越边界章程办理。

第七款　中国国家允准法国自雷州府属广州湾地方赤坎至安铺之处建造铁路、旱电线等事,应备所用地段,由法国官员给价,请中国地方官代向中国民人照购,给与公平价值。而修造行车需用各项材料及养修电路各费,均归法国办理。且按照新定总则数目,华民可用铁路、电线之益。至铁路、旱电线若在中国者,中国官员应有防护铁道、车机、电线等务之责;其在租界者,由法国自理。又议定,在安铺铁路、电线所抵之处,水面岸上,均准筑造房屋,停放物料。并准法国商轮停泊上落,以便往来,而重邦交。

此约应由画押之日起开办施行,其现由大清国大皇帝批准及大法国民主国大伯理玺天德批准后,即在中国京都互换,以法文为凭。此约在广州湾缮立汉文四分、法文四分,共八分。

大清国钦差广州湾勘界大臣太子少保广西提督苏　大法国钦差广州湾勘界全权大臣水师提督高

光绪二十五年十月十四日　西历一千八百九十九年十一月十六号。

王铁崖编《中外旧约章汇编》第1册,三联书店1957年版,第929~930页

11月19日(十月十七日)　谢缵泰、洪全福在香港谋划起义。

谢缵泰《中华民国革命秘史·第二次攻夺广州的尝试》:

一八九九年十一月十九日,我(谢缵泰,编者)结识洪全福,发现他曾在其叔父"太平天王"洪秀全的军队中受过良好的军事训练,有颇丰富的经验。我决定再次筹划和组织力量攻夺广州,并借"执政"(Protector)为名,成立联邦政府。因为我有这样的见解:对于中国和中国人,"共和国政体"的政府形式太先进了。于是,我向家父请教。他赞成我的决定,把组织革命军队的任务交给洪全福。

章开沅、罗福惠、严昌洪主编《辛亥革命史资料新编》(1),湖北人民出版社2006年版,第168页

11月21日(十月十九日)　清政府命袁世凯率新建陆军开往山东镇压义和团。

《军机处寄工部右侍郎袁世凯等上谕(光绪二十五年十月十九日)》:

军机大臣字寄工部右侍郎袁、山东巡抚毓,光绪二十五年十月十九日奉上谕:近闻山东各属,时有匪徒藉仇教为名,聚众煽惑,屡酿巨案,若不早加镇慑,势将滋蔓难图。著毓贤体察情形,密饬地方文武加意抚绥弹压,务期消患未萌。又自上月以来,意大利兵舰多艘游弋烟台等处,殊为叵测。东海边防,尤应及时筹备。著袁世凯酌拨所部各营,选派得力将官统

带，操演行军队，先赴德州，迤逦而前，绕往沂州一带地方，相机屯扎，随时操练，藉可就近防范。该侍郎务当严饬派往统带将官，认真约束兵丁，勿得稍涉疏纵，致滋事端，是为至要。将此各谕令知之。钦此。遵旨寄信前来。

故宫博物院明清档案部编《义和团档案史料》，沈云龙主编，中国近代史料丛刊续编第37辑，台北文海出版社，第37页

12月6日（十一月初四日） 清政府命袁世凯署理山东巡抚。

《光绪朝东华录》：

上谕，毓贤著来京陛见，山东巡抚著袁世凯署理，即行来京请训。

朱寿朋编《光绪朝东华录》，中华书局1958年版，总4448页

12月22日（十一月二十日） 孙中山编绘《支那现势地图》，并作识文。

孙中山《支那现势地图》识文：

迩来中国有志之士，感慨风云，悲愤时局，忧山河之破碎，惧种族之沦亡，多欲发奋为雄，乘时报国。舍科第之辞章，而讲治平之实学者矣。然实学之要，首在通晓舆图，尤首在通晓本国之舆图。萧何入关，先收图籍，所以能运筹帷幄之中、而决胜千里之外，卒佐汉高以成帝业者，多在此云。然则舆图之学，古昔尚矣。后世学者弃而不讲，故虽《大清一统志》之富，《郡国利病书》之详，亦有其说而无善图。康熙之时，曾派天主教教士往各省测绘，制有十八省图，经纬颇准。然山脉河流仍多错误，坊间仿本更不征。方今风气既开，好学心时之士，欲求一佳图以资考鉴，亦不可得，诚为憾事。中国舆图以俄人所测绘者为精审，盖俄人早具萧何之智，久已视此中华土地，为彼囊中之物矣。故其考察支那之山川、险要、城郭、人民，较之他国舆地家尤为留意。近年俄京刊有中国东北七省图及中国十八省图，较之以前所有者，精粗悬绝矣。德国烈支多芬所测绘之北省地文地质图各十二幅，甚为精细。法国殖民局本年所刊之南省图，亦属佳制。此图从俄、德、法三图及英人海图辑绘而成。惟编幅所限，仅能撮取大要，精详之作，尚待分图。至于道路、铁路、江河航路、山原高低，则从最近游历家所测绘各地专图加入。其已割之岩疆，已分之铁路，则用着色表明，以便览者触目警心云。昔人诗曰，阴平穷寇非难御，如此江山坐付人，掷笔不禁太息久之。时在己亥冬节 孙文逸仙识。

中国社会科学院近代史研究所近代史资料编辑组编《近代史资料》总54号，中国社会科学出版社1984年版，第10～11页

年底 孙中山在横滨会见史坚如、张尧卿。委派容星桥专任湘汉之事。

《史坚如传略》：

旋即东渡，路经沪上，暂作勾留，延揽人才，适遇湖南同志毕永年，遂偕往汉皋，游览形势，晤各会党豪客，并湘鄂间志士，周旋之下，莫不倾结。及抵东洋，东邦人士见其少年英俊，交相引重，抵东京，访孙总理，倾吐胸臆，指画大计，经谈经旬，日夜不厌，既而曰："天下多事，非吾辈安坐日也。"遂握手，慷概相期许而别。

冯自由《革命逸史》第5集，中华书局1981年版，第25页

《林圭致孙中山代表容星桥书》：

张兄（张尧卿，编者）归汉，道及中峰（孙中山，编者）待之甚恳挚，然所商尚无一定之规。又闻委兄专办湘、汉之事，甚善甚善。但兄此次与中峰必须商定一是，否则本公司之名已流播四方，而实在尚未起蒂。今日之事，我辈如大舟已行至江中，舵不灵稳，则舟将覆；人工不

力,则将退而不前。倘尚有翻复[覆]而解散之,则不惟贻笑目前之大众,即后来传道亦属难堪。此我辈实宜竭力之苦衷,亦本公司救世危岌之急候也。

昨又闻安兄(毕永年,编者)弃事为僧,张兄被人谗谤,此二则颇令有心人为之气冷。满事未变以前,中峰主于外;既变之后,安兄鼓于内。考其鼓内之始,安兄会中峰于东而定议,与平山周游内至汉会弟,乃三人同入湘至衡,由衡返汉。其中入湘三度,乃得与群兄定约。既约之后,赴港成一大团聚。于是本公司之名大噪,而中峰之大英豪,人人始得而知仰企矣。一年之内,费尽几许心血苦力,而后得结此大众,非以为一人之名耳,为救同胞之苦难也。而一旦弃之,安兄一人不足惜,惟群兄啧有烦言。知者以安兄之急于办事,一有不获,则不免于燥[躁]而出此无益之为,然终无死心,必仍起而救世;不知者以安兄如此热肠,尚欲弃而为僧,其事必有因,则难免因而解体。要之,安兄不过一无忍谋耳。然即无忍谋,而能自湘、鄂至长江一带,两粤、闽、浙,均已鼓动如斯。试问今日中人能有几如此出身犯难者?是则可感而亮之矣,尚何有他心哉?况今日需才孔殷,诸事尚属草草,起蒂之初,即有此种之晦气,后来之大事,如何能办得完全?弟与兄屡商,必大合而后能办妥,况今同志亲切之小合乎?至张兄之顽心,弟亦曾与兄虑之。然初至汉时,虽有所闻,自张兄及兄去后,细查一切,乃知亦不免不肖者言之过实。即不论一切是否,而其足智多谋,遇事有把握,实驾群兄而上之。况此达变通才,无事而暂为之,亦无大损;若有事而亦常乱为者,是真无用才,而张兄决保非其人也。今中峰幸是大豪,其择用自有定见。倘其信任不专,易为人动者,则他人一语而误大事,亦常应有之义。望兄将此言代达中峰。我辈今日办事,宜持大纲节目,舍其小者,取其大者。合众议而定己见,则鄙辞或有所采取也;即鄙辞亦非独出,合众辞而代宣之者。兄其览之。

…………

秉钧兄(黄申浦,编者)确系有大用之才,弟于前函详言之,非有所为耳。张兄有由此致中峰之书,不知收到未?

圭上书。腊月二十六日。

杜迈之、刘泱泱、李龙如辑《自立会史料集》,岳麓书社1983年版,第322~323页

冬　章炳麟所著政论文集《訄书》在苏州付梓,次年出书。

章太炎《訄书》叙曰:

幼慕独行,壮丁患难;吾行却曲,废不中权;逑鞠迫言,劣自完于皇汉。共和二千七百四十一年章炳麟录。

罗炳良主编《影响中国近代史的名著·訄书》,华夏出版社2002年版,第1页

编者按:章太炎的《訄书》经过多次增删和修订,版本也不一致。对此,汤志钧先生进行了详细的考证。汤志钧认为:“光绪二十四年十二月,亦即1899年1月中旬到2月上旬,章氏在台湾把过去发表的和新撰的论政、论学文字辑订为《訄书》,而付梓则为‘己亥冬日’,至于刻完出书,则在1900年7月前。(参见汤志钧《章太炎年谱长编》上册,中华书局1979年版,第82~99页。)

1900年(光绪二十六年·庚子)

1月11日(己亥年十二月十一日) 因各省盗风日炽,教案叠出,诏命各省督抚,慎择贤吏,整顿地方,与民休息,遇民教词讼,持平办理,不稍偏重。

光绪二十五年十二月十一日,内阁奉上谕。近来各省盗风日炽,教案叠出,言者多指为会匪,请严拿惩办。因念会亦有别,彼不逞之徒结党联盟,恃众滋事,固属法所难宥。若安分良民或习技艺以自卫身家,或联村众以互保闾里,是乃守望相助之义。地方官遇案不加分别,误听谣言,概目为会匪,株连滥杀,以致良莠不分,民心惶惑,是直添薪止沸,为渊驱鱼,非民气之不靖,实办理之不善也。我朝深仁厚泽,涵濡二百余年,百姓食毛践土,具有天良,何致甘心盗弄,自取罪戾?全在各省督抚慎择贤吏,整饬地方,与民休息,遇有民教词讼,持平办理,不稍偏重。平日足以孚民望,遇事自足以服众心,化大为小,化有为无,固根本者在此,联邦交者亦在此。各省督抚受恩深重,共济时艰,必能仰体朝廷,于惠元元,一视同仁,至意严饬。地方官办理此等案件,只问其为匪与否、肇衅与否,不论其会不会,教不教也。吾民亦当以保卫桑梓身家为念,勿听煽惑以构祸兴戎,勿挟威势以欺侮乡里,庶闾阎安谧,藉释宵旰忧勤,是所至望,将此通谕知之,钦此。

中国第一历史档案馆编《光绪朝上谕档》第25册,广西师范大学出版社1996年版,第379页

1月13日(十二月十三日) 孙中山与郑士良会晤。

《流亡清国人的动向》:

外务大臣青木周藏子爵阁下:

流亡清国人郑弼臣于十三日乘日本号轮船由香港来到横滨,与孙逸仙联系诸事务,现下暂居于孙逸仙的寓所。

…………

神奈川县知事浅田德则

明治33年1月15日

[440150 明治33年1月16日收到甲秘第19号]

章开沅、罗福惠、严昌洪主编《辛亥革命史资料新编》(6),湖北人民出版社2006年版,第33页

1月24日(十二月二十四日) 慈禧太后封端郡王载漪之子溥儁为皇子称"大阿哥",承继同治皇帝为子,派崇绮为师傅授读,并派徐桐常川照料。拟于庚子年实行废立,改元"保庆"。这就是人们通常所说的"己亥建储"。

光绪二十五年十二月二十四日,内阁奉硃谕。朕以冲龄入继大统,仰承皇太后垂帘听政,殷勤教诲,钜细无遗。迨亲政后,复际时艰,亟思振奋图治,敬报慈恩,即以仰副穆宗毅皇帝付托之重。乃自上年以来,气体违和,庶政殷繁,时虞丛脞,惟念宗社至重,是以吁恳皇太后训政。一年有余,朕躬总未康复,郊坛宗社诸大祀,弗克亲行。值兹时事艰难,仰见深宫宵旰忧劳,不遑暇逸,抚躬循省,寝馈难安,敬念祖宗缔造之艰,深恐弗克负荷。且追维入继之初,恭奉皇太后懿旨,俟朕生有皇子,即承继穆宗毅皇帝为嗣,此天下臣民所共知者也。乃朕痼疾在躬,艰于诞育,以致穆宗毅皇帝嗣续无人,统系所关,至为重大,忧思及此,无地自容,诸病何能望愈!用是叩恳圣慈,于近支宗室中,慎简元良,为穆宗毅皇帝立嗣,以为将来大统之归。再四恳求,始蒙俯允,以多罗端郡王载漪之子溥儁承继为穆宗毅皇帝之子。钦承慈

训，封载漪之子溥儁为皇子，以绵统绪，将此通谕知之。

中国第一历史档案馆编《光绪朝上谕档》第25册，广西师范大学出版社1996年版，第396～397页

李希圣《庚子国变记》：

乃立端郡王载漪子溥儁为大阿哥，天下哗然，经元善等连名上书至二千人。载漪恐，遣人风各公使入贺，太后亦召各公使夫人饮，甚欢，欲遂立溥儁。各公使不听，有违言。太后及载漪内惭，日夜谋所以报。会江苏粮道罗嘉杰，以风闻上书大学士荣禄言事，谓："英人将以兵力胁归政，因尽揽利权。"荣禄奏之，太后愈益怒。

中国史学会编《中国近代史资料丛刊·义和团》(1)，上海人民出版社1957年版，第11页

王照《方家园杂咏纪事》：

己亥冬，……于是徐桐、崇绮拟就内外大臣联名吁请废立奏稿，先密请太后一阅，太后可之，谕曰：你两人须先同荣禄商定。是时荣总统董、马、张、聂、袁五军，势最大也。二人往见荣，口称奉太后旨意，以此稿示尔。荣相接稿，甫阅折由，以手捧腹大叫曰：啊呀！这肚子到底不容啊。适才我正在茅厕，泻痢未终。闻二公来有要事，提裤急出，今乃疼不可忍。言毕跄踉奔入，良久不出。天正严寒，二人纳稿于袖，移座围炉。荣相之入，乃寻樊云门议答法也。（云门名增祥）。及出，曰：适才未看明何事，今请一看，复接稿阅数行，急卷而纳诸炉中，以铜筋拨之焰腾起，口中呼曰：我不敢看哪。（好荣禄、徐桐不知愧，可谓悍贼。某文豪记事，多以小巧之技，济其毁誉之私。其骂荣禄李连英，亦大失其真。夫奸雄亦多术矣。就令二人果纯为奸，其高处立，阔处行，眼光四照，脚踏实地，岂小说戏剧中之行径所能仿佛哉。况二人皆非甘为小人者也。荣禄是年曾与高阳李符曾言，皇上性暴，内实忠厚。太后心狠，令人不测。）徐桐大怒曰：此稿太后阅过，奉懿旨命尔阅看，何敢如此。荣相曰：我知太后不愿作此事。二人言实出太后之意。荣相曰：我即入见，果系太后之意，我一人认罪。二人怏怏而去。荣相见太后，痛哭碰头言，各国皆称皇上为明主，非臣等口辩所能解释，倘行此事，老佛爷的官司输了。老佛爷辛苦数十年，完全名誉，各国尊仰，今冒此大险，万万不值。倘招起大变，奴才死不足惜，所心痛者，我的圣明皇太后耳。言毕碰头作响，大哭不止。太后惧而意回，劝令勿哭，另作计划。于是改命新皇帝溥儁暂屈为大阿哥，入宫养育，承嗣穆宗，称今上曰皇叔。

荣孟源、章伯锋主编《近代稗海》第1辑，四川人民出版社1985年版，第7～8页

陈夔龙《梦蕉亭杂记》：

当戊戌政变后，宫闱之内，母子之间，盖有难言之隐矣。而一班薰心富贵之徒，致有非常举动之议。东朝惑之，嘱荣文忠从速办理。此己亥冬间事也。公（荣禄，编者）谏阻无效，忧惧成疾。适合肥李文忠外任粤督，行有日矣，来辞公，见公容貌清癯，曰何忧之深也。公谓文忠曰：南海虽边远，实一大都会，得君往，朝廷无南顾之忧，君行将高举远引，跳出是非圈外，福诚无量，而我受恩至渥，责备亦最严。近数日来，求生不能，求死不得，将何以教我？因密语：非常之变，恐在目前。文忠听未终，即大声起曰：此何等事，讵可行之？今日试问君有几许头颅，敢于尝试？试事若果举行，危险万状。各国驻京使臣首先抗议。各省疆臣更有仗义声讨者。无端动天下之兵，为害曷可胜言。东朝圣明更事最久，母子天伦岂无转圜之望。是在君造膝之际，委曲密陈。成败利钝，言尽于此。公闻之，悚然若失。翌日，以文忠语密奏，幸回天聪。闻某相国、某上公，颇拟借端建不世之勋。某上公并手拟一稿，开编公然有"废立"字样，公急诃止之。上公意颇怏怏，是诚不知是何肺肠已。余事后亲闻之公者，爰书之于简端。

章开沅、罗福惠、严昌洪主编《辛亥革命史资料新编》(1)，湖北人民出版社2006年版，第275页

1900年春　由部分留日学生组成的第一个爱国团体励志会在日成立。

冯自由《励志会与译书汇编》:

励志会为庚子(一九〇〇年)东京留学界所组织。其时各省学生东渡留学者不过百数十人,尚无何种结合,此会实为留学界创设团体之先河。有会章五条,不外以联络情感策励志节为宗旨,对于国家别无政见。惟是时革命思潮已风起云涌,会员中主张光复主义者大不乏人。激烈派如戢元丞、沈云翔等均任会中干事,故亦不啻一革命宣传机关。

冯自由《革命逸史》初集,中华书局1981年版,第98~99页

1月25日(十二月二十五日)　兴中会派陈少白在香港创办言论机关报《中国报》。

黄大汉《兴中会各同志革命工作史略》:

己亥,公(邓荫南,编者)与陈少白、李纪堂创设《中国日报》于香港,以鼓吹革命,吾党有日报者自此始。

丘权政、杜春和编《辛亥革命史料选辑》上册,湖南人民出版社1981年版,第48页

陈春生《陈少白先生与香港〈中国日报〉及〈中国日报〉与中国革命之关系》:

香港《中国日报》,创始于清光绪己亥十二月。春生则于庚子八月入该报任主笔,时正有事于广州,诸同志如史古愚(坚如之兄)、史坚如、杨衢云、李纪堂、郑士良、邓三伯(荫南)、苏焯南等,不时聚会于报馆,殆一革命之机关也。其时风气未开,未有革命报纸,外间见该报之言论记载均发挥排满革命主义,多斥为大逆不道。其时义和团倡乱京津,大杀洋人,各报纪录均称之曰"拳匪"或"团匪",唯《中国日报》独称之曰"拳民"或称"义和团党",此为少白先生所主张,谓拳党标榜扶清灭洋虽无意识,而具有爱国热诚,不当以匪目之。港政府深滋不悦,然亦无如何也。

香港大律师何启,虽为英籍人,而原籍广东南海县,不忘祖国,热心赞助革命事业,著有《新政真诠》一书,由《中国日报》为之刊印。

前者各报纸有庄部而无谐部,自《中国日报》附刊之《中国旬报》有《鼓吹录》一栏,其对于满清官吏极嬉笑怒骂之能事,阅者多为之解颐。犹忆《鼓吹录》中有"特丁误国,周时赔钱"一段,颇脍炙人口。盖当时广东署督为德寿,司道中有丁某某、吴引荪、国某、周某某,广州府知府为施典章,南海县令为裴景福,番禺县令为钱某某,汇督抚司道府县之姓氏,以粤音读之,则为"特丁误国,周时赔钱"。盖粤语以"有意"为"特丁","常时"为"周时"也。自《中国旬报》之倡始,以后粤、港及海内外各报均有谐部,非此则不足餍阅者之耳目矣。

前者我国各报排版,皆用直行,全版一行到底,阅者颇觉头目昏眩。《中国日报》排版,首创为横行,略仿日本报纸之形式,使阅者之眼神大为舒适。始时同业者纷纷反对,其后渐多仿而行之,今则全国报纸皆属横行,欲求一直行者作博物院陈列之标本而不可得。是则香港《中国日报》,不独为言论革命之元祖,即对于印版形式,亦首先实行革命者矣。

将近反正之前数年,《中国日报》一纸风行,海外侨胞尤欢迎备至。《中国日报》所发售及代理之革命书籍,如《革命军》、《猛回头》、《警世钟》、《扬州十日记》、《广州三日记》、《嘉定屠城记》、《满清二百年来失地记》(春生著)、《徐锡麟枪杀恩抚全案》(春生编)等,各埠纷纷定购,供不给求,亦可见人心之趋向矣。

《中国日报》之宣传革命主义如此其力,后来之革命成功,《中国日报》之凿山开道,亦其一因也。

且《中国日报》不特为海外华侨所钦仰,即满清官吏亦多敬惮,或于此寄耳目焉。清季两

广总督陶模,为官吏中之头脑稍新者,其子某与日本留学生沈翔云(字虬斋)善,翔云喜谈革命,常寄寓于《中国日报》,故介绍陶模为阅报者,尝因《中国日报》载某某两县令贪墨事,陶模立将县令调省面质而撤其差焉。

清季南海县令裴景福,酷吏也。粤督岑春煊莅任,思惩治之,而裴遁之澳门,粤吏无如之何。岑之属员有识少白先生者,乃往香港,问计于先生,先生乃与苏焯南等偕同岑属员赴澳,侦得裴之踪迹,报警署将裴捕获,为粤民除一大害。是清吏当时亦有明目张胆与革命党往来者,皆报纸启导之力也。

要之清季有两大革命报,为宣传革命之急先锋,在日报为香港《中国日报》,在丛报为日本东京《民报》。而《中国日报》尤为革命报之鼻祖,若陈少白先生者,则又《中国日报》之开山祖也。

丘权政、杜春和选编《辛亥革命史料选辑》上册,湖南人民出版社 1981 年版,第 44~46 页

冯自由《陈少白时代之〈中国日报〉》:

自乙未广州一役失败后,孙总理久在日本规画粤事,重图大举,知创设宣传机关之必要,乃于己亥(1899 年)秋间派陈少白至香港筹办党报,兼为党务军务之进行机关。少白莅港后,先向老友何启、区凤墀,查探地方官吏对于我国革命党人之态度。时区方任华民政务司总文案,何则任议政局议员,在香港政界均有相当之信用,因悉禁止总理五年入境之期仍未满限,而少白则可不受拘束。于是租定中环士丹利街二十四号门牌为报馆发行所,取"中国者中国人之中国"之义,定名《中国日报》。所有机器铅字,概由总理在横滨购办。初出版时,少白自兼任总编辑。先后助理笔政者,有洪孝充、陆伯周、杨肖欧、陈春生诸人。英文翻译则为郭鸿逵、周灵生等。经营数月,至是年 12 月下旬始告出版。初以不审英人对华政策所在,一时未敢公然高唱革命排满之说。半载后措辞始渐激烈,乃惹起中外人士之注意。从前各地中文报纸排印俱用直行长行,不独香港一地为然。独《中国日报》始仿日本报式做横行短行。初时人多异议,《中国日报》毅然不屈。未几,香港、广州、上海各报陆续改用横行短行,是亦报式之革命也。此报除日报外,兼出十日刊一种,定名《中国旬报》。篇后附以鼓吹录,专以游戏文章歌谣杂俎讥刺时政,由杨肖欧、黄鲁逸任之。是为吾国报纸设置谐文歌谣之滥觞。时革命党财政并不丰裕,开办数月已感困难。任厨役者为横滨同志陈和,报中买菜钱亦时由陈代垫。陈复假诸编辑部中人,其拮据可知矣。翌年(1900 年)总理派少白及杨衢云、郑士良、史坚如等经营广州、惠州军事,报中来客顿形热闹。在馆下榻者有史古愚、史坚如、苏卓南、张硕臣等。时到谈者有杨衢云、郑士良、宋少东、黄福、练达成、邓荫南、冯镜如、冯自由、李自重、梁麒生、杨襄甫、李纪堂、毕永年、钟荣光、陈典方、王煜初、伍汉持、李竹痴、方毅父、区凤墀、朱通孺、张智若,日人原口闻一(东亚同盟会员)、宫崎寅藏、平山周、山田良政、福本诚、伊东正基、清藤、末永,英人摩根等,可谓一时之盛。及庚子惠州、广州二役相继失败,义师将士群至机关部狼狈求助。报中经济能力大受影响,殆有不支之势。幸是时富商李纪堂早由杨衢云介绍入党,于接济军饷外,尚能担负报馆度支。《中国日报》赖以维持不坠者,李之力为多焉。

冯自由《革命逸史》初集,中华书局 1981 年版,第 66~67 页

陈少白《香港中国日报经过略史》:

《中国日报》者,唯一创始之公言革命报,亦革命过程中一继往开来之总枢纽也。自乙未年广州事败,同志星散,团体几解,《中国日报》出以悬一线未断之革命工作,唤醒多少国民昏睡未醒之迷梦,鼓吹中国乃中国人之中国之主义,战败康氏保皇之妖说,号召中外,蔚为大革

命之风，不数年，国内商埠，海外华侨，闻风兴起，同主义之报林立，而惠州之役固亦以《中国日报》馆为总机构之地也。该报由予创办，在己亥年十二月底出版，初出时大遭时忌，维持绝难，竭蹶经营五六年后，竟得出入相抵，嗣与文裕堂合并营业，由香山人容某管理，予仍专理日报。继因不善经营，三年后，营业部因而拆阅，日报亦为所累，于是复离文裕堂，重募资本，将六七千元，交由冯自由举办，予监督之。越二年，又告亏折，不能支，冯自由不俟交代，赴加拿大，后以谢英伯等承其后。时风气日开，党员日多，颇有挹注之助，得以不倒。及光复时，卢信自檀香山回，以接办自任，迁诸广州，由政府津贴，规模极大。迨龙济光入粤，卢等他去，所有机件账目至今尚在卢信手上，而《中国日报》之运命，亦于以告终。中国日报创业艰难之时，其敢就主笔之席者，予而外，有杨少欧，陈春生，冯自由，郑贯一，廖平庵，卢信公，陈诗颂，黄世仲，洪考衷，陆伯周等，社外撰述则有章炳麟、胡展堂等，英文翻译则有郭云衢、冯扶等，皆难能可贵者也。代理则有天津《大公报》英敛之，上海《中外日报》汪康年等。

陈少白《兴中会革命史要》，建国月刊社 1935 年版，第 124～125 页

《中国旬报》第 1 期(1900 年 1 月 25 日)载《敦煌韬晦子撰中国报序》如下：

报胡为以"中国"名也？盖报主人生长中华，心怀君国，幼从师而肄业，即熟知中国古今，壮游学于外洋，复稔识中国利病。目击自中外通商以来，交际之道，中国固懵然无知也，公法之理，中国亦茫然罔觉也。立合约则中国尽失自主之权，争均利则中国尽丧自有之益，疆土日从剖削，屏藩亦尽叛离，遇事掣肘，积弱难振。而举凡圆颅方趾，乌发白眼本为中国人者，或则趾高气扬，心迷目眩，诩诩然自称为天朝，睥睨当世，目无余子，如怡堂之燕雀，而不知中国之沦胥以亡也；或则失其本真，昧厥源流，昏昏然甘居奴隶，听人驱策，受人牢笼，数典而忘其祖，而不知中国之当思复兴也。是以泯泯昧昧，几不知尚有中国。此无他，泥于旧习，逐于流俗而不自觉耳。

报主人见众人之皆醉而欲醒之，俾四万万聚众无老幼男女心怀中时刻不忘乎中国，群策群力，维持而振兴之，使茫然坠绪得以复存，挺立五洲，不为万国所齿冷。无如草茅伏处，莫假斧柯，怅望龟山，奈何徒唤。因思风行朝野，感格人心，莫如报纸，故欲藉此一报大声疾呼，发聋振聩，俾中国之人尽知中国之可兴，而闻鸡起舞，奋发有为也，遂以之名其报。

至本报之宗旨，大抵以开中国人之风气识力，祛中国人之萎靡颓唐，增中国人奋兴之热心，破中国人拘泥之旧习，而欲使中国维新之机勃然以兴莫之能御也。

然则斯报也，将使中国之人明外交之道，不为邻邦所扰，致沦于危亡，将使中国之人识内治之理，不为旧制所牵，致即于贫弱；将使中国之人知农工商矿之利弊，有所师承，而底于兴旺。中国人心已携贰也，而欲有以合之，中国积习已痼闭也，而欲有以破之，举凡中国旧染污俗，又将一泛而新之，则其以"中国"名报，匪特如輶轩之采藉以问俗，且将如木铎之徇以警斯世也，其命意不亦深且远乎？

1 月 26 日(十二月二十六日)　上海电报局总办经元善领衔，倡率上海绅商一千二百余人，合词电禀总理衙门大臣转奏太后，谏阻立大阿哥。

经元善《上总署转奏电禀》(1900 年 1 月 26 日)如下：

王爷、中堂大人钧鉴：昨日卑局奉到二十四日电旨，沪上人心沸腾，探闻各国有调兵干预之说，务求王爷、中堂大人公忠体国，奏请圣上力疾监御，勿存退位之思，上以慰太后之忧勤，下以弭中外之反侧，宗社幸甚，天下幸甚。卑府经元善暨寓沪各省绅商士民叶瀚、张通典、王季烈、贺良朴、欧阳柱、戈忠、袁纯熙、邱震、汤鞠荣、王文濡、严大经、施锡圭、马裕藻、金兴祥、

俞镜澂、许家惺、黄受谦、章炳麟、汪贻年、祝秉纲、丁惠康、吴涛、王宏纲、万鹏程、沈克诚、郑慧江、黄孔光、李岳蘅、傅玉瑨、杨概、庄浚孙、陈嶷、张通煜、沈明翰、沈士孙、唐才常、沈兆祎、欧阳弁元、陈浩、祝海、王庆长、陆浩、周藻、张栋、魏树春、罗以孝、经亨颐、冯锦德、曹伯藩、经亨沐等一千二百三十一人合词电禀。(《苏报》光绪二十五年十二月二十七日)

[草莽微臣元善谨按]当日诸君子牵率微臣昧死而为此者,为我皇上也,而尤为我太后。盖天既笃生今辟,殷忧启圣自有天眷。迂愚之意,盖以两宫垂帘,蔚成中兴之治,而慈圣于毅皇帝升遐之后,独能以英明仁厚之君入承大统。御极以来,自国民以讫邻邦,无不爱戴瞻慕,蒸蒸焉日进于维新之治,不有太后曷克致此。是皇上之盛德即太后之盛德,皇上之丰功即太后之丰功,后海先河畴敢曰否。只以误国罪臣,妄分新旧,盈廷水火,至有戊戌八月之事。而或一误再误,变出非常,为九庙之罪人,受环球之指摘,前功尽堕,岂不痛欤。至是而始悔之,已无及矣。然则诸君子与微臣,所以不避斧钺、不俟终日,以贡蝼蚁之忱者,保皇上即以保太后,亦即以保四百兆同胞之民也。新党云乎哉,夫群而不党圣人之训,何新何旧,求我心之所安与其力所得为者,如是而已,明理之士必能辨之。至于不幸言而中,此则伤心之事,出于误国罪臣之阻力,固有豺虎不食者。然犹幸当日太后,虽未明言,而实俯鉴愚忱,不致今日绝无可补苴,微臣虽待罪有余欣矣。而诸君子拭目以俟转机者,其情抑可知已。庚子中秋上浣,元善敬附识。

虞和平编《经元善集》,华中师范大学出版社 1988 年版,第 309 ~ 310 页

1 月 28 日(十二月二十八日)　经元善离上海南去。

《上谕勒交经元善》(1900 年 2 月初)如下:

正在查拿间,闻经元善即于二十八日挈眷潜逃,难保非有人暗通消息,嗾使远遁。

虞和平编《经元善集》,华中师范大学出版社 1988 年版,第 311 页

盛静英《先翁经元善简历》:

时值盛宫保军机处行走,睹此电,知公难免有杀身之祸,急电告公速离申。而其时慈禧之懿旨已下,此系廿七晚十一时,接盛公来电而公尚坚决不肯行,家人亲友苦劝,始成行。当晚即乘二婿袁春洲所备怡和本公司轮船直赴香港。

虞和平编《经元善集》,华中师范大学出版社 1988 年版,第 407 页

△ 杨衢云决定辞去兴中会会长之职。

谢缵泰《中华民国革命秘史》:

一九〇〇年一月二十四日,杨衢云从日本乘镰仓丸(Rama,kura manu)轮船到达香港。他告诉我湖南革命党人在湖南和湖北省,假装和尚正积极地进行组织工作,许多日本人也支持我们。

杨衢云告诉我,孙逸仙博士已经要求他辞去党的领导,以便让给孙领导。这事使我很惊奇。他说:"不久前我们几乎分裂成两党,这是很危险的。有一天孙逸仙博士告诉我,扬子江各省的哥老会已经推选他为'会长',并且暗示说不能有两个会长,如果我不承认他的新职位,那我就必须独立工作。我向孙逸仙表白,我十分愿意辞去我的职位,并且劝告他不要鼓励分裂。我同时告诉他,为了我们的事业,我一向愿意牺牲自己的生命,更不用说我的职位了。我说我们必须服从人民的意志。我也告诉他,只要在他的领导下运动能成功地进行,我是不理会谁被推选为会长的。孙先生要求我问你是否赞成这个改变,是否承认推选他为会

长。”（见我的日记）

为了防止党的分裂，我劝杨衢云辞去会长之职，把它让给孙逸仙博士。

章开沅、罗福惠、严昌洪主编《辛亥革命史资料新编》(1)，湖北人民出版社2006年版，第168页

冯自由《杨衢云事略》：

兴中会最初发起人为孙总理，人皆知之，而其第一任会长则为杨衢云。杨名飞鸿，原名合吉，字肇春，又号衢云，福建漳州府海澄县三都乡人。少在香港国家船厂学习机械，因失慎断右手中三指，乃改习英文。毕业后任香港湾仔国家书院教员，旋充招商局总书记，及新沙宣洋行副经理等职。其为人仁厚和蔼，任侠好义，尤富于国家思想。尝习拳勇，见国人之受外人欺凌者，辄抱不平。初与谢缵泰等创设辅仁文社于香港，以开通民智为务。乙未春孙总理自檀岛返，衢云与之志同道合，遂加入兴中会，设总机关于士丹顿街十三号，榜其名曰乾亨行，时为乙未正月二十七日。未几孙杨共商起义进行工作，总理任广州军事运动，衢云则驻香港，任募集死士及筹划饷糈。是年秋事机渐成熟，众议选举会长为建国时合众政府大总统之预备，衢云素有大志，坚欲得总统，谢缵泰等复拥戴之，总理不欲因此惹起党内纠纷，表示谦退，衢云由是当选。及重阳发难之役既败，衢云乃漫游越南、新加坡、印度、南非洲各埠，所至皆设兴中分会。以南非尊尼士堡，及彼得马尼士堡二处为成绩最优。丙申（清光绪二十二年）十月闻总理从欧洲至日本，乃东归访之。总理自乙未失败，颇咎杨当日措置失当之非，及闻衢云抵横滨，乃约至山下町修竹寄庐相见。是处为同志温炳臣、梁麒生等所设之俱乐部，总理少白常假之作会客所。时总理对杨责难备至，衢云俯首无辞，遂相好如初。自是衢云遂挈眷移居横滨，以教授英文为生活。己亥（清光绪二十五年），湘人毕永年与哥老会龙头李云彪、杨鸿钧、辜天祐诸人有联合全国各秘密会党，奉总理为首领之议。衢云于是辞退兴中会会长职，并荐总理自代。未几兴中、三合、哥老三会代表在香港开会，同举总理为总会长。及己亥岁杪，总理谋在广州、惠州继续发难，衢云亦自告奋勇归香港大肆活动。庚子八月，惠州革命军起义于三洲田，连战俱捷，清吏震恐，南海县裴景福乃派属员植槐轩偕旧日党人陈廷威到港谒衢云，提出和议三事：一、招降党人各首领，以道府副将任用。二、准带军队五千人。三、给遣散费若干万。衢云以为有机可乘，乃以函电报告总理，谓此乃吾党莫大良机。如接纳清吏所求，此后有所凭借，大可为李世民之续等语。时总理驻台湾，复电拒绝此议。无何革命军败退，将领多匿居香港，清吏乃集矢于衢云，侦知衢云设帐于结志街五十二号二楼，教授英文，乃于是年十一月二十日暗买凶徒陈林刺杀之于教授室。先是粤督德寿尝出示悬赏三万金购杨首级，同志多劝衢云出洋暂避，衢云慨然曰：男儿死则死矣，何避为。吾宁授徒以养妻子，不忍虚糜公款，俾立一好模范为同人先云云。卒罹于难。诸同志葬其遗体于香港公共坟场第六千三百四十八号，遗一子二女。总理在横滨闻之，异常哀恸，乃于十二月初七日召集同志开会追悼于永乐楼，并募集捐款千余元，以恤其遗族。

冯自由《革命逸史》初集，中华书局1981年版，第4～6页

2月7日（庚子年正月初八日） 经元善自上海抵澳门。

虞和平《经元善年表》：

一九〇〇年（光绪二十六年） 六十岁

二月，一日，抵香港。七日，抵澳门。

虞和平编《经元善集》，华中师范大学出版社1988年版，第417页

2月8日(正月初九日)　以上海电报局总办委员候补知府经元善等电致总署,危词要挟,限电报局督办盛宣怀于一个月内将经元善交出治罪。

军机大臣字寄大理寺少卿盛,光绪二十六年正月初九日,奉上谕。有人奏,电局委员聚众妄为,危词挟制,督办通同一气,纵令潜逃,请严旨勒交,以伸国宪一折。上年十二月二十四日,特颁硃谕,为穆宗毅皇帝立嗣,薄海臣民,同深庆幸,乃有上海电报局总办委员、候补知府经元善胆敢纠众千余人,电致总理各国事务衙门,危词要挟。论其居心,与叛逆何异?正在查拿间,闻经元善即于二十八日,挈眷潜逃,难保非有人暗通消息,嗾使远遁。盛宣怀督办各省电报,受国厚恩。经元善为盛宣怀多年任用之人,自必熟其踪迹,著勒限一个月将经元善交出治罪,以伸国法而靖人心,倘不认真查拿,一任畏罪远飏,定惟盛宣怀是问。原折著抄给阅看,将此谕令知之,钦此。遵旨寄信前来。

中国第一历史档案馆编《光绪朝上谕档》第26册,广西师范大学出版社2000年版,第13页

2月11日(正月十二日)　命李鸿章将康有为、梁启超广东本籍坟墓铲平,以儆凶邪。

军机大臣字寄署两广总督李,光绪二十六年正月十二日,奉上谕。逆党康有为、梁启超逃往外洋,日久未能弋获。该犯等罪大恶极,神人共愤,其广东本籍坟墓,著李鸿章查访确实,即行刨毁,以儆凶邪。将此谕令知之,钦此。遵旨寄信前来。

中国第一历史档案馆编《光绪朝上谕档》第26册,广西师范大学出版社2000年版,第17页

△ 命将经元善革职严拿,并令浙抚刘树堂将其上虞家产查抄。

军机大臣字寄浙江巡抚刘,光绪二十六年正月十二日,奉上谕。候补知府经元善前经有人奏参,聚众妄为、复行潜逃等语。经元善胆敢纠众,电致总理衙门,危词要挟,复私挪电局公款潜逃,实属罪无可逭,著即行革职,严拿惩办。闻该革员籍隶浙江上虞县,并著刘树堂即行转饬地方官,将该革员家产严密查抄,以示惩敬,将此谕令知之,钦此。遵旨寄信前来。

中国第一历史档案馆编《光绪朝上谕档》第26册,广西师范大学出版社2000年版,第17页

2月14日(正月十五日)　命南北洋、闽浙、广东督抚悬赏十万两,缉拿康有为、梁启超,呈验尸身,亦一体给赏。如愿得官阶,亦必予破格之赏。如有购阅所发报章者,严拿惩办,并将所著各书严查销毁。

光绪二十六年正月十五日,内阁奉上谕。前因康有为、梁启超罪大恶极,叠经谕令海疆各督抚,悬赏购线,严密缉拿,迄今尚未弋获。该逆等狼子野心,仍在沿海一带煽诱华民,并开设报馆,肆行簧鼓,种种悖逆情形,殊堪发指。著南北洋、闽浙、广东各督抚再行明白晓谕,不论何项人等,如有能将康有为、梁启超缉获送官验明,实系该逆犯正身,立即赏银十万两。万一该逆犯等,早伏天诛,只须呈验尸身,确实无疑,亦即一体给赏。此项银两,并著先行提存上海道库,一面交犯,即一面验明交银,免致展转稽延。如不愿领赏,愿得实在官阶及各项升衔,亦必予以破格之赏。至该逆犯等开设报馆,发卖报章,必在华界,但使购阅无人,该逆等自无所施其伎俩,并著各该督抚逐处严查。如有购阅前项报章者,一体严拿惩办。此外,如尚有该逆等从前所著各逆书,并著严查销毁,以伸国法而靖人心,钦此。

中国第一历史档案馆编《光绪朝上谕档》第26册,广西师范大学出版社2000年版,第22页

2月19日(正月二十日)　从总署奏,命直隶山东督抚刘切出示晓谕,严行禁止义和拳

会,倘仍执迷不悟,即行从严惩办。

军机大臣字寄直隶总督裕、署山东巡抚袁,光绪二十六年正月二十日,奉上谕。总理各国事务衙门奏请饬严禁拳会一折,上年据山东巡抚电称,各属义和拳会以仇教为名,到处滋扰,并及直隶南境一带,叠经谕令直隶山东督抚派兵弹压。此种私立会名,聚众生事,若不严行禁止,恐无知愚民被其煽惑,蔓延日广,迨酿成巨案,不得不用兵剿办,所伤实多,朝廷不忍不教而诛。著直隶山东各督抚剀切出示晓谕,严行禁止,俾百姓咸和[知]私立会名,皆属违禁犯法,务宜革除恶习,勉为良民。倘仍有执迷不悟,复蹈故辙,即行从严惩办,勿稍宽纵。至民教同是编氓,凡遇词讼案件,该地方官务当秉公审断,但分曲直,不分民教,不得稍有偏倚,用副朝廷一视同仁之至意,将此各谕令知之,钦此。遵旨寄信前来。

中国第一历史档案馆编《光绪朝上谕档》第26册,广西师范大学出版社2000年版,第23页

2月20日(正月二十一日) 从侍读学士陈夔龙奏,命整顿学校,宣明圣学,其气质嚣张,沾染康、梁恶习者,严斥痛惩。

光绪二十六年正月二十一日,内阁奉上谕。内阁侍读学士陈夔龙奏,士风日消,请饬整顿学校,提倡正学,以祛积惑,而储真才一折。从来保邦制治,首重求才,而人才之兴端由学校。学校不储正士,试场安有真才。现在乡、会诸试已复旧制,衡文校士之法昨已剀切宣示。文体既正,自不致有奇衺之作,出乎其间。第恐士习安于固陋,又蹈从前积弊,揣摩剿袭,不求实学,是因噎而废食矣。朝廷所望于多,士者果安在乎?该学士奏称,校士与教士其道,相为表里,校之于一旦,要在教之于平时,自是探本之论。京师管学大臣、各省督抚、学政,凡有教士之责者,务各宣明圣学,加意提倡,严定课程,宽筹经费,多购正经、正史,一切经济、性理有用之书,慎选生徒,专门肄业,俾成有用之才。不得但工帖括,弋取科名,贻人口实。书院师长务择经明行修,品望素著之儒,尽心训迪。官、师考艺外,专以敦尚品谊为主。诸生中果有品端学粹,志在匡时者,自应从优奖拔,俾底于成。其或内行不修,乡评不许,放言高论,气质嚣张,沾染康、梁恶习者,严斥而痛惩之,不稍假借。至于朔望释菜宣讲圣谕、广训诸仪节,尤当敬谨将事,不得视为具文。学术既正,士习自端,人心风俗亦必因之转移。强国之道必基于此,誉髦斯士,宏济艰难,朝廷有厚望焉,钦此。

中国第一历史档案馆编《光绪朝上谕档》第26册,广西师范大学出版社2000年版,第25页

△ **清政府正式批准《广州湾租界条约》。**

《总署奏勘定广州湾租界谨呈条约请旨允准折》:

总理各国事务庆亲王奕劻等奏,为广州湾租界业经勘定,谨将画押条约钞录并照绘界图进呈御览,请旨允准事。光绪二十五年十二月二十日,准军机处钞交两广总督谭钟麟等,会奏广州湾勘界事竣一折,本日奉硃批,该衙门知道,钦此。并准广西提督苏元春将业与法国水师提督画押之图约等件,咨送前来。查广州湾租界轇轕年余,迄未定议。本年七月间,经简派广西提督苏元春前往会勘。该提督于九月中旬行抵广州湾,迭将办理情形先后电奏,钦奉谕旨,饬令妥筹办法。旋由苏元春与法国水师提督议定界约七条,亦经电由臣衙门代奏在案,兹准谭钟麟等会奏。前因臣等复就送到界约,详细查核,所订一切事宜均尚明晰,既经苏元春会奏谭钟麟与法国提督议定画押,自应请旨允准,恭候命下。再将汉、洋文原订条约咨送军机处,请用御宝照会法国驻京使臣,订期互换,其他地方善后一切事宜,仍由臣衙门随时咨商署两广总督李鸿章等妥为核办,以期日久相安。谨奏,光绪二十六年正月二十一日奉硃

批依议。

王彦威、王亮编《清季外交史料》卷142,沈云龙主编,近代中国史料丛刊第3编第2辑,台北文海出版社,第2410页

编者按:该条约批准日,一说是2月19日(正月二十日)。如王铁崖认为,中国方面于1900年2月19日批准该条约。参见《中外旧约章汇编》第一册(王铁崖编三联书店1957年版,第931页)。但据王彦威、王亮编《清季外交史料》称该条约批准时间为:"光绪二十六年正月二十一日奉硃批依议。"现依后者之说。

2月25日(正月二十六日)　唐才常、林圭在上海发起成立正气会,策动长江流域各省起兵勤王。

冯自由《正气会及自立会》:

正气会之成立

唐、林至上海,初以日人田野橘次名义组织东文学社,阴则发起正气会为运动机关,唐手订正气会章程二十余条,其序文曰:

四郊多垒,卿士之羞,天下兴亡,匹夫有责。忧宗周之陨,为将及焉;兴四方之瞻,蹙靡骋矣。昔者鲁连下士,蹈海而摈强秦;包胥累臣,哭庭而存弱楚。蕞尔小国,尚挺英豪,讵以诸夏之大,人民之众,神明之胄,礼乐之邦,文酣武嬉,蚩蚩无睹,方领矩步,奄奄欲绝,低首腥膻,自甘奴隶,至于此极。将非江表王气终于三百年乎!夫日月所照,莫不尊亲;君臣之义,如何能废。盘根所由别利器,板荡始以识忠臣。是以甘陵党部,范孟博志在澄清;宋室遗民,谢皋羽常闻痛哭。诸君子者,人怀伟抱,世笃忠贞,或功勋余裔,飘缨天阁之家;或诗礼传人,领袖清流之望。当此楚氛甚恶,越甲常鸣,讵知酣寝积薪之上,孤立岩墙之下,长蛇荐食,骑虎势成,将军何以得故宠,彼皆收用其私人,有粟岂得而食诸,无家何以为归矣。束手待毙,噬脐莫及。所愿咸捐故态,同登正觉,卓荦为绝,发愤为雄,一鼓作气,喁然响风,上切不共戴天之仇,下存何以为家之思,庶竭一手一足之能,冀收群策群力之效。国于天地,必有与立,非我种类,其心必异,毋诱于势利,毋溺于奇袤,共图实际,勿盗虚声,俾中外系其安危,朝野倚为轻重,勿使新亭名士,寄感慨于山河,故宫旧臣,眷哀思于禾黍,幸甚幸甚。嗟乎!地有横流之海,精卫思填;石当缺陷之天,女娲能补。任重道远,黾勉以至,霜钟频警,辍笔怅然。

文中有"非我种类其心必异"及"君臣之义如何能废"之二语,实为自相矛盾。唐以周旋革命、保皇两派之间,不得不兼筹并顾,为敷衍之计。因是大招毕永年、章太炎之反对,毕力劝唐断绝康有为关系,唐利保皇会资,坚不肯从,相与辩论一日夜,失望而去。未几,毕所招致赴香港之哥老会头目李云彪、杨鸿钧、张尧卿、辜天佑、李堃、师襄诸人,以保皇会多资,亦弃兴中会而投唐。毕受种种刺激,乃愤投普陀削发为僧,自是遂不闻其踪迹。章于国会开会之后,亦以言不见纳,愤然剪除辫发,拂袖离沪。

冯自由《革命逸史》第6集,中华书局1981年版,第19~20页

张篁溪《记自立会》:

自立会,原名正气会,前清光绪二十五年夏,唐才常与沈荩、林圭、毕永年等所创也。会址初设于上海新马路梅福里东文译社,暗中进行反清运动。后与吾师康南海先生暗通声气,得南海先生之助,宗旨乃稍稍易。复结哥老会,声息所通,东至苏浙,北至河陕,西南至巴蜀、两粤,同志纷纷响应,加入正气会。

…………

正气会会章

第一章　宗旨

第一条　本会以正气命名,原因中土人心涣散,整齐不萃,外邪因而入之,故特创此会,

务合海内仁人志士，共讲爱国忠君之实，以济时艰。

第二条　入会之人，允宜情谊真挚，沥胆披肝，以维世局。如有标榜声华，及党同伐异，妄议君父者，请勿列名会籍。

第二章　会友例权及会议

第三条　各友入会之始，至少须捐洋一圆，以后每月至少捐洋一角，以为会所用费，及将来办事张本。

第四条　入会者各书姓名、乡里、年齿、服业于会籍，以便时通信札。其会籍交本会所干事员管理。

第五条　会所现设于上海。凡外省外埠，有闻声相思，愿襄斯学者，可照本会义例函名登籍。登籍之后，一切学问，可以函商；或需购置书籍仪器，及其他要务，均可由会所干事员代办。

第六条　上海会员每逢公休日（即西人礼拜日）午后一时集议一次，谓之常会。如有要事急商，不能待常会之期，则由会所干事员随时邀集，谓之临时会。

第三章　职员

第七条　本会公举会长一员，总辖会中一切事务。然凡事须经议员及干事员商榷，始由会长施行。会长以一年任满为期，期满则改选如初。

第八条　公举会计司一员，专管银钱出纳之事。以一年任满为期，期满则改选如初。但能办事妥贴，无丝毫苟且渗漏者，可公议重袭其任。

第九条　公举会所干事员，专司接待会员来往信札，及会议条记诸事。其余不居会所，而各干事员者，亦在在以联络志士为己任。

第十条　议员及干事员无定额，均由会议时公行择定。如或因事辞退，即当告明会长及会所干事员。

第十一条　会长、会计、议事、干事各员，均不开支薪水。

第四章　会计事例

第十二条　银钱一切支出，悉由会计员按定算表所预列之数，交会所干事员办理。其未列预算表者，虽一钱之微，不得支出。

第十三条　预算表于开会时决定，或由常会凭众增减。如有事出匆卒，刻不容缓之费，则由会计员将存款先行支付，待众员会议时，始将其不容缓之理由布告各员，增入簿册。

第十四条　会计员收到各友捐款，随时登册，毋得遗落。每月之杪，必抄汇成册，俾众考知其数。

第十五条　除各项开销外，有余款百元以上，即公议存一妥稳钱庄以便生息。

第五章　会议扩充

第十六条　现在捐项甚微，规模甚小，俟会款大集，即议创开译局、报馆，遣派学生诸事。

第十七条　中日两国，系同文同种之邦，如日本志士愿入本会者，一律列名会籍。

第十八条　会友如有自著自译之书，已经会长暨各员许可者，俟会款稍充，可由会所代刊行世。如收回刊资，获有赢余，即酌分本人支取。

第六章　补遗

第十九条　本会原为嘤鸣求友起见，凡各省各埠会友来申者，由会所干事员加意接待，勿得稍存歧视之心。

第二十条　各友月捐常数，无论本埠外埠，均请按月寄交会所为祷。如以按月零交为烦,或先算明一年月余,预捐几圆亦可。

第二十一条　会友如有品污名坏,不齿士林者,可由会中议员辞退除名。

第二十二条　本章程如有遗漏之处,或不便时宜者,均由常会期随时改良。

杜迈之、刘泱泱、李龙如辑《自立会史料集》,岳麓书社 1983 年版,第 2 ~6 页

张篁溪《自立会始末记》:

先是,湘人唐才常、林圭与嗣同有旧谊。闻嗣同冤死,用是颇思复仇,遂以革命实行家自任。唐、林先后由日返国,组正气会,旋易名为自立会;又创自立军,以推翻清室为职志。康、梁之主张虽与唐、林有所不同,然虑势分益孤,遂与合作。才常更联合各党会,开富有堂,举康先生为正龙头,梁启超副之,谋先纵火于长沙,沿江而下,以图大举。时为湘中旧党所扼,终不果行。庚子七月,复谋在汉首义,事泄,为鄂张之洞侦知,派兵围捕,唐、林诸志士就义者二十余人,世论惜之。

杜迈之、刘泱泱、李龙如辑《自立会史料集》,岳麓书社 1983 年版,第 7 页

赵必振《自立会纪实史料》:

一、自立会之缘起

自立会之远因,怵于中国自满清入主中国以来,压迫人民,如清初钱粮之狱,文字之祸,屠戮人民,不可计数。至鸦片烟战役以后,外交失败,如英法联军之役、中法之役、中日之役,无不割地赔款,爪[瓜]分之祸,迫在眉睫。懔中国之危亡,叹民生之多艰。而满清政府帝后争权,盲目排外,致引起八国联军之祸。吾辈目击心伤,因愤而急谋自立,也冀自存。此其远因也。

其近因,则由戊戌政变,谭嗣同等惨遭〈被〉诛锄,唐才常愤国事之日非,恸友仇之未报,乃奔走各地,联络同志,因戊戌保国会之基础,改组自立会,又称国会,推容闳为会长,严复为副会长,集全国之官绅士庶,先设总会于上海,继设分会于汉口,以唐才常督办南部各省之首领,而自立军之规模具焉。

二、自立会之组织

满清政府自道、咸以后,失地失权,危亡已达极点。既发愤欲谋自立,则不能不有武事。遂由上海总会推唐才常赴汉口,集合天下之豪杰,组织自立军。拟先组织五军,分中、前、后、左、右各军,以湖北为中军,安徽为前军,湖南为后军,河南为左军,江西为右军。以唐才常总持各军事宜,林锡珪副之。其各军分文事、武事两部,文事以文人主之,武事以江湖豪杰主之,其组织之始,先在各重要地点设立机关,招待各方志士,远近咸集。在汉口曰宾贤公馆,在襄阳曰庆贤公馆,在沙市曰致贤公馆,在荆州曰集贤公馆,在岳州曰挹[益]贤公馆,在长沙曰招贤公馆。其余各地机关,都次第组织成立。并与广东郑士良密约,郑在广东惠州同时起义,互相应援。郑士良胆识俱优,为孙中山先生极所倚重也。

三、自立会之宗旨

自立会本由保国会所改。保国会本有"保中国不保大清"之语,当时屡为清吏所参劾。但当时风气未开,囿于数千年君主之习,故表面仍不能【不】借尊君之论,避免一般奴隶之纠弹。及改为自立会之时,仍不能不为遮语,以便吸收多数之民众。但其名不正,又不能见谅于后世,故自立会之通告友邦,又声明借尊皇权以伸民权之语。当时对内则以改君主为民主相鼓励,而对一般愚人,则又以保皇复辟等语以引其入我范围,徐徐再以民主之说以开其智识。此乃当时万不得已之苦心,幸得清吏之章奏代为显揭其隐。若在今日,固不当为此奴隶之言。而在当时,实有不能不为此奴隶之言,以期化奴隶而为主人也。子思子曰:"其次致

曲”,其所以必由此曲线去,亦时代使然。幸有清吏之章奏文告可证。又如谭嗣同之仁学、唐才常与日人所唱和各诗,皆作于清代,试取其书、其诗证之,岂真保皇耶?岂真勤王耶?不待多言而自恍然矣。

四、自立会势力之所及

据鄂督张之洞、鄂抚于荫霖、湘抚俞廉三之奏案,当时自立军之声势,沿江沿海各省皆有组织,以武昌、汉口、汉阳为总汇,如襄阳、樊城、枣阳、随州、应山、监利、沙洋、麻城、嘉鱼、崇阳、巴东、长乐,湖南之长沙、岳州、常德、澧州,河南之信阳,安徽之大通,四川之巫山。又据鄂督张之洞、鄂抚于荫霖之奏报,上游则达于四川,下游则达于江西,南则达于湖南,北则达于河南,此仅据已经起义及已为清吏破获者而言。至于江苏、浙江以及广西,或已联络军界,或已借名团练,及总会失败,遂隐忍未发者尚多。盖当戊戌之时,各省皆有学会、学堂,故自立会之文人,十之八九为各会之会员、学堂之学生,而尤以湖南之南学会与时务学堂为最。此外如赵必振原为广西圣学会之会员,龚超则为湖北两湖书院之高才生,傅慈祥则为湖北武昌自强学堂之学生,皆是也。

五、自立会【起义】之计划

自立军原定庚子(公元1900年)旧历七月二十九日,武昌、汉口、汉阳三处同时起义,并约定各地之自立军同时发动,近者则趋三镇为接应,远者则遥为声援。各处已有先后起义者,如安徽之大通及其他各处,皆有清政府官吏奏案可考。乃不幸汉口总会先于七月二十七日为清吏所破获,武昌、汉阳同时失败,已起者为清军击败,未起者亦为清吏抄捕,遂至一败不可复振。各处被捕为清吏所杀之文武同志,约计千余人。自中山先生在广州第一次举义之后,此为第二次革命失败之举。

六、自立会之印及关防

(一)中国国会分会驻汉之印、(二)中国国会督办南部各省总会之关防、(三)中国国会督办南部各路军务处之关防、(四)统带中国国会自立军中军之关防、(五)统带中国国会自立军左军之关防、(六)统带中国国会自立军右军之关防、(七)统带中国国会自立军前军之关防、(八)统带中国国会自立军后军之关防。按以上各种印信及关防,乃汉口铸就刻就,将颁发各路者,未及施行,已为清吏所抄获。

七、自立会通告各国旅汉侨民示

(译文)现因端王、荣禄、刚毅暨一概骄横旧党,暗中主使劝助拳匪滋事,我等中国自立会诸人,现在已经持械起义,特此布告男女洋人知悉:

我等谓满洲政府不能治理中国,我等不肯再认为国家。变旧中国为新中国,变苦境为乐境,不特为中国造福,且为地球造福,系我等义士所应为之责。

我等定议,合今日上等才识,议易国家制度,务使可为天下之表式。本会之宗旨,系使百姓保有自主任使议权。

我等与联合各国之意相同,剿平昏迷狂邪之乱德,惩办仇视洋人凶恶僭位诸人。

各国洋人租界,各教礼拜堂,中外耶教人之性命产物,定必保护,不加扰害。

特此布告汝等,我等所为,不必惊惶。

汉口中国自立分会启

据此系清吏抄获,译成华文,以证明吾党之不认满洲为国家,以证明自立会之举,其本旨不特为中国造福,且为地球造福。文内所称不再认满洲为国家,尤可证明实为革命,确非保皇。又称“不特为中国造福,且为地球造福”,已与今日国歌“以建民国”、“以进大同”之旨相合。清吏在当时指为罪状者,实为今日革命成绩之铁证。主文内于载漪即端王、荣禄、刚毅,主使拳匪,滥杀洋人之罪状,仅以"滋事"二字了之,此文乃清吏所译,故有左右袒,明眼人当知之。

杜迈之、刘泱泱、李龙如辑《自立会史料集》,岳麓书社1983年版,第34~38页

△ **经元善在澳门一度被拘。**

《上海电局总办经元善被拘案录记》(1900年3月5日):

经元善,沪上好善人也,平日善举指不胜屈。去岁,闻立嗣之信,为同人推举,遂联名作电禀至北京,大意不欲光绪退位,且以讯闻各国调兵干预为谏。旁观为之危,及闻有查拿就地正法之密谕,同人迫其避地。经初以为此区区之禀词,未必竟致死罪,不听。及风声愈紧,有不耐者,挟之出走。去月,经香港抵澳门,日与同志纵谈时事,以为无事矣。忽于去月廿六日(庚子年正月二十六日,编者),有澳门官票到寓,将经拘去。据称,粤督李鸿章派专差带有移文,请澳督照办,谓经擅离职守,亏空巨万,须移省询究等语。今尚禁押在澳,一俟原告证人到堂审实,始行定夺。又风传港中有力之中西人士,代经抱不平,设法阻其解省。又闻京师盛宣怀与经素善,顷因御史余诚格劾经,限月内拿人,心甚焦急,不得已电达粤督拿办。又闻经之友人,代在港延请佛兰些大律师代办,该律师即移师请澳督持平讯办,已有回书,必不苟且云。又有与此案极相类者,录志于此。陈自任,广西生员也,闻立嗣之事,亦由港电局发一电,禀总理衙门,据称举贡生员监等共三百八十六人联署,其禀词如左:

总理各国事务衙门五大臣钧鉴:具呈广西阖省士民生员陈自任、何庆寿等奏,为恳请皇太后归政以回人心而奠倾危,呈请代奏事。窃今日中外臣民皆死心归皇上,自去腊二十四日立嗣之谕既下,于是薄海汹汹,咸谓皇上立新主,内地小民异议崩解,堪必忧外埠华民尤甚,群以清君侧为名。顷又闻各国调兵船来北京矣。今日中外臣民皆死心皇上者也。颐和园将有变,皇太后与诸臣将不保。臣等不胜隐忧,迫不得恳请皇太后见机归政,大局幸甚。伏乞代奏皇太后、皇上圣鉴。谨奏。

闻皇太后更怒其荒诞恫喝,亦发密电谕粤宪,拿查陈自任与经元善,一齐正法。陈已闻信远风,无从戈[弋]获云。德臣西报云,据上海特电,谓经元善因办理电报沪局,犯有私罪,故在澳门被华官移文拿获。惟经之获罪,实非因此,人所共知,缘经联合多人电请当道阻止皇太后为穆宗立嗣,并请皇上力疾亲政,因此缘由,中国欲得而甘心,百计访拿,不遗余力。虽经逃归原籍,仍发电查缉,经遂逃至澳门,至被就获。但经天性忠诚,行为端正,素为中外人士所信,故咸欲尽力化为设法,俾免于难。闻华官亦逆料有此事,故在澳尽收葡国状师入彀中,欲使经无可致辩,以实其罪。但吾闻有在沪著名状师受人之托,办理此事,料经亦无妨。或谓经犯罪地方在上海英租界,今虽被获,亦须交回上海英官,不应提交华官,如是,则可望有公平无私之办法。如葡官将经交华官,恐一千八百九十八年杀戮无辜之事将复睹于今日矣。夫公平正直、仁慈隐恻之心,人皆有之,吾甚望澳官善体此心,勿将经交皇太后及粤督李鸿章,致其无辜受祸。至谓英官特请港督俟经到港为之保护一节,如经果离澳而来,当必尽力保卫,缘中国公罪犯逃匿本港,皆极稳固也。第此事,皇太后及各当道若不再三详审,必欲加罪于经,吾恐适足以逼成华民叛乱之祸。凡英官之在北京及伦敦者,皆欲力保中国利权,故亦欲中朝善办此事,免生不测云。

香港《士蔑西报》接初一日澳门访事人来信云,向来澳门、香港两处拿获华人,未有如前月廿四号,澳官拿获上海中国电报局总办经元善一事之足以耸人闻听者,各处闻其事,莫不

关心者。其故何哉？盖显而易明者也，缘经太守前在电局时，曾与华人千有余名具禀，由上海电达北京代奏皇太后，以不愿光绪帝退位为词，致触太后之怒也。电内禀词如左：（从略，编者）此电显示绅民忠勇于皇上之心。皇太后览电大怒，谕将经拿办。当经闻信，如被拿获【难】免死刑，因即辞差逃避境外，昨抵澳门，以为得寄乐土，可免太后之怒矣。近人多以太后为篡夺，而事未可必。至李鸿章为太后信用之人，此次回避政治之名目，只控经亏空公款，此事是否咎在李鸿章，尚未能必。惟据照会来文，则所捏亏空系照北京电来之谕办理。若然，则李无可推诿，惟有勉遵太后之命而已。事之情实，系之可靠之人，兹特为详述于左。

经元善者，乃由粤督鸿章差委员刘学询赍公文至澳门，面请澳门总督所拿者也。公文开称，经曾亏空公款三万八千两，而恳请解移省城交回华官办理等语，并延请澳门巴士杜律师为粤督办理此案。经之被拿，乃奉到澳督签押之票而行，但至廿八号，始在府署过堂，略审一番，遂将案押候，将经由府署带往炮台禁押。是日，华官未有到堂作证者，惟经之被获扣留，澳官未取有证人发誓供词，以证明其罪据。所谓亏空，以公道而论。经已过中年，为人谨厚公忠，因事情重大，伊可在上海缓退其数目，尽清洁交卸，断不至负此重大罪名。据称所控亏空巨款，经已在上海全数交该管官员收领，如彼要取尽可取之于经名下之款也。经被逮后，延澳之有名律师八之古审办。又本港律师史笃士及韦安，已于昨下午抵澳，闻今日已具禀葡督，准其与八律师到堂会办此案。谅葡督于此等要案必能俯如所请，并允将案情彻底根究，无两偏倚也。殷实华商多有关心于此事者，且云太后与其党，托词谓经亏空者，以便将伊拿解耳。如任其显然弄计，将经解交华官，则澳地殷厚及进步之华商，亦可以随时拿办杀戮，若辈为自全计，【不】得不将其在澳之物业商股即行转售，另寻乐土谋事业，避地图存，以免见污吏之吞噬也耶，兹所云经某之事，惊动华人之心者，实欲将此事通融办理，望念邻境之情，将全案持平审办，遵照文明国最善之遗传，秉公判断可也。以上乃骇人观听之事之可得而译者。一二日间，此案将必能详定矣。呜呼！天可崩而公道不可昧，其斯之谓欤。

虞和平编《经元善集》，华中师范大学出版社 1988 年版，第 311～313 页

3 月 1 日（二月初一日）　**直隶总督裕禄布告奉旨剿办义和拳。**

《窦纳乐爵士（英国驻华公使，编者）致索尔兹伯理侯爵（英国外交大臣，编者）函（1900 年 4 月 16 日收到）》：

由于没有得到回答，我们于 2 月 21 日又写信催促答复。2 月 25 日，我们各自收到照会，我把照会的副本随信附上。阁下将看到，在这个照会中，总理衙门错误地引用了它所答复的那个照会，没有提及我们要求镇压的两个结社中的任何一个，而且仅说明已经发布一道上谕，命令各该省巡抚制止骚乱。

我本人和其他四国使节认为这个照会是很不满意的，所以我们决定要求同总理衙门会晤，届时庆亲王必须出席，同时我们准备了会晤时递交的一件同文照会，我把该照会的副本附上。在照会中，我们重述了已经提出过的要求，附加的条件是：我们所要求的上谕，必须按照 1 月 11 日那道有害的上谕所采用的方式一样，在官方公报上发表。

会晤安排在本月 2 日。本月 1 日晚上，我们各自收到总理衙门的照会和附件，我荣幸地将其译文随信送呈。附件中有直隶总督的一个布告，其中包括一道上谕，该上谕用明确的词句取缔“义和拳”。

如果这件照会最初就送来作为对同文照会的答复，那么，如同我后来对总理衙门所说的那样，它大概已被有关五国使节满意地接受。可是，鉴于中国政府处理这个问题的迟缓，以

及对该上谕关于结社的意图抱有严重疑虑,这个疑虑是2月24日总理衙门照会的闪烁其词所引起的,所以在我们赴总理衙门之前所举行的会议上决定,我们必须坚持已经拟就的同文照会中所制订的要求。

美国公使康格先生、德国公使克林德男爵、意大利公使萨尔瓦葛侯爵、法国代办唐端男爵和我本人,在总理衙门受到了庆亲王和几乎所有大臣的接见。我代表我自己和我的同事们扼要说明了上面已经详述的情况,这种情况使得我们现在提出要求。我的同事们都向庆亲王和大臣们表示他们完全同意我所说的话。康格先生促使总理衙门回忆三个多月前他们听到他谈及这些骚乱时所抱的怀疑态度,以及他们从那时候起所作的诺言。这些诺言没有产生任何结果。

克林德男爵特别强调这个事实:在刚刚送来的那道上谕中没有提及"大刀会"。而对该会的取缔,同对"义和拳"的取缔一样,我们已经提出要求。

庆亲王和大臣们着重申明:朝廷对于制止这些结社所犯暴行的决定是严肃认真的。他们认为:传播上谕所采用的方法,即把上谕送交有关各省巡抚,将它包含在一个告示中并照此办事,比我所建议的在《京报》上发表上谕的方法,要更迅速和更有效得多。关于上谕中没有提及"大刀会"这个名称的问题,他们声称:该会与"义和拳"现在是一回事。

胡滨译《英国蓝皮书有关义和团运动资料选译》,中华书局1980年版,第13~14页

3月2日(二月初二日)　各国公使要求正式公布剿办义和拳之上谕。

《窦纳乐爵士致索尔兹伯理侯爵函(1900年2月19日收到)》:

昨天,当总理衙门大臣和其他高级官员们前来使馆进行每年一度的新年正式拜访时,大学士王文韶告诉我,皇帝和慈禧太后特别授权他,向我表示朝廷听到这个暴行时所感到的深切忧虑。他说:正颁发一道上谕,下令立即捕获凶手,并惩罚失职官员。

大学士所说的那道上谕已于今晨在官报上发表,我荣幸地将其译文随信附上。

胡滨译《英国蓝皮书有关义和团运动资料选译》,中华书局1980年版,第3页

《窦纳乐爵士致索尔兹伯理侯爵电(1900年3月15日发自北京,同日收到)》:

我荣幸地报告:关于山东、直隶两省中和传教士有关的骚乱,我已经同我的美、法、德、意等国同事们会商,因为对他们的传教士也同样有关系。1月27日,我和上述那些同事们一起,向总理衙门提出一件同文照会,要求发表一道上谕,宣布镇压两个反对外国人的秘密结社,因为这两个结社正在山东和直隶制造骚乱。

所有五国使节已于2月27日向中国大臣们提出另一件同文照会,又于3月2日亲自访问了总理衙门。但是,尽管采取了这些步骤,总理衙门仍然拒绝按照我们的要求发布上谕。

胡滨译《英国蓝皮书有关义和团运动资料选译》,中华书局1980年版,第4页

3月13日(二月十三日)　梁启超自檀香山致书在新加坡的康有为,述筹款情形及今后行动与计划,并谓已入三合会。

丁文江、赵丰田编《梁启超年谱长编》:

二月十三日,给南海先生书,言港、澳办事不力和捐款用款各事:

"连上六书,想悉达,未得由彼一赐谕,愤悱不可任。此间近布置,别纸呈阅。兹有专商事列后:

一、同门无人才,弟子始终不能不痛恨此事。弟子来此七十余日,寄澳门书六七封,而彼

中无一字之答(仅有人代穗田答一书,书中皆闲语),诚为可恨,不知其无心于大局之事耶?抑以弟子为不足以语耶?港、澳近日布置,弟子丝毫不能与闻,教我如何着手?弟子每一念及南中之事,时时惶惑屏营,不知所措。今海外之人,皆以此大事望我辈,信我辈之必成,而岂知按其实际,曾无一毫把握,将来何以谢天下哉。弟子每思此,辄觉无地自容。今筹款未必能多得几何矣,如金山之二万左右,加拿大之一万左右,地力则已尽矣。此后欲再扩充,恐无几矣。然彼出此款者,其数虽微,然其望则甚厚,我若做事不成,犹有词以谢彼,我若无事可做,更何面目复见江东父老乎。数既已微,而事又不得不办,则当节省之,尽归此事之用,不可以分诸于他事矣。弟子窃疑金山之万余金为此事之用者,寥寥无几也。何也?把以助《知新报》,又开书局办学堂,瞬息已尽矣。此等事非不紧要,而无奈我辈可以谢天下之望者在彼不在此,既顾此则诚恐失彼,今日最当注意者,□□□□□□□□□□未知先生在港时曾筹画定否耶?同门中有留心任此者否耶?不可不速布置。”(二十六年二月十三日《与夫子大人书》)

同书言自己入三合会事:

“弟子近作一事,不敢畏罪而隐匿于先生之前,谨以实告。其事维何?则已在檀山入三合会事是也。檀山之人,此会居十之六七,初时日日演说,听者虽多虽喜欢,然入我会者卒寥寥,后入彼会,被推为其魁,然后相继而入,今我会中副总理钟木贤、张福如,协理钟水养皆彼中之要人也。弟子今日能调动檀山彼会之全体,使皆听号令。而钟木贤、张福如两人皆极诚心通识,为全埠所推仰,福如洋文颇深,英语极佳(彼乃半唐人也),知兵法,有肝胆,咸愿相从归粤办事,然我辈现时寒酸已极,而弟子在彼等前,又不无夸张之词,实愧见之也。”

同书请决定往南美筹款,抑回港主持一切:

“弟子今自为计有两途,请先生代择之。一曰游南美,或更可筹数万之款,虽然去内地太远,卒然及归恐准;二曰归香港,盖弟子诚见港、澳同门无一可以主持大事之人,弟子虽亦不才,□□□以阅历稍多,似胜于诸同门。今先生既不能在港,而今日经营内地之事,实为我辈第一著,无人握其枢,则一切皆成幻泡,故弟子欲冒万死,居此险地,结集此事。弟子既入彼会,有权调集彼等,从此入手,或有所得。(彼会极可笑,有许多奇怪名目,弟子今被举为智多星之职。)

今日时势似与去年冬腊间又一变。盖自伪诏既下,更无容我辈布置等待之时也;而趁人心之愤激,则但有五六成力量,便可当十成使用,故弟子焦急,而几不能择也。且行者日日布置,我今不速图,广东一落其手,我辈更向何处发轫乎?此实不可不计及,不能徒以行者毫无势力之一空言可以自欺也。凡此诸事,当如何之处,乞即速示遵。弟子今者为疫防所困,欲飞无翼,夜夜膏兰自煎,奈何奈何!”

同书又说:

“一、君力往域多利,顷已接信,由滨来书,既彼往域可以重游金山各属,虽不及弟子之虚名,然聊胜于无。但弟子窃计美属各埠若弟子不往,恐扩充无几矣。金山明信匿帖,凡十余封来,皆言已有多人预备领花红,切不可往云云。然弟子固不畏之,香港且敢归,何有于金山,况弟子已入彼会乎?但上岸之无把握最可虑耳。金山办会之人,非一埠中之有望者,欲扩充亦甚难矣。弟子窃疑虽往亦无甚益也。故今所注意者,惟南美、香港两途耳。金山本会近两水船皆无信来(弟子每船必有信往),不知何故。弟子观其情形,内局既不知,外局复受恐吓胁制,领事出死力相抗,日以逮捕家属为言,恐遂散漫,不可复振。所尤忌者,倡办之人,有望有力者甚少,而与外人结怨已深,恐弟子虽去,亦不能扩充几多,或能多收揽致公堂之人而已,大商则难也。”

丁文江、赵丰田编《梁启超年谱长编》,上海人民出版社1983年版,第199~201页

3月20日(二月二十日)　梁启超分函唐才常(时在上海)、康有为,商筹款及起事计划。

梁启超《一九〇〇年二月二十日致唐绂丞、狄楚青》:

忠雅两兄鉴:弟到檀后,曾七上书,未得片纸之答,能勿触望?两兄行踪近在何处,乞每十日必以一书见寄,至盼,至盼!

一、前信所言借字诀,今复得一人,弟于半月内即偕往纽约。其办法仍如前议。此人甚诚实,大约可望有成,得一千万之公司,长袖善舞,庶几有济。

一、两兄在沪,不可不注意于此举之准备,前函所列数事,皆请留意。此外最要者,兄等必须在内地极力求得通西语者多人,以为将来通译之用。又宜速派一二人入电报局学习打电,如能在现时电报学生中得一二同志尤佳。

一、结识王大刀之事,惟忠兄以壮飞之旧谊感动之最有效。此人必须罗致,望勿忽之。

一、此间可得十万以外,现已得三四万,惟尚未收,收得后必速速分寄,来应一切之用,请两兄少安。

张品兴主编《梁启超全集》,北京出版社1999年版,第5915页

梁启超《一九〇〇年二月二十日致康有为》:

夫子大人函丈:两月来未得先生到星洲后所发书,良深愤悱。此间同志自闻去腊惊耗以来,望内地事甚切,每船至辄询先生主意所在,无以为对,不免稍令人灰心,此后望常惠书为盼。

一、菲岛散兵一事,诚为绝大机会,我辈不可不捉而用之。现访得一人,名曰屈臣者,在其地为参将,战功甚著,此人必能相助,但用之之法,惟在筹款。

前书所言之鲁云,其人不甚诚实,不可恃之。现别与一人商,其人名赫钦,且云在北京合肥座中曾与弟子相见者,政变时彼正在京。此人在檀为有望商家。弟子未到前,彼曾与我同志常谈及我国事,义形于色,□有先生弟子影相来。弟子一到,彼即来见。尔后月余,未尝与商大事。昨数日前,始商之,彼发大心。肯偕往纽约,谓若弟子往见各豪富,肯签名许以非常利益,事之成可望八九。弟子决于下月偕往,惟彼在檀,薪工甚昂,与之同行,六月,须万金(美国纸)乃能偿其利益。既与檀中同志共商,皆谓此人可信,孤注一掷亦无妨。现决意以本会所收得美金万余充此事之用,带一极精密之译人同往(此人即前书所言本会副总理致公堂头目而通兵学者)。现时疫病未息,须往海滨关闭半月,乃许行。决意如此办理矣。

一、此事若成,自当全局并举,即不尔而专事故乡,则菲兵亦不可不用。此通盘筹画,用彼五百人每月仅需一万五千(华银)之间耳,此举我辈今日力量尚可从事。若纽约之行无所得,则宜专注力于此,望在南就近随时留意。

一、港、澳间人有一事最要者,即谋运货入口之事是也。先生在彼已经营否?有眉目否?现时何人任此?望示一二,俾有把握。若未布置,宜速谋之,或贿洋关,或走旱路,及人以后,安顿之地,皆须熟筹。港、澳之人,当专此责任,特恐未有人克称其职耳。

一、宜令一二人学打电报,先期安置于电局。此事亦极要。

檀岛可望得美银五六万之间,现时不过得万余耳(埠仔尚不计)。今弟子尽取之,以掷孤注,余者恐须俟三两月后乃能陆续收齐。伯忠处及刚处如需款,望以南中所筹,随时接济之。

一、西报中屡传先生有电报入内地,云在外得金几何,拥兵几何云云,弟子在疑信之间。

先生或故出此手段亦未可知。然弟子甚不以为然。常作大言,与行者何异,徒使人见轻耳。弟子以为权术不可不用,然不可多用也。非开心见诚,不能得豪杰必矣。

此间已择定十人许预机密者(□□张福如、梁荫南、□海、钟木贤、黄□凤、钟宇、鲍海、黄绍经、刘登),而又由彼十人公举荫南□司与总会会长及各处本会商密事,一切皆经其手。望常来书,乃足以鼓其热心,勿使冷却,最要最要。此辈他日有事时,尚可望其加捐,如今次之数也。在此十人,经弟子认定皆肝胆可托,一切可共者也。

一、巴拿马已开会,墨西哥、秘鲁、古巴等处亦已通信前往,不日可开办。然弟子所望于南洋者,望其得六十以上之数也。叔子肯周游说法,或可望乎。弟子兹图一切事,望告叔子同舟共济。

一、既与西人交涉,则我党宜出一西文党报。文庆既有一报在星,可否改为党报,□□发表我辈他日政策,何如?

张品兴主编《梁启超全集》,北京出版社1999年版,第5915~5916页

3月28日(二月二十八日) 梁启超致函澳门《知新报》同人及唐才常、康有为,商暗杀李鸿章,并力事结联豪杰,筹运饷械及派人支持粤事。

梁启超《一九○○年二月二十八日致〈知新报〉同人》:

一、莲老来澳及被逮之事,弟从报纸中仅见之。既有英人竭力维持,想可无虑,望诸兄致敬尽礼,以待此老,方是惺惺惜惺惺,好汉惜好汉之意。当久而敬之,不可移时遂生厌倦也。

一、刘豚为肥贼军师,必竭全力以谋我。恐其必生多术,以暗算我辈。信函一事,不知怕被伊截去否。弟于二月十三、廿一两次寄尊处书,皆有极密极要之语,曾收到否?望即查示复,以后当有何法寄密信,幸祈速示。

一、肥贼刘豚在粤颇增我辈之阻力,宜设法图之,去年遣归诸侠,有可用否?此二人在他日阻力未有已也,请留意。

一、尊处既为总会,不可不举行总会之实事,内之布置义举,外之联络各埠,责任至重至大,无所旁贷。但弟遥揣情形,似觉未免散漫。他事且不论,即如檀山开会以来,仅得总会一信,而金山来函,亦言久不得总会来信,各处皆然,不免有相怪责之意。君等当知各处会友,皆望总会如帝天,得总会一言,重于九鼎。弟窃意总会宜专设通信员二人,一管南洋星坡、吉郎、暹罗、安南、澳洲,一管美洲檀香山、加拿大,按准船期,每水必有一信往各处(凡已经开会之地每水船必寄一信以激励之),切勿遗漏。又当随时将各会之开会情形及某处某人最为热心,报告各会,使其知所鼓舞。又催各会使随时彼此互相通信,得有门牌纸,则遍取多张,分寄各会。电热以激而愈发,庶几有功。不然,已且冷而欲责人之热,彼且倦而欲责人之勤,乌乎可哉。

一、布置义举,其条理多端,未知诸兄近所擘画若何?弟意窃以为网罗豪杰最要。举此大事,非合天下之豪杰,不能为功。网罗之为要,人人皆知,然如何然后能网罗,则不可不用功夫。大约"阔达大度,开诚布公"八字,为不二法门矣。此八字之好处,人人皆知;然吾党之手段,每每与此八字相反。弟每自省,常觉得如是。请诸兄亦日日以自省,有则改之,无则加勉。遇有豪杰才过于我,而心术可信者,我当下之,同门不同门之圈限,必当力破。我辈同门之人才,既尽见矣,以是区区者,果能扛起天下事乎?必不能矣。既不能,则势不可不求诸于外;一有圈限,则外者不入,永无增长之期矣。又我同门之一弊,必其人之才力受我节制,我然后纳而受之,此必不能得豪杰也。其人如易受节制者,才必不如我,得之何益?必出尽方

法以收罗难驾驭难节制之人,然后可也。然欲收罗之,必非可恃小术数,亦惟曰阔达大度,开诚布公而已。

一、谋运货入内地,此是尊处专责;通信各分会,是尊处专责;结联豪杰,是尊处专责。豪杰有数等,会党乃其一,通西文之人,乃其一,不可不留意。弟于两礼拜内即往美。余事到彼续陈来,宜多来信报告一切,弟之信仍托梁荫南转寄。

张品兴主编《梁启超全集》,北京出版社1999年版,第5917页

梁启超《一九〇〇年二月二十八日致×××、唐绂丞、狄楚青》:

二月初间来书已悉。所布置著著进步,诚可喜慰。老虎来归,尤为可喜。今日最急者,只在款项,此无待言。此间现时虽不过得四万之数,然扩充之后,必得至十万以外,但现时尚未能收款,仍须俟诸一月内外,而弟往美求吾所大欲,须费二万八千之本钱,现只得同志而有力之各人先行捐出应急用,故其余更须稍俟,然一月以后,必有万金左右寄上,幸勿为念。

有一事不可不熟商者,诸豪所缺者饷械也,而械为尤甚。譬如即有款,则此物当从何处购买?从何处运入?此最不可不留意,请与诸豪熟商之。如无购路,则弟在外可设法;至于运路,则其责全在公等,若江海间得此一孔道,以后便可处处如意,切商之,刻刻在意。

弟前书所谋,现益多助,实可望有得,现已定于三月十一日首涂往美矣。以后各位信仍由梁荫南转寄便妥。每水必有一信来,为盼。又弟行之后,檀山同人亦当常有信温之,勿冷其热心。现于全会中举得十人,一切内事皆与闻者;此十人诚可倚信,且有富力,他日临事尚可加捐。而十人又公举梁荫南为通信员,凡密事皆托之,密信皆由彼手收手复。以后公等望每水必有一信来荫南,多述新闻,多言近日布置之进步,为盼。盖彼等每得内地一信,热力辄增几倍,常常温之,他日之为用正多。公但会此意,则必有以处此矣。

读诚兄书为起舞。吾固知行菩萨行之人,决不住声闻触觉地位矣。能流血之人,此间同胞非无之,但涉数万里而归,所费未免太大,而情形又不甚熟,故未遣之耳。风萧萧兮易水寒,弟甚愿东向遥浮一大白,祝君之成也。肥贼、刘豚为我辈无限阻力,能并图之最善也。即失之于北,亦当取之于南,诸兄谓何如?

张品兴主编《梁启超全集》,北京出版社1999年版,第5917~5918页

梁启超《一九〇〇年二月二十八日致康有为》:

一、英、俄有决裂之势,此乃天之所以助中国。存亡绝续在此机会,我能捕机会而用之,事半功倍;若失之,则更无大举之望矣。所最忧者,吾党于粤中一切毫无整备,现时驻粤之人才力甚单薄,办事极散漫,难望前途之大进步。弟子之意,宜饬令雪广、藻广二人回粤与刚、智协办,一切全委于四人之手,以专责成,此是极要事。刚、智二人弟子敢以百口保之,其热心真如一炉猛火,同门无及之者。镜、树(王镜如,韩树园——原初稿批注)谨有余机变不足。云(欧云樵——原初稿批注)文字之才也,难于共事。弟子非好为雌黄其人,为大局计,不得不言。

一、先生肯采此言,以全权交此四人最善,即不然而会款所得,亦必当接济刚、智,能令知新同人与之和衷,勿使英雄无用武之地。今日全地球皆属望吾党,若他日无事可做,先生与弟子更有何面目立于世界哉?然不接济刚等,则粤事弟子甚忧之。现时檀山虽捐有五万之数,然尚未开收。(因在政府取一立会文凭,领事极力阻挠,待与之争定,然后开收。但一二日内即定矣。)弟子此行共需三万左右,故汇款东归,尚须待一二月后,而今日事势之迫,已到极地,刚等所谋,岂尚能迟。故望飞函澳中,属以所得之款即拨交刚等之用,南中有续得者,随时接应,切切勿误。今日欲成大事,万不可存一同门不同门之界,办天下之大事,非尽收天

下之豪杰不可。

一、澳门为通国总会,必当更定一办事条理乃可。弟子之意,当设一总理,总持各事,设一司会,专掌会计出纳,此缺必当穗任之。出纳之法:一由先生及弟子来书拨交某款者立拨;一由会中同人议定当拨某款者乃拨。设通信员二人,一专主与南洋、澳洲各会通信,一专主与日本、美洲通信。凡已开会之地,每水必有一信往,报告中国近事及各埠本会之情形(亦令各埠每水报告总会),未开会之地,设法查访其热心人,即与通信。设议员十数人,专主议行各事,各专责成,井井有条乃可取信于人。弟子觉得澳门总会极其散漫,弟子到檀以来,曾发八信往,至今未得一复字,本会亦未得其一信,而金山本会来函,言今年未得总会一字,如此成何局面?乞先生设法大加整顿,切盼切盼。

一、我辈今乃草创办事之日,非失意之日,故审量事务,不免多所责备,实为事之成,慎之又慎耳。万不可以为在患难之中,当互相涵容,惮于争辩也。故弟子屡次上书,皆哓哓多言,先生想必谅之。

张品兴主编《梁启超全集》,北京出版社1999年版,第5918页

3月31日(三月初一日)　谢缵泰、杨衢云在香港开始与容闳商合作。

谢缵泰《中华民国革命秘史》:

一九〇〇年三月三十一日,我在托马斯(Thomas)酒店会见了容闳博士。我们讨论了政治局势。

章开沅、罗福惠、严昌洪主编《辛亥革命史资料新编》(1),湖北人民出版社2006年版,第170页

4月3日(三月初四日)　杨衢云再次晤容闳于香港。

谢缵泰《中华民国革命秘史》:

一九〇〇年四月三日,我为容闳和杨衢云安排了一个秘密会议,讨论赶快联合与合作的问题。

章开沅、罗福惠、严昌洪主编《辛亥革命史资料新编》(1),湖北人民出版社2006年版,第170页

4月4日(三月初五日)　梁启超函唐才常,待筹款有成,然得定策,勿轻于一掷。

梁启超《一九〇〇年三月初五日致唐绂丞、狄楚青》:

所上八书,谅均收,无俟复陈。弟顷仍未能他行,因白人疫防未解,轮船只许装载白贼,不许装载亚洲人也。困守一隅,真乃闷绝。前第六、第七号书所言各事,今仍办之。弟虽未能同往,然专托此白人,彼似属真心者,虽然成否未可知,已费了二万金本钱矣。因此之故,未能汇款上尊处,有急需者尚请先商之于星洲诸贤可也。老虎果真来归,宜略告以弟所谋一切,当稍安。待弟所谋成否然后定策,不可轻于一掷也。切嘱切嘱。

张品兴主编《梁启超全集》,北京出版社1999年版,第5920页

4月12日(三月十三日)　梁启超致书康有为,主先取广东,正式开府。

梁启超《一九〇〇年三月十三日致康有为》:

一、先取粤与否,为一大问题也。据来信之意,则所最足恃者,为南关一路,以为正兵,道桂、湘窥鄂,此诚第一著。然广东之布置,则未有闻焉。弟子以为未得广东,而大举进取,终是险著;洪秀全之事,其前车也。

凡行军者,必先有根本营。洪氏以粤人而不取粤地,初时坐困永安州几一年,攻桂林而不能破,攻长沙而不能破,破武昌而不能守,直至窜得江南始有喘息之地,其根本先微弱也。今如我之所布置,正蹈其辙,即使桂林、长沙之易图,过于往日,然此两地固不足以为根本之区,最速亦须得武昌后乃能喘息,未免太迂缓矣。皮贼部下各军虽无用,然彼亦有千余人经西人训练者,其余所用之械非我能及。我以孤军深入,千里馈粮,前有劲敌,后无老营,岂遂可必胜乎哉? 既以此为正军,正军一挫,其险不可思议,此不可不先取粤者一也。

吾所用将弁兵卒皆粤人,既得粤则士气愈壮,进取愈勇,若不得粤,则吾军将士皆以其孥为质于敌人之手,即无怨望,亦有戒心,士气一弱,事倍功半,此不可不先取粤者二也。

今日我辈举义,与秦、汉之交,元、明之季,诸豪杰全然不同。彼辈制胜之诀,不外流之一字,先取天下而糜烂之者也。彼起于草泽者,其力固非有以过于朝廷也。特其流之所至,群雄四起,糜烂已极,朝廷之力,不得不疲敝,乃因而乘之云尔。若我辈今日,则岂能如是。无论勤王仁义之师,不应尔尔,即以势论之,亦所不能,盖外国必不我许也。以弟子之意度之,西人未必不喜我之以兵力行维新也。然彼终不肯赞成之者,恐我力之不足,而至于糜烂也。故最要之著,莫如先开府,与外人交涉,示之以文明之举动,使其表同情于我,而又必须示以文明之实事,使其信我实有能统治国民之力量,(公法凡能有统治国民之责者,即认之为国家。)然后不惹其干涉。然则抚绥内政之事,又不可不讲也。此二者非开府于粤不可。若以孤军直窥湘、鄂,其势不得不出于流,流则无暇及此,亦无从及此。万一沿途稍有阻隔,如洪氏永安州前事,则不难亘数月而不达武昌,即亘数月而不能开府,(湘桂决非开府之地,无粤则桂必不能守,无鄂则湘必不能守。)而干涉之事纷起矣。与一政府为敌尚且不易,况与他洲之数政府为敌哉。此不可不先取粤者三也。虽然取粤之为急,即微弟子言,夫子亦应早计及,但能实行与否,专视我之力量何如耳。以来书所言,虽有"介、闲、勉(介,陈介叔;闲,梁少闲;勉,徐君勉——原初稿批注)合成一军"之语,然未详言其军之何在。弟子试以钩稽测之,勉今犹在南,其所谓军者,必仍是识想所构造而已。而伯忠来书,有"介现入都"之语,然则介所办,仍是在密一边,非在明一边也。故弟子窃疑粤之实未有人也。实未有人,则是极险之道也。弟子窃以为当俟此方力量可恃,然后可图大举也。曰然则广东力量不足,遂终虚龙州之众而不用乎? 曰广东绝无人则不可,有人而非劲旅则亦慰情胜无,不妨一试。试之维何,则议以龙州之众先取粤,而后再道桂、湘入鄂而已。粤吏所恃者仅一安勇,龙州有事,势既稍昌,全桂无可为敌,必调安勇,若我在粤有人,乘其虚而夺省城,上也。否则以支军先起于惠、潮、嘉间,□可也,必调安勇三之一以御我;次以龙州之众声言入湘,彼必以安勇三之二来迎敌。俟其既至平乐、阳朔之间也,我乃以小军抄出浔州,渡象江以袭其后,大军由桂来反击,夹攻歼之,然后泝江而下,疾趋而与西江肇庆一带之师合,以取省城,次也。若弃省城而悬孤军以入湘下也。(洪氏为向荣所追,□不能回顾以定巢心,正坐此弊。)果经营两粤之事弟子鄙见如此,幸详察采择之。

一、先生亲自入营统军与否,又一大问题也。据来书之意,商量星洲、澳洲、日本三处驻扎之地,则似无入营亲统之意。然弟子之意有不尽同者。若吾师不足恃,姑以尝试而已,则先生以四万万人托命之身,决不可卒投于其中,固也。虽然我辈今日之事,决不可稍存尝试之心也;若自量其不可以制胜,则无宁少迂缓之,养全锋而后试。若一击不中,则再举难矣。财力既用去,不能再募,一也;人才多伤,难以再集,二也;伪政府防卫益严,无从下手,三也。故此次不有事则已,有事则成败皆决定于此举。若不成,则何颜复见天下,抑且无地可以自容,以身殉之,以谢主知可也。既决持此宗旨,谋定后动,既动则有进无退,若是乎先生之亲统军,万不可以已也。自古未有主将不在军中,而师能用命者,他日能驾驭之,而范我驰驱,皆在此时也。若初时不与之共其苦,而欲成事之后,彼纠纠者拱手而听节制,抑亦难矣!且非欲争此权也,无此权,则无所统一,而将至于偾事也。故弟子之意,即定以某军为正军,则先生必当入而亲率之,即弟子亦然;或随先生赞帷幄,或入别军为应援,要之万不能置身于军外也。先生谓何如!

一、先生之入何军(即以何军为正军),亦一问题也。先生之身,必当与开府之地相依倚;开府在粤,则先生当在粤,开府在武昌若金陵,则先生当在武昌若金陵,此一定之势也。然则此事可以断定曰:以某军取粤,则先生宜入某军是已。然如何设法,然后可以入军中,又非今日远地所可遥断也。

一、起义之始,直正名为先生所部之师与否,又一问题也。正先生之名,重之以衣带之诏,则足以感豪杰之心,而寒奸贼之胆,先声夺人,气焰数倍,此其利也。但恐初起之时,先生未能入军中,而此帜一树,转不能存身于就近各处,或至为所居之国所縶维,限制不许归,此最可虑也。弟子窃计正名与否,以先生之得先入军中与否为断。然不正名不亲率,则此后之节制调遣实难,故惟当尽力设法,以先入军也。

一、今日即起事与否,抑有所待,此又一最大最要之问题也。事机之急既已如此,弟子复何忍言有待。虽然,一击不中,不可收拾,天下大事岂同儿戏,知彼知己二者,不可不审择也。弟子之欲言有待者,实因有可待之道也。即前日所言某西人之事是矣。此人昔曾与于古巴之役者也,与今之美外部大臣同事者也。彼今受吾二万金之重托,弃其现做之商务而奔走此举,彼之意谓事之成可以十有八九也。虽属意外之望,然既有此布置,似不得不待之。且此事若成,不特得其资财,亦且得美政府之助,又得人才之助也。盖其人既能出此巨金者,必在美为有望之人。而彼既有有所利而为,则必欲其底相成,其必不能不设种种法以助我。此人情也。故弟子之意,欲待此举之成否,然后举其他。尽六月杪必有实消息矣。虽然,弟子遥揣之,固亦知其有难待者。皇上危急义不可待,一也;既已招集各军,持之久则饷不资,恐难为继,二也;迟一日则伪贼之设防愈密一日,三也。有此三难,虽有弟子此次之商量,恐未必能待。然则姑就不待之议,而更吐其所怀焉。

一、宜借菲岛散勇也,此事前函已屡言之。今即未能大举,则借数百亦可以大壮军容。计若借五百,除枪弹外,则但有万余金足矣。若得此外助,一可当百。顷已托彼人写信往彼处某将官,兹并寄上,祈饬一通四语之人,往募之,为盼。得此五百以助东省之势,可捣省城,不分翼军之力。

一、得省城不必戕肥贼,但以之为傀儡最妙。此举有数利:示人以文明举动,一也;借势以寒奸党之心(助我声威),二也;西人颇重此人,用之则外交可略得手,三也;易使州县地方安静,四也。

一、大军甫动,即须以西文公文布告各国,除声明举兵大义之外,有最要者数事:一、保护西人身命财产;二、若用兵之地,西人商务因我兵事而亏累者,我新政府必认数公道赔偿;三、北京政府旧借国债以海关作抵者,我新政府所管辖之地有税关者,即依其税关所抵之数照旧认还。以上三条,与外国交涉最紧要者。一、将全国之地,尽为通商口岸;二、改正税则,豁免厘金;三、国内人欲从何教,许其自由,政府不分别相待。以上三条内政,而与西人有关涉者亦当布告。布告之事,使人知我为文明举动,格外另眼相待,所益不少。新宪法虽与西人无涉,亦当布告,使人重我也。弟子日间拟出奉呈裁度备用,何如?

一、我辈所以如此千辛万苦者,为救皇上也。从南方起事,去救皇上,实际尚极远。如何然后可以使皇上脱离苦海,将直捣北京乎?我之兵力能敌荣下五军否?即能敌之,俄人岂能不出而干涉,以我乌合抵俄虎狼,必无幸矣。俄噬北京,实践其势力范围,英、法岂肯坐视,是使我功败垂成也。若先画江以待力足,则我皇忧病之躯,能待我乎?先生所以处此者,望告。

一、现时皇上既已呕血,外使觐见,言天颜憔悴异常,想病重久矣。万一不能待我之救,则彼时当何如讨贼?固也。然贼虽讨,而上已不讳,则主此国者谁乎?先生近日深恶痛绝民主政体,然果万一不讳,则所以处此之道,弟子亦欲闻之。今日危急哀痛之极,又当百事草创之时,不能不鳃鳃虑及也。

一、初起时用款。得地后则囤粮,此是一定办法,但又不只粮而已,百事皆需款。局外人闻之辄曰:得省城后,何患无财?但得省城后,以何法遂可得财?细想去又自不易也。城中财主一迁往香港,则无从縻之矣。仅藩司所得几何?欲行纸币,又非扰攘时所易办到;掳掠则更非矣。此事亦不可不熟计。

一、此间自烧埠后,元气大伤,尤可愤者,西人各银行皆不肯放银与华人,以致全埠干涸。近日因打发此西人往美,先交美银五千,到处各人罗掘,尚不能给,乃至以弟子所携行箧中千金(华银)添之,仅乃充数。弟子实察情形,诚非各同志出纳之吝,盖凋状实如是也。汇款东归,决须俟一月以后,若得款则当寄金电汇。

一、孝高言使东人为荆、聂之说,闻其已察先生,此事大佳,望助成之。彼须先以款存银行,不知要多少耳。似此胜于用吾党人。刘豚为我阻力极大,不可不图之。

张品兴主编《梁启超全集》,北京出版社1999年版,第5922~5924页

4月21日(三月二十二日)　以直隶地方有外来义和拳会,煽诱愚民,与教民寻仇,命裕禄切实开导。

军机大臣字寄直隶总督裕,光绪二十六年三月二十二日,奉上谕。前据裕禄奏称,直隶地方有外来之义和拳会,到处煽诱愚民,藉词与教民寻衅,现在设法弹压解散等语。畿辅重地,岂可任令匪徒纠结滋生事端,提督梅东益、道员张莲芬在直年久,熟悉地方情形,应即责成该二员相机办理,切实开导。谕以民教,皆朝廷赤子,食毛践土,自应彼此永远相安。遇有两造争持之案,只论是非,不分民教,务在持平办理,毋稍偏徇。即民间学习拳技,自卫身家,亦止论其匪不匪,不必问其会不会。是在该督严饬地方官吏,准情酌理因应得宜,非朝廷所能遥制也,将此谕令知之,钦此。遵旨寄信前来。

中国第一历史档案馆编《光绪朝上谕档》第26册,广西师范大学出版社2000年版,第79页

4月26日(三月二十七日)　杨衢云自香港赴日本,与孙中山商在粤举事。

谢缵泰《中华民国革命秘史》:

一九〇〇年四月二十六日,杨衢云乘粟丸(Aua maru)轮前往日本,与孙逸仙博士协商。

章开沅、罗福惠、严昌洪主编《辛亥革命史资料新编》(1),湖北人民出版社2006年版,第170页

4月28日(三月二十九日)　梁启超致书孙中山,劝利用时势,借勤王以兴民政,举光绪为总统,使两党相合。

梁启超《一九〇〇年三月二十九日致孙中山》:

足下近日所布置,弟得闻其六七,顾弟又有欲言者,自去年岁杪,废立事起,全国人心悚动奋发,热力骤增数倍,望勤王之师,如大旱之望雨。今若乘此机会用此名号,真乃事半功

倍。此实我二人相别以来，事势一大变迁也。弟之意常觉得通国办事之人，只有咁多，必当合而不当分。既欲合，则必多舍其私见，同折衷于公义，商度于时势，然后可以望合。夫倒满洲以兴民政，公义也；而借勤王以兴民政，则今日之时势，最相宜者也。古人曰："虽有智慧，不如乘势"，弟以为宜稍变通矣。草创既定，举皇上为总统，两者兼全，成事正易，岂不甚善？何必故画鸿沟，使彼此永远不相合哉。弟甚敬兄之志，爱兄之才，故不惜更进一言，幸垂采之。弟现时别有所图，若能成(可得千万左右)，则可大助内地诸豪一举而成。今日谋事必当养吾力量，使立于可胜之地，然后发手，斯能有功。不然，屡次卤莽，旋起旋蹶，徒罄财力，徒伤人才，弟所甚不取也。望兄采纳鄙言，更迟半年之期，我辈握手共入中原。是所厚望，未知尊意以为何如？

张品兴主编《梁启超全集》，北京出版社 1999 年版，第 5928 页

4 月 29 日(四月初一日)　梁启超分函康有为、徐勋，指责澳门总会散漫，并促徐勋图谋李鸿章。

梁启超《一九〇〇年四月初一日致康有为》：

一、美属弟子现时暂不往，实前者持日人名字之护照来，今日领事言，若往金山，彼处日吏不能肩保护之责；苦口劝勿往，并云已告金山领事，此护照作为废纸，若往恐生大不便云。故今只得暂留招待，前所托美人事，回复若何，再为后图。

一、纯老来美，大善，可以为各处保皇会增力。弟子前信因以日内大事在即，夫子左右不可无一通西语之人，故阻其行。今见此次来书大约去事尚远，能抽暇一来最妙也。

一、檀山党变无甚事，久已安贴，大约为吾党者仍十人而七也。罗、唐事起，一二败类告退，然本非得力人，无足轻重，其余则更奋勇而已。夫子可常以书奖之。

一、弟子前此种种疑忌肆谬，今皆自省之，(此字除出诸自由不服罪外，余皆自知。)愿自改之，此皆由于打叠田地不洁净之故，不诚不敬，以致生出许多支节，盖弟子求学而不求道之日多矣。前两旬偶读《曾文正集》，瞿然自省，觉事事不如彼，愈益内观则疵累愈益多。追念去年一年情事，事事皆无地自容，今誓以强力自克或者有救，(今日曰自省，而克则未能也，盖道心之无力久矣。)现时设功课日记部，一以长兴故事行之，欲每月仍寄夫子，乞教诲也。

至于同门不同门之界，弟子仍持前说，不敢因噎废食。前此同门之误事者，又岂少乎？网罗豪俊之法，莫要于阔达大度，而莫恶于猜忌。盖猜忌二字，最易距人于千里之外也。夫子所责弟子多疑之说，弟子今知其蔽，痛自改之。然此义乃欲施之于同门不同门，皆如是也。弟子总觉得办天下之事，须合天下之才，然同门之圈限已定而有尽，不同门之圈限未定而方长，诚恐声音笑貌之间，距人千里之外，故每书辄斤斤然辨之也。

一、来谕屡言此间海陆军人，此间陆军稍识涂径者尚有之，海军则绝无有也。所谓陆军者，亦不过稍知步伐等耳，实不深也。前中山在此之时，创一兵会，习者数十，然人皆有业，罕暇晷，不能大成，久而遂懈。今欲重振之，而疫禁至今未解(已定西五月一日解)，且以焚埠之故，西人不免有猜忌华人之心，恐其不见许也。至现时可以遣归之人，亦非无之，而弟子所以久不遣归者，亦有故：一则前者内地布置如何，一切不知究竟(以措施各事不能不明相告也)，不识果能□□□否？而彼辈在此，每月皆百金以上之工价，虽彼肯奋勇自归，不计及此，而今其虚此一行，实属无颜相见。二则夫子既已远行，港、澳大局散焕异常，今遣归不知使其与谁会商。弟子屡书往澳，经两月不得复，现虽孝实两次之复，而自己声明非贪权与闻内事之人，穗田吾知其为总理，而非能定主意之人，(欲使其依子刚，然使刚与澳人不水乳，终是被人笑

话耳。)镜、介吾知其能定主意,而弟子十余信且不见复一字,弟子何敢轻派人往与共事,实疑其才之短与量之浅,二者必居一于是也。三则此间保皇会得力之人大半皆行者旧党(此间人无论其入兴中会与否亦皆与行者有交),今虽热而来归,彼心以为吾党之人才势力,远过于彼党耳。若一旦归来,吾党之人既已如此,(弟子此言非轻镜、介也。其人慎密之甚,乃至同志中得力之人亦不交一字,则不距人于千里之外者几希矣。)而彼党在港颇众。檀山旧人归去从彼者,如刘祥,如邓从圣,(此人倾家数万以助行者。至今不名一钱而心终不悔,日日死心为彼办事,阖埠皆推其才,勿谓他人无人也。)此间人皆称之。彼辈一归,失意于吾党而不分,返檀必为行者用。吾赔了夫人又折兵,徒使行将军大笑,而回光镜一度返照到檀,全局可以瓦解。此三者乃弟子所以不愿遣人来归之原因。若其磨拳擦掌愿归者,殊非无人,而弟子于此正事,实始终不放心。今者第一事所虑已渐减矣,第二第三两件,则君勉回港,或稍可平。弟子日间拟派三数人来,但不欲派曾入兴中会之人,以免第三病。然其人非曾习洋操之人(彼党外无习之者),盖勇者也(可望即为龙春霆)。下月或来,请夫子预属同人善视之。

一、于遣将之外,却有两事,欲遣人归谋之者,前书已略陈,今请道其详。其一则开一铁器公司于港,且开支店于省,集股十万为之,现已得三万左右,拟在此集至五万即归,在港、坡更集其半归。主此店者,鲍海、唐金甫、梁荫南三人,必居其一,大约鲍海为多,三人皆非彼党也,最实心可恃。其二则在港省交界之荒岛,择一地开蚕桑公司,并招年少与曾入蚕桑学堂者教以中西文,以此为招,应者必多,选其壮健朴诚者,日日练之,日日讲之,可以暗成一有勇知方之军。此地莫宜于蚕桑,若不得则他处亦可,此事必教士主持之乃可。黄绍经乃教中最有望之人,极实心,亦非行党,拟使之办此事。集股两万,今已得六七千。此二事,似大有裨益,拟一月以后,两途并发急归矣。此外有西医生二人(皆客家),欲办红十字会,此亦示人以文明举动之一端,弟子因怂恿之。然力薄难成,但此非要著也。惟办此两事,亦有当借重港、澳人之力者。铁器公司不知晓生能提倡集股否,香港得数十万易易耳。(晓近□吾党事究何如,闻救护诸人颇得力。又先生来书有汇款与孺或晓云云之语,然则晓亦与闻各事耶,望示。)请先生以书劝之或勉等面劝之。又请查香港卖军械有限制否?限制几何?可以开支店于省租界否?皆请查示知。

一、来示于自由之义,深恶而痛绝之,而弟子始终不欲弃此义。窃以为于天地之公理与中国之时势,皆非发明此义不为功也。弟子之言自由者,非对于压力而言之,对于奴隶性而言之,压力属于施者,奴隶性属于受者。(施者不足责亦不屑教诲,惟责教受者耳。)中国数千年之腐败,其祸极于今日,推其大原,皆必自奴隶性来,不除此性,中国万不能立于世界万国之间。而自由云者,正使人自知其本性,而不受箝制于他人。今日非施此药,万不能愈此病。而先生屡引法国大革命为鉴。法国革命之惨,弟子深知之,日本人忌之恶之尤甚。(先生谓弟子染日本风气而言自由,非也。日本书中无一不谈法国革命而色变者,其政治书中无不痛诋路梭者。盖日本近日盛行法国主义,弟子实深恶之厌之。而至今之独尊法国主义者,实弟子排各论而倡之者也。)虽然,此不足援以律中国也。中国与法国民情最相反,法国之民最好动,无一时而能静;中国之民最好静,经千年而不动。故路梭诸贤之论,施之于法国,诚为取乱之具,而施之于中国,适为兴治之机;如参桂之药,投诸病热者,则增其剧,而投诸体虚者,则正起其衰也。而先生日虑及此。弟子窃以为过矣。

且法国之惨祸,由于革命诸人,借自由之名以生祸,而非自由之为祸;虽国学派不满于路梭者,亦未尝以此祸蔽累于路梭也。执此之说,是以李斯而罪荀卿,以吴起而罪曾子也。且中国数千年来,无自由二字,而历代鼎革之惨祸,亦岂下于法国哉?然则祸天下者,全在其人,而不能以归罪于所托之名。且以自由而生惨祸者,经此惨祸之后,而尚可有进于文明之一日,不以自由而生惨祸者,其惨祸日出而不知所穷,中国数千年是也。苟有爱天下之心者,于此二者,宜何择焉。

至欧人文明与法无关之说,弟子甚所不解,不必据他书,即《泰西新史揽要》,亦可见其概。英国为宪政发达最久最完之国,流血最少,而收效最多者也。而其安危强弱之最大关键,实在一千八百三十二年之议院改革案;而此案之起,乃由法人影响所及(英民闻法人争权之事而兴起),此案之得成,亦由执政者惮于法之惨祸,而降心遽许之。此《新史揽要》所明言也(他书言之尤详)。欧洲中原日耳曼、奥斯马加、意大利、瑞士诸国皆因并吞于拿破仑。时拿氏大改其政治,而自予人民以自由,人民既得尝自由之滋味,此后更不能受治于专制民贼之下,故历千辛万苦而争得之,以至有今日。观于拿破仑第一次被放,而维也纳会议起。拿破仑第二次被放,而俄、普、奥三帝神圣同盟兴,维也纳会议、神圣同盟,皆为压制民权而设也。但观于此,而知法国革命影响于全欧者多矣。弟子谓法人自受苦难,以易全欧国民之安荣,法人诚可怜亦可敬也。泰西史学家无不以法国革命为新旧两世界之关键,而纯甫难是说,然则此十九世纪之母何在也?(弟子以为法国革命即其母,路得政教其祖母也。)

若夫自由二字,夫子谓其翻译不妥或尚可,至诋其意则万万不可也。自由之界说,有最要者一语,曰人人自由,而以不侵人之自由为界是矣。而省文言之,则人人自由四字,意义亦已具足。盖若有一人侵人之自由者,则必有一人之自由被侵者,是则不可谓之人人自由;以此言自由,乃真自由,毫无流弊。要之,言自由者无他,不过使之得全其为人之资格而已。质而论之,即不受三纲之压制而已;不受古人之束缚而已。

夫子谓今日"但当言开民智,不当言兴民权",弟子见此二语,不禁讶其与张之洞之言,甚相类也。夫不兴民权则民智乌可得开哉。其脑质之思想,受数千年古学所束缚,曾不敢有一线之走开,虽尽授以外国学问,一切普通学皆充人其记性之中,终不过如机器切成之人形,毫无发生气象。试观现时世界之奉耶稣新教之国民,皆智而富,奉天主旧教之国民,皆愚而弱;(法国如路梭之辈,皆不为旧教所囿者,法人喜动,其国人之性质使然也。)无他,亦自由与不自由之分而已。(法国今虽民主,然绝不能自由。)故今日而知民智之为急,则舍自由无他道矣。中国于教学之界则守一先生之言,不敢稍有异想;于政治之界则服一王之制不敢稍有异言,此实为滋愚滋弱之最大病源。此病不去,百药无效,必以万钧之力,激厉奋迅,决破罗网,热其已凉之血管,而使增热至沸度;搅其久伏之脑筋,而使大动至发狂。经此一度之沸,一度之狂,庶几可以受新益而底中和矣。然弟子敢断中国之必不能沸,必不能狂也。虽使天下有如复生(复生《仁学》下篇……荡决甚矣,惜少近今西哲之真理耳。)及弟子者数十百人,亦必不能使之沸、使之狂也。弟子即尽全力以鼓吹之,而何至有法国之事乎。至自由二字,字面上似稍有语病,弟子欲易之以自主,然自主又有自主之义,又欲易之以自治,自治二字,似颇善矣。自治含有二义:一者不受治于他人之义,二者真能治自己之义。既真能治自己而何有侵人自由之事乎?而何有法国托名肆虐之事乎?故有自治似颇善矣——而所谓不受治于他人者,非谓不受治于法律也。英人常自夸谓全国皆治人者,全国皆治于人者,盖公定法律而公守之,即自定法律而自守之也。实则仍受治于己而已。盖法律者,所以保护各人之自由,而不使互侵也。此自由之极则,即法律之精意也。抑以法国革命而谤自由,尤有不可者;盖自由二字,非法国之土产也。英之弥儿,德之康得,皆近世大儒,全球所仰,其言自由,真可谓博深切明矣。而夫子引隋炀、武后以比之,似未免涉于嫚骂矣。弟子欲辩论此二字,真乃罄南山之竹,不能尽其词;非有他心,实觉其为今日救时之良药,不二之法门耳。现时所见如此,或他日有进,翻然弃之,亦未可定。但今日心中所蕴,不敢自欺,故不觉其言之长。其谓涉于不敬,非对长者之体者多多,惟因文曲折,随笔应赴,不自检点,深知其罪。

又自由与服从二者相反而相成,凡真自由未有不服从者。英人所谓人人皆治人,人人皆治于人,是也。但使有丝毫不服从法律,则必侵人自由,盖法律者,除保护人自由权之外,无他掌也。而侵人自由者,自由界说中所大戒也。故真自由者,必服从。

据乱之制度与太平之制度,多有相类者,然其渊源来历,全然不同,似不可以彼病此。

张品兴主编《梁启超全集》,北京出版社 1999 年版,第 5930 ~ 5932 页

梁启超《一九〇〇年四月初一日致徐君勉》:

罗、唐等事,本在意中。去年弟不以保皇会办法为然者即为此也。欲谋人而使人知之,未事而先□之,此最足以误事,故弟于此事颇腹诽之。《清议报》亦始终不登保皇会文字,其后□先生督责备至,朋友之相责尤甚,弟之意不定,故檀香山仍蹈此覆辙,□□□首尾正长也。去年弟曾有前后数万言之书陈长者,不以会之明办为然,而长者复书,谓非如此,不大不固。今事已过,无可挽回,以后之事,慎之而已。但已及难者,不可不出全力以救之,不然对不住人;彼非听受我言,不至有今日之祸。若过河撤板,更何以示义于天下,想诸人亦必甚着急也。

一、豚子不宰,我辈终无着手之地,此义人人知之,人人有同心。而弟所独怪者,总会现时款项虽非大充,然亦未至尽绌,何以数月以来,无一毫动静。长者及兄皆称麦为天下才,弟不敢不信。麦事弟向不与知,故亦不敢妄议。但去年数次经营北事,不就手犹可言也;至于今年经营豚事,数月不就手,不可言也。弟窃疑其下之未有用命之人也。不然,何至今阙如也。弟意此事既为吾党绝大关系,虽多费亦当行之,重赏下未必无勇夫,不宜惜此区区也。悬赏之法,与其人同往银行订存若干,事成而谢之,或亦可乎?顷檀人无日不以此事相劝相责。此事若就,檀可增金万数千也。请速图之!

一、兄前者来数书,书中皆有“百事俱备,只欠东风”二语,弟窃疑其夸也。否则,兄视事太易也。今东风固欠,而百事之未备者,亦正多也。今且勿论他事,即云有人矣,而械既有之否乎?设有械在此,而用何法可以运入?此弟之所最急欲闻也。弟窃料现时此事尚全无布置也。(或者现在有些小布置,而兄前者写信时竟未有。)此事且无布置,他事可知矣。

一、弟窃见总会之事甚散漫,绝不成中央政府之形,弟甚忧之。窃意必须有一人焉,总揽其事,而其人必阔达大度,沉毅有谋,与各路同志皆有亲密之关系,而又不厌烦,当四处照管得及,无所偏倚,无所挂漏,然后脉络贯注,乃能有济。今窃疑麦之非此才也。麦太密而沈,此可以当一面自成一事之人,而非能统全局之人也。凡用人贵当其才,以麦而当大局,是取其所短也,必距人于千里之外而已。今兄既归,弟窃疑兄之必可以当此局也。舍兄之外,无他人也。刚协助兄或可也,不审同人肯以此权授之否耳。然刚亦当办自当一面之事,兄一人任之已足也。大抵办事,宜讲分劳之语。各画一图界,而各务于界内之责任。如兄既任总持之事,则不宜更务方而[面]之事。其任方面者,亦不问总持之事最妙也。兄既任总持,或眼疾未痊,置一书记可也。其所当办者有数件:各路之信件不可不极勤,盖有商量,则增热力无限。即如各处保皇会,其大者则每水一信,小者或隔一水一信,由书记任之可也。而内地办事诸豪,尤宜通信极多,否则隔阂而冷也。此其一也。网罗豪杰,为第一要事,吐哺握发求才若渴,闻一人有志有识者,则卑礼尽诚以招纳之;《水浒》之宋江,大可法也。此其二也。待人公心,惟才是用,无畛域之见。此其三也。专布置自外通内之气脉各事,此其四也。弟窃望兄尽力于此。

张品兴主编《梁启超全集》,北京出版社 1999 年版,第 5928 ~ 5929 页

6月初(五月上旬)　因陈少白、刘学询之邀,孙中山决定赴香港与李鸿章协商组织广东独立政府事。

冯自由《孙总理庚子运动广东独立始末》:

庚子年(一九〇〇)五月,北方义和拳匪作乱,围攻各国使署。清西后不独朋比为奸且下诏对各国宣战,举国鼎沸,大局岌岌可危。香港议政局议员何启博士素与兴中会关系密切,以时势紧急,瓜分之祸,濒于眉睫,粤省如不亟谋自保,决不足以图存。因向《中国日报》社长陈少白献策,主张革命党与粤督李鸿章合作救国,首先运动鸿章向满清政府及各国宣告两广自主,而总理率兴中会员佐之。其进行方法,则先由中国维新党人联名致书香港总督卜力(Blake),求其协助中国根本改造,以维世界和平。再由卜力根据书中理由,转商鸿章。建议广东自主方案,并介绍兴中会首领孙某与之合作。鸿章如赞成此策,即由渠电邀总理回国同组织新政府。事前已经何启征求卜督同意,始向少白言之。少白即拍电详告总理取进止。时总理方居横滨,计划惠州军事。得电大喜,立复电少白赞成。遂由少白召集各会员研究进行策略,随起草致港督函稿。复由何启、杨衢云、谢缵泰等译成英文。具名者为孙逸仙、杨衢云、陈少白、谢缵泰、郑士良、邓荫南、史坚如、李柏诸人。其文曰:

中国南方志士某某等,谨上书香港总督大人台前,窃士等十数年来,早虑满洲政府庸懦失败,既害本国,延及友邦。倘仍安厥故常,采守小节,祸恐靡既。用是不惮劳瘁,先事预筹,力谋变政,以杜后患。不期果有今日之祸。当此北方肇事,大局已摇,各省地方,势将糜烂。受其害者,不特华人也。天下安危,匹夫有责。先知先觉,义岂容辞。士等睹此时艰,亟思挽救。窃恐势力微弱,奏效为难。政府冥顽,转圜不易。疆臣重吏,观望依违。定乱苏民,究将谁属。深知贵国素敦友谊,保中为心。且商务教堂,遍于内地。故士等不嫌越分,呈请助力,以襄厥成。愿借殊勋,改造中国。则内无反侧,外固邦交。受其利害,又不特华人已也。一害一利,相去如斯,望贵国其慎裁之。否则,恐各省华人望治心切,过为失望,势将自谋。且祸变之来,殆难逆料。此固非士等所愿,当亦非贵国之所愿也。时不可失,合则有成。如谓满政府虽失政于先,或补救于后,则请将其平素之积弊及现在之凶顽,略为陈之。朝廷要务,决于满臣,紊政弄权,惟以贵选,是谓任私人。文武两途,专以贿进,能员循吏,转在下僚,是谓屈俊杰。失势则媚,得势则骄,面从心违,交邻惯技,是谓尚诈术。较量薄弱,恩可为仇,朝得新权,夕忘旧好,是谓渎邦交。外和内狠,懕怨计嫌,酿祸伏机,屡思报复,是谓嫉外人。上下交征,纵情滥耗,民膏民血,叠剥应需,是谓虐民庶。锻炼党罪,杀戮忠臣,杜绝新机,闭塞言路,是谓仇志士。严刑取供,狱多瘐毙,宁枉毋纵,多杀示威,是谓尚残刑。此积弊也。至于现在之凶顽,此后尚无涯矣。而就现在之已见者,则如妖言惑众,煽乱危邦,酿祸奸民,褒以忠义,是谓诲民变。东乱既起,不即剿平,又借元凶,命为前导,是谓挑边衅。教异理同,传道何罪,唆耸民庶,屠戮远人,是谓仇教士。通商有约,保护宜周,乃种祸根,荡其物业,是谓害洋商。睦邻遣使,国体攸关,移炮环攻,如待强敌,是谓戕使命。书未绝交,使犹滞境,围困使署,囚禁外臣,是谓背公法。平匪全交,乃为至理,竟因忠谏,惨杀无辜,是谓戮忠臣。启衅贪功,觊觎大位,不加诛伐,反受兵权,是谓用偾师。裂土瓜分,群雄眈视,暗受调护,漠不知恩,是谓忘大德。民教失欢,原易排解,偏为挑拨,遂启祸端,是谓修小怨。凡此皆满政府之的确罪状,苟有反正,为祸何极,我南人求治之忱,良为此矣。士等深知今日为中外安危之所关,满汉存亡之所系,是用力陈治弊,曲慰同人。南省乱萌,借兹稍缓,事宜借力,谋戒轻心。上国远图,或蒙取录。兹谨拟平治章程六则呈览,恳转商同志之国,极力赞成,除去祸根,聿昭新治。事无偏益,利溥不同。惟是局紧机危,时刻可虑。望早赐复,以定人心。不胜翘企待命之至。

一、迁都于适中之地。

如南京、汉口等处,择而都之,以便办理交涉及各省往来。

二、于都内立一中央政府,以总其成。于各省立一自治政府,以资分理。

所谓中央政府者,举民望所归之人为之首,统辖水陆各军,宰理交涉事务。惟其主权,仍在宪法权限之内。设立议会,由各省贡士若干名,以充议员。以驻京公使为暂时顾问局员。所谓自治政府者,由中央政府选派驻省总督一人,以为一省之首。设立省议会,由各县贡士若干名,以为议员。所有该省之一切政治征收正供,皆有全权自理,不受中央政府遥制。惟于年中所入之款,按额拨解中央政府,以为清洋债供军饷,及宫中府中费用。省内之民兵队及警察部,俱归自治政府节制。以本省人为本省官,然必由省议会内公举。至于会内之代议士,本由民间选定,惟新定之始,法未大备,暂向自治政府择之,俟至若干年始归民间选举,以目前各国之总领事为暂时顾问局员。

三、公权利于天下。

如关税等类,如有增改,必先与别国妥议而行。又如铁路,矿产,船政,工商各业,均宜分沾利权。教士旅居,一体保护。

四、增添文武官俸。

内外各官,廪禄从丰,自能廉洁持躬,公忠体国。其有及年致仕者,给以年俸。视在官之久暂,定恩额之多少。若为国捐躯,则抚养其身后。

五、平其政刑。

大小讼务,仿欧美之法,立陪审人员,许律师代理,务为平允,不以残刑致死,不以拷打取供。

六、变科举为专门之学。

如文学科学,律学等,俱分门教授。学成之后,因材器使,毋杂毋滥。

书既上,复由何启向港督代达一切,卜力极表同情,因向粤督李鸿章接洽数次。谓粤省如能毅然向北京政府宣布自主,港督可相机协助,并联合各国领事一致赞成。时清廷以大势危急数电促鸿章北上。鸿章以拳乱祸首,势焰张甚,迟迟未行。嗣港督向之提议广东自主计划意颇为动。惟以清廷尚未陷于绝境,故仍迟疑观望,未有正当表示。其幕僚有粤绅刘学询,号问刍者,早年与总理为旧交,且名列农学会籍。乙未(一八九五),广州重阳之役,亦尝知情。总理以其具有帝王思想,故未与合作。及闻港督向鸿章洽商广东自主事,遂向鸿章自告奋勇,谓渠与孙某认识有年,如傅相有意罗致,渠可设法使即来粤听命等语。鸿章颔之。学询遂即贻书总理,谓傅相因北方拳乱,欲以粤省独立,思得足下为助,请速来粤协同进行。……二十一日抵达,粤督已派幕僚曾广铨率安澜兵轮来迎,即邀总理及衢云二人过船开会,时总理得少白等报告,知鸿章尚无决心。另一报告,谓督署幕僚,且有设阱逮捕孙杨二人之计划,故不必冒险赴粤,仅派宫崎乘兵轮晋省代表接洽一切,而己则乘原船赴越南西贡。宫崎至广州,寓刘宅,与学询密谈一夜。学询述李督意,谓各国未攻陷北京前,不便有所表示。并商定对于清帝后回京或西迁之二种办法,嘱宫崎向总理转达。宫崎以时机未至,遂返香港。

冯自由《革命逸史》第4集,中华书局1981年版,第88~93页

6月6日(五月初十日)　孙中山在东京访法国驻日公使。

〔美〕杰弗里·巴洛《一九〇〇年至一九〇八年孙中山和法国人》:

法国史料为1900年的会见提供了详细的说明,6月上旬,孙中山拜会法国驻日本公使哈

蒙德(M. Harmond),并且要求他写一封求见法属印度支那总督的介绍信。哈蒙德把接触情况报告给戴卡赛,并且表明他生怕孙中山得到日本的支持。他曾经告诫韬美密切注意,唯恐孙中山开始在华南使用日本军官和工程师。他同意介绍孙中山前往谒见韬美,没有缮写正式函件,同时他向巴黎报告:"尽管没有鼓励他,我似乎觉得,协助他跟韬美联系,好让他原原本本地陈述他的各项活动,那倒是极有好处的。"

《辛亥革命史丛刊》编辑组编《辛亥革命史丛刊》第6辑,中华书局1986年版,第231~232页

△ 宣示朝廷于拳民教民一视同仁,近来拳民倡立团会,藉端滋扰,直与国家为难,命即遵旨解散,如仍不悔改,即饬董福祥、宋庆、马玉崑实力剿捕。

光绪二十六年五月初十日,内阁奉上谕。教民传布中国,历有年所。该教士无非劝人为善,而教民等亦从无恃教滋事,故尔民教均各相安,各行其道。近来各省教堂林立,教民繁多,遂有不逞之徒,混迹其间,教士亦难遍查其优劣。而该匪徒藉入教为名,欺压平民,武断乡里,谅亦非教士所愿。至义和拳会在嘉庆年间亦曾例禁,近因其练艺保身,守护乡里,并未滋生事端,是以累降谕旨,饬令各地方官妥为弹压。无论其会不会,但论其匪不匪,如有藉端滋事,亟应严拿惩办。是教民、拳民均为国家赤子,朝廷一视同仁,不分教会。即有民教涉讼,亦曾谕令各地方官持平办理。乃近来各府厅州县积习相沿,因循玩误,平日既未能联属教士,又不能体恤民情,遇有民教涉讼,未能悉心考察,妥为办理,致使积怨已深,民教互仇。遂有拳民以仇教为名,倡立团会,再有奸民会匪附入其中,藉端滋扰,折毁铁路,焚烧教堂。至铁路原系国家所造,教堂亦系教士、教民所居,岂得任意焚毁。是该团等直与国家为难,实出情理之外。昨已简派顺天府兼军机大臣赵舒翘前往宣布晓谕。该团民等应即遵奉,一齐解散,各安生业,倘有奸民会匪从中怂恿煽惑,希图扰害地方,该团即行交出首要,按律惩办,若再执迷不悟,即系叛民,一经大兵剿捕,势必父母、妻子离散,家败身亡,仍负不忠不义之名,后悔何及,朝廷深为吾民惜也。经此次宣谕之后,如仍不悔改,即著大学士荣禄,分饬董福祥、宋庆、马玉崑各率所部,实力剿捕,仍以分别首从,解散胁从为要。至派出队伍,原所以卫民,近闻直隶所派之军,不但未能保护弹压,且有骚扰地方情事,即著直隶总督裕禄严行查办,并著荣禄派员查访。倘有不肖营哨、各官不能严束勇丁,即以军法从事,绝不宽贷。此旨即著刊刻,誊黄遍行,晓谕军民人等,一体知之,钦此。

中国第一历史档案馆编《光绪朝上谕档》第26册,广西师范大学出版社2000年版,第120页

6月8日(五月十二日) 孙中山乘法国轮船赴香港。

《关于渡航南清人士的报告》:

平山周在北清事变之前就已前往清国,而宫崎寅藏则于本月八日,与同志清藤幸七郎以及孙逸仙、杨飞鸿、郑弼臣、陈白等人,一道出发,前往香港。

…………

[440174 明治33年6月30日收到乙秘第336号]

章开沅、罗福惠、严昌洪主编《辛亥革命史资料新编》(6),湖北人民出版社2006年版,第38页

冯自由《孙总理庚子运动广东独立始末》:

总理初得少白函电,稍知原委。嗣得学询函,更悉港督所提议已渐发生效力,遂偕杨衢云,日人宫崎寅藏、平山周等,于五月中旬,乘法国邮船烟狄斯赴香港。

冯自由《革命逸史》第4集,中华书局1981年版,第92~93页

6月9日（五月十三日）　孙中山所乘轮船过神户，访朝鲜流亡者朴泳孝。

《日本外务省档案记》：

清国流亡者孙逸仙及杨飞鸿、郑弼臣、陈清等与我国人宫崎寅藏、清藤幸七郎一起于九日午前九点乘法国轮船“烟迪斯号”由横滨入港，在山本街访朴泳孝，由朴招待往山一力亭处共进西餐。后孙逸仙等在市内荣町中国餐馆招待朴泳孝。晚八点后回船。预定孙赴新加坡，杨等五人赴香港。当日晚十一点三十分乘原船出发赴长崎。孙逸仙赴新加坡可能会见康有为。

明治33年6月10日兵库县知事大森钟一致青木外相，兵发秘第300号

陈锡祺编《孙中山年谱长编》，中华书局1991年版，第209页

6月11日（五月十五日）　孙中山所乘轮船过长崎，日本志士内田良平登船同行。

《关于东亚同文会会员来往的传闻》：

本月九日，福冈县人内田某向长崎市福岛屋发来一封电报询问法国邮轮的出发和到达时间，因此本县对其动向更加注意。昨（十）日晚七时过后，福冈县人内田甲、末永节、岛田经一三人同投宿于福岛屋。据密报，末永、岛田二人此番前来是为渡航清国的内田送行。内田已搭乘今天早晨六时由长崎港出发的法国邮轮印度河号前往上海。据闻此人是平冈浩太郎的外甥，平冈也多少有所助力。岛田和末永二人则乘坐今天早上九时发火车返回故乡福冈的住所。据闻二人不久也将渡航清国。

今天早晨，印度河号甫一入港，船上的乘客贸易商熊本县人佐藤幸太郎就马上到“福岛屋”拜访内田甲。得知内田已上船，佐藤立即返回船上。当时佐藤说，熊本县人宫崎寅藏（东亚同文会会员）也正由神户坐船渡航，并与内田事先有所约定，所以他才来拜访内田。

…………

长崎县知事服部一三

明治33年6月11日

[440167明治33年6月14日收到高秘第163号]

章开沅、罗福惠、严昌洪主编《辛亥革命史资料新编》（6），湖北人民出版社2006年版，第37页

△ 日本使馆书记杉山彬在北京永定门外为董福祥部甘军所戕。

罗惇曧《庚子国变记》：

五月，……日本书记杉山彬，出永定门，董福祥遣兵杀之，裂其尸于道。

中国历史研究社编《庚子国变记》，上海书店据神州国光社1951年版复印，第4页

李希圣《庚子国变记》：

十五日，日本书记生杉山彬出永定门，董福祥遣兵杀之于道，剖其尸。

中国史学会编《中国近代史资料丛刊·义和团》（1），上海人民出版社1957年版，第12页

佚名《西巡回銮始末记·日使署书记生杉山彬遇害记》：

甘肃提督董福祥所部甘军，五月初旬本在南苑驻扎，端、刚等以京城空虚，非有劲旅不足以资守御，因特奏请，调之入都。十三日，董军由南苑陆续拔队起程。十五日，入永定门。其时各国使署因见事急，已由天津檄调洋兵进京保护。适是日，日使署书记生杉山彬乘车出城迎视，遂与相遇于途。

董军见之，喝问：“何人？”杉山彬据实以告。各兵哗然曰：“既系书记生，官阶渺小不可

知，乃敢僭坐红帷拖车乎?”即提其耳下车。杉山彬见势不妙，乃婉言相告曰：“僭越之罪，诚不敢辞，愿见大帅以谢。”各兵又大哗曰：“吾大帅乃天上人，岂汝倭子所能见!”杉山彬曰：“然则当请大帅至敝使署，由敝公使谢罪，如何?”言及此，乃营官不待其辞之毕，已抽刀向前，直刺其腹。杉山彬遂死。

事闻，太后召董责之，且欲派员查办。董力辩其无，并谓：“即果有之，斩奴才无妨，如斩甘军一人，定然生变。”后闻奏，默然良久。继以事已做拙，虽尽斩之，亦复何益?乃复以却敌大任委之。董至端王府，端扶其背，并伸拇指而赞美之曰：“汝真好汉!各大帅能尽如尔胆量，洋人不足平矣!”董大喜，益自夸不已。

日公使闻而大怒，即电告本国，一面请舆尸入城以殓。初尚不许，继因争之力，乃准之。

由是董军益肆猖獗，更以杀人为儿戏矣。

中国历史研究社编《庚子国变记》，上海书店据神州国光社1951年版复印，第136~137页

6月12日(五月十六日)　义和拳在北京开始焚掠。

佚名《西巡回銮始末记·兵匪焚掠京师记》：

五月十六日，拳匪以外城姚家井一带教民，已先期避入使馆，不得肆其荼毒，遂于是晚将该处所有教民房屋尽付之一炬。其彰仪门外西人跑马厅，亦同于是晚一并焚烧。是为拳匪在京纵火之始。

中国历史研究社编《庚子国变记》，上海书店据神州国光社1951年版复印，第129~130页

6月14日(五月十八日)　以义和团众拟进皇城焚烧西什库教堂，命左右翼总兵英年载澜亲往拳民聚集之所，剀切晓谕。倘不遵劝谕，即严拿正法。

交署左右翼总兵英、载，军机大臣面奉谕旨。顷闻义和团众约于本日午刻进皇城地安门、西安门焚烧西什库教堂之议，业经弁兵拦阻，仍约于今晚举事，不可不亟为弹压。著英年、载澜于拳民聚集之所，务须亲自驰往，面为剀切晓谕，该拳民既不自居匪类，即当立时解散，不应于禁城地面肆行无忌。倘不遵劝谕，即行设法拿办，钦此。相应传知贵总兵钦遵办理可也。

中国第一历史档案馆编《光绪朝上谕档》第26册，广西师范大学出版社2000年版，第131~132页

《军机处奏片》(光绪二十六年五月十八日)：

臣等顷闻义和团众，约于午刻进皇城地安门、西安门焚烧西什库教堂之议，业经弁兵拦阻，仍约于今晚举事。现在该团聚集日多，固虑激则生变，然亦不可不亟为弹压，以遏乱萌。拟请饬下左翼总兵英年、署右翼总兵载澜，于拳民聚集之所，务须亲自驰往，面为剀切晓谕。该拳民既不自居匪类，即当立时解散，不应于禁城地面肆行无忌。倘不遵劝谕，即行设法拿办。是否有当，谨奏。

故宫博物院明清档案部编《义和团档案史料》上册，中华书局1959年版，第137页

6月16日(五月二十日)　召见王大臣六部九卿，商阻洋兵进京事。廷臣意见针锋相对，慈禧太后最终决定宣称义和团为义民，派载勋、刚毅等统率之。

李希圣《庚子国变记》：

是日，召大学士六部九卿入议，太后哭，出罗嘉杰书示廷臣，相顾逡巡，莫敢先发。吏部侍郎许景澄言：“中国与外洋交数十年矣，民教相仇之事，无岁无之，然不过赔偿而止。惟攻

杀使臣,中外皆无成案。今交民巷使馆,拳匪日窥伺之,几于朝不谋夕,倘不测,不知宗社生灵,置之何地?”太常寺卿袁昶言:“衅不可开,纵容乱民,祸至不可收拾,他日内讧外患,相随而至,国何以堪?”慷慨欷歔,声震殿瓦。太后目摄之。太常寺少卿张亨嘉言:“拳民不可恃。”仓场侍郎长萃在亨嘉后,大言曰:“此义民也!臣自通州来,通州无义民不保矣。”载漪、载濂、及户部侍郎溥良和之,言人心不可失。上曰:“人心何足恃,只益乱耳。今人喜言兵,然自朝鲜之役,创钜痛深,效亦可睹矣。况诸国之强,十倍于日本,合而谋我,何以御之?”载漪曰:“董福祥剿叛回有功,以御夷,当无敌。”上曰:“福祥骄,难用。敌器利而兵精,非回之比。”侍讲学士朱祖谋,亦言福祥无赖。载漪语不逊。上嘿然,廷臣皆出。而载漪、刚毅遂合疏言:“义民可恃,其术甚神,可以报雪仇耻。”载濂亦上书言:“时不可失,敢阻挠者请斩之。”闻者莫不痛心,诋为妖孽,知其必亡,然畏太后不敢言也。

中国史学会编《中国近代史资料丛刊·义和团》(1),上海人民出版社1957年版,第12~13页

罗惇曧《庚子国变记》:

载漪等昌言以兵围攻使馆,尽歼之。太后召大学士六部九卿议,诸臣相顾逡巡,莫敢先发。吏部侍郎许景澄首言:“中国与外国结约数十年,民教相仇之事,无岁无之,然不过赔偿而止。惟攻杀外国使臣,必召各国之兵,合而谋我,何以御之?主攻使馆者,将置宗社生灵于何地?”太常寺卿袁昶力言:“拳匪不可恃,外衅必不可开,杀使臣,悖公法。”声振殿瓦。太后怒目视之。太常寺少卿张亨嘉,力言拳匪宜剿。亨嘉语杂闽音,太后未尽晰,姑置之。仓场侍郎长萃在亨嘉后,大言曰:“此义民也,臣自通州来,通州无义民不保矣。”载漪、载濂均言长萃言善,人心可不失。帝曰:“人心何足恃?徒滋乱耳!士夫喜谈兵,朝鲜一役,朝议争主战,卒至大挫。今诸国之强,十倍日本,若遍启衅,必无幸全。”载漪言:“董福祥善战,剿回大著劳绩,夷虏不足僇也。”帝曰:“福祥骄而难驭,各国器利而兵精,非回部之比。”帝自戊戌幽闭后,每见臣工,恒循例三两言而止,绝不言政事,是日独峻切言之,盖知启衅必足以亡国也。侍讲朱祖谋班在后,力言福祥无赖,万不可用。太后厉声言:“汝云董福祥不可用,谁其可者。”祖谋言:“若必命将,则袁世凯可。拳匪乱民,必不可用。”载漪叱之。载漪语狂恣,帝默然而止。廷臣皆出,载漪、刚毅合疏言义民可恃,其术甚神,雪耻强中国,在此一举。闻者太息,然畏祸莫敢言也。

中国历史研究社编《庚子国变记》,上海书店据神州国光社1951年版复印,第5~6页

《军机处寄协办大学士刚毅等上谕》(光绪二十六年五月二十日):

军机大臣字寄协办大学士刚、署甘肃提督董,光绪二十六年五月二十日奉上谕:拳民仇杀教民,肆行无忌,本应严行剿办。本日召见世铎、奕劻……等,沥陈愚民无知,姑开一面之网。即著责成刚毅、董福祥,一面亲自开导,勒令解散;其有年力精壮者,即行招募成军,严加约束。该拳民既以义勇为名,如足备折冲御侮之资,朝廷原可宥其前愆,以观后效。究竟该拳民临敌接仗,有无把握,世铎等须细加查验,谋定后动,万不可孟浪从事,将此各谕令知之,钦此。遵旨寄信前来。

故宫博物院明清档案部编《义和团档案史料》上册,中华书局1959年版,第145~146页

6月17日(五月二十一日)　孙中山偕陈少白及日人宫崎寅藏等到香港,拟备在粤举事。

谢缵泰《中华民国革命秘史》:

一九〇〇年六月十七日,杨衢云和孙逸仙博士乘印度(Indus)轮从日本到达香港,陪同

前来的还有一些日本朋友与支持者。杨衢云、孙逸仙博士、陈少白、张寿波、平山和我在印度轮旁的一只舢板上会见，并开了一个钟头的会议。

杨衢云和孙逸仙博士向我们保证，日本政府支持我们。

决定立刻开始积极活动。杨衢云留在香港，孙逸仙博士继续前往海峡殖民地。

章开沅、罗福惠、严昌洪主编《辛亥革命史资料新编》(1)，湖北人民出版社2006年版，第170页

冯自由《庚子惠州之役》：

适是时拳匪事起，全国震动。中山认为时机可乘，遂于五月中旬，偕杨及日人宫崎寅藏、平山周、福本诚原、口闻一远、籐隆夫山下、稻伊东正基、大崎伊藤、岩崎等十余人。乘法轮烟狄斯至香港。廿一日在船旁一小舟开军事会议。列席有孙、杨及陈少白、谢缵泰、郑士良、史坚如、邓荫南、宫崎、平山诸人。议定由郑士良率黄福、黄耀廷、黄江喜等赴惠州，准备发动。史坚如、邓荫南赴广州，组织起事及暗杀机关，以资策应。杨衢云、陈少白、李纪堂在港担任接济饷械事务。

冯自由《中华民国开国前革命史》，上海书店影印良友印刷公司1928年版，第90～91页

△ 晨六时，英俄法美意奥日联军攻占大沽炮台，死伤二百余人。

佚名《西巡回銮始末记·联兵攻陷大沽炮台记》：

大沽炮台在白河口之南，北盐田之东。其北岸曰北炮台，南岸曰南炮台，聚于南部者曰新炮台，筑以泥土，围以石墙，坚韧处虽金城汤池亦莫以过。距京四百八十余里，距天津二百余里，为水道入京之咽喉，内港外港，险阻可守。港外有洲，水极浅，故离台尤远，即潮涨时，水亦不过六七尺，轮船入口颇非易易，兵轮尤不易驶近。洵为天然要隘，所谓一夫当关，万夫莫入者。倘布置得宜，防范有法，虽日以大炮环攻，亦无所惧。而乃转瞬之间，即已失守，则当此任者，不得辞其责矣！

先是各国以得其使臣急电，遂纷调其水师舰队，陆续前来，以便相机北上。时在五月中旬，大沽口外已泊有兵舰三十余艘之多，每欲入据炮台，而无其名。遂各互相聚议，于二十日，由各统带带同译人往见炮台守将罗军门荣光，令于是晚戌刻将炮台让与各国屯兵，如至十二点钟不让，即当于二点钟时开炮轰击云云。军门答以此事未便作主，须禀由北洋大臣再为奉复。各统带乃仍退回。旋于傍晚六点钟时，传令凡在大沽之各西人，限一点钟均赴停泊于铁路码头旁之美兵舰名莫诺开赛者船上躲避，以免为炮火所伤。各兵舰亦各整备一切，以俟届时开战。时美兵舰统带某君，以一经启衅，天津租界必有不堪设想之处，雅不愿与闻其事，只以各统带意见相同，疑难拦阻，遂于先期开出口外，以观动静。

届时，炮声忽起，无异霹雳震空，满江烟雾迷漫，对面几不相见。故两面谁先开炮，均无从察其实在。惟觉满江炮弹飞舞，半空隆隆之声，与波涛之滚滚者相鼓汤而已。英国兵舰名奥尔求林者，所泊处适当炮台之冲，有一炮几被击中，以在夜间，炮台上未能瞄准准头开放，故得幸免。其鱼雷船威鼎则所中之弹子坠于锅炉之内，故亦未曾炸发。惟德兵舰意尔的斯则受伤较重，统带官亦几不保，幸闪避捷速，始获无恙。彼此相持之际，各兵舰以由下仰击，颇形费力，拟派某国兵由间道抄入台后，以为前后夹击之计。乃天将明时，而炮台旁之火药库竟为炮弹所中，致忽炸发，一时间，烈焰飞空，浓烟匝地，兵丁之死者至不可以数计。而炮台遂以不守。其极北第一座炮台，为日兵最先占据，方悬挂国旗间，北边外面之炮台亦为英军所得。各兵舰即乘势驶至港口。未几，德俄两国旗号又高悬于南面炮台。此二十一日晨六点钟之情形也。

至天明后,中国海容兵舰及鱼雷船四艘,亦俱为英船所获,盖即未开战时泊口内者,以未知开战,故均未预备,致唾手而得,亦以英旗悬上,系之于威鼎及斐蒙两船之尾。时台上逃遁兵丁及华人等,或被枪炮击坠于河,或自投入水者随水漂流,几于触目皆是,事后闻为美兵船所救得以不死者甚多。至十点左右,各兵舰统带见事已大定,遂即派弁登岸查看。所有各炮台业已半成焦土。无头折足之尸更难数计,所谓积尸如山,流血成渠者,实有此种景象也。各弁乃命兵丁等将死尸移诸一处,以火焚之。其附近炮台各处,所有中国房屋为炮火所伤者,亦不知凡几。大沽本有中国船坞,其中更有一捉鱼雷船,至是亦均悬以俄旗,为俄人所有矣。

是役,华兵伤亡者为数甚众。洋兵则仅英兵舰奥尔求林死伤武弁各一,兵士死者三人,又芝腊克兵舰亦一武弁受伤,复因船中火药房爆裂,焚毙七十人。德国意尔的斯统带官受伤甚重,亦因船上汽锅爆烈,致毙数人,俄兵舰仆勃尔则一无伤损,惟高丽支兵舰则武弁二人受伤,兵士死八人,伤十二人。法兵舰名雷安者,死伤武弁各一。因是战后各兵舰上均下半旗,以志哀悼。

此为中外开战之始,故求其详情以记之,俾后人有所考证焉。

中国历史研究社编《庚子国变记》,上海书店据神州国光社 1951 年版复印,第 138 ~ 140 页

△ 再召见王大臣等,有人伪造各国公使要求太后归政照会,太后声言决战。

罗惇曧《庚子国变记》:

太后复召见大学士六部九卿议。太后曰:"皇上意在和,不欲与夷战,尔等可分别为上言。"帝曰:"我国积弱至此,兵不足战。用乱民以侥幸求胜,庸足恃乎?"载漪曰:"义民攄忠愤以卫国家,不因而用之以雪国耻,乃目为乱民而诛之,人心失,将不可以为国。"帝曰:"乱民皆乌合耳,各国兵利,乱民岂足当之?奈何以民命为戏?"太后虑载漪辨穷,户部尚书立山为内务府大臣,最得太后欢,思得立山以助载漪,乃问立山:"汝言如何?"立山曰:"拳民虽无他,然其术多不效。"载漪愤然曰:"用其心耳,奚问术乎?立山必与夷通,乃敢廷辩,请以立山退夷兵,夷必听。"立山曰:"首言战者载漪也,漪当行。臣主和,又素不习夷事,不足任。"载漪诋立山汉奸,太后两解之。乃命兵部尚书徐用仪、内阁学士联元及立山至使馆,告勿调外兵来,兵来则决裂矣。

中国历史研究社编《庚子国变记》,上海书店据神州国光社 1951 年版复印,第 6 页

李希圣《庚子国变记》:

二十一日,又召见大学士六部九卿。太后曰:"皇帝意在和,不欲用兵,余心乱矣,今日廷论,可尽为上言。"兵部尚书徐用仪曰:"用兵非中国之利,且衅不可自我先。"上曰:"战非不可言,顾中国积衰,兵又不足恃,用乱民以求一逞,宁有幸乎?"侍读学士刘永亨言:"乱民当早除,不然,祸不测。"载漪曰:"义民起田间,出万死不顾一生,以赴国家之难,今以为乱欲诛之,人心一解,国谁与图存?"上曰:"乱民皆乌合,能以血肉相搏耶?且人心徒空言耳,奈何以民命为儿戏?"太后度载漪辩穷。户部尚书立山,以心计侍中用事,得太后欢。太后乃问山,山曰:"拳民虽无他,然其术多不效。"载漪色变曰:"用其心耳,何论术乎!立山敢廷争,是且与夷通,试遣山退夷兵,夷必听。"山曰:"首言战者载漪也,漪当行。臣不习夷情,且非其职。"太后曰:"德亲王亨利昔来游,若尝为供给,亨利甚德之,若宜往。"山未对,载漪诋立山汉奸,立山抗辩。太后两解之,罢朝。遂遣徐用仪、立山及内阁学士联元至使馆曰:"无召兵,兵来则失好矣。"

中国史学会编《中国近代史资料丛刊 · 义和团》(1),上海人民出版社 1957 年版,第 13 ~ 14 页

△ 梁启超自檀香山函港澳同人,商先去李鸿章。

梁启超《一九〇〇年五月二十一日致港、澳同人》:

弟以游小埠,故无一刻之暇,是以不及多写信,而尊处见赐之书,亦久缺矣。甚念甚念。四月二十七日(即西五月二十五),有担保信一封,汇万四千,由广兴转交邵公,想已收,幸即发回收条。近日因得佛书,属寄日本数万,已前后寄去一万六千矣。拟日内再凑一万四千寄往。以后再有,然后尽尊处。弟游道威二十日,取得约三万余;此地精华已尽于是矣。今统计所得,当不过八九万之间,除已掷孤注二万外,实余六七万耳。现已寄尊处及东者共二万,此后日日催收,收得即寄也。今晨西报言已有四省同时开张,不知系我店否?行者党亦声言为彼党所为。东中信亦确言其有购货之事,颇觉解人难索,然姑听之而已。但今当义和得志,贼党扰乱之时,真乃千载一时,稍纵即逝,不识我辈能有以应之否。不然,殊可惜耳。东款专为办货之用,尊处想早知其详,现最要者,尊处速觅趸栈货仓,以接纳之,分布各处,是为尊局第一责任。……弟前累函,多冒犯之语,诚未免管蠡偏见,能责善朋友之道,想诸公必不见嗔。得雪梨信,知已汇万元归,想既收。款支绌,自是可忧。诸公所处,弟极知其艰难,然各处分拨亦不可太偏枯,望留意。此间尚有一小埠必当往者,其埠分会则行者之兄为总理,林湛泉之兄为副理也。行者兄极爱誉,其弟又极附我,不知何故。既彼已捐一千,尚可望加也。昨日始归,明日又行。有十万字之信函。又初归此间,来客如鲫,迫在二十四时中了事,忙不可言,匆匆不具。

张品兴主编《梁启超全集》,北京出版社1999年版,第5934页

6月18日(五月二十二日) 孙中山乘船前往西贡,英人摩根同行。

冯自由《庚子惠州之役》:

日本诸同志则留港助杨陈李等办事。自(孙中山,编者)偕英人摩根乘原船赴越南西贡。

冯自由《中华民国开国前革命史》,上海书店影印良友印刷公司1928年版,第91页

△ 召见王大臣等,议和战。

李希圣《庚子国变记》:

二十二日,又召见大学士六部九卿。载漪请攻使馆,太后许之。联元顿首亟言曰:"不可,倘使臣不保,洋兵他日入城,鸡犬皆尽矣!"载澜曰:"联元贰于夷,杀联元,夷兵自退。"太后大怒,召左右立斩之,庄亲王载勋救之而止。联元,载勋包衣也。协办大学士王文韶言:"中国自甲午以后,财绌兵单,众寡强弱之势,既已不侔,一旦开衅,何以善其后,愿太后三思。"太后大怒而起,以手击案骂之曰:"若所言,吾皆习闻之矣,尚待若言耶?若能前去,令夷兵毋入城,否者且斩若!"文韶不敢辨。上持许景澄手而泣曰:"朕一人死不足惜,如天下生灵何!"太后阳慰解之,不怿而罢。自是嗛景澄。

太后意既决,载漪、载勋、载濂、载澜、刚毅、徐桐、崇绮、启秀、赵舒翘、徐承煜又力赞之,遂下诏褒拳匪为义民,予内帑银十万两。

中国史学会编《中国近代史资料丛刊·义和团》(1),上海人民出版社1957年版,第14页

罗惇曧《庚子国变记》:

次日,复开御前会议,载漪请围攻使馆,杀使臣。太后许之。联元力言不可,倘使臣不保,他日洋兵入城,鸡犬皆尽矣。载漪怒斥联元方自使馆还,怀贰心,罪当诛。太后大怒,立命斩联元,左右力救之而止。大学士王文韶言:"中国自甲午以后,财尽兵单,今遍与各国启

衅,众寡强弱,显然不侔,将何以善其后,愿太后三思。”太后大怒而起,以手击案骂之曰:“尔所言吾皆熟闻之,尔为夷人进言耶?”帝持许景澄手而泣曰:“一人死不足惜,如天下何?”太后阳慰解之,景澄牵帝衣而哭,太后怒叱之曰:“许景澄无礼!”

既罢朝,太后已决意主战,载漪、载勋、载濂、刚毅、徐桐、崇绮、启秀、赵舒翘、徐承煜、王培佑又力赞之,遂下诏褒拳匪为义民,给内帑十万两。

中国历史研究社编《庚子国变记》,上海书店据神州国光社1951年版复印,第6~7页

△ **张之洞告汉口英领事法磊斯决尽力维持秩序,依约保护外人,请英舰勿入长江。**

《张之洞札江汉关照会各领事力任保护洋人(光绪二十六年五月二十二日)》:

照得现在北方拳匪滋闹,长江一带会匪地痞,恐不免亦欲煽惑愚民,藉端生事,当经本部堂出示晓谕,严禁造谣生事,札饬地方文武,严拿痞匪,并各处加派兵役巡查防范,当不致滋生事端。惟是两湖地方广阔,内地教堂林立,洋人外出游玩者当不乏人,则又不可不慎之又慎,所有有教堂及有洋人居住地方,亟宜查明,加意保护,洋商洋教士之在内地者,宜劝戒加意检点,凡与愚民交涉,务宜诸从宽恕,化大事为小事,化小事为无事,以冀相安。合亟札饬该关道,即便遵照照会英国领事,告以两湖地方,本部堂力任保护,当不致痞匪滋生事端;即使偶有生事猝防不及者,乌合之众,官兵威力,亦可立时弹压扑灭,断断不能任其滋蔓。长江下游一带,有两江总督部堂刘,昨与电商,亦已严密布置防范,意见相同,力任保护下游。请英领事转达英政府,此时长江一带,弹压痞匪,尚不须外人相助,若英水师遽进长江相助,不惟无益,且内恐百姓惊扰,外恐他国效尤,更致不可收拾,至若恐他国先进干预,吴淞有英国水师,尽可拦阻,英不先入,他国断不敢入,可请放心。一面嘱其将凡有该教士之教堂及有洋人在内地地方,迅速开单前来,以便分饬加意保护,如有洋人携眷入内地者,务须劝令暂行带回汉口,洋人如无要事,戒饬暂勿外出游玩打鸟,免为小事致生枝节,方为谨慎稳妥之道,是为至要!

中国史学会编《中国近代史资料丛刊·义和团》(3),上海人民出版社1957年版,第327~328页

6月19日(五月二十三日)　总署照会各国公使,令于二十四小时内离京,否则不负保护之责。

《总署照会》(光绪二十六年五月二十三日)如下:

为照会事:现据直隶总督奏报,称本月二十一日,法国总领事杜士兰照会内称,各国水师提督统领,限至明日早两点钟,将大沽口各炮台交给伊等收管,逾此时刻,即当以力占据等语。闻之殊为骇异,中国与各国向来和好,乃各水师提督遽有占据炮台之说,显系各国有意失和,首先开衅。现在京城拳会纷起,人情浮动,贵使臣及眷属人等在此使馆情形危险,中国实有保护难周之势,应请于二十四点钟之内,带同护馆弁兵等,妥为约束,速即起行前赴天津,以免疏虞。除派拨队伍沿途保护并知照地方官放行外,相应照会贵大臣查照可也。

故宫博物院明清档案部编《义和团档案史料》上册,中华书局1959年版,第152页

△ **德国公使克林德在北京崇文门大街被戕。**

李希圣《庚子国变记》:

(五月)二十三日,德使克林德入总理衙门,载漪伺于路,令所部虎神营杀之。虎神营者,虎食羊而神治鬼,所以诅也。颐和园起渐台,高二十余丈,文曰“鬼见愁”。乱初起,令各公使

皆反国，期一日夜尽行。各公使请缓期，故入总理衙门议，而德使死焉。杀德使者，章京恩海也，其后日本执杀之。克林德已死，许缓行，又请迁入总理衙门，各公使不敢出。

中国史学会主编《中国近代史资料丛刊·义和团》(1)，上海人民出版社1957年版，第16页

佚名《西巡回銮始末记·德公使克林德被戕记》：

德使臣克林德之被戕也，为五月二十三日。

先是总理衙门饬人赍照会至各使馆，略谓津、京业经宣战，大沽炮台已为各国水师所夺，现因中外战衅已开，各使臣例应下旗归国，限于二十四点钟内一律离京云云。各使以驻津各领事无此宣战之权，何得忽有此举？深为疑异，特联名缮就公函，送呈总署，请见王大臣面议此事。王大臣辞之。各公使无奈，乃复请展限于四十八点钟内起程，一面整束行装，作出京计。

乃德使素性急躁，定欲一见王大臣以辨是非，遂于是日带同翻译官某君乘轿前往，复恐途中或有不虞，特置手枪于轿内以图自保。讵行至东单牌楼时，不知如何，误将枪上机括触动，致忽訇訇作声。该处为比国使署，署中守兵闻有枪声，疑官兵来攻，即蜂拥赶出，开门放枪。时适有官兵在彼，亦疑其击己也，顿即还枪轰击。枪弹横飞之际，轿中人已中其一，盖即德使克林德也。其翻译官某见之，恐甚，急即舍轿而奔，入附近某教堂暂避。所有随带护兵，因见华兵及旁观者愈聚愈多，遂亦不敢前进，退回使馆，告之各随员，分告各国使署。此为决裂之始。

各使臣得信后，疑朝廷有意遣兵戕害，故亦决计预备守御，不愿出京，以免亦遭锋镝。时京中上自官吏，下至黎庶，已半成义和拳匪世界。端王刚毅、董福祥等，以衅端已启，况大沽炮台被夺，战祸料难幸免，与其束手坐待，何如拘各使臣以为质？纵或洋兵北犯，尚可有恃无恐。因是遂有攻围使馆之事。

而或者谓华官预伏兵于路，俟德使至而杀之，此则猜度之词，未足为信，且亦必无之理也。

中国历史研究社编《庚子国变记》，上海书店据神州国光社1951年版复印，第140～142页

6月20日(五月二十四日)　董福祥甘军及义和拳开始围攻北京东交民巷使馆及西什库教堂。

李希圣《庚子国变记》：

(五月)二十四日，遂令董福祥及武卫中军，围攻交民巷，荣禄自持檄督之，欲尽杀诸使臣。炮声日夜不绝，屋瓦自腾，城中皆哭，拳匪助之，巫步披发，升屋而号者数万人，声动天地。夷兵裁缠四百，四面为营垒，穿地道，令教民分守之，人自为必死，皆奋。围攻五十余日，昼夜番战，苦相持。董军及武卫中军，死者无虑四千人，拳匪亦劣(多)有伤亡，皆引退。而刚毅、赵舒翘方坐城楼趣战，饮酒欢呼。刚毅曰："使馆破，夷人无种矣！天下自是当太平。"舒翘起为寿曰："自康有为倡乱悖逆，喜事之徒，云合而响应，公幸起而芟夷之，略已尽矣，上病且死，又失天下心，不足以承宗庙，幸继统有人，定策之功，公第一。今义民四起，上下同仇，非太后圣明，公以身报国，尽除秕政，与海内更新，亦亡以致今日之效也。古有社稷之臣，今于公见之矣。"刚毅大喜，自行酒属舒翘曰："展如知我。"展如，舒翘字也。舒翘之入政府也，刚毅援之，故事之尤谄。

方是时，董军武卫中军，因缘劫杀，贝子溥伦、大学士孙家鼐、徐桐、工部尚书陈学棻、内阁学士贻谷、副都御史曾广銮、太常寺卿陈邦瑞皆仅以身免，其家人多死者，以告荣禄，荣禄

不能制。民居市舍,数里内焚掠皆空,使馆故用塞门泥,不能破也。

启秀言:“使臣不除,必为后患,五台僧普济有神兵十万,请召之会攻。”曾廉、王龙文,请引玉泉水灌之;御史彭述,谓夷炮不燃,其术固验;太后亦欲用山东僧普法、余蛮子、周汉,王龙文上书所谓“三贤”者也。普法本妖人,余蛮子以攻剽为群盗,至尽发蜀中兵,乃捕得之,而汉有心疾。徐桐谓:夷且请降,不可许。纳贡献地称臣,偿兵费数万万。疏十事上之,尽如约,乃受。

朱祖谋请毋攻使馆,上使荣禄召问状,祖谋具为禄言宜罢兵,禄不肯白。祖谋敢言,匪初起,祖谋首建议,请驱除。启秀恶之,扬言曰:“非祖谋无足与任此者。”太后亦不乐祖谋。曾廉闻之曰:“祖谋沮大计,可斩也。”御史蒋式芬及彭清藜、吴国镛,亦请斩李鸿章、张之洞、刘坤一。

拳匪既不得志于交民巷,乃往攻西什库教堂,副都统阿克达春为前锋,战不利,载漪大怒,立斩之,而教民皆坚壁以待攻。刚毅帕首靴刀请督战,张左右翼而前,拳匪死者数百人,刚毅跳而免。忿发骂曰:“公等在涿州时,皆言何如,今若此,天下事不足言,吾与之俱受其戮矣。”其后崇绮又三往攻之,讫不能入,而载漪为匪党论功,除武功爵者数十人,赏赉无虚日,车骑服色,拟于乘舆,至自称九千岁,出入大清门,呵斥公卿,无敢较者。

中国史学会编《中国近代史资料丛刊·义和团》(1),上海人民出版社1957年版,第16~17页

6月21日(五月二十五日) 孙中山抵达西贡,会晤法国越南总督韬美。

《致平山周等函》(一九〇〇年六月二十二日):

弟(孙中山,编者)于六月廿一日已安抵西贡,现下尚未能定行止,并定往何地,且候广东之事消息。刻已缮一电报去问刘氏,各件如何,俟彼回电,自当知一二也。弟现住在西贡Grand Hotel,此地之望势亦甚好,然要数日之后方能决之,事决之后,当能将我之行向及日期告诸君。

广东省社会科学院历史研究室等合编《孙中山全集》第1卷,中华书局1981年版,第189~190页

[美]杰弗里·巴洛《一九〇〇年至一九〇八年孙中山和法国人》:

1900年6月21日,孙中山抵达西贡。韬美没有留下讨论的记录,但是只有韬美致殖民部的电文两则,表明双方接触的性质,正像后来他对自己与法国人的联系的大多数情况所采取的态度一样,孙中山本人对此次会谈保持缄默。当时韬美大概正在准备1900年9月的云南事件,而孙中山专心致志于制订10月的惠州起义计划。那次会谈对孙中山或韬美的眼前计划大概并不重要。说不定孙中山正在试图估计万一惠州起义成功,法国究将采取何种态度。

在该殖民部的电文中,韬美轻描谈写地对待这事,似乎觉得孙中山没有给他留下什么深刻的印象:“尽管收到有关他的情报,不仅他的主意和行动方案不值得给予赞助,而且他似乎不是一个值得认真对待的人物。”在回复上峰进一步询问的电文中,韬美答称:“我在东京,其时孙中山便道经过西贡。我到西贡接见他,跟他含糊地讲了些同情的话,说明法国在远东拥有最大的权益,希望看到中国太平无事,不发生革命,也不发生骚乱。我看,孙中山似乎跟强大的秘密会党或有权势的人物没有多大联系,因此他的行动将是极有限度的。”

上项报告的某些方面跟后来发生的时间相抵触。尽管韬美很可能对孙中山发表上述言论,我们知道他那公开宣布的原则,并不阻挡他后来为吞并云南而发动的战争,很可能孙中山和韬美曾经举行一次讨论,它比韬美所指明的或多或少具有更加充实的内容。

《辛亥革命史丛刊》编辑组编《辛亥革命史丛刊》第6辑,中华书局1986年版,第231~232页

△ **下诏与各国宣战**。

李希圣《庚子国变记》：

二十五日，下诏宣战，军机章京连文冲草也。以法领事杜士兰索大沽炮台为词，其实炮台先于二十一日失守矣。夷人之攻大沽也，营官封得胜手燃炮，伤英兵舰一，已而兵大至，遂陷，得胜死焉。提督罗荣光走天津，久之，仰药死。而裕禄方报大捷，张战状，自为功，语绝诬，时地尽无据。太后及载漪大喜，犒赐将卒白金再十万焉。

时有诏征兵，海内骚然，羽书相望，乃以载漪、奕劻、徐桐、崇绮主兵事，有请无不从，政在军府，高下任心，奕劻枝梧其间，噤不敢言，取充位，桐以莫（暮）年用事，尤骄横。太后亦以桐旧臣，更事久，以忠愤号召揣摩取富贵之士，负当时大名，思壹用其言以风动天下。

中国史学会编《中国近代史资料丛刊·义和团》(1)，上海人民出版社1957年版，第17～18页

《宣战诏书》全文如下：

光绪二十六年五月二十五日，内阁奉上谕：我朝二百数十年，深仁厚泽，凡远人来中国者，列祖列宗罔不待以怀柔。迨道光、咸丰年间，俯准彼等互市；并乞在我国传教，朝廷以劝人为善，勉允所请。初亦就我范围，遵我约束，讵三十年来，恃我国仁厚，一意拊循，彼乃益肆枭张，欺凌我国家，侵占我土地，蹂躏我民人，勒索我财物，朝廷稍加迁就，彼等负其凶横，日甚一日，无所不至，小则欺压平民，大则侮慢神圣，我国赤子仇怨郁结，人人欲得而甘心，此义勇焚毁教堂屠杀教民所由来也。朝廷仍不肯开衅，如前保护者，恐伤吾人民耳。故一再降旨申禁，保卫使馆，加恤教民。故前日有拳民教民皆吾赤子之谕，原为民教解释夙嫌。朝廷柔服远人，至矣尽矣！乃彼等不知感激，反肆要挟，昨日公然有杜士兰照会，令我退出大沽口炮台，归彼看管，否则以力袭取。危词恫喝，意在肆其披猖，震动畿辅。平日交邻之道，我未尝失礼于彼，彼自称教化之国，乃无礼横行，专恃兵坚器利，自取决裂如此乎。朕临御将三十年，待百姓如子孙，百姓亦戴朕如天帝。况慈圣中兴宇宙，恩德所被，浃髓沦肌，祖宗凭依，神祇感格。人人忠愤，旷代所无。朕今涕泣以告先庙，慷慨以誓师徒，与其苟且图存，贻羞万古，孰若大张挞伐，一决雌雄。连日召见大小臣工，询谋佥同。近畿及山东等省义兵，同日不期而集者不下数十万人，下至五尺童子，亦能执干戈以卫社稷。彼仗诈谋，我恃天理，彼凭悍力，我恃人心，无论我国忠信甲胄，礼义干橹，人人敢死，即土地广有二十余省，人民多至四百余兆，何难剪彼凶焰，张我国威。其有同仇敌忾，陷阵冲锋，抑或尚义捐赀，助益饷项，朝廷不惜破格懋赏，奖励忠勋。苟其自外生成，临阵退缩，甘心从逆，竟作汉奸，朕即刻严诛，绝无宽贷。尔普天臣庶，其各怀忠义之心，共泄神人之愤。朕实有厚望焉！钦此。

中国第一历史档案馆编《光绪朝上谕档》第26册，广西师范大学出版社2000年版，第141页

6月24日（五月二十八日） 盛宣怀自上海电李鸿章、刘坤一、张之洞，请上海道与各领事订约，租界由各国保护，长江内地归督抚保护，留东南以救社稷。

《盛宣怀寄李中堂（鸿章）、刘岘帅（坤一）、张香帅（之洞）电（光绪二十六年五月二十八日）》：

济沁电万勿声张，沪各领事接津电，津租界炮毁，洋人死甚众。英提带兵千余殁于路，已各处催兵，看来俄、日陆军必先集，指顾必糜烂，如欲图补救，须趁未奉旨之先，岘帅、香帅会同电饬地方官上海道与各领事订约，上海租界准归各国保护，长江内地均归督抚保护，两不相扰，以保全商民人命产业为主；一面责成文武弹压地方，不准滋事，有犯必惩，以靖人心，北事不久必坏，留东南三大帅以救社稷苍生，似非从权不可，若一拘泥，不仅东南同毁，挽回全

局亦难。乞钧示。

中国史学会编《中国近代史资料丛刊·义和团》(3),上海人民出版社1957年版,第332页

△ 张之洞电上海各国领事,允租界归各国保护,长江内地各国商民、产业归督抚保护。

《张之洞致上海领袖大西洋总领事电(光绪二十六年五月二十八日亥刻发)》:

上海租界归各国保护,长江内地各国商民产业,均归督抚保护,本部堂与两江刘制台意见相同,合力任之,已饬上海道与各国领事迅速妥议办法矣,请尊处转致各国领事为祷,二十八日。

中国史学会编《中国近代史资料丛刊·义和团》(3),上海人民出版社1957年版,第332~333页

《张之洞致上海日本总领事小田切电(光绪二十六年五月二十八日亥刻发)》:

本日电悉,感甚。拳匪扰害,可恨已极,保护长江上下游一带各国商民性命物业,鄙人与刘岘帅当力任之,顷已电嘱上海道及盛京堂速与沪上各领事妥议,大西洋总领事已电致矣,二十八日。

中国史学会编《中国近代史资料丛刊·义和团》(3),上海人民出版社1957年版,第333页

7月(六月)　唐才常、林圭(述唐)等密谋在湘鄂皖起事,由康有为梁启超筹款。

徐珂《自立会》:

光绪庚子七月,浏阳拔贡唐才常等谋起事于汉口,盖结合江湖会党,设自立会,散放富有票,议起自立军也,事泄被诛。

当都司陈士恒往捕时,唐谓:"事既泄,有死而已,毋庸捆缚,当与尔偕往。"时在旅馆被擒二十三人。有日本人甲斐靖,及华人改日本装者二:一为天津人,一为福建人。是夜在淮盐督销局旁屋获三人。在汉正法者二人,余二十四人皆解省。并在旅馆搜出后膛枪数十支,军火数箱,及印信、旗帜、信函、册籍多件。其印文曰:"中国国会总统南部军务之印。"又刻有檄文一道,大旨谓旧党乱政,力扶皇上复辟,大伸民权云云。又印有富有票多张。册籍中载有一千八百余人。约期二十八日举事,先夺汉阳枪炮厂,然后渡江攻武昌,并谋将统将张彪、吴元恺及督抚拘禁。惟严饬各人不得劫杀平民,惊动市面。二十八日,司道府县在营务处会讯,供认不讳,群呼速杀。二十八夜二更后,在大朝街溜[滋]阳湖畔,即明季贺文忠公殉节处行刑,延颈就戮,毫无惧色。凡杀十一人。中一人云:"今日尔等杀吾党,吾党同志必继起以杀尔等也。"其往来书函,广东、湖南、上海、日本均有,多载外号,无真姓名,其同党之先起事于湖北之新堤、安徽之大通者,亦先后败死。在湘党人,亦多为湘抚俞廉三所捕杀。

自立会中有姚生范者,健者也。生范字南滂,慈利人。原名淮茂,字小秦,庚子陷狱,慕汉范滂行事,遂易名。性豪迈,读书为文具锐力,通数学,尤喜究时务,不修小节,凡博簺、走马诸委琐之事皆为之,故一邑之人无不狂生范者。甲午中日战败,内幕始揭,志士争言强国,湘人尤热心,南学会、时务学堂次第成立。生范既闻其学说,惊为未有。及当事遴高才生资遣海外,生范遂亦被录送日本。会戊戌政变,诸新政皆瓦解,学生亦不遣,则郁郁归,而革命思潮遂于此胚胎。

田邦璇者,时务学堂学生,与生范同称为慈利二狂生者也。至是约同走日本。生范迂之,辞不往。十月,邦璇归自东,密告革命本谋,及夺武昌,扼长江,割南图北之大计,则跃然曰:"此丈夫有为之时也,虽杀身所不惜。"乃曰:"财者,办事之母;人才者,尤办事理财母中之母。今日之事,有贝之财固乏,即无贝之才亦几几不可得。然则当奈何?"邦璇曰:"前一著

唐君才常已任接济，惟号召人才，须亟顾后一著。"生范曰："任事忌有倚赖性。矧远在海外，脱有缓急，败矣。一成一旅犹可为，安在臣里必无轻财好侠之人乎？"邦璇韪之，爰集李炳寰会商，阳假办汉口大同分学为名，阴集资以策实行。

当是时，知县葛秀华，刑幕刘佐楫，及宵绅李德灼、朱先赐等，均允诺入党。慈利党事之萌芽自此始。已而生范至武陵，林圭自汉口飞电告急需。邦璇计无出，生范曰："此责在我。"则疾驰返县，佯启其父曰："顷侦武陵牛皮值廉，居之必获重利。"父诺，如其议出金。生范以已亥除日归，元旦又怀金首途。见者以生范常独来独往，亦不疑。

至长沙，邦璇、炳寰及炳寰之兄柱寰，并李彬士皆会，力主进行，相与附轮而东。至洞庭，胶浅。及至汉，圭捉生范臂谢曰："微子汇金，此局危矣。"盖是时方联合哥老会，其人非金钱不用命也。于是以《汉报》馆为机关部。馆主日本宗方小太郎、小原邦威皆与密谋。定议暂用哥老会，以利前驱。庚子二月初六日，大会于汉口。秦遯庵、生范、圭、邦璇暨哥老会首领数人，皆临歃，以倾覆清政府为誓辞。盟成，当之沪，遇日本大久保丰之彦，知为鄂督张之洞所聘练军教习，近以事请去，辞意之中，怨张之洞甚。生范欲诱而用之，卑辞厚礼，与相款接。既抵沪，馆之东文译社。东文译社者，才常所组织，以为往来之机关部者也。又别设大同客馆，专招待哥老会人。至是获交张通典。通典极言生范才大心细，才常益礼重之。旋返汉，汲汲以延揽人才为务。一日，与邦璇周览武汉各地扼塞，访有陈犹龙者，才常同学友也，谒之于鹦鹉洲常德馆。方留共饮，遇陈应轸，犹龙更介绍相见，均歃盟入党。时圭去沪，留生范主汉事。汉故通商埠，五方杂处，事局繁复，而哥老会友至者，又不皆有道德，羁縻绝不易，储金不丰，时支绌，要挟龃龉，往往而有，生范惟一以诚抚之。鄂督虽时亦遣员密侦，而终不得证据。后生范去，而党局遂覆败。

无何，圭返汉，以三合会名与孙文海上之会名同，遂改为富有。入党者给票证，票如寻常钱券，上方横列二文，曰"富有"；中权单线，下行文曰"发钱一千"；末钤朱印，曰"立大"。盖飘布之变相，官书所称为"富有票案"者是也。

至是，圭乃区分本党为五军，军专一路，圭统中军，黄忠浩统前军，邦璇统后军，犹龙统左军，沈荩统右军。而生范总统南路，专办云南、贵州、四川三省，大久保丰之彦、应轸等均隶焉。生范与大久保约，谓湖南风气锢蔽，人民专意排外，恐有意外事，须易服装，大久保乃更名曰"丰彦"，字东海，而自更名曰"澧岸"。及行过沙市，大久保伪辫忽脱，见者哗詈，几酿变，生范力辩护之。直趋慈利，为之游说于邑人，谓大久保实以办大同学校来，众乃不之疑。乃出与各绅接洽。未几，应轸以富有票三万张赓续至，生范曰："官厅关节虽已通过，而县绅之占势力者，不可不虚与委蛇。"既得县绅之许可，票之发行始无碍。旬月间散至万余张。康宗钊者，黠而负门地资望。生范诱其二孙，曰业�椕，曰业柚者，俾入党，以箝制宗钊。徐又餂之曰："日本人大久保来县，公为一方之表，当有以优待之。"宗钊诺，设剧迎致大久保。其必铺张尔尔者，一以欢迎大久保，一以俾众周知宗钊且党吾，而实以冀淆乱一时之耳目耳。党徒既众，声闻亦稍骇。"杀生范，火生范宅"之说，日寝有闻。乃为釜底抽薪之法，姑遣大久保赴汉。时为六月。生范仍日促进行不稍懈。会吴瑑保由汉持保险证书回，保险证书者，党人之特别证据也，生范据以分别调遣哥老会党，遂分布滇、黔、蜀皆遍。

八月，至武陵，与蔡钟浩诣德山，检验哥老会。头目何来保、罗大维、赵月荪及其会首陈歧山、孙汉臣诸人均会。先是，炳寰有书自汉寄生范，附银币千圆，促迅往举事，持者不慎，书为人所得，事日露。方相与旁皇，而汉之败信闻，有电府县捕人，逻骑且四出。时方会饮，闻者皆色沮失措，生范独豪饮若无事。汉臣曰："事急矣，奈何？"仍豪饮，不答。又曰："汉败，请即此速发。”生范笑曰：“可！”钟浩曰：“人少不可妄动。”则曰：“诚如君言。”顷之，应曰，“可者，藉办一死耳，成败实未计。第既不速发，则宜速散，徒束手待捕何益？”

其日，生范出金资汉臣，俾奔蜀。明日，又往趣钟浩及来保，亦教之奔蜀，且戒重庆日本领事馆可托庇。盖大久保虑事失败，生范颊麻，有特征易捕，顶介绍之，今来保面亦麻，故生范导之往。

方生范之在武陵也，同寓有巡抚密捕某，语之曰：“君识姚小秦乎？获之可得千金犒，当与君分之。”生范佯应曰：“诺，必谋所以共分此金者。”后生范囚车过，某见之，深悔交臂之失矣。

初，生范闻名捕日亟，钟浩、来保又迁延不即决，乃撤之回慈利。途遇罗大维，犹相勉以各努力。及归，匿于其师吴恭亨月岩山中。怨家某投牒攻之。知县邓锡元，猾吏也，阳不理，阴诇宗钊与有首尾，示以首悔免罪之官文书。宗钊转以恬生范父。会人言生范父亦入狱，生范乃决计诣官。既至家，置酒诀亲友，母妻皆环泣。生范不顾，昂然出，诣宗钊，求脱其父。时闻宗钊窃语所亲曰：“此人到案，吾二孙其免乎！”宗钊长子祖蕃及恭亨等闻状，犹力戒其不可造次。生范叹曰：“二君固爱我，虽然，今日之事，死耳，何畏？乱臣贼子之名，亦姑不与辨。”遂行。及入县庭，列校皆擎枪实弹，挺立如对敌。生范笑曰：“保红顶花翎之奇货今来矣，奚而为此态以眩骇妇稚？”遂受拳梏系县狱。明日，囚车就道。生范在途，绎宗钊之言，知与县官必有特别关系，则以术赚阅其文书，略称：“姚小秦，勾通日本人丰东海，龙阳县廪生陈应轸，在慈利放飘[票]，且佽助钱文，实属甘心为匪。及宪札饬拿，闻其在县颇得人心，恐激他变，乃商同宗钊，诱拿到县。又宗钊之孙业荪、业柚，亦为所诱入党，早经宗钊查觉退悔，兹又自首，应请免究”云云。乃徐忖曰：“活我者，其兹牍乎？”及抵省，抚标中军刘俊堂接以宾礼，谓：“若能拿陈说、姚澧岸，不但可免罪，且可保若官阶。”生范不答，遂发交长沙府。是夕谳员龚开晋、陈濂、吴孝恪会鞫，金木交施，忍痛抗辩，扼定“在县入党，闻拿自首”八字，而亦时牵及宗钊及其二孙业荪、业柚。谳员无如何。开晋命据实录供，廉及孝恪则互为诱吓。刑求之下，旋即晕绝。及苏，已届翌日亭午。稍闻开晋在旁小语曰：“务记此次口供。”及入长沙监，有攸县刘伯棠者，文章士也，旋导一少年至，曰：“此为唐才中。”相见握手流涕，谓：“小秦为国受辱，虽辱不辱。”才中为才常之母弟，才常就刑，才中自武昌奔回，为知县陈宝树所捕，到案即供实，犹加以拶刑，十指俱裂，明日复讯，谳员为毛隆章等。首讯澧岸与说是否为同党？答云不知。又问为何人拿获？答云自首。隆章命自具供词，对曰：“刑损指骨，何能握笔？”则怒曰：“尔何糊涂若是！县言诱拿，营又言兵拿，据若昨日之供，确系自首，今日亦供自首，尔不自书，孰为信谳？”生范即书数百言。隆章曰：“阅若供词，是尝致力于古文者，活若之命，即此供已。”开晋、隆章，官吏之有心人者也，欲活生范，故一云记供，一命缮供。盖其时刑幕洪某惯与谳员捏造供词，死党人不知凡几，自预此审之后，仍未定谳，或日一提审，或间日提审，或与钟浩合供，或与来保对质。每审一次，经时逾日，冻饿交迫。而孝恪所施为最惨虐。每谳至夜半，圈铁练作堆，使生范膝著其上，背以木撑拒之，俾不得屈曲。生范自言，天阴雨湿，时气总至，中酒伤风，体或欠适，伤痛猝发，往往经旬涉月，不省人事也。

生范受鞫十八次，谳员逼供千百言，坚不吐同党一人姓名。恭亨之逮省也，巡抚批牍曰：“提讯姚小秦。”应轸之系嫌疑狱于江南也，谳员合谋曰：“研讯姚小秦。”而生范则一语之牵涉，一词之游移，固始终屹屹无有焉。

一日方午，生范睡酣，或撼之曰：“将刑矣，尚高卧耶！”生范起，才中、伯棠均至。才中以言壮之曰：“君无惧，宁忍片刻痛苦，勿作儿女态。大丈夫在争千秋，不争一日。”生范徐曰：“前此供词，自信无一失。兹为谳员撰供诬我无疑。诬我即诬党，君当为我洗诬。设君亦不生，伯棠当为我任之。砍头快事，况大义大节，我岂不知？”言未讫，梆声三起，狱卒手牌至，大呼：“唐才中提审！”才中趋前执手，不能作一语。生范曰：“我无他言，愿以君顷赠我之言转而赠君。”才中点头，乃昂然出。才中死，生范日困狱中，自分必为才中之续，惟期速死而已。既定谳，长系靖州，旋以应轸故，改系醴陵县狱。

杜迈之、刘泱泱、李龙如辑《自立会史料集》，岳麓书社 1983 年版，第 39～45 页

《张之洞致盛宣怀、刘坤一等电》（光绪二十六年七月三十日公元 1900 年 8 月 24 日）：

富有票会匪谋在汉口作乱，定期廿八日起事，发觉擒获二十余人，渠魁三人；唐才常、林圭即林述唐、向联生，皆擒获，供认不讳。已将三匪首暨伙党十余名正法。内有真日本人一名，已交领事。另有假冒日本人二名。余匪分路查缉，武汉安靖。蒲圻、临湘两省交界处，会匪蠢动，湘、鄂两省已派水陆数营会剿，当可扑灭。祈布告勿信匪徒谣传煽动。惟据供：富有票匪甚多，两湖及沿江各省皆有，文人不少，确凿可信，人数虽众，军火尚缺，注意首在劫军械。多请分路严速防范查拿为要。

杜迈之、刘泱泱、李龙如辑《自立会史料集》，岳麓书社 1983 年版，第 123 页

《刘坤一等奏剿办大通票匪折》（光绪二十六年八月十八日公元 1900 年 9 月 11 日）：

两江总督臣刘坤一、安徽巡抚臣王之春、长江水师提督臣黄少春跪奏，为票匪滋扰大通，派兵会剿，一鼓荡平，地方安靖，恭折驰陈，仰祈圣鉴事：

窃照沿江一带，时有会匪出没其间。兹值时局多艰，人心不靖，逆犯康有为阴遣其党潜入长江，散放富有纸票，到处煽惑，遍贴伪示，语多悖逆，并拟私运军火，谋为不轨，意在乘机起事，经臣等飞咨各省通饬各属一体严密查拿在案。

七月十四日据办理安徽铜陵县大通镇厘局知府许鼎霖等电禀，探明有富有票匪在江北桐城地界啸聚数百人，宰牲祭旗，请速派队剿捕。当经臣之春饬派定安后营李桂馨督率队伍驰往捕拿。嗣据徽宁池太广道吴景祺、办理皖岸督销局道员钱松年、大通厘局知府许鼎霖、大通营参将张华照、裕溪营参将彭源洽先后电禀：七月十四夜，有匪徒多人窜至裕溪，该参将彭源洽率兵抵御众寡不敌，军火被劫。十五日匪窜大通。是日黎明，该处文武官汛及桐城县练董共拿获匪徒八名，正拟会讯间，突来匪徒游勇数百人，图劫长江师船。外委洪益金奋力抵御，身受枪伤甚重、各弁兵亦多受伤，纷纷落水，溺毙兵丁八名，致被抢去师船八号，并劫药局军火多件，砍断电杆多根。该匪声势汹涌，开放大炮向大通督销局猛击，致将该局常平差轮打沉。并劫厘卡炮船。匪众旋即登岸，直攻盐厘两局，肆行抢掠，伤毙勇丁二名，盐局司事一名，家丁受伤四名，所获匪犯概被劫去，并纠抢钱店一家，居民数家，伤毙百姓二名，分向青阳窜去，希图劫狱。幸先获之匪首郭老大、陈得沅二名口先已批饬正法。青阳、芜湖、南陵一带均形吃紧。各等语。复经臣之春添派统领武卫楚军李定明、营官傅永贵，各带营队，星夜驰往大通，会合李桂馨，分三路追剿，并派营官萧镇江、李维义分赴池州、南陵等处截击。臣坤一饬派龙骧、虎威、策电兵轮三号驶赴大通江面堵截，并派统领衡军王世雄酌带一营乘坐开济兵轮迳芜湖驻防，会商徽宁池太广道吴景祺妥为布置，相机剿办。臣少春立饬调防江阴之长江提标裕溪大通三营舢板，星速驶回原营，湖标舢板三十号亦饬上驶协剿，加派江胜左营步队营官刘达义赴南陵会剿。并闻有兵丁通匪情事，经臣坤一、臣少春各派文武廉干大员前赴大通密查，先将大通营参将张华照撤任，听候参办。

旋据禀报，营官傅永贵于十六日率队行抵大通，首先拿获匪党四名。统领李定明于十七日探得匪首许大老等四名，以黄绫裹头，党约八百余人，因闻官兵将至，以大通孤悬江心，非鏖战之地，齐赴洛家潭，图结各路匪党，并力抗拒。该统领李定明商同营官傅永贵，即刻拔

队,驰抵洛家潭,分布水陆截击。匪惧不敌,舍舟登陆,纷向东岸奔窜。我军随发抬枪,轰毙匪徒五六十名,夺回炮船十四艘,火药枪械多件。余匪四五百人向南逃逸。李定明等复催兵前进,至结岭地方,勇丁多染暑症,谕令暂行休息,并多发探队以备不虞。忽闻山内枪炮齐发,当饬队伍奋勇进击,并分兵绕至山后围剿,擒获余周等三首犯,即行枭首。开枪击毙匪党十一名,余匪从山顶向东滚跌而下,坠沟碰石毙者三四十人。乘月色追击至木竹潭,又枪毙匪党三十余名。维时已近三更,正拟驻扎,忽据报称,匪复分股前来。我军随分四路搜缉,行至六町村遇匪二百余人,奋勇格毙二十三人。余匪向南岭逸去,与余老五一股会合。天色已晓,李定明率队追至戴家会村,突遇悍贼约三百人,列队发枪,拼命拒敌。我军力战数时之久,毙匪一百一名,生擒首逆余老五,夺获伪印、富有票、枪械、马匹无数。傍晚始行收队,即将余老五处斩。十九日各村团勇拿获窜匪十二名,亦即正法。并留枭匪七名,带至大通斩枭,以寒匪胆而定人心。营官李桂馨于十七夜会同铜陵县在丁家洲横港头等处毙匪十余人,生擒朱炳荣等十人,讯明正法,夺回火药三十余桶,搜获刀械无算。十九日在杨二耆地方枪毙匪首何广源及党羽十余名,夺获毛瑟枪子两箱及洋枪、马匹、票布、元宝、洋元等件,生擒匪首朱则徐等十二名。营官萧镇江、李惟义、刘达义会禀,督率各营在南陵会剿,拿获首要匪犯多名,并擒获伪三千岁石方玉,解省讯办。又经营官刘达义督同该营哨弁拿获要目杨长发、陈玉才、伍开寿、蔡略元、袁孝杰五名,起获枪枝、子弹、飘布、号簿。营官傅永贵拿获匪首伪四王爷陈英士、伪八王爷朱梅生、伪七千岁周得方三名。统领王世雄会同芜湖游击刘炳庭拿获抢劫大通匪犯张桂友、万启成二名。裕溪营副哨李鸿钧等拿获巨匪吴老九一名。又据徽宁池太广道吴景祺禀,督同营哨拿获要匪丁德恺、于锦堂、符焕章、吴正金、唐有元五名,均讯取确供,实系富有票匪,分别提省及就地惩办。复经臣等严饬各该统领营官分投搜捕,务期净绝根株。现在地方一律安谧,堪以仰慰宸廑。

嗣据查办委员禀复,臣少春以案情重大,复亲往大通严查。该营等实因师船奉调前赴下游办防,所余船只无多,又将每船兵丁酌拨两名至调防船内协助。此次变起仓猝,寡不敌众,又有革兵游勇在内冒充水师兵丁,勾结票匪,以致出此重案,实属咎无可辞。

臣等伏查长江以内,正值筹办防务,各该师船有巡缉之责,宜如何严密设防,以期有备无患。乃竟因循玩忽,致酿事端,师船军火均被匪劫。若非派营刻速剿灭,几有燎原之患。该营哨员弁,平日于革兵游勇未能严行驱逐,尤属形同聋聩。自应从严参办,以儆将来。相应请旨将长江水师大通营参将张华照、大通营左哨都司宋春桂二员,即行革职,永不叙用。裕溪营参将彭源洽、裕溪左哨都司吴斌臣、大通营前哨二队千总吴高太、右哨四队把总颜福成、左哨五队外委谢云龙、左哨六队外委刘传薪、右哨五队外委郭福全、右哨六队外委萧近理、后哨四队把总钟龙贵、裕溪营请补后哨一队千总李茂芳、后哨四队把总周成喜、请补左哨七队外委张保元、右哨五队外委张福友,共十三员弁,一并革职,以为疏防失事者戒。统领安徽武卫楚军、奏留差委、头品顶戴、已革记名提督李定明,督队剿匪,盛暑奔驰,两昼夜间追逐百余里,毙匪数百名,夺回炮船军火,夺获伪票、骡马等件,赴机迅速,立挫凶锋,劳苦功高,实为各营之冠。该统领晓畅戎事,谋勇兼全,将领中不可多得,仰恳天恩开复原官,以备干城之选。其余出力各员弁,容再查明,择尤奏奖,俾示鼓励出自鸿施。

所有票匪滋扰大通、派兵会剿、地方安靖各缘由,谨合词恭折驰陈,伏乞皇太后皇上圣鉴训示。谨奏。

杜迈之、刘泱泱、李龙如辑《自立会史料集》,岳麓书社1983年版,135~138页

《俞廉三奏拿获富有票匪惩办缘由折》(光绪二十六年闰八月二十一日公元 1900 年 10 月 14 日):

头品顶戴湖南巡抚臣俞廉三跪奏,为漏网逆犯创立会名,纠党滋事,查拿惩办情形,恭折仰祈圣鉴事:

窃查湖南地方素多匪类,然皆军营散勇,无业游民,结会放票,偷窃劫抢,聚集稍众,或竟拒捕抗官,不过苟图得财,其联盟簿据,语句虽多悖逆,行径亦极凶强,然手无利器巨资,胸无远谋大志,是以旋起旋灭,未至蔓延,自逆犯康有为等包藏祸心,构造邪说,创为自立民权种种妄语,迷乱人心,一时儇薄少年,佻达士子,罔弗被其摇惑。迨该犯等逆迹败露,亡命海隅,仍复怙恶不悛,布散流言,谬立党会,诓骗资财,为数甚巨。本年因闻北方多事,伺隙思逞,于上海地方,将所立保国会易名自立会,造为富有匪票,分遣党羽,于沿江沿海各省到处散放。鼓其猖狂悖谬之语,诱致昔被迷惑文人;出其外洋骗得资财,勾结江湖会匪。沿江各省莠民痞匪,靡然从风。此自立匪徒始事之缘由也。

臣于本年六月初间微有风闻,因其间多涉官裔士林,颇出寻常意计之外,未经得有实据,不便即时宣飏。叠次密电督臣暨邻近各省询问消息,适安徽之大通、湖北之新堤同时起事,新堤匪党于七月二十二日窜扰湖南临湘县属滩头地方,拒毙防勇二名。臣闻报立饬驻扎岳州之信字旗参将陶廷梁,加派统带新军健字营提督张庆云带队驰往,会合鄂省派出之武恺、靖威等营,毋分畛域,围攻兜捕;并饬署岳常澧道颜钟骥及委候补直隶州知州陈国仲前往,督同署临湘县知县赵从嘉将保甲事宜认真整顿,清团清族,实力稽查。该匪等惊惶潜遁,复窜至临湘县沅潭地方,纵火焚掠,延及厘金、督销各分卡,并将司事伤毙。张庆云等带勇驰剿,始各溃散,张庆云等随各在于临湘县境及鄂属与湘省交界之崇阳、监利等县,分路排搜。先后擒获匪首黄南阳、李寿全及伪称青冈王之曾广文、伪金刚王王昌平等多名。讯据供认俱系红教会匪,听从自立匪党,勾结滋事。随于军前正法枭示,收缴富有匪票及红教匪飘布数百张。现仍严缉在逃匪首王秀方等,务获惩办。此剿捕新堤等处业已起事匪党之情形也。

其散放富有票之匪党,臣前经风闻,即饬管带亲兵卫队现署臣标右营游击刘俊堂选派精壮勇丁,暗地探访。查获匪目李英一名。臣即亲提到署,督率委员悉心研讯,稍得端倪。复获匪首谭翥一名,磨审三昼夜,匪党秘计阴谋,遂皆尽情透露。维时鄂省亦已破案,准督臣电咨前来。臣复加派新募缉勇,并委候补知县沈瀛暨密饬讯出匪党藏匿地方文武员弁,上紧缉拿。旋据派出弁勇陆续拿获伪充富有山帮办之徐昆、伪充巡风之谭桂林、伪称坐堂之逃勇陈保南、在匪中探听消息之易瑞林、散放匪票之李广顺到案,发交藩臬两司督同长沙府研讯明确,并究出先犯匪案饬发湘阴县监禁之莫海楼复有通匪情事。又据湘潭县拿获散放富有匪票及另犯拒捕伤勇案内之仇恺即仇长庚等,署岳常澧道颜钟骥拿获著名匪首李如海,均各随时就地正法。续据委员沈瀛在于武陵县获匪石竹亭,跟缉至龙阳县弋获蔡钟浩,浏阳县访获唐才常胞弟文生唐才中,益阳县拿获方成祥、徐德,慈利县拿获姚小秦,九溪营拿获李生芝、汪葆初即汪楚珍,先后押解来省,发交司府推鞫。以唐才中、蔡钟浩、方成祥、徐德四名所供最为详悉。盖康有为窜伏外洋,时或潜至滨海地面,改立自立会,散放富有票。其勾结会匪即称富有山。倚梁启超弟子湖北已获正法之唐才常纠合内地各项匪徒,私分地段,伪设官职;汉口曰宾贤公,襄阳曰庆贤公,沙市曰致贤公,荆州曰集贤公,岳州曰扼贤公,长沙曰招贤公。其余各处皆立有名目,伪称新造自立之国,分立五军。唐才常伪称钦差,为湖北、湖南、江苏、安徽、江西等省各军总统。已获正法之林圭,伪称武昌中军总统。在逃之湖北试用县丞沈克诚即愚溪,伪右军总统。陈说即桃源县已革廪生陈犹龙,为伪左军总统。龙山县人唐仰吾即唐桂林,为伪右军帮统,兼办常德一带之事,与现获之唐才中同为伪右军帮统。唐才中兼稽查会员,催办饷械,事权较重于唐桂林。在逃之凤凰厅附生朱茂芸、湘乡人龚超,同为伪左军营务会员。蔡钟浩即树珊,诡名松阴次郎,同逸匪唐仰吾在常德一带煽诱,兼办匪中伪文案。其余皆各有伪职,容再细加研究,分别惩办。至伪充湖南粮台之安徽桐城人、浙江试用巡检汪先炘即尧臣,本名汪镕,诡名金容四郎,业已闻拿自尽。大抵此项匪徒,中有二等:一系文人,皆曾在各处学堂肄业及曾经出洋学生,与康有为等交往素密;一系痞匪,即内地旧有之会匪痞徒,贪利与之联合。臣业将在逃首要匪犯姓名详开清单,悬立重赏,咨行通缉;并示谕被诱愚民,缴票首悔。前有匪首谭鳌悔过投营,将谭翥、李广顺指拿到案,臣立准免罪,一体给赏,仍节叙事由,张贴告示,俾匪党观感自新,且使互相猜忌。务在严办首要,解散胁从。虽经供及姓名,查无确据者,概不株累。此查拿散放富有匪票之情形也。

伏查逆犯梁启超,先年充当湖南时务学堂教习,传播邪言,余焰所及,以常德及澧州属之慈利县为甚,故匪党以湘籍为最多。其蔡钟浩与逸匪文生赵必振、何来保、陈犹龙、陈应轸等,皆常德府属之人;而李生芝于事败之后,拟于慈利县纠合沙市匪徒成十余营,意图再举,匪中至有"慈利官班子"之号,徒党繁猥,可以概见。似此浸淫蔓延,诛不胜诛。以臣愚昧之见,惟有先将保甲一层,切实办理,先行别清良莠,方有措手之处。至团练丁壮,前曾有禀请自备薪粮,练团募勇,冒领军火者,均经严词驳斥。窃恐不逞之徒,暗图藉此滋事,暂从缓办,俟保甲确有成效,次第举行。一面会同学政吴树梅,将书院章程详筹更正,讲明正学,专以程朱为主,以涤污俗而正人心,端本澄源;莫要于此。至此次匪徒,本约各府州同日起事,牵制兵力。七八月间,长沙、岳州等处,讹言繁兴,人心惶惑,几有不可安居之势。盖其党羽既众,资用复饶,布散极广,用计极毒,实为历来所未有。设非仰赖天威,及早破获,其贻患殆将不可胜言!所有出力员弁,可否容臣择优酌保数员,以示奖励出自逾格鸿施。谨会同湖广总督臣张之洞恭摺由驿驰奏,伏乞皇太后、皇上圣鉴。谨奏。

杜迈之、刘泱泱、李龙如辑《自立会史料集》,岳麓书社1983年版,157~160页

7月3日(六月七日)　上海道余联沅与各国领事订立保护南省商教章程九条,及保护上海租界城厢章程十条。

《东南保护约款》全文如下:

一、上海道台余,现奉南洋大臣刘、两湖督宪张电示,与各国驻沪领事官会商办法,上海租界归各国共同保护,长江及苏、杭内地均归各督抚保护,两不相扰,以保中外商民人命产业为主。

二、上海租界公同保护章程,已另立条款。

三、长江及苏、杭内地,各国商民、教士产业均归南洋大臣刘、两湖督宪张允认切实保护,并移知各省督抚及严饬各该文武官员一体认真保护。现已出示禁止谣言,严拿匪徒。

四、长江内地,中国兵力已足使地方安静;各口岸已有各国兵轮者,仍照常停泊,惟须约束水手人等,不可登岸。

五、各国以后如不待中国督抚商允,竟至多派兵轮驶入长江等处,以致百姓怀疑,藉端启衅,毁坏洋商、教士人命、产业,事后中国不认赔偿。

六、吴淞及长江各炮台,各国兵轮不可近台停泊及紧对炮台之处,兵轮水手亦不可在炮台附近地方练操,彼此免致误犯。

七、上海制造局、火药局一带,各国兵轮勿往游弋、驻泊及派洋兵捕前往,以期各不相扰;

此局军火，事为防剿长江内地土匪、保护中外商民之用，设有督巡提用，各国毋庸惊疑。

八、内地如有各国洋教士及游历各洋人，遇偏僻未经设防地方，切勿冒险前往。

九、凡租界内一切设法防护之事，均须安静办理，切勿张皇，以摇人心。

王铁崖《中外旧约章汇编》第1册，三联书店1957年版，第968～969页

《保护上海城厢内外章程》：

一、租界内华人以及产业，应由各国巡防保护，租界外洋人教堂、教民，应由中国官妥为巡防保护，遇有紧急之事，互相知照妥办。

二、地方流氓、土棍，遇有聚众滋事，或抢劫伤人，无论华洋地界，均须一体严拿，交地方官从重严办。

三、现因各处商贾停滞，各项小工佣趁较难，拟请租界工程局添办新扩各界路工，城内则令疏通河道，并由道台挑选精壮，充当勇丁，务使民间有事，可致消患无形。

四、添办各项工程及添募勇丁口粮，中外官商公议捐助章程。

五、沪市以钱业为大宗，而钱业须赖银行零折转输，若银行不照常零折，或到期收银迫促，钱市一有挤倒，各行生意必皆窒碍，市面一坏，人心即震动不安。应请中外各银行东及钱业董事，互相通融缓急，使钱行可以支持。

六、钞票应照旧行用，只须道台会同各领事出示晓谕，声明各行票未收银，搭几成钞票，由各钱业照付。

七、租界内大小各戏馆应令照常，不可停歇，以惑人听。

八、租界内救火章程甚备，租界外浦东亦应仿照，多备救火具。若有火警，附近居民不可乱动，一面由火会分驰往救，一面分派巡捕兵丁分班巡护，认真弹压，应请先行出示晓谕。

九、租界巡捕，应请添募，昼夜梭巡，大小街路，均有巡捕，城厢内外以及浦东南市，亦应添募巡捕，多派员弁，分班轮流巡查。

十、查明租界四至、出入总散路径，租界内边地则由工部局于各要路多派巡捕，每处若干人，建造捕房，常川驻守，瞭望界内。倘有远处成群来界乱人，即鸣警知会局中，派捕抵拦。租界外边地，则由华官派兵，搭盖棚帐，常川驻守，勿令成群乱人闯入租界以内。

王铁崖编《中外旧约章汇编》第1册，三联书店1957年版，第969～970页

7月6日（六月十日）　孙中山一行赴新加坡，宫崎寅藏等被捕，发生所谓“新加坡刺杀案”。

冯自由《庚子惠州之役》：

宫崎则以运动孙康两派合作往新加坡，竟被康徒控诸英警厅，谓其欲谋行刺康有为，以是被逮下狱。

冯自由《中华民国开国前革命史》，上海书店影印良友印刷公司1928年版，第91页

冯自由《孙总理庚子运动广东独立始末》：

宫崎返港后，以总理他行，无事可办。因戊戌年（一八九八），清室政变时曾保护康有为赴日，于有为有恩，遂欲赴南洋游说有为，使与总理联合组党救国。以其意商诸陈少白，少白认为徒劳无益。然宫崎意坚决，卒偕其友清藤幸一郎赴新加坡。事为康徒徐勋所闻，并探悉宫崎曾留刘学询宅一夜，遂疑宫崎此行，为奉粤督命谋刺有为以邀赏。迳电有为，请预防范。有为以告新加坡当局。故宫崎、清藤甫抵新埠码头，即被该埠警吏拘禁入狱，搜获日本刀及港币一元钞票三万张。警长询以携此二物何用。宫崎答以刀为日本武士道本色，港币为中

国革命党首领孙某之物,渠不过代其保管等语。盖总理舟过香港时,预备偕郑士良入惠州起兵,故命少白等兑换一元之港钞三万张,为发给军饷之需。兑换后,随交宫崎保管。宫崎于赴粤时,此款尚存行囊。及返港,乃挟以赴南洋,欲就近还诸总理。警长讯问后,对于日本刀尚能谅解,惟对于港币巨额,不能无疑。宫崎二人,遂系狱中一星期许。

冯自由《革命逸史》第4集,中华书局1981年版,第93页

《关于流亡清国人孙逸仙》:

外务大臣青木周藏子爵阁下:

(孙逸仙、宫崎寅藏、清藤幸七郎)三人于六月九日从横滨出发经由神户渡航香港,据称其目的是要和在新加坡的康有为见面,此事亦有所报告。据三人所言,三人为打探这次清国发生变乱的具体情况,并会见康有为而前往香港,孙留在西贡,宫崎、清藤二人则前往新加坡,两三次谋求与康有为面谈。然康有为受到当地英国总督的保护,戒备极其森严,二人虽最终与康见了面,但都是通过警署进行。二人不知道个中原由,要求直接与康面谈,而康不答应,只同意在警署见面,二人见康极不信任自己,愤而离开警署,警察署认为二人有加害康之嫌疑,遂向总督报告。总督也生起疑心,遂检查二人的行李物件,发现其衣物中藏有日本刀,于是认定二人要加害康有为,将二人拘禁起来。……

兵库县知事大森钟一

明治33年7月25日

[440190明治33年7月27日收到兵库县发秘第412号]

章开沅、罗福惠、严昌洪主编《辛亥革命史资料新编》(6),湖北人民出版社2006年版,第42~43页

7月9日(六月十三日)　孙中山抵达新加坡,着手营救宫崎等。

冯自由《孙总理庚子运动广东独立始末》:

总理在西贡得讯,即兼程赴新加坡,以绅士林文庆医生之介,入谒新加坡总督,说明宫崎来此原意。并承港币为己物,即用以预备发给革命军饷者。新督聆言,始令将宫崎、清藤二人释放,并发还倭刀及港币等物。

冯自由《革命逸史》第4集,中华书局1981年版,第93~94页

《与斯韦顿汉等的谈话(1900年7月10日)》:

我(孙中山,编者)偕同宫崎、清藤到达香港。我又去西贡,接着来到这里,惊悉他们被捕。他们坚守密誓,没有吐露任何关于我的事情。对我的赏格曾是一千元,现已升为四万元或更多。他们出来是为着保护我。当我离开日本时,我请求他们和我同行,象他们过去保护康那样保护我。福本在西贡与我相晤。宫崎和清藤,一名中国仆役,还有内田,都与我同乘"印度河"号离开日本。宫崎是我的挚友,他是一个正派人,不是坏人。我是通过日本的领袖人物犬养认识他的。宫崎是日本一位富人的门下客,他受该富人及一些大矿主的资助。他在中国的政治事务上是有作用的,我不便加以说明。我的职业是医生,但我不能说明我的身份。我打算回到台湾。我常来会见我的一些同胞。我想要会见康有为,就当前中国的问题征询他的意见,并向他提出我的劝告。

不错,我志在驱逐满洲人,而他支持年青的皇帝。我希望与他磋商,为我们在共同路线上的联合行动作出安排。宫崎担心会损害我的事业,所以没有吐露真情。一位欧洲人马尔克恩先生与我们一起约在三年前我第一次认识他。我在香港与他相遇,并且一同前来星加坡。我认识中西重太郎,他是乘"老挝"号来的。我在西贡见过他,我们一起前来。他是船上

的日本乘客。他头一天住在旅店，然后去找康，从此我就没有见过他。

我不能在香港登岸，而我本在香港受过教育。我已经放弃了开业行医。我估计那人有三万元。其中一些钱是属于我的，另一些是募捐所得。对此我完全可以肯定。这不是平冈的钱。我们都打算乘搭另一艘日本船返回□□。

日本人为了保护我，经常派人尾随我，并监视我的住所。

我认为，中国民众迟早将要起来。我们试图安抚他们。我们认为，要为人民提供更好的领导者。我相信一部分民众肯定会起来，那是不可避免的。我们打算推翻北京政府。我们要在华南建立一个独立政府。我们的行动不会引起大乱；而没有这个行动，中国将无法改造。南方数省人民已经组织好了，目前的平静主要是由于我们没有采取行动。我想，大概除了康党以外，都能够结成一体。我们担心中国被分割。我们当中的一些人力主行动；如果无所作为，他们将会倒向另一方。我认为康指控宫崎和清藤是犯了严重错误。当康等与我来往时，他们的行动便是不寻常的。皇太后悬赏十万两购缉康的头颅，他那头颅的价值三倍于我。中国政府派人处处监视我的行动。我来这里的目的在于会见康，并增加我的中国追随者。

广东省社会科学院历史研究室等合编《孙中山全集》第1卷，中华书局1981年版，第194～196页

△ 武卫前军统领、直隶提督聂士成战死于天津南门外八里台。

罗惇曧《庚子国变记》：

初直隶提督聂士成，奉命剿拳匪，有所诛助。既而朝议大变，直督又袒拳匪，深恚士成。朝旨严责士成剿夷，时论又多所责让。士成愤懑无所泄，乃连战八里台，陷阵而死。

中国历史研究社编《庚子国变记》，上海书店据神州国光社1951年版复印，第12页

李希圣《庚子国变记》：

初敌兵攻西沽，聂士成弃不守，其乡人移书责之，士成笑曰："岂谓我怯耶？"遂连战八里台，陷阵而死。先是士成得旨剿拳匪，已而朝议大变，士成不自安，至以身殉，君子悲其志焉。士成死，马玉崑代之。

中国史学会编《中国近代史资料丛刊·义和团》(1)，上海人民出版社1957年版，第18页

佚名《西巡回銮始末记·直隶提督聂军门死事记》：

自团匪作乱，始发涞水，副将杨福同以总督调赴弹压被戕，朝廷归咎官军，不肯议恤，天下怪之。然是时匪乱方炽，猝无以防制之，则近畿一带立被糜烂。而任直隶提督者，适为聂公士成，统全军方驻芦台。总督裕禄立檄调数营至涿州，复分派多营防守京津一路。五月初八日，匪焚黄村铁路，聂军力救之，匪遽仰击伤数十人，军中大愤。其后聂军在沿途剿匪多次，落垡一役，其击杀尤多。匪大憾，因嘱其党诉于朝。

是时朝廷匪党已成立，即捏词入告。降旨痛斥直隶派出各军骚扰各情，复以聂多年宿将，所统皆久练节制之师，过触其怒，则其仇团民愈深，恐更因此而龃龉，谋所以和解之，乃使总统武卫全军满洲某巨公致书于聂，略谓："公军装式颇类西人，易启团民疑，故至寻衅。团民志在报国，具有忠义之忱，似不宜肆行剿戮，惟公慎之！"聂得书，复云："团匪病国害民，必误大局，且士成本任直隶提督，境内有匪，理宜肃清。事定之后，虽受大创，靡所逃死！"此皆为五月十二三以前事也。

自是聂军大队专守杨村，遏匪南侵。至十四日，英提督西摩尔统各国兵入京，过杨村。聂欲阻之，电告裕禄，裕不可，聂大发愤，谓所属曰："身既为直隶提督，直隶有匪既不能剿，直

隶有敌又不能阻,安用此一军为耶!”欲拔队竟归芦台而不果,卒在此一路往来牵制西兵,使不得骤入。西人以兵少,又颇惮聂军大营在后,乃经议折回。而朝廷以为团匪大功奖励之,赏赐巨万,而聂军毫无所得。

至二十日后,得大沽炮台被夺之信,朝旨始决意失和。聂即奉命攻击天津租界,围攻甚力,恶战者十数次,相持八日,炮声不绝。西人谓自与中国交战以来,从未遇此勇悍之兵。故自大沽失守以后,津京旦夕可危,有能首敌西兵以御急难,使津郡在外人屈指间得延一月而京师得获暂安者,则聂军之为也。至二十八日,各国兵大队赴援至津。聂以久战之兵,又无继援,势始不支,然犹退守津城附近,力遏西兵。是时苟无内讧,专御外侮,则聂之身未必亡,聂之军未必覆,而津城未始不可暂支以待转机。乃未几而有聂家为团匪所劫,而练军助匪枪击聂军之事。

方五月下旬,聂军之急攻租界也,团匪始犹出阵,继以数受创,乃不敢往,常作壁上观,反四处焚掠。所当敌者,惟官兵而已。聂颇愤,以为倡灭洋以酿祸开衅者,团匪也,乃临事见不妙而以大敌诿官军;官军再四血战,断头颅折肢体者至十之二三,而彼犹内窃忠义之名以误朝廷,外肆盗贼之行以害闾里,不重惩之,无以慰军人,谢百姓。一日者方恶战,甫归营,遽下令曰:“今日尽力攻团匪!”于是派军四出,所击杀者千余人。匪愈恨,遂乘其与洋兵苦战时,以多人拥向其家而去。是时西师方大队援津,聂军退守甫定,闻信,急引兵追之。所谓练军者,故多直人,与匪通,见聂军追匪,急欲救之,遽哗曰:“聂军反矣!”共开枪击之。聂出不备,遂败。

斯时聂内外被敌,进退失据,又自愤身为提督,拥兵十余载,被数十创而内不见谅于朝,外复见侮于匪,则大愤慨。又以近日贼臣匪党,欲排异己,动以其通外为词,遂欲亡身殉国,以杜谗口。适六月初四,马军至津,聂仍收集数营,日夜助战,每身轻前敌,欲以求死。至十三日,在八里台。果以身中数炮,腹裂肠出而死。其死状最惨,天下闻而悲之。

自聂死后,凡五日,而津城陷。

中国历史研究社编《庚子国变记》,上海书店据神州国光社1951年版复印,第150～152页

7月12日(六月十六日)　孙中山营救宫崎等出狱,被英殖民当局迫令离境,乘轮赴香港。

《关于流亡清国人孙逸仙》:

外务大臣青木周藏子爵阁下:

…………

在西贡的孙逸仙听说此事(新加坡刺杀案,编者)之后立即约见总督,言明事实情况,总督最后虽不再怀疑并释放了二人,但令他们不得入境。……

兵库县知事大森钟一

明治33年7月25日

[440190明治33年7月27日收到兵库县发秘第412号]

章开沅、罗福惠、严昌洪主编《辛亥革命史资料新编》(6),湖北人民出版社2006年版,第43页

7月13日(六月十七日)　督办铁路大臣盛宣怀与美国合兴公司订立湖广铁路借款续约。

《粤汉铁路借款续约》全文如下:

续约奉旨于光绪二十六年六月十七日,即西历一千九百年七月十三号,在华盛顿地方,

为筹款建造粤汉铁路,其订约者:

一为中国督办铁路总公司大臣盛,钦奉上谕办理,续约中称督办大臣;

一为中国铁路总公司,续约中称总公司;

一为美国合兴公司,续约中称美国公司。

查原约于光绪二十四年三月二十四日,即西历一千八百九十八年四月十四号,中国驻美大臣伍,遵照光绪二十四年三月十二日,即西历一千八百九十八年四月二号,由中国总理各国事务衙门电寄之谕旨,与美国公司代理人巴时在华盛顿订立,旋于西历一千八百九十八年四月二十二号,由美公司认准照办;

又查此路已照原约测勘大概情形,绘图呈由盛大臣核准;兹因测勘后,查明建造工费须比原拟较多,是以须续订约章,将所有应行添筹款项及各详细事宜,略订于下:

一、原约第一、第二款本载明粤汉铁路借款至少英金四百万镑,照美金申算,若此数不敷,必须添增,亦可多借。即照总数印发中国国家金圆小票,仿照中国近日借款小票,惟不以洋关作抵,而以铁路作为头次抵押。此项借款实数,自应由总工程司勘估方能定夺,今已大概测勘,因展长之萍乡、三水两路,一并合算在内,又因地势崎岖,工作艰巨,非前所能预知,今乃查得又非前拟借之项能足敷用,是以议定:借款金钱小票之数须比前较从宽,约估应有美国金洋四千万圆,乃敷筑办及备置铁路所需各项。准美国公司随时需款造路或银市合宜时出售或揭押。但必须按照原约第一、第二款所载,随时分次交明该款若干,随时起计利息。所有借款四千万圆,应由督办大臣与美公司饬令总工程司估计工程,次第分期售票,至少分作四次,以免中国徒然吃亏利息。

二、此借款应用以建造及备置各项由汉口之粤东省城铁路之用。经总工程司测勘,武昌至广州,绕经三水,七百四十英里,萍乡枝路六十六英里,岳州枝路二十五英里,湘潭枝路九英里,避车傍路七十八英里,即共计九百十八英里。约估全路一切工料、车辆等费,及预备路工未完之前数年利息,及意外之需,约共三千六百五十三万八千美金。是以与美公司商明借虚数四千万金钱。工竣之日,如售买小票所得之项尚有多余,应存储银行,听候中国国家主意,或赎还小票若干,或存银行备拨应给美公司之利息,或添办有益粤汉铁路之事,均由督办大臣与美公司随时商定。

三、中国国家发给金钱小票如何保实,应照原约所订将铁路以及全路产业作为借款之初次抵押,照美国通例解说办理。故声明,即以此续约作为按美国通例之抵押据。此续约中所载抵保各事,即与美国铁路产业抵押保、借款保小票照例立交受他人之据一律看待。议定:日后美国或别处银市随时另立合美例之头次抵押据,以便保证小票,抑或须另派受托人,美国公司应与督办大臣商酌,相机照办,如须另派受托人,其需费用由美国公司开支。

四、原约第一款所载借款,按工程随时分次交纳;候美公司所派总工程司勘路详报督办大臣核准后,即交纳第一次,以后随用随交。现议定:续约签字彼此核准后八个月内,美公司交纳第一次造工应用之款,无论出自售买或揭押小票之款,或筹垫之款,但所应交若干,系须按照每次交出售押之小票若干交缴。如续约核准后十二个月不兴工筑造,则续约作为废纸。此项借款,除在美国存备购买机料给价及合约付支外,系由总工程司估量给据,至此续约中后属之总办管理处声明为筑办何段干路、枝路需款若干,由管理处核定,划至上海彼此公指之银行,收入铁路工程帐内,专为在中国筑办合约所指之铁路之用,由总办管理处监察。在美国陆续用出各帐以及汇交中国工程所用各帐,均应按次呈缴总办管理处复核,禀明督办大臣,转咨总理衙门、统辖铁路矿务总局、户部存案。

五、原约第二款所指之小票并原约第六款所指之余利凭票日期,应与此续约日期利息一律。利息则由卖售小票给交买主之日起算,其初次息票期内所应得利息多寡,当由买主算扣,按日期核给。是以一月之内,其卖票之日较近于初一日,则算初一日起息,较近于十五者,则算十五日起息。其息票全张,卖小票时经已过期者,即行注销剪出,交中国驻美大臣寄回总公司。至小票应如何格式,当与督办大臣或中国驻美大臣与美国公司于签订此续约时同时酌定,但日后或因在纽约省银市或在别国银市出售,须将票式除借款数目、利息、年限及中国国家一切责任不准更动外,其余酌量稍为参改,以顺银市之意,应准美国公司商请驻美大臣稍为参改。其如何参改之处,美国公司立即知会督办大臣,以便转达总理衙门查照。小票及美公司余利凭票,全用英字刊雕,督办大臣所签之字、所盖之印,均刊雕于上,路远票多,以免亲自签押,递寄为难。中国驻美大臣则逐张签押盖印,以示中国国家允准及承认售发此项借款小票并余利凭票。该小票与中国及美国余利凭票,每张须编列号数,各共需若干张,届时由美公司刊雕妥当。此小票每年按照票面股本,给息五厘,按照此约所订日期起算,即以美国金钱核付。此续约所定办理之铁路头次抵押小票,一俟刊雕,同中国驻美大臣签印后,由美公司互签。中国驻美大臣与美国公司会同拣选纽约埠之合宜受托公司或库房收存,以便美国公司相需随时取用,于工程期内分次出售或抵押,筹垫款项,拨作筑造及办理各段干路以及督办大臣核准之枝路之用。又议定:其存票费由铁路帐内拨给;此外,买票等费均由美公司拨给。又议定:美国公司筹垫筑造及备置铁路所需各项,可随时缮据知会收存小票之受托公司或库房提取若干,受托公司或库房应即如数照交,并即知会中国驻美大臣,如驻美大臣公出,则知会使署,告知取出之数,美国公司亦须照样知会督办大臣,转咨总理衙门、统辖铁路矿务总局、户部查照。头次抵押小票计金洋四千万元,以便遵照原约所定筑造及办理总工程司勘估、督办大臣核准之粤汉干路以及办理约中订明办事所需;惟若因筑造枝路、展造干路系美国公司所请,已奉督办大臣奏明国家核准者,如果再需款项,仍可加售小票;所有该枝路及展造干线估价数目,由总督管理处禀商督办大臣核准。此种头次抵押之小票面上注明金洋之数,或五百元或一千元为额或别项数目,由中国驻美大臣另行酌定亦可。中国出使各国大臣允随时俯准所请发给凭单,证实此种小票,并俯答询问合宜各事,俾银市信息灵通,票易畅销。又议定:遵照原约定第二款订明章程,照工程司估计工价造成铁路产业,按约内所载,保到期付息、付本等用。如有小票以及余利凭票或失或毁,应准重发新票,其银数与已遗失小票或余利凭票注明之银数一样,惟失主须按例将实在毁失凭据呈缴美国公司并中国驻美大臣查核存案,应须的保美国公司应向失主所取的保。又议定:另可加售小票,不得逾金洋二百五十万元,用为随时购买铁路地基,其总工程司已勘定广东、湖北两处车站之地,其地价估价单已经预备,其由中国总公司自出者,一概不在此数之内。此款内所订明加售之小票,均与第一款出售之小票一样章程,一律看待,一样抵保。

六、铁路总公司现在之寓址如便当合宜,督办大臣即以为总局办公之所,此铁路预备开筑之时,督办大臣即照原约第五款所载,仿照海关章程,设立管理造路、行车事务处,名之曰总办管理处,如总公司现在寓址便当合宜,总管理处即在此办事;其办事人员五名,中国总办两人由督办大臣选派;除总工程司外,西员两名由美国公司选派。以上五人薪水,均由督办大臣与美公司核定,由铁路支给。如遇中、西人员有意见不同,则由督办大臣与美公司之驻华代理人会同和衷商酌办理。铁路中、西办事人员及其职事,除总工程司为美国公司所选择由督办大臣核准外,其余人员及其薪水并下段所载大员之薪水,统由总办管理处拟定,禀告督办大臣。至重要职司应由中国总办管理处之员预先禀商督办大臣办理。铁路至何省,必须由督办大臣于该省奉派大员一人，于省内地方一切事方能接洽。如办事华员须有职衔、名目合宜者，可由总办管理处禀请督办大臣札派。办理铁路重要之事须有本领有见识之西人乃可。至雇用工程、车务各事熟悉合宜之华人，亦可派充；无论中、西办事人，或因本领欠佳，或因行为不妥，总办管理处随时开辞，并禀知督办大臣。其总办管理处中、西人员，或因疾病，或因外出，准将应办各事托能就近到场之人代理，惟代华员之人须由督办大臣核准，代西员之人须由美国公司核准。铁路学堂教导华人工程行车事务如何办理，由总办管理处酌夺，禀由督办大臣核定。铁路开支进款，均归总帐房登记簿籍，随时由总办管理处阅核。铁路建造、行驶在中国所用各帐，悉用上海规银核算帐目，华、英并记，华员、洋员一同签字。帐房办事人员，中、西并用，务必妥实可靠。

七、原约第二款载明，此约所定之头次抵押物件系用铁路及铁路车辆、产业等项；应照例缮据，按续约第三款第一、第二节办理。除头次抵押并中国国家认保外，须声明此铁路实系中国产业。所以粤汉铁路以及日后督办大臣核准展造之路并枝路双轨地基、避车傍路、车站、修理厂、停车处所需各地，均由总工程司前后详细绘图，呈请督办大臣核准之后，即由中国总公司能筹全款或只筹款若干，购备铁路之用，悉照实价核算。其路基以及各地地契，务须毫无轇轕，统行写入铁路名下，随买随写。中国总公司所自备之资本购买铁路地基以及需用各地，应于铁路进款先提付缴费、养路费及小票五厘年息后，拨给六厘作为地价之年息。又议定：中国总公司随时购地付价，应照公道与实在之价核算。所买之地，须按铁路所需多少，及总工程司或其副手所测勘指定者而买，仍候督办大臣饬谕并核准施行。买地随时禀报备件，及各地契，由督办大臣随时饬总公司转送美国公司驻沪之代理人收执，以为头次抵押之据，照此约下文所载掌管铁路及铁路地基、产业之法一律办理，合约满期时，仍将一切地契交还总公司收回；兹并声明，若欲买大宗地田为铁路用者，督办须与美公司驻华代理人商妥方可，其在上文所云测勘指定界外者，尤须先商定后买。倘美国公司代筹全路所需之地地价，或代筹若干，如总公司不自行筹款购买，则所买之地，若未经总工程司或其代委之人先行勘明标志，及地契未到，或定买合同、将来立契各据未交到（并所买之地须由两头大站联蝉，建筑轨道不得逾一百尺之阔，各处车站地基在外），总公司或中国国家买妥之后，未将契券交美公司代理人收存，则美公司不完给地价。中国总公司所出地价，除总工程司原估预备之款外，合共不得逾金洋二百五十万元，则准由铁路进款支付，总公司年息六厘。此地价可给以铁路股票，名曰"铁路地价股票"，给上列年息六厘。所发给之股须详细登注，载明因何发给，此册存于总公司，任由总办管理处随时查阅，并立妥法登记每年所付之利息。又议定：如果美国公司须代筹付地价，或出售小票，或另行筹垫，中国国家允准购足并保护所需路基各地，以便由两端联蝉筑建铁路，按照总工程司勘定绘成之图妥速购买。其路基各地之契，一俟购定，即写入铁路名下，照此续约所议，交美公司代理人收执。又议定：所购各项地基，不论由总公司或美公司筹款，务斩断葛藤，尽去迁移坟墓及风水各窒碍，按照华例所应有地契、卖契纸据切实办妥，由美公司代理人在沪行注册收执，照此续约作为小票头次抵押，须俟小票本利及各项洋款清还后，即缴还中国总公司。为保实头次抵押起见，照原约议定，中国国家俯准，其小票未赎，年息未付，美国余利凭票尚欠应分未分之利，不得将抵押之地、铁路及铁路产业出售移交转给、推让与他人，亦不得稍有损碍头次抵押之权利。又议定：除借款本利以及各项欠款清还，或美国公司缮据明白允准外，中国国家或中国总公司亦不得再行抵押他人，勿论华人、西人。又此约期内，铁路、铁路产业所用各地及进出款项，小票、息票存项与及铁路一切别用积项，中国国家概不收税。又议定：如照约所订日期不付年息，或期满本款不还,所有铁路以及全路产业抵押于购置小票人之美公司者,统交美公司,遵照通例办理,以便实在保证购执小票人之利益。一俟全款及所欠之息并各项欠款清还,则原约与此续约所指之铁路及全路产业固好合用如常,归回华人管理,并照原约续约所载各节一律照办。

八、彼此议定:总工程司已勘之路、所呈之图,仅属大概,各段将开工时,如须再详细量勘,亦当照办。随后不论何段,或干路中之分段,或展造之路、或枝路有更改之处将要开工,必须先将该段详细路图说略以及估计工价,照初次勘路一律办法,交由管理处呈请督办大臣核准,方可施行。

九、原约第四款所载各式材料必须名场购买价值最低者;如鄂厂等料及中国所出材料,必须尽用;除上海酬劳费外,别无扣用,悉照原约所载各节办理。惟名场购买各式材料,督办大臣有权索要是实在佳质妥当之材料方可。如按贸易行规,其例有回头用或扣用者,悉归造路总帐。

十、原约第三款所载筑造干路、枝路,驶行轮车,以及与铁路相关之各项事业,中国人、外国人均不得干预、藉词阻挠等语,实在解说系:不特专请中国国家俯准,而且干路、枝路或现在筑造或已行开车铁路产业、中、美合办各事,办公中、西人等,悉应由经过各省文武官员随时竭力保护,于匪徒闹事及土人阻挠各端,尤属紧要。并准总办管理处随时练养铁路华巡捕一队,其弁目兼用华、洋人,藉以沿途保证铁路及所有产业。其工费概归铁路发给。如铁路另要国家或各省派兵保护之处,由督办大臣咨请即派,其由火车运兵到场,铁路概不收费,兵饷由官发给。

十一、原约第七款所载打旗等事,实在解说系指:干路及枝路所需德律风、电报,以及号令专为驶行轮车及办理铁路各事之用,不得占夺电局之权力。将来凡有与中国国家有益,于铁路相关,能保养铁路,及于铁路生意有利益,除平常铁路机器厂、修造厂外,其余如火轮、渡船、栈房及别项机器厂等类,准由美国公司与督办大臣随时商酌,设法请办。

十二、原约第六款,余利虚数小票,其格式应由督办大臣或驻美大臣与美公司妥定。美国余利凭票注明以五十年为期,其票价每张或五百元或一千元,并不带年息,于头次抵押之小票同时按次发给,每次多少系按小票发给多少而定,以至总数五分之一为度。兹并言明,日后所发售头次抵押票有逾于造路所需者,其所多出之票须收回或注销者,美公司名下所著之余利小票亦如数退回注销。五十年期限之内,中国总公司可照原价取赎。五十年期满,此美国凭票作废,毋庸给价取赎,惟取赎以前,或未满以前,铁路已获照章应分之余利,均须分给,乃能注销。总公司亦可发给,并享受此项余利凭票(其格式须合用于中国,但不载年限,又无取购字样),其总数,总公司名分所著头次抵押借款全数五分之四。其应全数刊发,或刊发多少,由督办大臣随时核定,所得之余利,总公司可留作公积,按所占分之多寡,或用以还头次抵押借款,按此约随时可取赎者,或用以还轻或清偿所有中国随时铁路之负项。又或此项中国余利凭票可用以抵给总公司购买铁路所必需之地价,盖因有地非给余利凭票不能买进也。此铁路每年进款,除提付各项经费及养路、修路并添换机器、车辆与办公一切费用,又除美公司借款小票年息五厘(及中国总公司自备或另借美公司购买地价之年息六厘)外,所剩是为余利,当提五分之一给执掌美国余利凭票之人,照数分派。美国公司即作为受托人,经理发给小票及美国余利凭票、注册取赎、分派利息及余利各事,并凡受托人所应办之事。如头次抵押之金钱小票照此约订定章程全行赎清,而美国公司余利凭票或未赎或未满期,则美国公司准选派一人在铁路办事(由铁路开支薪资),随时可以查阅铁路帐目。此人所办系帐房职司,保护执掌美国余利凭票人之利益,一俟余利凭票赎清或满期,则此帐房即行裁撤。

十三、所发金钱小票,俾纽约银行与商人赎买交易,在纽约或伦敦或别处市面通销,应议定:准执票人日后收息,或收美国金钱,或收英国金镑,听其自愿,惟中国总照美金汇交,其由美金改换他国金钱,汇水盈亏,与中国无涉。

十四、筑造、修理及行驶干路、枝路及合办事业所需各种材料,或由外洋进口,或由别省运至工次,比照北洋铁路办法,准免关税、厘金。此项借款股票、息票、余利凭票以及铁路之进项,中国概行豁免捐税。铁路经过之省所运之货物等应缴厘税,督办大臣应商统辖铁路矿务总局、户部,妥筹善法,实力保护铁路及藉铁路运货客商,免受横征、需索诸弊。如中国别项铁路办理厘金更优于此续约所指之铁路,则此铁路及藉此铁路运货客商,应得一体均沾。

十五、造路期内,应付长年五厘之利息及买地款六厘之利息,议定应由借款本银内交付。如有造路期内未用到之借款转存生息之息,以及造成一段行车后所得之款,皆可用以凑付利息;其尚不足之数,总归借本内提付。铁路全工告竣,利息均由铁路进项交付,按半年一付,即系西五月一号、十一月一号为小票付息之期。每期于二十一日之前,由中国总公司预备上海规银若干,向各银行查照公同行市作价,每一金钱合银若干,交明美公司之驻沪代理人,汇交纽约或别国银行。至美国余利凭票,铁路获利后,按年结算盈亏,并计照章应得之余利,亦于本年结帐后,提付美公司驻沪代理人收存,汇交执掌美国余利凭票人。其汇兑费,准代理人在中国所开设立经理银钱处照银行最省之通例支给,不得于例外多索。此借款利息,中国国家应允按期清还。如有铁路进项或借款不敷还利之时,应由中国总公司设法补还。如总公司无法凑补,应由督办大臣奏明,设法以别项补足还清,以便于每次付利期前至少二十一日,按照所需之数付给美公司驻沪代理人查收。

十六、铁路经过之处,美国公司现在未开设或将来亦不开设经理银钱处,自当设法与就地之中国通商银行妥议银钱来往办法,盖美国公司之意,原欲藉中国通商银行来往银钱,总之,能与交易之处即与交易。

十七,此续约与原约一体订立者,准美国公司之接办人或代办人一律享受,但美国人不能将此合同转与他国及他国之人。又议定:除督办与美国公司互缮凭据允准外,粤汉干路及枝路经通界内,不准筑造争夺生意之铁路,并不准筑造与粤汉干路及枝路同向并行之铁路,致损利益。

十八、美国公司拟出拈贴,分次筹办款项;倘于筹借大款之前,猝兴战事,或中国或他国政务有极大变动之举,以致外洋银市震动,或铁路因有阻碍不能开工,或已开工不得完工,总之,意难料及诸事非该公司所能挽回者,准该公司于筹款、开办、完工之期略为展限,以昭公道。如果小票已出,借款已经起利,除上列情节准展限外,其工程则不能停缓。原约第七款本声明,铁路工程应以三年为限,一律告竣,倘遇意外不测之事,并因战务阻止,总之,非美国公司力量所可挽回者,自当酌展期限。兹议由签定核准此续约之日起,除此款前列各项事故外,以五年为限,造成全路。又原约第八款所定五十年借款期限,与小票以及美国余利凭票之期,均于签定核准此续约之日为始,其小票照后列章程期内已赎回者,概不付息。

十九、现在美国公司遵照原约第十款缴存纽约埠之汇中受托公司之押款金洋十万元,今可通融,一俟此续约奉中国国家及美公司批准之日,督办即当电告中国驻美大臣,知会纽约汇中受托公司收执存之押款归还美国公司,以便将此款为兴造铁路之用建造之处,兹议定尽以萍乡枝路为先。如须督办同时知会该受托公司,督办亦允照电。

二十、铁路行车应收车价、货脚若干,由车务总管拟列清单,交管理处按查中国已兴铁路之则例从廉核定。又由管理处核准后,亦准与别处接连之路商订彼此过境运价。倘遇军务,无论外侮、内乱，中国调遣兵丁、转运饷械及军营用物，又中国因赈饥、灾异运粮等事，奉有督办大臣命令，此铁路尽先载运，车价减半。倘与中国有损之物，不得用此铁路运载，其有碍于中国国家之事，皆不得用此铁路。

二十一、此续约期内，中国总公司秉命中国国家，如随时拟将有头次抵押之小票或美国余利凭票赎回注销，督办大臣即当于赎票期前至少四个月，缮函声明拟赎小票若干，或美国余利凭票若干，知会美公司之驻沪代理人。代理人接到知会之函，立行设法办理，届时在纽约照平常拈阄之法，及行所应行之事，抽提若干，或余利凭票若干，足数拟赎之的数。一俟中国总公司秉命中国国家，汇交所订明续取小票之价或美国余利凭票之价，并小票应得之息或美国余利凭票应分之余利，即在纽约以及别处银市之最有名望之日报，每处两纸，与中国驻美大臣酌定，将赎票告白按期刊登四礼拜后，所拟赎票之期已届，代理人即将拈阄抽出之小票或美国余利凭票付价取赎注销，寄交督办大臣，或缴交驻美大臣，转寄督办大臣。所有头次抵押之小票以及美国余利凭票，概须刊明准照上刊办法随时可以取赎，并声明拈阄抽出之小票之息及美国余利凭票之余利，均于美公司登告白内订定取赎之期，自取赎之日起，一概停止。惟赎票款项，须照以上所议预先交美公司汇备，乃如法取赎。所有头次抵押之小票，若于前廿五年内取赎，则每百加二厘半，应注明即是每金钱百元加二元半，再后二十五年，直至满期取赎，则毋庸加值。惟取赎时，小票应得未付之息，须照数付清。至美国余利凭票，到期内，随时照原价取赎，满期作废，毋须付价，亦毋庸取赎，惟所有应分付之余利，当如数派给。

二十二、售卖小票所得之款，筑造铁路尚未用到者，随时生获利息，划入中国总公司之帐，务令总公司极有裨益。又议定：如美国公司于未售票之前预先借垫款项，其借款费用以及利息，总不得逾长年六厘之数，若有已售未用之票价，存得之息即用以抵偿此种借垫款息，或由工程项下支给亦可。又议定：此种借垫之款，应以头次售得小票之数归还，以节经费。

二十三、五十年期将满而小票尚未赎还，督办大臣于未到期满两年之前，可与美国公司函商展期，如函商六个月仍无成议，则由中国国家自行设法向别处筹款，归还借款，俾小票赎清，抵押注销。

二十四、议定：所有条款内事宜原约已载，而此次续约中未详及者，均遵照原约办理。

二十五、虽萍乡枝路本不在原约之内，因该处中国新开煤矿，须速造一枝路以达渌口至近通河水运之处，以中国煤矿看来，实当今之急务，又因该枝路已载在美国总工程司之地图及估价单内，候督办大臣核准后，即行建造，又因续约内第一、二及别款均有载及此枝路，并因总公司工程司李治现已派往先由萍乡起办，用款由督办大臣另行筹垫各节，兹议准：倘美国公司于一千九百年十二月一号以前不由借项或别等设法筹款，将此枝路兴造，并照李治所修到之处，将以前所费实数交还，承接继造，则将续约所载兴办此萍乡至渌口之枝路各节扣出注销，听由督办大臣另行设法建造。如此，则续约文内所有提及该枝路之处尽作删除。惟一千九百年十二月一号以前，美公司可随时兴办此枝路，或照李治所造到之处，照价给还，承订接造。

二十六、此续约缮写中、英文各五份，送总理衙门一份，送统辖铁路矿务总局一份，送中国驻美大臣、其余立约人各存一份。遇有文字可疑之处，以英文为准。

光绪二十六年六月十七日，即西历一千九百年七月十三号，在华盛顿地方，中国驻美大臣为铁路总公司督办大臣委托，先行签押盖印，恭候谕旨批准。美国公司所拟奉权经理之人签押，盖用美国公司之印。

王铁崖编《中外旧约章汇编》第1册，三联书店1957年版，第954～965页

7月17日(六月二十一日)　孙中山令郑士良主持惠州举兵事,日人平山周等助之。

谢缵泰《中华民国革命秘史》:

一九〇〇年七月十七日,孙逸仙博士和他的朋友乘“佐藤丸”(Sato maun)轮船到达香港,但是他被香港政府禁止上岸。

章开沅、罗福惠、严昌洪主编《辛亥革命史资料新编》(1),湖北人民出版社2006年版,第171页

冯自由《庚子惠州之役》:

中山拟至香港,即偕日本志士入内地,亲率郑士良等发动,讵香港政府因新加坡宫崎事件,预派水警监视,不得登陆。六月廿一日中山召集中日同志在舟中开军事会议,将惠州发难之责委之郑士良,而以远藤为参谋,平山、福本则助理民政事务。自折回日本。

冯自由《中华民国开国前革命史》,上海书店影印良友印刷公司1928年版,第91页

宫崎寅藏《三十三年之梦》:

是日上午,“佐渡丸”停靠九龙,香港警吏来船通告对宫崎寅藏和清藤幸七郎的五年放逐令,先生亦不得登岸。遂于舟中召开紧急会议,虽经反复讨论,仍无结果。先生提议:香港的准备工作由福本诚全面负责,铃木力(号天眼)、平山周、近藤五郎(本名原祯,信州人)等为辅佐;准备告一段落以后,再以郑士良代为领导,高举义旗,以近藤为参谋,日本诸同志加以辅佐,占领某地,然后分兵一半进驻厦门附近;届时先生与宫崎等由台湾密行进入内地与起义军会合。对此提议,众人未置可否。福本诚提议:事已引起日本政府注意,归国将大不便,且使留驻香港的同志士气沮丧。应乘夜从九龙上岸,速入内地,以神风连式迅雷不及掩耳的行动袭击广州。与会诸人皆表同意,惟先生认为此举乃飞蛾投火,坚决反对。宫崎因此与先生大起争执,会议不欢而散,是晚宫崎等人见警方戒备森严,乃向先生谢罪,表示甘拜下风,今后一切唯先生之命是从。

《三十三年之梦》,花城出版社、三联书店香港分店1981年版,第209~213页

△ 李鸿章、刘坤一、张之洞、许应骙、奎俊、袁世凯、王之春、端方奏,请明降谕旨,保护各省洋商教士,惋惜德使,缉拿凶手,抚恤被害洋人,剿办扰民兵匪。从之。

光绪二十六年二月二十一日内阁奉上谕:此次中外肇衅,起于民教之相哄,嗣因大沽炮台被占,以致激成兵端。朝廷谊重邦交,仍不肯轻于决绝,迭经明降谕旨,保护使馆,并谕各直省保护教士。现在兵事未弥,各国商民在中国者甚多,均应一律保护。著该将军督抚,查明各国洋商教士在通商各埠及各府州县者,仍按照条约,一体认真保护,不得稍有疏虞。上月日本书记杉山彬被戕,正深骇异,乃未几,复有德国公使被害之事,该公使驻京办理交涉,遽遭伤害,惋惜尤深,应仍严饬勒拿凶手,务获究办。所有此次天津开战后,除因战事外,其因乱无故被害之洋人教士等,及损失物产,著顺天府、直隶总督,饬属分别查明,听候汇案核办。至近日各处土匪乱民,焚杀劫掠,扰害良民,尤属不成事体。著该督抚及各统兵大员,查明实在情形,相机剿办,以靖乱源。将此通谕知之。钦此。

中国第一历史档案馆编《光绪朝上谕档》第26册,广西师范大学出版社2000年版,第202页

李希圣《庚子国变记》:

(五月)二十二日,有旨“保护教士及各国商民,杀杉山彬、克林德者议抵罪”,大学士荣禄意也,王文韶附之。载漪大怒,不肯视事,太后强起之。

中国史学会编《中国近代史资料丛刊·义和团》(1),上海人民出版社1957年版,第19页

7月18日(六月二十二日)　孙中山通过港英当局约见李鸿章,为李所拒。

史扶邻《孙中山与中国革命的起源》:

由于卜力事先得到朋友们的简单介绍,加上香港、伦敦两地由于义和团危机而人心惶惶,孙中山此时也许比他一生中任何时候都更近于得到英国官方的赞同。虽然张伯伦和沙士勃雷同意香港政府的意见,但他们强调卜力建议中的条件语句,即只有孙中山得到李鸿章的同意而回来的时候,他们才准备撤销驱逐令。可是,在七月八日,北京政府已重新对李鸿章施加压力,并任命他为直隶总督兼北洋大臣。由于朝廷的安抚,以及反战的官员催促他去北方挽救时局,李鸿章现在准备撇开他和孙中山的谈判前往北京——至少走其中的一段路。

七月十三日,卜力从驻广州领事斯科特那里得到这个消息,并在次日发出指示说,应当立即劝李鸿章重新考虑他的决定。沙士勃雷也电示斯科特,假如李鸿章留在广州,对和平事业最为相宜。李鸿章客气地拒绝了这个劝告,询问路过香港时他能否得到接见。与此同时,总督要求伦敦允许强行扣留李鸿章。卜力赞成盖斯科因的看法,认为李鸿章不会提出抗议。他还引证了上海汇丰银行一个职员的电报,这个职员说他担心李到上海会损害英国领事与长江流域官员的良好关系。在伦敦反复考虑之际,卜力于十七日又发出另一封电报,宣布李鸿章将于第二天上午到达,他和他的军事顾问相信,李的最新任命肯定出自臭名昭著的端王,英国政府应不予承认。他想在等待张伯伦的指示期间扣留李,他希望能在上午九时前接到指示。但他不需要等很久,因为就在同一天张伯伦来了电报,禁止扣留李鸿章或采取任何强制手段干预他的行动。这样,主动权就从卜力手中转到李鸿章手里了。

由于巧合,载着孙中山、宫崎等人的佐渡丸号船于十七日抵达香港,预期这天李鸿章也从广州到这里。当船进港时,孙中山和他的朋友们发觉事情进行得不顺利。孙中山仍然被拒于这个殖民地之外,宫崎和清藤由于新加坡事件也在被逐之列。孙中山在当地的同事告诉他,在安排于明天上午的会见中,卜力将作最后一次努力使李鸿章留在广州。如果李同意留下,或者他在会后被扣留,那么,将允许孙中山上岸并同他谈判。虽然孙中山曾告诉宫崎,他对这个年事已高的国务活动家对政治形势是否具有远大的眼光没有太大的信心(李这时已七十七岁了),但他认为值得一试。他的朋友表示赞同,认为这是在广东、广西建立一个基地的独一无二的机会。当然他们都不知道卜力已经受到张伯伦的节制了。

十七日,何启的朋友、议政局议员韦玉拜访了卜力,为有亲属在广州的香港中国居民请命。要求总督利用他的影响留住李鸿章。他对卜力说,一个"和衙门有密切关系的著名中国官员"已来到香港,并且告诉他,虽然李鸿章不敢无视皇帝的旨意,但如果有一个拒绝的借口,他是欢迎的。

这位官员可能是刘学询,果真如此,他显然是自作主张,或者是为广州的官绅说话,因为第二天李鸿章会见卜力时,并没有想留下的任何表示。李不仅不提和孙中山约会的事,反而力劝总督禁止颠覆分子利用香港作为基地。另一方面,在与卜力的谈话中(他特别要求卜力把他的话向沙士勃雷报告),他还暗示,如果列强决定用一个汉族统治者来代替满族统治者,他本人是愿意的。

〔美〕史扶邻《孙中山与中国革命的起源》,中国社会科学出版社1981年版,第176~178页

宫崎寅藏《三十三年之梦》:

傍晚,得知李鸿章已决定先行进京,合作尝试落空。是日客人接踵而至,应接不暇。入夜召集福本诚、清藤幸七郎、近藤五郎、平山周、宫崎寅藏开会,会议同意先生提议:福本诚留在香港从事准备。如准备不能如意,即以现有力量举事。举兵时以郑士良为主将,近藤、杨

衢云为参谋，福本诚为民政总裁，平山周副之。会议中所有争论及异议，均以先生意旨为准。先生又对郑士良指示军事方略，日本同志决定协助郑进入内地。玉水常治、野田兵太郎、伊东知也等留港等待起事。

《三十三年之梦》，花城出版社、三联书店香港分店1981年版，第215~216页

7月24日(六月二十八日) 孙中山再到日本。

《关于流亡清国人孙逸仙》:

外务大臣青木周藏子爵阁下：

孙逸仙和宫崎寅藏、清藤幸七郎三人乘坐昨(二十四)日下午五时入港的佐渡号由香港来到神户，投宿于荣町三丁目西式旅馆。……三人乘坐今日中午十二时二十分从三宫站发车的火车离开本地，孙前往横滨，宫崎、清藤二人则前往东京。三人逗留神户期间均无异常举动。

兵库县知事大森钟一

明治33年7月25日

[440190明治33年7月27日收到兵库县发秘第412号]

章开沅、罗福惠、严昌洪主编《辛亥革命史资料新编》(6)，湖北人民出版社2006年版，第42~43页

7月26日(七月初一日) 唐才常等八十余人会于上海愚园，商挽救时局策，组织中国议会，推容闳、严复为正副会长。

唐才质《自立会庚子革命记》:

上海中国国会

庚子夏历六月，维新派志士唐才常等，以挽救时局为辞，邀集各省住沪人士，开国会于张园。计到会者，有容闳、严复、唐才常、章炳麟、文廷式、吴葆初、叶浩吾、狄葆贤、宋恕、张通典、沈荩、龙泽厚、马湘伯、毕永年、林锡珪、唐才质等，约逾百人。公推容闳为临时会长，严复副之，唐才常为总干事，林锡珪、沈荩、龙泽厚、狄葆贤为干事。以后开会，即由会长与干事等出名召集。此次之会，对于时事或政治问题，可以自由发抒意见，意气极其融洽，精诚团结，共谋国是，为上海开埠以来所不习见者，其盛会也。

同年夏历七月一日，各省住沪诸有志者，复开大会于愚园之南新厅。群推叶浩吾权充主席，宣布是日开会意义，有联络外交、平定内乱、保全中国自主、推广中国未来之文明进化诸条，次第提出，以备讨论。旋议易名曰中国议会，但未确定。宣读既毕，乃投票选举正式正副会长，主持会务。以容闳得票最多数为正会长，严复次多数为副会长。于是二人同时入座，容公向众宣讲宗旨，声如洪钟。听者意气奋发，鼓掌雷动。而开会意义几条，亦无异议通过。

按张园、愚园两次之会，主持人士，大抵相同，欲用国会或议会名义，号召国人论政，又可为他日国是已定召开正式议会实行宪政之准备。后来因清廷注意，参加诸人纷纷脱会，及自立会举义失败，该会遂亦无形解散。

杜迈之、刘泱泱、李龙如辑《自立会史料集》，岳麓书社1983年版，第72~73页

7月29日(七月初四日) 章太炎致函孙中山，陈述排满和反对保皇。

《中国旬报》1900年8月9日第19期载：

□□先生阁下：去岁流寓，于□□□君座中得望风彩，先生天人也。鄙人束发读书，始见

《东华录》,即深疾满洲,誓以犁庭扫穴为事。自顾藐然一书生,未能为此,海内又鲜同志。数年以来,闻先生名,乃知海外自有夷吾,廓清华夏,非斯莫属。去岁幸一识面,稠人广聚中不暇深谈宗旨,甚怅怅也。

7 月—8 月(六月—七月) 孙中山、宫崎寅藏等继续谋划起义。

《孙逸仙动向》:

外务大臣青木周藏子爵阁下:

清国流亡者孙逸仙最近从新加坡再次来日之后,频繁往返于东京、横滨之间,并常与横滨市山下町一百十六号的清国人关厚祥见面。关曾任清国驻横滨领事馆的翻译,应属政府一派人士,然和孙会面有何意图尚不得知。又据闻,关乃受领事之托,请孙查探日本对清国事变反应的内幕消息。

孙近日曾对某人说道,清国南部各总督及进步的有识之士都认为,满洲政府在位期间虽维持现状,但随着形势的变化,早晚都会和吾辈的意见达成一致。因此重返故国固然有一定危险,但在有些地方未必有危险。采用和平手段未达到目的,持有这个想法进行会谈是最有必要的。因此只要没有危险,就将和李鸿章进行会谈。

在南清,虽然现下形势可以达到政府改革之目的,但就本人的计划,我接受了英国一位政界人士的忠告,因为我不愿遭到和义和团一样的大打击。

又李鸿章可能不会北上。北京政府被一群完全排外之徒蹂躏,他们连皇帝都不能容忍,皇帝可能会遭致杀身之祸,而那时正是达成吾辈目的的大好机会。如若皇帝力量强大,镇压了排外势力,则更要作出今后方针决策。这样南清各总督就会认为当前政权毕竟没有希望,满洲政府难以永存,灭亡之日指日可待,而吾辈也要有等待时机到来的思想准备,目前要静观其变。

谨报告如上。

神奈川县知事周布公平

明治 33 年 8 月 10 日

章开沅、罗福惠、严昌洪主编《辛亥革命史资料新编》(6),湖北人民出版社 2006 年版,第 45 页

《关于东亚同文会会员的动向》:

昨日报告中提到,东亚同文会会员内田甲正募集壮士,欲在南清地区起事。又据传闻,现下逗留在马关的葛生修吉与内田素有深交。葛生其人曾为韩国渔业协会事务员,素有信用,胆识过人。所以内田六月渡航新加坡时,强求葛生辞去协会职务,为达到目的(指和宫崎、清藤等人一道拥护孙逸仙,谋求和康有为之间的调和,从而在南清起事),打算派遣葛生、吉仓汪圣(吉仓和修吉以及修吉之兄玄卓有交往,是修吉招募而来)以及内田的门徒若干人,让他们在筑前、博多接应,近藤五郎(退休陆军大尉)、安永东之助、岛田经一、末永节等人并将他们送往上海。然而他们与宫崎、清藤共事时发生龃龉,在宫崎等人回国前后,上述相关人士也悉数回国,只留下葛生一人。内田认为日后举事之际其将可能是有为人物,就考虑让其留在筑前(虽预料葛生终不能成事,但其已由孙逸仙处取得资助——由孙处直接接受金钱资助的就是宫崎、内田二人——就应该有所交代,且葛生又称打算先赴釜山渔业协会,再由该地渡清),葛生也由内田处得到相当多的资助(内田八日电汇五十日元)。另闻内田说到,当前再举事终非少数人能为之,因此当静养门徒,等待时机成熟。且四五日之内将返回故乡福冈。

附记：据闻吉仓汪圣不久后也将返乡，再前往目的地。而樋野富三、小野乙辅二人擅自离开住宿地，乘坐前日下午六时十分新桥发火车前往神户（已通过电报照会兵库县）。

8月18日

[440205 明治33年8月18日收到乙秘第441号]

章开沅、罗福惠、严昌洪主编《辛亥革命史资料新编》(6)，湖北人民出版社2006年版，第46页

《关于孙逸仙阴谋的事宜》：

外务大臣青木周藏子爵阁下：

有关东亚同文会会员内田甲、宫崎寅藏、清藤幸七郎等人为援助孙逸仙之谋划而募集同志一事，本县暗中调查，得知以下情况：

和内田交情最好的宫川五郎、三郎、岛田经一、末永节等人赴清后先后于近日返县，最近和两三同志时时会面，似为此事密议，现下正秘密调查中。

宫川五郎、三郎计划让支那人担任随军夫役，并称要雇用此计划所需翻译而返家。十五日佐贺县人中野熊太郎和本县小仓町人市川铁也一同出发前往宇品，据闻二人将从该地赴清。已照会广岛县对其进行监视。

又据探闻，福冈玄洋社社员打算雇用普通船舶以搭载同志前往清国大沽，几名社员近期将前往大阪借用船舶。

以上报告尚未证实，谨据探报如实上报。

福冈县知事深野一三

明治33年8月17日

[440208 明治33年8月20日收到高秘第816号]

章开沅、罗福惠、严昌洪主编《辛亥革命史资料新编》(6)，湖北人民出版社2006年版，第46~47页

《关于孙逸仙南清独立计划的事宜》：

外务大臣青木周藏子爵阁下：

有关东亚同文会一派对孙逸仙的南清独立计划的援助，经过秘密调查得知如下情况：

…………

岛田在今年六月左右曾被委任为本县福冈市设立的“朝鲜海通渔业”行会的巡视员，但不久后就被解雇。据岛田所言，此次计划从事朝鲜渔运事业，募集了故乡千叶县九十九里滨海的三十多名渔民，不久后同县夷隅郡的宫内利平将搭载这三十多名渔民来马关。到达门司港后将和他们一同出海。如果上述一行这两天不到，将独自乘坐本月二十三日由马关出发的客船前往朝鲜釜山浦，并在当地等待一行。岛田于十九日出发前往马关，但今日又回到福冈。

樋口十七日晚十二时左右来到葛生、西村、关三人住宿的宗芳右卫门家的公寓，随后投宿东中州的旅馆“藤田屋”。二宫、河田于十八日来到宗芳右卫门家的公寓，同时井上、铃木二人来到“藤田屋”，都是来寻访葛生并各自投宿。而他们除了与上述同志时时会谈之外，至今为止并无任何行动。

末永节十七日和佐佐木春雄（十六日晚由长崎来到福冈）一同出发前往东京。末永在门司接到东京发来的电报，于十八日返回福冈。佐佐木则从门司出发前往名古屋。

宫川五郎、三郎和佐贺县的中野熊太郎、福冈县小仓市的市川铁弥三人十六日由本地出发前往广岛县的宇品，打算一同渡清。据三人所言，他们打算和现下在天津的向野坚一（此人在日清事件时任翻译官）就驻扎北清地区军队的日用品供给一事进行商议。

先前以商业见习的名义来日并寄住在福冈市河北纯三郎家的清国江苏苏州府元和县人陈金寿(十七岁),于十八日晚十一时由当地乘火车出发前往长崎。陈临行前言之,将和宫川、市川、中野等人在长崎会合再一同渡清。

二宫清、和田直太郎、井上丰熊、铃木信之、樋口满五人于十八日上午十时四十分出发前往长崎。

他们对这次的行动似乎特别保密,为避人耳目,在不同的旅馆住宿,并在旅馆中守口如瓶,而且他们以及同志之辈都装作互不相识。

但据玄洋社一重要人物所言,宫川五郎、三郎一行和玄洋社虽并非全无关系,但他们的计划和末永等人一直计划的事情完全不同,两派之间并无关系。据观察,末永一派和宫川一派并无会合行迹,或许确实并无关联。又,本县曾报告的玄洋社雇船由福冈的港口出发去清国一事,据查只是一个谣传,但现下正对其动向特别注意。

又据闻,这次他们一直计划的目的不在南清,而是在山东举事。他们打算先把朝鲜作为占领根据地,使其成为日俄冲突的导火线。并且煽动和支援端亲王、董福祥训练的马贼以及黑龙江总督寿山将军部下的兵士,和俄国挑起战端。而支持孙逸仙,以赢得南清地区军资兵备供给之便,并笼络孙的部下及有志之士。据说这一计划在去年一月左右就得到了某些预备和现役的军官们的赞成。

以上均据目前调查情况如实报告。

福冈县知事深野一三

明治33年8月20日

[440217 明治33年8月23日收到高秘第821号]

章开沅、罗福惠、严昌洪主编《辛亥革命史资料新编》(6),湖北人民出版社2006年版,第48~49页

《关于流亡清国人孙逸仙举事的情况》:

外务大臣青木周藏子爵阁下:

为赞助清国流亡改革派孙逸仙的行动,使其实现夙志(南清独立),东亚同文会的一部分会员及有关人士一直在募集同志。据探报其情况如下:

长崎《九州日出报》的新闻记者田中侍郎、铃木等人认为现下孙逸仙的行动实属无谋之举,对东洋地区包括日本都很不利,因此都不赞成这次行动。他们公然在报纸上宣扬反对论,忠告同志就此表示反对。

…………

关于这次渡清的目的,据说由于上述情况,东亚同文会会员也暂时把在支那何地行动搁置起来,适值在北清的联军逼近北京,讲和的谈判工作即将展开,这个时候行动实现夙志(南清独立)终难成功。虽然如此,但在改革以及善后方案方面还需要作运动的准备,而且根据战事谈判工作的发展情况,也不能说强行达成夙愿的时机没有到来。所以尽力让同志们渡清,以扩张势力为主要任务,同时筹措经费。

据说赞成孙逸仙此次行动的人多在福冈县,而派往清国的水产业实习生中也有几个危险分子。又据闻该县的内田甲被平冈浩太郎说服,强硬态度也有所缓和。

总之,本邦没有特别突出之人物,其目的又不在于事情的成效,只是抱着能够侥幸获得某种利益的野心四处奔走。像犬养毅等人也牵涉其中,但现在已经是一副冷眼旁观的姿态。而同人志士多为东亚同文会的一派人士,毕竟人数不多。

关于康有为、孙逸仙二人,据闻康很自大,且能文,善于舌辩,但缺乏胆力,无成大事之气

度。孙有豪气有胆力,但康似乎甚轻视之。二人不是能共事之人物。而孙虽在清国国内缺乏势力,在海外却甚多支持者。

据闻香港的英国人中有人给孙出谋划策,而菲律宾也有人对其表示支持,均未得到证实。

以上均据目前调查情况如实报告。

长崎县知事服部一三

明治33年8月18日

[440221 明治33年8月24日收到高秘第300号]

章开沅、罗福惠、严昌洪主编《辛亥革命史资料新编》(6),湖北人民出版社2006年版,第49~50页

8月5日(七月十一日) 联军占领北仓,败裕禄等。

日本佐原笃介、浙西沤隐《八国联军志》:

(七月)十一日,各国联军在北仓与乱兵团匪血战良久,始纷纷败北。其李鉴帅所统勤王之师,实未与战,闻警先行溃败,所云华军奋勇死战,及西兵用列抵毒药炮始行攻退之语,皆讹传也。北仓即为联军所占据。

北仓来信云:"联军之攻北仓者,计英国三千人、美国二千五百人、日本一万人,直至占据之后,俄法两国之兵始至,据称因河之右岸,为水淹没,是以迟至。"又云:"守西沽之英军,以无海军快炮,只留有大炮数尊,然对河之华军,已被攻击无遗。"又云:"四号之晚,日兵先向西北进发,逾二点钟,英、美兵士始随后而进。"

次晨三点钟时,日兵往袭华兵营寨,当夺得大炮五尊。华军作正角形,颇不易拔,且炮子枪子势如雨下,联军为之稍退。最后南仓炮队,在对河者出阻,因之迟至二点半钟,尚不得进,至五点半钟时,华军炮声已停,而枪声尚不止,且其势甚烈,日军奋力向前,与华军相离极近,联军以日军与华军相去不远,故亦不敢竟放大炮矣。华军所扎之步位,已为日军所冲,日军死者颇多,华军亦为之却,后由英军以炮队攻之,华军始由北仓浮桥东遁,所守处遂为联军据守。未几地雷忽作,联军亦为一惊,幸发之稍早,未伤一人。是役所有华军约六千人之谱,死者约二百人,伤者业已远去。华军随身之物甚少,枪子均藏于衣袋之中。闻此役并无义和团助战。日军死伤之数,尚未得知,英军死者二人,伤者十二人。

中国史学会编《中国近代史资料丛刊·义和团》(3),上海人民出版社1957年版,第203页

李希圣《庚子国变记》:

十一日,杨村又陷,裕禄自戕死,宋庆退蔡村。敌方得天津,画地而守,兵久不出。一夕大至攻北仓,炸炮居阵前,更番迭击,玉崑散万金募死士,得三百人,薄而前,炮发而三百人者皆死。玉崑力战三昼夜,会日入,天大雨,夷潜师出玉崑后,玉崑兵乱,夹击尽破其军,玉崑大败,退至武清,不复能战矣。荣禄以闻,太后泣,问计于左右,以新斩袁许,无敢言者。

中国史学会编《中国近代史资料丛刊·义和团》(1),上海人民出版社1957年版,第20~21页

罗惇曧《庚子国变记》:

既而北仓失,裕禄自戕死。联军方占天津,画地而守,兵久不出。一夕大至,攻北仓,玉崑力战三昼夜,大败至杨村,不复能军。荣禄以闻,太后泣问计于左右,以新诛袁许,无敢言者。洋兵既将逼京师,乃变计欲议和,以李鸿章为全权大臣,停攻使馆,使总理衙门章京文瑞赍西瓜问馈之。以桂春、陈夔龙送使臣至天津,使臣不肯行,复书词甚慢。彭述请俟其出,张旗为疑兵,数百里皆满,可以怵夷,闻者笑之。

中国历史研究社编《庚子国变记》,上海书店据神州国光社1951年版复印,第13~14页

8月9日(七月十五日)　唐才常之自立军前军统领秦力山(鼎彝)在安徽大通举事。右军统领沈荩在湖北新堤举事。

冯自由《庚子秦力山大通起义实录》:

起事之筹备

秦鼎彝,号力山,长沙人。己酉夏间东渡留学,翌年偕林述唐归国,同任自立军重要职务。因与安徽抚署卫队管带孙道毅友善,故愿独担任池州、大通发难之责,由唐才常委充自立军前军统领。及至大通,赖孙管带密助以军械,筹备渐熟,水师营弁亦多受约束。又由皖省哥老会头目符焕章在大通、芜湖、太平、裕溪和悦洲等处散放富有票,招人入会,大通居民附和者充塞于途。秦方与汉上机关部约期七月十五日并举,讵唐才常以待海外汇款,展期数次,秦以长江沿岸戒严,未得军报,仍进行不辍。至七月十三日,事为大通保甲局委员许鼎霖所闻,立督局勇拿获党人七名;铜陵县魏令更电皖抚王之春告警,王先派武卫副前营傅永贵督勇一哨,附江轮前往弹压;继闻盐局被据,乃续派武卫楚军及定安军七八百人赴援,并令沿江各地戒严。

大通之占领

秦见事泄,遂令党人于十五日立即起事,并张贴文民告示如下:

中国自立会会长为讨贼勤王事:照得戊戌政变以来,权臣秉国,逆后当朝,祸变之生,惨无天日。至己亥十二月念四日下立嗣伪诏,几欲蔑弃祖制,大逞私谋。更有义和团以扶清灭洋为名,贼臣载漪、刚毅、荣禄等阴助军械,内图篡弑,不得,则公然与中立为难。用敢广集同志,大会江淮,以清君侧而谢万国,传檄远近,咸使闻知。

宗旨　一保全中国自立之权。二请光绪帝复辟。三无论何人,凡系有心保全中国者,准其入会。四会中人必当祸福相依,患难相救,且当一律以待会外良民。

法律　一不准伤害人民生命财产。二不准伤害西人生命财产。三不准烧毁教堂,杀害教民。四不准扰害通商租界。五不准奸淫。六不准酗酒逞凶。七不准用毒械残待仇敌。八凡捉获顽固旧党,应照文明公法办理,不得妄行杀戮。九保全善良,革除苛政,共进文明,而成一新政府。

是时水师参将张某闻变,派炮划四艘,率兵渡江防堵。讵所部多与党通,甫至岸,即与党人联合一气,张参将竟投江而死,于是水师尽入秦掌握。随以大炮轰督销局,据之,局员钱绶甫逃。另有党人蜂拥至货厘局,释放被逮者七名,驻大通防营管带萧镇江守中立。

冯自由《革命逸史》第6集,中华书局1981年版,第21~23页

8月11日(七月十七日)　安徽大通自立军失败。

冯自由《庚子秦力山大通起义实录》:

自立军之失败

王抚初派之傅管带永贵见党人势盛,不敢渡江,旋复派省城防营管带邱显荣及芜湖防营管带李本钦,率兵会攻,仍未得利,被党军以大炮击沉炮艇八艘,小火轮一艘。十七日芜湖吴道续派衡字军三营应援,清军势力顿加,秦挥兵搏斗甚力,卒以兵少不敌,余众遁向九龙山一路而去,秦仅以身免,仍避地日本。

冯自由《革命逸史》第6集,中华书局1981年版,第23页

黄鸿寿《自立军之失败》:

光绪二十六年秋七月,秦鼎彝起兵于安徽之大通,不克,走日本。鼎彝,湖南长沙人,一

名邮，又名俊杰。上年秋，东渡日本游学。是年二月返沪。时康有为等居日本，以保皇会名义募集海外华侨巨款，使浏阳唐才常在沪招集同志为内应，将图大举，一时声势颇震动，湘阴林圭亦因汉上之众以应之。鼎彝乃自沪至皖之大通，运动水师弁卒，共图起事。并与皖抚卫队管带孙道毅深相结纳，密输军火予之，以为响应计。方与汉上约期并发，为大通保甲局委员许鼎霖侦悉告密，巡抚王之春下令戒严。鼎彝见事泄，仓猝发难，督率水师占领盐局。局员钱绶甫逃，防营管带萧镇江守中立。之春闻警，派营官邱显铭[荣]率所部至通捍御，并令芜湖防营统领李本钦就近率大队来通，以助军势。鼎彝挥兵搏斗甚力，卒以兵单寡败绩，余众四散。鼎彝仅以身免，仍走日本。

杜迈之、刘泱泱、李龙如辑《自立会史料集》，岳麓书社1983年版，第24页

冯自由《秦力山事略》：

秦鼎彝一名邮，号俊杰，又号力山，别号遁公，巩黄，湖南长沙人。赋性豪侠，好与会党中人游。戊戌（一八九八年）湘抚陈宝箴创办时务学堂，延梁启超、唐才常掌教，力山与湘阴林锡圭、邵阳蔡艮寅（后易名锷）、慈利李炳寰、田邦璇、武陵蔡钟浩、浏阳唐才质等，同为学堂高材生。己亥（一八九九年）秋，梁启超设高等大同学校于东京，函招时务学堂旧生从学，应之者二十余人，力山预焉。力山既莅日本，日读法儒福禄特尔、卢骚等学说，及法国大革命史，复结识孙总理、章炳麟、沈云翔、戢元丞诸人，渐心醉革命真理，种族观念油然以生。是年冬梁启超赴檀香山，延力山分任横滨清议报笔政，力山借以发抒政论，文名由是渐显。庚子（一九〇〇年）五月义和拳祸作，时爱国志士中颇有主张乘时游说拳党首领，使改扶清灭洋标帜为革命排满者，力山亦此议之一人。遂只身至天津，求见拳党大师兄痛陈利害，拳党斥力山为二毛子，命牵之出，力山以拳党顽固无可合作，乃至汉口访林锡圭，参加长江自立军运动。因与安徽抚署卫队管带孙道毅友善，愿独担任池州大通发难之责，由唐才常委充自立军前军统领。及至大通，赖孙管带密助以军械，水师营弁亦多受约束，又由皖省哥老会头目符焕章在大通、芜湖、太平、裕溪和悦洲等处散放富有票，招人入会，大通及附近居民附和者充塞于途。原与汉口机关部约期七月十五日同举，讵唐才常以待海外保皇会汇款，展期数次，力山因长江沿岸戒严，未管军报，仍进行不辍，至七月十三日事为大通保甲局委员许鼎霖所闻，立督局勇拿获党人七名，铜陵县魏令更电皖抚王之春告警，王先派武卫副前营傅永贵督勇一哨附江轮前往弹压，继闻盐局已被党人占据，乃续派武卫楚军及定安军七八百人赴援，并令沿江各地戒严。力山知事机已泄，遂令党人于十五日立即起事，并四处张贴汉口所预印之安民告示。

冯自由《革命逸史》初集，中华书局1981年版，第85～86页

8月12日（七月十八日） 联军占领通州。

日本佐原笃介、浙西沤隐《八国联军志》：

十八日，各国兵士入通州。日本兵占据制造局，又获米五万石。

中国史学会编《中国近代史资料丛刊·义和团》(3)，上海人民出版社1957年版，第206页

李希圣《庚子国变记》：

十七日，李秉衡败于武清之马头，通州失，秉衡死之，拳匪杀平民无算而归。秉衡由丞尉起家，至开府，负清名三十年，及死，而人无惜之者。通州已失，乃召宋庆、马玉崑守京师，驻南苑。

中国史学会编《中国近代史资料丛刊·义和团》(1)，上海人民出版社1957年版，第22页

△ **总署照会联军统领,各国公使平安,已派李鸿章为全权大臣,议结一切事宜。**

《总理各国事务衙门照会各国联合军总统》(光绪二十六年七月十八日):

总理各国事务衙门为照会事:现在各国驻京钦差一律平安无恙,本月十一日已各有安电寄回本国。十三日中国已奉上谕:派李鸿章为全权大臣与各国议结一切事宜,并电知各外部先行停战。为此照会贵总统,请烦查照办理。须至照会者。右照会各国联合军总统。

中国第一历史档案馆编《光绪朝上谕档》第26册,广西师范大学出版社2000年版,第261页

8月14日(七月二十日)　联军入北京,大掠,使馆解围。

李希圣《庚子国变记》:

二十日,黎明,城破,夷兵自广渠、朝阳、东便三门入,驻郊坛,禁军皆溃,城中无一兵。董福祥走出彰义门,纵兵大掠而西,辎重相属于道,彭述方遍谕五城,谓我军大捷,夷兵已退天津矣。福祥起降人,为大将,太后倚信之,寖骄不可制。荣禄尝召诸将饮,福祥上坐,酒酣,福祥秦语字荣禄曰:"仲华。"荣禄默然不乐,罢酒。彭述尝言福祥有威名,敢战,夷人惮之,请大用。

中国史学会编《中国近代史资料丛刊·义和团》(1),上海人民出版社1957年版,第23页

佚名《西巡回銮始末记·联军进窥京师记》(一):

联军之入京也,先由英水师提督西摩尔督带,转战而前。途次,虽屡有少挫,受创尚不甚巨。至杨村,始为拳匪所围。以众寡不敌,且进退皆有牵制,几至全军皆没。后乃由间道折回天津,乘机攻陷东局,兵势因是复振。其时,各国兵已大集。西提督所部以患病者多,遂暂休息。至西历八月四号,即华历七月初十日,各统带以迭接使署乞援之信,遂复于是日联合一气,大举入犯。分路而进,兵行甚神速,越五日即据北仓而有之。旋即复占杨村。直督裕寿帅以力不能敌,节节溃退,至蔡村中飞炮亡,洋军兵威由是大振,一路势如破竹,所向无前。时李鉴帅奉命督师,方至河西务而洋兵已大至,甫交绥,张春发、陈泽霖两军即溃。鉴帅见军无斗志,知大势已坏,因即自戕。时马玉崑军门已带兵进京。洋兵队长驱而进,直逼通州;并以日兵勇敢,一路均由该军为前敌;英俄法美次之,然亦无有当之者。

至七月十九日,洋兵逼近京师,以巨木为架,升大炮于其上,向京城中陆续开放。一时炮弹飞空,急如骤雨。各处房屋为飞弹所伤者不知凡几;军民等非倒即毙,号哭之声震动天地。计连开十三炮,某国提督恐多伤民命,殊垂上天好生之德,竭力劝阻,始已。即经分地扎营,互相会议,定于翌晨各认地段进攻。乃俄人以贪功故,竟于深夜突扑东城,以冀先登。日兵知之,亦潜师进攻,竭彻夜之力而陷东直齐化两门。英美两军从南来,亦由陆路进逼保定。护直督廷雍率官民迎降,各统将遂执廷雍,并按照中国法设公案于督署大堂,以次列坐,牵雍衣跪下,诘以纵匪仇教各款,廷雍再三辩驳,不听,竟按西法枪毙之。

京师除平民死者不计外,职官之以身殉及阖家自尽者不知凡几,各处朝衣朝冠之男尸,补服红裙之女尸,几于触目皆是。其自缢者,往往一绳高系,终无人解,经时既久,项断身落,头尚悬于其上,过者咸为酸鼻。故相国张之万家居今师,亦遭劫掠,后经李相饬人往检遗物,业已片物无存。

中国历史研究社编《庚子国变记》,上海书店据神州国光社1951年版复印,第173~174页

佚名《西巡回銮始末记·联军进京记》(二):

联军进东南等门,攻入城中,亦并无抗之者。时英国格斯利统领,恐攻城时使署或有不虞,因探悉某门水沟与使署相近,遂潜率所部由沟而进,果于下午三点钟时,直达其国使馆。

英公使窦大臣等接见后,即以攻击内城方略授之。时正阳门已为英兵夺得,因即分派各兵保护使馆,一面乘势往据天坛。甫经夺获,而永定门之华兵已来救援,当为英兵击败,华兵伤亡者颇众。而永定门亦即为英兵所陷。是时京中居民及官宦等,以不及逃遁,恐遭屠戮,甚有全家自尽者。然联军初入京师,除俄德两军外,余尚恪遵将令,未敢过于恣肆,而民间之被掠者,已十室九空。

洋兵既据京师,复派兵四出剿匪,并由各统帅带队至宫巡阅一周,加以封锁。以京师地面辽阔,遂公议划界分段而治,广设巡卡,严定通行章程,以为暂安闾阎之计。其章程列下:

(第一条)凡外国人不论兵民,如有在境内犯规者,即应拿获送最近巡捕卡管押,由捕头缮函送交本国兵官,并将所犯之事及一干人证一并交案。

(第二条)每总巡捕卡,应设号簿开具被告洋人案件,并证人名色,以备查考。

(第三条)凡兵士及营役,除有护照外,不得擅离各所管辖之境,惟城墙上及下开各公共之街道准其随便行走。

计开公共街道:

(一)由安定门至煤山鼓楼到后门。

(二)由安定门至东交民巷。

(三)由海岱门至雍和宫。

(四)由顺治门至北城墙。

(五)由西直门至顺治门大街。

(六)由平则门过西马市街河桥至煤山。

(七)由东直门至鼓楼。

(八)由齐化门至西牌楼大街。

(九)由东长安街至西长安街。

(十)东交民巷。

(十一)由煤山至东华门城外。

(十二)由沙窝门至彰义门。

(十三)由前门至永定门。

(十四)由顺治门至菜市口。

(十五)由海岱门至蒜市口。

(十六)由东便门至西便门。

(第四条)按第三条所开护照,由英日提督会商,造发各国公用之护照。

(第五条)凡华人在上所开公共街道行走者,各国不得勒充苦工。

(第六条)凡公共街道准华人门市贸易无阻。

(第七条)各国辖境内,如处置华人,赏罚由各国自行立章。

(第八条)凡巡捕不论华洋,应于左肘缠一白色袖箍,上书华文"巡捕"二字。

(第九条)每巡捕卡,应用红白二色大灯书明华文"巡捕"二字,悬于高明之处。

(第十条)按第三条所开公共街道及各处所设巡捕卡,应由英工程队赶紧绘成地图。

中国历史研究社编《庚子国变记》,上海书店据神州国光社1951年版复印,第175~177页

8月15日(七月二十一日)　太后挈帝出北京总胜门西奔,抵贯市。

李希圣《庚子国变记》:

二十一日,天未明,徐会沣以兵部尚书谢恩至地安门,闻哭声,乃走。载澜驰入宫,言夷兵且攻东华门,太后知事急,衣宝衣,欲赴水,载澜持其衣曰:"不如且避之,徐为后计。"太后乃青衣,徒步涕泣而出,发不及簪,上素服及后随之。至西华门外,上坐英年车,太后坐载澜车,从者载漪、溥儁、奕劻、善耆、载勋、载澜、载泽、溥兴、溥伦、刚毅、赵舒翘、英年,及内监李莲英,太后夙所爱也,以立大阿哥,进官一品。珍妃有宠于上,太后恶之,临行推堕井死。瑾妃衣襜褕,走而出,遇载勋,始知上所在。

诸宫人皆委之而去,赴水死者数十人。其余走出安定门,遇溃兵被劫,多散失。载澜妻女皆亡,令万本华大索之,竟不得。王公士民,四出逃窜,城中火起,一夕数惊。京师盛时,居人殆四百万,自拳匪暴军之乱,劫盗乘之,卤掠一空,无得免者。坊市萧条,狐狸昼出,向之摩肩击杀者,如行墟墓间矣。

是日,驾出西直门,日暮,抵昌平贯市,上及太后不食已一日矣。民或献蜀黍,以手掬食之。太后泣,上亦泣。时天寒,求卧具不得,村妇以布被进,濯犹未干。夜燃豆萁,人相枕藉而卧。甘肃布政使岑春煊,自昌平来见,太后对之痛哭。春煊故以勤王兵往察哈尔防俄,未至,而国破。贯市李氏者,富商也,从取千金,易骡轿。昌平令裴敏中已先遁,其后太后至西安,召案敏中,敏中自杀。

中国史学会编《中国近代史资料丛刊·义和团》(1),上海人民出版社1957年版,第23~24页

佚名著《西巡回銮始末记·两宫西狩记》:

庚子七月十一、二等日,直隶总督裕寿帅在北仓与洋兵接战,兵败,退扎杨村,旋又退至蔡村,以手枪自尽。时李鉴帅奉命督师,于十四日抵河西务,所统张春发、陈泽霖两军,略战即溃,鉴帅亦服毒自尽。洋兵遂进逼通州。

其时举朝震动,皆莫出一谋。十六日,乃有西巡之旨。复因车辆不齐,迟迟未行。至十九晚,城外大炮隆隆不绝。二十日,喜鹊胡同一带,更炮子如雨,至下午喧传天安门及西长安门已失守。然以相隔遥远,内廷尚不得真消息。是日王夔石中堂文韶,共召见五次,末次时已亥刻,见面只刚相赵尚书二人。太后云:"只剩尔等三人在此,其余均回家去,丢我母子二人不管。尔三人务须随驾同行!"并谕王中堂云:"汝年纪已迈,尚要汝吃此辛苦,我心不安。汝可随后赶来。他二人素能骑马,必须随驾同行。"王中堂奏云:"臣必赶来。"皇上亦谓:"汝务必要来!"然当时尚言不即起驾也。是晚,王中堂在内值宿未归。至夜半,又喧传洋兵进城。中堂欲出查问,则禁门业已严扃,不能出入。至翌晨七点钟时,中堂乘坐小轿进城,方知两宫已于黎明仓猝出宫矣。

是日为二十一日,太后皇上均坐车出德胜门,行至贯石,始由光裕驼行孝敬驼轿三乘。皇上与伦贝子同坐一乘。直至怀来县宣化县,两宫皇后大阿哥始均坐轿。复因仓猝出宫,太后仅穿蓝布夏衫,头尚未梳。皇上则仅穿黑纱长衫及黑布战裙两条而已。铺盖行李一切均不及随带出京,三日夜间只睡火坑,既无被褥,复无替换衣服。饭更无人进奉,只以小米粥充饥。狼狈情形,不堪言状。妃嫔及宫女等均未带出,太监虽有随驾者,然亦寥寥无几。诸王贝勒等随扈者亦少。礼王、荣相、启秀等,均未相从随行,只端王、庆王、那王、肃王、伦贝子、構贝子,及公爷数人而已。堂官则有刚、赵、吴、王、溥兴五人。又部院司员十一二人,满小军机二人,汉小军机一人,神机虎神营八旗练兵约千余人,马玉崑保驾各营弁兵约亦千余名。沿途各铺户均闭门逃遁,到处均无从购物,故凄惨处尤觉非笔墨所能详记。

是日,王中堂以曾奉命随扈,一闻驾已出京,不及回宅,即偕其次公子于巳刻冲出后门,时因困惫已极,姑至灵鹫庵小憩。庵中僧人,以洋兵进城,逢庙必烧,深为焦急,且其时安定

门至德胜门城上均有洋兵教民来往放枪，街市间亦多有洋兵行走，因此坚不肯留。中堂无奈，遂至间壁充内务府役之旗人韩姓家暂避，车夫轿夫业已各自逃命。至下午，探得西直门尚开，遂将车马及一切物件遗弃韩家，只带银钱及随身替换衣服，候至天黑，随众出城，由德胜门十三海一带行走。甫至戛戛胡同，天又大雨，乃至景宅借宿一宵。其时城内枪炮声已停。惟后门外漫天火光，彻夜不绝。直至寅初，始探知西直门已开，洋兵未来，华兵已逃。逃难者不知凡几，均无人盘问。中堂遂与次公子步行而出西直门，至大桥外，始行乘车。次公子则跨骡以时随从人等，仅存五六人，亦均徒步而行。行至海甸，中堂以腹中饥甚，欲觅一饭，而饭铺已闭，只沿途寻觅，始获勉强一食。饭后即行。行七十里至贯石，闻圣驾已过，即在该处过夜。二十三日至居庸关。二十四日，至怀来县，始知两宫已先于二十三日到此，已驻跸一日矣。遂入见跪地而泣。两宫亦挥泪不已，一再慰劳，始命退出。

先是两宫于二十三日临幸该县署时，已傍晚。署中人皆不知，吴令仓猝戴大帽出迎，驾已入署矣。乃即于大堂朝见两宫，温谕有加。吴令退，乃即以其夫人之房赶紧收拾，请太后慈驾入内憩息。皇后则安置于其媳正房，皇上则暂在签押房驻跸。时太后已饥甚，手拍梳桌，命进食物。盖太后出京二日，仅食鸟蛋三枚也。并即自行启匣取梳梳头。旋命皇上亲降硃谕，派吴令速往东南各省催饷，其县印即着交与典史暂署。两宫乃复于二十五日起銮西行。自是始由地方官陆续进奉，两宫始稍安逸矣。

中国历史研究社编《庚子国变记》，上海书店据神州国光社1951年版复印，第177～180页

8月16日(七月二十二日)　自立军右军沈荩入湖南临湘，起义旋即失败。

冯自由《庚子唐才常汉口自立军实录》：

沈荩新堤之失败

右军统领沈荩，长沙人，担任在新堤发难之责。闻汉上以迁缓失事，亟率所部发难。湖北之崇阳、监利，湖南之临湘、沅州、湘潭等县，纷起响应。时因中军已失，人心涣散，师遂溃。党人黄南阳、李寿金、曾广文、王昌年皆被执，死之。沈走武昌，旋复北走燕京，欲着手于中央活动。

冯自由《革命逸史》第6集，中华书局1981年版，第27页

黄鸿寿《自立军之失败》：

沈荩起兵于湖北之新堤，附近之崇阳、监利及湖南之临湘、沅州、湘潭各起应之，皆败绩。荩在新堤，闻汉上以迁缓失事，亟起发难于新堤。而崇阳、监利与湖南临、沅、潭等邑，群起响应，时因中军已失，人心涣散，师遂溃。黄南阳、李寿金、曾广文、王昌年皆被执，死之。荩走武昌。

杜迈之、刘泱泱、李龙如辑《自立会史料集》，岳麓书社1983年版，第28页

8月21日(七月二十七日)　自立军督办唐才常等谋在汉口举事，事泄被捕。

冯自由《庚子唐才常汉口自立军实录》：

起事之布置

唐才常、林圭计划分自立军为七军，以大通为前军，秦力山统之；安庆为后军，田邦璇统之；常德为左军，陈犹龙统之；新堤为右军，沈荩统之；汉口为中军，林自统之；另置总会亲军及先锋军。唐则为诸军督办，分途招募兵勇数十营。上游则界四川之宜昌，下游则界江西之武穴，南则界湘之荆州，北则界汉之襄阳、随州、当阳、应山、麻城，中路则沔阳、新堤、沙洋、嘉

鱼、蒲圻、崇阳、监利皆其势力所及。盖自毕永年离鄂之后,哥老会各路头目遂多受唐、林部勒,林圭于唐未至汉口之前,已与黎科、戢元丞、李炳寰、蔡丞煜、郑葆丞等详订自立军会章三段,题曰"自立军现在之布置及其将来兵事"。照录如左:

(一)军队编制　一起发之初集兵二万,分七军四十营。一置总会亲军十营。一置中左右前后五军各五营。一置自立先锋军五营。一各军统领由总会派,营官由统领派,哨弁哨长由营官派。一各军皆派统领一,帮统一,营官准营数,哨官准哨数。一以亲军统领为总统节制各军。一发起之始日即出示加募健儿三十营,三日成军。一加募之兵置自立全军营务处,十营置自立全军粮台处,卫队五营,总会所卫队十营,军械所守兵五营。一起发之后即选派自立各军略湖南、湖北、江西等处,循长江一带。一将弁薪俸额数及兵丁饷额数,须于起发之处拟定。一新募之兵即用外国急用操法试练,一俟枪法娴熟,仍再募数十营,随时酌量策应各路。

(二)条教文牍　一国会自立檄文,自立浅语传单简明条例。一国会自立告示及简明斗方告示。一招募告示及其规例。一布告各国照会国书。一招纳各省同志豪杰传单。一安抚百姓告示。一国债股票。一各项委札及略地札。一扎饬保护租界教堂专札。一扎饬略地各弁收各州县地丁征册及各督销税局历年簿据。一扎委权知各州县事,抚辑流散,编练团军。

(三)行兵条理　一置兵吏司司功过,置军政司司赏罚。一议订军官功过赏罚条例,兵丁功过赏罚简明条例。一行军禁约浅语牌示。一行军赏罚浅语牌示。

自立会对外之文告

自立军于六月间已合并于中国国会,以香山人容闳驻上海任外交事务,黎科驻汉口任租界交涉事务。由容闳起草英文对外宣言,大意如下:

中国自立会有鉴于端王、荣禄、刚毅等之顽固守旧,煽动义和团以败国事也。决定不认满洲政府有统治清国之权,将欲更始,以谋人民之乐利,因以伸张乐利于全世界,端在复起光绪帝,立二十世纪最文明之政治模范,以立宪自由之政治权与之人民,藉以驱除排外篡夺之妄举。惟此事须与各国联络,凡租界教堂以及外人并教会中之生命财产等,均须力为保护,毋或侵害。又望诸君于起事时切勿惊惶,别有军令八条如左:

第一条　勿侵害国民之生命财产。

第二条　勿侵害外人之生命财产。

第三条　勿焚毁寺院,勿惊动教堂。

第四条　保护租界。

第五条　严禁奸淫窃盗及一切不法行为。

第六条　待遇擒获敌人,禁用惨酷非刑,须照文明交战条规处治之。

第七条　对敌时用残酷待遇及猛毒武器,均所不禁。

第八条　所有清国专制法律,建设文明政府后一概废除。

海外康梁之汇款

唐、林等所发富有票,借哥老会之力,散放于湘、鄂、皖、赣各府州县,为数甚多,势力日渐膨胀,诸事粗定。惟军资尚虞不足,各路待款发动,均派代表驻汉、沪二处坐催。唐乃屡电海外,促康有为、梁启超汇款接济。仅由南洋邱菽园汇到若干,仍缺额甚巨。以是党人对康、梁感情日恶,哥老会龙头李云彪、杨鸿钧等先离异,辜洪恩则发贵为票,李和生则发回天票,各自为谋。唐因是滞留上海,待款而行。

拥张之洞独立之失败

时值北方拳乱变起，林圭认为机不可失，促唐赴汉口谋速发难。唐至汉，以北方无政府为辞，借日本人为通殷勤于鄂督张之洞。讽以自立军将拥之挈两湖宣布独立，张犹疑莫决，然对于党人之活动虽有所闻，未尝予以发觉，似非全无好意者。唐设法促张自决多次，张无表示，唐以为无望，乃扬言于外人曰："倘张之洞奉清廷之命以排外，吾必先杀之。"以自任保护外人之事，张闻而恨之。是时唐已定期七月十五日各路同时大举，以康、梁汇款未至延期。秦力山在大通，因长江各口岸防范严密，未得展期军报，及时起事，以后路不及响应，无援而溃。唐因经费不足，频催海外保皇会款，不来，于是数数展期，而二十五，而二十六，至二十七而事败。

汉口机关之失败

张之洞侦知唐等所为与己绝反对，且将布告各国领事据武昌独立，决计先发制人，将党人一网打尽以绝祸根。适二十七日汉口泉隆巷某剃发匠侦知同街唐姓形迹可疑，遽向都司陈士恒告变，陈跟踪拿获党人四名，始悉党人有大举动。张之洞闻报，即照会租界各国领事，于二十八日清晨派兵围搜英租界李顺德堂及宝顺里自立军机关部与轮船码头等处，先后逮捕唐、林及李炳寰、田邦璇、瞿河清、向联升、王天曙、傅慈祥、黎科、黄自福、郑葆晟、蔡丞煜、李虎生及日本人甲斐靖等二十余人。同时围搜某俄国商店，拟捕其买办容星桥，容乔装工人而逃；戢元丞则避匿刘成禺家，赖姚锡光父子设法，得以出险。唐等被擒后，司道府县在营务处会讯，唐供辞谓因中国时事日坏，故效日本覆幕举动，以保皇上复权，今既败露，有死而已。余人群呼速杀。二十八日夜二更乃押至大朝街溜阳湖畔加害，一时延颈就戮者共十一人。尚有日本人甲斐则移交驻汉口日领事讯办。自是张之洞乃大兴党狱，湖北杀人殆无虚日，特派护军营二百人驻汉口铁政局，形迹稍可疑者皆不免，约死百余人。

…………

湖南之党狱

安徽人汪熔[镕]，幼从父宦游湖南，自德据胶州，感于外患日亟，创设白话报于芜湖，以开通民智自任。及拳匪乱作，大局益危，闻唐、林等将有事于湘、鄂，乃锐意结合湘中会党，以为发难地。大会于定王台，以掣于经济之缺乏，不能大有所设施，复赴汉约师期。时主南路军事者为清泉杨暨[概]，主西路者为武陵何来保，均亟亟谋响应。未几汉口事泄，湘抚俞廉三承张之洞意旨，大兴党狱，全省骚然。先后被逮殉难者，有唐才中、蔡钟浩、何来保、方成祥、徐德、姚小琴[秦]、李生芝、汪楚珍、李英、徐崐、陈保南、易瑞林、李广顺、莫海楼、仇长庚、李如海、沈竹亭、李莲航等百余人。汪熔[镕]之兄鉴以县佐候缺长沙，热中干进，乃告密于劣绅王先谦，凡与熔[镕]有连者悉罗列无遗。先谦上之俞抚，乃缇骑四出，熔[镕]方自汉归，始知为兄所卖，仰药死之。其次兄瑶下之狱，鉴叙功得保知县。

党人之出险

是役，湘、鄂党人出险者，有陈犹龙、朱濂溪、龚超、沈荩、辜仁杰、辜洪恩、张尧卿、杨鸿钧、师襄诸人。龚超逃至上海，复为清吏逮捕，以租界会审公廨认为国事犯得释。秦力山、戢元丞、陈犹龙、朱濂溪等则亡命日本。是役，康有为假勤王名义向海外华侨募款，数逾百万，仅电报一项耗费逾十万元，而唐才常、林圭竟以经费不足，迁延失事，因此秦力山、陈桃痴等至日本，即向梁启超大开交涉，要求算账，梁愤而有披发入山之宣言。保皇会自此信用渐失，不复再谈起兵勤王事，未几易名帝国宪政会。

康有为之海外报告书

保皇会向海外华侨募款函件，无远弗届，兹择录庚子六月六日康有为致海外各埠公函一

通如下:

各埠保皇会列位同志义兄公鉴:前致函胪列近情,并托三事。一曰有款即用电汇而勿汇寄,一曰已捐者加捐,一曰广联同志。三者皆今日最急切而不可一刻缓待之要务,想经大览。诚以大举在即,万事交迫,饷械二事,尤为浩繁。无饷不可以用人,无械不足以应敌。百函百电,日来催迫。既已叹大局之危亡,又深恐机缘之先丧,徘徊终夕,首疾为加。惟诸君慷慨忧国,义愤填膺,痛此时艰,种族不续,必能相应以成大举,明知诸君高义弥地塞天,屡电屡函,自形烦数,而以中国黄种之故,用敢流涕为四万万同胞乞饷也。邱君菽园再捐十万,共二十万,毁家纾难,高谊可风。今请伸明前义,务祈加捐,所捐有得,务祈即时电汇。军务倥偬之时,弥东补西之苦,诸君谅之而勉助焉。所有近情,列于下幅:

一、伪政府始以庇拳匪为得计,内谋篡弑,外戕西人,声势汹涌,一朝而横行津沽,及至今日,拳匪势日张,党日众,盘据日固,伪府诸贼虽欲剿办,已养虎自为患矣。日来所出之伪谕,文句鄙俚,胆气震慑,不称团匪,而称团民,不成国体,此自取覆亡之道,所谓天夺其魄也。

一、各省督抚不奉伪谕,截粮备饷,自固疆圉,伪政府无如之何。而粤督李鸿章、江督刘坤一抗拒尤甚,伪政府之倾,不待言矣。

一、伪府既倒,新党已于上海设立国会。预开新政府,为南方立国基础。将来迎上南迁,先布告各国,保护西人洋行教堂等事。义军一赴,即与各国订约通商,复我维新之治。

一、此次诸贼之结拳匪,此殆天亡之,以兴我新党者。何以言之,伪府诸贼盘踞北京,根深蒂固,拥兵甚众,天下无事,金瓯未缺。我一旦起而与之相抗,虽有名义之正,闻者风从,彼伪贼获罪于天,必不久全,然耗力竭智,亦需时日,乃足破之。今则天夺其魄,鬼焚其穴,结匪自踣,激外自杀。始以彼以逸待我之劳,彼以整待我之乱;今也我以逸待彼之劳,我以整待彼之乱,即论兵法,已无可胜;外结万国之深仇,内生各督之抗拒,不成为政府,不足为朝廷,今幸外国之兵未能大集,苟延残喘,再延一月,西兵既至,亡可翘足而待耳。我新党乘斯时以起义军,远在南方,固成割据。而彼无如何,即进捣贼穴,亦以疲弊而难自救。故曰天与之会,不可失也。

一、我南方勤王义勇已分布数路,不日将起。既成方面,可与外国订约,行西律西法。一面分兵北上勤王,助外人攻团匪以救上,英既相助,则我可立不败之地。彼伪匪已倒,诸贼仓皇,敛手待毙。既无可征之饷,又无可调之兵,不亡何待哉。圣主确闻无恙,所有电报谣言屡传凶问,不足信据。军事倥偬,日夕筹画,所有各情,未能详书,皆据电传,想皆知悉,故不赘焉。匆匆敬请义安。有为再上六月廿日

冯自由《革命逸史》第6集,中华书局1981年版,第23~31页

张难先《庚子汉口之役》:

国父时旅日本,特召集同志,会议于镰仓,决定在珠江长江两流域起兵。命郑士良在香港组织机关,史坚如赴长江联络会党。鄂人留日学生有革命思想者,若傅慈祥、吴禄贞、戢元丞等亦欲乘机起事,谒国父请示方略。国父告以已派史坚如赴长江布置,可共同进行也。慈祥等喜,惟经费无出,颇为焦虑。适毕永年谓:“唐才常已得康有为款二万元,由华侨邱菽园输将,都数为三十万元,当可源源而来,余为之反复陈说,才常大为感动,决脱保皇党而同吾辈革命。”慈祥等愈喜。梁启超悉其事,亦意态活动,于祖饯、唐才常、林圭、吴禄贞、傅慈祥等之日,特请国父及陈少白赴宴,以示彼此一致之决心;然国父只赞助之,终不敢信其真能合作,此为庚子春日也。唐才常、傅慈祥等至汉口后,设立机关,聚会党十余万人,创设自立军,分五路密布于鄂、皖、赣、湘各重要地区。傅慈祥并联络武备学堂同学而操兵柄者钮永建、孙

武、艾忠琦等数十人，以谋策应。大通为前军，秦鼎彝、吴禄贞统之；安庆为后军，田邦濬统之；常德为左军，陈犹龙统之；新堤为右军，沈荩统之；汉口为中军，傅慈祥、林圭统之；才常自为各军总司令。定于七月十五日，在汉口、武昌、汉阳及皖、赣、湘同时起事。奈康有为停款不发，唐才常窘于饷需，一再延期，聚十万游手无训练之民，而责以危险之事，复饥之寒之，虽愚者亦知其无济也。前军统帅秦鼎彝、吴禄贞之至大通也，运动水师弁卒，及皖抚卫队管带孙道毅共同奋起，乃因待饷迁延，大通保甲局委员许鼎霖侦悉，逮捕七人，铜陵县魏令告密于巡抚王之春，下令戒严。鼎彝以事泄，仓卒发难，之春令芜湖防营统领李本钦及营官邱显荣率领大队会攻，鼎彝挥兵搏斗，巷战七昼夜。卒以力单败绩，余众四散，鼎彝禄贞走日本。前军既败，汉口总部即愈呈不稳之象。时主力在会党，而绿营、巡防、督抚标各营弁卒，强半为彼之徒侣，而悉受其运动。乃因饷项无着，失信彼辈。其隶湘军统领黄忠浩（扎洪山）、巡防营统领方友升（扎汉阳）、督标统领吴元恺（扎草湖门外恺字营）部下者，同时出首，于是秘密全泄。才常犹恃张之洞与彼有师生之谊，欲以勤王大义说之，岂料张已下令围汉口总机关，当捕获唐才常、傅慈祥等数十人弃市。时七月二十八日也。……会党之及于难者总在百人以上。中军覆，右军逼近武汉，势成骑虎，即不能不亟为发动，而崇阳、监利及湖南临、沅、潭等邑响应之。然汉口惨败之声，达于远迩，人心涣散，再无驾驭之可能，新堤之师亦溃，于是如火如荼之自立军，转瞬即烟消雾散矣。……是役湖北遵令起兵者，有武昌、汉阳、沔阳、蒲圻、应城、巴东、长乐、沙市、嘉鱼、麻城等十余处之多，其牺牲极巨。湘皖亦兴大狱，以身殉者略在三百人以上。失败总因，则在党派复杂。康梁与吾党之臭味，素来差池，虽经毕永年之启发，才常偶有转变；，然彼等经济命脉仍操于康有为之手，故大通发难，即有“讨贼勤王”之告出现。文曰：中国自立会会长以讨贼勤王事，照得戊戌变政以来，权臣秉国，逆后当朝，祸变之生，惨无天日。至己亥十二月二十四日，下立嗣伪诏，几欲蔑弃祖制，大逞私谋。更有义和团以扶清灭洋为名，贼臣载漪刚毅荣禄等阴助军械，内图篡杀，不得，则公然与中立为难。用敢广集同志，大汇江淮，清君侧而谢万国。传檄远近，咸使闻知。（宗旨）一、保全中国自立之权。二、请光绪帝复辟。三、无论何人，凡系有心保全中国者，准其入会。四、会中人必当祸福相依，患难相救，且当一律以待会外良民。（法律）一、不准伤害人民生命财产。二、不准伤害西人生命财产。三、不准烧毁教堂，杀害教民。四、不准扰害通商租界。五、不准奸淫。六、不准酗酒逞凶。七、不准用毒械残待仇敌。八、凡捉获顽固旧党，应照文明公法办理，不得妄行杀戮。九、保全善良，革除苛政，共进文明，而成一新政府。

吴禄贞见此布告，愤慨赴日本复学，毕永年闻此情形，痛哭走普陀出家，章太炎于数月前即悉唐名义不正，宣布脱离关系，秦鼎彝失败后，始知康延款误事，宣布与梁绝交。噫！以革命大业，聚意志错杂者以图之，希有不偾事者！维因此获三大教训：即一、不能专靠会党作主力。二、组织要严密，决不能取便一时，以容纳异党。三、绝对从士兵学生痛下功夫，而不与文武官吏为缘。后鄂人即把握此三种经验，苦干十余年，遂建辛亥首义之功也。

张难先《湖北革命知之录》，沈云龙主编，近代中国史料丛刊续编第86辑，台北文海出版社，第19～21页

唐才质《自立会庚子革命记》：

绪　言

庚子（1900年）举义，环宇震动。海内外有志者，同心协力，创造自立会与自立军，以为武力革命之基础。长江、黄河流域，咸起响应。盖欲联络会党，沟通南北，和衷共济，挽救国难也。孰知专制之毒焰方张，改革之绸缪未熟，机谋破漏，举国悲愤。然而当时倡义诸公，以身许国，事之成败，未尝措意。试溯武汉一役，苦心衡虑，计划恢宏，声气广被，继戊戌维新之

盛轨,开辛亥(1911 年)覆鼎之先河,事业未成,影响实巨。此诚中国革命史上,功绩灿烂。后世知人论事者,殆无不承认首义志士之忠实为国,其义烈为可歌可泣矣。今忆当日组军之始,结纳贤俊,凡参预或与闻军事者,类为一时名达,如容闳、严复,为欧美留学前辈;如龙泽厚、温宗尧、陈锦涛,为两粤学界巨子;如狄葆贤、何擎一,为南海先生高足;如徐宝山诸人,为长江会党领袖;如丁惠康(雨生中丞之子)、吴保初(武壮公长庆子),与当年谭嗣同、陈三立,有海内外四公子之称;如傅良弼、蔡成煜、郑葆丞、黎科,留学日本,颇负时誉,傅有才名,张之洞颇器重之(后因傅君参加自立军事,又为张所杀害);如沈荩、何来保、杨概,或为《湘报》主笔,或为南学会会员;如陈犹龙,为两湖书院高材生;如秦鼎彝(即力山),为诸生能文章;而林锡珪(官书称林圭)、李炳寰、田邦璇、朱茂芸、蔡钟浩及其弟钟沅,则皆湖南时务学堂学生也。其时大江南北武人中之思想激进者,亦复信使往还,广泛联系,扫除敝制,树立新政,壮志雄图,与文人相辉映。余与赵君曰生,有传纪之,随亦搜集各方记载而补益之,虽不详尽,亦可略得其梗概焉。考之中国革命,古亦有之,史称"汤武革命,顺乎天应乎人"。自是而后,移朝易代,恒以此数语标榜,实则易暴君为独裁,世代相袭,如出一辙,由是言之,以暴易暴,只为一族一姓间之隆替,与平民无涉;与真正革命之意义,更相去辽远。而具有民族思想,有计划,有组织,又能联系群众,使用武力,以反对敝政者,当以庚子革命布置较为周备。昔先兄才常,生平对于乡先达王船山之学说,极为服膺。清光绪戊戌(1898 年)主讲长沙时务学堂,尝以王船山、黄梨洲、顾亭林之言论,启迪后进,亦举各国政治之盛衰及其政体之优劣,互相比较,以资鼓励。熏陶既久,观感相应。虽不言革命,以避清吏之耳目,而心力之倾向,可以表见。矧以自立名者,实含有摧毁独裁政体,树立民主政体之坚强意志。查有自立会札文,有指东南各行省为新造自立之国云云(见《东华续录》所载张之洞、于荫霖奏稿),此言似与当年局势不甚适应。盖因旧政权尚未覆亡,新政权何由建立?若据指东南各行省为新造自立之国,恐酝酿分裂之形式,或且演成不良之后果,是亦不可不有所顾虑者。回忆庚子将起义时,主持武汉自立军文事李炳寰告我曰:"吾辈举义,惟求福民利国而已。新旧更迭能成事实,似应【以】东南各省为试行新政之重点,而遍及于全国,则革命之目的可达,统一之大业立定,此外一切政治措施,有国会决议与政府执行,非吾辈职责所在,可以不必预为参订也。"此一席话,光明磊落,可以纠正前说而归于正确,用举出之以告国人,而自立会诸先烈之心迹与志愿,可以表白于天下而无遗恨矣。

杜迈之、刘泱泱、李龙如辑《自立会史料集》,岳麓书社 1983 年版,第 60 ~ 62 页

△ **张之洞杀唐才常、林圭、傅慈祥、李炳寰、黎科等二十人,自立军完全失败。**

黄鸿寿《自立军之失败》:

汪镕谋起事于湖南,事泄自杀。镕,安徽人,幼从父宦游湖南。自德据胶澳,感于外患日亟,创设《白话报》于芜北,以开通民智自任。未几政变,朝士被杀者六人,株连甚众。镕愤然曰:"康某日言变法,为清廷效忠,尚不见容于满人,横遭诛窜,天下事尚可为乎?"因鼓吹益力。及是年五月,拳匪乱作,开衅列强,大局益危。时唐才常倡破坏于沪上,林圭等谋举事于汉皋。镕亟思结合湖南会党以为发难地,大会湘省志士于定王台。以掣于经济之缺乏,不能大有所设施,复赴汉约师期。时主南路者为清泉杨暨[概],主西路者为武陵何来保,均谋响应。未几大通失败,湘抚俞廉三迎合督臣张之洞意旨,大索党人。镕兄鉴以县佐候缺长沙,热中干进,乃告密于劣绅王先谦,凡与镕有连者,悉罗列无遗。先谦上之廉三,乃缇骑四出。镕方自汉归,闻被捕,始知为兄所卖,仰药死之。复逮其次兄瑶,下之狱。鉴叙功得保知县。

唐才常谋起兵于湖北之汉口，事发被杀。先是，长沙毕永年，幼读衡阳王氏遗书，慨然具种族思想。弱冠后，即结纳湘中会党，以为异日利用地。浏阳谭嗣同深敬其人，因与缔交。政变之前数日，永年至北京观察政局，造康有为，语不合，乃为书抵嗣同，历陈利害，劝之行。嗣同不采。永年遂东渡。嗣同卒及于祸。永年至日本，晤广东香山孙文、日本人宫崎寅藏，与语，皆大合。旋偕日人平山周回华运动，出入湘省者凡三次，偕各会党首领赴香港，组织兴中会，自湘、鄂至长江一带，两粤、闽、浙间，皆为所鼓动。方谋克期大举，以乏饷械故，迟迟未发。时有为得保皇会款，才常欲因其资，联络嗣同旧部师襄等发难南方，为嗣同复仇，方别有所组织。永年亦才常友，因往说之，以勤王、光复相与辩论一日夜，卒以宗旨不合，永年恸哭而去，弃为僧，居粤之普陀。所部遂归于才常，密布长江上下游，窥武汉，欲因而袭取之为根据地。才常复组织正气会于上海，以为机关，寻易会名为"自立"，开国会于张园，志士至者数百，公推香山容闳为会长，福建侯官严复为副会长，才常为总干事，林圭及长沙沈荩皆干事。圭，湘阴人，为才常弟子，而亦永年挚友也。初游学日本，上年冬返国，偕行者慈利李炳寰、田邦璇，武陵蔡钟浩，长沙秦鼎彝，及才常之弟才中，共五人。建议欲着手于湖南之运动，挈一日本人，拟建立学校或报馆、译书局，暗设自立会机关部，不果行。圭乃至汉口，设自立国会，散放富有票，起自立军，分地段以设旅馆，为会友及其他党徒往来寄宿之区，而东南独立之基础以立。其旅馆在汉口者曰"宾贤公"，襄阳曰"庆贤公"，沙市曰"制贤公"，荆州曰"集贤公"，岳州曰"益贤公"，长沙曰"招贤公"。刊布会章，称"新造自立之国"。其规条有"不认满洲为国家"，及"本国会深懔危亡"等语。分立五军：以大通为前军，鼎彝统之；安庆为后军，邦璇统之；常德为左军，龙阳[桃源]陈犹龙统之；新堤为右军，沈荩统之；汉口为中军，圭自统之；而推才常为督办。分途增募兵勇数十营，上游则界四川之宜昌，下游则界江西之武穴，南则界湘之荆州，北则界汉之襄阳、随州、当阳、应山、麻城，中路则沔阳、新堤、沙洋、嘉鱼、蒲圻、崇阳、监利，皆其势力范围所及。诸事粗定，值北方拳乱事作，圭思利用此时机而起，促才常发上海。才常至汉，定期是月十五日大举。以部署未整缓之。而长江防范严，军耗不能达大通。至期而大通已举事。以后路不及响应，无援而溃。后屡迁期，而二十五，而二十九。至是事败，时二十七夜也。才常、圭、炳寰、邦璇及长沙瞿河清、向联升，沅陵王天曙，湖北潜江傅慈祥，广东香山黎科、黄自福，福建漳浦郑保晟，直隶宛平蔡成煜，同系者十三人，翌日又捕获七人，皆见害。

方才常之在汉也，尝藉日本人为通殷勤于鄂督张之洞，讽以自立军将拥之挈两湖宣言独立。之洞先颔之。故当自立军之厚集兵力，时时过江点兵，又大通前军之败距是时已十余日，之洞固皆熟闻之而不予发觉，然卒狐疑莫能自定。才常以之洞无复可望，乃示绝于之洞，而扬言于外人曰："倘张之洞奉满廷之伪谕以排外（是年五月联军攻大沽，之洞电奏北京，言臣应不带兵北上御敌，恭候朝命。后为江督刘坤一阻之。）吾必先杀张之洞，以自任保护外人之事。"语浸闻于之洞。继又侦知才常等之所为于己绝反对，且将布告在汉各国领事，据武昌独立，之洞乃突发而擒之。才常题诗狱壁中，有"剩好头颅酬故友，无真面目见群魔"之句。圭为人沈鸷有条理，主持军中一切，交通之力甚大，而其谋国之忠，历境之艰，尤为同人中之杰出者。炳寰志趣弘伟，文思敏赡，从圭治军书，遇事赞画，翩翩记室才也。邦璇魄力尤雄，学识绝流俗，自安庆计划失败，退至汉口，遗诗数章，读之皆凛凛有生气。慈祥、科、保晟、成煜四人，乃留学日本陆军学生，时以暑假归与谋，不数日而及于难。永年宗旨主急进而多方略，与人交开诚布公，故群贤乐为之用，汉事未起以前，一夫倡说，举国同声，皆永年一人十余年前奔走呼号之力也。自是湖北杀人无虚日，以护军营二百人驻汉口铁政局，形迹之稍涉嫌疑者皆不免,约死百余人。湖南数亦称是。盖湘抚俞廉三承之洞旨,任用劣弁刘俊棠、杨明远、熊海门、劣员王祖荫等,要功觊利,恣意搜索,同时两湖骚然。其在湖南死事之最著称者,汪镕外,为唐才中、蔡忠浩、何来保、方成祥、徐德、姚小秦、李生芝、汪楚琴、李英、徐昆、陈保南、易瑞林、李广顺、莫海楼、仇长庚、李如海、沈竹亭及臬幕李莲航,骈死者亦百余人。惟杨暨[概]走免。才中自其兄才常被逮于汉口,以脱于难,奔新堤,旋入湘以集军,遂及于难。钟浩治事机警,始从才常部署于汉上,事败返武陵,方有所谋画,忽被逮。来保被执于辰州,槛送长沙杀之。生芝于汉上事败之后,复于慈利联合沙市会众,成十余营,图再举,时有"慈利官班子"之号,其势力范围之大,可以概见。莲航以汉寓检查信据,得其寄子炳寰家书,言及进兵湖南事,有曰"一路来当为王者之师,毋得杀戮过甚",遂以是定谳。逾年,廉三复名捕长沙舒闰祥。闰祥闻之,愤言曰:"士可杀不可辱!"因饮药以殉。

杜迈之、刘泱泱、李龙如辑《自立会史料集》,岳麓书社1983年版,第24~28页

《张之洞、于荫霖奏擒诛自立会匪头目分别查拿解散折》:

窃查自北方开战以来,各省匪徒咸思蠢动。臣等钦遵谕旨,保守疆土。欲防外侮,必须先清内匪。当即增募营勇,分路筹防。七月初间,湖北巴东、长乐等县,果有会匪纠众竖旗起事。正在派兵剿办,旋闻安徽大通已有大股会匪突起焚劫,其势甚炽,湖北沔阳州之新堤、蒲圻县之羊楼峒、湖南临湘县之滩头,均有会匪接踵而起,民间大为惊扰,荆州之沙市以及嘉鱼、麻城等县,均有会匪谋乱情事。各党聚众点名,打造刀械,造制号衣,储备米粮,一似钱财甚为充裕者;并闻有私运外洋军火之说。当经遴派员弁营勇,分路密查剿捕。以武穴向为下游门户,会党之薮,并派营勇兵轮前赴该处查拿防遏。同时各省拿获各匪,皆系领有富有票。此票乃仿照哥老会散放票布之办法,其票系上海洋纸石印,写刻篆印皆极精工,上横书"富有"二字,直书"凭票发足典钱一串文",前有编号,后有年月,背有暗口号图章二颗,用在湖北者,又钤楚字图章。其命名盖暗寓富有四海之意,实属悖妄已极。凡领票者均系勾串一气,互为声援。据匪首散票者告人云,持有此票,即可向该匪首处领钱一千文,以后乘坐太古、怡和轮船,不索船价;并云中国即将大乱,以后持票即可保家。以故各省会匪趋之若鹜。旋经查出,此乃大逆康有为一人主使调度,其伙党分布各省,展转煽惑。其巢穴即在上海,于租界内设有国会总会,入会者亦不尽康党。沿江沿海各省皆有国会分会,而分会中以汉口之分会为最大。因武汉当南北适中之地,居长江之上游,而两湖会匪又最多,故先于武汉举事。其会名曰"自立会",其军名曰"自立军",勾煽三江两湖等处哥老会匪,纠众谋逆,定期七月二十九日,武昌、汉口、汉阳三处同时起事,约定新堤、蒲圻之匪速起大股前来接应,岳州、沙市之党遥为声援。先于二十七日访有端倪,密饬员弁在汉口地方李慎德堂及宝顺里内拿获两湖分会总匪首唐才常、匪首林圭、李虎生等三十余名。唐才常系督办南部各省总会,又督办南部各省军务处;林圭系统带国会中军;李虎生系总窝户。当时在唐才常寓所起获军械、火药、伪印、伪札、伪示及富有票多张,又入会各匪姓名簿,又购买洋枪刀械用款、雇募奸细分往各城各营各局充当内应月支薪水用款、招募会匪自称发饷用款各项帐簿,又各省匪党往来逆信,又洋文自立会办事规条,皆在唐才常屋内搜获。并同时在汉口、汉阳拿获同伙谋逆之哥老会匪首瞿河清、向联升等,发交营务处司道、武昌府、江夏县公同审讯。该匪等供认开设自立会,勾结哥老会,散放富有票,同伙谋逆不讳。当即将该匪首唐才常等二十名正法示儆。旋在嘉鱼县拿获匪党蒋帼才,搜获富有票、黄旗及各匪口号名单,及正副会长康、梁伪谕,暨供出各匪姓名。续据湖南拿获会匪头目李英、谭翥等供称:康有为在上海开富有山,正龙头系康有为、唐才常、梁启超、李金彪、杨鸿钧、师马炳等,唐才常派为上海总粮台。听说康有

为、孙文派人会合大刀会，孙文已到山东。此事是康有为为总，康有为以唐才常为总，唐才常以辜仁杰即辜鸿恩、师马炳即师襄为总。湘省闻拿自尽之汪镕，派为长沙总粮台。各粮台之钱均是康有为接济等语。查蒋帼才匪单内系康有为为正龙头，梁启超为副龙头。并据唐才常供，上海国会总会头目系广东人容闳。此外各处所获哥老会匪供词，供出康有为、唐才常为首者，不计其数。查获逆信伪札及各匪供，尚有沈克诚、陈说、林杰即林邦威、容闿、李松芝、蔡钟浩、汪楚珍、张尧卿、戴保廷，均为谋据两湖之大头目。秦俊杰即秦力山，又名秦邮，即大通滋事首匪。复经密札密咨鄂省各省查拿，并照会各国领事在案。并准大学士直隶总督臣李鸿章咨、湖南巡抚臣俞廉三咨，查出讯出康有为、唐才常、容闳等勾匪作乱，私运外洋军火情形，大略相同。暨准两江总督臣刘坤一、安徽巡抚臣王之春咨，富有票匪扰乱长江，派兵剿捕，起获匪票伪示、私运军火各情形，与鄂省所查皆相符合。

查此项自立会匪唐才常等，以康逆死党，窟穴上海，设立总会，自为总粮台，往来沿江、沿海各处，广散银钱，购诱会匪，计谋凶狡，党伙纷繁。其乱党往来书信，大旨因北方有警，乘此煽动沿江、沿海各省各种会匪，同时作乱。其同谋勾结之人，各省皆有。其购械募匪之款，查簿内存款计洋银一万五千余元，用去已将及万元。闻康有为诈骗敛集之款，共有洋银六十万元，安排以二十万元用之长江，所散放之富有票，就两湖地方查出者，已有两万余张。事发后两三日，尚有人向李慎德堂投递匪党逆信，经总务司邮政局拿获数起。其为札有曰"指定东南各行省为新造自立之国"。其华、洋文规条内有曰"不认满洲为国家"；其伪印文曰"中国国会分会驻汉之印"，又曰"中国国会督办南部各总会之关防"，又曰"中国国会督办南部各路军务处之关防"，又曰"统带中国国会自立军中、左、右、前、后等营各关防"；其逆信内有曰以湖北为中军，以安徽为前军，以湖南为后军。其唐才常身边小箧内，搜出伪号令、告示稿，有曰："焚毁各衙署，占夺枪炮厂，劫掠局库，占踞城池，焚戮三日，封刀安民，派将固守，再筹征进。"其逆信内有曰"沿途亦可劫掠"。其开用伪关防札稿内，有曰"业经报明沪会，篆刻关防一颗，内刻'中国国会督办南部各省总会'字样，于庚子年七月初八日开用"等语。唐才常等到案，一一供认不讳。至其平空造言，捏诬狂吠，诋毁两宫，悖逆凶悍，笔不忍书，令人发指。该会匪等以自立为名号，以焚戮劫掠为条规，以富有票为引诱，以哥老会、红教会及各省各种会匪为羽翼，意欲使天下人心同时摇动，天下民生同时糜烂，实为凶毒已极。又查伪札有云"本国会深懔危亡"等语，实属狡诈胆妄。该匪首倡为国会，造此诡辞，冀以诳诱躁妄之文士，鼓动无知之愚民，尤为可恶。

窃惟目前时事虽棘，上下同心，力图振作，尚可勉筹补救之方。若该会匪各省蜂起，外人乘之，则中国真将有危亡之势矣！今该会匪既已自称为新造之国，公然自立，不认国家，是明言不为我皇上之臣子矣！乃尚敢托保国之名，以逞其乱国之谋，不独中国忠义臣民不受其欺，凡各国明理晓事之人，恐亦不受其欺也。近日鄂、湘、江、皖各省滋事之匪，查其逆信、票据、供词，皆系自立会匪之党，皆系领富有票之人，其合伙约期，济械助费，分据地方，安排接应，均经查有实据。查李慎德堂前门在英租界之内，当日查拿各匪之时，系由英领事签字，派巡捕协同往拿，当场跟同起获各种谋逆作乱器械凭据，华洋人等众目共睹，因此各国领事皆深知此辈实系与哥老会合伙，必应查拿，以免扰害地方。除湖北、湖南两省随时密查严拿外，此外沿江、沿海各省皆有分会，其往来于上海者尤多，应由各省自行查拿。已将先后迭次查出供出紧要各匪首姓名、籍贯陆续开单，分咨各省，一体严密悬赏查拿，务获惩办，以惩乱逆，而安大局。至唐才常供出同谋之人甚多，凡系查无实据者，概不株连。其军民人等误领富有票者，准其向官司营局团绅首士缴票销毁，即免追究，予以自新。若观望藏匿不缴者，查获匪票，定行重办。

自汉口匪首伏诛后，各路匪徒闻之震慑夺气。惟富有票放出太多，其悍匪首尚多漏网，现已访知仍复潜踪往来上海、长江一带，别设狡谋，力图纠众报复。沙市、岳州、常德、澧州一带匪徒，尚在煽惑窥伺。新堤之匪，窜扰湖南之临湘、巴陵、监利之朱河等处。其监利、沙洋、麻城、嘉鱼、崇阳、巴东、长乐之匪，仍饬各营分投搜剿解散。其襄阳、枣阳、随州、应山等处，界连豫边，素多刀匪，豫省年来旱荒，饥民颇众，亦遂有会匪开堂放飘之事。自七月以来，藉闹教为名，啸聚焚劫。勾结自立会匪滋事，复查有匪首潜往孝感、应山、河南信阳州一带，谋劫北上诸军军火，并煽诱河南饥民来汉滋事。现又讯出有匪目潜往襄樊一带煽动刀匪，已添募马步各营沿边防遏，入境即击。八月内，四川巫山县有匪千余人滋事，亦经派营会合川军相机剿捕。

臣等伏查康逆近年遁逃海外，布散邪说，久思煽动奸人，扰乱中国，以逞其报复之志。兹因各国构兵，中国兵威不振，以为有机可乘，遂敢遣其党羽分布沿江沿海各省，勾匪作乱，而湖北尤为该匪注意所在。值此时局危急，一经煽动，立即四路响应。两月来，武汉商民惶扰迁徙，一夕数惊。幸仰赖朝廷威福，先期破获，擒诛渠魁巨党多名，各处聚集援应之匪，先后击散，陆续擒斩匪目数十人，目前人心粗定。惟有仍一面督饬各军、各州县严防密拿，解散胁从；一面照会各国领事，布其逆乱罪状，嘱其转告外部，勿为所惑。目前据各领事言，从前谓康、梁为志士，今已知康、梁为匪徒，各国断不帮助庇护。此实由该逆等稔恶穷凶，天夺其魄，为悖乱盗贼之事，布悖乱盗贼之言，奸谋逆迹，尽行败露，从此为各国所屏弃，诛殛之期，当不远矣。

惟是湖北数月以来，自北方有警，长江人心惶惑，各匪四起，陆续增募勇营数十营，上游则界川之宜昌，下游则界江西之武穴，南则界湘之荆州，北则界豫之襄阳、随州、枣阳、应山、麻城，中路则沔阳、新堤、沙洋、嘉鱼、蒲圻、崇阳、监利，皆为会匪出没之所，皆须派营驻守，随时相机剿捕，并派营前赴湖南之岳州、河南之信阳州，越境剿捕巡防，以固藩篱。各属请兵请械，应接不暇，罗掘多方，增兵既多，增饷尤巨，种种艰难急迫，昼夜不遑。惟有竭力镇抚，相机筹办，随时与湖南抚臣、两江、江西、安徽督抚臣互相知会，合力办理，以维大局。

至此次查获擒获自立会匪渠魁，暨分路防剿捕获领放富有票逆匪首要各员弁，发奸弭乱，俾沿江沿海各省得以周知为备，似尚有裨大局，合无仰恳天恩俯准臣等查明奏请优奖，以示鼓励出自鸿慈。所有擒诛自立会匪总头目、查拿各匪目，分路剿捕沿江沿边会匪各情形，臣等谨合词缮折驰奏，伏祈皇太后皇上圣鉴，谨奏。

杜迈之、刘泱泱、李龙如辑《自立会史料集》，岳麓书社1983年版，139～144页

《张之洞于荫霖摘叙两湖自立会匪紧要情节告示》：

头品顶戴兵部尚书兼都察院右都御史总督湖北湖南等处地方军务兼理粮饷张、兵部侍郎兼都察院右副都御史巡抚湖北等处地方提督军务于，为晓谕事：

照得沿江沿海一带，现有自立会匪在上海设立国会总会，在汉口设立中国国会分会，其会名曰自立会，其军名曰自立军，仿照哥老会票布办法，在上海石印纸票，名曰富有票，到处散放，勾煽三江、两湖哥老会匪，纠众谋逆，定期在武昌、汉口、汉阳同日起事。其时安徽大通，湖南临湘，湖北蒲圻、新堤会匪，已经纷起焚掠，均查出富有票。当在汉口李慎德堂及宝顺里内，拿获两湖分会总匪唐才常，匪首林圭、李虎生等二十余名。当时在唐才常寓所起获军械、火药、伪印、伪札、伪示、富有票多张，及入会各匪姓名簿；又购买洋枪刀械用款，雇募奸细分往各城各营各局充当内应月支薪水用款，招募会匪自称发饷用款各项帐簿；又各省匪党

往来逆信，又洋文规条；皆在唐才常屋内搜获。并同时在汉口、汉阳拿获同伙谋逆之哥老会匪首瞿河清、向联升等，发交营务处司道、武昌府、江夏县公同审讯。该匪等供认开设自立会，勾结哥老会，散放富有票，同伙谋逆不讳。当即将该匪首唐才常等正法示儆。旋在嘉鱼县拿获匪党蒋国才，搜获富有票、黄旗及各匪口号、名单，暨正会长康有为、副会长梁启超伪谕、伪通饬等件。

续据湖南拿获会匪头目李英、谭翥等供称："康有为在上海开富有山，正龙头系康有为、唐才常、梁启超等，唐才常派为上海总粮台。听说康有为、孙文派人会合大刀会，孙文已到山东。此事是康有为为总，康有为以唐才常为总，各粮台之钱，均是康有为接济"等语。查蒋国才匪单内，系康有为为正龙头，梁启超为副龙头。并据唐才常供，上海国会总头目，系广东人容闳。此外各处所获哥老会匪，供词供出康有为、唐才常为首者不计其数。旋准大学士直隶爵阁督部堂李电咨，查出康有为、梁启超、唐才常、容闳等勾联会匪，私运外洋军火，图扰乱三江、两湖、两广各省情形，大略相同。并准两江督部堂刘、安徽抚部院王、湖南抚部院俞咨，富有票匪扰乱长江，派兵剿捕，起获匪票、伪示各情形，与鄂省所查皆相符合。

查此项自立会匪唐才常等，以康逆死党，窟穴上海，设立总会，自为总粮台，往来沿江沿海各处，广散银钱，购诱会匪，计谋凶狡，党伙纷繁。其匪党往来书信，大指因北方有警，乘此煽动沿江沿海各省各种会匪，同时作乱。其同谋勾结之人，各省皆有。其购械、募匪之款，查簿内存款，计洋银一万五千余元，用去已将及万元。所散放之富有票，就两湖地方查出、供出者，已有两万余张。事发后数日，尚有人向李慎德堂投递匪党逆信，经税务司、邮政局拿获数起。其伪札有曰"指定东南各行省为新造自立之国"；其华洋文规条内有曰"不认满洲为国家"；其伪印文曰"中国国会分会驻汉之印"，又曰"中国国会督办南部各省总会之关防"，又曰"中国国会督办南部各路军务处之关防"，又曰"统带中国国会自立军中左右后等营各关防"。唐才常身边小箧内，搜出规条，有曰："焚毁各衙署，劫掠局库，占据城池，焚戮三日，封刀安民。"其逆信内有曰："沿途亦可劫掠。"其开用伪关防札稿内，有曰："业经报明沪会，篆刻关防一颗，内刊'中国国会督办南部各省总会'字样，于庚子年七月初八日开用"等语。唐才常等到案，一一供认不讳。至其平空造言，捏诬猛吠，诋毁两宫，悖逆凶悍，令人发指。该会匪等以自立为名号，以焚戮劫掠为条规，以富有票为引诱，意欲使天下人心同时动摇，天下民生同时糜烂，实为凶毒已极。又查伪札有云"本国会深懔危亡"等语，可谓狡诈胆妄。该匪首倡为国会，造此诡辞，冀以诳诱少年躁妄之文士，鼓动昏迷无知之愚民，尤为可恶。方今时事虽棘，上下同心，力图振作，当可勉筹补救之方。若该会匪各省峰起，则中国真将有危亡之势矣。该会匪明明乱国，而反托名保国！试思该会匪已自称为新造之国，公然自立，不认国家，是已明言不为我皇上之臣子矣。乃尚敢托保国之名，以逞其乱国之谋，不独中国忠义臣民不受其欺也，凡各国明理晓事之人，恐亦不受其欺也。

又查康有为、梁启超会衔通饬有曰："本会长开设自立会，欲图自立，必先自借尊皇权始。"明言借字，实为可骇！可见康逆所开保皇会，不过借名作乱。其狡谋既以自行吐露，若文人才士尚为所愚，亦大惑可哀之甚矣。近日安徽大通焚劫惨杀之会匪，湖南沅、潭焚劫惨杀之会匪，湖北新堤、蒲圻、嘉鱼、监利劫掠之会匪，查其逆信票据，皆即系自立会匪之同伙，均经领有富有票者。其合伙约期，济械助费，分据地方，安排接应，均系确有实据。查各种会匪，向来专以劫掠焚杀为事，今该自立会匪用为党羽，假使此辈得志，必致各省糜烂，涂炭生灵，中西商民同受其害。试问外国国会乃国家所设下议院之称，岂此等会匪之所可冒充乎？查李慎德堂前门在英租界之内，当日查拿各匪之时，系由英领事签字，派巡捕协同往拿，当场眼同起获各种谋逆作乱器械凭据,华洋人等众目共睹。因此各国领事深知此辈实系与哥老会合伙,同为盗贼土匪,毫无可疑,必应查拿,以免扰害地方。各国领事因予一公同签字之据,如以后查有匪徒藏匿租界,即可往拿。若唐才常等非真系乱匪,安能如此办理乎?除湖南、湖北两省随时密查严拿外,此外沿江沿海各省皆有分会,其往来于上海者尤多,应由各省自行查拿。已将先后叠次查出供出紧要各匪首姓名、籍贯,陆续开单,分咨各省一体严密悬赏查拿,务获惩办,以惩乱逆而安大局。

至唐才常供出同会同谋之人甚多,凡系尚未查出实据者,本部堂、院概不株连。其军民人等误领富有票者,准其向官司营局、团绅首士缴票销毁,即免追究,予以自新。若观望藏匿不缴者,查获匪票,定行重办。诚恐该匪等逆乱实情确据外间未能周知,合亟摘叙紧要情节,出示晓喻。为此示仰士商军民人等,一体知悉。已入会者,及早悔悟;未入会者,永为良善,勿信邪说,勿负国家,勿蒙逆恶之名,勿蹈乱贼之诛。懔之望之。特示。

杜迈之、刘泱泱、李龙如辑《自立会史料集》,岳麓书社1983年版,第153~156页

《俞廉三奏报唐才中供词二则》:

光绪十六年闰八月初一至初二日(公元1900年9月24—25日)据唐才中供:即次丞。胞兄唐才常于戊戌年九月到日本东京公馆,会着康、梁,说他奉了密谕,保皇保国,认识日本相臣大隈伯,文部大臣犬养毅,并许多兴亚会的人,保护他们。他们在外立了自立会,要胞兄回华替他办事的话。唐才常回来之后,于年底又到香港,见着康有为,说自(立)会已有头绪,康有为为正会长,梁启超与胞兄为副会长,革生为稽查会员,林圭、汪尧臣、辰州文生王翼之为议事会员。今年六月又倡立国会,正会长是容闳,副会长是严复(直隶候补道)、陶森甲(江苏候补道)。那容闳号纯甫,又当六国通事。那富有会即自立会,所设与国会并而为一。又散票纠约哥老会匪,约定八月十五日各处一齐起事。胞兄才常是五省各军总统(湖南、湖北、江苏、安徽、江西),林圭为武昌中军总统,左军总统是陈说,办河南、襄樊一带的事,右军总统是陈涛溪,办岳州、新堤、沙市、长沙、常德一带的事。革生是右军帮统。那康、梁外来款项,是唐才常、狄平两人经手。狄平年三十余岁(在江西候补过知县),久在上海办事。长沙是张尧卿、伍晓亭、罗贵棠、易进臣、杜海卿、江尧臣们办事。那黄菊人年二十余岁,读书人,在省城住,帮汪尧臣办事。那陈说是桃源廪生,年三十余岁,七月内往麻城办事去了。麻城有李千侯,本地绅士坐办。那武昌散头目有宋春台、瞿和卿们,都是湖北人。那林静生是林圭之弟。那常德是唐仰吾(即仰公,生意人)、蔡树珊(即钟浩)、何来保、赵曰生、李松芝、汪楚珍们。那上海办事的有李金彪,醴陵人;杨金(即杨胡子,又即金胡子),湘潭人;师中吉,浏阳人;龚镜孚(名超,湘乡人)。那沙市是戴保廷为总头,名炳文;手下张贤臣等都逃了。革生到沙市,只见得善化人王国宝、肖文森们二人。胡东山,长沙人,在沙市办事。王子华、潘玉林都已入会。陈小国、姚小秦们都在常德办事。至广东的事,是徐忠勉、杨金联络哥老会,内有王质甫,广东人,是帮办。长江以下,有长沙人陈云谷(保了武官)总办。那广西已经起事,不知头目是何姓名。那四十支小洋炮,是在外洋买的。那革生的洋银一万元,是在胞兄才常处领到转交林圭的。那李彬士分帮汪尧臣办事的。那田野名次是唐才常外号,田野名卓是革生外号。那文廷式于六七月间到长沙,是来办孙革命党的事,又名三合会,广东人最多,约了富有会的张尧卿帮他散票。他们革命党,与康、梁之保皇会相反,彼此不合,他们久已水火,不能联成一气的。那义怀先生姓唐,浏阳人,同姓不同宗,在太平街天福官客栈替人经理生意。张世暄、邱腾梅,均浏阳人,都来入会。那密电是用官电密码变通的,革生亦能照翻。那沈渔溪现带二百元到上海去。所供是实。

又唐才中供词。据唐才中供:革生。胞兄才常,去年未赴东洋,即在上海译社居住,与康有为、梁启超均是电信往来。康有为初在日本住,后即赴英国新加坡、香港两处来往,英人派有巡捕八人保护,无论何人往见,均须遍身搜寻,恐防暗害。他在新加坡,即住邱菽园家内。康有为之母、妻均在香港住。胞兄来汉口时,在[有]洋武侍卫一员,名甲斐靖,同来办事;另有东洋人名叫大久保东海,曾来湖南一次,后同陈说到麻城一带办事去。所有款项,本年由东洋陆续汇寄银洋,并计约有十万两有零。康有为所倚托在中国办事,系胞兄才常一人。此外在广东办事的实不知道。胞兄所倚托办事之人,是林圭、陈云谷、沈渔溪、陈说诸人,约期起事。本订八月十五日,因林圭诸人见大局已坏,急欲于武昌提前起手;又因外洋许帮助军装火药未能应手,胞兄在上海,英、美、日三国领事均极情密。上海英国领事以胞兄在上海倡立国会,总嫌太空,毫无实际,要胞兄须在中国不拘何处,占一地方,以作根据。如得有地方,他们各国均允派兵一万前来保护。日本国亦允派人来充教习,以三个月即可练成精兵,并有日本人井上雅二、田野橘治、平山舟及驻上海日本领事小田七,又曰小田切四人,均与胞兄极为投契。本年三月,李金彪、胡子严、林圭均到上海计议,始刻富有票,散放邀人。中国居外洋之殷实绅商及保皇会内集资约有二十余万两。本年上海所立国会,一切用款及电报各费约七千余元,均是英、美、日各国帮助的。革生三弟才质,去年六月曾到外洋学习东文,今年二月回上海的。四弟才升年幼未去。龚超即龚镜孚,系湘乡县附生,八月初七日同革生到沙市,在复兴栈住了七天,于八月十三日起身附轮往上海东文译社,会晤狄平去了。李松芝系八月初七日上午到沙市,是日即回慈利去。革生曾向李松芝说及“你既在汉口逃脱,若回慈利,必有差勇捉拿”。他云“回去必藏匿,若有人捉拿,他手下徒弟最多,必能抢劫救他”的话。陈为镄系郴州人,曾在时务学堂肄业。陈为镒亦是郴州人,在《湘学报》馆作舆图、论说秉笔的。陈姓两人,均未见过面。苏麟是岳州人,年约三四十岁,曾在岳州会晤,他从前不知在何处当过哨官的。李鸿宾即和生,是六月在汉口赴安徽办事去了,年约二十余岁,也是在营当过哨官。安徽防营内入富有会之人极多。朱凌溪是凤凰厅人,年二十余岁,是学内人,他随陈说到麻城去办事。范静川又曰静生,年二十余岁,是湘阴人,曾由东洋回来,路过汉口只住一夜,他说仍带学生赴日本去学习。周涤川名镇藩,是永州府人,是时务学堂头班学生,他未到汉口办事,是胞兄才常学生。田均一、李虎村、林锡圭、蔡树珊、范静生、李彬士、陈少芝七人,曾经出洋,均是才常学生。李雨农未见过面,去年革生父亲五六月间在常德教习乐器时,曾见过他,不知是何处人。陈少芝是常德人,也是时务学堂的学生,年约二十岁上下。万绍石是广西人,年约十八九岁,曾在上海学习西法照相,他叔子在湖南服官。至蒙查询之朱茂芸、聂岸湖、朱云岩、罗勋榕、周作新、高公居檀、向公居汉诸人,革生实不知道,不敢乱供。只晓得连梦醒又曰梦卿,林圭派他在汉口当中军营务处,年约三十以内,身材肥胖,他的胞兄是作京官的。朱菱溪是左军营务处,谭翥是右军营务处,派革生在汉口办粮台。革生赴新堤之后,即是林圭之兄接办。其时粮台除用去五万余两外,所存之款只有五千零了。容闳与美国最通声气的。余与前供相同,所供是实。

杜迈之、刘泱泱、李龙如辑《自立会史料集》,岳麓书社 1983 年版,148 ~ 151 页

叶德辉《觉迷要录·鄂中诛乱记》:

一

沪上某西字报谓:近有新党中人,在汉口约期作乱,致被大吏所诛。本馆意新党者,即康逆余孽之自谓。彼其人虽言之不怍,自称保国保皇,岂有效赤眉、铜马之行为,以致自罹法网者。是以未敢贸贸然译列报端。迨昨日得汉口采访友人手书,始恍然于此事之颠末。采访

友人之言曰:汉口为鄂中巨镇,上通巴蜀,下达申江,台榭云连,瑰奇山积,萑苻群盗时啸聚焉。自北省拳匪作乱,若辈即思乘机而起,分散票布,要结党徒,期于七月二十八日晚间纵火为号,戕官吏,劫军装,占据城池,与王师抗拒。讵料事机偶泄,即为逻者所知,细侦之,得其巢穴所在。乃白诸营县,调兵至泉隆巷对门某宅及下街某洋房,一拥而入,擒获匪党二十余名,内有一妇女;旋复搜出号衣、军械、火药、信函、名册之类,解交夏口厅同知署。厅主陈少石司马立即升堂推鞫,知为首者一为湖南辰州府人向连生,一为湖北柏泉人邓永才,皆在就获之内。并称羽党约五千名,皆自愿从逆犯顺者。司马乃星夜禀知汉黄德道岑馥庄观察。观察飞电督辕,禀陈一切。未炊许即接督宪张香帅电札,饬将首逆就地正法。司马委彭仁甫千戎,将向、邓二逆犯绑至四官殿前枭首,其余二十余犯督解赴督辕听候裁夺。此二十七夜间事也(以下均庚子七月以后申报)。

二

昨又接武昌访事友来书,谓此事实由康、梁二逆主谋,爰再录之,以供众览。来函云:湖广总督张香涛制军近接江督刘岘庄制军密电,内开:“访闻康、梁逆党,匿迹长江,潜图不轨,请饬属一体查拿”等因。因即密谕汉黄德道兼关监督岑馥庄观察,督饬地方文武严行查缉。上月二十七日,访闻汉口洋街上有多人形踪诡秘,出没无常。爰派汉口都司陈庆门都戎率兵前往查拿。若辈知事机败露,胆敢持枪抗拒。都戎指挥士卒,奋勇争先,立将匪党二十余名全行拘获,并起获木质伪印、花名清册及军械、旗帜等物,随即押解省垣。制军委营务处司道会同研究。据供:小人等皆受康有为、梁启超所指使,同党有数千人之多,约期二十九日起事。同时都戎又在汉镇九连庵缉获会匪一起,供系红教会,党羽甚众,定期二十八日武汉三镇同时起事云云。因将要犯向连生、邓永才二名,正法枭示,以寒匪胆。连日文武各官搜查余党,昕夕不遑,而居民风鹤惊心,争先迁徙,衙署中人亦多有挈眷他适者。

三

汉口采访友人云:当上月二十七日夜汉口拘获谋叛匪徒时,在箱内搜出伪印一颗,上刊“管领中国大士会”七字,并康有为、梁启超诸逆往来手札,严加刑讯。供称:会中自头目以下分别五等,入会者由匪首给予凭条,月领薪水洋银六元。窥其意旨,定系康逆余孽,图谋不轨,固非与寻常哥老、红灯诸会匪所可等量齐观者也。幸天佑圣清,事机败露,否则星星之火,可以燎原,后患尚堪设想乎?刻已将各匪首级盛以木匣,分悬汉口各码头矣。

四

闻之官场中人云:此次汉口康、梁诸逆党之变,其首犯系湖南人,姓唐名才常,自去冬即匿迹申江,与党中人散播流言,结匪谋叛,甫于七月下浣潜赴汉口,未几即事发伏诛。至所获匪党中,尚有一张姓者及出洋游历而回之某书院学生某甲、某乙,解至鄂垣之后,经张香帅批饬正法者,计共十一名。自作孽,不可活,诚彼党之谓钦?

五

此次所获逆党,多系学堂中人。内有傅慈祥一名,系鄂省武备学堂卒业生,夙为提调徐稚生观察所赏识,据往东瀛肄业,不知何时私行回鄂,自蹈刑章。又唐才常一名,系湖南浏阳县拔贡,素负文名,昔年创设《湘学报》,主持之力为多。又林锡圭一名,均自认邀集会匪、结党谋逆等情不讳。张香涛制军以若辈纠众为乱,罪不容诛,当即恭请王命,将首要十一名绑赴市曹正法,首级分悬各城门,以昭炯戒。惟傅慈祥供词异常狡展,现仍暂禁狱中,俟复讯后始能定罪。至各犯供词,牵涉士大夫不少,香帅不欲株连,已谕饬承审各官毋庸深究。连日又续获会匪三起,均发交江夏县暂行羁禁。想一经讯实,亦须明正典刑也。

六

此项会匪实系康逆所创保皇会之余孽，特改名大士会，以免人疑。会中头目分五等，二、三等月给洋银百元或五十元，最下者亦有六元之数。所售富有票，上有"业精于勤"戳记，得此者可持往领取洋银，内地城镇乡村皆有若辈踪迹，被其惑者多不胜记。上宪网开一面，予以自新。业经出示通衢，限本月初十日为止，各将匪票缴呈，不复深究。旋更沿途设桶，准就近投票入内。有知其颠末者，谓会中人专以联络各项会匪乱民为主义，与新堤红灯会消息暗通，赠以军械、火药不少。至是夜破案之处，一为泉隆巷对面小弄中某宅，一为辰州向寓。其总寓则在花楼街宝顺里，门悬李慎德堂木牌，湖南匪目唐才常、林圭即树堂，暨羽党二十余名，皆由此擒获，搜出箱中书札及康、梁诸逆笔据甚多，立即解呈汉黄德道，署道宪岑馥庄观察，屏退左右，亲自启封，不知书中是何阴谋诡计也。此外尚有东洋刀数十柄，手枪、火药不计其数。连日严加讯鞫，各犯惟吁求斩首，然言外隐隐有为康逆复仇之意。所斩邓光才、向连生二犯，特莽夫耳，无足为患。至唐才常、林圭等均系功名中人，颇有轩昂气宇，乃竟甘心从逆，以致骈首市曹，殊不值得。二十八日又在武昌斩决十二名，本月初七日复斩七名，先一日汉阳另斩党羽一名，闻唐逆为某学堂肄业生，曾赴日本东京游学，故得与康、梁连为一气，酿此祸胎。各处所派头目中，以湘鄂两省人为多。目下各宪防范周详，每遇上下水轮船，必留心侦察。连日在汉阳鹦鹉洲及由申抵汉之某轮船上各获羽党数名，故现在仍严密巡逻也。

七

此事当大宪讯供时，异常严密，营务处左近各街巷一律拦阻行人，以故详细供词，无从探悉。惟官场中人传述，各犯中唐才常最为狡悍，对簿之际，供称事由康有为、梁启超指使，意在改换中国政府，以图自强，只因兵力过单，不得不借会匪之力。日前大通匪乱，亦系党中人所为。党中首领，大半肄业日本之官学生。惟向连生、邓永才二名为红教会匪首，由犯人勾结入伙者。犯人自知机事不密，贻误大局，自愿以一死以谢同人。嗣于唐行箧中搜出逆信及伪檄文、富有匪票甚多，内有伪札二件，一委伪官林锡圭管带中营，一委伪官沈克诚管带右营。林逆已于当夜拿获后，立正典刑。沈逆知风远飏，今尚无从踪迹搜捕。闻沈逆久在鄂中候补，现充赈捐局委员，且曾在某宪辕裹办文案。察阅匪所定规约中，有起事后"焚戮三日，然后封刀"等语，穷凶极恶，无殊明之献、闯及本朝洪、杨诸逆之行为，宜乎远近闻之，无不发指眦裂也。其伪印文为"中国国会管领中营、右营关防"，伪札上书"中国国会南部自立军"，并无名姓。

八

唐逆系湖南浏阳人，丁酉拔贡，与已正法之谭嗣同同里。当时谭曾偕之北上，力荐于朝，称其才可大用。继而谭因谋逆，事发伏诛，唐遂遁迹日本，与康、梁诸逆游。林系湖南湘阴人，先年入时务学堂，与唐逆诸人相友善，迩岁游学日本，与康、梁二逆及唐等深相结纳，引为同心，嗣康逆创设保皇匪会，煽惑愚人，集捐既成，遂有谋乱中国之意，以唐、林二逆有桀才，委以招集羽党等事宜，许事成后封唐为七省经略使。于是唐、林二逆同于去夏至汉皋，勾结匪党，迨秋间，唐回湖南故里，湘人士恶其为康逆羽党，群起而攻。其父系岁贡生，颇有文名，因子之故，遂挈眷赴沪，假居租界中，唐则依旧逗留汉上。上月二十三日，洋务局委员李鹏生明府，忽奉督宪张香帅密谕，至唐等寓所盘诘。时香帅只知道康党来汉，不料其蓦起祸端也。讵料唐等不知敛迹，胆大如天，竟敢约期二十九日之夜起事。二十四、五、六等日，下游羽党之附轮船至汉者，为数甚众，携带火药颇多。唐匿迹英租界—码头洋务局比邻洋房内，外悬李慎德堂门牌。至花楼宝顺里所获者余党也，被某剃发匠看出破绽，赴关署禀报，故得一鼓成擒。湖北某县生员王玉之等二十余人,均先后诛戮。其确情由唐仆李一供出,并言另有树义堂逆会。当拿获唐逆时,在寓所搜出诸逆物并洋银七千五百元。

九

湖北派赴日本游学武备学生傅慈祥,前因潜踪回鄂,入会为非[匪],拘获讯供,坚不吐实。迨经督辕营务处司道迭次推鞫,傅始供认不讳。本月某日禀知制军,恭请王命,与各要犯一同绑赴武胜门外法场处决。当行刑时,护军、武恺各营,均擎枪环立,并将城门暂行扃闭。盖因若辈羽党众多,恐有劫夺情事,故不得不格外慎重也。

十

康、梁诸逆党,私售富有匪票,煽惑愚民,虽首要业已伏诛,犹恐死灰复然,后患难弭。张香涛制军因委记名提督谢友鹄军门,率领弁勇,驰往沿江一带,严密侦查,先后擒获匪党十余名;复折而至崇阳、蒲圻,缉获十余名,一并押解至省,连日由营务处司道逐加研讯。内有九名确系会匪头目。当即恭请王命,立正典刑。计此案自破获以来,次第正法者已不下三四十名矣。

"逆迹"琐记

康梁逆党阴谋不轨,设会售票,业经各自严密查拿,先后擒获正法者已不下数百人。近见逆党身畔搜出各据,详载会中名目,支离怪诞,殊骇听闻。计自立会伪右军统帅沈克诚,伪左军统帅陈说,正龙头康有为,副龙头梁启超。此外曰总堂、曰坐堂、曰陪堂、曰盟堂、曰礼堂、曰管事、曰值堂、曰刑堂、曰盟证、曰香长,后书"富有山天下水万国香"九字。又有逆据中书"会办树义堂"右书"日新其德",左书"业精于勤",间以七言俚诗四句,曰"万象阴霾打不开,红羊劫运日相催,顶天立地奇男子,要把乾坤扭转来"。其执事有副印、新副、圣贤、当家、管事、巡风、顺八、江口、十牌、大备、小么各名目。其中所派伪职,分文武两班,文系康逆所立自立会党,武为红灯、哥老各会匪党,都二百余人,姓名历历可数。一经严缉,不难次第伏诛也。

杜迈之、刘泱泱、李龙如辑《自立会史料集》,岳麓书社 1983 年版,第 51 ~ 58 页

《张之洞之宣布康党逆迹并查拿自立会匪首片(光绪二十六年九月初九日)》:

再:康党谋逆,创设自立会,勾结两湖、三江会匪,同时作乱,当经拿获匪首唐才常等多名正法,派营四路剿捕,饬令缴票解散。其在逃各匪首,咨行各省严拿,业经于八月内奏陈在案。其时准大学士李鸿章电称:致驻英使臣罗丰禄电云,康梁布散党徒,暗结广东著匪区新、三合会首潘新桂、刘福等,联各省会匪,约在两湖、三江、两广起事,名为保国,阴图扰乱。前月大通、汉口唐才常等作乱事发,经江、鄂两督严办,起获军械等据,直认康党不讳,中外共知,粤省乱党尤多,均在香港余育之花园,澳门《知新报》馆,密谋拜会,最著者有何连旺、何懋龄、徐勤、刘祯麟、麦孟华、陈宗俨、容闳,往来港澳,勾结盗匪,订期起事,枪炮由南洋用棺装运入粤,若不查办,有碍东南商务大局。属罗丰禄迅速密商英政府,电饬新嘉坡、香港总督,严密查拿拘禁。

旋据罗丰禄电复称:"已达外部,允转藩部电饬新嘉坡、香港总督查办;至康逆潜往汉口等处,亦经电饬,各该领事勿得收留"各等语。臣查康、梁逆党奸谋逆迹,现已为各国共见共闻。惟查富有票系用千字文编号,就查获亲见者,最前有地字号,最后者有职字号,职字已有七百九十四号之票。查职字系第三百一十字,是每字一千张,已有三十一万张。近据湖南拿获唐才常之弟唐才中供称:"上海刊印富有票三十多万,分散伙党,招匪起事"等语。正与湖北查获逆票号数符合。现在查获呈缴者,不及一万张,其自行销毁,及未经散出者,或亦有数

万张，要之散在民间者，尚在二十万张以外。丑类实繁，深为可虑。

近由湖南省邮政局搜获逆信多件，该匪党深恨湖北发其奸谋，诛其渠魁，志在报复。现又另遣悍匪携带重资，前来两湖勾煽，再图大举。又闻广东惠州府会匪作乱，亦供系康党所为。此项匪徒，逆谋未息，后患方滋，不可不严为防遏。惟有整顿各路防营，严为戒备，不敢稍涉松懈。

臣查开最要匪首名单，并摘叙自立会匪紧要情节晓谕地方告示稿，及另劝戒国会文，分咨各出使大臣，照会各国外部，请其查照英国政府办法，电饬其本国驻华各口领事，于所在租界，遇有此等谋乱匪类，勿得容留，一面将告示稿、劝戒国会文，就外洋各埠旅寓华商，及外国文士之能通汉文者，广为散布，俾晓然于该匪党所为，实系悖逆凶残，专欲扰乱中外大局，所言中国之事，皆系捏造谣言，所勾结同伙作乱之人，皆系无赖会匪，所有对各国人议论，假托保国之辞，皆系狡诈欺人，自不致为其所愚，仍饬驻洋各埠领事官，传谕各华商切勿误听康、梁邪说，枉助资财，用以伐狡谋而杜乱源，并饬江汉关道照会汉、沪各领事查照办理，务期多歼渠魁，解散党羽。以安大局。

硃批："知道了。即著电咨三江、两广等省一体密访严拿，歼厥渠魁，解散党羽，务期净绝根株，以遏乱萌。钦此。"

杜迈之、刘泱泱、李龙如辑《自立会史料集》，岳麓书社1983年版，第163~164页

8月29日(八月初五日)　孙中山自日本抵上海，访英领事，会晤刘学询。

《孙逸仙南清计划之有关事宜》：

外务大臣青木周藏子爵阁下：

八月二十六日从门司和孙逸仙同行渡清的内田甲，由长崎乘坐今日凌晨五时十二分抵达博多的列车返回福冈。现探得其谈话内容大致如下：

八月二十七日早晨，内田甲和孙逸仙一同乘坐神户号由长崎起航(中野熊太郎当时也乘坐该船渡清，但其与本次事件毫无关系，因为其精通支那语，所以被内田拉其随行)，二十八日晚抵达清国上海港口。孙暂留船中，内田、中野二人则上岸将孙回国的消息通知事先接洽好的当地英国领事。翌(二十九)日夜，孙上岸与英领事密会，并视察当地情形。适值康有为派属下的唐才常等在汉口阴谋暴露，纷扰之际，上海奉刘、张等命令搜查非常严密，早已探知孙返国途中预定在上海登岸，误认为孙、康首尾相应举事。刘坤一严令上海道台，在孙登岸后，连同当地革命党十九人，指名逮捕。据此英领事劝告，当此之际赶快逃走，以避不测。上述十九人于三十一日晚狼狈逃往英领香港及新加坡。

…………

福冈县知事深野一三

明治33年9月4日

[440305 明治33年9月7日收到高秘第895号]

章开沅、罗福惠、严昌洪主编《辛亥革命史资料新编》(6)，湖北人民出版社2006年版，第62页

《有关孙逸仙之报告》：

外务大臣青木周藏子爵阁下：

上月机密第22号贵信通报和流亡清国人孙逸仙有关的本邦人有利用这次事变之机和孙共谋某计划之嫌疑，而该人等又将来到本地，因此命我馆对其举动密切注意并报告。现报告如下：

上月二十八日收到贵电,得知孙和本邦人内田、平人等人将搭乘神户号来本地,遂密加注意。为秘密打探其举动,我馆认为有必要调查其投宿地,在上月二十九日上午十一时神户号入港之后,派出馆员数名监视其上岸后举动。上述一行平安到达后径直投宿本邦旅舍,其姓名如下:

投宿旭馆之人士:横滨市山下町一百二十一号,医学士中山樵(即孙逸仙),三十四岁;福冈县朝仓郡安野村一千九百三十七号,农民平山周,三十一岁;同县福冈市博多下村马小路十三号,矿山业内田甲,二十七岁;佐贺县佐贺市莲花町十四号,煤炭商中野熊五郎,三十三岁。

投宿日进洋行之人士:山梨县东山梨郡七里村一百八十二号,商人村田忠三郎,二十九岁。

投宿长盘舍之人士:福冈县筑紫郡住吉村五百六十号,士族、农商务省实业见习生,安永东之助,二十七岁。

投宿大东汽船公司之人士:北海道川上郡熊中村,宫阪九郎,二十五岁;远藤留吉,二十七岁。

上述人士之中,投宿日进洋行和长盘舍的村田、安永二人频频到旭馆和孙等人会谈。据下官秘密打探,经常拜访上述人士的《同文沪报》报馆人员及同文会的学生与其交谈没有谈到特别事宜,只是普通谈话。平山周时有外出,目的不明。孙曾和平山一同外出过一次,但很快就返回住所。一行逗留四日后,中山(孙逸仙)、内田、中野、村田、安永、远藤六人搭乘一日下午二时起航的神户号经由长崎返回东京。当日平山则搭乘外国汽船前往香港。宫阪九郎原本是本地大东汽船公司员工,所以留在本地。据平山所言,宫阪只是偶然同船而来。一行人返回日本之前,我馆继续派馆员监视,发现一行平安出发,而前来送行的有刘学询及《同文沪报》报馆馆员等人。关于上述一行来本地的目的,根据本地的风闻,该人等与朋友之间的直接交谈,以及上月二十九日电报的训示已略知晓。但为何大部分人只作短时间逗留就返回本邦,只有平山周一人前往香港,此原因尚未探明。不过刘学询后来与下官见面时,告之在神户号出发之前他曾和孙面谈。据和孙素有往来之人亲口所言,刘频频忠告孙其企图时机不合,劝告其暂时打消念头。刘又告之皇帝陛下和皇太后陛下依李鸿章上奏将回銮北京,如若其回銮之后仍不听取政见,就拥立李经芳使广东独立,而那时将率同志与孙会合。孙了解到这一情况后踏上归途。刘有上述谈话确是属实,但是否真出自刘本意,又或是刘为阻止孙之企图所用的手段,尚不清楚。总之孙一行似乎已经暂时延缓其企图而返回本邦。而和孙同赴本邦的还有两名清国人,均为维新党成员,都姓容,据说是亲戚关系。其中一人三十岁左右,从前是汉口某洋行的买办。以前唐才常一派到汉口时,其曾热情接待,为他们辗转租得住房。而他们阴谋暴露之后,其也受到严密追捕,所以乔装成日本人秘密逃到本地,这次和孙同赴本邦。另一人五十五六岁,从香港而来。据传闻所言,其往年曾在驻美清国公使馆呆过,估计此人可能是容闳。

谨报告如上

驻上海总领事代理小田切万寿助敬上

明治33年9月5日

[440336 明治33年9月9日收到机秘第100号]

章开沅、罗福惠、严昌洪主编《辛亥革命史资料新编》(6),湖北人民出版社2006年版,第68~69页

冯自由《孙总理庚子运动广东独立始末》:

鸿章舟过上海时,留学询于沪,以处理南方各省事务。学询乃贻书横滨,告总理以通信

地址。是岁闰八月十五晚，郑士良、黄福等起义于惠州归善县属之三洲田，连败清军，声势大振。总理时驻台湾，亟谋用种种方法以援应义师，乃派平山周持密函赴上海访学询求助巨款，并约与合作。原函前尚存平山手中，照录如次：

耦耕主人足下：前次会议，已决行事之法，一为车驾回京之办法，一为车驾西迁之办法。今据明文，迁都已实，则惟有其余之办法耳。数月以前，已令部下分途起事，先占外府。以分省城兵力，并令城内外正军，一俟兵力稍单，则乘机袭城，以为基本。袭城之道亦分二法，一为部下日前布置之法，据报城内外各要地已种烈雷，一燃可陷官军八九。但此法伤残太甚，因知所种之物（大拿米）已有四万余磅，银粉亦有百余磅，若一燃之，则恐羊城虽大，片瓦无存也，此又焉能借为基本之地哉！故力诫勿行，且饬俟便起回，以免自伤，未审能照命而行否？其二，为弟亲率大队从乡间进迫省城，在内部众同时起应，此法较为妥善，今已约部下待命矣。今惠军已起，日内则肇、高、北江等处必继之。省城之兵，不能不外调，城中不能不单薄，一击必下，计属万全矣。弟已与镜海当道密商，已蒙许借其道地为进取之途矣。今拟日间乘邮下南洋荷属，另雇轮直至镜海也。未行之前，欲先将内外局面布置妥当，以为万全中之万全也。今特遣深信人周君平山来见足下，面托足下主持内局。先立一暂时政府，以权理政务。政府之格式，先以五人足矣。主政一人，或称总统，或称帝王，弟决奉足下当之，故称谓由足下裁决。其余内政一人，外政一人，财政一人，此三人由足下择人当之。弟意以杨君文优当财政，李君柏优当外政（未知此人与公同气否），盛宣君足当内政，兵政一人，弟自当之。先行攻取土地，然后请公等来会也。外局则宜先发代理使职入于外国，此等人弟自能择之。如何容皆可各当一面也。今日事机已发，祸福之间不容发，万无可犹豫。且清廷和战之术俱穷，四百州之地，四百兆之人，有坐待瓜分之势。是可忍，孰不可忍！是以毅然命众发之。今欲计出万全，转祸为福，第一要著，为厚雄资财，速办外局之事。欲保全苍生，瓦全羊石，则欲速雇舟直渡内地，以慰众心，而一众志，否则玉石俱焚，生灵涂炭，列强瓜剖，华夏陆沉，弟固蒙不仁之名，足下亦恐难逃奇祸。故欲求足下及杨李同志等即速代筹资百万，交周君汇带弟处，以便即行设法，挽图大局，而再造中华也。勿以斯言为河汉。幸甚幸甚！又主政一节，初欲托足下央李相为之，惟彼已拜全权和使之命，恐未必肯从吾请。且于理不便，故决推足下当之。已传语反正军中，俟到可扬布之日，则照扬布之矣。江鄂两督，趣意如何，如不以此举为不是。可致意力守，遏外人侵入。如不以此举为然，则弟取粤之后，即当亲来吴楚与彼军一见也。内局布置妥当之后，足下宜预备行装回粤相会可也。余事不尽，周君面述之。此致，即候筹安不一！弟长雄谨启。明治三十三年九月于台北。

按总理此次致学询书，含有种种作用。总理鉴于乙未广州之役，知学询素抱帝王思想，故即以主政一席许之，而自揽兵政。其用意无非欲得其资助巨款，以达革命之目的而已。函中所举姓名，耦耕，即学询别号，长雄，即高野长雄，为总理别号。周平山，即平山周。杨文，为杨衢云。李柏，为李纪堂。盛宣，为盛宣怀。何容，为何启、容闳。又镜海即澳门。大拿米，为英语炸药译音。时平山抵沪后，即访学询，备述总理拥戴之意。学询惟虚与委蛇，绝无诚意。平山竟无所得。遂电告总理复命。总理于是即由台湾乘日轮至上海，舟泊黄浦码头，使平山邀学询至日轮会谈。学询托故不往，平山强之始行。孙刘密谈数时，均不得要领。自是学询与革命党人遂不再发生关系矣。无何，惠州革命军亦以失援解体。总理运动广东独立之一幕，由此告终。

冯自由《革命逸史》第4集，中华书局1981年版，第94～97页

《致平山周函》(一九〇〇年八月三十一日):

平山兄足下:

今日托交前途之信,该人(刘学询,编者)已经妥收,亦已如约来船会面矣。又订明早(九月一日)九时,请足下再到该人之家,取一要信来。弟恳足下明早如期再往为祷,多劳多谢。中山樵八月卅一晚。

广东省社会科学院历史研究室等合编《孙中山全集》第1卷,中华书局1981年版,第199页

9月1日(八月初八日)　孙中山再赴日本。

《孙逸仙南清计划之有关事宜》:

…………

孙鉴于归国后大势如此,原定计划不能实行,多留一日亦有危险,因而上陆仅两夜,乃于本月一日晚从上海出发,返回日本。

福冈县知事深野一三

明治33年9月4日

[440305明治33年9月7日收到高秘第895号]

章开沅、罗福惠、严昌洪主编《辛亥革命史资料新编》(6),湖北人民出版社2006年版,第62页

9月7日(八月十四日)　添派荣禄为全权大臣,与奕劻、李鸿章、刘坤一、张之洞等会办议约事宜,均准便宜行事。

军机大臣字寄大学士荣,光绪二十六年八月十四日奉上谕,前因荣禄奏称,拟俟防务布置妥协,即赴行在,当经谕令该大学士仍驻保定,力顾畿辅大局。兹据李鸿章迭次电请添派王大臣,会办款议,除已命庆亲王奕劻星驰回京,并与刘坤一、张之洞函电互商外,即著添派荣禄会同办理,并准其便宜行事。该大学士如已赴获鹿,著即迅回保定,俟李鸿章到京后,妥为商办。大局所关,安危系之,存亡亦系之。该大学士为国重臣,受恩最深,当不忍一意,藉词诿卸也,李鸿章原电并钞给阅看。将此由六百里谕令知之,钦此。遵旨寄信前来。

中国第一历史档案馆编《光绪朝上谕档》第26册,广西师范大学出版社2000年版,第299页

9月24日(闰八月初一日)　孙中山由神户出发赴台湾。

《孙逸仙动向》:

外务大臣:

孙逸仙今日午后乘一时起航之台南号轮船赴基隆。

兵库县知事大森钟一

明治33年9月24日下午2时发

[440386明治33年9月24日收到兵发秘第591号]

章开沅、罗福惠、严昌洪主编《辛亥革命史资料新编》(6),湖北人民出版社2006年版,第76页

9月25日(闰八月初二日)　惩处纵庇拳匪诸王大臣。

光绪二十六年闰八月初二日,内阁奉上谕。此次中外开衅,变出非常,推其致祸之由,实非朝廷本意。皆因诸王大臣等纵庇拳匪,启衅友邦,以致贻忧宗社,乘舆播迁。朕固不能不引咎自责。而诸王大臣等无端肇祸,亦亟应分别轻重,加以惩处:庄亲王载勋、怡亲王溥静、

贝勒载濂、载滢，均著革去爵职；端郡王载漪，著从宽撤去一切差使，交宗人府严加议处，并著停俸；辅国公载澜、都察院左都御史英年，均著交该衙门严加议处；协办大学士吏部尚书刚毅、刑部尚书赵舒翘，著交都察院、吏部议处，以示惩敬。朕受祖宗付托之重，总期保全大局，不能顾及其他。诸王大臣等谋国不臧，咎由自取。当亦天下臣民所共谅也。钦此。

中国第一历史档案馆编《光绪朝上谕档》第26册，广西师范大学出版社2000年版，第319页

△ 赐祭德使克林德，派大学士崑冈前往奠醊，灵柩回国时，命南北洋大臣照料，抵本国时，再赐祭一坛，派出使大臣吕海寰前往奠醊，并呈现国书，表示惋惜之意。

光绪二十六年闰八月初二日，内阁奉上谕，大德国驻京使臣克林德前被兵戕害，业经降旨，深为惋惜。因思该使臣驻华以来，办理一切交涉事宜，和平妥协。朕追念之余，倍加珍惜。著赐祭一坛，派大学士崑冈即日前往奠醊。灵柩回国时，并著南北洋大臣妥为照料。抵本国时，著再赐祭一坛，派户部右侍郎吕海寰前往奠醊。用示朕笃念邦交，惋惜不忘之至意，钦此。

中国第一历史档案馆编《光绪朝上谕档》第26册，广西师范大学出版社2000年版，第319页

《致德国国书》（光绪二十六年闰八月初二日）：

大清国大皇帝问大德国大皇帝好。此次中国变起仓猝，害及贵国使臣克林德。朕驽下无方，致伤睦谊，一经追念，珍惜益深。本日已明降谕旨，赐祭一坛，派大学士崑冈前往奠醊；并饬南北洋大臣，于灵柩回国时，妥为照料；抵贵国时，再赐祭一坛，派户部右侍郎吕海寰前往奠醊，用示朕惋惜不忘之意。贵国与中国交谊素敦。务望大皇帝以保全中外大局为重，尽捐嫌隙，俾和局早日定议，彼此永远相安。不胜盼切祷切之至。

中国第一历史档案馆编《光绪朝上谕档》第26册，广西师范大学出版社2000年版，第320页

李希圣《庚子国变记》：

闰八月初二日，以鹿传霖为军机大臣。克林德赐祭一坛，命大学士崑冈往【祭】。归国，又命户部侍郎吕海寰再致祭如仪，书致德，德人辞焉。

中国史学会主编《中国近代史资料丛刊·义和团》(1)，上海人民出版社1957年版，第28页

9月26日（闰八月初三日） 优恤日本使馆书记杉山彬，派礼部右侍郎那桐前往致祭，赏给祭葬银五千两，灵柩回抵本国时，再由出使大臣李盛铎派参赞官奠醊，并呈现国书，表示惋惜之意。

光堵二十六年闰八月初三日，内阁奉上谕：大日本国驻京使馆书记生杉山彬被害情事，前经降旨缉匪惩办。因念该书记生在使馆当差，理应一律保护。乃因事出仓猝，遽尔被戕，实深珍惜。著派礼部右侍郎那桐前往致祭，并赏给祭葬银五千两。灵柩回抵本国时著内阁侍读学士李盛铎派参赞官一员再行奠醊，用示笃念邦交惋惜不忘之至意。钦此。

中国第一历史档案馆编《光绪朝上谕档》第26册，广西师范大学出版社2000年版，第322页

《致日本国国书（光绪二十六年闰八月初二日）》：

大清国大皇帝问大日本国大皇帝好。前因贵国书记生杉山彬在永定门外以口舌细故被戕，深恐有乖邻谊，当即降旨缉匪惩办。追念该书记生被戕情事，弥深惋惜。本日已明降谕旨，派礼部右侍郎那桐前往致祭，并赏祭葬银五千两，灵柩回抵贵国时，令内阁侍读学士李盛铎派参赞官一员再行奠醊，用示朕惋惜不忘之意。贵国与中国字同洲，素敦和谊。此次中国开罪友邦，蒙大皇帝极力维持。感激之忱，曷有既极。还望谆劝各国，早定和议。则保全东方大局，裨益实多。朕不胜祷切盼切之至。

中国第一历史档案馆编《光绪朝上谕档》第26册，广西师范大学出版社2000年版，第322～323页

李希圣《庚子国变记》:

杉山彬令那桐往祭,予银五千两,日本亦拒之。杉山彬之死,日本书来征其尸,以一日夜为期,送使馆,尸已残失,无可归,遂不答。自是日本不收我照会,英语谓之“哀的美敦”。及议和,乃受。

中国史学会主编《中国近代史资料丛刊·义和团》(1),上海人民出版社1957年版,第28页

9月27日(闰八月初四日)　联军统帅瓦德西到天津。

瓦德西《瓦德西拳乱笔记》:

因海浪汹涌之故,总司令部起船之期,未能于二十六日实行,所以改在二十七日早晨;即于是日正午移驻天津。

中国史学会主编《中国近代史资料丛刊·义和团》(3),上海人民出版社1957年版,第16页

9月28日(闰八月初五日)　孙中山抵达台湾基隆。

《孙逸仙赴台湾》:

小松原总务长官:

孙逸仙将于今日抵达,为准备迎接孙的到来,此前六名清国人及三名本国人已由广东乘船赴台。

他们的行动正处于监视中,详情将书面上报。

(电报原文送警保局长)

台湾民政长官

[440400(暗号电报)9月28日下午1时20分发]

章开沅、罗福惠、严昌洪主编《辛亥革命史资料新编》(6),湖北人民出版社2006年版,第78~79页

10月1日(闰八月初八日)　俄军陷奉天。

〔美〕乔治·亚历山大·伦森《俄中战争——义和团运动时期沙俄侵占中国东北的战争》:

中国人预计俄国人将按原计划于10月2日发动攻势。当邓尼索夫的巡逻队在1日下午逼近盛京的时候,中国人正贯注全神于劫掠财物和埋地雷工作,以至忘记了派军队在城墙上守卫。一些被赶出家园从而怨恨自己官吏的居民向哥萨克兵报告,城里官兵没有料到他们来得这么早,城门还都开着。无疑地,假如有人认为进攻即将开始的话,他们肯定会向炮台报告俄国人来到的。但是,这些稀疏分散的骑兵看来只不过是侦察队。

当邓尼索夫把全中队集合起来时,中国骑兵巡逻队瞥见他们,就从城郊向他们开火。哥萨克兵置之于不顾,向着盛京奔驰。几分钟之内,他们从南门进城,把哨兵砍倒。他们很快地占领了城楼和部分城墙,向下面街道上的中国守军帐篷猛烈开火。中国守军仓皇奔逃,把武器扔下,叫喊说,俄国人已占领城门,正在闯进街道把所有的人都打死。

…………

太阳西落时,库沙可夫的步兵来到,占领了炮台的八面门和皇城的内墙。哥萨克兵负责守卫宫殿;突击队和巡逻队保护盛京将军官邸。

〔美〕乔治·亚历山大·伦森《俄中战争——义和团运动时期沙俄侵占中国东北的战争》,商务印书馆1982年版,第155~156页

〔英〕杜格尔德·克里斯蒂《奉天三十年(1883—1913)——杜格尔德·克里斯蒂的经历与回忆》:

9月29日，(盛京将军)增祺逃出奉天，而大多数官员也随之而去。这些官员逃离奉天所带来的后果是灾难性的。士兵们摆脱了所有的限制，整整一夜，第二天又整整一天，他们毫无顾忌地抢掠和恐吓那些根本没有自卫能力的商人和百姓。

第二天是10月1日，俄国大部队陆续进城，韦斯特沃特医生也一起来到奉天。

〔英〕杜格尔德·克里斯蒂《奉天三十年(1883—1913)——杜格尔德·克里斯蒂的经历与回忆》，湖北人民出版社2007年版，第129～130页

10月8日(闰八月十五日)　革命党人郑士良、黄福联合会党在惠州三洲田起义，进攻新安。

冯自由《庚子惠州三洲田革命军实录》：

起义之筹备

兴中会在惠州起事之计划，在己亥庚子间(民前十二、三年)已渐告成熟。杨衢云、郑士良等在香港布置既竣，而驻三洲田、新安、博罗等处之健儿，咸静极思动，急欲一显身手。杨衢云乃于庚子(民前十二年清光绪二十六年)三月二十七日乘阿波丸赴日本，与孙总理商议大举。适是时拳匪事起，全国震动，总理认为时机可乘，遂于五月中旬，偕杨及日人宫崎寅藏、平山周、福本诚、原口闻一、远藤隆夫、山下稻、伊东正基、大崎、伊藤、岩崎等十余人，乘法轮烟狄斯至香港，二十一日在船旁一小舟开军事会议，列席有孙、杨及陈少白、谢缵泰、郑士良、史坚如、邓荫南、李纪堂、宫崎、平山诸人，议定由郑士良督率黄福、黄耀廷、黄江喜等赴惠州，准备发动，史坚如、邓荫南偕英人摩根赴广州，组织起事及暗杀机关，以资策应。杨衢云、陈少白、李纪堂在港担任接济饷械事务，日本诸同志则留港助杨陈李等办事。自偕英人摩根乘原船赴越南西贡，宫崎则以运动孙康两派合作往新加坡，竟被康徒控诸英警厅，谓其欲谋行刺康有为，以是被逮下狱。总理在西贡闻耗，即赴新加坡为之营救省释，事毕，同乘佐渡丸返港。

孙总理入惠之被阻

总理拟至香港，即偕日本志士入内地，亲率郑士良等发动，讵香港政府因新加坡宫崎事件，预派水警监视，不得登陆。六月二十一日总理召集中日同志在舟中开军事会议，将惠州发难之责委之郑士良，而以远藤为参谋，平山、福本则助理民政事务，自折回日本，转渡台湾，拟俟义师达相当地点，即由台湾设法潜渡内地。盖是时台湾总督儿玉源太郎因中国已陷于无政府状态，颇赞成中国革命，曾令民政长官后藤新平与总理接洽，许以起事之后，设法相助，故总理令郑士良相机发动，并改原定计划，不直逼广州，而先占领沿海一带地点，俟总理来，乃大举进取。

三洲田之根据地

惠州归善县属之三洲田、稔山等处，向为会党啸聚之区，郑士良奉命运动起事，即以其地为根据。时有健儿六百人，而洋枪仅三百杆，子弹各三十发，虽由附近清军防营密购枪械若干，但仍不敷所用。总理至香港时，因上陆计划失败，故传令郑暂勿发动，以待后命。郑及黄福、林侠琴、罗生、曾捷夫、黄耀庭、廖和、唐皮、林海山、何松、卢灶娘等静候数月。初设司令部于三洲田廖姓祖祠，以廖姓耆老起而反对，乃移于马栏头同志罗生之大屋中。因粮食渐缺，乃令所部分居附近乡村。仅以八十人留守大寨，因恐风声外泄，凡近乡樵牧入山寨者，皆拘留之，不许外出。以是谣言大起，纷传内有乱党数万人揭竿起事。庚子闰八月上旬，粤督德寿据各方警报，乃令水师提督何长清抽拨新旧靖勇及虎门防军四千余人，于初十日进驻深

圳。陆路提督邓万林率惠州防军填扎淡水镇隆，以塞三洲田之出路。何邓闻党军势大，不敢深入。郑士良以战机日迫，电台湾求总理速予接济，总理复电，谓筹备未竣，令暂解散。然革命军诸将领皆以为敌军不足虑，乃续电总理，谓当率兵向沿海岸东上，仍请设法赶速接济。

第一次之大捷

总理第一次复电未达三洲田司令部，而清将何长清已移前队二百人驻新安县属之沙湾，哨骑及于黄冈，将进窥三洲田，革命军思坐以待敌之不利，乃于是月十五晚，由统将黄福率敢死士八十人袭清军于沙湾，阵斩四十人，夺洋枪四十杆，弹药数箱，生擒三十余人，皆令剪辫服役，清军不知敌军多寡，皆骇溃奔还，革命军军威为之大振。

新安虎门之停顿

同时新安及虎门同志黄江喜等亦集合数千人，专候三洲田大军之至，以共薄新安城，讵革命军克沙湾后，方待天明乘胜进取，而郑士良适自香港带总理复电以至，乃集众横冈，改变军令，取道东北，以向厦门，于是新安虎门之军遂不及会合，而其势一涣焉。

第二次之大捷

清军既失利，何长清仍控众三千，阵于淡水之上，革命军拟向镇隆前进。而清将邓万林率兵千余堵截要道。革军人数仅六百，谙军事者不及半数，乃于平山龙冈间号召得千余人，二十二日趋镇隆，清兵已出佛子坳，扼险而阵，革军令军中无洋枪者皆执戈矛在前。持枪者分左右两翼，乘敌军不备，匍匐上山，薄垒大呼，敌复惊溃。杀伤甚众，是役生擒归善县丞兼管带杜凤梧，及敌兵数十人，杀守备严某。夺洋枪七百余杆，弹五万发，马十二头，旗帜袍褂翎顶等物不计其数，是夜革军宿营于镇隆。

博罗之响应

是时梁慕光、江维善等亦率驻博罗附近之革军别动队，纷纷响应，二十一二等日聚众千余人，围攻博罗县城。另以一小队进扑惠州府城，惠州知府沈传义预将博罗至惠州之浮桥截断，以防偷渡，并募士勇二百名，极力守御。粤督先后檄调提督马维骐、刘邦盛，总兵黄金福、郑润琦，都司吴祥达、莫善积等，各率所部驰往救援，迭在府城外白芒花平潭等处，与革军接战，互有胜负，革军以众寡不敌，遂分作多股，退驻乡村间，城围始解，自是清军乃得注全力于三洲田之革命军。

第三次之大捷

革军大队以新安博罗两路均未得手，而清将刘邦盛、马维骐、莫善积诸军云集，有众万余，声势甚盛，乃计非出奇制胜不可。率队望永湖而进，途中历二三小战，所向披靡，一路秋毫无犯，各处乡民皆燃爆竹迎送，群以酒食慰劳。各地同志来投者数千人，兵数大增。二十四日自永湖出发，未数里，即遇自淡水退回及惠州派来之清军大队，约五六千人，革军仅有洋枪千余，率先进攻，战数时，清军大败，向惠州城淡水白芒花等处四散逃窜。邓万林中枪堕马，复逸。夺洋枪五六百杆，弹数万发，马三十余头，生擒敌兵数百人，皆令去发。是晚革军派兵蹑敌至白芒花，不见清军残众只影，乃收兵回。

第四次之大捷

二十六日，革命军至崩冈墟，见隔河敌军麇至，数约七千人，乃据高地以为守。布阵接战，入夜出小队以袭敌，清军稍却。次晨遂压敌以为阵，苦战数时，清军大溃。因弹药不继，未便穷追。是日进至黄沙洋，获乡民之为清军间谍者杀之。二十八日至三多祝，四乡同志来投者日益众，前后二万有余，乃编列队伍，厚集粮饷，以备三多祝至梅林间五日之程，是晚宿营于白沙。

运械计划之顿挫

总理时在台湾,以革命军连战俱捷,乃致电宫崎,令将前向菲律宾独立军代表彭西(Ponce)预商借用之械,速送惠州沿海岸接济。一面向台湾总督儿玉接洽,请其协助武器,讵日人中村弥六棍骗菲岛军械案竟因是败露,而日本政府适于此时更换内阁,新首相伊藤博文对中国之外交政策,与前大异,禁止台湾总督,不许协助中国革命党,又禁止武器出口,及不许日本武官投效革命军。因是总理潜渡内地及接济武器之计划,完全失败。乃派日本志士山田良政偕同志数人,从香港经海丰而达革命军大营,传令郑士良等,谓政情忽变,外援难期。即至厦门,亦无所得。军中之事,请司令自决进止云云。山田后以归途失路,为清兵所害。

革命军之解散

革命军在白沙得总理传令,全军二万人皆慷慨激昂,呼声振野,乃开军事会议,解决进止。佥以厦门一路既不能行,不如沿海岸退出,渡海再返三洲田大寨,设法自香港购取弹药,复会合新安虎门同志,以攻广州。议定后,乃解散附从之同志,留洋枪手千余人,分水陆两路回三洲田,时三洲田尚未入敌手,清将何长清已移驻深圳之军于横冈,众乃谋袭横冈以擒之,然军中饷弹两乏,卒致解体。郑士良、黄福、黄耀廷诸人先后抵香港,旋避地海外,计是役将领阵亡者仅四人,所耗军费,除总理直接支付及拨给李纪堂二万元令司度支外,余额多由纪堂解囊捐助云。

清吏之奏折

附录清粤督德寿奏报惠州革命党起事折如下:

窃照惠州会匪肆扰,钦奉电旨垂询,经奴才将康孙各逆勾结土匪起事,及咨饬水陆各军剿办情形,于闰八月十八日先行电奏。兹将该土匪勾结起事,及调营剿办详细情形,谨缕晰陈之。本年闰八月初间,奴才访闻归善县属三洲田地方,有孙康逆党勾结土匪起事,并在外洋私运军火至隐僻海汊,转入内地。当以逆党主谋,意图大举,实非寻常土匪可比。且查三洲田地方,山深林密,路径纡回,南抵新安,紧逼九龙租界,西北与东莞县壤,北通府县二城,均可窜出东江,直达省会。东南海丰毗连。亦系会党出没之处,非派营勇面面顾到。难期迅速扑灭,爰咨水师提督何长清抽拨新旧靖勇及各台炮勇共足一千五百余人,先由新安之深圳墟向北兜截,直捣三洲老巢。防扰租界,复派大小兵轮在洋面游弋,莫善积率喜勇于闰八月初十驰抵归善。维时匪党未齐,猝闻兵到,遂定于十三日竖旗起事。先以数百人猛扑新安沙湾墟,欲扰租界,幸何长清靖勇已抵深圳,乃回攻横冈。连次接战,互有胜败,凶焰益张,警报日至。奴才以总兵黄金福所统信勇已拨两营分驻东西两路,因令再带一营,由府城进剿,以壮声援,此奴才添调营勇分投防剿之情形也。逆首孙文伏处香港,时施诡计,而三洲田匪巢,则以郑士良、刘运荣等充伪军师,蔡景福等充伪元帅,陈阿怡等充伪先锋,何崇飘、黄盲福、黄耀庭等充伪元帅,黄杨充伪副元帅。旗帜伪书大秦国及日月等悖逆字样,各匪头缠红巾,身穿白布、镶红号褂。甫于闰八月初八九日聚集,既踞龙冈,四出焚抢,附胁日聚。惠州府知府沈传义募士勇二百名,委归善县县丞杜凤梧管带二十二日会同喜哲各军齐赴前敌,行至距城十余里之平潭地方,贼队麇至,莫善积奋勇当先,阵斩伪先锋蔡阿牛、陈阿福等,毙匪数十名。正期得手,讵附近匪乡纠约千余人,各带快枪牌刀齐来助匪,分路包抄。我军被困,阵亡勇丁数十人,县丞杜凤梧被掳,府县两城同时戒严。幸是日都司吴祥达带哲字左营,由海丰来,横沥深柏洞团练适又诱获伪副元帅黄杨,讯明正法,兵气稍振,此闰八月二十六日以前归善匪势之猖獗情形也。匪既不窜出江面,乃折而向东,欲与海丰陆丰股匪为一气。匪二十六日进踞三多祝,二十七日黎明,自晨刻战至日昃,枪炮齐施,匪不少却。吴祥达持枪血薄,当场杀毙伪军师刘运荣、伪元帅何崇飘、杨发等多名,匪势渐觉披靡,遂挥众掩杀,毙匪五六百名,夺获旗帜马匹枪炮无算,救拔县丞杜凤梧及被掳妇孺百人,乘胜克复三多祝黄沙洋两处。查验阵斩匪尸,内有一具系服外洋衣裤,询之生擒各匪,均指为伪军师郑士良,未知是否确实,此闰八月二十七日剿办归善会匪获胜之实在情形也。当归善匪势鸱张之日,闰八月二十五夜匪攻河源县城,经知县唐镜沅竭力抵御,匪退黄沙砖瓦窑,二十七日黎明石玉山带队掩至,纵火围攻,斩首百余,焚毙无算,和平本驻广毅军一哨,匪首曾金养率众焚烧南门城楼,营勇兵团齐出力战,阵斩匪首曾金养,生擒数十名,匪始溃散,此又惠州各属会匪响应各营勇先后获胜之实在情形也。奴才伏查逆首孙文,以漏网余凶,游魂海外,乃敢潜回香港,勾结惠州会匪,潜谋不轨,军伙购自外洋,煽诱遍及各属,竖旗叛逆。先扰逼近租界之沙湾墟,意在挑启中外衅端,从中取事,其凶险诡谲,实与康梁逆党勾结长江两湖会匪同时作乱情形,遥遥相应。虽官军乘其未定。先已兜截,使两路之匪不能联合一气,归善之匪未能窜越一步,然犹豕突狼奔,横厉无比,戕杀弁勇,掳捉印官,各路会匪仍敢同时并举,云集响应,罪大恶极,无以逾此。幸仰仗朝廷威福,将士用命,旬日之间,群凶授首,胁从逐渐解散,地方转危为安,城池租界均未扰及,不致贻外人口实,尤为始料所不及。其伪军师伪元帅等半已伏诛,而首逆之孙文,与谋之康梁各党,初则伏匿港澳,继闻窜迹外洋,前已照会港澳各洋官密拿惩办,即不能克期就网,当亦不敢潜回云云。

冯自由《革命逸史》第5集,中华书局1981年版,第15~23页

黄汉纲《惠州三洲田武装起义》:

一九〇〇年,中国北方的义和团反帝运动已经展开,帝国主义联合武装干涉也已开始,中山认为"事机已发,祸福之间不容发,万无可犹疑",遂于是年六月及七月,两次乘轮船到香港,召集在香港的革命党人郑士良、杨衢云、陈少白等到船上开会,决定任命郑士良为革命军司令,负责统率黄福、黄耀庭、邓子瑜等三合会领袖及属下的会员群众,在惠州三洲田起义;杨衢云、陈少白等在香港办理接应饷械;史坚如入广州组织同志响应。会前,孙中山已向菲律宾独立军商妥借用其存贮日本的武器一批,供惠州起义之用。日本政府台湾总督儿玉源太郎亦有协助孙运输武器的约定。孙指示郑士良等人的起义方略及行动要领后,即赴台湾,招聘日籍军事顾问及提取借用的武器,拟俟革命军占领一港口后,即自台湾携同军事顾问及武器,乘船赴战地,指挥作战。

一九〇〇年十月(阴历闰八月),郑士良已在惠州的三洲田(地在今广东惠阳)集结了第一批队伍六百余人,候令行动。日子一久,风声泄露,清政府两广总督德寿即派水师提督何长清率虎门防军进驻淡水,陆路提督邓万林率惠州防军进驻镇隆,准备夹击三洲田的革命军。郑士良以事机已泄,起义不能再延,即亲赴香港,电请孙中山火速接济武器。中山以武器不能经香港运入三洲田,乃复电命令郑士良率领革命军冲破清军拦阻,到距离台湾最近的港口厦门接收武器。

当郑士良赴香港报告起义时,三洲田的革命军推举黄福暂任指挥,于十月八日夜间,西向突击清军何长清部前锋于沙湾镇,大破之,缴获洋枪数十支,子弹数箱,并拟乘胜取广州。此时,郑士良自香港带回孙中山进占厦门的指示,全军即改道东向,直趋厦门,并决定沿途发动群众参加革命军,以迅速扩大力量。十月十五日,东进的革命军击败清军邓万林部于镇隆外围的佛子坳,伤毙清军甚众,并生擒清军管带杜凤梧以下数十人,夺得洋枪数百支,子弹万余发,得胜后即直趋永湖。十月十七日,革命军与据守永湖而企图堵截的清军大队人马相

遇,经数小时之激战,再败清军,又夺得洋枪六百余支,生擒清军一批。十月十九日,革命军行抵崩冈圩,清军大队已先期集结堵截,双方隔河对峙。革命军先以小队袭敌,继以大队分兵绕路包抄,清军首尾不能相顾,大败而逃。革命军乘胜追击,十月二十一日追至三多祝。

当革命军自镇隆出发,向东攻击前进之际,另于前进路线之北,派曾金养统率集结河源的起义队伍为第一方面别动军,向北攻击,于十月十八日围攻和平县城;派梁慕光统率集结博罗的起义队伍为第二方面别动军,于十月二十一日攻博罗县城,以分清军之势,而壮革命军主力向厦门攻击前进之声威。

革命军从三洲田出发时,只有六百多人,在沿途血战中虽然有曾金养、蔡牛、陈福、黄扬、刘云荣、何崇飘、杨发等指挥人员及部分战士壮烈战死;但由于沿途有很多群众(主要是三合会会员)踊跃参加,实力不但没有减弱,而且迅速增强。当革命军攻击前进至三多祝时,人数已发展至二万多人,并拟厚集粮饷,取道梅林继续东进。预计一到厦门,即可与孙中山率领的军事顾问会合并取得他们带来的武器,便可回师转攻广州,建立革命政府。不料日本内阁忽于是时改组,新任内阁伊藤博文禁止中国革命党在台湾活动,禁止武器出口,不准日本军人投效中国革命军。至此孙中山只好改变原定计划,只得立即派山田良政、曾捷夫等驰告郑士良,谓"政情忽变,外援难期,即至厦门亦无所得,军中之事请自决进止"。时革命军虽士气旺盛,人员也不断得到补充,但弹药已尽,方渴望取得武器接济,接通知后知接济无望,即退回三洲田,分散潜伏,以备再举。

广东省政协文史资料研究委员会编《纪念辛亥革命七十周年史料专辑》(上),广东人民出版社1981年版,第58~60页

陈景吕《三洲田之役的回忆》:

清末光绪二十六年,岁次庚子,北方有义和团运动,八国联军进攻京津,八月攻入北京、西太后及光绪帝逃往西安。中部有唐才常、沈荩等组自立军,举事于湖北之大通、汉口,但很快为湖广总督张之洞所破坏。南方有史坚如以炸药谋炸两广总督德寿于督署,未曾炸中,坚如被捕就义;惟郑士良举义于惠州之三洲田影响稍大。

当时驻守惠州的为陆军提督邓万林,据说他的母亲嫁过三个丈夫,生了三个儿子,都做过提督。缘她两个较大的儿子出当兵勇,攻打太平军立了功,升到提督;于是合力提挈小弟弟亦做到提督。所以这个邓万林没有军人才学的。至于帮办军务刘邦盛,是淮军旧部,立有战功的;在邓万林未到任前,由他代理提督;及邓万林到任后,留他帮办军务。惠州府知府沈传义,因惠州地处要冲,奉命兼办营务处,协理军事。此外带兵官有协台梁义忠,体重二百四十斤,肥大无比,最大的官座椅不能坐入,惠州人都叫他大只梁,主持守城事宜。他们闻得郑士良入到惠州南部之三洲田,先行布置防守办法,一方面召集惠城绅士祝史樵、梁霭仁、廖雨生、张绍绪等十余人,设团练局于学院衙左侧之文昌宫,协理守城事宜;一方面将城内之巡防营兵,分布城内城外要道,监视来往人等;一方面有刘邦盛督饬都司守备,召集绿营兵训练,准备出击(因绿营兵月饷三斗米,八钱银不敷衣食,不能不出营工商业,必须假以时日,才能召集),一方面又命官吏调查青年壮丁,登记准备紧急时抽调担枪上城防守。这个时候,惠州城真是风鹤皆兵了。郑士良召集兴中会的同志到三洲田,初只百余人,不旬日间,增至六百余人。我知道惠州城内有一个姓任名威的,大家叫他做扁头威,曾往三洲田参加。

清朝政府腐败无能,国中智识份子,逐渐趋向革命,于是郑士良率众东进,以期增厚势力;帮助军务刘邦盛,便即率众截击,讵行至白泥塘,两军相遇,革命军一开枪,刘所带的绿营兵,未经过战阵的,纷纷弃械而逃。倘革命军追至惠城,全城唾手可得。不过,郑士良不知实

情,不敢冒险。那时邓万林下令关闭城门,还架两三口开花炮在衙署头门外,准备乱轰,果尔,商场民居,定必一片糜烂,真使惠城民众,吓得魂飞到九天云外!

但是,迟一两天,风声渐松缓起来,原因是郑士良到了平山多祝,收集部队,约旬日间,收集约两万人,都是自备伙食的,等候孙中山军械运到,才能发动。兴中会本购有一批军械,准备运往惠州起义之用,但台湾当局,奉日本政府之命,禁止军火出口,孙中山无法,只得派日本人山田良政,入到惠州,劝士良将部队暂行解散;于是乡民纷纷返乡。惠州当局,派候补镇台吴祥达带队出击,稍有斩获,于是向上峰报告,"剿匪大捷",吴祥达便实授潮州镇总兵了。

广东省政协委员会文史资料研究委员会编《纪念辛亥革命七十周年史料专辑》(上),广东人民出版社1981年版,第62~64页

陈春生《庚子惠州起义记》:

清季己亥庚子之间,兴中会员筹划于惠州起义。惠州为粤省东江扼要之区,得惠州以进取粤垣,有建瓴之势。三洲田博罗新安等处,革命党人久已潜伏。郑士良杨衢云陈少白诸同志在香港布置略定,杨衢云乃于庚子三月廿七日东渡,与中山先生商议大举。会中国北部义和团有扶清灭洋之变,挑起外衅,外兵陷京津,清帝后走西安,清廷根本动摇,革命党遂趁时而起。

中山先生于五月中旬偕杨衢云及日本人宫崎寅藏、平山周、福本诚、原口闻一、远藤隆夫、山下稻、伊东正基、大崎、伊藤严崎等十余人,赴香港。先是宫崎往星嘉坡运动康有为之保皇党与孙中山之革命党联合,讵料保皇党诬其谋刺康有为,向英警署具控,宫崎被逮下狱。中山先生时与英国同志摩根在越南西贡,闻耗往救,得以省释,遂相偕同船赴香港。本拟由港偕日本诸同志内渡,不料香港政府因星州宫崎事件,欲派水上警察监视,不许登岸。六月廿一日,中山先生乃召集中日同志,在舟中开军事会议。列席者,除中山先生与杨衢云外,有郑士良、陈少白(现在广东新会外海)、谢缵泰(现仍生存在香港)、史坚如、邓荫南、宫崎、平山诸同志。议决:以惠州举事之责委之郑士良。日人远藤为之参谋,平山、福本则助理民政事务。杨衢云、李杞堂(现仍生存在粤垣)、陈少白在香港接济饷械,又以日本诸同志留香港助理。郑士良则率领黄福、黄耀庭、江公喜(江公喜绰号"盲公喜",实非贤者)等往惠州,准备举事。史坚如、邓荫南等往粤垣组织举事及暗杀机关以资策应。中山先生不得已折回日本,转入台湾。拟俟革命军达到相当地点,即由台湾潜入内地。因其时台湾总督儿玉源太郎,以中国纷乱已极,几陷于无政府状态,颇赞成中国革命,曾令民政长官后藤新平与中山先生接洽,答允革命军发难后,予以相当之协助。故中山先生令郑士良变更原定计划,不必直取粤垣而先占领濒海之地,俟中山先生内渡,始大举进攻。于是郑士良等乃以惠州之三洲田为革命根据地。缘惠州归善县属之三洲田稔山等处,向为三合会党渊薮,郑士良夙为党中重要任务,号召得六百人,而枪支仅得三百,不敷分配,乃由附近清军防营密购枪支若干以济急焉。先是中山先生因香港官厅阻止登陆,故令郑士良暂勿发难。郑士良、黄福等株守数月,粮饷渐告缺之。乃令所部散处附近乡村,仅以八十人留守老营,因恐事机破露,凡樵牧之深入山寨者,皆拘留之不使去,故一时谣言朋兴。

庚子闰八月上旬,粤督德寿屡接警报,乃令水师提督何长清抽拨新旧靖勇及虎门防军四千余人,于初十日进驻深圳,又命陆路提督邓万林率惠州防军驻守淡水镇隆,以堵塞三洲田出路。郑士良以战机日迫,电致沙湾中山先生求速接济饷械。中山先生复电:筹备未完,令暂解散。然诸同志以为清军不足畏,乃再电中山先生,谓党军向沿海岸东上,仍请速行设法接济。中山先生首次复电未达三洲田司令部,而清水师提督何长清,已调前队二百人驻新安县之沙湾,哨骑及于黄冈,有进窥三洲田之势。革军为先发制人之计,于是月十五夕由统将

黄福率冲锋队八十人袭清军于沙湾。阵斩四十人,夺枪四十杆,弹药数箱,俘清军三十余人,立令剪辫服役。清军不知革命军数多寡,惊溃退却。其时驻新安及虎门之同志江公喜等,已集同志数千人,专候三洲田党军之至,会合进攻新安南头城。惜革军取沙湾后,正待天曙,乘胜进攻,而郑士良适自香港催中山先生之复电至。乃集众于横冈改变方向,取道东北趋厦门,以故不能与驻新安及虎门之革命军会合,形势不免稍涣。时革军驻扎平潭等处,声势甚盛。该处粤省防军,急出拒御,革军均带有格林炮、毛瑟枪,奋勇与战。清军军力单薄,遂为革命军所败。而水师提督何长清,仍佣兵三千在淡水布防,革军欲向镇隆前进,而清将邓万林统兵千余堵截要道,革军仅得六百人半乏军事训练者,遂于平山龙岗闻号召得千余人。廿二日趁镇军不备,匍匐登山,潜薄敌垒,大呼陷阵。清军惊溃,杀伤甚众。俘归善县丞兼管带杜凤梧及清军数十人,诛其守备严某,夺其枪支七百余杆,弹五万发,马十二匹,旗、帜、袍、裤、翎、顶,不计其数。是夕革军即在镇隆驻宿。既而省垣大吏,闻清军挫败,亟调援兵陆续齐集。廿二日提督马维骐部下武弁区某,亲率介字营勇,欲往平潭防堵,讵被会革命党闻知,即就蔗林埋伏。未几介字营勇经临,革军从林中发枪射击,介勇伤毙甚众,余众溃遁。提督刘邦盛闻之,立率营勇驰往救援,革军以众寡不敌,引退平潭,距惠州府城约六十里。因是府城人心动摇,一夕数惊。既而清军即札饬郑总兵润材急选安勇二营迅往。先是廿二日革命军各首领率队围攻博罗县城,另以小队革军向惠州府城进发,而党员梁慕光、江维善等亦统率驻博罗附近之革军别动队崛起响应。惠州府知府沈傅义预将由博罗至惠州之浮桥毁断,以防革军偷渡。并募土勇二百人守御地方,旋经粤省大吏札委提督马维骐、刘邦盛,总兵黄金福、郑润琦,都司莫善积、吴祥达等,各督所部驰赴该府,会同水陆提督何长清、邓万林,在惠州府城外白芒花平潭等处,与革军交绥。革军虽众,究系新集,相持未久,即不能支。清军乘势进援,博罗城围遂解。革军仍在离城十里许之地方驻扎,分作多股,占据各村乡以为营寨。清军欲分路堵御,以地广兵单,不敷调遣。粤督德寿,加派潮州镇黄金福督率所部前往相助。并饬军械局发出毛瑟快枪五百杆,带赴前敌,萃其全力,以围扑灭我三洲田根据地之革军。革军大队以新安、博罗两路均失败,而清将刘邦盛、马维骐、莫善积诸军约万余,欲包围我军,非出奇制胜不可。乃趋永湖而进,途中小战二三次,均占胜利。沿途秋毫无犯,村民多燃爆竹欢迎,或以酒食慰劳,大有箪食壶浆之概。各地同志来投者数千人,军势为之一振。廿四日,由永湖出发,约行数里,即与自淡水退回惠州调到之清军大队相遇。其数约五六千人。革军仅得枪支千余,力战数时,士气激昂,清军溃退,向惠城淡水白芒花等处逃遁。清提督邓万林中枪堕马,狼狈而逸。革军获其枪支五六百杆,子弹数万发,马三十余匹,捕掳敌兵数百人,立令剪去辫发。廿六日,革军到崩冈墟,见隔河清军云集,约六七千之众。乃据高地先取守势,然后与清军接战。入夜以小队袭敌,清军稍却。翌晨压敌而阵,剧战数时,清军败退。革军因弹药将罄,未便穷追。是日革军进至黄沙洋。廿八日抵三多祝,四乡同志来投者日众,约得二万人,暂驻白沙。乃编列队伍,厚集饷粮,以备三多祝至梅林间五日之程。时粤垣军报哄传,纷纷不一。一有谓省中官吏,接得惠州文武飞电来省,备述革党现极猖獗,人数以万计,旗分红黑二色,所用枪皆新式,犀利无比。邓万林所部之立捷营弁勇阵毙多人,而由省调往之喜字营,暨北海镇刘邦盛所带之营勇,尚行单薄,未能堵截革党,附近乡村多已为革党所夺踞者。又有谓惠州府城及归善县城,皆已为革党围困者。大吏闻报惊惶,连日谕饬马维骐、郑润材分别挑选弁勇,驰往会办。所有介字营勇于十八日首途前往。安勇各营亦于二十早分坐轮帆各船解维东行。据香港西报所接羊城访函云:"粤垣人心,以惠州情形甚为吃紧,该府十州县地方,已有六县为革党占据,海陆党徒同时扰乱,东江来往船舶,已一律停驶。”廿一日粤垣访函云:“惠州革党聚众约二万人,多籍隶东莞及客民,将官军逐退,统兵官弁伤亡不少,有官兵四人被革军拿获,杀以祭旗。革党与深圳会党联成一气,旗上大书孙郑等字及保洋灭满字样。该党有在美洲及新加坡之会友相助,在惠州起事之初,并未有抢掠残杀情事,但沿途收掠军装,召集党羽,前二三日革军已至博罗淡水地方,有官兵多人倒戈归附。革军尽皆会党中人”云。廿二日,革军在距法梅湖四英里之三角湖地方,与官军交绥,将官军击退,官军被杀者约一百名,伤者不可胜数。该地居民有因协助官军与党军为难者,被焚毁村庄数家,村民被杀者约三十名。廿二三日革军逼近惠州府城,距城约二十里之马鞍墟,蔗林遍野,革军乃虚红旗数面,飘扬林际。时提督邓万林株守城内,见革军逼近,乃率兵望蔗林进发,以枪遥击,讵料党军分两翼包抄而至,所用无烟新枪,锐不可当。官军不能抵御,而各勇又皆新募,未经战阵,枪炮器械,亦鲜精良,相率弃械逃溃。革军获其守备一名,诛之于佛子坳。其后省垣清军麇至,又得乡团协助,革军始避往三多祝地方,距城约有百里之遥矣。据惠州廿七日函称:“革军围困城垣,势甚危急,乡团奋力抗拒以助官军,且扼守要害,分路截击,革军势不支,大股已遁往三多祝,城围遂解。”又据海丰函称大嶂山聚有革党数千,海城危如累卵,粤垣大吏,再檄介字营拔勇驰往以厚兵力。惠州府知府沈傳义有电至省云:“廿七日由辰至未,官军在三多祝地方与革军交绥,官军大捷,而尤以吴营官所带之勇为出力,剧战约历数时之久,斩毙革党五六百名,生擒革党将帅魏姓黄姓二名,先锋数名,提讯时供称其部下党人有二十七旗之多。讯毕随即在军前斩首。”陆丰县令刘能驰电至省,云该处会党势甚猖獗,地方兵力单薄,不能抵御。廿八日水师提督何长清所部之兵与革党交绥,又皆失利,革党更为披猖,县城危在旦夕。又九龙租界附近消息云:三合会党现已向北去,似不欲与何长清所部接仗,因何长清所部之兵现分队驻深圳保护临近各乡,其余派往各处巡缉。计何长清所部之兵二千五百名,其力足敌会党。闻会党亦有众二千五百人,握守距淡水约十里之白良沙。日前会党占夺村乡三处,已逐渐退去。十五晚有三合会党大队突袭何长清营。官兵约二百人被围,不及抗阻,被戮者四十人,被俘者三十人,驱至党营剪辫服役。香港警察长梅舍理率同警察驻防九龙租界,警局报称地方安静,会党退向北去,后驻守黄冈等处,何长清驻守深圳。该处防营增兵三千人,大炮六尊,以厚兵力,何长清拟俟虎门炮台再调到兵队二千即会集向黄冈进发,往剿会党。现会党大队,啸聚于沙和江。该处有会党多人,在白芒地方与之联络,会党集中于三多祝一带,向北前进,军装俱极完备。然何长清部下连续调到者,约共四千五百名。众寡之势悬殊,故卒为清军所败,会党四散,时庚子十月也。是役失败,运械之阻误,实为一大原因。当中山先生在台湾时,以革军屡战屡捷,乃电宫崎令将前向菲律宾独立军代表彭西预商借用之械,迅速输送惠州沿岸接济。又请台湾总督儿玉协助武器。讵日人中村弥六棍骗菲岛军械案,竟因是败露。而日本适又于斯时更换内阁,新任首相伊藤博文,对中国之政策,与前大异。即不许儿玉协助中国革党,又不许日本武官投效于中国革命军,并禁止军械出口。于是中山先生潜渡内地,及密运军械接济革军之计划,完全失败。不得已委托日本同志山田良政偕同志数人,由香港经海丰而达革命军大本营,传令郑士良等,略谓政情忽变,外援难期,即至厦门,亦无所得,军中之事,请司令自决进止等语。驻白沙之革命军得中山先生传令,全军二万人,皆感奋激昂,呼声动天地,遂开军事会议决进止。佥以厦门一路既不能进,不若沿海岸退出,渡海再返三洲田大本营,设法自香港购取弹药,后会合新安、虎门之革军,进取广州。旋解散附从之同志,仅留洋枪队千余人,分水陆两路返三洲田。时水师提督何长清移驻深圳之军于横岗,三洲田尚未为敌所有,革军谋袭黄冈,以擒何长清,然军中饷弹两缺,卒至解体,郑士良、黄耀庭、黄福先后赴香港,旋避地于外洋。是役军费除中山先生直接支付及拨给李杞堂二万元令司度支外,余多由李解囊捐助。至革军将领之损失阵亡者仅四人云。当义师之将起也,香港孖刺西报刊有广东归善县会党来函略云:

某等并非义和团党,乃大政治家大会党耳。即所谓义兴会,天地会,三合会也。我等在家在外之华人,俱欲发誓驱除满洲政府,独立民权政体,我等在美洲夏威夷澳洲实得力,暹罗越南荷属群岛等处之有材会友,专候号约期举事。我等本为欲兴中国之人,若将来成功设立更革之事,开通中国,与世界通商。我等不恤流血,因天命所在,凡有国政大变必须以贵重之代价博取之。古史所载之事,行将复见于今日。我等欲造成三百年前所未竟之志,料英美日三国亦必守中立之义,且或资助之,一千八百六十二年时,英国借戈登于满清政府,已败坏我等志向。

戈登将军之助满清政府,窒吾等之进步,殊属可惜,英国之大政治家亦多怜惜之。戈登将军甚至欲置李鸿章于死地,我等深望将来不蹈此覆辙,某等敬求贵报之援助焉。三尖石碑顿首。此革军当日对于外交宣传之工作也。

中国史学会编《中国近代史资料丛刊·辛亥革命》第1册,上海书店出版社2000年版,第235~242页

10月17日(闰八月二十四日) 联军统帅瓦德西到北京,设统帅部于禁城。

李希圣《庚子国变记》:

二十四日,德帅瓦德西至京,居仪銮殿。自联军之入城也,时掠取财物,而德兵尤横,公卿贵人多被笞辱,炮击太庙鸱尾,凿禁垣为门。夷兵至骑驴上三殿,玉帛图籍,焚掠无遗。户部银三百余万,内帑倍之,尽以资敌。大治道涂,穿城为铁道,通正阳门。俄、英兵迭居颐和园,及出而薪木皆尽矣。

瓦德西欲见李鸿章,鸿章谢曰:"君所居太后宫,吾中国大臣,又老病不赖行,不能以人臣礼见,奈何?"亦不往。居久之,瓦德西不出,乃往见焉。

中国史学会编《中国近代史资料丛刊·义和团》(1),上海人民出版社1957年版,第32页

瓦德西《瓦德西拳乱笔记》:

十月十七日,余抵北京,乃与陆军少将 Hoepfner 约定,午前十一点钟,乘马以入北京东南城角之大门。各位驻京联军将领,皆在该处迎候。计日本方面系陆军中将山口素臣,为驻京联军将领中之最老者;其次系英国陆军少将 Barrow 及 Stuart 两人;美国将军沙飞及威尔逊两人。此外法、意、奥三国,则派遣其年纪最老之指挥官来迎。至于陆军少将 Hoepfner 则更早已骑至中途迎接。

恭贺既毕,余即开始入城,并以美国及印度骑兵中队为前导。所有上述各位将领,则骑马跟随余后。再后则为余之参谋人员,以及许多联军军官。最后则为日本骑兵中队。紧接余背之后,则为余之帅旗。当余初入第一城门之际,德国炮队在城墙之上,开放中国大炮,以为敬礼。而日本炮队则在余进冬宫之时,立于宫外大理石桥之上,向余致敬。余所行经之路,需时逾一点钟。沿途皆有军队排列立于旁。所有逗留北京之欧人无不到场;即华人方面亦复为数不少,来观此项戏剧。余之行入冬宫,系先经荷池(按即北海中海),上面一座狭桥;按此路线乃系特别预为选定者;盖因前此欧人,向来不许经过该桥故也。

余与各位外国军官告别以后,即入冬宫,复受使馆人员之迎接。余拟于下次报告之内,当再详细陈述该宫之地位与构造。惟此时已可奉告者,即所有外国将领,均谓余之决定选出该宫以作大本营驻所,真是一点不错。

中国史学会编《中国近代史资料丛刊·义和团》(3),上海人民出版社1957年版,第29~30页

10 月 22 日(闰八月二十九日)　革命党人郑士良在惠州失败,走香港,日人山田良政死难。

陈锡祺《孙中山年谱长编》:

10 月 22 日(闰八月二十九日),惠州起义军因粮械失继,被迫解散。先是,起义军败清军于永明。10 月 19 日进占崩岗墟。转战至三多祝,有众二万余人,沿途秋毫无犯,深得民心。21 日,进至白沙。次日,山田良政由香港经海丰赶来,传达先生命令:"情势突生变化,外援难期,即至厦门,亦恐徒劳,军中之事,由司令官自决行止。"郑士良遂解散大部军士,自率持洋枪者千余人谋退回三洲田,欲于新安、虎门同志会攻广州。行至大鹏,亦因饷械不继,被迫解散。郑士良与少数精锐退往香港。途中山田良政被捕死难,先生后来誉之为"外国义士为中国共和牺牲者第一人"。

陈锡祺编《孙中山年谱长编》,中华书局 1991 年版,第 252~253 页

10 月 26 日(九月初四日)　两宫抵西安。

李希圣《庚子国变记》:

初四日,至西安,居北苑。载漪在道,数谋逆,御前大臣那彦图,护上躬甚至,计不得施。而夷议首祸,持益急,乃令载漪、载勋留蒲州。载勋私入临潼,勒还之。载漪走宁夏。自太原以西旱,流徙多,而州县供亿,皆取于民,民重困。诏乘舆所过,无出今年税租,然大率已尽征,取应故事而已。武卫军又大掠,至公略妇女入军。内阁侍读学士裴维侒以闻,荣禄佯不省。孙家鼐遇董福祥军华阴,尽虏其资,徒跣走入,言于太后,太后默然。

中国史学会编《中国近代史资料丛刊·义和团》(1),上海人民出版社 1957 年版,第 32 页

10 月 28 日(九月初六日)　革命党人史坚如炸署两广总督德寿不成,被捕。11 月 9 日遇害。

冯自由《史坚如传略》:

革命之运动　初坚如侦知广州驻防人数,旗多于满,而满素抑旗,外人虽并视之,而实则平日积怨已久,遂倡联旗灭满之策,与旗人有势力者稔密,因势而利导之,旗人练达成颇具血气,小有才,因秘授方略,令阴结羽翼,刺探机密,以供驱策,已与邓荫南及英人摩根等则常驻羊城,专与各防营及炮台将士虚心联络,事渐得手,城中各要隘,以东北为建瓴,以西南为犄角。潜师袭击,分路并进,并约东、西、北三江若马王海区新辈诸盗首,各帅勇士数千人驰会应合,期七月某日起事,谋大定矣。会军械逗挠弗至,事寝败,坚如力斡旋之,改期八月某日,然郑士良军已先驰,不可复遏,三洲田等处义旗一出而窘,坚如思解惠州之厄,而广州大举初志,期缓莫济,不得不行暗杀以盾其后,于是欲举清吏之权位重大者,如督抚将军辈歼之,使其余恐怖惶恐,自顾不暇,则东江自立之势成,而西北江之义师又起,大局不劳而定。时适售去一产约三千金,其田亩亦有人愿出价一万余金,已有成,将交易矣,坚如以其缓,不能因私而误公,遂弃不顾,时省中侪辈惧祸作,早星散,即有未散者,亦以金赀发使他适。

暗杀之布置　抚署旁有甬道曰后楼房,第宅栉比,坚如密僦宅,以友人宋少东姓氏榜诸门,旋由邓荫南、黎礼二人密运到外洋炸药二百磅并药线各件,初运交西关荣华东街办事机关,由练达成收藏,复由练密交五仙门福音堂黄守南代贮,及税居后楼房,乃使宋少东夫妇居之,由刘锦洲盖章担保,炸药则由温玉山乘肩舆暗运入屋。是晚为九月初五夕,坚如偕练等四人锹锸并施,经营彻夜,至五鼓始竣事,掘地深五尺许,以大铁桶满实其中,药线透达于外,

爇香置其下，临行反扃户，约练等各散，期于香港相会。坚如由西门出，练等由南门出，沿路不闻有动静，比至相会舟中，彼此私议，疑怪莫名，坚如乃使其兄及练苏等三人先发，自返后楼房见觇之，启户察视，则香烬而药不燃，时已近朝午，恐举动不便，乃更留一昼夜，定于初六早再行燃放。惟时遍视室中，除昨晚遗下之洋火一盒外。已一无所有，又不敢再扃户外出，以动邻右之疑，于是此一日一夜间，坚如乃如蚁之旋磨，周行室中，粒水不得入口，直至天将达旦。乃复安置药线，燃点既毕，潜行出户，轻将门虚掩，欲出城，为乘轮赴港计，既念一经下港，万一轮已开行，而药力仍如昨日之不炸发，此时已无人在省照管，岂不误事，乃决计不复下轮，访西关第一长老支会礼拜堂同志毛文明寓处，略为休息，盖坚如自运动此事后，由运药入城，锄掘坑坎，燃点药线，辛苦经营，已数夕未尝交睫矣，无何心事忐忑，辗转反侧，不能成寐，忽闻轰然一声，比暴雷尤烈，然因坚如未深谙燃放炸弹之法，以二百磅之巨量，仅置雷管少许，故只烧去药之一部，收效甚微，时坚如霍然而起，诈询诸旁人曰，此何声也。未几里巷哄传督署被轰事，坚如窃喜，以为事已成矣。又未几哄传总督无恙，只吃一惊，于梦中自床堕地，抓出数尺以外，魄散魂飞，尚无性命之虞，只署后围墙等处坍塌十余丈，附近民房坍塌数家，死伤各数人。坚如疑甚，以为按药力分量，督署当可焚毁一空，而德寿卧房曾用远视测量法推测，则距离藏药之所，不出十五丈以外，虽下有石壁阻隔，然以如此重量之炸药，不爆则已，爆则屋宇崩颓，德寿必无幸理，乃道路所言，皆云德寿未死，心乃大疑，遂雇肩舆，直抵炸药爆发处所，以行其实地视察，胆亦豪矣。

被逮时情形　时为九月初六日，亦为星期日，轮船停驶，坚如深以一击不中为憾，思乘机再举，乃往油栏门鸿兴客栈访同志胡心泉兄弟，胡苦劝其勿进老城，坚如恃识面者鲜，且无证佐，遂于次早直下轮返港。而介字营勇已伏伺要路，坚如至，争前以肩舆舁之，前后列兵队，沿途拥护，如临大敌，指拿坚如者，实侦探郭尧阶也。比至，德寿命押入南海县署，搜索其身畔，得德文炸药配制法单一纸，南令裴景福大喜。以兵勇数十日夜环守之，甘言美词，相待极优礼，欲以言餂得情实，因罗织成大狱，坚如不受笼络，惟嬉笑玩弄之，裴怒，且知其不可动也，遂以威力相胁怵，出一名单，上列四十余人，皆新党中有声望者，迫令供状，坚如悉不承，备受刑杖，惨酷无人理，始终惟怒目不答，傲睨自若，卒被定斩首之刑，死时年才二十耳。时钟荣光曾请美国牧师尹士嘉转求美国领事营救，清吏以证供确凿，拒之，就义之日，为九月十八日，香港同志李纪堂预派同志蔡尧，于是晚三鼓，秘密将遗骸草草殓葬，碑志暗号司马氏云。其担保宋少东税屋之刘锦洲亦被捕，堂讯时，口诵耶稣新约不已，官以其憨也，释之。坚如之供词掌模及全案，至辛亥光复时尚存南海县署，为毛文明所藏，坚如有妹憬然，热心革命，不让乃兄，坚如奔走国事，深得其助，坚如就义之翌年，憬然亦以疫死于广州。

清吏之文告　附录粤督德寿告示如下：

头品顶戴兵部侍郎两广总督部堂德为剀切晓谕事，照得逆匪史经如、宋少东等在后楼房街埋藏炸药轰毙多命一案，昨经将史经如拿获，讯认听从杨衢云起意设立兴中会，招人拜会，意图兹事，并派伊为城内总统，后楼房街炸药即系该犯与宋少东埋藏等情，当经照例捉犯正法在案。查后楼房街邻近府县衙门，该匪胆敢潜藏炸药，欲将该处全行轰毁，借端起事，实属居心惨毒，罪大恶极。查该犯史经如出身士族，其初谅非甘心从逆，无非因康梁孙文各匪从中惑煽，致身罹大辟，贻羞宗族，如果父兄认真拘束，何致若是。闻康梁孙文各匪尚复四出煽惑，党羽甚多，处处皆有，除供开省要各犯，饬属严行查拿，务获惩办，以儆乱党，而安地方。其余各党，姑念或系被胁勉从，或为匪徒所诱，本兼署部堂概不株连，合行出示晓谕，嗣后绅民人等，务当随时约束子弟，未与匪党来往者，固宜洁己自爱，莫为匪诱。其已入匪党者，即宜痛改前非,勉为良善,自此示谕之后,尔等如再有不知检束,则属甘心从逆,本兼署部堂不时派员密查,一经获案,不独罪其一身,并将不能约束之父兄,一并治罪,家产充公,决不姑宽,谅之。特示,光绪二十六年九月示。

冯自由《革命逸史》第5集,中华书局1981年版,第26~30页

邓慕韩《史坚如事略》:

五六月间,义和团起,联军北上,坚如乃攘臂起,以为时不可失。爰就同志邓荫南计事曰:"昔者洪杨蹴踏半中国,其成败至不足道,而用兵之次第,不无可取。吾欲收广东为根据地,鼓行湘鄂,直讨幽燕,有众数万,何虑不济。唯发难伊始,宜多设条理。广州省之中坚,吾自当之,先捣庭穴,次第戡定。别约郑士良,以一偏师,出循州,从间道来会,腹背夹击,必胜之道也。"众唯唯受部署,而资用不足。坚如自东归,即谋尽售家中各田产,闻者遂从而忖测播扬,藉藉私议,谓孙文将夺据省垣,坚如实为之前驱。省中诸父昆弟咸奔澳门,动色诟怨,谓大吏已悬千金相购,请速行,毋累宗族。初,坚如侦知广州驻防人数,汉旗多于满旗,而满素抑汉,外人虽并视之,而实则平日积怨已久,遂倡联汉旗灭满旗之策,与汉旗有势力者稔,密因势而利导之。有汉旗某者,颇具血气,小有才,因秘授方略,令阴结羽翼,刺探机密,以供驱策。羊城各要隘,以东北为建瓴,以西南为犄角,潜师袭击,分路并进,东西北三江如马王海区新辈诸盗首,复各帅勇士数千人,驰会应合,期七月某日起事,谋大定矣。会军械逗挠不至,事寝败,坚如力斡旋之,改期闰八月某日。然郑士良军已先驰不可复遏,三洲田等处,义旗一出而窘。坚如思解惠州之扼,而广州大举初志,期缓莫济,不得不行暗杀以盾其后。于是欲举清吏之权位重大者,如督抚将军辈歼之,使其余惶恐自顾不暇,则东江自立之势成,而西江之义师又起,大局不劳而定。乃购炸药二十九箱,每箱五十磅,欲埋藏于抚署将军衙门,桂香街安勇大营,以炸三处要地。先贮于番禺属韦涵卿苏焯南家,后为安勇执去,乃续谋二百磅。时适售去一产,约三千金,其田亩亦有人愿出价一万余金,已有成将交易矣。坚如以其缓不能因私而误公,遂弃不顾。时省中侪辈,惧祸作,早星散,即有未散者,亦以金赍发使他适。抚署后有地曰后楼房,第宅栉比,坚如密僦宅,以友人宋少东姓氏榜诸门。邓荫南苏焯南黎礼三人,由澳门所运炸药二百磅并药线各件亦到,初运交西关荣华东街办事机关,由练达成收藏,后由联密教五仙门福音堂黄守南代贮。及税居后楼房,乃使宋少东夫妇居之,由刘锦洲盖章担保,炸药则由温玉山乘肩舆暗运入屋。坚如偕温玉山黄守南等二人定由该屋掘一地道,以达抚署德寿住处。锹插并施,经营彻夜,讵掘至中途,为大石所阻,至五鼓而止,而度深则已五尺许,以大铁桶满实其中,药线透达于外,爇香置其下。临行反扃户,约温等各散,期于澳门相会,坚如由西门出,温等由南门出,沿路不闻有动静。比至相会江通舟中,彼此私议,疑怪莫明,坚如乃使其兄及温玉山苏焯南练达成先发,自返后楼房观之。启户察视,则香尽而药不燃,时已经朝午,恐举动不便,乃更留一夜,定于八月初六早再进行燃放。惟时遍视室中,除昨晚遗下之洋火一盒外,已一无所有,又不敢再扃户外出,以动邻右之疑,于是此一日一夜间,坚如乃如蚁之旋磨,周行室中,粒水不得入口,直至天将达旦,乃复安置药线。燃点即毕,潜行出户,轻将门虚掩,欲出城为乘轮赴港计。既念一经下港,万一轮已开行,而药力仍如昨日之不炸发,此时已无人在省照管,岂不误事,乃决计不复下轮,直到西关第一长老会礼拜堂,略为休息。盖坚如自运动此事后,由运药入城,锄掘坎燃点药线,辛苦经营,已数夕未尝交睫矣。忽闻轰然一声,比暴雷尤烈,然因坚如未深谙燃放炸弹之法,以二百磅之巨量,仅置雷管少许,故只烧去药之一部,收效甚微。时坚如矍然而起,诈询旁人曰:此何声也?未几,里巷传闻督署被轰事。坚如窃喜以为事已成矣。又未几闻传督署德寿无恙,

只吃一惊，于梦中自寐坠地，抓出数尺以外，魂散魄飞，尚无性命之忧，只署后围墙等处坍塌数丈，附近民房塌屋八家，死六人，伤五人。坚如疑甚，以为按药力分量，督署当可焚毁一穴，而德寿卧房，曾用远视测量法推测，则距离藏药之所，不出十五丈之外，虽下有石壁阻隔，然以如此重量之炸药，不爆则已，爆则屋宇倾颓，德寿并无幸理。乃道路所言，皆云德寿未死，心乃大疑。遂雇肩舆直抵炸药爆发处所，以行其实地观察，胆亦豪矣。是日星期，轮船停驶，坚如深以一击不中为憾，思乘机再举。乃往油栏门鸿兴客栈访同志胡心泉兄弟，胡苦劝其勿进老城。坚如恃识面者鲜，且无证佐，遂于次早直下轮返港，而介字营勇已伏伺要路。坚如至，争前以肩舆舁之，前后列兵队，沿途拥护，如临大敌，指拿坚如，实侦探郭尧阶也。比至，德寿命押南海。到署，适有住后楼房被害人刘姓见之，出而指证，又搜索其身畔，得德文炸药配制法单一纸。南令裴景福大喜，以兵勇数十，日夜环守之，甘言美词，相待极优礼，欲以言铦得情实，因罗织成大狱。坚如不受笼络，惟嬉笑玩弄之。裴怒，且知其不可动也，遂以威力相胁怵，出一名单，上列四十余人，皆新党中有声望者，迫令供状，坚如悉不承。倍受刑杖，惨酷无人理，始终惟怒目不答，傲倪自若，卒被定斩首之刑，死时年才二十二耳。时钟荣光会请美国牧师尹士嘉转求美国领事营救，清吏以证供确凿拒之。就义之日，为九月十八日。

中国史学会编《中国近代史资料丛刊·辛亥革命》第1册，上海书店出版社2000年版，第245～248页

廖平子《史坚如案拾遗》：

史坚如谋炸德寿事，其大致人所尽悉，但其中主动，果谁人乎？由今而论，当无人不曰坚如自动，练达成、宋少东等，实完成之。（当时德寿所出告示亦曰史经如宋少东等。）而不知当时主动，实乃出于邓荫南（三伯）。盖荫南于乙未广州之役，实与总理同事。失败后，逃亡檀香山，经营农业。既而略有积蓄，革命之心愈炽，遂再归广东。常往来广州惠州两地。于广州与史坚如、黄福、宋少东等谋，于惠州与郑士良、黄耀庭等谋，希一举而使满奴净尽。斯时各方同志亦已暗中议定，举荫南为临时总司令，故荫南当时实足指挥自如。当时由香港运炸药入广州者，黎礼、苏焯南，而炸药之来源与指挥黎苏二人者，亦荫南为之。当炸药爆发时，荫南亦在广州，但未与坚如同在一处。坚如被捕后，荫南始雇一小艇向陈村（地名，顺德县属）逃脱。

坚如为侦探郭尧阶所获，人多知之。其实郭此时尚未做武营侦探。其初不知因何机会，得认识练达成，常于口头作革命排满言论，练遂误许为同志，介绍坚如相见。后因屡借不遂，不惜作异族走狗，且为虎作伥矣。史氏园丁陈荣，实与郭同谋。

坚如当日供词，藏于南海县署，光复后始搜出之，现存老同志苏焯南处。著者曾见原文，中为浓墨所填者大半。焯南云：坚如当日供词，牵连旗籍与军政界甚众，非旗籍人与军政界实有事实，特有意攀连，使内起风波。讵料裴景福故滑吏，迫将浓墨遮盖，其计殊巧。

坚如被捕于庚子九月初七日，即炸药爆发之次日。人谓其匿西关第一长老支会礼拜堂毛文明处，及油栏门鸿兴客栈胡心泉处，皆影响之词。盖坚如于炸药爆后，实匿花埭培英书院（今改为培英中学）教员徐甘棠处。

坚如受酷刑时，为九月十三，作供词就在此时。后于十八日就义于天字码头。十九夜始有人往收尸。收尸者何人？人谓蔡尧，实衔香港各同志之命，而不知率尧同往者，乃陆柏舟也。

中国史学会编《中国近代史资料丛刊·辛亥革命》第1册，上海书店出版社2000年版，第249～250页

11月13日（九月二十二日）　加重惩治庇纵拳匪诸臣。

光绪二十六年九月二十二日，内阁奉上谕。此次肇祸诸臣，纵庇拳匪，开衅友邦，贻忧宗

社,前经降旨分别惩处。现在京畿一带,拳匪尚未净尽,以致地方糜烂,生民涂炭,思之实堪痛恨。若不严加惩治,无以服天下之心,而释友邦之憾。端郡王载漪,著革去爵职,与已革庄亲王载勋,均暂行交宗人府圈禁。俟军务平定后,再行发往盛京永远圈禁;已革怡亲王溥静,已革贝勒载滢,著一并交宗人府圈禁;贝勒载濂业经革去爵职,著闭门思过;辅国公载澜,著停公俸,降一级调用;都察院左都御史英年,著降二级调用;前协办大学士吏部尚书刚毅,派往查办拳匪,回京复奏,语多纵庇,本应从重严惩,现已病故,著免其置议;刑部尚书赵舒翘,查办拳匪,次日即回,未免草率,惟回奏尚无饰词,著革职留任;已革山西巡抚毓贤,在山西巡抚任内,纵容拳匪,戕害教士、教民,任性妄为,情节尤重,著发往极边充当苦差,永不释回。此事始末,惟朕深知。即如怡亲王溥静,贝勒载濂、载滢,中外诸臣叠次参奏,均未指出,即出使各国使臣电奏亦从未提及,朕乃据实一体惩办。可见朕于诸臣处分轻重,一秉大公,毫无偏袒,当亦薄海内外所共谅也,钦此。

中国第一历史档案馆编《光绪朝上谕档》第26册,广西师范大学出版社2000年版,第379页

11月16日(九月二十五日)　孙中山自台北抵日本东京。

《日本外务省档案》:

孙逸仙在16日上午十点四十七分抵新桥站后,即至牛込区马场下町三十五番访问犬养毅。适犬养毅赴静冈县出席进步党支部大会,不在家。与来会之宫崎寅藏相晤,等待犬养返宅,故在此留宿一晚。翌日午后四点犬养归宅,继续会谈。当时到京的平山周亦来会见。是夜同在犬养家住宿。昨日午后一点,孙与宫崎一起赴横滨,平山与原祯二人则同返宿所。

明治33年11月20日警视总监报,甲秘第147号

陈锡祺《孙中山年谱长编》,中华书局1991年版,第257~258页

《致平山周函(一九〇〇年十一月十六日)》:

平山兄足下:

弟已平安到东京,得见各同志矣。兹改议着宫崎兄前去上海,因彼与前途相善,便于商量各件也。前交足下带去上海之信,望即由书留邮便寄来横滨,交黎炳墀兄收入,转交与弟可也。

余事尚未能决,俟待后报。此致,即候。大安不一。弟文谨启十一月十六日书。

广东省社会科学院历史研究室等合编《孙中山全集》第1卷,中华书局1981年版,第203~204页

12月6日(十月十五日)　东京留日学生发刊《译书汇编》。

张静庐《中国近代出版史料二编》:

时期	出版地	编辑及发行人
庚子(一九〇〇年)	东京	戢元丞、杨廷栋、杨荫杭、雷奋

留学界出版之月刊,以此为最早。所译卢骚《民约论》,孟德斯鸠《万法精理》,斯宾塞《代议政治论》等,促进吾国青年之民权思想,厥功甚伟。

张静庐著《中国近代出版史料二编》,中华书局1957年版,第283页

12月24日(十一月三日)　各国公使联合通牒,提出合约大纲十二条。

佚名《西巡回銮始末记·和议十二款译文原稿》:

西历十二月二十四号,即华历十一月初三日,由北京领衔钦使日斯巴尼亚钦差葛君,会

同各公使面交中国全权大臣庆王李中堂和议大纲十二款，备有法、英、德、汉四国文字各一份，以法文为凭，汉文则为译文。其译文原稿如下：

本年五六七八等月，即光绪二十六年四五六七等月间，在中国北方省分，酿成重大祸乱，致成穷凶极恶之罪，实为史册所未见之事，殊悖万国公法，并与仁义教化之道均相抵牾。兹将其情节尤重者，开列于左：

(一)西历六月二十日，即中历五月二十四日，大德国驻扎中华便宜行事大臣内大臣男爵克，因公前赴总署之时，被奉令官兵戕害。

(二)同日京师各使馆被官兵与义和团匪勾通，遵奉内廷谕旨，围困攻击。直至西历八月十四日，即中历七月二十日，联军救至，方止。而彼时中国国家，乃令使臣向各国政府传担承保全使馆之旨。

(三)西历六月十一日，即中历五月十五日，大日本国使馆书记生杉山彬奉差公出，被官兵在城门戕杀。又客居都中及各省之诸国人民，均被拳匪官兵惨加戕害，凌虐或被围攻；仅赖竭力抵御，方获保全。而其各项房舍，无不毒遭焚劫。

(四)各国坟茔之被污渎，在京者为最甚。至坟茔被掘，骸骨暴露。

因以上各节，遂至各国为保卫各本国使臣以及人民之性命并戡定变乱起见，遣派军队前来。乃当此各国联军赴京之时，遇中国军队抵敌，只得奋勇击败。而中国既自表明悔过认责，并愿挽回因此事变所生情势，于是诸大国公定允如所请。但由各国酌拟惩前毖后必须定而不移之要款施行。今将各款罗列于左：

第一款　原任德国克大臣被害一事，钦派亲王专使前赴德京，代表中国皇帝国家惭悔之意。遇害处所，树立铭志之碑，与克大臣品级相配，用拉丁、德、华各文列叙中国皇帝惋惜此等凶事之旨。

第二款　西历九月二十五号，即中历闰月初三[二]日，上谕内及日后各国驻京大臣指出之人等，皆须照应得之罪分别轻重，尽法严惩，以蔽其辜。诸国人民被戕害，凌虐之城镇，五年内概不得举行文武各等考试。

第三款　因日本使馆书记生杉山彬被害，中国国家必须用优荣之典以复日本国政府。

第四款　中国国家须在各国坟茔曾遭污毒发掘之处，建立铭碑，以昭涤垢雪侮之意。

第五款　凡有各国各会各人等以及为他国执事之中国人民，因近来各事，身家财产所受公私各亏，中国均认公平赔补。中国国家须筹定各国所能允从之理财办法，以为担保如何赔补，以上所开□□□及如何措还国家借款之地。

第七款　各国应分自主常驻兵队保护使馆，并将使馆所在境界自行防守。中国人民概不准在界内居住。

第八款　京师至海道，须留出来往畅行通道。凡与其有碍之大沽炮台，一律削平。

第九款　为京师至海道畅通不使有断绝之虞，由诸国应分自主酌定数处备兵自守。

第十款　中国国家务须在各属厅州县，将声明上开两端之谕旨张贴两年，俾众周知。永禁军民人等仇视诸国各会，违者问死。至开列各犯所定罪名，及杀害凌虐各国人之城镇停止考试，亦在此列。中国皇帝务颁谕旨一道，通行布告各省督抚文武大吏及有司官，于所属境内皆有保持平之责，如复肇伤害他国人民之乱，再有违约之行，必须立时弹压惩办。否则该管官员即行革职，永不叙用。亦不得借端开脱，别给奖叙。

第十一款　凡通商行船各约，以及关乎通商各他事宜，各国以修改为有益者，中国认与商议更改。

第十二款　总理各国事务衙门,必须革故更新,及诸国钦差大臣觐见中国皇帝礼节,亦应一律更改。其如何变通之处,由诸国酌定,中国照允施行。

以上各款,若非中国国家允从足适各国之意,各本大臣难许有撤退京畿一带驻扎兵队之望。西历一千九百年十二月二十二日。

(附记)南洋大臣刘岘帅接到条款后,即就十二款酌商数条,又拟增一条,告诸某国领事。其辞如左:

第二款　惩办祸首一节:懿亲不加刑,各国通例。中国政府允将各王公分别远戍圈禁,并永远革爵,子孙不准承袭。其余各员,除毓贤获咎最重,应明正典刑外,余仍分别惩办。惟内有一时疑难迟办,应暂缓办。

第五款　禁运军火器料一节:中国即认保护商教之责,不能不购制军械,严防土匪。能将此条删除最妥。否则不禁料物,仍严禁私售济匪。

第六款　赔偿费用一节:中国入不敷出,患贫已久,此项偿款,各国酌定数目不宜过多,庶免中国筹措为难。

第七款　使馆留兵应酌定数目,务宜从少,以期宾主相安。

第九款　由各国酌定数处派兵驻守一节:兵数亦宜从少,尤不可干预地方行施,以免兵民猜忌。

第十一款　更设约章,务使妥善,无碍商民生计,中国利权。

拟增一款。各处教堂,应申明旧章不预词讼,并妥定专条,务求永远相安之法。

鄂督张香帅则以和议条款内有禁止运入军火一节,于中国大为不便,且又更改觐见仪节,亦有碍中朝体制,已电请酌量删减。其余各款,据香帅意,似可从权应允。而傅相则以此为二十年前拘执之见,未可施诸于今日也。

中国历史研究社编《庚子国变记》,上海书店据神州国光社1951年版复印,第251～256页

佚名《西巡回銮始末记·全权大臣与诸国钦差往来文稿》:

中国全权大臣致各国驻京钦使和款说帖全文:十一月初三日,接读各国钦差全权大臣公议条约十二款,足见各国与中国真心和好,曷胜欣感。所开各款,业经本爵大臣电奏,现奉中国大皇帝电旨:"所奏十二条大纲,应即照允。钦此。"旋于十七日,接各贵大臣送来条款,并葛大臣照会内开"所以有要款施行,其详细条目应请贵王大臣议妥,以便当面答复而免迟延"各等因。本爵大臣当即遵照前奉谕旨署名画押。查诸大臣开来条约共十二款,中国业经允从,足适各国之意,自应照条约末节所称,撤退京畿一带驻扎兵队。未撤之先,自应停战止兵,不可派兵分往各州县城镇四出骚扰,致令民人惊惧,是为至要。其余详细条目,欲商各事,开列于后:

第一款　德国钦差克林德事应照办。

第二款　西历九月二十五日,即中历闰八月初二日上谕,业将该王大臣等治罪。既据贵各国大臣条款,仍请严惩,自应照款内所称分别轻重,治以应得之罪等语,奏请严加惩办。又载诸各国人民被戕凌虐之各城镇五年内概不得举行文武考试,查各府厅州县所管城镇甚多,应查明何城何镇地方如有戕害凌虐诸国人民之事,自应照办。此项自指学政岁科试而言,至乡会试系各直省合考之事。其有戕害凌虐诸国人民之城镇,应仍照前项查明办理,其它处城镇并无干涉者,仍应照常考试,以分良莠而示劝惩。

第三款　日本书记生杉山彬事照办。

第四款　各坟立碑事照办。

第五款　运进中国之军火暨专为制造军火各种器料，照诸国后定之款，仍不准运入中国。查中国内地，土匪随地皆有，且均执有洋枪火器，中国防勇若无精利枪械，难资弹压。设纷出滋扰，中外商民均不免受害。应请酌定年限，限满仍可购买。至制造军火之各种器料甚多，其有国家必须应用者，应由总署随时知照，准其购买。

第六款　中国国家须筹定各国所能允从之理财办法，以为担保如何赔补。查赔偿各款，须量中国之力，或宽定年限，或推情量减，必须通盘筹划。中国岁入岁出各款，为诸贵国所深知，此次赔款，尤属额外加项。凡中国筹款，有可设法增益之处，如加关税，加矿税，通行邮政印花税之类，现已各国通行，望诸邻邦一律照允。

第七款　各国驻兵护卫使馆，并使馆境界，自行防守，中国人民不准在界内居住。查此项驻兵，务请酌定数目，详订约束章程，庶可兵民相安，不致越界滋事。至使馆境界，系由何处起，何处止，应将内有公所衙署划出，并须先行勘定界址，以便转谕该处居民迁徙。

第八款　大沽炮台事，凡有碍畅道，议令平毁。

第九款　京师至海边畅道，诸国酌定数处留兵驻守。查此项驻兵，共计若干，分扎几处，应先行商定，并由各国酌定约束章程，以免附近居民惊惶。驻兵专为各国保护官商之用，于中国地方及行旅均无干涉，中国国家并力任保护各国人民由京师至海边决不使有断绝之虞。如一二年后各国查明中国保护得力，亦可酌量情形撤去各处驻守之兵队。

第十款　各省文武大小官员，于所属境内，均有保护各国人民之责，如复肇伤害他国人民之乱，必须立时弹压惩办，否则该管官员即行革职，永不叙用。查中国地方官屡奉严旨，本有保护各国人民之责，如再有伤害各国商民等事，自应按律重处。惟此次肇乱，实由民教不和，惩前毖后，自当筹永远相安办法。应公同妥议和平详细章程，立为专条，以免教案日繁，民不堪命，官不胜参。

第十一款　凡通商行船，以及关乎通商各地事宜，以修改为有利益者，中国认与商议更改。查各国以修改为有益者，自系为中国与各国均有利益起见。凡有损中国利权及商民生计税科款项等事，当非诸贵国所愿。其通商各地事宜，以修改为有益者，中国自应认与商议更改。

第十二款　各国觐见中国皇帝礼节，如须变通更改之处，自应临时彼此商酌定议。

以上各款，均系就诸贵大臣开来之款最为□□，参以鄙见，详细申明，并非另有更改。如诸贵大臣公同商酌应将□□，□□以上各节附注于开来各款之后，即为将来议约底本。□吏部所称末节撤退京畿一带驻扎兵队，除在京保护京使馆，及由护□□□□酌留屯兵外，其余在京及保定天津等处地方兵队，应请从速酌定日期全数撤回。其占据北京、天津、保定等处宫禁、城垣、衙署、仓库均应交还中国国家。想各贵国与中国共敦睦谊，定荷照允施行。

各国索赔章程：

（一）失毁物产，果系因去夏拳匪所致者，始可索赔。

（二）索赔之款，计有三种：一为各国赔款；二为各行及各西人赔款；三为华人曾经西人雇用者之赔款。

（三）所有失毁物产，应开列详细章程，以便索赔。

（四）索赔清单，须交呈其本国公使，如事关各国者，则交呈资格最深之公使。各公使既将交呈索赔清单验过，如一切悉按此次定章开列，即送交中国政府索赔，不再另列细单。

（五）各物理合索赔者，均须照实价开列。

应赔之款，亦许给息。平民以五厘，商家则以七厘行息。

息钱未付之前,不得以息生息。至被毁之物,能与以下所列第七款章程相同者,始可给息。息即自被毁之日起算。

(六)如各行各西人经带兵官饬令将其所属之货物供给军营以为保守之需者,则其所属之国或兵官必有字据承认,不向中国索赔。

被毁物产,须有实证:即按照其本国国律开单,交呈其所属之公使馆验明,并无可疑之处,始代向中国政府索赔。

(七)被毁之物,须将未乱前本有此物之实据,交呈其所属之公使照验。如该公使以为毫无疑窦,即能向中国政府索赔。

失主所业何事,以及其平时进款若干,其所失之物亦可按之估价。

(八)应赔之款,俱照关平估出。

(九)无论何国何人,俱当按照以上所列各章开单,方能索赔。

各国钦使照会全权大臣请旨惩办罪魁及昭雪被祸诸臣公文:

为照会事。照得在京肇乱行凶各事,昨经诸国全权大臣将专责较重,异常获咎之王大臣姓名陈述,并将各该犯照所得罪戾应如何严惩之处,逐一指明在案。贵王大臣于此节持论名通,诸国全权大臣均已聆悉,亦皆考查。是文即系以此事如何由诸国全权大臣核定,特为奉达。其日后由诸国大臣指定外省犯罪之员,不能援引此情偏袒辨驳。贵王大臣所拟庄亲王载勋令其自尽,诸国大臣照允。至端郡王载漪、辅国公载澜,诸国大臣核定,均必应斩监候,如蒙上裁,似应即行加恩贷其一死,极轻当发新疆极边,永远处监禁,决不得再行递减。英年必当斩立决。刚毅亦当定以斩立决罪名,既系已死,其干系地步例应与生罹斩罪者同。赵舒翘应斩立决。至贵王大臣所称毓贤一犯必当斩立决,与诸国大臣意见相同。至董福祥一犯,日后如何定罪之处,贵王大臣所许各节,诸国大臣已经记录存案;照诸国大臣主见,莫若从速先行夺其兵柄,则照许施行,岂不较易?李秉衡、徐桐,均当定以斩立决罪名,既系已死,其干系地步应与生罹斩罪者同。徐承煜、启秀二犯,应均定以斩立决。颁发此次核定罪犯案由之上谕,诸国大臣皆以为应立即抄示。其处决之日,从速指定。惟无论京内外,诸国大臣特行留派员监视管理行刑之权。就此而观,则诸国全权大臣,重以尊意,不事苟求之处,已可概见。总之戕杀使臣及书记生,两月之久,督率官兵攻击西人境界,教堂,各国使臣;且狡设陷阱,诱骗西人离京赴津,以便途中加害;又以极其痛恨违悖公法,致害多命罪状,递折辩驳之员惨罹大辟等情;今诸国大臣所讨办者,仅只如斯,几如无所要求。本领衔大臣合率诸国全权大臣再行提及转送。条款末尾一段,又西历正月二十六日即华历十二月初七日文内所开此节各语,及贵王大臣于西历正月十六日即华历十一月二十六日说帖内所列军情各节,如欲诸国全权大臣斟酌其间,中国必应自先以诸国大臣申雪之旨,首为允从施行可也。须至照会者。

又

为续行照会事。前文内曾将诸国大臣核定如何惩办在京行凶犯法异常获罪者,并提递折力驳,西历去年在中肇乱之时,有极其痛恨违悖公法各状之大员惨罹大辟一节,声明在案。兹诸国全权大臣核定:徐用仪、许景澄、袁昶、联元、立山等五员,皆应立行开复原官,以示昭雪抵偿之意,而垂仁义大公之道。特此奉达,此举谅中国国家未必不欣然允服也。如外省有被害之大员情节与以上相同者,日后由诸国全权大臣即请贵王大臣于奏请颁发前文所讨各罪名之谕旨时,即将以上五员开复原官之上谕一并宣示可也。须至照会者。

全权文凭式(此凭即全权大臣行文英法俄德美意奥荷比日等国者)

大清国大皇帝敕谕：现因与各大国共敦睦谊，特授管理总理事务衙门和硕庆亲王奕劻，文华殿大学士、直隶总督、北洋大臣、一等肃毅伯李鸿章为头等全权大臣，与各国所派全权大臣会同商议，便宜行事，豫定条款，予以署名画押之全权。该大臣公忠体国，夙著勋劳，定能详慎将事，缔结邦交，不负朕之委任。所定条约，朕亲加查阅，果为妥善，便行批准。特敕。

驻京各国钦使续请惩办罪首照会一通又清单二件：

为照会事。照得在各外省犯事获咎官员姓名及应如何照会定条款第二条严惩之处，日后由诸国全权大臣指定，迭经照知。复于西历二月初五日，即庚子年十二月十七日会议时，再为声明在案。各本大臣今将所指各犯清单二纸粘送查阅：一系由各本大臣查明后，以为其罪足有确据，应如何严惩者；一系获重罪被控，因证据已足，请中国国家另行查办者。各本大臣应请贵王大臣按照单开各情，奏请分别颁发谕旨，归结此事。其查办一层，应由中国国家从速饬行，务俟查毕，即照各本大臣之意，按会定条款第十条颁发各犯所定罪名，及如何严惩之谕旨，通行布告。如此办理，则贵王大臣原拟缓至会定条款第二十条竣后方可斟酌各节，较能早日施行也。须至照会者。一千九百零一年三月三十一日，辛丑年二月十二日。

中国历史研究社编《庚子国变记》，上海书店据神州国光社1951年版复印，第256～264页

李希圣《庚子国变记》：

十一月初三日，日斯巴尼亚（西班牙，编者）使臣葛络干，居中国久，班最先；与德意志便宜行事大臣穆默、奥斯马加（奥匈帝国，编者）便宜行事全权大臣齐干、比利时便宜行事全权大臣姚士登、美利坚全权大臣柔克义、法兰西全权大臣便宜行事鲍渥、英吉利便宜行事全权大臣薛道义、意大利使臣萨尔瓦格、日本全权大臣小村寿太郎、荷兰便宜行事全权大臣克罗伯、俄罗斯全权大臣格尔思，以约来与奕劻、李鸿章，法英德中文各一，为纲十二，要必行。奕劻、鸿章不敢议，乃奏闻焉。

其一，中国应遣亲王赴德谢杀使臣克林德罪，克林德死所应立碑，用辣（拉）丁、德文、中文各一，述中国皇帝惋惜惭悔之意焉。二，中国首祸诸臣，各国所名索，皆应以罪轻重，用中法严治之。各国人民被害各郡县，不得行文武试五年。三，日本使馆书记生杉山彬被戕死，中国应以优礼谢日廷。四，各国坟茔或被污或掘，应各立碑，命之曰“涤垢雪侮”。五，中国所需军械火药，及制造军械火药诸器机，不得概运入。六，各国教士商人，及中国人之给事各国者，被乱以来所损失赀财，中国应尽偿；又应他筹岁入，以当偿款。然非各国所许不得行。七，各国应留兵卫使馆，并设防；中国人民不得居使馆域内。八，自中国京师通道至于海，大沽炮台以十数，尽削平之。九，自海至京师，恐道断，应留兵。十，中国应禁人民结会仇视他国人，违者论死。各省文武大吏以下所辖境，倘复有戕害外人，及凡他违约事，应严惩。已革职，不得借他事开脱复用之。惩治首祸及凌虐各国人之城镇，罢文武试，皆应以谕旨晓示各省，凡二年。十一，凡通商行船各约及通商各事宜，各国谓宜修改者，中国应听从，不得持异议。十二，总理各国事务衙门旧章应尽变。各公使觐见仪节，由各国议改，照会中国允行之。

以上诸约，中国非尽从，则京畿所在各国兵不复退。

太后得约，度不许，兵且西；又方以首祸当议己，常悁慄不自安；及见约无之，喜过望，诏报奕劻、鸿章尽如约。张之洞独疏争不可许，尤断断于约中奉内廷谕旨攻使馆云。之洞亦知不能争，特以是为名高，附太后。

其后遣醇亲王载沣往德为谢罪使，德志也。德皇欲令载沣拜。载沣至瑞士，留不前，久乃得免。日本遣那桐往谢，且归赙焉。

偿兵费四百五十兆，期三十九年偿，为息四厘，得九百余兆。抵以盐课盐厘，及凡通商口

岸五十里内之常关税,改归税务司。俄许增进口税,英持之久,乃令稍税他食物之免征者。又海关税名虽直百抽五,物价日渐腾,实不逮,亦许取盈焉。皆以抵偿款。

黄村、郎坊、杨村、天津、军粮城、唐沽、芦台、唐山、滦州、昌黎、秦皇岛、山海关皆驻兵,兵八千人;而京师守使馆兵二千余人不与焉。使馆拓地广袤至数里,翰林院、詹事府、兵部、工部、銮仪卫、太医院、钦天监、理藩院、堂子、皆失。筑垒为壁,守甚严。军械火药各机器,不许入二年。濬治大沽口、黄浦江,中外均其费。黄浦江年四十六万金,大沽口年十二万。总理衙门改外务部,班列六部前。诸所立碑,偿使馆侵地,堕炮台费,皆取于我。使臣觐见,舆轿加黄襻,至景运门外换,椅轿,至乾清门,他如故。

许景澄、袁昶、徐用仪、立山、联元,令议恤,许还原官。而诏书颇护前,瓦德西以书相诘问,李鸿章权词解之。其后英美又请雪张荫桓,久乃许。荫桓尝使英,英女皇维多利亚在位六十年,而荫桓为贺使,故英美请之。

宣战以后,尝所诏,皆坐罪诸拳臣矫擅,尽毁之,谓之为伪。自议讲以来,明年七月画约,用玺焉。撤兵约大定,其他所请,大抵皆尽从之矣。

中国史学会编《中国近代史资料丛刊·义和团》(1),上海人民出版社1957年版,第33~35页